# Des pérégrinations du droit des peuples à disposer d'eux-mêmes

# « Portes océanes »

**Collection dirigée par Frédéric Angleviel,**
**Professeur des universités en histoire**

Cette collection est dédiée en premier lieu à une meilleure connaissance de l'Océanie et des espaces insulaires à partir de l'édition cohérente des articles épars de chercheurs reconnus ou de la mise en perspective d'une thématique à travers les contributions les plus notables. La collection « Portes océanes » a donc pour objectif de créer des ponts entre les différents acteurs de la recherche et de mettre à la disposition de tous des bouquets d'articles et de contributions, publications éparses méconnues et souvent épuisées. En effet, la recherche disposant désormais de très nombreuses possibilités d'édition, on constate souvent une fragmentation et une dissémination de la connaissance. Ces rééditions en cohérence se veulent donc un outil au service des sciences humaines et sociales appliquées aux milieux insulaires et plus particulièrement à ceux de l'aire Pacifique.

En second lieu, la collection « Portes océanes » a pour ambition de permettre la diffusion auprès du public francophone des principaux résultats de la recherche internationale, grâce à une politique concertée et progressive de traduction. Tout naturellement, elle permettra aussi la publication de colloques ou de séminaires sans s'interdire la publication d'ouvrages mettant à la disposition du public les derniers travaux universitaires ou des recherches originales portant sur les milieux insulaires, les outre-mers francophones et la région Pacifique.

MISE EN PAGE
Totem Infographie | Tél. : (687) 79 54 30 | contact@totem.nc


5-7, rue de l'Ecole-Polytechnique, 75005 Paris
http://www.librairieharmattan.com
diffusion.harmattan@wanadoo.fr
harmattan1@wanadoo.fr
ISBN : 978-2-343-04593-1
EAN : 9782343045931

Jean-Baptiste MANGA

# Des pérégrinations du droit des peuples à disposer d'eux-mêmes

## Nouvelle-Calédonie - Nunavut

*Essai de réactualisation*

L'Harmattan

# Collection « Portes océanes »

## Déjà parus

**Angleviel Frédéric :** *Histoire de la Nouvelle-Calédonie. Nouvelles approches, nouveaux objets*, 2005.

**Faessel Sonia :** *Vision des îles : Tahiti et l'imaginaire européen. Du mythe à son exploitation littéraire (XVIII^e-XX^e siècles)*, 2006.

**Moyrand Alain :** *Droit institutionnel de la Polynésie française*, 2007.

**Chatti Mounira, Clinchamps Nicolas et Vigier Stéphanie (dir.) :** *Pouvoir(s) et politique(s) en Océanie – Actes du XIX^e colloque CORAIL*, 2007.

**Al Wardi Sémir :** *Tahiti Nui ou les dérives de l'autonomie*, 2008.

**Angleviel Frédéric (dir.) :** *Chants pour l'au-delà des mers. Mélanges en l'honneur du professeur Jean Martin*, 2008.

**Carteron Benoît :** *Identités culturelles et sentiment d'appartenance en Nouvelle-Calédonie*, 2008.

**Angleviel Frédéric et Lebigre Jean-Michel (dir.) :** *De la Nouvelle-Calédonie au Pacifique*, 2009.

**Dumas Pascal et Lebigre Jean-Michel (dir.) :** *La Brousse, représentations et enjeux*, 2010.

**Debene Marc et Pastorel Jean-Paul (dir.) :** *La « loi du pays » en Polynésie française*, 2011.

**Pechberty Dominique :** *Vie quotidienne aux îles Marquises*, 2011.

**Pechberty Dominique :** *Récits de missionnaires aux îles Marquises*, 2011.

**Maresca Pierre :** *L'Exception calédonienne*, 2011.

**Cartacheff Nathalie :** *La vie quotidienne à Maré au temps des Vieux*, 2012.

**Bertram Robert :** *La bipolarisation politique de la Nouvelle-Calédonie depuis 1975*, 2012.

**Moyrand Alain :** *Droit institutionnel et statutaire de la Polynésie française*, 2012.

**Angleviel Frédéric (dir) :** *Les outre-mers français, Actualités et Études*, 2012.

**Chatti Mounira (dir.) :** *Masculin/Féminin : Sexe, genre, identité*, 2012.

**Angleviel Frédéric (dir.) :** *La Mélanésie. Actualités et Études*, 2012.

**Faberon Jean-Yves (dir.) :** *Pieds-Noirs en Nouvelle-Calédonie. Témoignages et analyses*, 2012.

**Perez Michel, Zimmer René et Barbe Dominique (dir.) :** *Objet d'art et art de l'objet*, 2013.

**Le Bourlot Annick Jacky :** *Á l'Anse Vata*, 2013.

**Berger Corinne et Roques Jean-Luc :** *L'eau dans le Pacifique Sud*, 2013.

**Ali Abdallah Ahmed :** *Le statut juridique de Mayotte. Concilier droit interne et droit international*, 2014.

**Abong Marcelin & Angleviel Frédéric (dir.) :** *La Mélanésie. Actualités et Études*, Vol. II, 2014.

## À paraître

**Rosada Alexandre :** *Mémoires d'Algérie. Des pieds-noirs de Calédonie racontent…*

**Inghels Elvina :** *Le tourisme en Nouvelle-Calédonie.*

**Lechat Mareva :** *Jeux politiques et processus d'autonomisation en Polynésie française, 1957-2011.*

# Remerciements

Cet ouvrage est le résultat de rencontres enrichissantes en tous points de vue.

C'est pourquoi j'exprime ma profonde gratitude aux professeurs Guy AGNIEL, Jean-Yves FABERON et Ghislain OTIS dont les conseils avisés m'ont été particulièrement utiles. Mes remerciements vont aussi au Père Roch APIKAOUA pour son soutien spirituel et ses encouragements, au professeur Frédéric ANGLEVIEL, à Guylène NICOLAS, Robert BERTRAM, Luc STEINMETZ, David AYMONIN et Thierry BRUMOERE qui ont, chacun à sa manière, accompagné cette production. Que la province Nord soit aussi remerciée pour sa précieuse contribution.

Je ne saurais oublier ma famille, et particulièrement Nelo, dont le soutien et la patience ont été sans limites. Avec une pensée pour mes parents défunts, je salue enfin tous ceux qui ont fortifié et inspiré à mon coeur un sentiment de véritable fraternité.

# Note aux lecteurs

Dans beaucoup d'écrits, l'utilisation des termes NUNAVUT et INUIT varie, sans que l'on sache toujours pourquoi.

Normalement, « Nunavut » signifie « Notre terre » en *inuktitut.* Mais il faut distinguer « **Le Nunavut** » avec article, qui est un territoire *inukphone* du Canada, le plus jeune et le plus grand, qui fut séparé des immenses Territoires du Nord-Ouest, le 1er avril 1999, de « **Nunavut** » sans article, qui est une circonscription électorale fédérale canadienne comprenant le territoire entier du Nunavut. C'est ainsi qu'il en est fait usage dans cet ouvrage.

Le terme « **inuit** » provient de « inuk » qui signifie « homme, personne ». Il est tantôt invariable en genre et en nombre tantôt variable (notamment au Québec). C'est l'orthographe invariable qui a été retenue ici pour ce terme, de même que pour celui de « **kanak** » comme le préconise l'Agence de développement de la culture kanak (ADCK).

# Prologue

Après 25 ans de présence avec nous en Nouvelle-Calédonie, Monsieur Jean-Baptiste MANGA pose devant nous sa « coutume » à l'instar du jeune adulte dans la société kanak, qui vient présenter son « igname » ou son « poisson » signifiant ainsi qu'il désire participer pleinement à la vie de la communauté.

Je veux donc dire sincèrement merci à Monsieur Jean-Baptiste MANGA, en mon nom personnel, et au nom des femmes et des hommes de bonne volonté de la terre calédonienne, pour cette œuvre magnifique : **Des pérégrinations du droit des peuples à disposer d'eux-mêmes : Nouvelle-Calédonie – Nunavut.**

Une belle contribution qui tombe à point nommé au moment où en Nouvelle-Calédonie nous nous posons la question cruciale de la « sortie de l'Accord de Nouméa ». Comment en sortir avec équité et dignité… sans vainqueur ni vaincu ? Nous n'avons pas d'autre choix, car nous serons redevables devant nos enfants et devant l'histoire…

Face à ce choix cornélien qui s'impose à nous Calédoniens de toutes origines, la merveilleuse contribution de Monsieur Jean-Baptiste MANGA est pour nous une belle proposition d'avenir et un « ***eye opener*** ».

Sa contribution me rappelle ce qui est dit du sage Conficius qui reçoit les gouverneurs des différentes provinces venant faire état de l'exercice de leurs responsabilités. La quasi-totalité de ces rapports sont faits de plaintes, de revendications, de réclamations et d'autres désagréments. Le tableau dressé de la situation est négatif et pessimiste. Le sage convoque à nouveau tous ces gouverneurs et leur dit en toute et pour toute réponse : « **Écrivons ensemble un dictionnaire…** ».

De même, pour nous, ***Indépendance, Indépendance-Association, Autonomie, Décolonisation, Souveraineté… Autodétermination*, etc. : il faut trouver ou retrouver le juste sens des mots afin qu'ils deviennent « Remède » pour nos maux.**

C'est le sens de l'œuvre exceptionnelle de Monsieur Jean-Baptiste MANGA que je salue et remercie.

*Père Roch APIKAOUA*
*Vicaire général de l'Archidiocèse de Nouméa*

# Préface

Le présent ouvrage de M. Jean-Baptiste Manga est un modèle de réussite scientifique. Il réussit la performance de conjuguer érudition et vulgarisation : c'est cela, l'excellence.

L'analyse juridique, à laquelle l'auteur se rattache, est considérablement enrichie : voilà un véritable travail de droit, et qui fait appel à toutes les disciplines utiles pour comprendre les mécanismes juridiques et leur évolution. Toutes les sciences sociales sont convoquées pour expliquer les variations d'un droit. C'est ce qui fait la valeur de modèle de cet ouvrage. L'auteur a l'intelligence de ne pas se contenter d'un examen fixe d'un droit, mais veut expliquer sa mutation. Il s'agit moins de « pérégrinations » d'une notion et de pratiques, au sens simple de déplacements incessants, que de pèlerinages au sens de défenses d'une idée.

On sait que tout droit exprime une idée, mais on n'a pas souvent l'intérêt de prendre connaissance d'études qui montrent bien que les idées sont vivantes, que dès lors elles évoluent, d'où la mutation des idées de droit et donc l'évolution de la vie du droit, qui détermine la vie sociale. On aimerait être plus souvent éclairé par des exposés tels que celui de M. Manga, sortant des sentiers battus, pour chercher les dynamiques. Cela implique, certes, d'observer le passé, mais sans y être limité. Il convient de chercher où le passé conduit, ce qui change et ce qui va changer.

M. Manga ose. L'objet de son analyse de « réactualisation » est une icône : le droit des peuples à disposer d'eux-mêmes. On connaît la bonne fortune de ce principe, les grandes années de ses applications triomphales et la résonnance du nom de Bandoeng. Et l'on s'en tient généralement aujourd'hui à révérer une sorte de « droit acquis » consacré au Panthéon des Nations-Unies. Mais M. Manga braque ici ses projecteurs et nous explique ce qui a évolué. Il faut dire que son entreprise est servie par l'alliance d'une très vaste culture et d'un style simple et pédagogique, remarquable compte tenu de la complexité des questions posées. En effet, l'entreprise de M. Manga, qui est ainsi un modèle de méthode, est tout à fait réussie. L'auteur confronte le droit des peuples à disposer d'eux-mêmes au grand principe de souveraineté. Il en résulte une « *disputatio* », une dispute doctrinale au meilleur sens du terme, une controverse éclairante, ne reculant pas devant le paradoxe – et l'on sait à quel point droit et paradoxe sont liés.

Voilà, nous explique l'auteur, un droit à l'autodétermination des peuples qui est simultanément facteur de restriction de la souveraineté, mais aussi facteur de protection de la souveraineté. Le lecteur se laissera conduire par son aimable auteur dans les mouvements délicats, inattendus mais séduisants de ses explications. C'est qu'il en va différemment en Afrique au milieu du XX<sup>e</sup> siècle et en Europe au début du XXI<sup>e</sup> ; et dès leur naissance, les concepts sont riches de virtualités imprévues. Il faut toujours se méfier des idées trop simples. Et assurément, Engels n'aurait pas pu dire : « Ce qui manque à M. MANGA, c'est la dialectique » !

M. MANGA nous rappelle que le droit des peuples à disposer d'eux-mêmes et la souveraineté de l'État ont un rapport dialectique et s'influencent mutuellement, et notamment que le premier de ces deux principes s'exerce dans le cadre du second. Il nous explique les évolutions mondiales dans le sens du développement du polycentrisme et de la segmentation des États ainsi que du développement des interdépendances, (déjà évoquées par le leader indépendantiste kanak Jean-Marie Tjibaou lui-même), pouvant aboutir à une réactivation du fédéralisme.

La culture géopolitique de M. MANGA, sur de solides bases historiques, est planétaire : il connaît les situations des différents pays de tous les continents et tous les instruments des relations internationales. Il feuillette l'atlas de ses connaissances pour illustrer à l'extrême la diversité des cas d'application de ses démonstrations. Il ne faudrait pas croire que son ouvrage, comme son intitulé pourrait le laisser croire, n'éclaire que les deux seules hypothèses invoquées. Ce qui est vrai, c'est que parmi bien des possibilités, M. MANGA, tout en faisant d'abord œuvre théorique, a choisi de privilégier ses illustrations par deux cas actuels tout à fait pertinents à l'égard de sa démonstration. Il s'agit de la Nouvelle-Calédonie et du Nunavut, deux exemples distincts par de multiples considérations, mais comparables sous l'éclairage actuel de l'autodétermination dans le processus de décolonisation.

Il faut faire preuve d'imagination juridique ; on est loin du heurt des grands principes, on ne veut plus d'une autodétermination se traduisant par l'antagonisme meurtri du oui contre le non. On doit donc imaginer, avec pragmatisme : au Canada, sans doute un troisième élément, avec la Fédération et les provinces ; en Nouvelle-Calédonie, certainement continuer dans la voie des concessions réciproques et des solutions médianes. M. MANGA nous expose de nouveaux instruments, contributions fécondes : l'autodétermination interne ou toute autre choisie ensemble, le droit des peuples à ne pas devenir un État, le pluralisme dialogique... Ce à quoi nous ramène finalement l'auteur, pas seulement à l'égard de la Nouvelle-Calédonie, mais aussi du Nunavut et des autres, c'est qu'aujourd'hui, le droit des peuples à disposer d'eux-mêmes doit s'accomplir « dans un destin commun ». Cette formule de l'Accord de Nouméa rejoint celle de Jean-Marie Tjibaou à l'égard des Accords Matignon : « un pari sur l'intelligence ».

La réponse aux problèmes posés par M. MANGA analysant les mutations du droit des peuples à disposer d'eux-mêmes est là, dans ce destin commun, ce savoir-vivre ensemble qui exige d'autres approches, d'autres concepts, sous la bannière du pluralisme juridique. En serons-nous capables ? En tout cas, nous gagnerons certainement à lire l'ouvrage de M. MANGA, dialecticien convainquant.

*Jean-Yves FABERON*
*Professeur honoraire de droit public*

# Résumé

Que devient le principe du droit des peuples à disposer d'eux-mêmes à l'heure de la mondialisation ? Reste-t-il ce qu'il était à l'origine ? À supposer qu'il se transforme, quelles en sont les causes et comment cela se traduit-il dans les formes politiques, les structures de droit public et au-delà ? Quelle incidence cette évolution aurait-elle sur la décolonisation en général ?

Pour y répondre, la Nouvelle-Calédonie et le Nunavut, deux entités aux apparences et aux trajectoires différentes, servent de champ d'investigation intéressant, car elles représentent deux formes ou « modèles » d'exercice du principe (hybride, interne), et deux « utopies concrètes » où se construisent des solutions originales. Avec une approche comparative, l'étude tente de montrer que le principe évolue, s'adapte, et qu'après avoir été associé aux nationalités et à la décolonisation, il doit aussi, de nos jours, prendre en compte les réalités de la mondialisation, du développement des droits de l'homme et du pluralisme démocratique. Cette évolution est liée, certes, au contexte actuel, mais aussi à sa propre dynamique et à son rapport dialectique avec la souveraineté des États.

Après un bref historique, l'étude offre une analyse de l'autodétermination comme facteur de « restriction » de la souveraineté, avant d'examiner comment elle en reste protectrice, bénéficiaire et tributaire. Alors qu'on le croyait en lente désuétude, le principe connaît une éclatante fortune depuis la fin de la guerre froide. Tout en restant un droit de sécession pour les peuples coloniaux, il tend à devenir aussi un droit identitaire et un droit au partage des pouvoirs. Une nouvelle conception du principe émerge donc, qualifiée de postmoderne, car elle présente à la fois des aspects d'anti-modernité (de rupture avec la précédente) et d'hyper-modernité (de continuité). Elle est à l'origine de nouvelles formes de décolonisation ainsi que de nouvelles entités aux statuts divers, au point qu'on pourrait dire : « *Dis-moi comment tu décolonises ou comment tu t'autodétermines et je te dirai qui tu es* ».

L'auteur tente ainsi opportunément d'éclaircir les enjeux d'un principe délicat et d'une notion qui est au cœur de l'actualité calédonienne et « nunavutienne », et au cœur d'une grande diversité de représentations.

# Sommaire

*« L'avenir, tu n'as point à le prévoir, mais à le permettre. »*

ANTOINE DE ST-EXUPERY, *Citadelle* (1948)

*« Si on rêve seul, ce n'est qu'un rêve, mais si on rêve tous ensemble, c'est le début de la réalité. »*

Mgr ELDER CAMARA, évêque de Recife au Brésil (1970)

# Introduction

Principe au singulier destin, le droit des peuples à disposer d'eux-mêmes est déroutant et paradoxal. Il a connu une période faste où la condamnation morale et politique du colonialisme l'a couvert de prestige et de succès, et où son exercice a profondément transformé la carte politique du monde. Puis il a donné quelques signes d'essoufflement et d'inefficacité qui ont conduit au doute, au malaise, car malgré sa consécration juridique et son universalisation, de nombreuses revendications légitimement fondées sont restées sans suite, ne disposant pas de support juridique « indiscutable ». Alors qu'on le croyait en lente désuétude, il connaît une éclatante fortune depuis la fin de la guerre froide, fréquemment invoqué par toutes sortes de peuples. Il ne laisse personne indifférent et même, il divise. Certains voient en lui une panacée, d'autres une source d'illusions et de désordre. D'autres encore mettent en cause son ambivalence : à la fois conservateur et révolutionnaire, attrayant et répulsif, progressiste mais dans certains cas dangereux et ambigu, permettant de libérer des peuples opprimés mais aussi de déstabiliser des États. Très rarement, un principe a été si sollicité et si décrié à la fois.

Mais il n'a pas le monopole des paradoxes. Ceux-ci sont aussi l'apanage d'une société internationale contemporaine, confrontée elle-même à différents phénomènes contradictoires.

D'une part, celui d'une mondialisation galopante et envahissante, contrebalancée par une exacerbation des particularismes et des singularités. La première se traduisant par l'incapacité des États à contrôler et à canaliser les flux de tous ordres qui les traversent, et la seconde par un phénomène d'affirmation nationale qui contribue à faire multiplier considérablement le nombre d'États-nations sur la planète. D'autre part, celui du développement d'un processus d'intégration économique à différents degrés, certes, mais dans tous les continents et vers le haut, en même temps qu'une perte progressive des compétences de l'État en son sein, vers le bas, par le transfert de certaines de ses compétences à des entités inférieures.

Quoi qu'il en soit, de nombreux problèmes liés à l'autodétermination subsistent et font peser des menaces sur la paix dans le monde, car les désirs d'émancipation des peuples perdurent, et les résistances à ces désirs s'estompent peu, notamment de la part des États qui s'appuient sur leur souveraineté, unité ou intégrité territoriale. Les conflits dans les Balkans, dans l'ex-Empire soviétique ou même ceux liés au « printemps arabe » en sont les illustrations les plus récentes. Ces conflits incessants traduisent aussi quelque part l'incapacité de la communauté internationale à trouver un principe rationnel et cardinal qui puisse présider à l'émancipation de tous les groupes humains dominés, exploités ou colonisés. Le droit des peuples à disposer d'eux-mêmes continue ainsi de nourrir de nombreuses frustrations et controverses. En cela, il mérite d'être souvent revisité, mais la diversité et la quantité des revendications qui lui sont liées de nos jours rendent cette tâche délicate et nécessitent sans doute, au préalable, un bref retour aux sources.

## I - Historique du principe et diversité des revendications actuelles

Les origines modernes du principe remontent au 18e siècle, avec la Révolution américaine qui constitue la première véritable affirmation d'une autodétermination collective et démocratique, et avec la Révolution française qui lui donne une dimension universelle. Bien que le Congrès de Vienne le rejette, il est évoqué lors du réveil des nationalités opprimées en Europe dans les années 1800, au moment où la plupart des nations d'Amérique l'invoquent à leur tour pour leur indépendance. Ailleurs, avec le développement de grands empires (ottoman, russe, austro-hongrois, Qing), il s'apparente au nationalisme des peuples qui veulent s'émanciper, en réaction à l'impérialisme et à la domination. Il est accepté dans l'ordre politique international même s'il n'apparaît pas précisément dans les quatorze points que W. Wilson propose après la guerre. La Charte des Nations Unies de 1945 l'intègre dans le droit international, et sa mise en œuvre domine l'action de l'ONU pendant quelques décennies. Il accompagne la grande vague de décolonisation en Afrique et en Asie.

Pendant la guerre froide, les deux superpuissances développent des idéologies qui s'opposent à l'impérialisme et à la colonisation, mais ne s'empêchent pas eux-mêmes de l'enfreindre. Suite à l'effondrement des régimes communistes au début des années 90, une période de détente s'ouvre et permet au droit des peuples de s'appliquer encore et surtout en Europe. C'est le début d'une nouvelle ère pour ce principe. De nos jours, la revendication d'autodétermination se généralise. Elle est le fait de groupes de plus en plus nombreux et divers dont certains sont actifs dans plus de soixante États. Les quelques exemples[1] qui suivent témoignent de l'ampleur du phénomène.

En Océanie, l'ONU vient de placer la Polynésie française sur la liste des territoires non autonomes alors que les Néo-Calédoniens sont inscrits dans un processus de décolonisation depuis plus d'une vingtaine d'années. Presque partout en Amérique, des peuples autochtones ou des minorités revendiquent d'une manière ou d'une autre leur droit de libre disposition. En Asie, les Kurdes de Turquie et d'Irak aimeraient bien se regrouper en un seul État ; les Karens et autres minorités de Birmanie souhaitent eux aussi disposer d'eux-mêmes ; la question du Tibet reste posée en Chine tandis que Taïwan est dans un état de quasi-indépendance. L'Inde connaît de temps en temps de l'agitation dans le Cachemire et le Pendjab, mais aussi dans les régions d'Assam, Gorkhaland, Manipur, Mizoram et Nagaland. En Indonésie, le problème de l'Irian Jaya demeure. Aux Philippines, après quarante ans de guerre, les musulmans de Mindanao viennent de signer un accord de paix avec l'État, mais rien n'est définitivement acquis, on l'a vu dans le passé. Au Sri Lanka, les Tamouls, apparemment vaincus, n'ont pas dit leur dernier mot.

1. Certains sont évoqués par Christakis (Théodore), *Le droit à l'autodétermination en dehors des situations de décolonisation*, La Documentation Française, 1999.

En Afrique, l'Angola reste sous tension. Au Mali, les Touaregs n'ont guère renoncé à leur autodétermination ; après avoir occupé la partie septentrionale de ce pays avec l'aide de « djihadistes », ils n'ont que provisoirement négocié un retour à la paix avec les autorités étatiques. Les Soudanais du sud se sont émancipés mais rien n'est définitivement réglé chez eux. En Casamance non plus. Le problème du Sahara occidental n'a toujours pas connu un dénouement satisfaisant pour les Sahraouis qui rêvent d'un État indépendant. Les Katangais de même, au Congo. En Europe, les Basques envisagent toujours de réunir le peuple basque dans un État indépendant. Dans l'ex-URSS, de nombreux foyers de tension perdurent du fait des revendications d'autodétermination. En Azerbaïdjan, les Arméniens du Nagorny Karabak veulent être rattachés à l'Arménie. En Géorgie, l'Abkhazie et l'Ossétie du Sud ont déclaré leur indépendance avant « d'affronter les chars géorgiens ». En Russie même, plusieurs mouvements sécessionnistes existent dans certaines régions (Tchétchénie, Carélie, Kalmoukie, Sibérie). En Ukraine, l'annexion de la Crimée par la Russie a donné des « idées » aux russophones de l'Est du pays. Dans presque toutes les révolutions du « printemps arabe » le droit des peuples est évoqué. C'est en son nom aussi, et pas seulement pour la démocratie, que l'opposition syrienne mène son combat depuis plus de trois ans.

Souvent évoqué par les États eux-mêmes ou par des entités en leur sein, qui souhaitent créer leur propre État, ou cherchent un certain degré d'autonomie, ou encore veulent simplement une reconnaissance de leur spécificité sociale et culturelle, de leur identité, ce principe est « *caméléonesque* »[2]. Sa revendication ne se limite plus aux seules situations de décolonisation (voir Fig. 1).

**Fig. 1 : Classement typologique des revendications d'autodétermination**

| TYPE A | REVENDICATIONS DE SÉCESSION OU D'AUTONOMIE |
|---|---|
| **1re catégorie** | Décolonisation, élimination de la domination étrangère. |
| **2e catégorie** | Sécession d'une structure fédérée par rapport à un gouvernement central (Slovénie, Croatie, Bosnie, etc.). |
| **3e catégorie** | Sous-unité ou collectivité administrative (Kosovo, Tchétchénie, etc.). |
| **4e catégorie** | Communautés ou nations autochtones (Cree, Navajos, Zapatistes, etc.). |
| **TYPE B** | **REVENDICATIONS DE DROITS DE L'HOMME OU DE DÉMOCRATIE** |
| **1re catégorie** | Option de statut colonial (Falkland par exemple). |
| **2e catégorie** | Option de fédéralisme. |
| **3e catégorie** | Option de régimes juridiques de garantie et de protection qui confèrent droits d'accès, participation et égalité. |
| **4e catégorie** | Option d'arrangements « fiscaux » administrés par un souverain traditionnel, avec pour but de préserver des droits traditionnels par rapport à la terre sacrée (droits de chasse et de pêche) et la façon de vivre des minorités et des peuples autochtones. |

*Source : Falk Richard, ed. Wolfgang Danspeckgruber (Boulder : Lynne Rienner Publishers, 2002).*

2. *Ibidem*, p. 17, signifie « *qui change de couleurs et de connotation selon les préférences et l'opportunisme politique de ses porte-parole* ».

Une telle diversité impose au préalable une mise au point sur la notion même et sur sa transformation en principe juridique, avant de bien cerner l'objet et la problématique de la présente étude, de circonscrire le champ que celle-ci couvre, et d'indiquer la méthode qui sera suivie.

## II – De la notion au principe juridique actuel

Appréhender la réalité actuelle du principe et son évolution passe aussi nécessairement par sa définition et l'examen de sa nature juridique. Ni l'une ni l'autre n'ont toujours été évidentes.

### A. Essai de définition

La disposition de soi-même ou l'autodétermination signifie « *le fait de déterminer son propre avenir* »[3] ; mais elle est très marquée par son sens politique : « *libre choix du statut politique et administratif d'une région ou d'un pays par ses habitants* »[4] ou « *action par laquelle un peuple choisit librement son statut politique et économique* »[5]. Bien que cette notion ait des ramifications philosophiques, juridiques, économiques, sociales ou culturelles, son noyau est politique, car il s'agit souvent du contrôle politique du destin d'un groupe, d'un « peuple ». Cette polysémie contribue naturellement à en faire une source de controverses et de confusion, même en anglais où l'on distingue mal entre « *self-determination* », « *self-government* », et « *self-administration* ». Ainsi, derrière l'arbre « autodétermination » peut se cacher une forêt de réalités dissemblables, le choix de tel ou tel terme pouvant parfois révéler ou dissimuler une position idéologique ou philosophique.

Le dictionnaire du droit international public définit le droit à l'autodétermination comme un « *principe de nature politique...* », une « *expression... appliquée aux peuples des États..., aux peuples dépendants..., désignant leur droit de déterminer, choisir librement leur statut politique et de poursuivre leur développement économique, social et culturel* »[6]. En fait, ce droit se réfère à beaucoup de choses : la décolonisation, dans les cas où cette question se pose encore, la sauvegarde et la consolidation de l'indépendance d'un État déjà constitué, l'indépendance d'une partie d'État devenue depuis État souverain, l'autonomie des peuples pouvant déterminer librement leur statut politique et l'orientation de leur développement à l'intérieur d'un État, mais aussi l'affirmation d'une identité ou de certains droits fondamentaux, notamment en matière culturelle. Bref, comme l'indique le tableau ci-dessus, il peut servir de support à des revendications de sécession ou d'autonomie ou à celles des droits de l'homme ou de démocratie. Ici encore, la polysémie a alimenté de nombreuses controverses et a conduit souvent à s'en servir comme d'un « fourre-tout ». Dans cette étude, nous verrons à quel point sa

3. Dictionnaire *Le Petit Robert*, 2014.
4. Dictionnaire *Le Petit Larousse*, 2012.
5. Clement (E.), Demonque (C.), Hansen-Love (L.) et Kahn (P.), *La Philosophie de A à Z*, Hatier, 1994, Paris, p. 204.
6. Dictionnaire du droit international public de Salmon (Jean), Bruylant, Bruxelles, 2001.

signification et sa portée ont varié dans le temps et dans l'espace, et nous utiliserons de manière indifférente les termes de droit des peuples à disposer d'eux-mêmes, droit de libre disposition, droit à l'autodétermination, pour désigner ce même principe dont la nature juridique a été aussi longtemps discutée.

### B. Le principe juridique

À l'origine philosophique et politique, le droit des peuples à disposer d'eux-mêmes a vu sa nature juridique s'affirmer peu à peu, après avoir donné lieu en effet à une longue controverse doctrinale.

#### *1° Une origine philosophique et politique*

Le droit des peuples doit beaucoup aux philosophes en général et à ceux des Lumières en particulier, car il est la conséquence de la reconnaissance de la liberté de l'homme et de l'idée de la nation (devenue *peuple*) qu'ils ont promues. Le droit à la liberté reconnu à l'homme ne pouvant être contesté à un groupe humain qui forme l'ensemble des volontés qui le composent, est d'abord devenu un principe démocratique reconnu aux citoyens en droit interne, avant d'être transposé dans l'ordre international[7].

Proclamé lors des Révolutions américaine et française, il n'entre solennellement dans la politique internationale qu'après la Première Guerre mondiale et reste un principe uniquement politique. Sa nature juridique reste longtemps débattue dans la doctrine et sa concrétisation juridique, qu'il convient de retracer, contribue à lui donner une portée universelle et une valeur positive, en établissant des droits et des obligations au profit ou à la charge des sujets de l'ordre juridique international.

#### *2° Un principe général du droit international public*

En droit interne, un principe peut être une règle ou une norme générale, de caractère non juridique, d'où peuvent être déduites d'autres normes juridiques, comme le principe de la souveraineté nationale, ou une maxime générale juridiquement obligatoire bien que non écrite dans un texte législatif, ou encore une règle juridique établie par un texte en termes assez généraux, destinée à inspirer diverses applications et s'imposant avec une autorité supérieure, comme les principes fondamentaux[8]. Le principe général du droit, appliqué par la jurisprudence, est doté d'un caractère suffisant de généralité[9] qui le distingue d'une simple règle juridique. Il s'agit d'une norme juridique fondamentale par rapport à un système de droit donné.

C'est aussi le cas en droit international où l'on distingue deux catégories de principes : les principes généraux **de** droit international et les principes généraux **du** droit international. Les premiers sont prévus dans les règles que la Cour internationale de Justice est appelée à appliquer d'après l'article 38 de ses statuts, qui parle de « *principes*

7. Calogeropoulos-Stratis, (S.) *Le Droit des peuples à disposer d'eux-mêmes,* Bruylant, Bruxelles, 1973.
8. Cornu (Gérard), *Vocabulaire juridique,* Presses Universitaires de France, 2011, p. 373.
9. Bergel (J.-L.), *Théorie générale du droit,* Dalloz, Paris, 2004, p. 98.

*généraux de droit reconnus par les nations civilisées* », c'est-à-dire faisant partie de la Communauté internationale, et se référant à des principes qui sont communs aux systèmes juridiques des différents États et susceptibles d'être appliqués dans l'ordre international. Les principes généraux **du** droit international, eux, ne tirent pas leur origine des droits internes. Ils sont spécifiquement applicables dans les relations internationales, sont proclamés par la jurisprudence internationale et agréés par la doctrine. Ce sont des principes propres au droit international :

> « *des règles juridiques d'une très grande généralité et très abstraites qui sont appliquées dans la vie internationale à des situations individuelles diversifiées, soit pour les réglementer de façon permanente, soit pour résoudre les difficultés qu'elles font naître* »[10].

Ils se présentent souvent sous une forme normative, sous celle d'un concept ou d'un adage.

En ce qui concerne le droit des peuples à disposer d'eux-mêmes, il est aujourd'hui admis qu'il s'agit bien d'un principe général **du** droit international. D'abord réservé aux peuples « colonisés », il a été étendu par les organes de l'ONU aux peuples « dominés » ou « occupés » ou encore « soumis à un régime raciste », pour inclure certains cas comme ceux des territoires palestiniens ou de la Namibie. La doctrine positiviste[11] préconise de distinguer deux types de situations : celles qui sont liées à la décolonisation et pour lesquelles la consécration juridique est certaine, et celles qui sont en dehors de la décolonisation et qui restent *de lege ferenda*[12].

Contrairement au principe des nationalités qui n'a jamais été inscrit dans des instruments internationaux, le droit des peuples a été consacré par les Nations Unies et par le droit international conventionnel et coutumier. Dans sa forme conventionnelle, il a d'abord été établi par **la Charte de l'ONU**, en tant que règle générale à vocation universelle, dont l'article 1er § 2 indique que l'un des buts des Nations Unies est de :

> « *Développer entre les nations des relations amicales fondées sur le respect du principe de l'égalité de droits des peuples et de leur droit à disposer d'eux-mêmes, et prendre toutes autres mesures propres à consolider la paix du monde* ». Le préambule de l'article 55 précise aussi que : « *En vue de créer les conditions de stabilité et de bien-être nécessaires pour assurer entre les nations des relations pacifiques et amicales fondées sur le respect du principe de l'égalité des droits des peuples et de leur droit à disposer d'eux-mêmes, les Nations Unies favoriseront* [...] ».

Certains auteurs ont considéré que cette Charte ne promouvait pas la décolonisation, et ne faisait qu'organiser juridiquement les situations coloniales, mais peu importe, l'acte décisif se fait avec l'adoption par l'Assemblée Générale le 14 décembre 1960 de la

10. Virally (Michel), « Le rôle des « principes » dans le développement du droit international », *in Recueil d'études de droit international en hommage à Guggenheim*, Genève, Fac. Droit Université de Genève/Institut universitaire de hautes études internationales, 1968, p. 531-554. Ou, *in Le droit international en devenir, essais écrits au fil des ans*, Paris, PUF, 1990, p. 198.

11. Le positivisme juridique est une doctrine qui ne reconnaît de valeur qu'aux règles du droit positif, du droit en vigueur.

12. Sous l'angle de la loi à venir.

Résolution 1514 (XV) intitulée « *Déclaration sur l'Octroi de l'indépendance aux pays et peuples coloniaux* », et qualifiée de « *Charte de la décolonisation* », qui déclare dans son article 1er :

> « *La sujétion des peuples à une subjugation, à une domination et à une exploitation étrangère constitue un déni des droits fondamentaux de l'homme, est contraire à la Charte des Nations Unies et compromet la cause de la paix et de la coopération mondiale* ». Et dans son article 2 : « *Tous les peuples ont le droit de libre détermination ; en vertu de ce droit, ils déterminent librement leur statut politique et poursuivent librement leur développement économique, social et culturel* ».
>
> Dans son article 5, elle ajoute : « *Des mesures immédiates seront prises, dans les territoires sous tutelle, les territoires non autonomes et tous autres territoires qui n'ont pas encore accédé à l'indépendance, pour transférer tous pouvoirs aux peuples de ces territoires, sans aucune condition et réserve, conformément à leur volonté et à leurs vœux librement exprimés, sans aucune distinction de race, de croyance, ou de couleur, afin de leur permettre de jouir d'une indépendance et d'une liberté complètes* ».

Des modalités d'application de cette Déclaration sont définies par des résolutions ultérieures et notamment la Résolution 1541 (XV) intitulée *Principes qui doivent guider les États membres pour déterminer si l'obligation de communiquer des renseignements prévue à l'alinéa e de l'article 73 de la Charte leur est applicable ou non*. Elle vise à définir le « *territoire non autonome* » et la portée de l'obligation de communiquer des renseignements. Dans son Principe VI, il est précisé :

> « *On peut dire qu'un territoire non autonome a atteint la pleine autonomie : a) Quand il est devenu État indépendant et souverain ; b) Quand il s'est librement associé à un État indépendant ; ou c) Quand il s'est intégré à un État indépendant* ».

Plus tard en 1966, sur le plan conventionnel, deux Pactes internationaux des Droits de l'homme de l'ONU, notamment *le Pacte sur les droits de l'homme relatif aux droits civils et politiques* et le *Pacte sur les droits de l'homme relatif aux droits économiques, sociaux et culturels*, confirment ce droit dans leur article 1er :

> « *Tous les peuples ont le droit de disposer d'eux-mêmes. En vertu de ce droit, ils déterminent librement leur statut politique et assurent librement leur développement économique, social et culturel* ».

En 1970, la Résolution 2625 (XXV) de l'Assemblée Générale sur *Les principes du droit international touchant les relations amicales et la coopération entre les États* dont le préambule se réfère au principe de l'égalité de droits des peuples et de leur droit à disposer d'eux-mêmes le reconnaît comme « *principe de la Charte* » et comme « *principe fondamental du droit international* ». Plus intéressant encore, elle apporte une modalité supplémentaire d'exercice de ce droit. Elle précise en effet que :

> « *La création d'un État souverain et indépendant, la libre association ou l'intégration avec un État indépendant ou l'acquisition de tout autre statut politique librement décidé par un peuple constituent pour ce peuple des moyens d'exercer son droit à disposer de lui-même* ».

La Cour Internationale de Justice, quant à elle, se prononce sur le droit des peuples dans deux avis consultatifs au sujet de la Namibie[13] et au sujet du Sahara Occidental[14] et dans l'affaire du *Timor Oriental*[15] :

> « *La Cour considère qu'il n'y a rien à redire à l'affirmation du Portugal selon laquelle le droit des peuples à disposer d'eux-mêmes, tel qu'il s'est développé à partir de la Charte et de la pratique de l'Organisation des Nations Unies, est un droit opposable* erga omnes[16]. *Le principe du droit des peuples à disposer d'eux-mêmes a été reconnu par la Charte des Nations Unies et dans la jurisprudence de la Cour* ».

Dans son avis consultatif du 16 octobre 1975 relatif au Sahara occidental, elle ébauche même une doctrine de l'autodétermination définie comme « *répondant à la nécessité de respecter la volonté librement exprimée des peuples* » quelles que fussent par ailleurs ses modalités d'exercice, en insistant sur le passage de la Résolution 2625 qui vient d'être évoqué.

Le caractère conventionnel de ce principe est donc consacré par la Charte et les Pactes internationaux relatifs aux droits de l'homme, selon l'article 38, paragraphe 1a du Statut de la Cour internationale de Justice, alors que les résolutions adoptées par l'Assemblée générale, le Conseil de sécurité et les décisions de la Cour internationale de Justice contribuent à en faire une norme du droit coutumier international. Cette évolution juridique a permis de lui donner la valeur d'un principe accepté et universellement obligatoire du droit international. Une grande partie de la doctrine s'accorde même sur le fait que ce droit constitue une norme impérative du droit international général (***jus cogens***)[17]. Cette remarquable consécration collective n'a pourtant pas permis au principe de s'appliquer à toutes les situations et à tous les « peuples » pour affirmer son caractère réellement universel.

Il n'existe pas encore en droit international positif un droit de sécession en dehors des situations de décolonisation[18] ; celui-ci oscille entre la légitimité et l'effectivité qui font de la sécession beaucoup plus une question de fait et de force que de droit. Il semblerait donc qu'en dehors des situations de décolonisation, le droit des peuples « *se jugerait à l'aune de la réussite ou de l'échec de son exercice : seule une révolution réussie étant une bonne révolution* »[19].

De plus en plus d'auteurs relèvent malgré tout une dimension « interne » de l'autodétermination. Nous y reviendrons *infra*. La démarche est très intéressante mais, encore faut-il le rappeler, elle reste essentiellement positiviste. Si, malgré sa consécration juridique, ce principe est en débat et se révèle parfois inefficace, c'est à cause des difficultés qu'il rencontre depuis toujours à différents niveaux.

---

13. CIJ, Namibie, avis du 21 juin 1971, Rec., 1971.
14. CIJ, Sahara occidental, avis du 16 octobre 1975, Rec., 1975.
15. CIJ, Timor Oriental, arrêt du 30 juin 1995, Rec. 1995, p. 102, §29.
16. À l'égard de tous.
17. Selon l'article 53 de la Convention de Vienne de 1969 sur le droit des traités, « *une norme impérative du droit international général est une norme acceptée et reconnue par la communauté internationale des États dans son ensemble, en tant que norme à laquelle aucune dérogation n'est permise et qui ne peut être modifiée que par une nouvelle norme du droit international général ayant le même caractère* ».
18. Christakis (Théodore), *op. cit.*, p. 31-34.
19. Pierré-Caps (Stéphane), « Le droit des minorités », *in Droit des minorités et des peuples autochtones* de Rouland (N.), Pierré-Caps (S.) et Poumarède (J.), PUF, 1996, p. 205.

### 3° *Les difficultés liées au principe*

Elles proviennent parfois de son contenu, parfois de l'incertitude sur les entités appelées à en bénéficier, de son exercice et les limites de celui-ci, ou encore du rapport avec d'autres principes.

#### a) Le contenu

Malgré l'abondance des instruments juridiques qui consacrent le droit des peuples à disposer d'eux-mêmes, des interrogations perdurent sur son contenu. On lui a souvent reproché son imprécision. Sur le plan interne, est-ce seulement « *le droit d'avoir son ordre juridique et ses propres gouvernants, à l'exclusion de toute ingérence extérieure* », comme cela a été le cas après la Révolution en France, lorsque celle-ci était isolée et se sentait menacée ? Ou « *la faculté pour des minorités de sauvegarder leur identité, par une autonomie locale, une décentralisation ou toute autre solution qui convienne, à l'intérieur du pays* », comme cela a été le cas dans des États multinationaux ? Sur le plan international, correspond-il à

> « *la faculté juridique de tout groupement politique de se constituer en entité nationale distincte, en se séparant de l'État dont il relève ; la sécession pouvant alors donner naissance soit à un nouvel État indépendant, soit à une entité territoriale et politique membre d'un système fédéral sur la base d'un traité* » ?

Ou correspond-il simplement à l'interdiction de cession ou de mutations territoriales sans le consentement explicite des habitants concernés ? Malgré certaines ébauches de définitions théoriques dans quelques dictionnaires, dans la pratique, ce contenu a souvent varié ou été multiple et s'est souvent révélé problématique.

#### b) Les bénéficiaires : les peuples

Les bénéficiaires nommément désignés sont les peuples. Mais qu'est-ce qu'un peuple ? De quels peuples s'agit-il ? L'identité des détenteurs de ce droit a été le problème crucial sur lequel a souvent achoppé le principe. C'est une notion qui « *dispose d'une forte charge symbolique* »[20], qui peut faire l'objet de différentes approches : sociologique, politique, juridique, etc., et à laquelle on prête plusieurs sens communs. À ces difficultés s'ajoute celle de la confusion avec plusieurs notions voisines telles que « *population* », « *nation* », « *État* ». La notion de « *peuple* » peut désigner

> « *un ensemble d'hommes habitant ou non sur un même territoire et constituant une communauté sociale ou culturelle, (peuples mélanésiens, polynésiens, par exemple)* », ou « *un ensemble d'hommes habitant sur un même territoire, régis par les mêmes lois et formant une nation, (peuple français, australien, par exemple* », ou enfin « *la masse, les gens de conditions modestes ou anonymes, par opposition aux franges en vue (le petit peuple, par exemple)* »[21].

20. SUREL (Y.), « Peuple », *Dictionnaire des notions,* Encyclopoedia Universalis, France SA, 2005, p. 891-893.

21. JOYAU (Marc), « Peuples, populations, nations, États, territoires, pays, patries, communautés, frontières : naissance des mots », *in Destins des collectivités politiques d'Océanie, volume I, Théories et pratiques,* (dir.) FABERON (J.-Y.), FAYAUD (V.) et REGNAULT (J.-M.), PUAM, 2011, p. 33.

En droit international, on parle souvent, et à juste titre, de « *l'introuvable définition juridique du peuple* »[22], car non seulement cette notion n'a pas été définie à l'occasion de l'affirmation du principe, mais en plus de nombreux instruments internationaux eux-mêmes entretiennent la confusion et l'ambiguïté. Le dictionnaire de la terminologie du droit international indique qu'il s'agit d'un « *terme qui, employé à l'occasion des rapports internationaux, est pris dans un sens plus littéraire que juridique, sans véritable signification précise, pour désigner une collectivité d'hommes unis par un lien de solidarité* »[23], et propose des indices permettant d'identifier un peuple, parmi lesquels « *la communauté de race, de traditions et l'existence d'une conscience commune* »[24]. Le deuxième rapporteur de l'ONU sur le droit à l'autodétermination, quant à lui, dégage trois critères :

> « *une entité sociale possédant une véritable identité et ayant des caractéristiques propres ; une relation avec un territoire, même si le peuple en a été injustement expulsé et artificiellement remplacé par une autre population ; enfin, la différence avec les minorités ethniques, religieuses ou linguistiques dont l'existence et les droits sont reconnus à l'article 27 du Pacte international relatif aux droits civils et politiques* »[25].

Dans la pratique, l'ONU s'est souvent réservé un pouvoir de qualification qui l'a conduite « *soit à réputer peuple toute entité coloniale soit à procéder au cas par cas selon les événements et au gré des rapports de force internationaux* »[26]. Il semble bien que la difficulté de définir et d'identifier les « *peuples* » bénéficiaires du droit vient du fait que ce droit n'est pas lié aux caractères ou aux traits particuliers d'une collectivité mais à la situation où elle se trouve. Les *peuples* sont ceux qui sont assujettis à une subjugation, une domination ou une exploitation étrangère. Il y a donc trois éléments à considérer : le peuple, la domination et le caractère étranger de celle-ci ; le premier étant tributaire des deux derniers. La subjugation, la domination ou l'exploitation et leur caractère étranger sont des éléments appelés à être appréciés *in concreto* par les États et les organes internationaux tenus de respecter ce droit, et qui justifient l'exercice de celui-ci. C'est une situation déterminée d'un peuple qui justifie son vouloir collectif de libération[27].

En tout état de cause, la question de la définition de la notion de « *peuple* » risque de rester posée encore longtemps. Mais, une définition universelle est-elle vraiment souhaitable ? Dans l'affirmative, quelle pourrait en être la forme ? Les avis divergent. Certains craignent qu'une définition trop stricte n'empêche beaucoup de groupes de jouir des droits reconnus. Inversement, l'absence de définition a très souvent conduit l'ONU et la communauté internationale à l'impuissance. Par ailleurs, la problématique

22. Jouve (Edmond), *Le droit des peuples*, Paris, PUF, Coll. « Que sais-je ? », 1986, p. 7.
23. Basdevant (Jules), (dir.) *Dictionnaire de la terminologie du droit international*, 1960, p. 449.
24. *Ibidem*, p. 450.
25. Cristescu (Aureliu), *Le droit à l'autodétermination : développement historique et actuel sur la base des instruments des Nations Unies*, New York, Nations Unies, 1981.
26. Chemillier-Gendreau (Monique), « Quel avenir pour la souveraineté ? Interrogations sur un concept en crise », *in Les évolutions de la souveraineté*, (dir.) Maillard Desgrées du Loû (Dominique), Montchrestien, Paris, 2006, p. 131.
27. Thierry (H.), Combacau (J.), Sur (S.), Vallee (C.), *Droit international public, Montchrestien*, 4e éd., 1986, Paris, p. 462.

de « *peuple* », qui paraît insoluble, n'est malheureusement pas la seule. Celle du rapport conflictuel du principe avec d'autres principes du droit international contribue aussi à en limiter l'efficacité.

### c) Le rapport avec d'autres principes du droit international

L'antinomie entre le droit des peuples à disposer d'eux-mêmes et d'autres principes a été aussi parfois la source de sérieux blocages et d'affaiblissement du droit international. Son exercice se heurte notamment à la souveraineté des États, pierre angulaire de l'ordre juridique international. Cela viendrait du fait que l'un est un principe « destructeur » de l'ordre international. Destiné à en assurer le changement et appelé à être exercé par des peuples intégrés dans des États, il met en cause l'unité et l'intégrité territoriale de ceux-ci, et donc leur souveraineté, qui, elle, a un caractère conservateur[28].

Il ne faut toutefois pas confondre la souveraineté avec d'autres principes du droit international tels que l'intégrité territoriale, l'inviolabilité des frontières, l'intangibilité des frontières, la non-intervention ou la non-ingérence. Bien qu'il existe une certaine proximité et parfois une complémentarité entre ces notions, rien n'autorise à en faire des notions totalement identiques. On peut noter par exemple que l'inviolabilité des frontières préserve la souveraineté, et que l'intangibilité en est la conséquence. L'intégrité territoriale la garantit et lui est si proche qu'elle est souvent mise en avant comme clause de sauvegarde dans la plupart des grands instruments universels et régionaux concernant le droit à l'autodétermination. Mais derrière ces aspects difficiles et même scabreux du principe, se profile peut-être une évolution que cette étude va aborder.

## III - Objet de l'étude et problématique

L'étude portant sur la signification, la place et le rôle du droit des peuples à disposer d'eux-mêmes en droit interne, international et dans les relations internationales contemporaines, à travers deux cas précis, la question fondamentale et celles qui en dérivent, peuvent être formulées en ces termes :

- À l'heure de la mondialisation, le droit des peuples à disposer d'eux-mêmes reste-t-il ou non ce qu'il était à l'origine ?
- À supposer qu'il se transforme, à quoi cela est-il dû ? Que devient-il ? Une nouvelle règle émerge-t-elle et comment cela se traduit-il dans les formes politiques, les structures de droit public et au-delà ? Quelle incidence cette transformation aurait-elle sur la décolonisation en général ?
- En quoi les deux cas choisis dans cette étude illustrent-ils son évolution et en quoi peuvent-ils constituer des « formes nouvelles » de démocratie, et peut-être des modèles ?

Pour répondre à ces questions, la problématique ou la perspective théorique adoptée est la suivante : alors que l'on croyait ses vertus épuisées, et lui-même tombé en désuétude,

28. *Ibidem.*

et malgré ses difficultés, ce principe revient en force. Sur quoi donc peuvent se fonder la valeur et l'intérêt qu'on lui a portés hier et aujourd'hui encore ? Reposent-ils uniquement sur sa force juridique et politique, ou se fondent-ils aussi et en même temps sur sa capacité à muter, à se transformer pour s'adapter aux contextes qui s'imposent à lui ? Il s'agit globalement d'une réactualisation qui vise à vérifier s'il se métamorphose, et si la tendance n'est pas à l'abandon progressif d'une conception pour une autre, illustrée par deux cas : la Nouvelle-Calédonie et le Nunavut.

Cette approche insiste sur le caractère dynamique du principe que met en relief le terme de « pérégrinations ». Celui-ci ne fait que traduire ces différentes adaptations, sans aucune connotation péjorative. Au-delà d'une simple approche positiviste qui ne permet pas de sortir des sentiers battus, elle devrait permettre de voir si transformation il y a, pourquoi, comment et quelles en sont les conséquences au niveau interne et international. Elle devrait permettre de déterminer ensuite à quel type ou à quelle forme d'autodétermination correspond chacune des deux unités choisies. Pour quelles raisons évoluerait-il ? Dans chacun de ces deux cas notamment, le principe est sollicité pour résoudre un triple problème : celui de la décolonisation et de l'autodétermination en général et celui de la reconnaissance du peuple autochtone en particulier, mais rien n'y est simple, on le verra. Que deviendrait-il alors ? S'il semble conserver ses principales caractéristiques de la période précédente, en étant protecteur, bénéficiaire et tributaire de la souveraineté de l'État, ne devient-il pas aussi un droit identitaire, un droit au partage des pouvoirs, donc un facteur de « restriction » de la souveraineté de l'État ? Hypothèses à vérifier.

Ces deux caractéristiques l'inscriraient, le cas échéant, dans le cadre de la postmodernité où l'État, tout en restant incontournable, apparaît de plus en plus « *encadré, concurrencé, englobé* », où la souveraineté, toujours pilier du droit international, tend elle aussi à « *n'être plus qu'un principe d'ordre, un principe parmi d'autres* »[29], et où des droits nouveaux, multiples, spécifiques sont reconnus à certaines catégories de la population dont l'identité est menacée[30]. Ainsi est-on conduit à parler d'un droit identitaire pour ces groupes auxquels les États résistent de moins en moins, et particulièrement les peuples autochtones, qui jouent un rôle important dans l'évolution en cours, et qui tendent à devenir eux-mêmes les bénéficiaires de ce droit encore « *doux* » et « *mou* ». Ce processus apparaît à travers les statuts accordés aux entités censées les représenter ou incarner leurs revendications et à travers leur action auprès de l'ONU.

Mais au-delà des formes politiques et des structures de droit public, il existe d'autres dimensions de l'autodétermination. Cela conduira donc à aborder un peu la condition juridique de ces peuples autochtones, mais aussi à voir notamment comment fonctionne le pluralisme juridique à l'intérieur des différents États auxquels ils appartiennent.

---

29. *Ibidem*.
30. Chevallier (Jacques), *L'État postmoderne*, Paris, *LGDJ*, 2008, p. 118.

## IV - Champ et précisions méthodologiques de l'étude

Il sera fait ici la présentation des deux entités étudiées. L'intérêt de leur choix et celui des méthodes adoptées pour les étudier seront aussi explicités.

### A - Champ de l'étude

La Nouvelle-Calédonie et le Nunavut servent de champ d'investigation pour illustrer l'une et l'autre l'évolution actuelle du principe. Malgré des trajectoires différentes, ces entités sont des lieux où s'expérimentent à la fois la décolonisation, la mise en œuvre de l'autodétermination et la reconnaissance d'un peuple autochtone.

#### *1 - La Nouvelle-Calédonie, collectivité française du Pacifique*[31]

Archipel de 18 575,5 km$^2$ en Océanie et Mélanésie, distante de la France métropolitaine de 17 000 km, la Nouvelle-Calédonie est une collectivité *sui generis*. « Découverte » au 18$^e$ siècle et colonisée tardivement, elle ne devient française qu'en septembre 1853. Depuis lors, de nombreux heurts entre colonisateurs et colonisés émaillent l'histoire de cette lointaine colonie, fondés sur des incompréhensions et des malentendus entre les autochtones kanak, porteurs d'une culture originale, incomprise et ignorée, que la colonisation a privés de terres et d'une identité, et une population immigrée dont une partie est considérée elle aussi comme victime de l'histoire. Une colonisation pénale a en effet lieu de 1864 à 1897. Après la Seconde Guerre mondiale, le code de l'indigénat est aboli et le statut de colonie abandonné. En 1958, l'indépendance est rejetée par référendum et la Nouvelle-Calédonie devient un Territoire d'outre-mer français. De 1946 à 1999, elle connaît une succession de statuts d'autonomie interne qualifiée à juste titre de « *yo-yo statutaire* »[32], dont celui issu des Accords de 1988 et celui issu de l'Accord de Nouméa de 1998. Pendant cette période, l'autonomie du territoire est tantôt accrue tantôt réduite par le gouvernement central, soit pour garder la main sur le nickel soit tout simplement au gré des changements de majorités politiques en Métropole.

Une période marquée par des tensions liées aux revendications d'une population autochtone marginalisée et déçue par certaines restrictions à l'autonomie. La vie politique se polarise peu à peu autour de la question de l'indépendance, une notion ethniquement *clivante*. Les années 1980 connaissent un tournant décisif car cette population donne à ses revendications une forme plus structurée et une allure plus violente, dont le paroxysme est la prise d'otages d'Ouvéa qui aboutit à la signature des Accords de Matignon, le 26 juin 1988. Le nouveau statut découpe le territoire en trois provinces dont deux sont dirigées par des Mélanésiens, ramène la paix civile et engage le rééquilibrage. L'autodétermination est différée de dix ans, mais le partage du pouvoir

31. Voir carte en annexe.

32. AGNIEL (Guy), « L'expérience statutaire de la Nouvelle-Calédonie, ou de l'étude du mouvement du yo-yo au service de l'évolution institutionnelle d'un territoire d'outre-mer », *in L'Avenir statutaire de la Nouvelle-Calédonie*, (dir.) de FABERON (J.-Y.), La Documentation française, Paris, 1997, p. 42.

et le fait que pour la première fois les Calédoniens décident eux-mêmes de leur statut constituent les clés du succès de ces accords[33].

L'Accord de Nouméa, signé le 5 mai 1998 par les mêmes partenaires, prolonge pour quinze ou vingt ans les Accords de Matignon, mais avec de grandes innovations portant sur le transfert de nouvelles compétences à la Nouvelle-Calédonie, les lois du pays, le corps électoral restreint, une citoyenneté néo-calédonienne, un Sénat coutumier, des signes identitaires propres à la Nouvelle-Calédonie. Relativement peu peuplée et marquée par un métissage biologique ancien et complexe, elle peine cependant à réaliser un métissage culturel et à se trouver une identité commune[34]. C'est pour y tendre que se retrouvent dans le statut actuel issu de l'Accord de Nouméa côte à côte des institutions dites de la coutume autochtone considérée comme « *organisatrice du champ social et politique du monde Kanak traditionnel* »[35], et celles dites modernes dont un gouvernement à la représentation proportionnelle, trois assemblées de provinces et un Congrès formé par une partie des membres de ces assemblées. Ce statut de collectivité spécifique d'outre-mer dont le socle constitutionnel est l'article 74 ainsi que les articles 76 et 77 du titre XIII, se caractérise particulièrement par son caractère évolutif et la possibilité d'une libre détermination. Un référendum est en effet prévu entre 2014 et 2018 sur l'accès à la pleine souveraineté. Ainsi, l'autodétermination et la décolonisation sont-elles déjà en marche. De fortes disparités économiques, sociales, culturelles et spatiales demeurent malgré le rééquilibrage[36], mais ce statut tend sinon à servir de modèle à ceux qui lui trouvent de nombreuses vertus, du moins à constituer un « laboratoire »[37] très intéressant.

### *2 - Le Nunavut, une création territoriale au sein du Canada*[38]

Alors que la Nouvelle-Calédonie est très éloignée de la France métropolitaine, le Nunavut ou *pays des Inuit*, en *inuktitut* « *notre terre* », est incorporé au Canada. Nouveau territoire autonome où le pouvoir est fortement décentralisé, il occupe le plus vaste espace géographique dans cet ensemble, soit environ 20 % du territoire canadien. Situé à l'extrême nord, il couvre une superficie de 2,12 millions de km², avec un climat arctique aux températures polaires en hiver. C'est le plus jeune et le plus oriental des trois territoires, qui fut séparé des territoires du Nord-Ouest le 1er avril 1999 par la loi sur le Nunavut et la loi concernant l'accord sur les revendications territoriales du Nunavut. Il est le résultat de plus de vingt ans de négociations entre le gouvernement fédéral, celui des Territoires du Nord-Ouest et les Inuit de l'Arctique de l'Est représentés

33. Le Guillou (Chantal), « La Nouvelle-Calédonie : un archipel présentant un déséquilibre majeur entre Nouméa, la brousse et les îles », *in L'Outre-mer français dans le Pacifique*, (dir.) De Deckker (Paul), Steinmetz (Luc) et Le Guillou (Chantal), CDP et l'Harmattan, 2003, p. 75.

34. Terrier-Douyere (Christiane), « Nouvelle-Calédonie : Identité et métissage », *in L'Outre-mer français dans le Pacifique*, L'Harmattan et CDP Nouvelle-Calédonie, 2005, p. 121.

35. Steinmetz (Luc), « Nouvelle-Calédonie : les institutions de la coutume », *in L'Outre-mer français dans le Pacifique*, L'Harmattan et CDP Nouvelle-Calédonie, 2005, p. 142.

36. Le Guillou (Chantal), *op. cit.*, p. 76.

37. Terme qu'une partie de la doctrine n'apprécie pas.

38. Voir carte en annexe.

par *l'Inuit Tapirisat du Canada* (ITC) et la *Fédération Tunngavik du Nunavut* (FTN). Ceux-ci sont, en effet, autochtones de la région arctique de l'Amérique du nord, du détroit de Béring à l'est du Groenland, et partagent la même culture et la même langue que leurs frères de l'Alaska, du Groenland et de la Russie. Les premiers contacts avec les Européens remontent au seizième siècle, mais c'est surtout à partir du dix-neuvième que les missionnaires cherchent à les sédentariser et à les convertir au catholicisme. Plus tard, ils seront victimes d'une assimilation forcenée ainsi que de « réinstallations », déplacements forcés d'ordre administratif ou liés au développement.

Malgré son immense espace, le Nunavut ne compte qu'une population de 30 000 habitants, répartie au sein de 28 communautés qui, à l'exception de la capitale *Iqaluit* (6184 habitants), siège de l'Assemblée législative, détiennent une population moyenne par communauté de 400 personnes. La langue officielle, l'*Inuktitut*, est la langue du gouvernement, à laquelle s'ajoutent les langues officielles du Canada, l'anglais et le français. En 2006, le taux de natalité est le plus élevé du Canada (23,3 ‰) et 40 % de la population ont moins de 15 ans. C'est un territoire jeune en tous points de vue. Celui-ci est sous l'égide d'un gouvernement public alors que la majorité de la population (85 %) est autochtone. Certains parlent alors d'autonomie gouvernementale inuit de *facto*[39]. L'Assemblée législative du gouvernement est élue par l'ensemble de la population adulte résident au Nunavut. La création de ce territoire fait partie d'une entreprise plus large de décolonisation interne des autochtones au Canada, qu'ils soient Amérindiens, Métis ou Inuit, même si ces peuples ont subi de manière inégale la pression de la colonisation européenne, et ont chacun leur identité et des intérêts propres à défendre.

### B - Précisions méthodologiques de l'étude

Le droit des peuples à disposer d'eux-mêmes est un thème débattu en droit international, mais aussi en science politique, en relations internationales et en philosophie du droit. D'autres sciences sociales comme l'anthropologie s'y intéressent.

Notre approche sera fondamentalement juridique, un peu comme celle qui a été privilégiée jusqu'à présent par de nombreux auteurs dont nous nous inspirerons. Ainsi, pour bien cerner le contenu et la portée actuels du concept, nous procéderons à l'examen minutieux des textes, des instruments internationaux à portée universelle ou régionale, des traités ou conventions, à celui de la pratique des organisations internationales et des États, notamment leurs prises de positions officielles ou discours justificatifs, mais aussi à celui de la doctrine et de la jurisprudence qui sont des sources indirectes.

Certains auteurs ont choisi de n'aborder ce thème que sous l'angle positiviste sous prétexte qu'il présente des paramètres qui sont presque tous politiques, et que les questions morales et philosophiques qui accompagnent le débat juridique ne sont guère résolues[40]. Si cette profession de foi positiviste a le mérite d'être claire en termes méthodologiques,

39. Legaré (André), « Le Nunavut, Le compte à rebours est commencé », *in Recherches amérindiennes au Québec*, vol. XXVIII, n° 2, 1998, p. 105.
40. Christakis (Théodore), *op. cit.*, p. 18-22.

elle fait cependant croire que le rôle créateur de l'interprète n'existe pas et sous-estime les influences morales et idéologiques auxquelles tout juriste ou tout scientifique est soumis consciemment ou non, de même qu'elle érige la méthode positiviste comme la seule valide pour le juriste, en écartant d'autres approches méthodologiques tout aussi valables scientifiquement, et qui feraient appel à de la philosophie ou à de la sociologie du droit, ou encore à de l'anthropologie juridique par exemple[41]. Le positivisme juridique et même le droit à lui tout seul ne suffisent plus à rendre compte d'un grand nombre de situations et de réalités. La nécessité d'un dialogue avec des disciplines transversales au droit permet de prendre en compte d'autres dimensions (historique, politique, anthropologique, philosophique, etc.) qui l'enrichissent au lieu de l'appauvrir. Aborder le droit dans toute sa diversité, sous l'angle de la pluralité des cultures, pourrait par ailleurs être le gage d'une bonne gouvernance. Parce que la diversité des approches analytiques pour traiter d'un même objet de recherche est possible et même parfois indispensable, et que notre problématique est une problématique du pourquoi et du comment, nous serons amenés à dépasser le simple point de vue du positivisme juridique, pour expliquer l'émergence de ces nouvelles « curiosités juridiques » que sont toutes ces entités naissantes aux statuts divers.

Notre approche sera aussi comparative. Mais le droit comparé offre-t-il une théorie qui en guiderait la pratique ? Il semble que, généralement, deux exigences s'imposent au comparateur quelle que soit la discipline : la comparabilité des objets à comparer (comparer ce qui est comparable) et la pertinence de la comparaison (comparer à juste titre ce qui est comparé car *comparaison n'est pas toujours raison*). Encore faut-il savoir sur quels critères se fonder pour déterminer ce qui est comparable.

### *1 - Le choix de la méthode comparative*

Rappeler ce qu'est la comparaison et la méthode comparative nous permettra ensuite de donner les raisons du choix de cette méthode ainsi que les critères et l'intérêt du choix des unités que nous avons fait.

#### a) Les raisons du choix de la méthode comparative

Cécile Vigour affirme que « *comparer c'est, dans une première approche, relever des différences et des points communs en fonction d'un critère qu'il convient de définir au préalable et qui oriente le regard du chercheur. Dès lors que l'on considère au moins deux termes en fonction d'un même critère, a priori, rien n'est incomparable* »[42].

La comparaison peut donc être une méthode, mais aussi une manière de voir. Elle peut avoir une logique épistémologique, théorique, descriptive, ou explicative. Elle pourra permettre ici de faire ressortir une logique sous-jacente à des expériences de décolonisation conduites de nos jours à des lieux différents, sans nier pour autant

41. CORTEN (Olivier), *Méthodologie du droit international public*, Éditions de l'université de Bruxelles, 2009, p. 106-107.

42. VIGOUR (Cécile), *La comparaison dans les sciences sociales, pratiques et méthodes*, La Découverte, Paris 2005, p. 7.

l'originalité de chacune d'elles, avec la conviction que ce qui converge en elles est plus important que ce qui les distingue. Elle permettra ainsi de décrire l'évolution du principe de l'autodétermination et ses différentes applications, cette description conduisant à distinguer différentes formes ou modèles d'autodétermination.

### b) La comparabilité des deux cas, les critères et l'intérêt du choix

Dans les deux exemples étudiés, le droit des peuples à disposer d'eux-mêmes sert de fondement à la décolonisation et à la reconnaissance du peuple autochtone. L'Accord de Nouméa et l'Accord sur le Nunavut sont des accords d'autodétermination et constituent le point de départ d'une relation postcoloniale. Les deux entités sont comparables car leur différence n'est pas dans la légitimité de leur autodétermination, mais simplement dans l'expression et la forme de celle-ci. Le choix a reposé sur une stratégie comparative explicite : celle d'une combinaison entre la stratégie des systèmes très différents d'A. Przeworski et H. Teun[43] et la méthode de la concordance et de la différence de John Stuart Mill[44]. La première fait abstraction des différences pour mettre en évidence les points communs et les expliquer, alors que la méthode des systèmes très similaires étudie les systèmes assez proches mais qui divergent quant au facteur examiné.

Au-delà du fait que ce qui converge en elles est plus important que ce qui les distingue, le choix des deux entités s'est fait à partir de certains critères. Il a combiné leurs différences et leurs ressemblances. Le premier critère est celui de la présence, en leur sein, de peuples autochtones qui sont à l'origine des revendications d'autodétermination et participent à sa mise en application. Ils contribuent de ce fait à la transformation du droit à l'autodétermination et à celle de la souveraineté. Le second critère est la relative infériorité démographique de ces peuples autochtones par rapport à l'ensemble de la population du pays. Le troisième critère est celui de la différence des régimes politiques et juridiques des États auxquels ces entités appartiennent. Le Nunavut fait partie du Canada, État fédéral constitué de provinces et de territoires aux statuts divers, État anglophone et francophone où s'appliquent essentiellement la *Common Law* et le droit civil, avec une monarchie parlementaire. Alors que La Nouvelle-Calédonie fait partie de la France, une République unitaire où existe un ordre juridique avec hiérarchie des normes et subordination du juge à la loi. Le quatrième critère est celui d'une pratique institutionnelle de plus de dix ans depuis la signature des accords qui ont donné naissance aux statuts actuels des entités. Le cinquième et dernier critère est celui des situations géographiques et culturelles assez différentes avec cependant des situations politiques actuelles largement tributaires de l'histoire et de la colonisation. Même si l'un est géographiquement incorporé dans l'État auquel il appartient, et l'autre très éloigné du sien, les deux ont connu une colonisation de peuplement qui a minorisé le peuple autochtone.

43. Przeworski (Adam), Teune (Henry), *The Logic of Comparative Social Inquiry*, RE Krieger Publishing Company, 1970.

44. Mill (John Stuart), Peisse (Louis), *Système de logique déductive et inductive : exposé des principes de la preuve et des méthodes de recherche scientifique*, Volume 2, Libr. philosophique de Ladrange, 1866.

L'intérêt du choix est clair : permettre une meilleure connaissance de leur situation au regard du droit international de la décolonisation et du droit français et canadien, mais aussi apporter des éléments de réponse à la problématique générale de la décolonisation, et de l'autodétermination actuelle. Nous l'avons dit, notre choix porte un intérêt particulier sur les peuples autochtones. Nous sommes partis de l'idée que c'est une catégorie politique qui fait bouger les idées et les lignes du droit depuis quelques décennies et qui est en train de déplacer l'axe directeur du droit des peuples à disposer d'eux-mêmes.

C'est notamment une revendication d'indépendance Kanak qui s'est exprimée à travers les actions militantes engagées depuis les années 80. Mais ce peuple n'étant plus seul, la Nouvelle-Calédonie sera étudiée comme une entité composite au double visage, avec d'une part un peuple calédonien constitué de toutes les ethnies qui la composent et qui est concerné par l'autodétermination, et d'autre part, un peuple autochtone, le peuple kanak dont la revendication d'autodétermination est légitime et ancienne, et qui jouit de certaines protections internationales. Au Nunavut, c'est aussi le peuple autochtone largement majoritaire qui est à l'origine de la revendication d'une autonomie gouvernementale et, même s'il ne revendique guère l'accession à la souveraineté pour l'instant, il n'a en aucune façon renoncé à son droit à l'autodétermination.

Par ailleurs, ces deux cas semblent illustrer le rapport dialectique qu'entretiennent deux principes fondamentaux du droit international, le droit des peuples à disposer d'eux-mêmes et la souveraineté des États. C'est enfin parce que l'analyse binaire

> « *permet d'émettre des hypothèses générales et de les tester tout en réalisant une étude empirique de chaque cas sur la base de matériaux variés, en trouvant un bon équilibre entre le général et le particulier* »[45],

bref parce qu'elle permet de faire le va-et-vient entre l'infiniment grand et l'infiniment petit, que deux cas seulement ont été retenus.

### *2 - Le recours à la méthode hégélienne : la dialectique*

L'une des fonctions de la science du droit est d'éclairer sur les concepts et leurs transformations. Ayant rejeté l'idée de nous appuyer exclusivement sur le positivisme, car « *rien n'est simple dans le phénomène juridique, et la positivité peut être trompeuse* »[46], nous faisons appel à d'autres disciplines comme la philosophie du droit qui « *permet de saisir les problèmes dans leur complexité* »[47]. Celle-ci a une fonction heuristique et explicative intéressante dans la mesure où elle s'efforce de préciser et de clarifier le sens des phénomènes juridiques et leur interdépendance.

45. Dogan (Mattei) et Pelassy (Dominique), *Sociologie de la politique comparative, problèmes et perspectives*, Paris, Economica, 1982, p. 126-129, cités par Vigour (Cécile), *La Comparaison dans les sciences sociales, op. cit.*
46. Brimo (Albert), *Les grands courants de la philosophie du droit et de l'État*, Pedone (A.), Paris, 1978, p. 10.
47. *Ibidem*, p. 9.

### a) La méthode hégélienne

Le Professeur Francis-Paul Bénoît[48] nous suggère à ce propos le rationalisme absolu et la dialectique de Hegel pour l'analyse des notions et des concepts en tant qu'instruments de la connaissance juridique. Hegel préconise en effet sa méthode dialectique qui permet de préciser le rôle du concept comme moyen de connaissance des « *institutions* »[49] juridiques, en elles-mêmes et dans leur évolution, en allant au-delà des apparences extérieures, superficielles, auxquelles s'attachent souvent les juristes[50]. Pour lui, le concept d'une « *institution* » est la part de rationnel qu'elle comporte à un moment donné. Elle est commandée dans sa formation et son évolution par l'*Idée* (stade rationnel absolu) qui la tire peu à peu vers le stade de la perfection rationnelle. C'est alors une étape dans l'évolution mais aussi la cause du mouvement : un aspect du concept, la thèse, s'oppose à un autre aspect simultané de ce concept, l'antithèse. L'on retient ce qui est vrai dans chacun de ces éléments contradictoires, et l'on « surmonte la contradiction » en réalisant la synthèse, ce qui fait progresser la connaissance de l'*institution*. Cette progression se fait par le « dépassement » de l'opposition qui réalise une étape nouvelle, exprimé par un nouveau concept dans la marche de l'institution vers le stade du rationnel absolu[51].

Cette méthode est reprise par le Professeur Charles Chaumont[52] pour qui l'idée féconde de contradiction permet de comprendre comment et pourquoi se forme la règle de droit ainsi que son évolution, car le droit international n'est pas un univers clos replié sur lui-même, et la société internationale est hétérogène et soumise à de nombreuses contradictions. C'est parce que ce droit entretient des relations dialectiques avec les réalités internationales, qu'il préconise de toujours replacer les phénomènes juridiques dans leur globalité, c'est-à-dire dans leur liaison avec les autres phénomènes, et donc dans leur contexte. Cela devrait nous permettre de découvrir l'évolution du droit des peuples à disposer d'eux-mêmes, qui n'a pu, en effet, échapper ni aux forces contradictoires endogènes, propres au principe lui-même, ni surtout aux forces exogènes, qui régissent la société internationale et commandent le comportement des États.

Ainsi, le droit des peuples colonisés, par exemple, entre-t-il en conflit avec la souveraineté des États colonisateurs, et par la suite, c'est la souveraineté, l'unité et l'intégrité territoriale des nouveaux États décolonisés qui s'opposent à la mise en œuvre du droit des peuples vivant en leur sein. La contradiction entre ces deux principes est l'une des contradictions propres à notre époque, qui constituent la trame des relations internationales et donc du droit international contemporain. En effet,

48. Bénoit (Francis-Paul), « Notions et concepts, instruments de la connaissance juridique, Les leçons de la philosophie de Hegel », *in Mélanges en l'honneur du professeur Gustave Peiser,* Presses universitaires de Grenoble, 1995.
49. Ce terme doit être pris au sens large qui est le sien. Il n'a pas seulement un sens organique, mais il désigne tout phénomène envisagé sur le plan du droit en vue de sa soumission à un régime juridique.
50. Principes de philosophie du droit, ouvrage publié en 1821. Deux traductions françaises existent : L'une chez Gallimard, collection Idées, trad. Kaan ; L'autre chez Librairie Philosophique, J. Vrin, 1975, trad. Robert Derathé.
51. Bénoit (Francis-Paul), *op. cit.,* p. 25-26.
52. Chaumont (Charles), *Réalités du droit international contemporain,* Faculté de droit, Reims, 1974.

« *une bonne partie du droit international est fondé sur la souveraineté et une bonne partie repose ou s'inspire du droit des peuples à disposer d'eux-mêmes. C'est une antinomie. Mais c'est une antinomie avec laquelle il faut vivre ; et le droit international contemporain a souvent fait la synthèse en surmontant ses contradictions.* [...] *L'antinomie n'est donc pas entre un état de droit dépassé et un état de droit en progrès, mais entre deux constatations juridiques simultanées et contemporaines. Aussi ne sert-il à rien d'incriminer l'une ou l'autre de ces notions sous prétexte qu'elles nous ont dressés les uns contre les autres* »[53].

Ce constat devrait permettre d'aborder sereinement l'évolution conceptuelle du droit des peuples à disposer d'eux-mêmes.

### b) L'évolution conceptuelle du principe

C'est pour surmonter l'antinomie entre la souveraineté des États et le droit des peuples à disposer d'eux-mêmes que le contenu du principe a évolué, par tâtonnements successifs, oscillant selon les périodes, entre la priorité au droit des peuples et la priorité à l'intégrité des États, et donnant naissance à différentes conceptions du principe[54]. Dans cette évolution, deux périodes et deux conceptions ont pu être distinguées : une conception classique et une conception moderne[55]. Il semble qu'une troisième soit en train de voir le jour.

#### • La conception classique

Elle prévaut avant et après la Première Guerre mondiale, dans un contexte dominé par le principe des nationalités, une théorie politique qui veut que l'État et la nation coïncident dans les groupements politiques, selon le modèle « *Un peuple, une langue, un État* ». Elle a un contenu multiple : le droit des peuples déjà constitués en États de disposer d'eux-mêmes, le droit de faire sécession et de parvenir à l'indépendance, le droit pour une population de ne pas être échangée ou cédée contre sa volonté ; le droit, sur le plan interne et constitutionnel, de choisir son régime politique, et le droit des peuples, à l'intérieur des États, de se gouverner eux-mêmes[56]. Les bénéficiaires sont soit une partie de la population, le « *peuple* » non constitué en État, soit l'État lui-même, le « *peuple* » déjà constitué en État.

Ses aspects et ses finalités contradictoires sont surmontés : le principe présente deux aspects dont l'un est révolutionnaire quand il soutient la sécession, et l'autre conservateur quand il défend l'ordre établi et protège les États. La contradiction est surmontée par la fusion de deux philosophies : celle qui fait une liaison étroite entre l'idée démocratique et l'idée nationale, en mettant en valeur le peuple et sa souveraineté, et celle qui donne la préférence à la liberté de choix. Cette approche est utilisée systématiquement lors du

53. Chaumont (Charles), *Cours général de droit international public,* RCADI, 1970, I, T. 1, p. 348-349.

54. Cattaruzza (Amaël), *Les referendums d'autodétermination : démocratisation ou balkanisation du monde ? L'Espace politique,* [En ligne], 3/ 2007-3, p. 16-22, mis en ligne le 22 décembre 2007, consulté le 19 juillet 2010.

55. Gilhaudis (Jean.-François), *Le droit des peuples à disposer d'eux-mêmes,* Presses universitaires de Grenoble, 1976, p. 12-22.

56. *Ibidem,* p. 18.

Congrès de Versailles qui associe les deux principes de la souveraineté nationale et de l'autodétermination pour garantir la paix et la justice[57]. Amaël Cattaruzza[58] considère que la conception classique du droit des peuples a été une conception « ethno-nationale », fondée sur l'idée que le territoire politique idéal doit rassembler tous les membres d'un même groupe ethnique. C'est la question des nationalités qui l'a beaucoup influencée (Voir Fig. 2, *infra*).

**Fig. 2 : Le principe d'autodétermination ethnonational (Selon le modèle des Os et des Xs de Jean Laponce).**

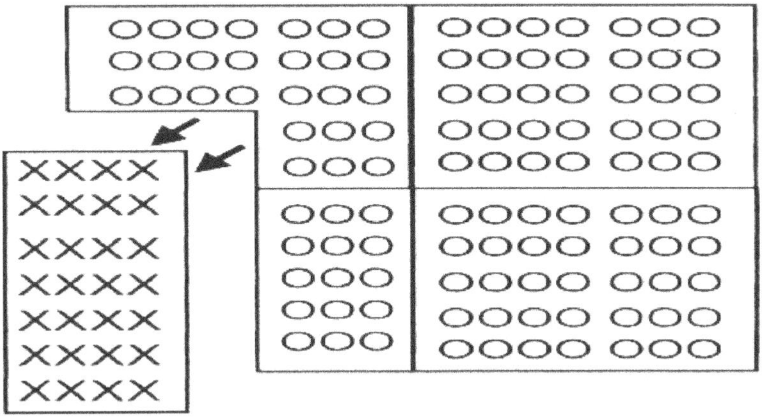

*Source : LAPONCE (Jean-A), « National Self-determination and Referendums: The case for Territorial Revisionism », Nationalism and Ethnic Politics, vol. 7, n° 2, Summer 2001.*

Mais cette situation ne s'est pas éternisée. Les réalités internationales ayant changé, une conception nouvelle a émergé.

- **La conception moderne du droit des peuples**

Elle succède à la conception classique et c'est elle qui est consacrée par le droit international positif, c'est-à-dire celui qui est actuellement en vigueur. Elle prévaut de la fin de la Deuxième Guerre mondiale au début des années 90, dans un contexte dominé par la décolonisation. Les deux superpuissances soutiennent les nationalismes des pays colonisés, et l'arrivée massive de nouveaux États à l'ONU permet à ceux-ci, en dépit des résistances, de peser de tout leur poids sur la formation du droit international, et de remettre en cause les anciennes règles prétendument d'intérêt général qui correspondaient en réalité aux intérêts des grandes puissances[59]. Ainsi, « *la règle de droit ayant*

57. Badie (Bertrand), *La fin des territoires, Essai sur le désordre international et sur l'utilité sociale du respect*, Fayard, 1995, Paris.

58. Cattaruzza (Amaël), *Les referendums d'autodétermination : démocratisation ou balkanisation du monde ?*, *op. cit.*

59. Buirette-Maurau (P.), *La participation du Tiers Monde à l'élaboration du droit international*, Paris, *LGDJ*, 1983.

*pour fonction première de surmonter les contradictions antagoniques* »[60], le nouveau droit des peuples va les surmonter et s'adapter.

Le nombre de bénéficiaires est maintenu à deux : *les populations coloniales non constituées en États* et *les États déjà établis mais nouvellement indépendants*[61]. Le « *peuple* » est réduit à la population coloniale. Il se voit reconnaître le droit de déterminer son statut politique. Ce droit est ramené pour les besoins de la décolonisation au droit à l'indépendance, et ce « *peuple* » peut faire sécession pour accéder à l'indépendance, celle-ci devenant la *seule libre et authentique détermination*[62]. Mais l'affirmation du droit des États déjà établis à l'autodétermination fait aussi de ces États des « *peuples-États* » qui invoquent leur unité nationale ou leur intégrité territoriale pour se protéger contre toute sécession[63]. Ayant le droit de disposer d'eux-mêmes, ils se voient reconnaître le droit de sauvegarder leur indépendance et leur souveraineté, et même de la consolider, ce qui implique pour les autres États le non recours à la menace et à la force et la non-intervention.

Ici encore, les aspects et finalités contradictoires sont surmontés. Après la Seconde Guerre mondiale, avec le phénomène colonial, la décolonisation incarne l'idée de liberté, de justice, d'égalité, qui devrait être répercutée sur le plan des relations internationales. Pour lutter contre toute domination coloniale ou étrangère, l'indépendance devient une solution nécessaire pour tous les « *peuples* » coloniaux et un objectif à court terme à atteindre. Elle devient même une évidence idéologique[64]. Mais il faut aussi préserver l'unité nationale et l'intégrité territoriale des fragiles et jeunes États. Les deux finalités vont être conjuguées et leur conjugaison fait disparaître l'ambiguïté du principe et lui confère une unité idéologique qui les range toutes les deux dans le camp de la lutte contre le colonialisme[65].

Pour A. Cattaruzza[66], avec le développement des nationalismes radicaux et totalitaires dans les années 30, le principe ethno-national d'autodétermination, autrefois symbole de démocratie, apparaît comme dangereux. Il cède la place au principe territorial d'autodétermination (Voir Fig. 3, *infra*) qui rejette le droit de sécession en dehors de frontières étatiques préexistantes[67]. Il se fonde sur l'idée que la souveraineté territoriale et nationale repose sur un État qui transcende les appartenances ethniques. On voit bien, avec cette évolution, que la thèse selon laquelle le principe s'adapte au contexte qui s'impose à lui, est une nouvelle fois accréditée. De la même façon, ne voit-on pas apparaître, de manière sous-jacente ou explicite, le même processus depuis que le principe territorial est mis à l'épreuve dans certaines régions du monde ?

60. Gonidec (Pierre-François), « Dialectique du droit international et de la politique internationale », *in Le droit des peuples à disposer d'eux-mêmes - Méthodes d'analyse du droit international, Mélanges C. Chaumont*, p. 21-22.
61. Guilhaudis (Jean-François), *op. cit.*, p. 21.
62. *Ibidem*, p. 71.
63. *Ibidem*.
64. *Ibidem*, p. 77.
65. *Ibidem*, p. 22.
66. Cattaruzza (Amaël), *op. cit.*, p. 18.
67. Mayall (J.), 1999, « Sovereignty, Nationalism and Self-determination », Political Studies, XLVII, p. 474-502.

**Fig. 3 : Le principe d'autodétermination territorial (Selon le modèle des Os et des Xs de J. Laponce).**

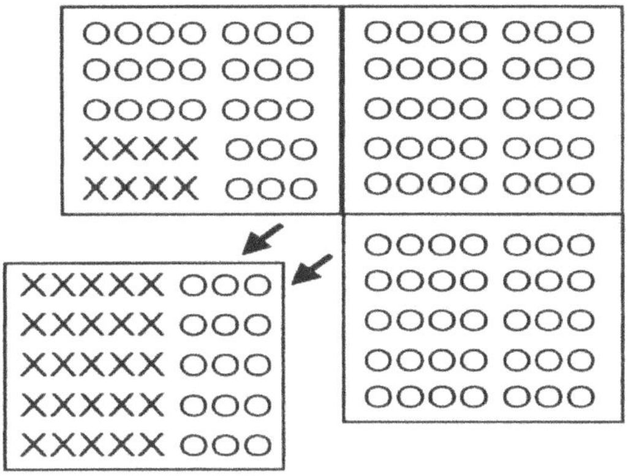


*Source : LAPONCE (Jean-A), « National Self-determination and Referendums: The case for Territorial Revisionism », Nationalism and Ethnic Politics, vol. 7, n° 2, Summer 2001.*

**• Une conception postmoderne du droit des peuples ?**

Bien que le droit des peuples ait servi de fondement à l'émancipation de nombreux peuples qui ont pu disposer d'eux-mêmes, les conflits séparatistes qui se sont multipliés à l'intérieur des pays nouvellement indépendants (Biafra, Sahara Occidental, Timor, Erythrée...), ceux qui sont nés du démantèlement de l'Empire soviétique, et plus tard ceux qui ont surgi aux frontières de la Russie (Tchétchénie, Ossétie du sud...) ainsi que sur les décombres de la Yougoslavie (Bosnie, Kosovo), ont révélé les limites de son application. L'institution onusienne s'est trouvée souvent paralysée par les pressions contradictoires de ses membres et le caractère conflictuel des principes dont ils se réclamaient. Alors, « *soucieuse de stabilité, elle a tantôt fermé les yeux sur quantité de violations de ce droit, tantôt pris position au cas par cas, selon le rapport des forces et l'issue des combats sur le terrain, chaque fois que les revendications des peuples à l'autodétermination avaient donné lieu à des conflits fratricides, souvent longs et sanglants* »[68].

Ce « bricolage », observé surtout pendant la période de flottement qui a suivi la vague de décolonisation des années 60-70, a fait croire que le principe tombait en désuétude, et se demander s'il fallait « *considérer que sa tâche historique remplie, il (le principe) avait trouvé place au musée des idées mortes* »[69]. Pourtant, depuis deux décennies environ, il « renaît de ses cendres », et il est désormais question de le remettre au goût du jour en le réévaluant et en précisant ses modalités[70]. La communauté internationale, semble-t-il, « *s'accorde majoritairement sur le rejet de l'émiettement de l'espace interétatique avec une prolifération d'États plus ou moins viables* », mais elle diverge sur le contenu à

68. Smouts (Marie-Claude), Battistella (Dario), Venesson (Pascal), *Dictionnaire des relations internationales*, Dalloz, 2006.
69. Ardant (Philippe), « Que reste-t-il du droit des peuples à disposer d'eux-mêmes ? », *Pouvoirs*, n° 57, 1991, p. 44.
70. Smouts (Marie-Claude), Battistella (Dario), Venesson (Pascal), *op. cit.*

accorder au principe. Tout en reconnaissant le droit des peuples coloniaux à la sécession et donc à l'indépendance, certains préconisent d'approfondir la réflexion engagée sur la protection internationale des peuples indigènes et des minorités, celle-ci « *ne passant pas nécessairement par l'octroi de structures institutionnelles propres et indépendantes mais par l'élaboration de règles protégeant leur religion, leur langue, leurs traditions, avec un statut garanti constitutionnellement* »[71], ou par l'attribution d'une personnalité juridique internationale. Un grand nombre de juristes de droit international et d'États penchent, en effet, pour l'affirmation ou la réaffirmation d'un droit à l'autodétermination interne, c'est-à-dire le droit pour un peuple de s'autodéterminer à l'intérieur du système ou de l'État dans lequel il vit.

Toutes ces approches conduisent à une réorientation de la problématique du droit des peuples, qui se concrétise après la chute du mur de Berlin. Avec l'éclatement de l'Empire soviétique et celui de la Yougoslavie qui ont entraîné la création de nouveaux États, le droit des peuples à disposer d'eux-mes s'affirme et se confirme. Mais après que le droit des peuples dominés a prévalu, c'est par la suite, la souveraineté, l'unité et l'intégrité territoriale des nouveaux États libérés qui s'opposent à la mise en œuvre du droit des peuples vivant en leur sein. La communauté internationale confirme alors à cette occasion le principe territorial d'autodétermination et non le principe ethno-national dans le règlement des conflits, pour éviter une trop grande fragmentation de l'Europe. Toutefois, si le droit à l'autodétermination est reconnu au sein des frontières politico-administratives des anciennes structures étatiques, les droits des minorités sont aussi réaffirmés. En Yougoslavie notamment, cette évolution est entérinée par la Commission Badinter, mise en place par l'Union européenne, qui conclut que quelles que soient les circonstances, seules les républiques constitutives de l'État yougoslave seraient reconnues comme États successeurs de la Yougoslavie. Elle propose de concilier le droit à l'autodétermination avec le principe de l'intégrité territoriale, cette conciliation reposant sur un système de protection des droits des peuples et des minorités que les États sont tenus de garantir en vertu du droit international[72], et elle considère même que ce droit des minorités fait partie du *jus cogens*. L'intégrité territoriale de l'État établi étant réaffirmée, le droit à l'autodétermination des minorités et des peuples intégrés exclut le droit à la sécession, mais en contrepartie, l'État englobant doit protéger et garantir, conformément au droit international général en vigueur, un droit imprescriptible à la préservation de leur identité nationale propre.

On voit bien, à travers cette analyse, l'intérêt d'aller au-delà d'un simple constat de positivité ou de non-positivité d'un droit ou d'un principe. Mais on voit aussi que pour prendre la mesure de l'évolution en cours et rendre compte de la réalité, ni les schémas de pensée traditionnels ni même les seules méthodes juridiques ne suffisent plus. Il faudrait donc s'efforcer de construire d'autres outils, de forger d'autres grilles

71. Ardant (Philippe), *op. cit.*, p. 54.
72. Voir les avis rendus par cette commission le 29 novembre 1991 et le 11 janvier 1992.

d'analyse pour éclairer et enrichir le droit en général, et en l'occurrence, pour réévaluer la conception de l'autodétermination.

Vu sous l'angle hégélien, le cas yougoslave illustre bien la conjugaison de deux préoccupations contemporaines contradictoires. La conception de l'autodétermination, que cette étude essaie de mettre en lumière, se structure autour de deux pôles dont elle associe les règles apparemment antinomiques : d'un côté, la sauvegarde de l'intangibilité des frontières, l'intégrité territoriale et la stabilisation du pays, et de l'autre, le respect des minorités et des droits de l'homme en général[73]. Une fois encore, les aspects contradictoires sont surmontés, les antagonismes gommés ou occultés pour trouver une ingénieuse synthèse, fût-elle provisoire. Elle met aussi en lumière une dialectique entre les deux principes (le droit des peuples et la souveraineté des États) qui s'influencent mutuellement et se transforment lentement. L'un tendant à restreindre l'autre en même temps qu'il le protège et lui reste tributaire. Et au-delà de ce constat, on peut aussi noter que

> « *les droits de l'homme, le droit des minorités et celui des peuples autochtones forment maintenant un ensemble, position très différente de celle qui a présidé à la construction de l'ONU. Le droit des minorités et celui des peuples autochtones appartiennent aux droits de l'homme* [...]. *Dans la mesure où ces droits appartiennent aux droits de l'homme, ils sortent du domaine réservé des États. Leurs violations graves et systématiques donnent à tout le moins un droit de regard à la communauté internationale sur le comportement des États fautifs* »[74].

Vu sous l'angle de la postmodernité, l'évolution est aussi perceptible. Le concept d'« autodétermination postmoderne » sert ici à fournir une grille d'analyse de cette évolution que subit le principe. Au-delà de l'extrême diversité des situations et des revendications, il vise à mettre en évidence des tendances lourdes qui travaillent celui-ci. La postmodernité juridique étant un amalgame entre son aspect anti-modernité (rupture) et son aspect hyper-modernité (continuité), l'autodétermination postmoderne révèle bien cette double tendance que notre étude tentera de faire ressortir. On découvre, ici encore, que l'autodétermination est **un facteur de « restriction » de la souveraineté de l'État (I^re^ partie)**, et qu'elle est par ailleurs **protectrice, bénéficiaire et tributaire de la souveraineté de l'État (II^e^ partie)**. Ces deux réalités contemporaines lui donnent incontestablement une dimension postmoderne, ces hypothèses de base étant illustrées par les deux cas choisis : la Nouvelle-Calédonie et le Nunavut.

---

73. KOVACS (M.M.), 2003, « Standards of self-determination and standards of minority rights in the post-communist era : a historical perspective », *in Nations and Nationalism*, 9, n° 3, 2003, p. 433-450.
74. ROULAND (Norbert), (dir.), *Le droit à la différence*, PUAM, 2002, p. 203.

# PREMIÈRE PARTIE

## L'autodétermination, facteur de « restriction » de la souveraineté

Comme facteur de « restriction » de la souveraineté de l'État, l'autodétermination transforme celle-ci au plan international et au plan interne. Le terme de « restriction » est à prendre ici avec prudence à cause de la complexité de la notion de souveraineté. Celui de « substitution » pourrait lui être préférable. Mais si l'on conçoit comme nous la restriction comme un recul, une atténuation, c'est d'abord au plan international que se joue le processus dialectique et que la « restriction » de la souveraineté par l'autodétermination est perceptible. Celle-ci n'est possible qu'avec l'assentiment des États qui, par méfiance, ne se prononcent que très lentement. Malgré cette lenteur, la transformation se fait à travers l'émergence d'un droit identitaire et la reconnaissance internationale du pluralisme. C'est ensuite au sein même des États que l'autodétermination révèle sa dimension réductrice de souveraineté, où s'observent aussi l'émergence d'un droit identitaire et la référence au pluralisme, dans une extrême variété de situations et de politiques, que ce soit l'insertion du pluralisme dans les constitutions, que ce soit la transformation de principes constitutionnels, le partage des pouvoirs ou le pluralisme juridique.

# Sommaire

## – PREMIÈRE PARTIE –

# TITRE I

## La transformation de la souveraineté par l'autodétermination au plan international

Cette transformation est le résultat d'une apparition progressive d'un droit qualifié d'identitaire et d'une reconnaissance multiforme du pluralisme. L'émergence de ce nouveau droit passe par une lente mutation du concept de décolonisation et celui de peuple, par une timide reconnaissance de ce droit à d'autres peuples, et par une portée bivalente attribuée à ce droit lui-même. La reconnaissance internationale du pluralisme se fait quant à elle à travers une activité normative des institutions internationales, à travers des prises de positions étatiques, et à travers des modes d'élaboration du droit marqués par la négociation, le consensus, la flexibilité et l'adaptabilité. Mais seul un examen attentif de l'état de ce droit permettra de vérifier si les normes dont il se prévaut attestent bien d'une mutation juridique fondamentale ou encore embryonnaire.

# CHAPITRE 1

# L'autodétermination et l'émergence d'un droit identitaire

*« Toute règle de droit a un fondement idéologique politique et tend à répondre aux nécessités d'un milieu social à une époque donnée* [...] *C'est la législation et la pratique qui en permettent la concrétisation ; en droit international en particulier,* [...] *la coutume et la doctrine jouent alors un rôle intéressant mais c'est vraiment la convention qui permet d'accélérer le processus. »*[75]

Ce rappel évoquant l'origine des règles de droit en général et la théorie des sources en droit international en particulier nous conduit à replacer le droit identitaire dans le contexte actuel, avant d'aborder ses différentes formes de déclinaison que sont la lente mutation de certains concepts, la timide reconnaissance de certains peuples ou encore la portée bivalente assignée progressivement au droit des peuples lui-même.

## SECTION 1
## Un nouveau contexte international et l'irruption de l'identité

C'est dans un contexte de fin de guerre froide, de mondialisation accélérée, d'ébranlement de l'ordre territorial, de forte avancée des droits de l'homme et de la démocratie, phénomènes qui accompagnent la postmodernité, que s'impose de plus en plus le fait identitaire. L'identité réinvestit le champ social, politique, juridique et scientifique en général, sans doute à cause d'un malaise général qui conduit au repli sur soi ou à une quête de soi très forte.

### I. Un nouveau contexte international

Tiraillée entre divers mouvements contradictoires que sont la régulation et l'anarchie, la mondialisation et la fragmentation, l'intégration et la décentralisation, la société internationale contemporaine connaît aussi toutes sortes de mutations idéologiques et conceptuelles dont celle du droit des peuples à disposer d'eux-mêmes que nous étudions.

75. Calegeropoulos Stratis (S.), *op. cit.*, p. 251.

### A. La mondialisation

La mondialisation, processus d'internationalisation apparu depuis longtemps, s'amplifie et s'accélère au cours des années 1990. Phénomène multiforme désignant l'expansion et l'harmonisation des liens d'interdépendance entre les nations, les activités humaines et les systèmes politiques à l'échelle du monde, il aboutit à l'effacement virtuel des frontières, touche tous les pays et toutes les personnes dans la plupart des domaines. Il se traduit par des transferts massifs et des échanges internationaux de biens, de main-d'œuvre, d'informations et de connaissances de moins en moins contrôlables, mais aussi par une homogénéisation progressive des styles de vie, des modes de consommation et des standards culturels.

Il s'agit d'une mondialisation des marchés, de la communication, de la culture, et de la politique qui, par une dynamique nouvelle, est en train de passer, à une nouvelle ère, celle de la « globalisation ». Cela signifie qu'un transfert s'opère de la sphère nationale à la sphère mondiale, et que la plupart des problèmes ne peuvent plus être résolus à l'échelon national. L'action combinée de tous ces éléments déstabilise le modèle étatique, remet en cause l'ordre mondial dans presque tous les domaines. Des sociétés toutes entières sont secouées par cet « immense cyclone » qui tend à tout balayer et tout déraciner. Mais il favorise ou renforce ici et là des réflexes de repli identitaire qui trouvent dans le droit à l'autodétermination l'outil idéal à mettre au service de leur cause. On parle ainsi de « *glocalisation* » qui « traduit cette dynamique complexe d'homogénéisation et de différenciation sans cesse renaissante »[76].

### B. La fin de la guerre froide

La guerre froide ayant été la période de tensions et de confrontations idéologiques entre les deux superpuissances (USA et URSS) et leurs alliés de 1947 à 1991, la chute du communisme dans l'ex-URSS marque la fin de cette ère et favorise le triomphe de la démocratie libérale. Ce nouveau contexte est propice à la démocratisation continue des continents qui s'accélère, et à la mise en place des normes internationales sur les droits de l'homme. Les bases d'une justice internationale sont posées. Un grand nombre de démocraties populaires de l'Europe de l'Est, du monde communiste, mais aussi de régimes autoritaires se libère.

Toutefois, alors que tout semble réuni pour une paix mondiale durable, l'émergence de nationalismes qui s'étaient plus ou moins assoupis après la Seconde Guerre mondiale, replonge le monde dans l'incertitude. Des revendications d'indépendance se développent ou se réactivent un peu partout. La fin de la guerre froide rend possibles un certain nombre de ces revendications identitaires. L'éclatement du bloc soviétique notamment, ainsi que l'activisme de certains groupes en mal de liberté, remettent à l'ordre du jour toute la problématique de l'identité collective et de l'autodétermination, et donnent à

76. CHEVALLIER (Jacques), *L'État postmoderne*, *op. cit.*, p. 11.

celles-ci l'occasion de se faire une nouvelle jeunesse. Des principes comme l'intangibilité des frontières et l'intégrité territoriale semblent en danger.

### C. La fin des territoires

La période semble en effet aussi marquée par la fin des territoires. Celle-ci sanctionne le déclin d'un ordre reposant sur eux qui a permis « *au droit international et la morale universelle de se réconcilier sur ces bases, en conjuguant les principes de l'intégrité territoriale avec le droit des peuples à disposer d'eux-mêmes* »[77].

Cette construction est aujourd'hui ébranlée par la modernité, la mobilisation accrue des individus, les progrès de la communication et le retour en force du particularisme, du confessionnalisme et de l'« ethnicisme », entraînant une confusion générale. L'« État identitaire » tend à se substituer à l'État-nation. La fin des territoires participe elle aussi à la résurgence et à la multiplication des revendications d'autodétermination et identitaires.

> « *Désormais, le principe d'intégrité territoriale s'inscrit en décalage par rapport à celui qui reconnaît aux peuples le droit de disposer d'eux-mêmes. À mesure que la définition politique des peuples s'efface devant une conception ethnique, l'affirmation d'autodétermination suppose une remise en cause globale et désacralisée des territoires dont on constate d'ailleurs qu'elle inquiète tous les États* »[78].

Ce constat de Bertrand Badie n'a rien d'excessif. Il est partagé par de nombreux autres auteurs qui s'en prennent à la modernité, alors même qu'une autre réalité prend le relais de celle-ci : la postmodernité.

### D. La postmodernité

La modernité, en Occident, est la croyance dans les vertus de la Raison ayant entraîné un processus général de « rationalisation » à presque tous les niveaux : technique, économique et politique ; une croyance assortie de mythes comme ceux de la Science qui assure la maîtrise de la nature, la linéarité du progrès, le sens de l'Histoire et l'Universalisme des modèles construits en Occident, et fondée sur l'individualisme qui place l'individu au centre de la société[79]. La postmodernité quant à elle, désigne la dissolution survenue dans les sociétés contemporaines occidentales vers la fin du vingtième siècle, de cette référence à la Raison comme totalité transcendante. Elle aurait comme conséquences un nouveau rapport au temps centré sur le présent, une fragmentation de la société et de l'individu, et enfin un nouveau mode de régulation de la pratique sociale. Elle est censée prendre le relais d'une modernité entrée en crise.

Pour certains, elle a pour ambition de corriger les dangers et les dérives de la modernité, ce qui ne ferait d'elle qu'une hyper-modernité, c'est-à-dire une modernité plus authentique, plus « radicale », appelée à retourner à ses deux dimensions originaires : la rationalisation et

77. Badie (Bertrand), *La fin des territoires*, *op. cit.*, p. 253.
78. *Ibidem*, p. 254-255.
79. Chevallier (Jacques), « Vers un droit postmoderne ? Les transformations de la régulation juridique », *in Revue de droit public*, N° 3 - 1998, p. 661.

la subjectivisation. Pour d'autres, elle constituerait une véritable rupture avec la modernité, une anti-modernité, se traduisant par la remise en cause du primat de la Raison ainsi que des mythes qu'il véhicule, l'accent étant mis désormais sur le désordre, la complexité, l'indétermination, le relativisme ; l'individualisme prenant des directions nouvelles traduites par une absolutisation du moi, une exaltation des différences et des singularités.

En réalité, il semble bien qu'elle soit un amalgame complexe des deux thèses en présence, à la fois hyper-modernité et anti-modernité. Et le droit, qui a été expression et vecteur de la modernité, subit le contrecoup de la crise de celle-ci, dans ses principes et les modalités de son agencement. Considéré comme élément d'anti-modernité, le droit postmoderne oppose désormais le pluralisme à l'unité du droit moderne, la diversité à la hiérarchie, la régulation à la contrainte, et l'adaptabilité à la stabilité[80]. Il accorde ainsi plus de place au pluralisme juridique, à la négociation, au consensus, à la flexibilité qui donne lieu au *droit mou*, un droit sans précision que rejettent encore certains juristes. Par contre, considérée comme hyper-modernité, la postmodernité juridique n'est qu'un processus d'adaptation du droit moderne au contexte nouveau des sociétés contemporaines, un processus d'activation de dimensions déjà présentes au cœur de la modernité. D'où la persistance de la rationalisation car la Raison juridique ne disparaît pas mais devient une Raison pratique, la rationalisation du dispositif permettant de reconstruire un nouvel ordre à partir d'un pluralisme et d'une diversité assumés. Nous verrons à quel point cette évolution générale du droit est propice à celle du droit des peuples à disposer d'eux-mêmes.

À la lumière de tout ce qui précède, il apparaît bien que l'on passe d'un monde à un autre. La dislocation des empires coloniaux, puis celle de l'empire soviétique, associées à des phénomènes tels que la fin de la guerre froide et des territoires, et surtout la mondialisation et la postmodernité, ont conduit à des revendications identitaires de toutes sortes : l'identité revient.

## II. L'irruption de l'identité sur la scène nationale et internationale

L'idée selon laquelle l'identité refait irruption sur la scène nationale et internationale se répand. Cette irruption a nécessairement une portée juridique.

### A. Le concept d'identité et le droit à la différence

Le concept de l'identité au préalable abordé dans sa généralité permettra ensuite de mieux appréhender le droit à la différence qu'il induit.

#### *1° L'identité en général*

Mot emprunté au bas latin *identitas* qui veut dire « *qualité de ce qui est le même* », l'identité est dans son sens commun « *le caractère de ce qui est un* ». C'est un concept polymorphe et vaste que plusieurs disciplines ont abordé et n'ont pas cerné totalement, d'autant plus qu'il est mouvant et flou. Pour le sociologue Jean-Claude Kaufmann,

80. *Ibidem*, p. 664.

> « *l'identité paraît simple. Mais plus on essaye de la définir sérieusement, moins on (la) comprend. Il existe des définitions différentes voire opposées. En réalité, l'identité est un travail subjectif de l'individu pour produire du sens.* [...] *Croire que l'identité est liée à nos racines, qu'elle se confond avec l'identité administrative ou qu'elle est fixe est une erreur et peut mener aux intégrismes identitaires* »[81].

Les juristes la désignent comme « *l'ensemble des données de fait et de droit qui permettent d'individualiser quelqu'un* », même si elle est absente du vocabulaire juridique courant, car ils lui préfèrent souvent des mots tels que « statut », « condition ou état de la personne »[82]. Chaque personne a une identité individuelle, mais aussi, quoi qu'on dise, une autre la relie à un groupe, celle qui permet de l'identifier à la communauté à laquelle elle appartient, c'est-à-dire à l'ensemble des référents qui recueillent son adhésion de vivre avec d'autres (langue, religion, croyances, histoire, etc.)[83]. Le sentiment d'identité culturelle provient de l'appartenance à un groupe dont la définition et la cohésion repose sur un système commun et relativement cohérent de valeurs et d'institutions[84]. Elle est fondée sur des éléments objectifs, mais elle fait aussi une large part à la subjectivité et comporte une part d'imaginaire qui permet de « *se construire un passé commun, garant d'un avenir commun* ». Elle se révèle relative et changeante, et se caractérise par une oscillation perpétuelle et la recherche d'un équilibre entre la permanence rassurante des traditions et l'adaptation nécessaire aux situations nouvelles[85]. Elle peut donc se revendiquer individuellement, mais aussi collectivement car tout ordre social implique une identité collective, une identité de groupe.

Alors qu'elle semblait en perte de vitesse[86], la question de l'identité revient au-devant de la scène nationale et internationale. Elle devient même une obsession dans la société contemporaine, et fait planer de graves menaces telles que le fondamentalisme et l'intégrisme identitaires. C'est réellement « *une vieille idée toute neuve* »[87], qui envahit à nouveau le champ social, à cause des facteurs ci-dessus évoqués, mais aussi à cause de la régression d'idéologies fédératrices (marxisme, socialisme, nationalisme laïque), de l'affaiblissement des États, de la prolifération d'entrepreneurs identitaires (religieux, tribaux, linguistiques), qui ont œuvré selon des proportions et des modalités variables d'un lieu à un autre du monde depuis 1990[88]. Selon Abou Selim,

81. Interview accordée au journal 20 minutes.fr via Yahoo du 13 mars 2014.
82. *Ibidem.*
83. Peltzer (Louise), « Identité culturelle et Polynésie française » in *Identité, nationalité, citoyenneté outre-mer*, (dir.) Faberon (J.-Y.) et Gautier(Y.), CHAM, p. 23.
84. Memmi (Alber), « Les fluctuations de l'identité culturelle », *in Revue Esprit*, janvier 1997, p. 95.
85. Bernut-Deplanque (Pascale), *L'identité culturelle calédonienne : construction possible ou utopie ?*, Île de lumière, 2002, p. 27.
86. Cf. certains titres évocateurs : « *Le mythe identitaire* », « *L'illusion identitaire* », « *La France et le mythe de son identité* ».
87. Peltzer (Louise), « Identité culturelle et Polynésie française », *in Identité, nationalité, citoyenneté outre-mer*, (dir.) Faberon (J.-Y.) et Gautier (Y.), Centre des hautes Études sur l'Afrique et l'Asie modernes, 1999, p. 28.
88. Badié (Bertrand), « Sens de la différence », *in L'État pluriculturel et les droits aux différences*, Bruxelles, Bruylant, 2002, p. 12

> « *Chaque homme éprouve le besoin archaïque de s'enraciner dans la culture de son groupe qui le reconnaît, c'est-à-dire l'accepte, l'estime et le valorise, lui conférant ainsi une protection réelle durant sa vie et une sécurité symbolique contre la mort. C'est ce besoin qui se trouve aujourd'hui bousculé, violenté et frustré par la mondialisation accélérée des échanges et des communications, dont l'effet le plus évident est le décloisonnement des cultures et, par voie de conséquence, leur déconstruction. Le résultat fréquent d'un tel processus n'est pas seulement l'enfermement dans une attitude ethnocentriste, mais, d'une part le rejet brutal de l'Autre et de sa culture, d'autre part la régression aux sources, réelles ou mythiques, de la sienne propre* »[89]. [...] « *Le malaise est tel que l'interrogation sur l'identité tourne facilement à l'obsession* » ; et « *la quête d'identité est l'ultime figure qui donne du sens, occupant la place laissée vide par la religion, l'idéologie, la politique* »[90]. En conséquence, « *le concept de l'identité est en passe de basculer dans le mythe, et le discours sur l'identité dans l'idéologie* »[91].

Si pour certains[92], l'identité peut être analysée comme une donnée, une réalité objective qui rassemble un certain nombre de traits culturels, pour d'autres, la différence ne répond à aucun critère objectif qui permettrait de construire *a priori* une typologie des cultures ou des identités : elle n'a d'existence sociale et politique qu'à travers les revendications qu'elle suscite. Ainsi, un peuple n'existe que s'il s'affirme comme tel, donc face à une domination dont il entend s'émanciper[93]. En effet, en cette époque de crispations et de revendications identitaires, elle peut recouvrir des enjeux politiques considérables. Elle peut aussi être instrumentalisée et subjective. Elle devient alors le résultat d'un montage opéré *hic et nunc* par les acteurs qui « bricolent » le passé, réinterprètent leurs traditions afin d'en faire un instrument de modification du présent[94]. Jean-Marie Tjibaou ne disait-il pas que :

> « *Le retour à la tradition, c'est un mythe. Nul peuple ne l'a jamais vécu. La recherche d'identité, le modèle, pour moi il est devant soi, jamais en arrière ; et je dirais que notre lutte actuelle, c'est de pouvoir mettre le plus d'éléments appartenant à notre passé, à notre culture, dans la construction du modèle d'homme et de société que nous voulons pour l'édification de la cité. Notre identité, elle est devant nous* »[95] ?

Ainsi, avec la décolonisation, l'ordre international post-bipolaire et la mondialisation, ce phénomène de construction identitaire se généralise. Mais si l'identité physique et individuelle ne semble pas poser d'énormes problèmes juridiques, il n'en est pas de même pour l'identité culturelle.

---

89. Abou (Selim), *L'identité culturelle, Relations interethniques et problèmes d'acculturation*, Éditions Anthropos, Paris, 1981, p. 10.
90. Storti (Martine), Tornero (Jacques), *in L'identité française* (Colloque tenu à Paris les 22, 23 et 24 mars 1985), « Espaces 89 », Éditions Tierce, Paris, 1985, p. 7.
91. Abou (Selim), *op. cit.*, p. 12.
92. Notamment Rouland (Norbert), Pierré-Caps (S.), Poumarède (J.), *Droit des minorités et des peuples autochtones*, *op. cit.*
93. Badie (Bertrand), « Sens de la différence », *op. cit.*, p. 13.
94. Rouland (Norbert), Pierré-Caps (S.), Poumarède (J.), *Droit des minorités et des peuples autochtones*, *op. cit.*, p. 19.
95. Les Temps Modernes, mars 1985.

### 2° *Le droit à la différence et à la diversité culturelle*

Avant d'évoquer le droit à la différence, peut-être faudrait-il d'abord rappeler que la question du sens à accorder à la différence reste aussi posée. On reproche à cette notion ses contradictions et paradoxes : les individus et les groupes aspirent autant à la distinction qu'à l'universalité, les marqueurs de différences sont multiples sans qu'aucun ne soit décisif, les revendications particularistes se réclament d'une sorte de transcendance alors qu'elles sont de fabrication humaine, comme on vient de le relever, et enfin, la pluralité des cultures a une prétention éminemment politique, alors qu'elle n'est réductible à aucun ordre territorial[96]. L'identité culturelle étant « *l'ensemble de traits culturels propres à un groupe ethnique (langue, religion, art, etc.) qui lui confèrent son individualité* », mais aussi « *le sentiment d'appartenance d'un individu à ce groupe* »[97], les revendications identitaires sont d'ordre juridique, dans la mesure où elles en appellent aux moyens du droit pour que soient reconnus des droits différenciés fondés sur les principes et les raisons touchant à l'identité culturelle de la personne[98].

Le droit à la différence et à la diversité culturelle a été affirmé par l'UNESCO en 1978 dans un texte de portée générale, la *Déclaration sur la race et les préjugés raciaux*, qui dispose dans son article 1er que :

> « ***1.*** *Tous les êtres humains appartiennent à la même espèce et proviennent de la même souche. Ils naissent égaux en dignité et en droits et font tous partie de l'humanité.* ***2.*** *Tous les individus et tous les groupes ont le droit d'être différents, de se concevoir et d'être perçus comme tels. Toutefois, la diversité des formes de vie et le droit à la différence ne peuvent en aucun cas servir de prétexte aux préjugés raciaux ; ils ne peuvent légitimer ni en droit ni en fait quelque pratique discriminatoire que ce soit, ni fonder la politique de l'apartheid qui constitue la forme extrême du racisme.* ***3.*** *L'identité d'origine n'affecte en rien la faculté pour les êtres humains de vivre différemment, ni les différences fondées sur la diversité des cultures, du milieu et de l'histoire, ni le droit de maintenir l'identité culturelle.* »

En fait, ce droit à la différence englobe l'ensemble des droits liés à des spécificités diverses (sociales, culturelles, politiques, etc.) dont tout le monde peut se réclamer, et dont se réclament particulièrement les minorités et les peuples autochtones. Il fait partie du droit international, mais de manière parcellaire. Certes, l'expression « droit à la différence » est-elle trop générale pour être juridiquement signifiante, mais comme le précise le Professeur Norbert Rouland, il s'agit en réalité de l'affirmation et de la garantie d'un certain nombre de différences reliées aux droits de l'homme ou compatibles avec ceux-ci, et il ne s'agit souvent que de « *droits flous, mous, parfois contradictoires, fréquemment soumis aux aléas des rapports de force politiques, à la disparité des politiques étatiques* »[99], et certains auteurs contestent *même* l'emploi du terme « droit » pour qualifier

---

96. Badie (Bertrand), « Sens de la différence », *op. cit.*, 9.
97. Le Nouveau Petit Robert, dictionnaire de la langue française, édition 2004.
98. Capogna (Marie-Noël), « Identité juridique et culturelle » *in L'identité de la personne humaine, Étude de droit français et droit comparé* », (dir.) Pousson-Petit (J.) Bruylant, Bruxelles, 2002, p. 931.
99. Rouland (Norbert), (dir.), *Le droit à la différence, op. cit.*, p. 11.

ce qu'ils considèrent comme des revendications catégorielles[100]. Mais certains de ces droits sont reconnus et même consacrés dans certains instruments internationaux et à l'intérieur de certains États. Il faudrait noter quand même que le droit à la différence ne peut être discriminatoire, qu'il ne peut être absolu, (*la Convention 169 de l'Organisation Internationale du Travail et la Déclaration de l'ONU sur les droits des peuples autochtones* prévoient par exemple que la préservation des particularismes doit être compatible avec les droits fondamentaux du système juridique national et/ou la Charte des Nations Unies et les droits de l'homme), qu'il ne peut déboucher sur des discriminations basées sur des critères inadmissibles (la race par exemple) ou entraînant des injustices par rapport à une partie de la population ; et que toute mesure discriminatoire positive devrait avoir un caractère transitoire.

Le caractère individuel ou collectif du droit à la différence divise aussi la doctrine. Certains auteurs s'opposent vigoureusement à la reconnaissance de droits collectifs à des groupes. C'est le cas de P.A. Taguieff[101], et de J. Rivero[102]. Pour d'autres[103], le refus de tout caractère collectif au droit paraît excessif. Il faudrait donc reconnaître une dimension collective sous certaines conditions : que les droits collectifs reposent sur une participation volontaire des membres du groupe, qu'ils s'insèrent dans une hiérarchie de normes juridiques ayant un contenu non contraire aux libertés et droits fondamentaux, et que ceux qui les véhiculent ou les interprètent aient une certaine représentativité. En tout cas certains instruments internationaux tendent à reconnaître peu à peu que certains droits peuvent être exercés soit collectivement, soit individuellement et collectivement.

### B. Une place accrue de l'identité dans la société et l'État postmodernes

Dans le cadre de la postmodernité, l'identité donne lieu à la subjectivisation et à une institutionnalisation de la différence dans l'État.

#### *1° La subjectivisation des droits*

En ce début de XXIe siècle, l'émergence d'une société et d'un État postmodernes conduisent à la subjectivisation

> *« qui met l'accent sur les droits subjectifs des individus, mais aussi au profit d'un ensemble de catégories sociales ou de groupes sociaux ciblés. On reconnaît le droit d'obtenir des droits spécifiques afin de préserver une identité menacée à des catégories de la population reconnues comme « minorités » ou implantées sur un territoire caractérisé par une histoire singulière et qui se voient attribuer un statut qui leur est propre »*[104].

100. Cf. notamment Le Pourhiet (Anne-Marie), « Droit à la différence et revendication égalitaire : les paradoxes du post-modernisme », *in Le droit à la différence*, (dir.) Rouland (Norbert), *op. cit.*
101. Taguieff (P.A.), « Le nouveau racisme de la différence », *in Le devoir d'ingérence* de Bettati (Mario) et Kouchner (Bernard), (dir.), Paris, Denoël, 1987, p. 261, cité par (Norbert) Rouland, *op. cit.*
102. Rivero (Jean), « Les droits de l'homme : droits individuels ou droits collectifs ? », *in Les droits de l'homme : droits collectifs ou droits individuels ?* de Fenet (Alain) (dir.), PUF, 1982, p. 23.
103. Rouland (Norbert), *op. cit.*, p. 459.
104. Chevallier (Jacques), *op. cit.*, p. 119.

Dans le même temps, on assiste à un phénomène de « balkanisation identitaire », qui rend plus difficile le contrôle des allégeances par l'État et comporte des dangers pour la cohésion politique[105]. C'est donc parce que le wagon de l'autodétermination est arrimé au train de la postmodernité, qu'elle en porte le qualificatif.

### *2° Une institutionnalisation progressive de la différence dans l'État*

Cette institutionnalisation traduit une prise en compte lente mais réelle des revendications identitaires infranationales et apporte une diversité de réponses aux revendications d'autodétermination. Elle se manifeste à travers l'éclosion de nombreux statuts locaux et à travers un mouvement en faveur du particularisme régional relancé par l'effondrement du bloc communiste à la fin du vingtième siècle. La résurgence des nationalismes plus ou moins virulents qui en a découlé a entraîné un renouvellement du questionnement sur l'articulation entre l'organisation de l'État et la reconnaissance d'un droit des minorités[106]. Comme le disent certains auteurs, la croissance des revendications identitaires infranationales oblige donc les États à s'adapter et à diversifier l'offre institutionnelle pour les minorités territoriales. De nombreuses collectivités obtiennent ainsi de plus en plus de statuts qui tiennent compte de leurs spécificités. Et le droit international, en mettant en place quelques instruments internationaux de reconnaissance du pluralisme, encourage lui aussi cette tendance et incite les États à donner la parole et une parcelle du pouvoir à ces minorités. Celles-ci bénéficient par ailleurs de protections internationales liées aux droits de l'homme. L'idée d'un droit identitaire et un droit au partage des pouvoirs se généralise. Les deux entités soumises à cette étude n'échappent pas à cette tendance. L'identité kanak et l'identité inuit sont officiellement reconnues et prises en compte au niveau institutionnel, juridique et politique. Mais elles ne sont pas seules.

### *3° Des identités multiples en Nouvelle-Calédonie et au Nunavut*

Alors qu'en Nouvelle-Calédonie les différentes identités s'emboîtent et que l'identité commune reste à construire, c'est l'identité inuit qui domine au Nunavut, et il n'est pas certain que ce rapport de force change de sitôt.

#### a) L'emboîtement des identités en Nouvelle-Calédonie

La multiplicité des identités conduit ici à leur juxtaposition ou emboîtement. Elle correspond incontestablement à une évolution liée à la postmodernité et à une prise en compte de la différence.

---

105. *Ibidem*, p. 226-230.
106. LEVRAT (Nicolas), (dir.), « Minorités et organisation de l'État », Bruylant, 1998, cité par (Carine) GINDRE DAVID, *Essai sur la loi du pays calédonienne*, L'Harmattan, Paris, 2008, p. 298.

**• L'identité kanak, une composante essentielle**

L'Accord de Nouméa se singularise par la pleine reconnaissance de l'identité kanak, préalable à la refondation d'un contrat social entre toutes les communautés vivant en Nouvelle-Calédonie. C'est parce que la colonisation a bafoué le particularisme des Kanak en niant leur existence, leur dignité, leur identité, que des revendications identitaires se sont exprimées violemment d'abord et pacifiquement ensuite, et que l'Accord de Nouméa s'est bâti sur un socle identitaire expressif. L'identité kanak y est officiellement reconnue et prise en compte au niveau institutionnel, juridique et politique. Et comme le rappelle le Rapporteur spécial de l'ONU, James Anaya,

> *« leur droit à l'autodétermination occupe une position centrale tant dans le régime de la décolonisation que dans celui des droits des autochtones. Selon la Déclaration de 2007, le droit à l'autodétermination ne s'accomplit pas nécessairement par la décolonisation de l'ensemble du territoire où ce peuple vit aux côtés d'autres populations ;* [...] *l'affirmation de l'identité kanak et les principes connexes qu'énonce l'Accord de Nouméa conserveront toute leur signification quelle que soit la décision qui sera prise quant à la souveraineté de l'ensemble de la Nouvelle-Calédonie »*[107].

Mais la Nouvelle-Calédonie n'étant pas constituée que du peuple autochtone, d'autres identités sont simultanément reconnues. Il existe ainsi une identité calédonienne plurielle qui doit tenir compte du caractère essentiel de sa composante kanak. Le « *peuple kanak* » est intégré dans un ensemble plus large, avec les autres communautés qui vivent en Nouvelle-Calédonie. Ce qui aboutit à un double emboîtement ; d'abord celui de ce peuple à l'intérieur de l'entité calédonienne toute entière qui a un régime spécifique, ensuite celui de ces deux éléments dans l'ordre juridique français. Et avec l'entrée en vigueur du Traité constitutionnel européen, un niveau s'ajoute et donne au pluralisme en Nouvelle-Calédonie un caractère très particulier. Pour certains, cet emboîtement des identités « escamote » la souveraineté du peuple kanak, car, au moment même où celui-ci est reconnu, il est invité à « *abdiquer sa souveraineté d'origine pour adopter celle partagée et fondue dans la population de Nouvelle-Calédonie, elle-même incluse dans le peuple français* »[108].

**• Une identité « caldoche » ou créole à assumer**

La légitime reconnaissance de l'identité kanak par l'Accord de Nouméa fait ombrage à une autre identité, plus discrète, moins revendiquée, celle des « Caldoches ». Si, comme le dit si bien Alain Saussol, « *Kanak et Caldoches désignent aujourd'hui les deux pôles de l'antagonisme calédonien* »[109], ces pôles sont porteurs chacun d'une identité et d'une

---

107. Anaya (James), « Rapport sur la situation du peuple Kanak de Nouvelle-Calédonie, A/HRC/18/35/Add.6 du 14 septembre 2011 », *in Revue juridique et politique et économique de Nouvelle-Calédonie,* n° 18 2011/2, p. 44.
108. Feral (François), « Quelques éléments de doctrine autochtoniste sur les institutions de la Nouvelle-Calédonie », *in Revue juridique, politique et économique de Nouvelle-Calédonie,* n° 18, 2011/2, p. 13.
109. Saussol (Alain), « Trente mille « Caldoches » en Nouvelle-Calédonie », *in Hérodote, Revue de géographie et de géopolitique,* La Découverte, 1985, n° 37-38, 2e – 3e tr. 198, p. 129.

légitimité, bien que l'affirmation identitaire caldoche soit plus timorée. P. Bernut-Deplanque essaie d'expliquer ce manque de hardiesse :

> « *L'identité étant un compromis entre une « auto-identité » définie par soi et une « hétéro-identité » définie par les autres, le rapport de force entre les groupes en présence donnera plus de légitimité à l'une ou à l'autre. Il semble aujourd'hui que les Kanak, par le biais d'une affirmation culturelle et politique, aient réussi à inverser ce rapport de force, il n'en est pas de même pour les Caldoches qui continuent à souffrir d'une identité négative* »[110].

Le terme « caldoche », apparu à la fin des années 60, fait son entrée dans le « Petit Larousse » en 1983 et désigne le « Blanc de Nouvelle-Calédonie », c'est-à-dire la population d'origine européenne issue de la colonisation. Il est utilisé ensuite par les médias pendant les événements de 1984 et 1988 dans le sens de « *colon exploiteur et raciste* » en opposition à celui de « kanak », et s'applique à tous ceux dont le mode de vie et les références trouvent leur source en Europe et plus particulièrement en France, même si les métissages ont été nombreux. Traditionnellement attachés à la terre exploitée par leurs ancêtres au prix d'un dur labeur, la « brousse » et la vie rurale restent le fondement de cette identité même si de plus en plus de « Caldoches » sont aujourd'hui des citadins et cherchent de nouveaux repères dans la société contemporaine. Cette appellation n'est revendiquée que par une minorité[111] et l'affirmation de cette identité peine à se faire à cause du rejet par les Kanak pour qui elle représente le colonisateur et par les métropolitains de passage. Elle aurait pourtant plus de force si elle était assumée, comme le dit un certain Daniel, « militant progressiste de toujours » :

> « *Il ne faut pas rejeter le mot caldoche, il faut l'assumer. Regardez, les Kanak. Pendant des années ils préféraient qu'on les appelle mélanésiens ou autochtones ou indigènes. « Canaque » était une insulte. Aujourd'hui, ils en ont fait un mot de combat, inséparable de la lutte, connu et employé dans le monde entier* »[112].

Pour sortir de l'attentisme et de la résignation, Christiane Terrier leur suggère de surmonter trois difficultés qui sont autant de défis : « la peur du passé qui devra conduire à vaincre tous les non-dits, le sentiment de l'incertitude du présent pour en finir avec la résignation et la crainte de l'avenir pour éviter l'immobilisme »[113]. C'est une suggestion qui nous paraît judicieuse.

Le point de vue de Frédéric Angleviel[114] est plus nuancé. Tout en relevant le mythe récent d'une identité première, car selon lui, *avant l'arrivée des Européens la communauté kanak était plurielle et composée d'une multitude de quasi-isolats ou de micro sociétés,* il note l'apparition et la construction, depuis moins de dix générations, d'une mosaïque

110. Bernut-Deplanque (Pascale), *op. cit.*, p. 37.
111. Voir *Être caldoche aujourd'hui*, ouvrage collectif paru en 1994, Éd. Île de lumière, Nouméa, et qui est le reflet d'une quête identitaire, selon Pascale Bernut-Deplanque.
112. Barbançon (Louis-José), *Le pays du non-dit, Regards sur la Nouvelle-Calédonie,* Les presses d'Offset Cinq Édition, 1992, p. 20.
113. Terrier (Christiane), « Qu'est-ce qu'être calédonien », *in L'État pluriculturel et les droits aux différences, op. cit.*, p. 499-500.
114. Angleviel (Frédéric), *op. cit.*, p. 32-45.

d'identités juxtaposées. Parmi elles, se distingue depuis le début du XX$^{e}$ siècle, une identité créole, que l'on dénomme par facilité identité « caldoche ». Celle-ci recouvre en fait plusieurs réalités démographiques et plusieurs comportements culturels convergents, mais avec une domination de la communauté européenne et du modèle occidental, valorisé et valorisant :

> *« Le « Caillou », qui a accueilli successivement plusieurs vagues de peuplement, voit donc se fortifier en cette fin de XX$^{e}$ siècle, une forte identité kanak et une « créolité » pluriethnique, à la fois européenne, océanienne et asiatique. Ce sont les Européens installés durablement depuis 160 ans qui ont fondé cette créolité ».*

Le géographe Alain Saussol parle, lui, de

> *« la disparition de la spécificité créole calédonienne issue de la colonisation « blanche » de peuplement, au profit d'une nébuleuse en gestation où l'élément européen semble promis à devenir minoritaire »*[115].

Mais pour F. Angleviel, la réduction trop fréquente de la société calédonienne au couple Kanak/ non-Kanak ou Kanak/ Caldoche ne tient pas compte de la réalité et est même préjudiciable à l'équilibre culturel du pays.

### b) La domination de l'identité inuit au Nunavut

La création du Nunavut en avril 1999, suite à un accord en mai 1993 avec les représentants inuit, ne s'appuie pas sur l'idée de la reconnaissance d'un territoire autochtone, le Nunavut étant un gouvernement public. Celui-ci empêche, en principe, de se focaliser sur une seule identité ou de cristalliser une identité dominante. Il n'empêche que dans la réalité, les Inuit formant 85 % de la population du territoire du Nunavut, leur culture trouve dans cet espace privilégié, sa pleine expression. Ainsi, l'idée d'une autonomie gouvernementale autochtone *de facto* est-elle souvent avancée. Par ailleurs, le survol de l'ensemble des dispositions des Accords permet de mettre en exergue une identité inuit dominante. Nous y reviendrons plus loin.

## C. Le droit à l'autodétermination, l'identité et les droits de l'homme

L'irruption de l'identité sur la scène nationale et internationale s'accompagne d'un développement des droits de l'homme sans précédent, et le droit à l'autodétermination y trouve naturellement son compte.

### *1° Le développement des droits de l'homme*

Les droits de l'homme sont un concept selon lequel tout être humain possède des droits universels, inaliénables, quel que soit le droit en vigueur ou les autres facteurs locaux. C'est « *l'ensemble des règles juridiques internationales qui reconnaissent sans*

115. Saussol (Alain), *op. cit.*, p. 130.

*discrimination aux individus des droits et facultés assurant la liberté et la dignité de la personne humaine et bénéficiant de garanties institutionnelles* »[116].

Leur existence, leur validité et leur contenu sont un sujet permanent de débat en droit, en philosophie et en sciences politiques. La place de l'ONU dans la légitimation et la promotion des droits de l'homme a été et reste essentielle. Ce concept évolue et il existe de nos jours une classification de ces droits en quatre générations. **Le droit à l'autodétermination, le droit à la différence**, les droits des minorités, le droit à la démocratie, font partie de la troisième génération, mais cette classification en générations des droits de l'homme est rejetée par une partie de la doctrine. Par contre, presque tous les pays du monde font référence ou adhèrent en théorie aux droits de l'homme, et la dénonciation des violations des droits de l'homme est devenue un thème relativement mobilisateur d'une partie de l'opinion publique internationale. Il connaît aujourd'hui un succès et un prestige universels.

À propos du droit à l'autodétermination, Frédéric Sudre évoque l'idée d'une « collectivisation » des droits de l'homme qui s'est effectuée dans le sillage de la décolonisation au nom de ce principe. Pour lui, ce n'est pas un droit de l'homme, mais plutôt un droit de la collectivité, ou tout au plus, un « *principe protecteur des droits de l'homme* »[117], car une jurisprudence constante du Comité des droits de l'homme ne reconnaît le droit de recours qu'aux individus. À notre avis, peu importe que le droit des peuples à disposer d'eux-mêmes ait été « collectivisé » ou non. Peu importe qu'il ne soit qu'un principe protecteur. Le fait qu'il figure dans la Charte des Nations Unies, qu'il soit apparu aussi dans la Déclaration du 14 décembre 1960 et dans des instruments conventionnels tels que les pactes internationaux relatifs aux droits de l'homme de 1966 suffit à en faire un droit humain fondamental. Rappelons que les articles 1ers de ces deux derniers textes stipulent que :

> « *Tous les peuples ont le droit de disposer d'eux-mêmes. En vertu de ce droit, ils déterminent librement leur statut politique et assurent librement leur développement économique, social et culturel* ».

### 2° Le lien entre les droits de l'homme et l'identité

Le droit à l'identité est un droit de l'homme aussi bien que les droits culturels qui font partie du droit à la différence. Longtemps négligés, c'est dans les années 80 que « *les*

116. SUDRE (Frédéric), *Droit européen et international des droits de l'homme*, PUF, Paris, p. 13.

117. Voir aussi Avis n° 2 de la Commission d'arbitrage de la Conférence européenne pour la paix en Yougoslavie, 11 janvier 1992, *RGDIP*, 1992, p. 266.

*références s'y multiplient*[118] *et qu'ils sont assimilés à des droits à l'identité »*[119]. Mais si l'identité personnelle est un droit de l'homme fondamental reconnu, certains trouvent légitime de s'interroger sur le droit à l'identité collective et sur la compatibilité entre le respect du pluralisme culturel et la notion même de droits individuels de l'homme. Pour Patrice Meyer-Bisch cependant, les droits culturels sont

> *« des droits de l'homme qui se réalisent à la fois par « inculturation » et par « enculturation »* [...] *Ce sont les deux faces de l'identité culturelle : identité de distinction et d'appartenance, le droit au particulier et le droit à l'universel. Un droit de l'homme est un droit culturel lorsqu'il a pour objet une identification du sujet allant du singulier à l'universel (et inversement) »*[120].

Quant à S. Pierré-Caps, il affirme que les droits culturels possèdent une nature ambivalente, tout à la fois droits individuels et collectifs. Droits individuels, ils s'expriment, de façon générale, par le droit à la différence. Droit individuel à être soi-même, ce droit est inscrit dans le jeu des principes d'égalité et de non-discrimination sans lesquels il ne saurait exister de véritable droit fondamental de l'homme. Droits collectifs, les droits culturels rendent l'individu à sa propre existence sociale. La dimension collective des droits de l'homme peut être rendue par le droit générique à « l'autodétermination culturelle ». Il s'agit, pour le groupe, du libre choix des conditions dans lesquelles il entend réaliser ses droits culturels au sein de la nation étatique[121]. C'est donc en s'appuyant sur l'identité, au plan international, qu'un certain nombre d'instruments juridiques offrent une certaine protection aux peuples autochtones par exemple. L'identité autochtone y est valorisée grâce au lien établi entre l'universalisme et l'autochtonisme, elle est mise au service de l'ethno-écologie, et elle est même considérée comme un legs à l'humanité[122]. Toutefois, Le Professeur Ghislain Otis rappelle que la formulation d'un droit à l'identité autochtone pose l'épineux problème de la définition de l'autochtonité et met en garde contre « *toute saisie totalisante de l'identité par le droit qui serait grosse du danger d'enfermement des groupes et des individus dans une grille identitaire objective, donc destructrice de la liberté essentielle à la vitalité même des identités* »[123].

118. Déclaration sur le droit au développement (art. 1) (1966) ; Convention sur les droits de l'enfant (art. 31) (1989) ; Protocole de San Salvador, Protocole additionnel à la Convention américaine relative aux droits de l'homme (art. 13-14) ; Charte africaine des droits de l'homme et des peuples (art. 17) (1981) ; Déclaration des devoirs fondamentaux des peuples et des États asiatiques (art. VIII) (1983) ; Déclaration de Mexico sur les politiques culturelles (Unesco 1989).

119. Rouland (Norbert), *op. cit.*

120. Meyer-Bisch, (P.), « Les droits culturels : une catégorie sous-développée des droits de l'homme », *in Cahiers du centre interdisciplinaire d'éthique et des droits de l'homme*, Université de Fribourg, décembre 1991, p. 13-14.

121. Pierré-Caps (Stéphane), Rouland (Norbert), Poumarede (Jean), *Droit des minorités et des peuples autochtones, op. cit.*, p. 257-258.

122. Otis (Ghislain), « La référence identitaire dans la protection des peuples autochtones », *in L'identité de la personne humaine, Étude de droit français et de droit comparé*, (dir.) Pousson-Petit (J.), Bruylant, Bruxelles, 2002, p. 849-859.

123. *Ibidem*, p. 854-855.

En définitive, toutes les données de la scène internationale ci-dessus rapportées attestent d'une mutation accélérée du contexte dans lequel le droit des peuples à disposer d'eux-mêmes baigne depuis quelque temps. Un contexte tiraillé entre mondialisation, hyper-individualisme, multi-appartenances et quête identitaire où, on le voit, l'identité joue un rôle important. Mais cette mutation n'est pas la seule, elle est accompagnée d'autres toutes aussi importantes, celle du concept de l'autodétermination lui-même, ainsi que celle des concepts de peuple et de décolonisation.

## SECTION 2

## La lente mutation des concepts de décolonisation et de « peuple »

Pour qu'un peuple puisse s'autodéterminer, il faut décoloniser, mais comment ? Face aux réalités du monde contemporain, la mutation des deux concepts de « peuple » et de « décolonisation » semble engagée. Elle donne des indications sur l'orientation générale suivie.

### I. La doctrine actuelle de l'ONU et ses limites

En 2010, célébrant le 50e anniversaire de sa Déclaration sur la décolonisation, l'ONU a pu « *constater que l'ère de la colonisation n'avait toujours pas cessé* ». Il doit en être de même, en principe, pour la décolonisation.

#### A. Une décolonisation inachevée

C'est en élucidant le concept de décolonisation qu'on appréhendera sans doute le mieux son étonnant inachèvement. Certaines décolonisations sont en effet tardives.

##### *1° Le concept de « décolonisation »*

La colonisation est un phénomène historique important, mais l'on en a souvent une vue superficielle et vague. Si, après une longue évolution sémantique, ce terme finit par s'imposer comme la « *domination et l'exploitation d'un pays par un autre* », la décolonisation, mot plus récent[124], signifie, dans son sens courant, « *la fin de la colonisation c'est-à-dire la fin de cette domination et cette exploitation* ».

Selon le Dictionnaire de droit international public, c'est un

> « *processus auquel la pratique des Nations Unies a conféré la valeur d'une obligation internationale tendant à mettre fin à la domination politique et à l'exploitation économique exercée par certains États dits puissances coloniales sur des populations établies sur des territoires distincts géographiquement, ethniquement et culturellement de la métropole* »[125].

124. Mot paru d'abord en anglais, sous la plume de M. Bonn dans *Crumbling of Empire, 1938*, et plus tard en France avec Henri Labouret, *in Colonisation, décolonisation, indépendance*, 1952 et Paul Mus, *in Le Destin de l'Union française*, dernier chapitre, 1954.

125. *Dictionnaire de droit international public*, (dir.) Salmon Jean, *op. cit.*, p. 305.

Venu de l'anglais, il s'impose dans les années 1950 avec le tiers-mondisme[126]. Comme la colonisation, c'est l'un des phénomènes les plus marquants de l'histoire du monde et de notre époque, engagé depuis l'après-guerre et encore inachevé. Comme il est souvent rappelé, littéralement, « *dé-coloniser* » *reviendrait à* « *dé-faire* » *ce que la colonisation a mis en place* ». Cette notion courante apparemment simple cache cependant certaines ambiguïtés. La décolonisation est-elle toujours la conséquence nécessaire de la colonisation ? Ou est-elle l'échec ou l'accomplissement de la colonisation, c'est-à-dire une décolonisation voulue par le gouvernement de la métropole ou imposée par les habitants des colonies ? Ou encore est-elle celle des colons, celle des indigènes ou des deux à la fois ?

C'est pour éviter toute confusion que Guy Pervillé[127] conseille d'appeler « décolonisation » la fin de la domination d'un État sur un territoire extérieur et limiter son emploi à l'émancipation des peuples indigènes soumis à une « colonisation », quel que soit le degré de réalité de celle-ci. Il considère cependant que la décolonisation n'est pas une nécessité universelle et inéluctable, qu'elle dépend du rapport des forces, local et international à un moment précis, et que, partout où un peuple dominé a gardé l'avantage du nombre, il peut revendiquer sa décolonisation avec des chances de succès, mais que la décolonisation n'est pas possible là où une vraie colonisation s'est enracinée et réduit les colonisés à l'état de minorité.

En effet, les pays dont le territoire était éloigné de celui d'une métropole colonisatrice et où les autochtones sont restés largement majoritaires par rapport aux colons et représentants de l'autorité coloniale ont, pour la plupart, accédé à l'indépendance. Il n'en a pas été de même pour d'autres peuples que leur infériorité numérique a conduits à être incorporés dans des ensembles nationaux allogènes. Dans les pays où les autochtones colonisés sont devenus minoritaires, ceux-ci ne peuvent imposer une décolonisation aux autres composantes de la société. Ils ne peuvent que la négocier. C'est le cas du Nunavut. Mais c'est le cas aussi de la Nouvelle-Calédonie où, selon certains,

> « *la décolonisation, ce n'est pas un statut déterminé ; c'est une attitude : celle du respect de l'autre, du débat et de la négociation pour le partage.* [...] *La décolonisation, c'est l'Accord de Nouméa et le consensus pour un destin commun, à forger ensemble* »[128].

Il faut toutefois préciser que, même si peu de peuples, y compris la grande majorité des peuples autochtones, sont encore l'objet de la colonisation au sens classique du terme, la domination de type colonial à l'égard de ces derniers peut se manifester à l'intérieur d'États qui sont eux-mêmes sortis de la situation coloniale[129]. Dans ces cas, il ne s'agit pas du même type de décolonisés ni de décolonisation. Les peuples autochtones ont tendance à considérer qu'il y aurait dorénavant deux types de décolonisation. La

126. *Dictionnaire de la colonisation française*, Larousse, 2007, p. 240.
127. PERVILLÉ (Guy), *De l'Empire français à la Décolonisation*, Hachette, Paris, 1991, p. 19.
128. FABERON (Jean-Yves), *Des institutions pour un pays, La Nouvelle-Calédonie en devenir*, PUAM, 2012, p. 49.
129. Cas évoqué par Norbert ROULAND, dans « Les colonisations juridiques : de l'Arctique à l'Afrique noire », *in Journal of Legal Pluralism*, 29 (1990), p. 39136.

décolonisation externe, seule prise en compte jusqu'ici, visant les territoires dépendants et aboutissant normalement à leur indépendance, et la décolonisation interne, concept nouveau pouvant s'appliquer à eux, mais ne donnant lieu qu'à une certaine forme d'auto-administration pour les questions touchant les populations concernées ou à une participation aux décisions et à la vie politique de l'État[130]. Si l'on peut effectivement parler de décolonisation interne pour le Nunavut, celle de la Nouvelle-Calédonie reste ouverte, elle peut être externe ou interne.

Cela dit, la conception de la décolonisation de l'ONU est bien celle de la « *fin de la domination d'un État sur un territoire extérieur* » et celle de « *l'émancipation des peuples indigènes soumis à une « colonisation »* », quel que soit le degré de réalité de celle-ci. C'est sur cette conception que repose celle du principe du droit des peuples à disposer d'eux-mêmes qu'elle a énoncé, formalisé et appliqué. Mais l'on verra, à travers quelques cas, à quel point la théorie a été parfois éloignée de la pratique. Face à diverses situations complexes, et face à un changement accéléré du contexte international, cette conception semble elle aussi en train de muter. En tout cas, les outils qu'elle s'est donné commencent à montrer quelques signes d'essoufflement.

### *2° Les outils de la décolonisation*

Il s'agit des textes et de la doctrine de l'ONU, ainsi que des structures créées à l'occasion de la décolonisation. C'est la Charte qui pose le principe du droit des peuples à disposer d'eux-mêmes en son article 1er § 2. C'est aussi le Chapitre XI qui énonce les principes fondamentaux qui encadrent l'administration des territoires dont les populations ne s'administrent pas encore elles-mêmes. Le principe de la primauté des intérêts de ces populations est affirmé et une « mission sacrée » est confiée aux puissances administrantes, les obligeant à favoriser dans toute la mesure du possible leur émancipation et leur prospérité. Elles doivent régulièrement communiquer au Secrétaire général de l'ONU des renseignements à leur sujet. Les chapitres XII et XIII traitent du régime de tutelle.

Sans que les textes l'aient prévu, l'Assemblée générale a, de 1946 à 1960, précisé la portée du Chapitre XI sur les renseignements à fournir, sur les procédures relatives à leurs communications, sur sa compétence à les examiner et à déclarer qui était non autonome ou pas. La Résolution 1514 (XV) du 14 décembre 1960 précise véritablement les bases de cette doctrine en condamnant sans nuance le colonialisme et en exigeant de ne pas entraver le mouvement de décolonisation. Les modalités de l'exercice du choix ainsi que d'autres précisions sont indiquées par la Résolution 1541 de la même année et la Résolution 2625 (XXV) du 24 octobre 1970. Malgré la résistance des puissances coloniales, l'ONU devient bel et bien une enceinte qui répercute les revendications anticolonialistes. L'Assemblée générale exerce une pression politique et morale en faveur de la décolonisation, permet l'expression d'une nouvelle majorité qui change le rapport

130. Rouland (Norbert), *Droit des minorités et des peuples autochtones, op. cit.*, p. 449-450.

de forces et transforme l'organisation en véritable caisse de résonance des réclamations de cette majorité[131]. En 2010, l'Assemblée générale, dans sa Résolution A/RES/65/118, réaffirme le droit inaliénable à l'autodétermination et à l'indépendance de *tous les peuples des territoires non autonomes*, quelle que soit leur superficie ou leur taille. Ce qui laisse penser que sa doctrine en ce qui les concerne n'a pas changé. Il faudrait voir si c'est aussi le cas des structures qui agissent.

Le Comité spécial de décolonisation est créé par la Résolution 1654 du 27 novembre 1961 de l'AG de l'ONU pour étudier la question de l'application de la Déclaration de 1960 *sur l'octroi de l'indépendance aux pays et aux peuples coloniaux*, et formuler des recommandations concernant sa mise en œuvre. C'est avec sa Résolution 1810 (XVII) du 17 décembre 1962 qu'elle précise ses fonctions. Composé à l'origine de 24 membres, d'où son nom de « Comité des Vingt-quatre », il en compte 29 aujourd'hui. Il organise des séminaires chaque mois de mai, avec des représentants des territoires non autonomes (majorité et opposition), des organisations non gouvernementales, des experts et des observateurs, des représentants des puissances administrantes et des représentants des États membres de l'ONU, ainsi que des institutions spécialisées de l'ONU. En juin/juillet, le Comité se réunit au siège de l'ONU et la Quatrième Commission (section de l'AG) tient une session en septembre/octobre. En décembre, l'Assemblée générale adopte des résolutions sur les questions évoquées[132]. Ce Comité a par exemple organisé pour la première fois un séminaire à Nouméa du 18 au 20 mai 2010.

Le pouvoir d'inscrire un territoire sur la liste des *territoires non autonomes* revient en principe à l'Assemblée générale, mais depuis 1965, le rôle du Comité s'est accru dans ce domaine. Le processus d'inscription est difficile et parfois long. Il demande « lobbying » et patience. Le Comité entend les représentants des territoires inscrits sur la liste et ceux de la puissance administrante, ainsi que les pétitionnaires ou observateurs et experts. Les représentants des mouvements de libération nationale peuvent participer aux travaux des Commissions de l'AG et de ses organes subsidiaires. Même si deux millions de personnes sont encore concernées par la décolonisation, depuis la fin de la grande vague des indépendances des années 70, la question s'est posée de savoir si le Comité de décolonisation était une « *survivance* » au « *rôle symbolique et secondaire dans l'évolution politique du monde* » ou un instrument efficace. Au vu de son maigre bilan, ses détracteurs souhaitent qu'il puisse contribuer à poser les vrais problèmes, à faire évoluer les mentalités, bref à « *décoloniser* » vraiment, à défaut de pousser vers la souveraineté[133]. Il est évident que toutes les entités qui comptent sur lui pour leur indépendance ne sont pas de cet avis.

131. Moreau Defarges (Philippe), *op. cit.* p. 664-665.

132. Brochure *Les Nations Unies et la décolonisation*, 2005, citée par Regnault Jean-Marc, « Les perspectives offertes par le Comité de décolonisation de l'ONU », *in Destins des collectivités politiques d'Océanie, volumes 2, Singularités,* (dir.) (J.-Y.) Faberon, (V.) Fayaud et (J.-M.) Regnault, PUAM, 2011, p. 509.

133. Regnault (Jean-Marc), *op. cit.*, p. 518.

### 3° L'impuissance de l'ONU et l'inachèvement de la décolonisation

La mise en œuvre de la décolonisation par l'ONU a fait l'objet de vives critiques sur la forme et sur le fond[134]. Nous ne nous attarderons un peu que sur les résultats. Si, en théorie, les seuls bénéficiaires du droit des peuples sont les peuples coloniaux et les peuples déjà constitués en États, l'ONU s'est retrouvée souvent dos au mur et impuissante face à des situations plus complexes que prévu. Quelques affaires rappelées par P. Moreau Defarges[135] illustrent les difficultés de mise en pratique du principe par les Nations Unies elles-mêmes.

Le problème palestinien montre, en particulier du point de vue du droit des peuples à disposer d'eux-mêmes, que « les positions de l'Assemblée générale peuvent varier au gré des majorités[136], que parfois l'ONU ne peut fournir que des repères[137], mais que ceux-ci ne sauraient abolir la nécessité de négociations concrètes entre les parties directement intéressées (comme, par exemple, le « processus de Madrid », initié par les États-Unis depuis le 30 octobre 1991 et laissant en marge l'ONU) ». Ainsi, malgré l'octroi à l'OLP du statut d'observateur à l'ONU par l'Assemblée générale des Nations Unies, malgré la Résolution de référence 242 du 22 novembre 1967 du Conseil de sécurité qui fixe, parmi les principes d'une paix israélo-palestino-arabe, le « juste règlement du problème des réfugiés », et malgré d'autres résolutions encore qui réclament le droit à l'autodétermination des Palestiniens, le dossier palestinien reste sans solution jusqu'à nos jours. Reconnaître ce droit à un groupe ou une entité ne suffit pas forcément à dénouer de façon satisfaisante tous les conflits.

Dans l'affaire de l'Érythrée, l'ONU se contente de consacrer le résultat d'un rapport de forces, et de constater un fait accompli[138]. Ancienne colonie italienne entre le Soudan et la Somalie, l'Érythrée est rattachée à l'Éthiopie sur une base fédérale par l'ONU. Mais l'Éthiopie procède à une annexion pure et simple qui s'achève le 14 novembre 1962. L'Érythrée est abandonnée à son sort et l'ONU considère qu'il s'agit désormais d'une affaire intérieure éthiopienne. Pourtant l'Érythrée est bien une « unité d'autodétermination »[139] par son histoire, par son identité. En mai 1993, après une quarantaine d'années d'affrontements avec l'État éthiopien, grâce à l'effondrement de celui-ci, elle devient indépendante par ses propres moyens, avec l'aide de quelques alliés extérieurs, et contre le principe de l'intangibilité des frontières. Cette indépendance est

134. Voir Regnault (Jean-Marc), L'ONU, *La France et les décolonisations tardives, l'exemple des terres françaises d'Océanie*, PUAM, 2013, p. 51-53.

135. Moreau Defarges (Philippe), *op. cit.*, p. 662-666.

136. Ainsi, le 10 novembre 1975, l'Assemblée générale vote une résolution assimilant le sionisme à un racisme. Cette résolution est abrogée par l'Assemblée générale le 16 décembre 1991.

137. Outre la résolution 242 du Conseil de sécurité, la résolution 181 de l'Assemblée générale (29 novembre 1947), prévoyant le partage de la Palestine entre un État arabe, un État juif et Jérusalem (doté d'un régime international), est avancée, le 15 novembre 1988), comme base de solution par le Conseil national palestinien.

138. Moreau Defarges (Philippe), *op. cit.* p. 664-665.

139. Heraclides (Alexis), « The Self-Determination of Minorities », *in International Politics, Franck Cass*, Londres, 1991, p. 177-195, cité par Moreau Defarges, *op. cit.*, p. 664.

consacrée par un référendum (23-25 avril 1993), sous la surveillance de l'ONU ; le oui pour l'indépendance l'emporte massivement.

Dans l'affaire du Sahara occidental enfin[140], du point de vue du droit des peuples à disposer d'eux-mêmes, deux argumentations bien connues s'affrontent. Le Maroc invoque les liens séculaires entre cette région et la monarchie alaouite ; le Sahara occidental, la parenthèse de la colonisation espagnole refermée, doit retrouver sa place « naturelle » au sein du royaume marocain. Le Polisario et son grand allié, l'Algérie, se réfèrent à la pratique de la décolonisation, aux principes de l'Organisation de l'Unité africaine (devenue Union africaine) : le tracé des frontières, résultant de la colonisation, doit être respecté ; le Sahara occidental a vocation à devenir une « République arabe sahraouie démocratique (RASD) ». L'ONU est tiraillée entre les pressions des protagonistes. Finalement, le 13 décembre 1974, l'Assemblée générale adopte la Résolution 3292 (XXIX) dans laquelle est réaffirmé « le droit à l'autodétermination des populations du Sahara espagnol ». Elle décide de saisir la CIJ d'une demande d'avis consultatif[141] et lui pose deux questions :

> « *Le Sahara occidental était-il, au moment de la colonisation par l'Espagne, un territoire sans maître (terra nullius) ? En cas de réponse négative, quels étaient les liens juridiques de ce territoire avec le Royaume du Maroc et l'ensemble mauritanien ?* ». La CIJ conclut dans son avis du 16 octobre 1975[142], qu'elle n'a pas « *constaté l'existence de liens juridiques de nature à modifier l'application de la résolution 1514 (XV) quant à la décolonisation du Sahara occidental et en particulier l'application du principe d'autodétermination grâce à l'expression libre et authentique de la volonté des populations du territoire* ».

Depuis cet avis de la CIJ, la question du Sahara occidental évolue plutôt en fonction du jeu des forces sur le terrain. Le principe du référendum d'autodétermination accepté depuis 1990 par toutes les parties n'a jamais été appliqué. Ce cas montre, comme les deux précédents, qu'il y a loin de la théorie à la pratique, et à quel point la doctrine de l'ONU ou sa position officielle, peut être mise en échec, dans la pratique, par divers autres facteurs de la vie internationale. Sans doute en est-il de même pour l'identification du peuple et du territoire à décoloniser sur laquelle nous reviendrons *infra*.

En ce qui concerne l'inachèvement de la décolonisation, la question récurrente est celle de savoir si la décolonisation appartient ou non déjà à l'histoire. Depuis la dernière vague de décolonisation des années 1960-1970, nombreux sont ceux qui considèrent que le phénomène colonial est en perte de vitesse parce qu'il ne reste qu'une poignée de petits territoires à décoloniser. Cette croyance est infondée et erronée. D'abord parce que ces territoires non autonomes, pour la plupart insulaires, de tailles minuscules et de poids démographiques faibles, dépendants financièrement, sont confrontés à divers problèmes pour lesquels la décolonisation « classique » ne semble pas apporter de solutions, dans un contexte général de mondialisation et de globalisation. Ensuite parce que si, après

140. *Ibidem.*
141. L'article 96 de la Charte stipule que « *l'Assemblée générale ou le Conseil de sécurité peut demander à la Cour internationale de Justice un avis consultatif sur toute question juridique* ».
142. CIJ, 1975, 16 octobre 1975, Sahara Occidental (Avis consultatif), p. 33.

plus de cinquante ans de décolonisation, l'ONU n'a toujours pas épuisé sa liste de territoires à décoloniser, c'est bien à cause de la complexité de la tâche. Rien ne permet d'envisager le meilleur pour bientôt, sauf peut-être si cette organisation consent à faire évoluer sa doctrine, à la fois pour ces territoires et pour tous les peuples en général, qui aspirent légitimement à leur émancipation. Le problème de la décolonisation reste donc posé dans sa globalité.

Il le reste en particulier pour les peuples qui revendiquent leur libre disposition sans être sur la liste des territoires non autonomes, ainsi que pour certains peuples « oubliés », « sacrifiés », notamment les minorités ethniques et les peuples autochtones qui, par le hasard des circonstances historiques, se sont retrouvés incorporés à des ensembles territoriaux, nationaux et sociaux allogènes. Leur infériorité numérique ou leur proximité géographique vis-à-vis de la puissance de tutelle, a rendu plus difficile l'amorce de leur émancipation. Ils n'étaient pas, par essence des « minorités », mais le sont devenus pour des raisons indépendantes de leur volonté[143]. Leur intégration dans des entités plus vastes s'est opérée suivant des modalités qui présentent des similitudes avec le processus colonial. Leur sort dépend désormais de l'attitude de l'État auquel elles sont incorporées : celle-ci peut aller du refus à l'acceptation d'un compromis. L'émergence et l'intensification des mouvements de revendication d'autodétermination par ces peuples « oubliés » viennent s'ajouter ou se superposer à la problématique traditionnelle de la décolonisation.

### B. Quel peuple, quel territoire à décoloniser ?

La question ainsi posée atteste de l'incertitude qui continue de régner sur les bénéficiaires de la décolonisation. Cette incertitude pèse sur celle-ci tout en témoignant de son inachèvement.

#### *1° Le maintien de l'assimilation du peuple à la population coloniale*

C'est parce que l'ONU croyait à la nécessité « sacrée » de la décolonisation, et qu'elle était guidée par l'idéologie anticolonialiste, qu'elle a considéré que les populations coloniales étaient des « *peuples* ». Sans véritables discussions dans ses travaux sur ce thème et sans toujours vérifier si elles en étaient vraiment, elle a considéré que la Charte y répondait affirmativement, avec le paragraphe deux de son article premier qui indique l'un des buts de l'organisation : « *développer entre les nations des relations amicales fondées sur le respect du principe de l'égalité de droits des peuples et de leur droit à disposer d'eux-mêmes* », et avec ses chapitres XI, XII et XIII, « qui traitent de l'évolution politique des territoires coloniaux en des termes rappelant irrésistiblement le droit de libre disposition »[144]. « *Point n'est besoin de vérifier si les populations coloniales sont des « peuples », de les confronter à un modèle ; elles sont ce modèle ; parce qu'elles sont*

143. Rouland (Norbert), « Les colonisations juridiques », *op. cit.*, p. 40.
144. Guilhaudis (Jean-François), *op. cit.*, p. 44-47.

*coloniales, elles sont par excellence, des « peuples »* », dit ironiquement J.-F. Guilhaudis. Il s'agit d'un postulat « indiscutable » qui a guidé l'action de cette organisation.

Ce n'est que plus tard, avec certaines résolutions, dont la Résolution 1541 (XV), que des précisions sont apportées : un territoire non autonome est « *un territoire géographiquement séparé et ethniquement ou culturellement distinct du pays qui l'administre* » et « *arbitrairement dans une position ou un état de subordination* »[145]. Les traits qui caractérisent le « peuple » colonial sont alors précisés : la séparation géographique, la distinction ethnique et culturelle et la subordination coloniale. Cette position de l'ONU n'a pas tellement varié depuis lors. On peut retrouver sur son site internet actuel une doctrine identique exactement en ces termes :

> « *Ce sont d'abord les dispositions des chapitres XI, XII et XIII qui constituent au départ l'application aux populations coloniales du principe posé à l'article premier, paragraphe deux, de la Charte. Ces populations ont le droit de disposer d'elles-mêmes et sont des « peuples »* ».

Ce droit continue donc d'être essentiellement réservé aux populations coloniales, et la notion de « peuple » est toujours interprétée par l'ONU comme *population coloniale.*

### *2° Les territoires non autonomes actuels*

Le terme « *territoire non autonome* » désigne un territoire dont les populations ne s'administrent pas encore complètement elles-mêmes. Il s'agit de territoires n'ayant pas été placés sous régime de tutelle.

#### a) La situation générale de 1946 à nos jours

En 1946, huit États Membres – l'Australie, la Belgique, le Danemark, les États-Unis, la France, la Nouvelle-Zélande, les Pays-Bas et le Royaume-Uni – ont établi une liste de 72 territoires qu'ils considéraient comme non autonomes, dont huit sont devenus indépendants avant 1959. En 1960, l'Assemblée adopte la Résolution 1541 (XV) par laquelle elle définit les critères permettant de juger qu'un territoire non autonome avait atteint la pleine autonomie. En 1963, l'Assemblée générale approuve une liste révisée de 64 territoires auxquels s'applique la Déclaration de 1960 sur la décolonisation. Selon l'ONU, depuis 1945, plus de 80 nations dont les peuples vivaient sous la domination coloniale ont adhéré à l'ONU en tant qu'États souverains et indépendants. De nombreux autres territoires ont atteint la pleine autonomie soit dans le cadre d'une association politique avec d'autres États indépendants soit en s'intégrant dans d'autres États. Il reste aujourd'hui dix-sept territoires non autonomes. Ce sont : Anguilla, les Bermudes, Gibraltar, Guam, les Îles Caïmans, les Îles Falkland (Malvinas), les Îles Turques et Caïques, les Îles Vierges américaines, les Îles Vierges britannique, Montserrat, la Nouvelle-Calédonie, Pitcairn, Sainte-Hélène, le Sahara occidental, les Samoa américaines et les Tokelau, auxquels

145. Voir annexe indiquant les « principes qui doivent guider les États membres pour déterminer si l'obligation de communiquer des renseignements, prévue à l'alinéa e) de l'article 73 de la Charte, leur est applicable ou non ».

s'ajoute la Polynésie française depuis mai 2013. Les puissances administrantes sont les États-Unis d'Amérique, la France, la Nouvelle-Zélande et le Royaume-Uni de Grande-Bretagne et d'Irlande du Nord. La Mission des Nations Unies pour l'organisation d'un référendum au Sahara occidental (MINURSO) se consacre à l'organisation d'un référendum dans ce territoire. La liste des territoires non autonomes est mise à jour par l'Assemblée générale suivant la recommandation du Comité Spécial de décolonisation et de ses prédécesseurs[146].

### b) Les critères onusiens de décolonisation et la diversité des situations

Ces critères ne sont pas toujours pertinents compte tenu de la variété des situations qui existent sur le terrain, et qui peuvent être d'une extrême complexité.

#### • Des critères peu pertinents

Les textes onusiens évoquent trois conditions importantes pour jouir ou prétendre à la qualité de « *territoire non autonome* ». Il faut véritablement et effectivement être « *non autonome* », c'est-à-dire encore « *sous domination* », être rattaché à une puissance administrante, posséder un statut séparé et distinct de celui du territoire de l'État qui administre, enfin aspirer à l'autodétermination. Ces critères assez restrictifs ont été plus tard, après la grande vague des indépendances, assouplis par la Résolution 2625 du 24 octobre 1970 qui traite de façon générique de territoires ayant « un statut séparé et distinct de celui du territoire de l'État qui l'administre »[147]. Mais tous les territoires non autonomes qui figurent sur la liste ci-haut indiquée remplissent-ils tous ces critères ? Rien n'est moins sûr. À l'analyse, il apparaît plutôt que chaque territoire non autonome constitue un cas spécifique.

Nathalie Mrgudovic[148] se demande en effet si certains d'entre eux sont vraiment non autonomes : « *presque tous les territoires océaniens sont dotés d'une Constitution ou d'une loi organique en tenant lieu et jouissent d'un réel degré d'autonomie* ». Elle pointe du doigt aussi les « *grandes disparités qui existent dans les méthodes d'administration et les attitudes des Puissances administrantes* ». En effet, alors que certaines d'entre elles, estimant que leurs rapports avec leurs territoires relèvent de la politique interne et se situent de ce fait en dehors des compétences du Comité Spécial de décolonisation, rejettent l'autorité de celui-ci ainsi que les résolutions de l'Assemblée générale de l'ONU sur les questions de décolonisation[149], d'autres n'ont de cesse d'encourager les territoires placés sous leur administration à toujours plus de *self-government*[150], tout en coopérant avec le Comité spécial de décolonisation.

146. Renseignements obtenus auprès de l'ONU.
147. AGNU, résolution 2625, Principe 5, alinéa 6.
148. MRGUDOVIC (Nathalie), « L'ONU et l'Océanie : Quels territoires, pour quelle décolonisation ? » *in Destins des collectivités politiques d'Océanie, volume 1, Théories et pratiques,* (dir.) (J.-Y.) FABERON, (V.) FAYAUD et (J.-M.) REGNAULT, Presses Universitaires de Marseille, 2011, p. 379 et suivantes.
149. C'est le cas notamment des États-Unis au sujet de Guam et des Samoa américaines.
150. C'est le cas de la Nouvelle-Zélande, considérée comme Puissance administrante modèle par le CSD mais impuissante, comme les autres, à obtenir que son territoire soit retiré de la liste des Nations Unies.

Plus important encore, on observe que certains territoires qui aspirent légitimement à l'autodétermination ont du mal à se faire accepter par l'ONU ou le Comité sur la liste des territoires à décoloniser, alors que d'autres qui s'y trouvent déjà ne demandent qu'à en sortir. Cette liste est en effet controversée parce qu'elle comprend des territoires qui, par référendum, ont refusé l'indépendance. Ainsi, le journaliste néo-zélandais Michael Field écrit-il en 2004 que :

> « *l'ONU* [...] *veut absolument débarrasser le monde des derniers vestiges du colonialisme avant la fin de cette décennie. Elle a une liste de seize territoires dans le monde, dont quasiment aucun ne veut être indépendant* »[151].

Le cas de la Papouasie occidentale, qui « réclame son indépendance de l'Indonésie depuis plus de quarante ans, reste largement ignoré par la communauté internationale », ainsi que celui de l'île de Bougainville. Leur « *inscription sur la liste des territoires à décoloniser correspondrait à la logique onusienne et garantirait au mieux un bon cheminement vers l'autodétermination* »[152]. Le même problème se pose pour d'autres groupes ou territoires qui demandent à être inscrits ou réinscrits (Île de Pâques, Îles Canaries...). À bien y voir, ils ne demandent pas tant à accéder à la souveraineté qu'à exercer leur droit à l'autodétermination. Toutefois, des onze membres qui ont accédé à l'indépendance et rejoint l'ONU entre 1960 et 2008, au moins trente n'ont jamais été inclus dans la liste. L'inscription sur la liste des territoires non autonomes est donc à relativiser. Elle n'est pas en réalité, une condition *sine qua non* d'accès à la souveraineté. Malgré sa doctrine sur les populations coloniales seules considérées comme des « peuples », l'ONU s'est retrouvée, encore une fois, devant certaines situations complexes.

**• Des situations diverses et complexes**

Non seulement il existe des cas en dehors du cadre des territoires non autonomes mais encore chaque territoire non autonome est un cas particulier. Voyons cela au plus près.

***– Des cas en dehors du cadre des territoires non autonomes***

D'abord celui de la Namibie (ex-Sud-ouest africain) où la question s'est posée de savoir s'il s'agissait d'une colonisation ou d'une occupation étrangère. Ce cas ayant été résolu depuis longtemps puisque la Namibie a accédé à l'indépendance, il ne sert ici qu'à illustrer une forme de difficulté rencontrée dans le processus de décolonisation. Après que ce territoire ait été placé sous mandat de l'Afrique du Sud par la SDN en 1920, ce pays refuse de transformer ce mandat en tutelle à la demande de l'ONU. L'affaire dure plus de 40 ans, jusqu'à son règlement à la fin des années 80, par l'indépendance de la Namibie (21 mars 1990) qui se met en place sous la surveillance de l'ONU. Dans cette affaire, toute controverse « conceptuelle » est en quelque sorte neutralisée par les modalités de la prise de contrôle de ce territoire par l'Afrique du Sud. D'un côté, l'ONU réclame, pour les habitants de la Namibie, le droit de disposer d'eux-mêmes, c'est-à-dire

151. Field (Michael), « Tokelau Wonders, What have we done wrong' » *AFP*, 2 juin 2004.
152. Mrgurdovic (Nathalie), *op. cit.*, p. 385-386.

d'accéder à l'indépendance ; de l'autre, l'Afrique du Sud[153], tout en affirmant son droit à résoudre par elle-même la question de la Namibie, ne peut annexer ce territoire et donc doit en accepter la spécificité. Ici, la dynamique émancipatrice du Tiers-Monde, appuyée par l'Assemblée générale et le Conseil de sécurité, s'exerce pleinement[154].

L'affaire de Mayotte[155], quant à elle, illustre les difficultés à « contrôler », dans certaines circonstances, le droit des peuples à disposer d'eux-mêmes. Les Comores, archipel de l'Océan indien, devenu protectorat français à la fin du XIXe siècle, puis territoire d'outre-mer en 1946, proclament unilatéralement leur indépendance le 6 juillet 1975. Or les élus de l'île de Mayotte, qui appartient à cet archipel, refusent la sécession et réaffirment le caractère français de l'île. La France, acquise à l'indépendance des Comores et embarrassée par l'attachement des Mahorais, choisit de faire jouer le droit des peuples à disposer d'eux-mêmes de ces derniers. Le 8 février 1976, les Mahorais sont consultés ; 99,4 % s'expriment en faveur du maintien au sein de la République française. La France subit des remontrances des enceintes dominées par des pays du Tiers-Monde (Assemblée générale des Nations Unies, Organisation de l'Unité africaine...). Mais que doit-elle faire, se demande P. Moreau Defarge ? Elle finit par violer à la fois le droit international de la décolonisation selon lequel l'indépendance doit s'obtenir dans les frontières existantes de l'archipel comorien et les accords franco-comoriens de 1973 sur l'accession à l'indépendance des Comores. Elle a pour cela été condamnée par une partie de la Communauté internationale.

***– Le cas des territoires non autonomes***

Nous ne nous attarderons ici que sur des cas qui posent un problème lié à l'autodétermination.

• **Le Sahara occidental.** Le cas du Sahara occidental fournit sans doute l'un des meilleurs exemples des difficultés du droit des peuples à disposer d'eux-mêmes à s'appliquer. Nous l'avons évoqué[156]. Du point de vue du droit des peuples à disposer d'eux-mêmes, deux argumentations bien connues se heurtent. Celle du Maroc et celle du Polisario et son allié algérien. L'ONU tiraillée formule une demande d'avis consultatif à la CIJ[157] qui conclut que la Résolution 1514 (XV) peut s'appliquer à ce territoire et le problème évolue plutôt en fonction du jeu des forces sur le terrain.

153. MOREAU DEFARGES (Philippe), *op. cit.*, p. 663.

154. Extrait de JOUVE (Edmond), *Relations internationales*, PUF, Paris, 1992, p. 167-169, cité par MOREAU DEFARGES (P.), p. 663.

155. MICHALON (Thierry), « Mayotte et les Comores. Droit des peuples à disposer d'eux-mêmes et boulet diplomatique », *Le Monde diplomatique, décembre 1984*, p. 10-11, cité par MOREAU DEFARGES (Philippe), *op. cit.*, p. 664.

156. Cf. *supra*, p. 57.

157. L'article 96 de la Charte stipule que « *l'Assemblée générale ou le Conseil de sécurité peut demander à la Cour internationale de Justice un avis consultatif sur toute question juridique* ».

• **Les Îles Falkland (Malvinas).** Ces **îles**, qui forment un territoire britannique d'outre-mer, sont revendiquées par l'Argentine et ont été l'enjeu d'un affrontement militaire, la guerre des Malouines, entre les deux pays, en 1982. Le problème de l'autodétermination y reste posé. Même si les populations ne cachent pas leur attachement au Royaume-Uni, l'ONU ne peut se contenter du résultat du rapport de forces établi par la victoire militaire.

• **Tokelau.** À Tokelau, à deux reprises, des représentants élus ont choisi de refuser l'indépendance. En 2007, l'ancien diplomate néo-zélandais John Hayes affirmait que les Nations Unies (NU) devraient « *laisser Tokelau tranquille* » et cesser de pousser ce territoire néo-zélandais vers une indépendance que les Tokelauans ont rejetée[158]. Cette critique rejoint un peu celle de J-F. Guilhaudis qui affirme que

> « *plusieurs populations coloniales n'ont pas réclamé l'indépendance et la liberté que les Nations Unies leur ont offertes* » ou encore « *qu'il a existé des peuples coloniaux qui, au moment précis où les Nations Unies préconisaient pour eux l'indépendance, ne la demandaient pas* »[159].

Tokelau est un territoire placé sous l'administration de la Nouvelle-Zélande par le Royaume-Uni en 1926. Celle-ci a toujours été favorable à son émancipation, mais l'ONU fait la sourde oreille au choix des populations locales qui la rejettent et maintient son nom sur la liste des territoires à décoloniser. N'est-ce pas « *Un statu quo ambigu* » ? Se demande Nathalie Mrgudovic[160].

• **Îles Pitcairn.** Colonie britannique depuis 1838, devenue Territoire d'outre-mer en 1964, elle acquiert la citoyenneté britannique en 1998. Elle prolonge sa dépendance vis-à-vis du Royaume-Uni en 2010. Celui-ci va probablement en déléguer la gestion à la Nouvelle-Zélande, car elle n'en supporte plus le poids financier. Pour ce territoire aussi, une question se pose : « Si le droit à l'autodétermination est compris comme le droit à l'indépendance, que faire quand le bénéficiaire n'en veut pas ? » Il arrive que certains territoires considèrent l'indépendance comme un cadeau « empoisonné », trop lourd à assumer. Le droit des peuples ne peut-il alors être celui du droit à ne pas être un État ?

• **Guam.** Île du Pacifique rattachée aux États-Unis bien que faisant partie de l'archipel des Îles Mariannes, elle fut colonisée par l'Espagne et cédée aux États-Unis en 1898. C'est un territoire non-incorporé organisé des États-Unis avec à sa tête un gouverneur et un gouvernement élus. Guam possède un délégué à la Chambre des représentants des États-Unis. Les Guamaniens ont la nationalité américaine mais ne peuvent élire le président des États-Unis s'ils résident encore sur leur territoire. C'est une base militaire américaine y est depuis 1950. Un premier référendum en 1976 a confirmé les liens avec les États-Unis. Un projet de Constitution proposé par ces derniers en 1979 a été quant à lui rejeté. En 1987, un projet d'accord de Commonwealth proposé par une Commission

158. Niu (F.M.), « UN should leave Tokelau alone: NZ politician », 30 octobre 2007.
159. Guilhaudis (Jean-François), *op. cit.*, p. 47 et 49.
160. Mrgudovic (Nathalie), *op. cit.*, p. 382.

d'autodétermination, accordant une plus grande autonomie interne et reconnaissant un droit à l'autodétermination du peuple Chamorro, n'a toujours pas vu le jour alors qu'il a été accepté par la population. Par ailleurs, « le transfert des bases militaires d'Okinawa (Japon) à Guam d'ici 2014 relance la problématique de l'autodétermination et oblige l'ONU et le Comité Spécial de Décolonisation à maintenir Guam sur la liste des territoires à décoloniser ». À travers deux résolutions de l'Assemblée générale[161], l'ONU a dénoncé l'attitude des États-Unis et mis en garde contre les conséquences de leur politique.

• **Anguilla.** Anguilla est un territoire britannique d'outre-mer. En 1985 il est devenu membre associé à l'Organisation des États de la Caraïbe orientale, et se dote le 1er avril 1982 d'une Constitution qui en fait un territoire britannique distinct. Celle-ci est modifiée le 30 mai 1990, et une réforme constitutionnelle est en cours d'élaboration. Un certain nombre d'éléments juridiques et politiques sont mis en place et indiquent clairement que ce territoire pense à son émancipation.

• **Gibraltar.** C'est aussi un territoire britannique d'outre-mer. Le Royaume-Uni y exerce les responsabilités concernant la défense, la politique étrangère, la sécurité intérieure et les questions économiques. Le problème le plus important est la demande permanente de l'Espagne concernant le transfert de ce territoire sous la souveraineté espagnole. Les partis politiques et une grande majorité des habitants y sont opposés. Ils souhaitent rester dans le giron britannique, mais Gibraltar est toujours officiellement dans la liste des territoires non autonomes de l'ONU. Son maintien dans cette liste est-il justifié ? Il a été une possession espagnole de la Reconquista avant de passer sous contrôle britannique grâce au Traité d'Utrecht du 13 juillet 1713. Malgré ce traité, l'Espagne a toujours revendiqué cette possession et dénie aux Gibraltariens tout droit à l'autodétermination. La langue officielle est l'anglais mais c'est l'espagnol qui est majoritairement parlé. La volonté de vivre ensemble et l'identité commune de la population ne font pas l'ombre d'un doute. Le fait que ce territoire ait été rangé en 1963 par le Comité de décolonisation dans la liste des territoires autonomes a consacré *de facto* l'existence d'un peuple gibraltarien titulaire du droit à l'autodétermination[162], qui a choisi d'accroître son autonomie politique tout en restant sous souveraineté britannique, à travers trois referenda. D'abord celui du 10 septembre 1967, ensuite celui du 7 novembre 2002 qui rejette le projet de condominium hispano-britannique, et enfin celui du 30 novembre 2006 par lequel la population approuve à une très large majorité une nouvelle Constitution : « *The Gibraltar Constitution Order 2006* ». L'Assemblée générale « demande régulièrement aux Gouvernements de l'Espagne et du Royaume-Uni d'apporter, dans le prolongement de la Déclaration de Bruxelles du 27 novembre 1984, une solution définitive à la question de Gibraltar, à la lumière de ses résolutions pertinentes et des principes applicables et dans l'esprit de la Charte des Nations Unies »[163].

161. Rés. AG de 1987 et Rés. AG de 2011.
162. Lombart (Laurent), « Gibraltar et l'autodétermination - Perspectives actuelles », *AFDI, Année 2007, vol. 53, n° 53*, p. 181.
163. Site de l'ONU, (A/C.4/67/L.5).

Mais pour Laurent Lombart[164], l'Assemblée générale des Nations Unies doit « *prendre en considération la volonté librement exprimée du peuple gibraltarien et décider de radier le Rocher (Gibraltar)* » de la liste des territoires non autonomes. Cette décision permettrait « *d'en finir avec une exégèse politique, voire idéologique, des textes onusiens pertinents et de renouer avec la lettre des résolutions 1541 et 2625 qui prévoient différentes options possibles pour le peuple colonisé ou soumis à une subjugation étrangère, dont le droit à l'autonomie politique, économique et culturelle, tout en demeurant sous la souveraineté de la puissance administrante,* [...] *et à limiter le mouvement de prolifération étatique* ».

• **Îles Turques-et-Caïques.** Elles sont elles aussi un territoire d'outre-mer du Royaume-Uni. Depuis plusieurs décennies, les dirigeants de l'archipel ont entamé des discussions avec le gouvernement du Canada dans le but d'une intégration de celui-ci au sein de la confédération canadienne en tant que onzième province, ce qui pose problème à l'archipel car cela nécessiterait un amendement constitutionnel, une proposition extrêmement difficile et risquée au Canada. En 2004, la province canadienne de Nouvelle-Écosse a invité l'archipel à rejoindre la province dans l'éventualité où le reste du pays accepterait de l'annexer.

• **La Polynésie française : une décolonisation tardive et ambiguë.** L'Assemblée générale de l'ONU a adopté par consensus le 17 mai 2013 une résolution plaçant la Polynésie française sur la liste des territoires non autonomes, malgré la défaite des indépendantistes aux dernières élections territoriales. Cette résolution, présentée par trois petits États du Pacifique : Iles Salomon, Nauru, Tuvalu, a immédiatement a été dénoncée par la France comme « une ingérence flagrante » et « une absence complète de respect pour les choix démocratiques des Polynésiens ». Le texte « affirme le droit inaliénable de la population de la Polynésie française à l'autodétermination et à l'indépendance », conformément à la Charte de l'ONU, et invite le gouvernement français à « faciliter et accélérer la mise en place d'un processus équitable et effectif d'autodétermination » en Polynésie. Malgré le fait qu'à la suite du vote, plusieurs pays, dont le Royaume-Uni, les Pays-Bas et les États-Unis, se sont « démarqués du consensus » pour signifier leur désapprobation, faisant valoir la défaite des indépendantistes aux dernières élections territoriales, cette résolution ouvre en principe la voie à un référendum d'autodétermination. La population pourrait à terme se prononcer en faveur de l'indépendance, de la départementalisation ou d'un statut intermédiaire d'autodétermination.

Malgré cette réinscription sur la liste des territoires non autonomes, la Polynésie française reste une collectivité dotée d'une très large autonomie, et la France y conserve ses compétences régaliennes[165]. Pour combien de temps encore ? Au vu des tensions et des réactions qui ont suivi cette réinscription, nul ne saurait affirmer qu'on est en présence d'une décolonisation apaisée. Et pourtant, comme le dit Jean-Marc Regnault,

> « *la Polynésie devra chercher à sortir des ambiguïtés d'une décolonisation qui tarde à s'achever.* [...] *La France pourrait y consentir, ne serait-ce que parce que les relations entre le*

164. Lombart (Laurent), *op. cit.*
165. Boissy (Gregory), AFP, 18 mai 2013.

*pays et la République ne peuvent pas être figées. Les évolutions du monde, la crise économique générale, les nouveaux défis qui attendent chaque gouvernement... et l'éloignement qui pèsera de toute façon toujours autant si ce n'est plus, malgré les technologies d'avant-garde, obligeront à des réflexions sur le sens, la finalité et les formes de la présence française en Océanie* »[166].

### c) Le cas particulier de la Nouvelle-Calédonie : une décolonisation tardive, délicate mais ouverte

Le cas de la Nouvelle-Calédonie semble mettre en lumière une approche moins passionnée, mais délicate du droit des peuples à disposer d'eux-mêmes. Ce cas spécifique et complexe est intéressant parce qu'il ramène à la question de savoir s'il s'agit d'une autodétermination des seuls autochtones ou celle de l'ensemble de la population. Qui est peuple en Nouvelle-Calédonie ? En principe, la Résolution 41/41A du 2 décembre 1986, qui réinscrit la Nouvelle-Calédonie sur la liste des territoires non autonomes et réaffirme « *le droit inaliénable du peuple de Nouvelle-Calédonie à l'autodétermination et à l'indépendance* », concerne le territoire complet de la Nouvelle-Calédonie et non une composante ethnoculturelle infra-étatique. Mais une éventuelle indépendance de tout le territoire suffirait-elle à résoudre le problème de l'autodétermination kanak ? Par ailleurs, cette question de l'indépendance n'est pas encore définitivement tranchée. Les cartes semblent davantage être entre les mains des protagonistes, des « *populations intéressées* » qu'entre celles de l'ONU. Par ses régulières résolutions, l'Assemblée générale « *invite toutes les parties concernées à continuer de promouvoir un environnement propice à l'évolution pacifique du territoire vers un acte d'autodétermination qui n'exclurait aucune option* »[167]. En parlant d' « acte d'autodétermination qui n'exclurait aucune option », l'ONU semble revenir à sa doctrine originelle. Un peu comme en Polynésie française, la décolonisation est restée trop longtemps enfermée dans des ambiguïtés. Elle a commencé à en sortir par le dialogue et tout reste ouvert. Peu importe le temps que cela prendra, car « l'important, ce n'est pas le terme, c'est le chemin, la qualité du processus... »[168].

## C. Une nécessaire réorientation et adaptation de la doctrine onusienne

L'idée d'une nouvelle orientation de la politique de l'ONU fait son chemin. Elle se fonde sur divers signes visibles de l'essoufflement du système onusien.

### *1° Les signes d'un essoufflement*

En 1945, près du tiers de la population mondiale vivait dans des territoires colonisés ou dominés. Aujourd'hui, deux millions seulement de personnes sont dans des territoires non autonomes. Ceci permet de mesurer le chemin parcouru. On ne peut donc minimiser

---

166. REGNAULT (Jean-Marc), *L'ONU, la France et les décolonisations tardives, l'exemple des terres françaises d'Océanie*, *op. cit.*, p. 207.
167. Site de l'ONU, www.un.org.
168. Propos du ministre de l'Outre-mer, Lurel (Victorin), devant le Comité des signataires, début décembre 2012, rapportés par (J.-M.) Regnault, dans *L'ONU, la France et les décolonisations tardives*, *op. cit.*, p. 155.

ces chiffres et ironiser sur l'impuissance ou l'inutilité du « machin »[169]. Cependant, au bout de soixante-sept années de service, le système onusien ne montre-t-il pas quelques signes d'essoufflement en matière de décolonisation ? Alors qu'il ne reste que dix-sept territoires à décoloniser, le fait que l'ONU peine tant à parachever son œuvre montre bien qu'il y a problème. Certes, ne s'agit-il, pour un grand nombre d'entre eux, que de territoires de petites dimensions, peu peuplés, peu viables économiquement et sous perfusion financière, ce qui les conduit d'ailleurs à hésiter entre une « prestigieuse » autodétermination politique et une « indispensable » dépendance économique et financière. Mais ils rappellent que l'autodétermination n'est pas seulement une affaire d'économie, et que la dignité des peuples concernés est tout aussi importante que celle des autres peuples du monde. Certains sont au cœur d'enjeux géopolitiques et de tiraillements qui les dépassent. Toutefois, n'est-ce pas l'ONU et sa doctrine sur l'autodétermination qui seraient en cause ? Ses incohérences ne mettent-elles pas en péril son efficacité et sa crédibilité ? Celle-ci peut-elle encore souffrir du *deux poids deux mesures* ? L'Organisation mondiale semble condamnée à s'adapter au monde qui change.

### a) Des bilans du CSD de plus en plus maigres

Peu de territoires non autonomes ont accédé ces derniers temps à l'indépendance, un seul en vingt ans, constatait-on en 2010, à Nouméa, lors d'un séminaire organisé par le Comité Spécial de Décolonisation. Le bilan est indiscutablement maigre. Certains observateurs ont relevé que des résolutions de l'Assemblée générale pour l'élimination du colonialisme se succédaient sans résultat[170]. Après la Résolution 4347 pour la Décennie 1991-2000, il y a eu la Résolution 55/146 pour la décennie suivante et la Résolution 65/119 du 10 décembre 2010 pour la décennie actuelle. Et après ? Pour Jean-Marc Regnault,

> « *les dernières résolutions de l'AG montrent à la fois la volonté de se placer dans la lignée des résolutions de 1960, mais aussi d'examiner « les possibilités qui s'offrent aux peuples des territoires non autonomes en matière d'autodétermination* [par] *une approche souple, pragmatique et novatrice » (Résolution 65/116 du 10 décembre 2010). Autant dire que le surplace comme le progrès sont possibles. Ce serait affaire de… diplomatie* »[171].

### b) Des attitudes incohérentes

Le système onusien semble aussi bloqué par toutes sortes d'incohérences : incohérence de la part des États dont certains considèrent ces territoires comme un fardeau financier tout en clamant qu'ils relèvent des affaires intérieures ; d'autres estiment que ces territoires ont fait des choix qu'ils devraient assumer et leur refusent de s'autodéterminer à nouveau. Incohérence aussi de la part de certains territoires qui, conscients ou non de leurs limites, veulent « le beurre et l'argent du beurre », affichent simultanément des slogans creux sur l'indépendance et un attachement indéfectible à la manne financière métropolitaine.

169. Allusion faite ici à l'appellation que le général De Gaulle avait donnée à l'ONU.
170. Regnault (Jean-Marc), « Les perspectives offertes par le Comité de décolonisation de l'ONU », *op. cit.*, p. 510.
171. Regnault (Jean-Marc), *L'ONU, la France et les décolonisations tardives, op. cit.*, p. 57.

Incohérence enfin de la part de l'ONU qui, tout en reconnaissant dans sa Résolution de 1970 qu'on pouvait s'autodéterminer par « *toute autre forme de statut librement choisi* », continue de réaffirmer son choix pour l'indépendance. Pourquoi vouloir imposer absolument l'indépendance à ceux qui n'en veulent pas ? Certains membres du Comité Spécial de Décolonisation semblent avoir pris conscience que « *le seul but du Comité n'était pas seulement de permettre à des territoires de devenir souverains, mais aussi de décoloniser* »[172], mais est-ce le cas pour toute l'institution onusienne ? Peut-on envisager alors une révolution des mentalités et des positions ? Il semble, en tout cas, que les nouveaux défis à relever y contraignent.

### *2° De nouveaux défis à relever*

Face aux défis du monde contemporain à relever, la thèse originelle onusienne de la maturité politique ne semble plus de mise.

#### a) Le dépassement de la thèse de la maturité politique

Comme le rappelle I. I. Fall, au moment où commence la décolonisation, un courant d'opinion se développe dans le monde occidental. Il souhaite que l'application du droit des peuples à disposer d'eux-mêmes soit soumise à un certain nombre de conditions parmi lesquelles un seuil de maturité politique. Ainsi s'affirme l'idée selon laquelle l'indépendance étant considérée comme une situation pleine de périls, les peuples colonisés voulant y accéder devraient au préalable prouver leur maturité politique c'est-à-dire leur capacité d'en affronter seuls les risques.

Des conditions à remplir tels que l'homogénéité, l'unité, le désir commun des populations de maintenir ensemble le nouvel État, des ressources économiques suffisantes, une capacité politique et militaire, la garantie de ne pas être un fardeau pour la communauté internationale et celle de ne pas être source de malheurs pour les habitants, sont énoncées et préconisées. Cette thèse s'appuie sur la lettre de la Charte qui consacre l'application conditionnelle du principe de l'autodétermination dans les chapitres XI, XII et XIII. C'est pour la promouvoir qu'une mission sacrée est confiée à des puissances administrantes, celle de « développer la capacité de ces territoires à s'administrer eux-mêmes ». C'est aussi pour examiner les facteurs, les critères à retenir pour décider à quel moment un territoire a atteint une pleine autonomie qu'une résolution de l'Assemblée Générale[173] décide de la création d'un organe spécial et qu'une autre[174] détermine les critères d'autonomie en 1949. Cette thèse est évidemment rejetée par les jeunes États issus des empires coloniaux. Mais face à l'insuffisance des efforts fournis par les Puissances administrantes dans leur mission et face à leur manque d'enthousiasme et lenteur, l'ONU change de position. La Déclaration 1514 du 15 décembre 1960 dispose dans son article 3 que :

172. C'est le cas de son président, Donatus Keith Saint Aimee, en 2010.

173. Rés. 332 (IV) du 2 décembre 1949.

174. Rés. 567 (VI) qui fixe comme critères d'autonomie : l'indépendance, l'autonomie interne et l'intégration.

> *« Le manque de préparation dans les domaines politique, économique ou social, ou dans celui de l'enseignement, ne doit jamais être pris comme prétexte pour retarder l'indépendance ».*

Cette disposition fait que l'application du droit des peuples à disposer d'eux-mêmes cesse d'être conditionnelle et devient automatique. La question de savoir si une résolution peut rendre caduques les dispositions de la Charte sur la maturité politique devient dérisoire puisque le titre juridique international qui confère à la Puissance administrante le droit d'administrer un territoire non autonome ne reste valable que si celle-ci remplit sa mission et les obligations qui découlent de ce titre, c'est-à-dire si elle « prend des mesures immédiates pour transférer aux peuples des territoires tous les pouvoirs ». En définitive, dès 1960, la thèse de la maturité politique est dépassée.

### b) Une nouvelle problématique de la décolonisation

On l'a vu, après avoir largement favorisé l'accession à la souveraineté de nombreux territoires, l'ONU peine aujourd'hui à parachever la décolonisation. Dix-sept territoires non autonomes dont certains piaffent d'impatience[175] et d'autres rechignent à faire le saut final, forment toujours une liste de candidats « naturels » à l'autodétermination. Si certains hésitent, c'est peut-être parce qu'ils perçoivent les risques auxquels les exposerait une totale indépendance. Les défis à relever sont en effet multiples. Pour la plupart, de faibles dimensions, émiettés et peu peuplés, souvent isolés à l'intérieur d'immenses espaces maritimes, ils sont exposés à divers risques naturels (cyclones, tsunamis, tremblements de terre, volcans...). La viabilité de leurs ressources halieutiques et la maîtrise de leur exploitation ne paraît pas certaine sans l'aide extérieure. Les sources d'énergie sont problématiques. Le coût des transports et des communications est très élevé du fait de l'isolement. L'amélioration des réseaux de communication, ainsi que l'harmonisation et la coordination des transports régionaux nécessitent beaucoup de capitaux. Des défis environnementaux tels que la préservation des récifs coralliens et la gestion des déchets tout comme les conséquences du changement climatique semblent impossibles à relever. Les problèmes de santé publique, de formation des cadres, d'éducation des jeunes sont de plus en plus lourds à supporter et la bonne gouvernance reste un idéal lointain difficile à atteindre.

Face à tous ces défis, la prise en charge et l'aide apportée par les Puissances administrantes se révèlent indispensables et même incontournables. C'est aussi à cause de cette vulnérabilité que certaines organisations spécialisées de l'ONU interviennent depuis de nombreuses années : l'UNICEF pour la protection des enfants par exemple, la FAO pour l'alimentation, l'UNESCO pour l'éducation, ou à travers des fonds d'aide pour le développement ou la protection de l'environnement[176]. La question qui se pose de plus en plus à ces territoires, mais aussi aux puissances administrantes et à l'ONU

175. À vrai dire, ils sont les moins nombreux.

176. Voir Brochure DPI/2448-07-22977 de mars 2007 : Aide que l'ONU peut apporter aux territoires non autonomes.

n'est-elle pas celle de savoir comment « *décoloniser* » tout en tenant compte des réalités du monde contemporain, notamment la mondialisation ?

Certains territoires semblent avoir déjà tranché. Ils ont adapté leurs rhétoriques et leurs stratégies. Ainsi, en Océanie par exemple, et plus particulièrement dans le Pacifique Sud, la souveraineté présente une plus grande variété de visages. Elle est de plus en plus perçue comme un droit à s'autodéterminer après avoir été longtemps vue comme « affaire d'État ». En effet,

> « [...] *l'émergence de nouvelles formes de revendications de souveraineté « interne », qu'elles soient autonomistes ou se réclament du droit des peuples autochtones, contribue* [...] *à dissocier de manière inédite « souveraineté » et « indépendance»* »[177].

D'autres territoires ne semblent pas encore avoir tranché, et peut-être, ne le feront-ils jamais. De même pour les Puissances administrantes. À l'ONU, il semble plutôt qu'au-delà de la thèse officielle d'une application automatique du principe de l'autodétermination, un débat ait été instauré. En 2010, à l'occasion d'un séminaire du CSD dont il était le président, Donatus Keith Saint Aimée a reconnu que

> « *le bilan du CSD était maigre si on s'en tenait au fait que qu'au cours des 20 dernières années, un seul pays ait accédé à l'indépendance* » *et que, cependant,* « *le but du Comité n'était pas seulement de permettre à des territoires de devenir souverains, l'objectif étant de décoloniser* »[178].

Tout en rappelant le principe de l'automaticité de l'application du principe, il a souhaité qu'on tienne compte à la fois des évolutions du monde et des critiques entendues au séminaire de Nouméa. Mais la vive réaction du délégué algérien qui a suivi montre bien que la thèse de l'automaticité n'a pas disparu :

> « *Par glissements successifs,* [le Comité] *est devenu un forum où les positions exprimées tendent à conforter les assises et les fondements du colonialisme, comme s'il était question de lui donner une apparence acceptable, plutôt que de hâter son élimination* [...]. *Le colonialisme a perdu dans les débats son caractère de passif détestable pour se transformer en anodine colonisation dont on pourrait gloser sur les bienfaits et les méfaits* [...] »[179].

Malgré tout, une brèche s'ouvre et des questions se posent au sein même de l'Organisation. Une nouvelle conception de la décolonisation et de l'autodétermination est-elle envisageable ou en cours ? Sans aucun doute. Elle est même déjà là en ce qui concerne l'autodétermination. Elle s'appuierait essentiellement sur la Déclaration de 1970 qui a ajouté une quatrième modalité ou option : celle de *l'acquisition de tout statut politique librement décidé par un peuple*, qui peut être considérée comme un moyen d'exercer son droit à disposer de lui-même[180], comme il l'entend. Par ailleurs, N. Mrgudovic préconise que l'ONU, sans trahir ni renoncer à ses principes, procède à la redéfinition d'un

177. Voir Gagné (Natacha) et Salaün (Marie) (dir.), *Visages de la souveraineté en Océanie*, L'Harmattan, 2010.
178. Regnault (Jean-Marc), « Les perspectives offertes par le Comité de décolonisation de l'ONU », *op. cit.*, p. 510.
179. Cité par Regnault (J-Marc), « Les perspectives offertes par le Comité de décolonisation de l'ONU », *op. cit.*, p. 511.
180. Les Nations Unies et la décolonisation, n° 32019, mai 2004, citée par REGNAULT, J-M, *op. cit.*, p. 510.

concept moins focalisé sur l'indépendance que sur l'autodétermination, conçue en termes d'intérêts et de partage des responsabilités, plus flexible, ainsi qu'à une meilleure définition de la libre-association et du *self-government*, réelles alternatives à l'indépendance-couperet, et même une souveraineté plus ou moins partagée avec la puissance administrante ou toute autre puissance[181]. Il faut, en tout cas, faire preuve de créativité, comme le souhaite le Secrétaire général de l'ONU[182]. Cette orientation nouvelle de la doctrine onusienne correspondrait aux vœux d'un grand nombre de peuples qui veulent aussi avoir voix au chapitre.

## II - Une timide reconnaissance de ce droit à d'autres « peuples »

La conception moderne du droit à l'autodétermination donne la part belle aux peuples « colonisés ». Certaines catégories de « peuples », notamment les peuples autochtones, les minorités nationales et d'autres « laissés-pour-compte de la décolonisation », ont été oubliées ou sacrifiées, alors même que souvent, ils sont aussi des peuples colonisés.

### A. Des minorités toujours un peu « oubliées »

La problématique minoritaire est délicate. Elle implique que l'on s'attarde quelques instants sur la définition de la notion même de minorité ainsi que l'extrême diversité des minorités à l'échelle planétaire.

#### *1° L'extrême diversité des minorités à l'échelle planétaire*

Quelques définitions de la notion de minorité existent depuis longtemps. La Cour Permanente de Justice Internationale (CPJI), dans un avis sur l'affaire des Communautés gréco-bulgares en 1930, avait défini le concept de *communauté*, qui lui est proche[183] comme

> « *un groupe de citoyens d'un État, constituant une minorité numérique dans une position non dominante au sein de l'État, doté de caractéristiques ethniques, religieuses ou linguistiques qui diffèrent de celles de la majorité de la population, ayant un sens de la solidarité les uns envers les autres, mû au moins implicitement par un désir collectif de survivre et dont le but est d'atteindre l'égalité en fait et en droit avec la majorité* »[184].

Le rapporteur de la Commission des droits de l'homme des Nations unies, le Pr Francesco Capotorti, en 1979, a proposé une définition de cette notion, entendue comme « un groupe numériquement inférieur au reste de la population d'un État, en position non dominante, dont les membres – ressortissants de l'État – possèdent du point de vue ethnique, religieux ou linguistique, des caractéristiques qui diffèrent de celles du reste de la population et manifestent, même de façon implicite, un sentiment de solidarité, à l'effet de préserver leur culture, leurs traditions, leur religion ou leur langue ».

---

181. Mrgudovic (Nathalie), *op. cit.*, p. 388.
182. Ban Ki Moon, à l'ouverture de la session 2011 du CSD, 24 février 2011, ONU, New-York.
183. CPJI, Avis consultatif, « Communautés », *gréco-bulgares*, Série B, n° 17 (31 juillet 1930).
184. Deschenes (Jules), « *Proposal concerning a definition of the term "minority"* », E/CN.4/Sub.2/1985/31.

Enfin, le lexique des sciences sociales donne de « minorité » la définition suivante :

> « *un groupe en position d'infériorité numérique, ethnique, économique, culturelle ou linguistique par rapport aux groupes dominants qui, plus ou moins volontairement, les excluent de la participation entière à la vie sociale*[185] ».

Ces différentes définitions mettent toutes en avant le critère du nombre, alors qu'une une minorité ne se définit pas seulement en termes de nombre. Elles indiquent toutes, et à juste titre, l'importance de ses qualificatifs. On parle souvent de minorités linguistiques et de minorités religieuses parce que « la langue est, avec la religion, le principal critère culturel d'identification des groupes humains, majoritaires ou minoritaires »[186]. Près de 6 000 langues vivantes sont parlées dans l'humanité actuelle tandis que les croyances et les incroyances sont en perpétuelle évolution. Mais on parle aussi de minorités raciales car des communautés humaines peuvent parfois devenir des minorités en fonction des pratiques langagières ou religieuses qui les distinguent de celles qui sont majoritaires, mais aussi à partir de leur type physique témoignant d'une origine ancestrale autochtone ou immigrante[187]. L'extrême diversité des minorités à l'échelle planétaire est à l'image de la diversité fondamentale de l'humanité. Le problème, c'est qu'aucune des définitions proposées n'a jamais pu faire l'objet d'un accord au sein de l'ONU. Elles ne sont donc pas officielles. Un tel accord se heurte depuis toujours soit au « *mythe* de l'unité nationale »[188] soit aux écueils de la souveraineté et de l'intégrité territoriale de certains États. Il est indéniable, malgré tout, que le phénomène minoritaire existe, tout comme existe une dynamiquc des minorités à l'échelle planétaire. Mais cette dynamique semble moins forte que celle que connaît le mouvement autochtone ces derniers temps.

### *2° Une non-reconnaissance paradoxale*

Quelle que soit la diversité des minorités, le terme « minorité » est souvent associé à toutes les misères du monde. Mais en réalité, leur sort est tout aussi varié et reste lié aux modèles politiques dont elles dépendent. Certaines d'entre elles jouissent d'un certain nombre de droits dans des ensembles que l'on peut qualifier d'impériaux comme en Russie, d'autres sont en butte à la volonté proprement nationale d'annexion d'une ethnie majoritaire. D'autres encore imposent leur loi à la majorité comme en Syrie, ou abandonnent le pouvoir politique mais conservent l'essentiel du pouvoir économique[189]. La plupart du temps, elles ont été intégrées dans un ou des États dans lesquels elles ne se reconnaissent pas ; c'est le cas par exemple des Kurdes (en Turquie, Irak, Iran), des Tibétains (annexion du Tibet par la Chine en 1950), des Karen (Birmanie) des

185. GRAVITZ (Madeleine), *Lexique des sciences sociales*, 7e éd. Paris, Dalloz, 2000, p. 267.
186. *Atlas des minorités dans le monde*, Éditions Autrement /Courrier international, 2012.
187. *Ibidem*.
188. Formule utilisée par (J.-F.) GUILHAUDIS pour indiquer l'importance excessive accordée par les États nouveaux à cette idée, *op. cit.*, p. 62.
189. THUREAU-DANGIN (Philippe), « Des modèles politiques différents », *in Atlas des minorités dans le monde*, Éditions Autrement /Courrier international, 2012, *op. cit.*

Moluquois...[190]. Le démantèlement des empires coloniaux après la Seconde Guerre mondiale et la dislocation de l'ex-URSS et de la Yougoslavie ont ramené au-devant de la scène la problématique minoritaire, et la communauté internationale a souvent fait *deux poids deux mesures*. Ce qui a conduit certains auteurs à parler de

> « *peuples sacrifiés ou oubliés* » en déplorant le fait qu'elle « *ait refusé le droit de libre disposition à des populations qui, plus que beaucoup de « peuples » coloniaux, étaient très proches du vrai mouvement de revendication nationale auquel devrait être identifié le sujet actif du droit de libre détermination ou qui, même, y correspondaient* »[191].

En effet, alors que les articles premiers des deux pactes relatifs aux droits de l'homme parlent de « *tous les peuples...* » qui devraient bénéficier du droit à l'autodétermination, l'on peut déplorer l'insuffisance des instruments internationaux de protection minoritaire, ainsi que le fait que les minorités ne soient « appréhendées qu'à travers l'écran des droits de l'homme »[192]. Même si *l'article 27 du Pacte international relatif aux droits civils et politiques* s'efforce de réintroduire la problématique minoritaire dans la pratique des Nations Unies, il n'a pas tellement contribué à apaiser l'attente des personnes concernées. Par ailleurs, malgré des concessions non négligeables consenties en faveur de certains droits collectifs, la Déclaration sur les droits des personnes appartenant à des minorités nationales ou ethniques, religieuses et linguistiques du 18 décembre 1992, reste fidèle à l'approche individualiste du Pacte de 1966 et n'a qu'une portée juridique limitée par son caractère déclaratoire.

### B. Le cas des peuples autochtones

L'émergence contemporaine des peuples autochtones pose à la société internationale et au droit international une problématique bien particulière. Depuis quelques décennies, un mouvement important de « *peuples que l'on qualifie internationalement, suivant les continents et les langues de référence, d'« indigènes » ou d'« autochtones »* »[193] est réapparu sur la scène mondiale.

#### *1° La notion de « peuples autochtones »*

C'est une notion complexe et en évolution. Mais comment la définir alors qu'elle concerne quelques centaines de millions de personnes (trois cent millions environ) dans le monde, aux conditions géographiques, politiques, économiques et sociales variées et dont les différences entre elles sont plus nombreuses qu'avec les sociétés qui les dominent, se demande-t-on souvent et à juste titre ? Certes, les autochtones partagent-ils en commun un passé de marginalisation, d'exclusion et d'assimilation ainsi que des éléments de leurs modes d'organisation sociale et politique, leurs coutumes et leur vision du monde, mais leur très grande diversité et certains enjeux politiques ont

---

190. Moreau Defarges, *op. cit.*, p. 667.
191. Guilhaudis (Jean-François), *op. cit.*, p. 60.
192. Pierré-Caps (Stéphane), *Droit des minorités et des peuples autochtones*, *op. cit.*, p. 212.
193. Fritz (Jean-Claude), « Introduction », *in La nouvelle question indigène, Peuples autochtones et Ordre mondial*, (dir.) (Jean-Claude) Fritz et (Frédéric) Deroche, L'Harmattan, 2005, p. 11.

toujours rendu difficile toute définition universelle et consensuelle[194]. Toutefois, quelques définitions unilatérales de la part de certains États et des définitions de travail de la part de certaines instances internationales (notamment l'Organisation internationale du Travail et la Banque mondiale) et plusieurs experts dans le cadre du système des Nations Unies ont vu le jour.

### a) Une évolution sémantique et conceptuelle

Cette évolution s'est révélée à travers les différents instruments internationaux. Au départ, c'est une conception primitiviste, évolutionniste et euro-centriste, née au XIXe siècle qui prévaut. On la retrouve dans l'article 1er de la Convention 107. Avec l'adoption de la Convention 169 de l'Organisation internationale du Travail, « cette conception disparaît de la doctrine et des instruments internationaux dans les années 80. On passe aussi de la notion de « *populations* » à celle de « *peuples* », ce changement terminologique traduisant le passage d'« objets de droits » à celui de « *sujet de droits* »[195]. La Déclaration sur les droits des peuples autochtones de 2007 confirme ces acquis et va même un peu plus loin.

Une intéressante étude[196] montre par ailleurs comment s'est constituée cette catégorie politique que sont les « peuples autochtones ». L'on est allé de « *tribal* » à « *autochtone* », de « *population* » à « *peuple* » et du *singulier* de celui-ci à son *pluriel*. Elle montre aussi toutes les difficultés que les Nations Unies ont eues à trouver les termes appropriés dans les différentes langues utilisées à l'ONU. « *Si la dénomination de « populations ou peuples tribaux » reste d'usage à l'OIT, la plupart des textes internationaux font référence au terme d'« autochtones » en français ou « indigenous » en anglais, lesquels semblent désigner le même champ sémantique* ». Mais tous les termes utilisés dans les principales définitions contemporaines ne sont pas interchangeables ou synonymes. Le mot *autochtone*, qui semble s'imposer, est dérivé d'une souche grecque dont la racine *khthon* signifie *terre* ; l'autochtone est alors « *celui qui est issu du sol même où il habite (et) qui est censé ne pas être venu par immigration* »[197]. C'est lui qui est officiellement employé aux Nations Unies.

Le combat identitaire mené ces derniers temps par ces peuples a pu faire parler d'un processus d'ethnogénèse[198], car ils

> « *ont construit, dans leurs interactions au sein des divers forums onusiens, une identité générique. [...] L'autochtonie procède ainsi d'un bricolage identitaire qui s'ancre dans le local tout en s'appuyant sur la force de l'international. [...] Ce processus de construction*

194. *Ibidem.*
195. Deroche (Frédéric), *op. cit.*, p. 49.
196. Bellier (Irène), « Usages et déclinaisons internationales de « l'autochtonie » dans le contexte des Nations Unies » *in Autochtonies, vues de France et du Québec,* (dir.) (Natacha) Gagné, (Thibault) Martin et (Marie) Salaün, Les Presses de l'université Laval et Dialog, 2009, p. 75-92.
197. *Le Petit Robert, Dictionnaire alphabétique et analogique de la langue française*, p. 134.
198. Morin (Françoise), « L'Autochtonie comme processus d'ethnogenèse », *in Autochtonies vues de France et du Québec, op. cit.*, p. 59-73.

*identitaire au niveau international est une forme d' « ethnogenèse », concept qui définit le processus de formation d'un peuple ou d'une identité culturelle ».*

C'est grâce à la mondialisation que l'autochtonie est passée du local à l'universel. Revendiquée au départ par les « premières nations » des Amérique, elle est devenue en quelques décennies une identité planétaire[199].

### b) Les caractéristiques de l'autochtonie

De la notion d'« autochtone » est donc né un autre concept : l'*autochtonie.* La *Déclaration des Nations Unies sur les droits des peuples autochtones de 2007* n'en donne aucune définition. Même la doctrine qui l'utilise ne le définit pas clairement. Il est souvent défini indirectement soit par le biais du terme « *autochtone* », soit par celui de ses nombreuses caractéristiques. Paul Charest considère, que son champ sémantique se rapporte principalement à des questions relevant de « l'appartenance territoriale » qui serait le fondement premier de l'identité autochtone[200]. En tout cas, il semble désigner l'identité autochtone ou l'appartenance à un ensemble social et politique composé de tous les peuples autochtones de la planète. Certains auteurs, peu nombreux, parlent aussi d'« *autochtonité* », mais ce terme recouvre à peu près les mêmes composantes que celui d'*autochtonie.* En l'absence d'une définition qui s'impose à tous, c'est sur la base de quelques critères d'identification que peut être appréhendée l'autochtonie.

Selon Frédéric Deroche[201], **le premier des critères est l'élément subjectif.** Chaque peuple doit donc avoir la capacité de fixer, selon ses propres normes, qui peut appartenir au groupe, d'accepter ou d'exclure tel ou tel individu. Ce dernier doit lui-même avoir conscience d'appartenir à un groupe et doit également être reconnu par celui-ci. Cette autodéfinition est soulignée par la Convention 169, l'étude de Martinez Cobo[202], et par la Déclaration sur les peuples autochtones elle-même qui insiste sur cette nécessité d'autodéfinition[203]. Ce critère peut être vu comme une manifestation du droit à l'autodétermination, c'est un élément déterminant de la définition mais il est subjectif et doit être complété par différents autres éléments objectifs.

**Le second critère est l'élément historique** selon lequel les autochtones sont les descendants du peuplement d'origine d'un territoire avant tout processus de colonisation. C'est aussi un élément fondamental. **Le troisième critère est la spécificité culturelle.** Alors que la Convention 169 évoque « *leurs institutions sociales, économiques, culturelles et politiques propres ou certaines d'entre elles* », la Déclaration des Nations Unies de 2007 se réfère aux caractéristiques culturelles à plusieurs reprises. **Le dernier critère est la situation non dominante** de la plupart voire de la totalité des peuples autochtones.

199. Bellier (Irène), « Usages et déclinaisons internationales de l'« autochtonie » dans le contexte des Nations Unies », *in Autochtonies vues de France et du Québec, op. cit.*, p. 84.
200. Charest (Paul), « Autochtonité et autochtonie : identité et territorialité », *in Autochtonies vues de France et du Québec, op. cit.*, p. 97.
201. Deroche (Frédéric), *op. cit.*, p. 53-57.
202. Directive opérationnelle 4 ; 20 c).
203. Voir art. 8 et 9 de la Déclaration de l'ONU sur les Peuples autochtones de 2007.

L'Étude sur la discrimination à l'encontre des populations autochtones le précise. La directive 4.20 de la Banque mondiale reconnaît qu'ils font partie des couches les plus pauvres de la société. Les rapports annuels du Groupe de travail sur les populations autochtones confirment cette situation. Les peuples autochtones sont bien souvent privés de leurs propres ressources naturelles, minorisés[204].

### *2° Les groupes autochtones sont-ils des « peuples » ?*

On rencontre tantôt l'expression « *populations autochtones* », tantôt celle de « *peuples autochtones* ». Les conséquences juridiques et politiques sont différentes, selon le terme employé. La Convention 169 parle de « peuples », mais ce nouveau vocabulaire est immédiatement restreint à l'alinéa 3 de l'article 1er :

> « *l'emploi du terme peuple* [...] *ne peut en aucune manière être interprété comme ayant des implications de quelque nature que ce soit quant aux droits qui peuvent s'attacher à ce terme en droit international* »[205].

La Déclaration de 2007 parle aussi de « peuples » et fait aussi la même réserve. Précision qui s'explique par le fait qu'en droit international, les peuples ont le droit de disposer d'eux-mêmes. Adopter la terminologie « *peuple autochtone* » reviendrait donc à leur garantir une gamme étendue de droits collectifs risquant de mettre en cause les principes bien ancrés de l'État-nation[206].

Ceux qui considèrent, malgré tout, que les autochtones sont des peuples et ont droit à l'autodétermination, avancent plusieurs arguments. Le premier est qu'ils remplissent tous les critères sociologiques pour être qualifiés de peuples. Avec l'approche anthropologique de la CIJ dans son avis consultatif sur le Sahara occidental et l'affirmation du droit à l'autodétermination par les Pactes de 1966, ce droit est incorporé dans le système universel de protection des droits de l'homme, et donc porté au-delà de la situation coloniale. Le second est que la Résolution 2625 (XXV) ne restreint pas explicitement le droit à l'autodétermination aux peuples sous domination coloniale, elle protège le droit des États à l'intégrité territoriale et l'unité nationale mais n'interdit pas expressément que le droit à l'autodétermination puisse jouer en dehors des situations coloniales dans la mesure où elle permet le libre choix de « *tout autre statut* ». Certains estiment qu'elle ne dit rien des États divisés par des clivages ethniques majeurs ni de ceux où persiste une domination de type colonial sous les apparences de l'unité politique, et qu'en fait, certains silences des textes peuvent être interprétés en faveur des peuples autochtones.

Bien que la question de la définition de l'expression moderne « *peuples autochtones* » soulève toujours de nombreuses interrogations, une évolution se dessine progressivement puisque plusieurs instruments internationaux et un nombre croissant d'États emploient

---

204. *Ibidem.*

205. Article 1er alinéa 3, Convention 169, *op. cit.*

206. Les documents préparatoires à l'élaboration de la Convention précisent que cette restriction ne signifie pas que le droit à l'autodétermination ne s'applique pas aux autochtones mais qu'il n'est pas du domaine de compétence de l'OIT de trancher une telle question et renvoie à d'autres organes compétents des Nations Unies.

désormais cette expression, et reconnaissent des droits à ces peuples. Et même que des organismes tels que la Banque mondiale ont besoin d'une définition pour identifier les bénéficiaires de leurs programmes ou projets spéciaux. Toutefois, de nombreux peuples autochtones eux-mêmes craignent qu'une définition trop stricte n'empêche beaucoup de groupes de jouir des droits reconnus. Inversement, l'absence de définition permet à certains États de faire valoir qu'il n'existe pas d'autochtones sur leur territoire. Il y en a même qui élaborent unilatéralement leur propre définition excluant beaucoup plus de groupes qu'elle n'en protège.

Mais si, en tout état de cause, une définition finissait par être admise, pourrait-elle être universelle compte tenu de la grande diversité des peuples autochtones ? Certains préconisent de ne pas remettre en cause le rôle des définitions nationales et régionales, mieux à même de refléter les caractéristiques particulières des peuples autochtones lorsqu'elles sont élaborées en étroite collaboration avec ces derniers. L'option consistant à identifier plusieurs critères, plus ou moins présents selon les contextes locaux, semble pertinente. D'ailleurs, l'absence d'une définition précise et universelle, des termes « *peuples* » et « *minorités* », n'a pas empêché l'élaboration d'un système normatif international de protection des droits de ces peuples et des droits des minorités, et quoi qu'on en dise, l'irruption de ces entités sur la scène internationale a fait bouger certaines lignes.

#### *3° Les peuples autochtones et le renouveau du principe de l'autodétermination*

Les débats menés depuis quelque temps dans l'enceinte des Nations Unies et dans la doctrine ont longtemps achoppé sur une même question : doit-on laisser aux autochtones la possibilité de se prévaloir d'un droit, celui de l'autodétermination, tel qu'il est apparu au sortir des indépendances ? Au regard d'un environnement global qui lui-même a changé et compte tenu des risques encourus de multiplication des conflits, le principe ne mérite-t-il pas de voir son contenu remodelé ? Les peuples autochtones ont contribué et contribuent ces temps-ci encore à déplacer l'axe du droit des peuples à disposer d'eux-mêmes. Il nous sera aisé de le démontrer en analysant surtout la double portée attribuée désormais à ce principe, mais après avoir vérifié quelle appellation convient aux populations originelles de Nouvelle-Calédonie et du Nunavut.

### C. Minorités ou peuples autochtones en N.-C. et au Nunavut ?

Les deux termes ne renvoyant pas toujours aux mêmes réalités, il faudrait d'abord en ressortir les différences avant de les appliquer à l'un et à l'autre cas.

#### *1° Différences entre « minorités » et « peuples autochtones »*

Ces groupes de personnes ne sont pas interchangeables. Une approche sémantique séparée nous a permis d'en avoir une vue générale. Mais parce qu'ils partagent certains points et divergent sur d'autres, une analyse comparée de ces concepts est indispensable même si, tout en les utilisant dans de nombreux instruments[207], la société internationale n'a pas trouvé de consensus à leur sujet. Les peuples autochtones et les minorités partagent des points communs. Les deux groupes sont en position non dominante au sein de la société. Cette non-domination peut être politique, économique, culturelle. Mais un groupe détenant le pouvoir politique peut être subordonné à un autre détenant le pouvoir économique ou militaire. Cette idée de non-domination se retrouve dans la définition de la Banque mondiale et dans l'étude de Martinez Cobo ; elle est cependant absente des Conventions de l'OIT. Ensuite, minorités et peuples autochtones ont une différence culturelle (linguistique, religieuse ou ethnique) par rapport à la société dominante et ils ont la volonté de conserver et de transmettre cette culture.

Cependant trois éléments distinguent les peuples autochtones des minorités. Les peuples autochtones ne sont pas toujours numériquement inférieurs (surtout en Amérique latine). Ils ont une ascendance avec les premiers habitants d'un territoire, et cet élément historique est important. Les minorités sont presque toujours inférieures en nombre et n'ont pas toujours une ascendance avec les premiers habitants du territoire. Enfin, le mode de vie particulier des peuples autochtones, leur vision du monde opposé au modèle « étatico-mercantiliste » de la société dominante, leur fort attachement à un territoire, les distinguent des minorités qui souhaitent conserver leur particularisme culturel mais veulent bien souvent être intégrées au sein des structures étatiques. Les peuples autochtones revendiquent une place à l'extérieur de ce système, afin de conserver leur identité et leur organisation politique et sociale fondée sur un rapport à la terre spécifique et de développer leur propre modèle de développement. En conclusion, les autochtones diffèrent bien des minorités. C'est d'ailleurs pour cela qu'il existe au sein de la Sous-commission des droits de l'homme deux groupes de travail distincts qui témoignent d'une double approche au sein des Nations Unies concernant l'établissement des normes applicables aux uns et aux autres.

### *2° L'identité autochtone kanak*

Le droit international ne définit pas la notion de minorité, nous l'avons dit, mais si l'on s'en tient à celle proposée par la doctrine, notamment par le rapporteur F. Capotorti de la Commission des droits de l'homme des Nations unies, le peuple kanak en a les apparences. Tout dépend du contexte que l'on prend en considération. Si c'est par rapport à toute la population de la France, les Kanak constituent sans aucun doute une minorité. Si c'est par rapport à la population néo-calédonienne, la notion de minorité ne correspond pas exactement à leur situation. La Nouvelle-Calédonie ne connaît pas de majorité démographique bien dessinée. Elle est composée d'environ 44 % de Mélanésiens, 35 % d'Européens et 25 % d'autres ethnies. Comment pourrait-on considérer comme minorité les Kanak qui constituent le groupe démographique le plus nombreux, même s'il est inférieur à l'ensemble des autres groupes allochtones réunis ?

207. Pour une synthèse des débats, voir notamment Rouland (Norbert), Pierre-Caps (Stéphane) et Poumarede (Jean), *Droit des minorités et des peuples autochtones, op. cit.*

Le peuple Kanak est-il un peuple autochtone ? Pour cette notion non plus, il n'existe pas de définition nationale ou internationale bien arrêtée. Il est en tout cas considéré comme tel par l'Accord de Nouméa qui parle de lui comme peuple « *habitant d'origine du territoire qui a subi des ravages causés par le colonialisme français à ses débuts et les effets durables qu'il a exercés sur son identité et son bien-être* ». Bien que la qualification de « peuple autochtone » ne figure nulle part dans cet Accord, le point 4 de ce dernier évoque néanmoins « *le peuple d'origine* » pour définir la population kanak. En Nouvelle-Calédonie donc, ce n'est pas l'ensemble de la population qui constitue le peuple autochtone, mais bien le peuple kanak.

> « *Celui-ci a la double particularité, d'une part d'être la population « originelle », présente dans l'archipel depuis au moins 4 000 ans, et d'autre part d'avoir été nié dans son identité au cours de la période coloniale* »[208].

Par ailleurs, la France a formellement et directement reconnu non seulement l'existence d'un peuple kanak, distinct du peuple français, mais aussi son antériorité par rapport aux autres populations. Même si certains évoquent le « *mythe récent d'une identité première* »[209], ils ne nient pas vraiment les éléments objectifs de la culture que partagent les Kanak. Certes, c'est Jean-Marie Tjibaou qui, dans le contexte agité des années 70, a initié une démarche essentiellement culturelle centrée sur l'identité kanak, avec une volonté de présentation unitaire de cette culture. Il savait que cette présentation était indispensable, lui qui concevait l'identité comme

> « *évolutive et non figée, et dont l'authenticité ne consiste pas à reproduire des traditions vidées de leur sens mais à conserver les valeurs fondamentales de la société kanak en les rendant compatibles avec des perspectives de développement* ».

C'est ainsi que l'identité culturelle kanak est peu à peu devenue « l'étendard de la revendication indépendantiste qui a trouvé le chemin d'une reconnaissance officielle, sinon unanime ». Mais, que les Kanak aient été unis ou désunis avant l'arrivée du colonisateur n'enlève rien au fait qu'ils sont les premiers habitants du pays. C'est essentiellement cette antériorité qui leur confère l'appellation d'« autochtones ».

Au plan international, le peuple kanak est aussi considéré comme « peuple autochtone » par l'ONU qui a réinscrit la Nouvelle-Calédonie sur la liste des territoires non autonomes à décoloniser, à sa demande. Sur la base de tous les textes de cette organisation liés à la décolonisation (notamment la résolution 1514 (XV) du 14 décembre 1960 de l'Assemblée générale) et ceux liés à l'autochtonie (notamment la Déclaration des Nations Unies sur les peuples autochtones du 13 septembre 2007), cette reconnaissance du peuple kanak et la sauvegarde de ses droits font l'objet d'une surveillance multilatérale internationale. Ce peuple est ainsi considéré parce qu'il remplit les critères constitutifs de

208. Faberon (Jean-Yves), « Rapport introductif : Identité, souveraineté et citoyenneté en Nouvelle-Calédonie, après l'accord de Nouméa et la révision constitutionnelle de 1998 », *in Identité, nationalité, citoyenneté outre-mer, op. cit.*, p. 10.

209. Angleviel (Frédéric), « De la gestion d'une mosaïque d'identités juxtaposées, à la construction d'une identité commune en Calédonie ? », *in Identité, nationalité, citoyenneté outre-mer, op. cit.*, p. 32.

l'autochtonie élaborés par un expert onusien pour pallier l'absence d'une définition en droit international. En ce qui concerne le premier critère de l'autochtonie, l'auto-identification et la reconnaissance des membres du peuple kanak, elle ne fait aucun doute. Les Kanak se reconnaissent comme une ethnie mélanésienne du Pacifique Sud, dont la société traditionnelle est organisée en clans avec des membres qui ont des ancêtres communs et une même origine géographique. Le second critère selon lequel les autochtones sont les descendants du peuplement d'origine d'un territoire avant tout processus de colonisation s'applique pleinement au peuple kanak. La spécificité culturelle du peuple kanak non plus ne fait aucun doute. Celui-ci dispose d'institutions sociales, économiques, culturelles et politiques propres ou certaines d'entre elles. Enfin, le peuple autochtone kanak est essentiellement constitué d'éléments non dominants de la société.

### 3° *L'identité autochtone inuit*

Au Nunavut non plus, ce n'est pas l'ensemble de la population qui constitue le peuple autochtone, mais le peuple Inuit. Avec les 85 % de la population qu'il représente, cette majorité démographique fait du Nunavut une entité politique autochtone *de facto*, même si le gouvernement du Nunavut a un caractère public et non pas ethnique. Autre précision, le Nunavut ne représente pas tous les Inuit du Canada ou du monde. Malgré tout, l'existence d'un peuple Inuit autochtone au Nunavut ne fait pas l'ombre d'un doute. Celui-ci a été reconnu comme tel par la Constitution canadienne, il a servi de fondement à la signature de l'entente finale sur les revendications territoriales des Inuit de l'Arctique de l'Est et de l'Accord politique sur le Nunavut. La Constitution canadienne de 1982 reconnaît de manière explicite dans son article 35, l'existence en son sein de trois peuples autochtones : les Indiens, les Inuit et les Métis :

> « *Les droits existants – ancestraux ou issus de traités – des peuples autochtones du Canada sont reconnus et confirmés. Dans la présente loi, « peuples autochtones du Canada » s'entend notamment des Indiens, des Inuit et des Métis du Canada.* »

On a pu ainsi affirmer que « les peuples autochtones voient dans leurs droits territoriaux la plus haute expression de leur identité »[210]. À ce propos, si pour certains le droit canadien innove en conférant une valeur constitutionnelle à un véritable droit fondamental à l'identité culturelle, il est reproché à ces droits territoriaux des peuples autochtones au Canada d'être définis par les tribunaux largement en fonction de valeurs identitaires spécifiques, c'est-à-dire à partir d'une conception porteuse d'un risque d'enfermement communautaire[211]. Cette reconnaissance se manifeste aussi à travers les conventions tripartites signées entre les peuples autochtones, les provinces et le gouvernement fédéral, qui servent à matérialiser les droits ancestraux, à bien définir leur contenu et leur portée, à concrétiser le droit inhérent à l'autogouvernement.

---

210. Rouland (Norbert), « Les fondements anthropologiques des droits de l'homme », *R.G.D. 5, 1994*, p. 37.

211. Otis (Ghislain), « Identité autochtone et universalité des droits fondamentaux dans le constitutionnalisme canadien : conciliation ou confrontation ? », *in Le défi identitaire, Cahiers d'études constitutionnelles et politiques de Montpellier 1*, Séminaire du 20-21 janvier 1995.

C'est le cas avec l'entente sur les revendications territoriales et avec l'accord politique sur le Nunavut. Enfin, même si le Canada a voté contre la Déclaration de l'ONU sur les droits des peuples autochtones avant de la reconnaître finalement en 2010, il a été un des premiers pays à reconnaître l'antériorité des droits des autochtones. Ces autochtones remplissent nécessairement les critères constitutifs de l'autochtonie élaborés par l'expert des Nations Unies pour pallier l'absence d'une définition en droit international.

En ce qui concerne l'auto-identification, les Inuit se reconnaissent comme un peuple autochtone des régions arctiques de l'Amérique du Nord, descendants de Thuléens, dont la société traditionnelle est organisée avec des membres qui ont des ancêtres communs et une même origine géographique. Même s'ils ne sont pas à proprement parler des Amérindiens, ni des Premières nations (puisque leurs ancêtres seraient venus en Amérique plusieurs millénaires après l'arrivée des Paléoasiatiques, les ancêtres des Amérindiens), le second critère selon lequel les autochtones sont les descendants du peuplement d'origine d'un territoire avant tout processus de colonisation, s'applique pleinement à eux. Les mêmes problèmes politiques se posent à eux, et leur spécificité culturelle ne fait aucun doute. Ils disposent d'institutions sociales, économiques, culturelles propres. Cette spécificité se manifeste aussi à travers certains sites archéologiques et historiques, des biens culturels, religieux et spirituels. Enfin, le peuple autochtone Inuit est essentiellement constitué d'éléments non dominants de la société canadienne. La plupart d'entre eux ont un niveau de vie inférieur au reste de la population, de même qu'un faible niveau d'études et d'emploi. Mais la comparaison ne doit être faite que par rapport à la population d'origine européenne.

Les deux cas étudiés sont bien concernés par l'autochtonie et les spécificités de chacun relèvent du contexte national. Ils le sont aussi à travers divers éléments apparus dans le nouveau contexte international que nous avons évoqué, ainsi que par l'irruption massive de l'identité sur la scène nationale et internationale, qui ont favorisé une mutation des concepts de décolonisation et de peuple, lente certes, mais réelle. Ces facteurs contribuent par ailleurs à l'attribution d'une double portée au droit des peuples à disposer d'eux-mêmes.

## SECTION 3
## La portée bivalente du droit des peuples

Les reproches les plus sévères et les grandes attaques contemporaines contre le principe de l'autodétermination ont souvent reposé sur une assimilation ou une confusion constante des notions d'autodétermination et de sécession[212]. Cette assimilation a beaucoup nui à l'efficacité du principe. Mais que faire pour en sortir ? Certaines pistes ont conduit à un complet changement de problématique et de perspective. Quelques auteurs se sont demandé si la réponse à la question sur les bénéficiaires ne dépendait pas du sens

212. Christakis (Théodore), *op. cit.*, p. 24-25.

qu'on donnait à l'autodétermination elle-même. D'autres se sont posé la question de savoir si, en dehors du cadre de la décolonisation, l'autodétermination ne pouvait pas avoir des dimensions et des expressions différentes. Pour Geremie Gilbert[213] notamment, le débat s'est trop longtemps focalisé sur les bénéficiaires au lieu de se focaliser sur les conditions justifiant telle ou telle forme d'autodétermination, appropriée ou non, à tel ou tel groupe de population. Ce changement de problématique a orienté la discussion de plus en plus vers le sens de l'autodétermination et les formes qu'elle pouvait revêtir.

L'on s'est aperçu alors que la qualification juridique d'un groupement humain en tant que « peuple » et la reconnaissance à ce peuple d'un droit à l'autodétermination pouvaient ne pas inclure un droit de sécession mais seulement un droit à l'autonomie politique à l'intérieur d'un État souverain, par exemple. Il est apparu aussi que l'autodétermination n'avait pas un, mais plusieurs visages. Cette nouvelle approche a contribué peu à peu à faire émerger une nouvelle conception de l'autodétermination que nous qualifions de postmoderne, car celle-ci ne tourne pas totalement le dos à la précédente, elle reste enracinée dans la modernité tout en intégrant des éléments nouveaux que lui imposent les contextes international et national. Elle voit ainsi sa portée s'élargir pour surmonter certaines de ses contradictions, mais aussi celles des États et celles de la société internationale. Quelle que soit donc la qualité du bénéficiaire, l'autodétermination peut désormais être « externe », si elle aboutit ou tend vers l'indépendance, mais aussi « interne », si elle s'exerce à l'intérieur d'un État.

## I. Une nouvelle approche de l'autodétermination

L'attribution d'une double portée à l'autodétermination étant le résultat d'un changement de problématique et de perspective, il convient de préciser que celui-ci procède lui-même de différentes approches : une approche minimaliste et une approche maximaliste, dont il faudrait peut-être tempérer les défauts pour davantage d'efficacité.

### A. L'approche minimaliste et ses limites

C'est sous cette dénomination que peuvent se regrouper toutes les conceptions de l'autodétermination qui aboutissent à l'indépendance. Cette approche est restrictive et se limite à l'accès à la souveraineté ; elle ne reconnaît ce droit qu'aux peuples coloniaux. Elle est essentiellement celle des États, mais aussi celle de l'ONU et d'une partie de la doctrine, qui la relient au contexte de la décolonisation. Elle s'appuie sur différents instruments internationaux qui ont déjà été cités dans cette étude, notamment la Charte de l'ONU ainsi que les Résolutions 1514 et 1541 de 1960, et sur la Déclaration de 1965 portant sur la non-intervention dans les affaires intérieures d'un État. Elle se fonde particulièrement sur la crainte d'un « pullulement étatique » incontrôlable et sur

213. Gilbert (Geremie), « *Autonomy and Minority – A Legal Right in International Law?* », Paper prepared for the Seventh Session of the Working Group on Minorities of the Sub-Commission on the Promotion and Protection of Human Rights, UN Doc. E/CN.4/Sub.2/AC.5/2001/CRP.5 (2001), p. 28.

une remise en cause permanente d'autres principes du droit international comme la souveraineté, l'intégrité territoriale, ou tout simplement l'unité nationale.

Mais cette approche n'est pas exempte de critiques. En effet, un grand nombre de groupes infra-étatiques refusent de s'enfermer dans cette logique de décolonisation. Par ailleurs, les nombreuses revendications d'autodétermination qui refont surface, suite à l'éclatement de l'ex-URSS et de l'ex-Yougoslavie, au début des années 1990, et grâce au développement des droits de l'homme et du pluralisme démocratique, font apparaître clairement que l'autodétermination ne peut plus seulement se résumer à l'indépendance. Les détracteurs de cette approche insistent sur le fait que l'autodétermination est un concept plus large que l'indépendance avec des applications variées et nuancées. Knop[214], par exemple, distingue son aspect de justice correctrice de celui de droit nouveau. Pour lui, les peuples coloniaux demandent la restitution de leurs anciens droits alors que les peuples non coloniaux revendiquent un nouveau droit.

Kingsburry[215] considère que cette conception est réductrice car le droit à l'autodétermination ne doit pas seulement être compris en termes de résultat final mais aussi en termes de processus de légitimation politique. À une approche « réductrice », il préfère une approche « relationnelle » basée sur un rapport constructif entre l'État et les groupes infra-étatiques. Young[216] partage cet avis et conçoit l'autodétermination comme une « autonomie relationnelle dans un cadre de non-domination ». Daes aussi définit l'autodétermination des peuples autochtones par exemple comme : « le droit de négocier librement leur statut politique et leur représentation dans les États dans lesquels ils vivent »[217]. Il est reproché enfin à cette conception restrictive de protéger plus les États que les individus, alors que les droits de l'homme sont réservés à ces derniers.

Même parmi les États, des positions plus ouvertes sont apparues. La délégation du Liechtenstein a affirmé en 2001 que :

> « *le droit de l'autodétermination pouvait être exercé de différentes façons et qu'il n'était pas synonyme d'indépendance* ». D'autres États ont avancé que « *percevoir l'autodétermination seulement dans le contexte colonial pouvait conduire à geler le droit international dans le temps et empêcher le progrès* ».

D'autres États encore, ainsi que de nombreuses organisations autochtones, admettent que le droit à l'autodétermination est applicable dans des situations internes non coloniales. Alexandra Xanthakis[218] affirme qu'il est inadmissible de concevoir le droit à l'autodétermination comme uniquement lié à l'indépendance, que ce soit dans le cadre

---

214. Knop (Karen), *Diversity and Self-Determination in International Law,* Cambridge University Press, 2004, p. 69-73.

215. Kingsburry (B.), « Claims by Non-State Groups » *in International Law* (1992), 501.

216. Young (I.M.), « Two Concepts of Self-Determination » *in* S. May, T. Modood and E. Squires (eds.), *Ethnicity, Nationalism and Minority Rights,* (Cambridge : Cambridge University Press, 2004), p. 176-95.

217. Daes (E.-I.), « *Explanatory Note concerning the Draft Declaration on the Rights of Indigenous Peoples* », UN Doc. E/CN.4/Sub.2/1993/26/Add.1 (1993), para. 26.

218. Xanthakis (Alexandra), *Indigenous Rights and United Nations Standards, Self-Determination, Culture And Land,* Cambridge University Press, 2007, p. 151.

de la décolonisation ou non. Elle pense que l'évolution du droit à l'autodétermination est souhaitable car l'exigence de clarté en droit international ne peut servir de couverture à ce que M. Bedjaoui appelle le « paganisme juridique »[219], un prétexte pour maintenir des règles qui ne servent qu'à perpétuer une seule sorte de réalité. Le droit international, selon elle, devrait être un processus de création permanente dont la flexibilité et le caractère dynamique permettent d'intégrer de nouveaux éléments (moraux, sociaux, politiques, etc.) apparus au sein de la société internationale.

### B. L'approche maximaliste et ses excès

Elle est celle qui considère le droit à l'autodétermination comme un droit qui englobe plusieurs autres droits. C'est une conception très large incluant divers aspects : politiques, économiques, sociaux, culturels et autres. Diverses sortes de revendications liées à la démocratie et aux droits politiques, à un système juridique et politique distinct, à l'indépendance, à l'intégrité territoriale, à la liberté religieuse, l'éducation, mais aussi à leurs déformations : nationalisme, fondamentalisme, racisme et même nettoyage ethnique, ont souvent été fondées sur l'autodétermination. Elle peut même être tantôt assimilée à « une participation dans les structures de l'État tantôt à une participation aux élections ou à la démocratie dans un État, ou encore à la mise en place de régimes d'autonomie.

Cette approche maximaliste est souvent fondée sur les articles premiers communs des deux Pactes sur les droits de l'homme de 1966, sur la Déclaration de 1970 *sur les principes du droit international* qui prévoit plusieurs modalités d'autodétermination, sur celle de Helsinki 1975 qui définit l'autodétermination comme un processus entraînant les peuples à adapter leurs demandes et leurs besoins à leurs structures, et enfin sur la position du Comité des droits de l'homme de l'ONU qui réaffirme la relation spéciale entre le droit à l'autodétermination et les droits de l'homme. Cette approche a l'avantage de présenter l'autodétermination comme un concept en développement, lié aux besoins courants internationaux, mais aussi celui de restaurer une justice globale, but ultime des droits de l'homme, en s'accommodant à toutes les revendications de groupes vulnérables. Elle présente encore l'indéniable avantage de sa souplesse, mais elle a aussi malheureusement des faiblesses. Elle court par exemple le danger de déformer son sens et sa portée. Higgins[220] trouve cette approche irresponsable, bien qu'il en reconnaisse la flexibilité. Il pense que le concept doit être utilisé avec soin et rejette l'idée que l'autodétermination puisse servir à tout et à tout le monde. Stavenhagen[221] considère

219. Bedjaoui (Mohammed), *Pour un nouvel ordre économique mondial, Paris* : UNESCO, 1979, p. 103 : « *En détachant ainsi le droit de la réalité qu'il régit et en l'isolant dans le formalisme juridique, on finit par momifier le droit et l'adorer pour lui-même, en créant un singulier culte idolâtre du « droit pour le droit », ce paganisme qui fait du droit une nouvelle religion centrée sur elle-même, alors qu'il est une science insérée dans la réalité et remplissant par là une fonction de régulation éminemment sociale des rapports entre les individus, sur le plan interne, et entre les États sur le plan international* ».

220. Higgins (Rosalyn), *Problems and Process: International Law and How We Use it,* Oxford University Press, 1994, p. 128.

221. Stavenhagen (Rodolfo), 1993, « Self-Determination: Right or Demon? » *Stanford Journal of International Affairs, II, 2 : 1-12*, p. 7.

aussi qu'une approche « fourre-tout » risque de dévaluer l'idée même de l'autodétermination et desservir les collectivités qui la réclament et qui en ont le plus besoin.

Chacune des approches ayant qualités et défauts, ne faudrait-il pas chercher, en définitive, l'efficacité dans une voie médiane qui cumulerait les qualités de l'une et de l'autre ?

### C. La nécessaire synthèse

On l'a vu, les deux conceptions de l'autodétermination peuvent conduire à des résultats substantiellement différents quant à son exercice et aux bénéficiaires, et chacune présente des avantages et des inconvénients. Globalement, la conception minimaliste apporte clarté et certitude au droit à l'autodétermination, alors que la conception maximaliste offre un espace d'évolution et d'adaptation à ce droit, pour aborder les réalités internationales contemporaines et futures. L'analyse montre bien que l'autodétermination ne peut être vue exclusivement comme un droit à l'indépendance, ni comme un droit pouvant satisfaire toutes les revendications. Un équilibre devrait donc être trouvé entre les avantages et les inconvénients des deux approches. C'est ainsi que, partant de l'idée que l'autodétermination pouvait avoir plusieurs visages, une grande partie de la doctrine[222] et certains États préfèrent, depuis quelque temps, distinguer entre un droit à l'autodétermination externe et un droit à l'autodétermination interne. Cette distinction nous paraît la plus pertinente.

## II. L'accession à l'indépendance devient l'autodétermination externe

C'est le droit à l'indépendance qui devient le droit à l'autodétermination externe. Mais cela change-t-il quelque chose au droit de sécession ?

### A. Du droit à l'indépendance au droit à l'autodétermination externe

Entre les deux approches que nous venons d'aborder : la minimaliste et la maximaliste, c'est sans doute la seconde qui gagne du terrain. Pendant une longue période, la conception minimaliste de l'indépendance a prévalu. Elle a été affirmée dans le contexte de la décolonisation et tous les textes montrent qu'elle est restrictive. Elle s'est imposée grâce à une interprétation singulière de la Charte et à travers un certain nombre de principes posés par l'Assemblée générale. Celle-ci, contrôlée par un grand nombre de nouveaux États, s'est autoproclamée compétente pour décider qu'un territoire était ou n'était pas non autonome, qu'il l'était encore ou ne l'était plus ; compétente pour régir l'évolution vers l'indépendance, pour décider si une consultation était ou non nécessaire et quand elle devait intervenir. L'autodétermination a ainsi été transformée en une voie à sens et à usage uniques.

Alors qu'en théorie, l'ONU avait elle-même prévu plusieurs modalités d'exercice du droit à l'autodétermination, elle s'est montrée, dans la pratique, méfiante à l'égard de tout processus de décolonisation n'aboutissant pas à l'indépendance. Elle a fait de

222. Voir XANTHAKIS (Alexandra), *op. cit.*, notamment.

l'accession à celle-ci la seule expression authentique du droit à la décolonisation. Même si dans une première phase elle a accepté quelques cas de préservation de liens avec la métropole si la population concernée en décidait ainsi (cas de Puerto Rico s'associant avec les États-Unis en 1953, du Groenland décidant de rester dans le Danemark en 1954, de l'Alaska et d'Hawaii décidant de s'intégrer aux États-Unis en 1959), l'Assemblée générale des Nations Unies et le Comité des vingt-quatre se sont montrés très hostiles, après la *Déclaration sur l'octroi de l'Indépendance aux pays et aux peuples coloniaux* de 1960, à toute tentative qui n'allait pas dans le sens d'une rupture complète des liens coloniaux[223]. Cette autodétermination concernait et concerne toujours en principe l'ensemble du territoire colonial quels que soient sa dimension, le chiffre de sa population et ses ressources. Bien que certains cas comme celui de Mayotte ait été une entorse à ce principe, l'ONU a affirmé des principes destinés à faciliter la lutte du « peuple » colonial tels que le droit de lutter par tous les moyens pour sa liberté, de se battre en légitime défense et d'être aidé par les États et les organisations internationales, ainsi que l'interdiction de recourir à la force contre lui.

De nos jours, le droit des peuples à disposer d'eux-mêmes reste lié à l'indépendance. La doctrine de l'ONU est toujours bien ancrée sur cette modalité d'exercice de ce droit, et, théoriquement, le destin naturel des territoires non autonomes devrait être celui de l'accès à la souveraineté internationale. Cependant, la dénomination de cette modalité semble indiquer qu'elle n'est plus la seule ; elle est dite « externe » par opposition à une autre « interne », comme cela aurait dû être le cas depuis longtemps. Nous avons indiqué *supra* qu'aussi bien la conception classique que la conception moderne du droit des peuples à disposer d'eux-mêmes reconnaissaient ce droit aux peuples déjà constitués en États pour les protéger du néocolonialisme.

Un autre aspect mérite aussi d'être évoqué, celui de l'autodétermination externe de l'État où le droit à l'autodétermination apparaît comme une notion de droit constitutionnel. En effet, certaines constitutions contiennent des dispositions se référant à l'autodétermination de l'État en cause, à son droit à l'indépendance face à l'extérieur. Ainsi, la référence à « l'unité et la liberté de l'Allemagne par une libre autodétermination » dans la Constitution allemande concerne aussi bien l'autodétermination interne que l'autodétermination externe réalisée par la réunification. Dans certains États qui ont acquis ou recouvré récemment leur indépendance, l'accent est clairement mis sur l'autodétermination externe. Le droit à l'autodétermination de la nation croate et à sa souveraineté en tant qu'État doit être compris comme visant la sécession d'avec la Yougoslavie : la Constitution ayant été adoptée alors que cette République faisait encore partie de la fédération yougoslave. La Constitution slovène contient des dispositions analogues. Dans le même sens, on peut encore mentionner la Constitution du Bélarus et celle de l'Estonie. La Croatie, tout comme la Slovaquie, elles aussi issues de la dissolution d'un État, prévoient une possibilité d'association, respectivement d'union avec d'autres

223. Christakis (Théodore), *op. cit.*, p. 43.

États, mais en se réservant la possibilité d'une sécession ultérieure[224]. Encore faut-il que celle-ci soit admise comme un droit au plan international.

### B. Le débat sur le droit de sécession en droit international

Terme peu utilisé par les instruments juridiques internationaux, la sécession est définie comme une action menée par une partie de la population d'un État en vue de se séparer, avec le territoire qu'elle habite, de la collectivité nationale pour former un État distinct ou de s'unir à un autre[225]. Les causes de ce phénomène sont multiples : politico-ethnique, culturelle, religieuse, économique, etc. Elles ne sont pas exclusives les unes des autres, mais presque toutes les revendications sécessionnistes contemporaines recourent à une doctrine juridique, celle de l'autodétermination[226]. Il semble toutefois qu'« aucun instrument conventionnel, aucune résolution ou déclaration de l'Assemblée générale n'autorise ni n'interdit de manière expresse et générale la sécession. Ce vide a nourri de nombreuses controverses.

L'on sait que ce droit de sécession est formellement interdit, en dehors du cadre de la décolonisation, à toute collectivité ou communauté infra-étatique qui se qualifierait comme « peuple » et qui remettrait en cause le principe de l'intégrité territoriale des États, un des fondements du droit international contemporain. Mais une partie de la doctrine, à défaut de légalité, a tenté de prouver la légitimité de l'autodétermination externe dans certains cas. Certaines théories se sont fondées sur la pratique de l'ONU en matière de décolonisation, qui a privilégié l'accession à l'indépendance des peuples colonisés, en trouvant légitime et logique qu'elle soit permise aux autres peuples. D'autres théories se sont fondées sur l'éthique pour proposer la reconnaissance d'un droit de sécession soit d'une manière générale, soit sous certaines conditions, soit après une évaluation au cas par cas[227]. La théorie démocratique/ libérale, par exemple, qui considère que la légitimité d'un gouvernement dépend toujours du consentement des gouvernés, justifie toute sécession qui provient d'eux, quel que soit le contexte. La théorie du « calcul de légitimité » préconise de juger de la légitimité d'une revendication au cas par cas sur la base de certains critères. La théorie morale considère qu'il existe un droit de faire sécession pour tous les peuples, mais que ce droit est subordonné à certaines considérations d'ordre éthique et à certaines conditions procédurales. Celles-ci tournent autour de la « correction des injustices territoriales » (sécession-remède) et « celle des redistributions discriminatoires ». Nous ne nous attarderons ici que sur la neutralité juridique et la sécession-remède.

224. Voir le Rapport de la Commission de Venise sur l'autodétermination et la sécession en droit constitutionnel, 41e réunion, Venise, 10-11 décembre 1999.
225. *Petit Larousse*, 2010.
226. Christakis (Théodore), *op. cit.*, p. 37.
227. *Ibidem*, p. 40-58.

### C. Les théories de la neutralité juridique et de la sécession-remède

On considère généralement, comme il vient d'être dit, qu'il n'existe pas, en principe, de droit de sécession en dehors des situations de décolonisation en droit international contemporain. Mais parmi les théories qui défendent son existence sous certaines conditions, celle de la « sécession-remède » est aujourd'hui très débattue en doctrine. Selon cette théorie, lorsqu'un État se livre à une féroce répression à l'encontre d'une partie de sa population, il ne peut plus se prévaloir de son intégrité territoriale, avec pour conséquence le droit de la minorité visée de réaliser une sécession conformément au droit des peuples à disposer d'eux-mêmes[228]. Crawford pense que cette théorie remonte à 1920, à l'occasion d'un jugement sur les îles Äland, où la Cour invoqua cette possibilité en décidant que :

> « *La séparation d'une minorité d'un État dont elle fait partie et son incorporation dans un autre pouvait être considérée comme une solution tout à fait exceptionnelle, un dernier recours lorsque celui-ci s'avérait incapable de produire des garanties justes et effectives* »[229].

Elle est largement soutenue par une doctrine anglaise et anglophone qui utilise l'expression de « remedial secession » et qui s'appuie essentiellement sur certaines Déclarations des Nations Unies et particulièrement, semble-t-il, sur un raisonnement fondé sur une interprétation *a contrario* de la *Déclaration sur les relations amicales annexée à la Résolution 2625 (XXV)* de l'Assemblée générale[230]. Elle se fonde en effet sur une série de grandes Déclarations des Nations Unies, adoptées à l'unanimité des États membres et sur les travaux récents de certains de leurs organes.

Plusieurs auteurs acceptent la possibilité d'une sécession-remède dans certaines circonstances, notamment Musgrave[231], Shaw[232], Franck[233], Schacter[234], Espiel[235], Heraclides[236], Tomuschat et Cassese[237], et De Kirgis est allé jusqu'à dire que les Déclarations des Nations Unies à ce sujet reflétaient probablement une *opinio juris*[238] de plus en plus

228. Corten (Olivier), « Déclarations unilatérales d'indépendance et reconnaissances prématurées : Du Kosovo à l'Ossétie du Sud et à l'Abkhazie », *in RGDIP, 2008 - 4*, p. 726.

229. Crawford (J.), « *The Right of Self-determination in international Law: Its Development and Future* » *in* P. Alston (ed.) *Peoples'Rights* (Oxford : Oxford University Press, 2001), p. 7-67 at p. 17.

230. *Ibidem.*

231. Musgrave (T.D.), *Self-Determination and National Minorities* (Oxford : Clarendon Press, 1997), p. 188-92.

232. Shaw (Malcolm N.), « Re: Order in Council P; C. 1996-1997 of 30 September 1996 » *in Bayevsky, Quebec and Lessons learned*, p. 125-50 at p. 138.

233. Franck (T.M.), « Postmodern Tribalism And The Right to Secede », *in Brölmann, Lefeber, Zieck, Peoples And Minorities*, p. 3-27 at p. 13-14 ; also Franck Report *in Quebec and Lessons learned*, p. 79.

234. Schachter (O.), « Sovereignty-Then and Now », *in* R. St. J. Macdonald (ed.), *Essays in honour of Wane Tieya* (Dordrecht : Martinus Nijhoff, 1993), p. 671-88 at p. 684.

235. Espiel, « *Study on Self-Determination* » par. 57.

236. Heraclides (A), « Secession, Self-Determination and Non-Intervention: In Quest of a Normative Symbiosis », (1992) 45 *Journal of International Affairs*, 399-420 at 400-11.

237. Tomuschat (Ch.), « Secession and Self-Determination », et Cassese, (A.), « Self-Determination of peoples. A legal reappraisal ».

238. De Kirgis (Frederic), « The Degrees of Self-Determination in The United Nations Era », *(1994) 88 American Journal of International Law 304-10 at 306.*

partagée. Les tenants de cette doctrine indiquent aussi que de récents jugements ont reconnu le consensus grandissant au sein de la doctrine internationale qui considère qu'au-delà des situations de colonisation, de domination et d'occupation étrangère, il y aurait une possibilité de droit de sécession-remède[239]. Crawford a évoqué la possibilité d'une sécession en cas de carence de souveraineté. Il cite comme seul exemple de sécession-remède le cas du Bengladesh que Kingsburry reprend aussi[240].

Malgré tous les arguments avancés par ces auteurs, une partie de la doctrine reste assez réservée[241]. En tout cas, l'ONU a toujours résisté à l'idée d'une extension du droit de sécession aux groupes infra-étatiques et le droit international reste réticent à ouvrir la porte à une quelconque sécession-remède. Et même si ce droit existait, la pratique des États ne l'a guère confirmé[242]. Cette théorie semble donc limitée par une pratique encore insuffisante. Toutefois, les récents cas du Kosovo, de l'Ossétie du Sud, de l'Abkhazie, du Sud-Soudan et de la Crimée conduisent à s'interroger sur la conduite de l'ONU et sur cette pratique des États.

À la suite d'un conflit, en 1998-1999, entre les forces serbes et les indépendantistes kosovars, le Kosovo a proclamé unilatéralement son indépendance le 17 février 2008. Soixante-neuf pays, dont les États-Unis et 22 des 27 pays de l'Union européenne, ont reconnu cette indépendance du Kosovo qui compte 2 millions d'habitants dont 90 % sont albanais. Le 21 août 2008, les autorités de l'Abkhazie et de l'Ossétie du sud ont envoyé un appel officiel à l'État russe afin que celui-ci procède à leur reconnaissance en tant qu'États, requête à laquelle il a été donné suite par le président Medvedev le 26 août 2008. À ce jour, un très grand nombre d'États s'opposent toujours à leur reconnaissance que seuls six pays ont effectuée : la Russie, le Nicaragua, le Venezuela, le Vanuatu, Tuvalu et Nauru. La déclaration d'indépendance du Kosovo ainsi que celles de l'Abkhazie et de l'Ossétie du sud sont-elles conformes au droit international ? En particulier peuvent-elles être fondées sur le droit des peuples à disposer d'eux-mêmes ? En quoi les reconnaissances qui ont suivi sont-elles problématiques ? Toutes ces prises de position aboutissent-elles par ailleurs à un changement d'orientation de la conception moderne du droit des peuples à disposer d'eux-mêmes ?

Ces précédents qui présentent plusieurs points communs opposent deux camps bien tranchés. Ceux qui les condamnent relèvent que dans les trois cas, les déclarations d'indépendance sont incompatibles avec le droit international. D'abord parce qu'il n'existe

---

239. Affaire concernant l'application de la Convention sur la prévention et la condamnation du Crime de Génocide (Bosnie-Herzegovine contre Yougoslavie) [1996] CIJ Rep. Général, List N° 91 (1996) où, selon GILBERT (G.), l'autodétermination a été érigée en situation non-coloniale sans rencontrer d'objection de la Cour. Voir aussi l'affaire Loizidou contre Turquie, European Court of human Rights, 18 December 1996 (1997) 18 Human Rights Law Journal 50 at 59 (concurring opinion of Judge Wildhaber, joined by Judge Ryssdal).

240. Kingsburry (B.), « Reconstructing Self-Determination: A Relational Approach » *in* Aikio and Scheinin (eds), *Operationalizing Self-Determination*, p. 19-37 at p. 24.

241. Corten (Olivier), « Introduction » in Sécession, *op. cit.*, p. 10. Ou Christakis Théodore, *Le droit à l'autodétermination en dehors des situations de décolonisation, op. cit.*

242. Xanthakis (Alexandra), *Indigenous Rights and United Nations Standards: Self-Determination, Culture and Land*, Cambridge University Press, 2007.

pas un droit à l'autodétermination des entités sécessionnistes : le « peuple » du Kosovo, tout comme celui d'Ossétie du sud ou de l'Abkhazie, ne bénéficiant pas du droit de créer un nouvel État, et qu'on ne se trouve ni dans une situation de « territoire autonome », géographiquement séparé de celui de la métropole, ni dans celui d'un régime international de tutelle, ni encore dans celui d'un régime sous occupation étrangère ou soumis à un régime raciste. Ensuite parce la théorie de la sécession-remède n'a été ni mentionnée dans le cas du Kosovo ni consacrée dans les cas de l'Ossétie du sud et de l'Abkhazie. Les États qui ont reconnu le Kosovo, bien qu'ayant évoqué « *les politiques de répression et de nettoyage ethnique de la Serbie* » pour justifier leur reconnaissance, ont plutôt affirmé qu'il ne pouvait s'agir d'un précédent, mais d'un cas *sui generis*, et ont tenu à réaffirmer leur attachement « aux principes de la Charte des Nations Unies et de l'Acte final d'Helsinki, tels que l'intégrité territoriale ; et même la Russie n'a pas beaucoup été suivie dans sa tentative de justification par la théorie de la sécession-remède. Ils estiment par ailleurs que ces déclarations sont incompatibles avec les décisions et résolutions du Conseil de sécurité[243]. Pour eux, la thèse classique de la « neutralité juridique » selon laquelle la sécession ne serait ni permise ni interdite, ne peut s'appliquer à ces situations. Cette thèse est évoquée couramment par certains auteurs[244].

Pour le professeur Eric De Brabandere[245] par exemple, le Kosovo ne peut se prévaloir d'un droit à accéder à l'indépendance. Cependant, l'absence d'une interdiction stricte en droit international de toute sécession en dehors des cas prévus implique qu'il s'agit là d'un fait politique qui ne relève pas nécessairement du droit international. La reconnaissance par un État tiers ne peut non plus être qualifiée d'intervention illicite dans les affaires intérieures de la Serbie, compte tenu du fait que la reconnaissance n'implique pas l'utilisation de moyens de contrainte. Ceux qui condamnent les déclarations d'indépendance unilatérales condamnent aussi les reconnaissances qui les ont suivies car, pour eux, elles sont contraires au droit international existant. Le respect de l'intégrité territoriale des États, combiné avec celui de la non-intervention dans les affaires relevant de la compétence nationale, impliquent de ne pas forcer un État à accepter une tentative de sécession en soutenant activement cette dernière.

Pour Olivier Corten, « loin d'illustrer un mouvement qui se dessinerait en faveur d'un droit à la « sécession-remède », les cas du Kosovo, de l'Abkhazie et de l'Ossétie du sud semblent traduire une tentative actuelle du droit international à se départir de sa traditionnelle « neutralité juridique » dans le cas d'une sécession. Celle-ci semble de plus en plus condamnée non seulement politiquement, mais aussi juridiquement »[246].

243. La résolution 1244 du Conseil de sécurité réaffirme l'attachement des États membres à la souveraineté et à l'intégrité territoriale de la Yougoslavie. Dans de nombreuses résolutions et déclarations, le Conseil de sécurité a insisté sur la nécessité de respecter l'intégrité territoriale de la Géorgie.

244. L'expression se retrouve notamment dans le Dictionnaire de droit international public de J. Salmon, *v. sécession, op. cit.*, p. 1022.

245. De Brabandere (Eric), « L'indépendance du Kosovo et le droit international », *Intervention à l'occasion du débat « Le droit à la sécession en droit international »*, Institut de la démocratie et de la coopération, Paris, 29 mai 2009.

246. Corten (Olivier), *op. cit.*, p. 758.

Parmi ceux qui soutiennent et les déclarations d'indépendance unilatérales et les reconnaissances qui ont suivi, il y a notamment Philippe Weckel qui, en ce qui concerne le Kosovo, soutient qu'il s'agit effectivement d'un cas *sui generis*, où il y a eu une dépossession en conformité avec le droit international, car ce dernier a fait l'objet d'une « cession d'administration » en 1999 à l'ONU, qu'avec le transfert de compétences de caractère exceptionnel, le Conseil de sécurité agissait en vertu du chapitre VII de la Charte, et qu'avec la déchéance de la Serbie, celle-ci n'y exerçait plus de souveraineté. Il soutient aussi que le processus d'indépendance est conforme aux résolutions du Conseil de sécurité car la déclaration d'indépendance ne remet pas en cause l'application de la résolution 1244 de 1999 qui peut être considérée comme un engagement international. Il soutient que les différentes reconnaissances du Kosovo n'ont qu'une portée bilatérale et n'affectent pas les situations des États tiers, et conclut que l'analyse juridique ne livre pas les clés de l'avenir, et que le règlement de ces problèmes territoriaux complexes passe obligatoirement par une solution diplomatique[247].

Dans son arrêt consultatif, la CIJ a conclu que

> « [...] *l'adoption de la déclaration d'indépendance du 17 février 2008 n'a violé ni le droit international général, ni la Résolution 1244 (1999) du Conseil de sécurité, ni le cadre constitutionnel* ». *Elle a cependant précisé* « *qu'elle n'était pas tenue* [...] *de prendre parti sur le point de savoir si le droit international conférait au Kosovo un droit positif de déclarer unilatéralement son indépendance* », *qu'*« *elle n'était pas chargée de dire si le Kosovo avait accédé à la qualité d'État* », *et que* « *le Kosovo ne constituait pas un précédent pour tout autre cas* »[248],

d'aspiration séparatiste bien sûr. La Serbie a aussitôt déclaré qu'elle ne reconnaîtrait jamais l'indépendance du Kosovo.

Le cas de l'Ukraine semble aussi intéressant. À la suite d'un changement de pouvoir opéré le 22 février 2014, la Rada suprême, parlement ukrainien, a réformé la Constitution et démis de ses fonctions le président Viktor Ianoukovitch. Ce dernier a qualifié ces événements de « coup d'État », et la Russie a contesté la légitimité des décisions de la Rada. La Crimée a refusé de reconnaître les nouvelles autorités de Kiev. Son parlement (le Conseil suprême de la République autonome ukrainienne) a adressé une demande d'adhésion à la Fédération de Russie qui a été accueillie très favorablement à Moscou. Il a décidé d'organiser un référendum fixé au 16 mars sur le statut de la péninsule. Les citoyens ont répondu positivement à deux questions : « *Soutenez-vous le rattachement de la Crimée à la Fédération de Russie en tant que sujet fédéral ?* » et « *Soutenez-vous le rétablissement de la Constitution de la Crimée de 1992 ?* ». Peuplée principalement de russophones et rattachée à l'Ukraine en 1954, la Crimée avait déjà adopté en 1992 sa première constitution. Aux termes de celle-ci, cette région autonome faisait partie de l'État ukrainien et définissait ses relations avec l'Ukraine sur la base d'accords bilatéraux.

247. WECKEL (Philippe), Plaidoyer pour le processus d'indépendance du Kosovo, réponse à Olivier Corten, *RGDIP, 2009-2*, p. 257-271.

248. CIJ, Kosovo, avis consultatif.

La Constitution de 1992 a été abolie en mars 1995 par la Rada suprême et l'autonomie de la Crimée a été *de facto* supprimée.

La décision d'organiser un référendum d'autodétermination a été suivie d'une condamnation unanime des capitales occidentales pour lesquelles toute tentative de séparer la Crimée de l'Ukraine est une violation des normes internationales car elle met en cause l'intégrité territoriale de l'Ukraine et est contraire à la constitution ukrainienne, donc illégitime. Un projet de résolution décrétant le référendum du 16 mars en Crimée « sans aucune validité », qui a été soumis au Conseil de sécurité de l'ONU le 15 mars 2014, à l'initiative des États-Unis, n'a pu aboutir à cause du véto de la Russie.

Malgré tout, l'un des buts poursuivis par les Occidentaux était d'isoler un peu plus la Russie car la Chine, pourtant fidèle alliée des Russes, s'est abstenue, comme elle avait fait en 2008 lors d'un vote sur la crise sur la crise opposant la Russie à la Géorgie. Le projet de résolution s'adressait à tous les États et organisations internationales afin qu'ils ne reconnaissent pas le résultat du référendum et entreprennent une « *action qui pourrait être interprétée comme une reconnaissance d'un changement de statut* ». La Russie ne conteste pas le principe de l'intégrité territoriale mais explique que « *ce type de référendum est une mesure inhabituelle prise quand la coexistence dans un seul État n'est plus possible* », et qu'il fait suite à un vide juridique qui résulte d'un coup d'État armé ». Moscou avance aussi l'argument d'une protection des minorités, mais il lui est rétorqué que des minorités sont partout à travers le monde et qu'elles ne sauraient devenir le prétexte pour n'importe quelle aventure au gré des ambitions d'un voisin entreprenant. Certains pays comme la France et l'UE ont annoncé qu'ils ne reconnaîtront pas la validité de cette pseudo-consultation en Crimée qui n'est conforme ni au droit interne ukrainien ni au droit international, et qu'ils appliqueraient des sanctions contre Moscou. Aujourd'hui, on parle de moins en moins de la Crimée et c'est l'Est de l'Ukraine qui constitue l'objet de toutes les tensions et de toute l'attention.

En conclusion, l'on peut constater, d'une part, les contradictions de la société internationale, et notamment l'incohérence de certains États qui tantôt sont pour le respect de la voie de la Charte et du multilatéralisme en cherchant à obtenir une résolution du Conseil de sécurité qui autorise une intervention, tantôt optent pour l'unilatéralisme diplomatique. L'on peut constater, d'autre part, à travers les situations évoquées, comment le droit des peuples à disposer d'eux-mêmes peut être instrumentalisé ou dévoyé, et que l'équilibre instable entre ce principe et l'intégrité territoriale est à la merci des intérêts et des prises de position de certains pays. C'est sans doute aussi pour cela qu'une autre voie émerge, avec le concept de l'autodétermination interne, celui-ci paraissant plus simple et plus sûr.

## III - L'apparition du concept de l'autodétermination interne : la domestication du droit des peuples

Il nous faut rechercher ici la signification générale d'abord, la portée ensuite, de l'autodétermination interne, pour savoir à quel point le principe est en voie de domestication.

### A. Le concept de l'autodétermination interne

Ce concept ne peut être compris que par rapport à celui de l'autodétermination externe que nous venons d'aborder. Il se présente comme son pendant naturel.

#### *1° Signification générale*

L'autodétermination est dite « interne » dans la mesure où le droit à l'autodétermination s'exerce exclusivement à l'intérieur de l'ordre juridique des États et n'est pas lié à une tentative quelconque de sécession ou de remise en cause des frontières internationales existantes[249]. En vertu de ce droit, tous les peuples devraient pouvoir déterminer librement leur statut politique et assurer librement leur développement économique, social et culturel, mais à l'intérieur des États où ils se trouvent. Pour la plupart des groupes autochtones par exemple, il s'agit surtout d'un « droit à coexister pacifiquement à l'intérieur d'un État avec le reste de la population, et à co-décider avec les autorités de l'État de leur destin, par l'intermédiaire de leurs représentants ».

Le Professeur Norbert Rouland[250] rapporte à ce sujet les propos de la présidente du Groupe de travail de l'ONU sur les populations autochtones, qui pose, en 1993, les principes d'interprétation du droit à l'autodétermination retenus par cette institution :

> *« La meilleure façon d'envisager le droit à « l'autodétermination interne » est de le considérer comme le droit d'un peuple de choisir son propre régime politique, d'influer sur l'ordre politique de la région dans laquelle il vit, de sauvegarder son identité culturelle, ethnique, historique ou territoriale* [...] *Dès lors qu'un État indépendant a été créé et reconnu, les peuples qui le constituent doivent essayer d'exprimer leurs aspirations par l'intermédiaire du système national, et non en créant de nouveaux États, sauf si le système politique national devenait si exclusif et si peu démocratique qu'on ne pourrait plus le considérer comme « représentant l'ensemble du peuple » »*[251].

Ce concept est envisagé et existe donc au cœur même de l'institution onusienne.

Pour Allan Rosas[252], l'autodétermination interne signifie le droit d'un peuple de déterminer sa Constitution, y compris un statut autonome à l'intérieur d'un plus grand État et de participer à un système de gouvernement démocratique. Ainsi,

249. Guilhaudis (J.-François), *op., cit.*, p. 323.

250. Rouland (Norbert), *Droit des minorités et des peuples autochtones, op. cit.*, p. 450.

251. Daes (E.I.), *Notice explicative concernant le projet de déclaration sur les droits des peuples autochtones*, Doc. E/CN. 4/Sub. 2/1993/26/Add. 1, 19 juillet 1993, § 17, p. 19, 21, 23.

252. Rosas (Allan), « Internal Self-Determination » *in* Tomuschat (C.), *Modern Law of Self-Determination, Dordrecht/Boston/London, Martinus Nijhoff, coll. « Developments in International Law », vol. 16, 1993*, p. 225-252.

« *Alors que l'autodétermination externe s'épuise dès lors que l'indépendance est acquise, l'autodétermination interne peut s'exercer en continu et sous différentes formes à l'intérieur des frontières d'un État* ». L'autodétermination interne rencontre l'adhésion d'un grand nombre d'États et d'une grande partie de la doctrine anglo-saxonne. En 1999, le Canada, par exemple, a défini l'autodétermination comme

> « *le droit qui peut être utilisé dans une démocratie fonctionnelle dans laquelle les citoyens participent au système politique et ont l'opportunité d'avoir une influence dans les processus politiques qui les affectent* »[253], et la Norvège le considère comme « *le droit des peuples de participer à tous les niveaux où se prennent les décisions dans les affaires législatives et administratives liées au développement de leurs systèmes politiques et économiques* »[254].

Il n'y a cependant pas d'unanimité de la doctrine sur ce concept.

### *2° Une controverse doctrinale*

À propos des deux aspects de l'autodétermination, James Anaya[255] pense qu'une distinction entre « externe » et « interne » entraîne un cloisonnement irréel et déformant du monde actuel où des modèles d'associations humaines sont multiples. Il préfère distinguer entre l'autodétermination constitutive qui relève des procédures occasionnelles conduisant à la création ou au changement d'institutions de gouvernement, et l'autodétermination continue relevant de la forme et du fonctionnement de l'ordre de gouvernement constitutionnel. Cette approche permet d'éviter de se focaliser sur l'indépendance.

Mais d'autres auteurs rejettent l'idée même d'un droit à l'autodétermination interne. Maivan Clech Lâm[256], par exemple, considère qu'aucun instrument juridique ne définit ni même ne mentionne les termes « autodétermination interne, autonomie, autonomie gouvernementale ou auto-administration » ; ils n'ont donc aucune signification en droit international et sont sujets à l'interprétation que les États leur donnent. Elle pense aussi que le détenteur du droit à l'autodétermination conserve le droit inhérent d'élargir plus tard ses champs d'activité, à l'intérieur des limites posées par le droit international général ou les obligations découlant des traités, tandis que l'entité autonome peut à tout moment se faire imposer unilatéralement par l'État où elle se trouve des restrictions de son autorité. Elle préconise donc l'acquisition par les peuples autochtones, par exemple, de la personnalité juridique internationale qui leur permettrait de négocier avec les États sur la base d'une égalité formelle, de faire appel facilement à la communauté internationale pour demander protection contre les abus des États le cas échéant, de participer comme

---

253. Voir dans FOSTER (C.), « Articulating Self-Determination in the Draft Declaration on the Rights of Indigenous Peoples » *(2001) 12 European Journal of International Law 141-57 at 151.*
254. *Ibidem.*
255. ANAYA (James), *Indigenous Peoplesin International Law*, 2e édition, Oxford, 2006, Oxford University Press, p. 105.
256. MAIVAN CLECH (Lâm), « L'Autodétermination des peuples autochtones : dettes du passé et promesses d'avenir », *in Séminaire sur le Droit à l'autodétermination des peuples autochtones organisé par Droits et Démocratie à New York, le 18 mai 2002 , Centre international des droits de la personne et du développement démocratique, 2002,* p. 11. Voir aussi « *At the Edge of the State : Indigenous Peoples and Self-Determination* », Ardsley, New York ; Transnational Publishers Inc. 2000.

il se doit aux instances internationales où, de plus en plus, se prennent des décisions qui ont des retombées énormes sur leurs communautés. En tout cas, cette recherche de la personnalité juridique, sans pour autant mener à devenir des États indépendants, fait l'originalité d'un grand nombre de peuples autochtones.

Isabelle Schulte-Tenckhoff[257] n'est pas éloignée de cette position, elle parle de confusion des termes en anglais, notamment ceux de *self-government* et de *self-determination.* Il n'y a donc pas d'unanimité sur les concepts d'autodétermination externe et interne, mais l'écrasante majorité de la doctrine s'accorde sur l'extrême nécessité de sortir de l'impasse. Le véritable problème est alors celui de savoir si cette distinction a été admise par le droit international ou si elle n'est qu'en voie de l'être. Il s'agirait ainsi d'établir l'existence d'une coutume. Celle-ci étant une source du droit international qui résulte d'une pratique « acceptée comme étant le droit »[258], on recourt en général à la théorie des deux éléments constitutifs : la pratique, d'une part, et le sentiment que cette pratique exprime une règle de droit, d'autre part, c'est-à-dire *l'opinio juris sive necessitatis.*

### 3° *Une pratique et une* opinio juris *de plus en plus partagées*

Il convient de rappeler avant tout les difficultés relatives à l'établissement d'une « pratique coutumière ». Celle-ci doit être générale. Cette généralité ne signifiant pas universalité[259], et devant être évaluée par rapport à la portée de la règle coutumière (universelle, régionale ou bilatérale). La pratique peut consister en un comportement actif ou passif, ou même en une abstention. Il faut ajouter qu'une coutume ne peut en principe être établie que sur la base d'un nombre substantiel de précédents, et l'on considère généralement que, pour être prise en compte, la pratique doit être attribuable à des États, ou à des organisations internationales, c'est-à-dire à des sujets aptes à générer la création de nouvelles règles de droit international[260]. L'*opinio juris sive necessitatis,* considérée comme l'élément psychologique de la coutume, constitue à ce titre un facteur important et délicat à interpréter. Selon la CIJ, pour qu'une pratique se transforme en coutume, les États « doivent avoir le sentiment de se conformer à ce qui équivaut à une obligation juridique »[261].

Depuis quelque temps, il est effectivement apparu aux yeux de tous que le fossé s'agrandissait, que la contradiction s'aggravait entre le droit des peuples à disposer d'eux-mêmes et la volonté confirmée des États de maintenir leur unité, leur intégrité territoriale. C'est donc pour tenter d'atténuer la pression grandissante des peuples et

257. SCHULTE-TENCKHOFF (Isabelle), *La question des peuples autochtones,* Bruylant, *LGDJ,* 1997, Paris, p. 185 et 192.
258. Selon les termes de l'article 38 du Statut de la CIJ.
259. La CIJ a estimé qu'une « participation très large et représentative » suffisait pourvu qu'elle comprenne les « États particulièrement intéressés » : CIJ, affaire du Plateau continental de la Mer du Nord, Recueil 1969, p. 43, par. 74. Les États « particulièrement intéressés » sont ceux qui sont « en mesure de contribuer concrètement à la naissance d'une règle coutumière » (Patrick Daillier et Alain Pellet, Nguyen Quoc Dinh, *Droit international public,* 7e éd., p. 330.
260. STRUPP (Karl), « Éléments du droit international public universel, européen et américain », *RCADI, 1934,* tome I, p. 14.
261. CIJ, affaire du Plateau continental de la Mer du Nord, *Recueil 1969,* p. 44.

sortir de l'impasse que des efforts récents ont été faits par la communauté internationale. On a pu ainsi observer un changement progressif du sens accordé à l'autodétermination dans les textes internationaux et dans la doctrine. L'un des premiers textes à traduire ce changement a été l'Acte final sur la sécurité et la coopération en Europe de 1975 (Déclaration de Helsinki) dont le Principe VII stipule :

> « *En vertu des droits égaux et du droit des peuples à disposer d'eux-mêmes, tous les peuples ont toujours le droit, en pleine liberté, de déterminer, quand et comme ils le souhaitent, leur statut interne et externe, sans interférence extérieure, et de poursuivre comme ils le souhaitent, leur développement politique, économique, social et culturel* ».

Cette Déclaration a projeté l'autodétermination dans un processus d'adaptation aux structures, aux contextes et aux besoins, donc à une sorte de domestication. Les peuples pouvaient alors choisir leur forme de gouvernement ou un statut international, et même changer leur choix. Ils pouvaient être libres de toute interférence ou contrainte extérieure et intérieure. En plus, le lien était désormais clairement établi entre l'exercice de l'autodétermination et les droits de l'homme. Cette nouvelle conception correspondait aux réalités internationales de la guerre froide et à l'intérêt des États occidentaux d'insister sur les principes de démocratie, d'élections libres et de participation.

En 1977, le Premier Protocole additionnel aux Conventions de Genève de 1949, dans son article 1 § 4, étend la protection relative aux conflits armés internationaux aux conflits armés dans lesquels les peuples luttent contre la domination coloniale et l'occupation étrangère et contre les régimes racistes dans l'exercice du droit des peuples à disposer d'eux-mêmes, même à l'intérieur de ces régimes. Ces cas sont exceptionnels mais ils existent. En 1984, le Comité des droits de l'homme réaffirme le rapport particulier entre le droit des peuples à disposer d'eux-mêmes et tous les autres droits de l'homme. Dans le Commentaire général 12/27, il note que ce droit est placé à part et avant d'autres droits dans la Convention, qu'il est inaliénable et implique des obligations. Ainsi, le Comité laisse entendre que l'autodétermination est un droit beaucoup plus large que la simple indépendance.

Au début des années 1990, avec l'éclatement de l'ex-URSS et de l'ex-Yougoslavie, et l'émergence de nouveaux États en Europe de l'Est, les revendications d'indépendance refont surface. Il est clairement entendu cette fois, à la différence des années soixante, que l'autodétermination n'est pas seulement liée à l'indépendance. Plusieurs textes insistent sur la participation dans les structures de l'État[262], encouragent la démocratie

262. Voir par exemple, UN Doc.A/47/49 (1993), *Declaration on the Rights of persons Belonging to National or Etnic, Religious or Linguistic Minorities, 1992, United Nations General Assembly Res. 47/135, Annex, 47 UNGAOR Supp. (N° 49) p. 210 ; UN Doc. E/CN.4/1995/60 (1995), Resolution 1995/60 on « ways and means of overcoming obstacles to the establishment of a democratic society and requirements for the maintenance of democracy », UN Commission on Human Rights ESCOR Supp. (° 4) p. 183, Preamble ; Section VI of the (1990) Document of the Copenhagen Meeting of the Conference on the Human Dimension of the CSCE, (1990) 11 Human Rights Law Journal 232.*

à travers des élections contrôlées, recommandent la possibilité de régimes autonomes[263] et soulignent le lien entre le processus d'autodétermination en cours et les garanties des droits de l'homme[264]. Il apparaît ainsi peu à peu que l'aspect interne du droit à l'autodétermination incorpore d'autres applications qui n'ont pas été encore exploitées en profondeur. Des auteurs comme Harhoff[265] soutiennent par exemple l'idée d'un droit à l'autodétermination qui permettrait la mise en place d'un corps législatif, exécutif et judiciaire local pour certaines entités infra-étatiques. La Déclaration de l'ONU de 2007 sur les droits des peuples autochtones reconnaît, dans son article 5, le droit de ces peuples à des institutions politiques, juridiques, économiques et culturelles distinctes. Certains États, comme l'Australie et l'Afrique du Sud, acquis aux avantages des systèmes et institutions autochtones, autorisent progressivement que des systèmes et institutions judiciaires autochtones coexistent avec les systèmes judiciaires nationaux. D'autres États comme le Guatemala et l'Équateur reconnaissent les systèmes juridiques distincts des peuples autochtones.

Alexandra Xanthakis[266], qui a relevé toutes ces évolutions, pense que le droit des peuples à décider de leur statut politique inclut aujourd'hui une large gamme de possibilités dont certaines sont dans des textes ou instruments internationaux. D'abord l'indépendance, l'intégration ou l'association avec un État, puis la gouvernance démocratique et la participation politique qui a pris parfois la forme de l'autonomie, ont été les principales formes d'application de ce droit ; mais d'autres applications et d'autres formules restent encore à explorer[267]. Elle considère que la période où la souveraineté de l'État dominait et « écrasait » tout, où la décolonisation était une nécessité urgente, est dépassée. En définitive, si les bénéficiaires « officiellement » reconnus de ce droit sont les peuples coloniaux, et notamment les territoires non autonomes, le cas des minorités et peuples autochtones reste posé et commence à entrevoir des solutions.

### B. Le droit des peuples à ne pas devenir un État

Ce droit peut se décliner de différentes manières. Il peut être un droit à la démocratie ou à l'autonomie, un libre choix de n'importe quel statut ou tout simplement une forme de préservation de son identité.

263. Voir par exemple, Recommendation 1201 on « *an additional protocol on the rights of national minorities to the European Convention on Human Rights* », *Council of Europe Parliamentary Assembly Text adopted on 1 February 1993 (22nd Sitting), article 11 ; the (1990) CSCE Document of the Copenhagen Meeting of the Conference on the Human Dimension of the CSCE, para. 35 ; the (1991) Geneva CSCE Meeting of Experts on National Minorities, section 4.*

264. Voir par exemple, *UN Doc. ICCPR/C/21/Add.3, General Comment 12(21), Human Rights Committee, GAOR, 39th Sess., Supp. 40, Annex VI ; Voir aussi Doc. DPI/ 1394-39399, Vienna Declaration and Program of Action (1993).*

265. Harhoff (F.), « *Self-Determination, Ethics and Law* » *in* G. Alfredson and P. Macalister-Smith (eds.), *The Living Law of Nations (Kehl am Rhein : N.P. Engel, 1996)*, p. 169-77 at p. 176.

266. Xanthakis (Alexandra), *op. cit.*, p. 172.

267. Kingsburry, « *Reconstructing Self-Determination* », p. 21.

### 1° Un droit à la préservation d'une identité

La perspective inquiétante de la multiplication des conflits au nom de l'autodétermination qui s'accentue après la guerre froide et le développement des droits de l'homme conduisent aujourd'hui à des efforts pour sortir des situations d'impasse. Il est alors admis que si le droit des peuples ne s'applique pas aux territoires d'États qui ont accédé à l'indépendance par rapport à l'État colonisateur au profit des colons sécessionnistes (Exemples : États unis, Canada, Australie,...), des règles distinctes apparaissent pour certaines minorités : les peuples tribaux, les peuples indigènes ou peuples autochtones, qui résident dans un État indépendant. Les peuples autochtones conservent des droits particuliers ne relevant pas du domaine réservé de l'État sur le territoire duquel ils se trouvent, mais bien du droit international. Par ailleurs, le droit international tend à laisser une voie d'accès possible aux minorités nationales, en s'appuyant sur l'autre versant du droit des peuples : le droit à ne pas devenir un État et à préserver son identité. C'est ce constate J. Chevallier[268].

La Commission d'arbitrage pour la Yougoslavie dans son avis n° 2 rendu le 11 janvier 1992[269] l'affirme aussi. La question qui lui est posée par la Serbie le 20 novembre 1991 est de savoir si, à l'instar des Croates, des Slovènes et Macédoniens qui ont exercé leur droit à l'autodétermination par référendum, ce même droit ne devait pas être reconnu aux populations serbes de Croatie et de Bosnie-Herzégovine. Le constat de son dilemme est ainsi fait :

> « *Répondre positivement, c'était maintenir solidement le lien hérité de la période coloniale entre droit à l'autodétermination et droit à l'indépendance. Mais répondre par la négative, c'était alors reconnaître qu'il y avait deux poids, deux mesures. Face à ce dilemme, la Commission s'efforça de réévaluer cette doctrine de l'autodétermination que le droit international avait transformée en une voie à sens et à usage uniques* ».

La Commission a finalement proposé de concilier le droit à l'autodétermination avec le principe de l'intégrité territoriale, cette conciliation reposant sur un système de protection « *des droits des peuples et des minorités* » que les États sont tenus de garantir en vertu du droit international. Compte tenu de l'intégrité territoriale de l'État établi, le droit à l'autodétermination des minorités et des peuples intégrés dans un État exclut le droit à la sécession, mais en contrepartie, ces communautés ont un droit imprescriptible à la préservation de leur identité nationale propre, que l'État englobant doit protéger et garantir conformément au droit international général en vigueur. Cela a constitué un pas vers un changement de nature du droit des peuples »[270]. La Commission a estimé que le principe de l'intégrité territoriale des nouveaux États indépendants issus d'une dissolution d'une entité étatique préexistante devait l'emporter sur l'exercice du droit à l'autodétermination. Toutefois, elle ne fait pas disparaître le droit à l'autodétermination. Il n'apparaît plus exclusivement comme un principe de création de l'État au nom d'un

268. Chevallier (Jacques), *L'État postmoderne*, *op. cit.*
269. Avis de la Commission d'arbitrage, *RGDIP*, 1992, p. 261-269.
270. Pierré-Caps (Stéphane), Pomarede (Jacques), Rouland (Norbert), *Droit des minorités et des peuples autochtones*, *op. cit.*, p. 206-207.

droit à l'indépendance qui ne s'exercerait qu'une fois ; les identités nationales sont protégées par un statut adéquat. Le droit à l'autodétermination change de nature : de principe de création de l'État au titre du droit d'un peuple à devenir un État, il devient un principe d'organisation de l'État au titre du droit d'un peuple à ne pas devenir un État[271]. Ce droit à l'identité est fortement affirmé dans la Déclaration de l'ONU sur les droits des peuples autochtones de 2007. Mais en réalité, cette nouvelle conception du droit des peuples ne constitue-t-elle pas tout simplement un retour aux sources ? Elle réactive certaines modalités d'exercice de ce droit, prévues mais jamais ou très peu mises en avant.

### *2° Une modalité existante d'exercice du droit des peuples longtemps ignorée : l'acquisition de tout autre statut politique librement décidé par un peuple*

Tandis que la Résolution 1514 (XV) de l'Assemblée générale des Nations Unies du 14 décembre 1960 affirme clairement que l'objectif fondamental de la décolonisation est l'indépendance des peuples, la Résolution 1541 (XV), adoptée le lendemain, précise que l'indépendance étatique n'est que l'une des trois formes possibles d'évolution d'un territoire non autonome, les deux autres étant respectivement la libre association et l'intégration à un État indépendant. Ces options y sont amplement étayées. La dernière en l'occurrence, que l'on redécouvre aujourd'hui, peut très bien servir de support juridique aux revendications de certaines minorités ou peuples autochtones, en ce qu'elle autorise leur intégration dans un État multinational « à la double condition que cette intégration ou participation repose sur un acte de libre volonté et que leur propre identité s'en trouve préservée ». Une certaine doctrine considère que le droit international de la décolonisation s'arrête là. Mais que fait-elle de la Résolution 2625 (XXV) du 24 octobre 1970 qui, selon nous, va plus loin ? En effet cette résolution ajoute une quatrième option selon laquelle l'acquisition de tout statut politique librement décidé par un peuple peut être considérée comme un moyen d'exercer son droit à disposer de lui-même si elle est librement décidée. Elle précise :

> « *La création d'un État souverain et indépendant, la libre association ou l'intégration avec un État indépendant ou* ***l'acquisition de tout autre statut politique librement décidé par un peuple*** *constituent pour ce peuple des moyens d'exercer son droit à disposer de lui-même* ».

Cette disposition est particulièrement intéressante pour le cas de la Nouvelle-Calédonie, nous y reviendrons. Comme le dit bien S. Pierré-Caps, « *l'accent est mis sur l'aspect subjectif de l'autodétermination, alors il n'existe aucune raison d'en priver les minorités nationales* »[272]. La voie ouverte par ces deux résolutions a été longtemps négligée du fait de l'obsession de l'ONU. Le contexte actuel de forte avancée des droits de l'homme et de la démocratie semble lui permettre de se rouvrir. Nous verrons plus loin quelle importance a cette

271. *Ibidem.*

272. PIERRÉ-CAPS (Stéphane), « Le droit des minorités », *in Le droit des minorités et des peuples autochtones, op. cit.*, p. 202.

option par rapport à la nouvelle conception du droit à l'autodétermination. Toutefois, la problématique actuelle de l'autodétermination interne tourne aussi autour de deux autres questions essentielles : existe-t-il en droit positif un droit de l'ensemble de population d'un État à un gouvernement démocratique et représentatif, issu de la volonté librement exprimée du peuple par la voie d'élections honnêtes et périodiques ? Autrement dit, existe-t-il un droit des peuples à la démocratie ? Par ailleurs, existe-t-il un droit à l'autonomie de certaines entités, à l'intérieur des États comme au niveau international, comme par exemple les minorités ethniques ou les peuples autochtones ? Il serait intéressant de voir si cette problématique trouve une réponse en Nouvelle-Calédonie et au Nunavut.

### C. Un droit à un gouvernement démocratique pour l'ensemble de la population

Certains auteurs affirment que le droit conventionnel a reconnu le droit de l'ensemble de la population d'un État à un gouvernement démocratique, mais précisent qu'un droit à l'autonomie pour les groupes infra-étatiques n'a pas encore été accepté, malgré certaines initiatives importantes et certaines tendances concernant surtout les peuples autochtones[273]. Alexandra Xanthakis[274] considère que l'aspect interne de l'autodétermination comprend essentiellement le droit à l'autonomie et le droit à la démocratie, mais encore faut-il savoir si ce droit à la démocratie fait partie du droit positif.

#### *1° L'existence d'un droit conventionnel à la démocratie*

Il semble bien que l'autodétermination interne se décline aussi comme droit à la démocratie. De vague concept, la démocratie s'est transformée rapidement en un système de règles articulées dans un ensemble de textes et reconnu dans la pratique des États[275] et des organisations internationales[276]. Il existe un droit conventionnel de l'ensemble de la population d'un État à un gouvernement démocratique[277]. Cela signifie qu'un État peut souverainement s'engager à avoir un régime de démocratie représentative, à appliquer le traité qu'il a signé de bonne foi et qui le prévoit, et éventuellement à accepter le contrôle d'un organe international chargé de sa mise en œuvre effective. C'est le Pacte des droits civils et politiques de 1966 qui consacre au niveau universel la notion de l'autodétermination interne en faisant le lien entre autodétermination et démocratie. Cent quarante-deux États l'ont ratifié à ce jour. Son article 25 évoque le droit à des élections honnêtes et à la participation politique ; Le Comité des droits de l'homme est l'organe chargé de son application ; il prend des recommandations et des déclarations. D'autres instruments universels et régionaux reconnaissent le droit à la démocratie et à la participation politique à des degrés variables.

273. Voir Christakis (Théodore) notamment, *op. cit.*

274. Xanthakis (Alexandra), *op. cit.*, p. 159.

275. *La tendance des années 1980-1990 a entraîné 81 États vers la démocratie, cependant 47 seulement sont maintenant considérés comme de vraies démocraties : Rapport du Développement humain 2002.*

276. Franck (T.), « The Emerging Right to Democratic Governance », *(1992) 86 American Journal of International Law 46-91.*

277. Christakis (Théodore), *op. cit.*, p. 327.

### *2° Un droit coutumier à la démocratie en gestation au niveau universel*

Certains auteurs pensent qu'il existe un droit coutumier à la démocratie[278], d'autres que non[279]. Pour Théodore Christakis, il existe bien un droit à la démocratie au niveau américano-européen, où le principe de légitimité démocratique a fait d'immenses progrès ces dernières années, mais il estime qu'il n'en va pas de même pour les autres régions du monde[280]. Par ailleurs, pense-t-il, le principe de légitimité démocratique pose un certain nombre de problèmes en ce qui concerne les minorités et les peuples autochtones. Le droit international tend à instituer un modèle de démocratie qui exige que le gouvernement de l'État soit représenté par tout le peuple, et qui est basé sur des élections libres, mais ne tient pas assez compte du fait que les élections seules ne garantissent pas toujours une vraie démocratie. Il faut le redire, en 1999, le Canada par exemple a défini l'autodétermination comme

> « *le droit qui peut être utilisé dans une démocratie fonctionnelle dans laquelle les citoyens participent au système politique et ont l'opportunité d'avoir une influence dans les processus politiques qui les affectent* »[281], et la Norvège le considère comme « *le droit des peuples de participer à tous les niveaux où se prennent les décisions dans les affaires législatives et administratives liées au développement de leurs systèmes politiques et économiques* »[282].

Le rapport entre le droit à l'autodétermination et le droit à la participation politique a aussi été fait par le Comité des droits de l'homme[283]. La Déclaration des droits des peuples autochtones de 2007 inclut plusieurs articles sur la participation politique, notamment l'article 5 qui vient juste après l'article sur l'autodétermination, ainsi que les articles 18 et 19. Cette participation doit être « effective » ou « pleine ».

## D. Un droit à l'autonomie pour certains groupes infra-étatiques ?

La notion d'autonomie est ancienne, et partout dans le monde, elle semble susciter de plus en plus d'intérêt car elle apparaît comme un mode de gestion de la différence, une réponse fonctionnelle à toute affirmation de différences. Elle présente des avantages et des inconvénients mais elle est de plus en plus sollicitée par de nombreux peuples et États. Certains de ces États ont une structure qui inclut en leur sein une certaine forme d'autonomie, d'autres l'envisagent pour une fraction de leur population. Ces derniers temps aussi, tant au sein de l'Assemblée générale des Nations Unies qu'au sein de certaines organisations régionales, des initiatives importantes pour la reconnaissance

---

278. Reisman (W.M.) « Humanitarian intervention and flegling democraties » *Fordham Int'l L. J., vol. 1995, vol. 18, p. 795 et 804.* Cf. aussi T. Franck, « The Emerging right to democratic governance », *AJIL, vol. 86, 1992,* p. 91.
279. Carothers (T.), « Empirical perspectives on the emerging norm of democracy in International Law », *in Am. Soc'y Int'l L. Proc., vol. 86, 1992, p. 262 et suiv.,* Ou S. Laghmani, « Vers une légitimité démocratique ? », *in Les nouveaux aspects du droit international,* Pedone, 1994, p. 249-278.
280. Christakis (Théodore), *op. cit.,* p. 503.
281. Voir dans Foster (C.), « Articulating Self-Determination in the Draft Declaration on the Rights of Indigenous Peoples » *(2001) 12 European Journal of International Law 141-57 at 151.*
282. *Ibidem.*
283. HRC General Comment on Article 25 (1999).

officielle d'un droit général à l'autonomie et à l'autodétermination interne ont été prises pour des groupes ethniques à l'intérieur d'États souverains, qu'en est-il exactement ?

### *1° Un droit général à l'autonomie : mythe et réalité*

L'étymologie même du mot *autonomie* témoigne de la proximité de cette notion de celle de l'autodétermination. Tirant son origine du grec « *autonomia* », ce terme désigne la faculté de se doter de ses propres normes et plus généralement la capacité de se gouverner soi-même, de manière plus ou moins indépendante du pouvoir central. Le Grand dictionnaire universel de Pierre Larousse en 1866 la définit comme

> « *la situation particulière d'un peuple ou d'une fraction de peuple qui, sans posséder une indépendance absolue, jouit encore de la faculté d'administrer ses affaires intérieures d'après ses propres lois* »[284].

Même si elle paraît aller de soi, d'un point de vue juridique, on ne peut en donner une définition générale et absolue. Il s'agit plutôt d'une notion relative.

> « *Être régi par ses propres normes, ce qui est le sens propre du mot, n'exclut pas, en effet, que ces normes s'inscrivent dans un ordre juridique supérieur. C'est cet ordre juridique supérieur qui détermine les limites de l'autonomie, et donc de sa relativité* »[285].

C'est donc une notion relative souvent liée au contexte historique et politique, et dont l'ampleur est conditionnée par l'importance des matières transférées et le niveau du pouvoir normatif local accordé à la collectivité. Une théorie générale de l'autonomie applicable à tous les États unitaires serait donc difficile à établir[286].

En droit interne, l'autonomie peut avoir des formes et des degrés divers. Notion non éloignée de celle de « régionalisation », de « décentralisation », il semble que la limite supérieure de l'autonomie soit l'indépendance et sa limite inférieure, la simple décentralisation du territoire. Dans le cas d'une simple décentralisation administrative, et quelles que soient la liberté d'autogestion administrative et l'autonomie financière laissées aux collectivités publiques territoriales, la source du pouvoir demeure unique et se situe au niveau national. Ainsi, les collectivités décentralisées ne disposent pas de compétences législatives, mais seulement de compétences réglementaires. En outre, le gouvernement central garde un droit de regard (communément appelé « contrôle de tutelle ») sur les décisions des collectivités, contrôle qui peut être plus ou moins important selon le pays.

En revanche, dans le cadre d'un régime d'autonomie politique, les institutions créées par l'entité concernée ne sont pas de simples institutions administratives, mais de véritables institutions politiques, inspirées dans une certaine mesure des institutions étatiques. Ainsi, la notion d'autonomie politique suppose l'existence d'une assemblée

284. Cité par Gindre David (Carine), qui cite « *Le dictionnaire international du fédéralisme* », Bruylant, 1994, p. 22.
285. Marcou (Gérard), « L'autonomie dans la République : jusqu'où ? », *in Destins des collectivités politiques d'Océanie, Volume 1, Théories et pratiques, op. cit.*, p. 55.
286. Gindre David (Carine), *Essai sur la loi du pays calédonienne, la dualité de la source législative dans l'État unitaire français*, L'Harmattan, 2008, p. 387.

propre, capable de légiférer dans certains domaines importants pour la population de la région, et d'un gouvernement chargé de fonctions exécutives et administratives. Elle suppose « *une puissance de droit public non souveraine, qui peut, en vertu d'un droit propre et non seulement d'une délégation, établir des règles de droit obligatoires* »[287]. L'autonomie politique retrouve donc le sens premier de l'étymologie du mot *(capacité de se donner ses propres normes)* et implique, au-delà de son aspect procédural, l'existence d'un certain nombre de compétences qui, si elles peuvent varier selon les cas, doivent tout de même être réelles.

L'une des formes de celle-ci est le fédéralisme, situation la plus élaborée dans la mesure où la large autonomie des États fédérés se double d'une participation de chacun d'entre eux à l'adoption de décisions sur le plan national. Une autre est celle de l'autonomie territoriale accordée à des groupes territorialement concentrés en dehors du cadre du fédéralisme. L'autonomie personnelle, quant à elle, est proposée à des groupes ethniques, linguistiques ou religieux qui ne sont pas territorialement concentrés mais éparpillés sur l'ensemble de l'État. Ces trois catégories n'ont cependant pas de cloisons étanches et peuvent au contraire se combiner et se juxtaposer selon les cas et les pays. On distingue par ailleurs divers degrés d'autonomie en dehors du cadre de la décolonisation[288]. L'État unitaire « complexe » est un État qui, sans perdre son unité de structure, présente cependant de grandes diversités locales d'administration et surtout de législation, voire de juridiction[289]. L'exemple de « l'État autonomique » en Espagne[290] est sans doute le plus connu. « L'État régional », comme celui de l'Italie, implique également l'existence d'un découpage du territoire en régions qui jouissent d'une véritable autonomie politique et qui sont donc dotées d'institutions et de pouvoirs propres. En dehors de ces deux modèles, d'autres solutions d'autonomie existent ou peuvent émerger dans les États unitaires afin de satisfaire les aspirations de certains groupes minoritaires sans pour autant compromettre l'unité de l'État.

En France même, certains parlent d'un « État fédéral qui s'ignore »[291] depuis longtemps, et d'autres, d'autonomie généralisée à tout l'Outre-mer depuis la révision constitutionnelle de 2003[292]. Carine Gindre David rappelle qu'à cause d'une tradition très centralisée de l'État,

> « *la notion d'autonomie politique ou interne est restée, jusqu'à une date récente, étrangère au droit public français.* [...] *Après une percée faite à partir de 1946, lorsque les rapports entre la métropole et les collectivités situées outre-mer ont été redéfinis* [...], *les premiers statuts d'autonomie au sein de la République sont concrétisés, outre le statut des Comores de 1961, par les statuts de 1976 pour la Nouvelle-Calédonie et de 1984 pour la Polynésie française* »[293].

287. Phrase empruntée à De Sola (Juan), dans sa définition juridique de l'autonomie, cité par Christakis, *op. cit., p. 535.*
288. Christakis (Théodore), *op. cit.*, p. 507-586.
289. Cadoux (Charles), *Droit constitutionnel et institutions politiques*, p. 53.
290. « Estado Autonomico », cf. par exemple son arrêt 100/1984 du 8 novembre 1984.
291. Michalon (Thierry), « La République française, une fédération qui s'ignore ? », *in RDP*, 1982, p. 623 et s.
292. Marcou (Gérard), *op. cit.*, p. 55.
293. Gindre David (Carine), *op. cit.*, p. 388.

Mais c'est clairement la révision constitutionnelle de 2003 qui introduit la notion d'autonomie avec l'article 74 de la Constitution qui prévoit que certaines collectivités d'outre-mer (COM) peuvent être dotées de l'autonomie par une loi organique qui en fixe les conditions, avec la possibilité d'exercer des compétences dans le domaine de la loi. Face à la méfiance de l'État qui s'est souvent manifestée à l'égard de l'autonomie, et devant la grande frilosité doctrinale, en décalage avec les réalités contemporaines, l'introduction de cette notion, bien que non définie, dans la Constitution, a eu le mérite de faire cesser les discussions sur le caractère constitutionnel de l'autonomie, et de faire évoluer ce concept juridique pour le mettre en adéquation avec les nécessités politiques[294]. Comme le dit bien le professeur Marcou,

> *« la problématique de l'autonomie admet de multiples déclinaisons en fonction des projets politiques qui les inspirent. C'est une invitation à l'imaginaire des juristes comme des politiques... »*[295].

En conclusion, le concept de l'autonomie, en droit interne, est de moins en moins un mythe et de plus en plus une réalité, et même une réalité incontournable.

En droit international, la Charte des Nations Unies fait directement référence à la notion de l'autonomie et au droit des populations des « *territoires non autonomes* » de « s'administrer elles-mêmes », mais elle ne donne aucune définition de ces territoires. Peu à peu, l'attention s'est déplacée de la notion de « *territoire non autonome* » à celle du « *territoire colonial* » qui « *n'a pas encore accédé à l'indépendance* »[296], et l'accession à l'indépendance a fini par être considérée comme la seule expression authentique du droit à la décolonisation ainsi que tend à le faire croire sa consécration dans le titre même de la Résolution 1514.

En 1993, l'initiative du Liechtenstein, qui propose à l'ONU de faire la distinction entre le principe classique de l'autodétermination dans le cadre de la décolonisation, assimilé au droit à l'indépendance, et une dimension postcoloniale du principe qui doit être centrée sur l'autonomie à l'intérieur de l'État, n'est pas retenue. Toutes les tentatives en faveur de la reconnaissance d'un droit à l'autonomie pour les minorités nationales se sont soldées par un échec. Mais l'absence d'un droit à l'autonomie n'a pas empêché et n'empêche pas que des problèmes soient réglés par celle-ci. Les organisations internationales souvent appelées à jouer un rôle de médiateur pour des conflits interethniques proposent des solutions d'autonomie pour mettre fin à ces conflits tout en préservant l'intégrité territoriale des États menacés par une sécession. Bien qu'une telle médiation intervienne, le plus souvent, avec le consentement de l'État concerné, l'affaire du Kosovo montre bien que les organisations internationales, et surtout le Conseil de sécurité, peuvent proposer une solution d'autonomie même sans le consentement de l'État concerné si des conditions sécuritaires l'exigent. Dans ce cas précis, l'État souverain s'est vu imposer l'obligation d'accorder un « statut de large autonomie »[297]

294. *Ibidem*, p. 390.
295. Marcou (Gérard), *op. cit.*, p. 65.
296. Christakis (Théodore), *op. cit.*, p. 507-586.
297. Voir Résolution 1244 du 10 juin 1999.

à une partie de son territoire et de sa population. Plus grave encore, cette autonomie s'est finalement transformée en indépendance avec la complicité d'une partie de la Communauté internationale[298]. Il faut toutefois préciser que cette attitude ne s'est pas fondée sur un éventuel droit à l'autonomie politique ou à la sécession, consacré par le droit international, mais plutôt sur le souci de trouver rapidement une solution politique à un conflit qui menaçait la paix et la sécurité dans la région et qui avait déjà des dimensions dramatiques[299].

*2° Un droit à l'autonomie dans certains cas*

Bien qu'un droit général à l'autonomie n'existe pas en droit positif, il existe peut-être des exceptions à cette règle qu'il conviendrait de rappeler.

### a) Le droit à l'autonomie consacré par un traité international

Un régime d'autonomie peut être garanti par un traité international. Des cas de protection internationale du fait d'un traité existent : celui du territoire de Memel[300] par exemple et celui du Tyrol du Sud[301].

### b) Un droit à l'autonomie pour les peuples autochtones ?

L'étude de la reconnaissance internationale du pluralisme sera abordée dans le chapitre suivant. Mais il est possible d'ores et déjà de se demander s'il existe un droit à l'autonomie et à l'autodétermination interne pour les peuples autochtones. Il est clair que les instruments internationaux discutés et même adoptés au sein des organisations internationales, et qui consacrent la notion de l'autonomie interne, n'ont pour l'instant qu'une valeur de *lege ferenda*. Une évolution semble venir du côté des Nations Unies, avec la Déclaration des Nations Unies sur les peuples autochtones de 2007. Celle-ci consacre, de manière expresse, l'idée d'un droit des peuples autochtones tant à l'autodétermination en général qu'à l'autonomie en particulier. L'émergence d'un droit identitaire est par ailleurs en cours. Cette reconnaissance internationale du pluralisme et la référence identitaire s'inscrivent ainsi peu à peu dans un certain nombre d'instruments internationaux et dans l'attitude même des États au plan international.

### c) Un droit à l'autonomie pour les minorités ?

L'on pourrait se demander si les droits reconnus par l'article 27 du Pacte relatif aux droits civils et politiques des Nations Unies de 1966, qui reste la plus importante disposition conventionnelle en matière de minorités nationales sur le plan universel, vont aussi loin que la reconnaissance d'un droit à l'autonomie politique. Il semble

298. Le 18 février 2008, l'Allemagne, la France, la Grande-Bretagne et l'Italie ont annoncé leur décision de reconnaître l'indépendance du Kosovo. Les États-Unis ont fait de même.

299. Notamment une décennie de massacres, d'épurations ethniques, de violations flagrantes des droits des minorités.

300. Territoire aujourd'hui appelé Klaïpeda, faisant partie de l'Allemagne jusqu'à la PGM, mais transféré à la Lituanie, avec un statut d'autonomie et sous protection internationale.

301. Territoire disputé par l'Autriche et l'Italie mais devenu autonome sous contrôle italien.

malheureusement qu'ils n'aient qu'une portée spécifique et limitée à la protection de la culture, de la langue et de la religion minoritaires, et n'incluent pas une dimension politique. Ainsi, le droit à l'autodétermination ne concerne les minorités nationales ni dans son aspect externe, ni dans son aspect interne. Cela a été, par la suite, et à plusieurs reprises, exprimé au sein des Nations Unies. Quel que soit donc le regain d'intérêt que la notion d'autonomie a connu dans le monde de l'après-guerre froide, le droit positif ne l'a pas encore accueillie, et toutes les tentatives en faveur de la reconnaissance d'un droit à l'autonomie pour les minorités nationales se sont soldées par un échec. Mais, encore une fois, cela ne signifie pas qu'il n'y a pas de protection juridique internationale de ces minorités, car non seulement les mécanismes des droits de l'homme ont été adaptés régulièrement aux problèmes particuliers concernant leurs membres, mais encore toute une série d'instruments internationaux leur offrant des garanties supplémentaires a été élaborée. Par ailleurs, les initiatives en faveur d'un droit à l'autonomie pour ces minorités, et que nous avons évoquées *supra*, témoignent sans doute d'une nouvelle approche de la Communauté internationale sur ce sujet.

On le constate, le droit des peuples à disposer d'eux-mêmes a souvent été mis au service de contextes variables, soumis à des configurations géopolitiques et géostratégiques particulières auxquelles il a dû s'adapter. Il doit aujourd'hui prendre en compte les réalités de la mondialisation, du développement des droits de l'homme et du pluralisme démocratique. La société internationale sort peu à peu de son dilemme cornélien entre le refus de toute approbation morale et juridique aux mouvements de libération qui pourraient concourir à la multiplication des entités étatiques et à la mise en péril de l'intégrité territoriale, et une meilleure prise en compte de la différence et des revendications de certains peuples, notamment les peuples autochtones.

La Nouvelle-Calédonie et le Nunavut sont pleinement concernés par cette évolution. Ils ont chacun en leur sein des peuples autochtones qui s'autodéterminent aussi. Certes, les contextes locaux sont-ils différents, et le poids de l'identité autochtone est-il inégal dans les deux entités. Certes, la portée de l'autodétermination revendiquée est-elle différente : en Nouvelle-Calédonie, on veut et on peut accéder à l'indépendance alors qu'au Nunavut on ne demande pas tant que cela pour l'instant ; mais dans les deux cas, on expérimente une lente mutation des concepts de décolonisation (une décolonisation tardive, inachevée, qui peut être externe ou interne) et de peuple (une timide reconnaissance d'autres peuples notamment les peuples autochtones), et une portée bivalente de plus en plus reconnue au droit à l'autodétermination (qui devient lui aussi externe ou interne). Ces éléments contribuent à déplacer l'axe du principe et à le transformer peu à peu en un droit identitaire de l'ère postmoderne. Il reste à vérifier quelle place est accordée à ce droit émergent dans le droit positif et dans le processus global de reconnaissance internationale du pluralisme.

# CHAPITRE 2

# La reconnaissance internationale du pluralisme et la référence identitaire

La plupart de ceux qui parlent du pluralisme l'assimilent au multiculturalisme. Ce dernier est un concept diversement interprété. Il signifie en général la coexistence de plusieurs cultures dans un même pays[302]. Norbert Rouland le définit comme un

> « *état dans lequel se trouve une société qui entreprend de coordonner des ensembles de valeurs et de croyances auxquelles s'identifient des groupes d'individus qui la constituent, notamment exprimées par des sentiments d'appartenance religieuse et d'identité linguistique* »[303]. Le pluralisme quant à lui est une notion plus large. « *C'est une conception de l'ordre politique et juridique qui prend en compte la diversité des opinions, des intérêts et de leurs groupements dans la société civile et qui fait de la garantie de leur pluralité une condition de la liberté* »[304].

La reconnaissance internationale du pluralisme est très ancienne mais c'est depuis trois décennies environ que le droit international s'oriente sinon vers la prise en compte réelle d'un droit à la différence, du moins vers l'affirmation et la garantie d'un certain nombre de différences, compatibles avec les droits de l'homme[305]. La plupart des instruments internationaux et européens qui traitent du pluralisme ou du multiculturalisme traitent en fait des minorités et des peuples autochtones. Notre analyse sera donc concentrée sur ces groupes de populations. Nous nous bornerons toutefois ici à rappeler le rôle que la communauté internationale a joué dans la reconnaissance de ce phénomène, et dans l'émergence d'un ordre juridique international nouveau, grâce ou malgré les positions des différents États. Un certain nombre d'entre eux ont, en effet, joué le jeu en *définissant la mesure de ces différences, leur licéité ou leur incompatibilité avec le modèle démocratique et son évolution.*

---

302. *Le Petit Larousse*, édition 2006.
303. ROULAND (Norbert), « Le droit français devient-il multiculturel ? », *Communication au Colloque « La différence culturelle », Château de Cerisy, 21-27 juin 1999, in Droit et société, 46-2000*, p. 520.
304. DUHAMEL (O.), MENY (Y.), *Dictionnaire constitutionnel*, PUF, 1992, p. 756.
305. ROULAND (Norbert), (dir.), *Le droit à la différence, op. cit.*, p. 10.

# SECTION 1
# Le rôle de la communauté internationale

La reconnaissance de l'altérité est ancienne. Elle date de la période où les peuples autochtones d'Amérique du Nord sont considérés comme des nations souveraines avec lesquelles les colonisateurs signent des traités jusqu'à la fin du XVII^e^. De son côté, le phénomène minoritaire existe depuis les guerres de religion en Europe à la fin du Moyen âge, et ce n'est qu'à partir de la fin du XVII^e^ que des statuts sont accordés aux minorités par voie de traités.

## I - Rappel historique

Ce rappel concerne l'évolution du phénomène minoritaire et du mouvement des peuples autochtones. Celle-ci, au niveau juridique, est marquée par une spécialisation croissante.

### A. Le phénomène minoritaire

Un système de protection des minorités est mis en place après la Première Guerre mondiale. Des traités de minorités sont signés à cette période mais l'inclusion de la protection des minorités dans le Pacte de la SDN n'aboutit pas. Par la suite, le phénomène minoritaire est un peu délaissé, car l'application du principe des nationalités fait prendre conscience de l'impossibilité de donner à chaque nationalité un État. Après la Seconde Guerre mondiale, on s'oriente progressivement vers une protection universelle des droits de l'homme et la question des droits des minorités tombe plus ou moins en désuétude. Le Préambule de la Charte des Nations Unies, signée le 26 juin 1945, s'inscrit sous l'égide des « droits fondamentaux de l'homme », et la Déclaration universelle des droits de l'homme du 10 décembre 1948 transpose sur le plan du droit international public l'œuvre rationaliste des Lumières. Le phénomène minoritaire ne s'affirme au plan politique que plus récemment avec l'effondrement du système soviétique.

Le droit des peuples à disposer d'eux-mêmes est consacré par le droit international contemporain, mais il l'est comme un droit à la décolonisation et comme le « droit de l'État établi à sa propre conservation »[306]. Ce droit laisse une voie d'accès possible aux minorités nationales, en s'appuyant sur l'autre versant : le droit à ne pas devenir un État que nous avons évoqué *supra*. Ce versant est mis en œuvre par la Commission d'arbitrage pour la Yougoslavie, par exemple, qui propose de concilier le principe de l'intégrité territoriale et un système de protection « des droits des peuples et des minorités » que les États sont tenus de garantir[307].

306. *Ibidem*, p. 199.
307. Voir les avis rendus par cette commission le 29 novembre 1991 et le 11 janvier 1992.

## B. Le mouvement international des peuples autochtones

Depuis quelques décennies, se forme progressivement un droit spécifique des peuples autochtones, distinct de celui des minorités, même si ces deux domaines juridiques se recoupent fréquemment. Il provient des réflexions doctrinales et de l'activité normative d'institutions pour la plupart reliées à l'ONU. Après l'étude de Hernan Santa Cruz, portant sur la *discrimination dans les domaines politique, économique, social et culturel des populations autochtones,* rendue publique en 1971[308], vient celle de José Martinez Cobo, rapporteur spécial chargé par la Sous-commission de la promotion et protection des droits de l'homme[309], à la suite d'un mandat du Conseil économique et social de l'ONU, au début des années 80. Elle constitue un tournant décisif au niveau doctrinal et imprime véritablement un nouvel état d'esprit au sein de la Communauté internationale. Elle propose de nouvelles conceptions à leur égard, qui valorisent leur place auprès des États. En 1992, une autre étude sur les traités entre les États et les populations autochtones, basée sur des questionnaires distribués aux États et aux organisations autochtones, va elle aussi dans le sens d'une nouvelle approche des problèmes autochtones. Son originalité vient surtout du fait qu'elle recourt à une approche anthropologique dans l'analyse des traités et accords, arrangements constructifs, tous textes législatifs et autres documents témoignant de l'établissement, par consensus, de liens juridiques ou quasi juridiques entre toutes les parties. Elle se prononce contre la théorie de l'évolutionnisme et pour le pluralisme juridique[310], par exemple. Toute cette doctrine est renforcée par le combat des peuples autochtones eux-mêmes.

Celui-ci va être décisif. Parallèlement au travail doctrinal, certaines organisations autochtones obtiennent le statut consultatif auprès du Conseil économique et social de l'ONU. Leur rôle constitue un contrepoids à un système dominé par les États[311]. Ces différentes organisations jouent un rôle considérable dans la dénonciation de la violation des droits de l'homme perpétrées à l'encontre des communautés autochtones. En 1977 et en 1981, deux conférences internationales des organisations non-gouvernementales autochtones sont organisées à Genève et adoptent des déclarations qui résument l'ensemble des revendications des peuples autochtones en s'inspirant des normes en matière des droits de l'homme et droits des peuples. Ces conférences, le rôle actif des ONG autochtones, ainsi que les travaux de Martinez Cobo contribuent à l'entrée des peuples autochtones aux Nations Unies par la création, en 1982, du Groupe de travail sur les Populations autochtones[312].

---

308. Cruz (Santa Hernan), *La discrimination raciale. Étude spéciale sur la discrimination raciale dans les domaines politique, social et culturel, New York, Nations Unies*, 1971.
309. *Dont l'ancienne appellation est : Sous-commission de la lutte contre les mesures discriminatoires et la protection des minorités.*
310. *Ibidem*, p. 400.
311. Selon la Charte des Nations Unies, le Conseil économique et social peut consulter des ONG qui s'occupent des questions relevant de sa compétence afin qu'elles puissent donner leur point de vue.
312. Deroche (Frédéric), *op. cit.*, p. 65 et suivantes.

Avec la création de ce groupe à l'ONU, les groupes autochtones possèdent désormais une instance internationale où ils peuvent faire valoir leurs droits. Elle symbolise l'ouverture des Nations Unies à la cause autochtone. Cet organe est ouvert à tous les représentants des peuples autochtones et à leurs communautés et organisations, aux gouvernements, aux organisations non-gouvernementales et aux universitaires, tous ces participants possédant le statut d'observateur.

### C. Un nouveau mode d'élaboration du droit

Cet organe contribue, par ailleurs, à établir un dialogue constructif entre les États et les peuples autochtones sur la base d'un plus grand respect mutuel et d'une meilleure compréhension, et lors de chaque session, les représentants autochtones et les autres participants peuvent se rencontrer et établir des projets et partenariats concrets. Il permet d'ouvrir la voie à la résolution de certains conflits. En 2007, cette collaboration aboutit finalement à la Déclaration sur les droits des peuples autochtones par l'Assemblée générale de l'ONU. En près de trente ans et sous l'impulsion de la décennie internationale des populations autochtones, les peuples autochtones ont réalisé une avancée remarquable et ont réussi à porter leur mouvement revendicatif devant les plus hautes instances internationales qui tentent désormais de répondre aux principales aspirations de ces peuples[313].

Cette évolution met en exergue un point sur lequel le droit postmoderne contraste avec le droit moderne, dans ses modes de production : la négociation. Que ce soit au plan interne ou au plan international, alors que le droit moderne, expression d'une Raison aussi bien transcendante qu'immanente, était doté d'une puissance normative intrinsèque, de nos jours,

> « *la force de la règle de droit ne provient plus de ce qu'elle s'énonce comme un ordre obligatoire, auquel tous sont tenus de se soumettre ; elle dépend désormais du consensus dont elle est entourée. Ce consensus suppose que les destinataires soient partie prenante à son élaboration : la concertation préalable, la participation à la définition de la règle devient la caution de son bien-fondé ; le droit devient ainsi un droit négocié, qui est le fruit d'une délibération collective* »[314].

Cette négociation autour de la norme juridique passe donc ici par l'association de porte-paroles représentatifs des diverses organisations autochtones au processus normatif. Ainsi, la dynamique créée par la doctrine, le combat des peuples autochtones eux-mêmes et la collaboration avec l'ONU donnent naissance à une activité normative intéressante des institutions internationales.

313. Deroche (Frédéric), *op. cit.*

314. Chevallier (Jacques), « Vers un droit postmoderne ? Les transformations de la régulation juridique », *in Revue de droit public*, n° 3-1998, p. 675.

## II - Les normes des institutions internationales comme sources juridiques

Presque tous les instruments concernant le pluralisme ont été élaborés après 1945 par l'ONU ou l'un de ses organes. Ils concernent principalement et directement les minorités ou les peuples autochtones. Ils tendent à faire progresser leur cause par la défense ou la promotion de leurs droits. Il en existe d'autres, néanmoins, qui les concernent indirectement.

### A. Textes spécifiques sur la protection des minorités

La difficulté à concevoir de véritables normes internationales de protection minoritaire a toujours été réelle, car ni les instruments non conventionnels comme la Déclaration universelle de 1948 ni d'autres déclarations adoptées principalement par l'Assemblée générale des Nations Unies n'accordent un véritable statut légal au profit des minorités.

#### *1. Le Pacte relatif aux droits civils et politiques du 16 décembre 1966*[315]

Le refus de reconnaître un droit à l'autodétermination des minorités sur le plan universel est constant depuis les années cinquante. Aujourd'hui encore, l'article 27 du Pacte relatif aux droits civils et politiques des Nations Unies de 1966 reste la plus importante disposition conventionnelle existante en matière de minorités nationales sur le plan universel. Selon cet article :

> *« Dans les États où il existe des minorités ethniques, religieuses ou linguistiques, les personnes appartenant à ces minorités ne peuvent être privées du droit d'avoir, en commun avec les autres membres de leur groupe, leur propre vie culturelle, de professer et de pratiquer leur propre religion, ou d'employer leur propre langue ».*

Cette disposition s'efforce de réintroduire la problématique minoritaire dans la pratique des Nations Unies sans pour autant rompre avec la problématique universalisante des droits de l'homme. Elle permet d'identifier les individus considérés et de leur attribuer les droits subjectifs correspondant à cette désignation. Cependant, elle met en lumière une contradiction fondamentale : comment un homme désigné comme *minoritaire* peut-il ne pas appartenir à un groupe ? Si le droit à la différence minoritaire est reconnu comme un droit de l'homme, comment ne pas reconnaître par là même l'environnement collectif dans lequel il s'exerce et qui le justifie précisément, fût-ce au titre d'un droit de l'homme ? La qualité de minoritaire repose surtout sur le fait de partager avec d'autres certaines caractéristiques spécifiques, comme la culture, la langue ou la religion. Ce questionnement est celui de S. Pierré-Caps[316] et d'autres auteurs, que nous partageons. En tout cas deux théories s'affrontent sur le caractère des droits ainsi reconnus. L'une soutient, en se fondant sur une interprétation grammaticale de la disposition, que ces droits sont de nature strictement individuelle car reconnus aux « *personnes appartenant à ces minorités...* », et non pas aux minorités en tant que telles. L'autre essaie par contre

315. A/Rés.2200(21).

316. Pierré-Caps (Stéphane), *Droit des minorités et des peuples autochtones*, *op. cit.*, p. 215.

de concilier les caractères individuel et collectif des droits reconnus, en s'appuyant sur la précision ajoutée « *en commun avec les autres membres de leur groupe...* ». Le débat reste ouvert. Mais, vu sous l'angle identitaire, cet article a été le signal annonciateur d'une valorisation des identités culturelles car, sans aller jusqu'à consacrer de véritables droits identitaires du groupe, il conforte la quête différentialiste des personnes appartenant à une minorité ethnique, religieuse ou linguistique[317].

### *2. La Déclaration sur les droits des personnes appartenant à des minorités nationales ou ethniques, religieuses et linguistiques du 18 décembre 1992*

Le principe de l'autodétermination ne figure nulle part dans cette Déclaration qui n'est pas contraignante par ailleurs. Cependant, bien qu'elle n'ait pas de force obligatoire en elle-même, elle peut consacrer des règles coutumières déjà existantes dans certains domaines, ou, surtout, contribuer à l'émergence de nouvelles règles, car, selon certains auteurs[318], elle va plus loin que l'article 27 du Pacte. L'un des éléments les plus novateurs provient incontestablement de son article 2 § 3 qui prévoit que :

> « *Les personnes appartenant à des minorités ont le droit de prendre une part effective, au niveau national et, le cas échéant, au niveau régional, aux décisions qui concernent la minorité à laquelle elles appartiennent ou les régions dans lesquelles elles vivent, selon des modalités qui ne soient pas incompatibles avec la législation nationale* ».

Ainsi, malgré l'absence d'obligation juridique de la part des États, une coutume internationale peut se créer progressivement, comme ce fut le cas pour la Déclaration universelle des droits de l'homme. Elle indique l'attention croissante portée aux minorités, surtout avec la montée en puissance des conflits liés aux minorités nationales, et particulièrement après l'éclatement de l'Union soviétique. Elle reste fidèle à l'approche individualiste du Pacte de 1966, mais ne manque pas d'intérêt et constitue à bien des égards, un tournant[319].

### B. Textes sur les peuples autochtones

Le contexte historique étant celui qui est décrit dans les pages précédentes, les droits des peuples autochtones ont été spécifiquement reconnus. Cette reconnaissance par les textes a permis de mieux valoriser leur identité.

---

317. Otis (Ghislain), « La référence identitaire », *op. cit.*, p. 850.

318. Voir notamment Decaux (E.), « Vers un nouveau droit des minorités nationales ? », GP, 16-17 décembre 1994, p. 3. Ou (A.) Fenet, « Mutations internationales et protection des minorités », *in Mutations internationales et évolutions des normes,* (dir.) Cao-Huy (Thuan) et (A.) Fenet, *art. cité,* p. 53.

319. Fenet (Alain), « Minorités internationales et protection des minorités », *in Mutations internationales et évolution des normes,* (dir.) Cao Huy (Thuan) et Fenet (A.), Paris, PUF, 1994, p. 53, et Poumarede (J.), *op. cit.*, p. 217.

### 1. Les textes de l'Organisation Internationale du Travail

L'Organisation Internationale du Travail a été le premier organe de l'ONU à s'intéresser de près aux populations autochtones. Son œuvre est conventionnelle.

**a) La Convention 107 concernant la protection et l'intégration des populations indigènes et autres populations tribales et semi-tribales dans les pays indépendants de 1957** prône l'assimilation comme meilleur moyen d'abolir les inégalités dont sont victimes les autochtones. Elle parle de « populations » et non de « peuples », et ne fait aucune allusion à leur éventuelle autonomie. C'est un instrument de développement complet qui couvre tout une gamme de questions. Elle présente une approche intégrationniste qui reflète le discours sur le développement à l'époque à laquelle elle a été adoptée. Elle a été ratifiée par 27 pays, et elle est toujours en vigueur dans 18 pays, dont certains ont une forte population indigène ; elle reste un instrument utile dans ces pays car elle couvre de nombreux domaines essentiels pour les peuples indigènes.

Du point de vue de l'identité autochtone, certains auteurs[320] pensent que cette Convention n'apporte rien. Mais malgré sa finalité intégrationniste et sa tendance à folkloriser l'autochtonie, le Professeur Ghislain Otis suggère de ne pas y voir un traité « identicide » et lui trouve même des qualités : elle a fait bénéficier les autochtones de ce qu'on peut assimiler à la première prohibition internationale de l'ethnocide ; elle préconise une transformation culturelle et sociale progressive qui peut aboutir à l'adaptation de la situation culturelle autochtone aux conditions jugées essentielles à la modernisation, et elle a eu le mérite de poser la question de la spécificité autochtone dans l'action normative internationale[321].

**b) La Convention 169 concernant les peuples indigènes et tribaux dans les pays indépendants de l'OIT, adoptée le 27 juin 1989,** révise la précédente qui est peu appréciée par les peuples autochtones en raison de son caractère paternaliste et assimilationniste. Elle est désormais l'instrument conventionnel le plus important au niveau universel en matière de protection des peuples autochtones, le seul texte de portée internationale ouvert à ratification même si la précédente est toujours en vigueur dans certains pays. C'est un instrument juridique international qui présente des dispositions obligatoires pour la protection de leurs droits. Elle marque véritablement le point de départ d'une évolution du droit positif dans ce domaine[322]. Contrairement à la précédente, elle adopte une attitude respectueuse de la culture et des aspirations des peuples autochtones[323]. Entrée en vigueur le 5 septembre 1991, et seulement ratifiée par 8 États en 1994, elle

320. Bennett (G.), *Aboriginal Rights in International Law*, Londres, Royal Anthropological Institute, 1978 ; Swepsston, « Un premier bilan de la Convention relative aux peuples indigènes et tribaux », *Recherches amérindiennes au Québec*, vol. 25, n° 3, 1995, p. 47, p. 54-55, tous deux cités par le Professeur Otis (G.).
321. Otis (Ghislain), « La référence identitaire » *op. cit.*, p. 851-852.
322. Christakis (Théodore), *op. cit.*, p. 596.
323. Deroche (Frédéric), *op. cit.* p. 69.

se présente comme coordonnée aux instruments concernant les droits de l'homme (Déclaration universelle de 1948, Pactes de 1966)[324].

Marquée par son pluralisme conditionnel[325], elle propose une analyse pluraliste et une approche moderne fondée sur la nécessité de préserver le mode de vie, la langue et la culture des autochtones. Elle utilise le terme de « *peuples* » indigènes au lieu de « *populations* » indigènes, changement terminologique jugé nécessaire pour renforcer la reconnaissance du droit de ces groupes à leur identité. En fait, elle leur confère une capacité de production normative importante, qui résulte de la prise en compte de leurs traditions ou de leur collaboration avec les autorités étatiques, ce qui pose le problème du conflit des normes. D'un point de vue identitaire, elle constitue le point culminant d'un processus de révision de la démarche de l'OIT à la lumière des valeurs contemporaines de pluralisme culturel et de respect des aspirations identitaires autochtones, car elle introduit dans l'ordre juridique la valorisation des identités autochtones[326].

### *2. Les textes de l'Organisation des Nations Unies*

L'œuvre normative de l'ONU elle-même est dense mais éparse et perfectible.

**a) La Déclaration des Nations Unies sur les droits des peuples autochtones de 2007** représente une innovation majeure dans le cadre de la protection des droits des peuples autochtones et des droits de l'homme en général. Ce texte est le produit d'une longue négociation regroupant non seulement de nombreuses délégations étatiques mais aussi plusieurs dizaines d'organisations autochtones et non-gouvernementales. Après près de vingt années de négociations et de consultations dirigées par le Groupe de travail sur les questions autochtones, il a été adopté par 143 pays. Seuls quatre États ont voté contre : les États-Unis, la Nouvelle-Zélande, le Canada et l'Australie. Mais, ces trois derniers pays ont fini par l'accepter, l'Australie en 2008, la Nouvelle-Zélande et le Canada en 2010.

C'est le premier document de l'ONU consacrant des normes adaptées aux besoins des Autochtones et les intégrant à la rédaction du texte. Elle traduit une évolution qui consacre l'idée d'un droit des peuples autochtones à l'autodétermination. En effet, son article 3 reprend les termes de la Résolution 1514 (XV) de l'AG de l'ONU et la formulation de l'article 1er des Pactes de 1966 :

> « *Les peuples autochtones ont le droit de disposer d'eux-mêmes. En vertu de ce droit, ils déterminent librement leur statut politique et assurent librement leur développement économique, social et culturel* ».

Mais ce droit est limité à sa dimension interne, car une clause relative au respect de l'intégrité territoriale des États est introduite à l'article 46 § 1 et réduit la portée du texte :

324. Rouland (Norbert), *op. cit.*, p. 408.
325. Convention169 concernant les peuples indigènes et tribaux dans les pays indépendants, OIT, Genève, 1989.
326. Otis (Ghislain), « La référence identitaire », *op. cit.*, p. 852.

« *Aucune disposition de la présente Déclaration ne peut être interprétée comme impliquant pour un État, un peuple, un groupement ou un individu un droit quelconque de se livrer à une activité ou d'accomplir un acte contraire à la Charte des Nations Unies, ni considérée comme autorisant ou encourageant aucun acte ayant pour effet de détruire ou d'amoindrir, totalement ou partiellement, l'intégrité territoriale ou l'unité politique d'un État souverain et indépendant* ».

Le droit à l'autodétermination doit ainsi respecter la Charte des Nations Unies et les principes de souveraineté et d'intégrité territoriale de chaque État. En conséquence, le texte ne se situe pas dans le paradigme de la décolonisation et de l'indépendance, mais bien dans celui de la reconnaissance de peuples distincts existants à l'intérieur d'États indépendants »[327]. Le droit à l'autodétermination ainsi consacré a une orientation interne.

Quels que soient sa valeur morale et son poids politique, ses dispositions ne font pas partie du droit positif. En effet, comme la plupart des résolutions de l'Assemblée générale, elle n'est pas de nature contraignante et ne lie pas les États juridiquement. Cependant, ce texte fait partie d'un droit déclaratoire pouvant servir de source d'inspiration et de fondement théorique à un système de protection naissant, d'un droit coutumier en gestation. Il engage politiquement les États, comme déclaration d'intention, signalant leur volonté d'adopter un comportement respectueux vis-à-vis des peuples autochtones. De plus, ses dispositions peuvent être considérées par les juridictions nationales comme outils d'interprétation du droit interne. Certains pays ont d'ailleurs incorporé la *Déclaration* à leurs droits nationaux[328], ou encore s'apprêteraient à modifier leur Constitution pour en tenir compte[329]. Enfin, s'il est appliqué par une large majorité d'États qui le perçoivent comme contraignant, il pourrait le devenir pour tous. Comme on le sait, la transformation de principes issus du droit international volontaire en coutume internationale s'est déjà produite avec la *Déclaration universelle des droits de l'homme*. Celle-ci est aujourd'hui perçue par les États comme coutumière, c'est-à-dire que son contenu contraint les États sans que la nature du document (une résolution de l'Assemblée générale des Nations Unies) ne soit juridiquement obligatoire, puisqu'elle ne l'était pas initialement. Certains auteurs considèrent même que cela s'applique déjà à la *Déclaration de 2007*[330]. D'un point de vue identitaire, le parti pris « identitariste » paraît encore plus accusé dans cette *Déclaration* dont l'article 8 énonce un droit général à l'identité autochtone dans les termes suivants :

« *Les peuples autochtones ont le droit, collectif et individuel, de conserver et de développer leurs caractéristiques et identités distinctes, y compris le droit de revendiquer leurs qualités autochtones et d'être reconnus en tant que tels* ». *On y retrouve un* « *revitalisme autochtone* »,

c'est-à-dire une volonté de reconstruire un sens perdu de l'identité[331].

327. Gentelet (Karine), Farget (Doris) et Campbell-Duruflé (Christopher), « Le Canada et la Déclaration des Nations Unies sur les droits des peuples autochtones, Valeur et pertinence », *in Nouvelles pratiques sociales*, Volume 23, numéro 1, automne 2010, p. 130-136.

328. C'est le cas, par exemple, de la Bolivie.

329. C'est ce qu'a annoncé, récemment, le nouveau gouvernement fédéral australien.

330. Anaya (James), *Indigenous Peoples in International Law*, *op. cit.*

331. Otis (Ghislain), « La référence identitaire », *op. cit.*, p. 853.

**b) La Convention sur les droits de l'enfant adoptée par l'ONU le 20 novembre 1989** s'applique à l'enfant en général. Elle vise néanmoins les enfants autochtones dans deux de ses articles. L'article 17 (Partie I) prévoit que : « *Les États encouragent les médias à tenir particulièrement compte des besoins linguistiques des enfants autochtones ou appartenant à un groupe minoritaire* ». Mais aussi l'article 30 (Partie I) qui précise que : « *Dans les États où il existe des minorités ethniques, religieuses ou linguistiques ou des personnes d'origine autochtone, un enfant autochtone ou appartenant à une de ces minorités ne peut être privé du droit d'avoir sa propre vie culturelle, de professer et de pratiquer sa propre religion ou d'employer sa propre langue en commun avec les autres membres de son groupe* ».

**c) La Déclaration de Rio sur l'environnement et le développement, issue du Sommet de Rio du 3 au 14 juin 1992,** est essentiellement consacrée aux problèmes démographiques et à l'environnement, mais vise en plusieurs points les peuples autochtones en les reliant à la notion centrale de « développement durable ». Elle recommande aux États de promouvoir l'identité et les cultures de ces peuples afin de mieux les associer au développement durable (Principe 22). L'Agenda 21 est un programme d'action pour le XXI^e^ siècle. Il fait des recommandations précises aux États. Ceux-ci doivent accéder aux revendications territoriales des peuples autochtones, les protéger des activités qui menacent leur environnement, assurer la perpétuation de leurs coutumes et pratiques. Il insiste aussi sur le rôle que peuvent jouer les autochtones sur la biodiversité. Les instruments du Sommet contiennent aussi des dispositions concernant les droits intellectuels des autochtones. Par ailleurs, la Conférence des Nations Unies sur l'environnement et le développement de Rio a permis aux peuples autochtones de prendre part pour la première fois aux débats de séance plénière. Elle reconnaît leur rôle essentiel dans la gestion de l'environnement et du développement en raison de leur savoir et de leurs pratiques traditionnelles[332]. La faiblesse du texte vient du fait qu'il ne s'agit que d'une simple déclaration.

**d) La Déclaration de Mataatua sur les droits intellectuels** à la suite de la Conférence sur les droits de propriété intellectuels et culturels des **peuples autochtones de juin 1993** relie ces droits au droit à l'autodétermination, les qualifie de droits collectifs et individuels (art. 2.5), les attribue en priorité aux descendants directs de ceux qui ont su assurer la transmission des savoirs traditionnels. Elle précise qu'ils sont inséparables des revendications touchant à leurs droits territoriaux (art. 2.6), que les restes humains et les objets funéraires que détiennent les musées doivent leur être restitués (art. 2.12) ainsi que les objets à caractère culturel. Elle appelle enfin à un arrêt immédiat du programme de recherche sur le génome humain tant que les peuples autochtones ne l'auront pas discuté et approuvé (art. 3.5)[333].

---

332. Voir United Nations Conference on environment and Development, A/CONF.151/26, Agenda 21, Chapter 26, Rio de Janeiro,3-14 June 1992 ; article 8j de la Convention sur la diversité biologique, 1992.

333. Rouland (Norbert), *op. cit.*, p. 419.

### 3. Autres textes sous l'égide des Nations Unies

À la liste qui précède, peuvent s'ajouter : la Convention pour la prévention et la répression du crime de génocide (1948), la Convention internationale sur l'élimination de toutes les formes de discrimination raciale (1965) et la Convention internationale sur l'élimination et la répression du crime d'apartheid (1973). D'autres organes des Nations Unies peuvent être sollicités pour défendre les droits des peuples autochtones. Ils comprennent le Comité pour l'élimination de la discrimination raciale (CEDR), le Comité des droits de l'homme et les mécanismes généraux de l'OIT pour examiner les plaintes en vertu des Conventions 107 et 169. Le CEDR, organe de supervision de la Convention internationale sur l'élimination de toutes les formes de discrimination raciale, examine les violations des droits collectifs des peuples autochtones, dans la mesure où celles-ci constituent une discrimination à l'encontre de ces peuples.

### 4. Textes d'autres organisations internationales

Nous nous intéresserons essentiellement ici au Conseil de l'Europe et à l'Organisation des États américains.

**a) Le Conseil de l'Europe : La Convention-cadre du Conseil de l'Europe pour la protection des minorités nationales du 10 novembre 1994.** Toutes les tentatives en faveur d'un droit à l'autonomie des minorités sur le plan européen ont échoué. Malgré le nombre relativement important de régimes d'autonomie existant en Europe, les États refusent de reconnaître aux minorités en tant que telles un droit internationalement protégé à l'autodétermination interne. Non seulement les références à l'autonomie dans les textes de la CSCE/OSCE sont prudentes mais aussi l'article 15 de la Convention-cadre du Conseil de l'Europe pour la protection des minorités nationales, adoptée le 10 novembre 1994, a un contenu restrictif. Par ailleurs, la proposition la plus importante en faveur de l'autonomie, à savoir celle qui est incluse à l'article 11 de la Recommandation 1201 de l'Assemblée parlementaire du Conseil de l'Europe, continue à exister dans une « zone grise » politico-juridique et à poser de délicats problèmes d'interprétation qui ont nécessité un avis consultatif de la Commission de Venise[334].

**b) Le Conseil de l'Europe : La Charte européenne des langues régionales ou minoritaires du 5 novembre 1992.** Entrée en vigueur le 1er mars 1998, elle a comme objectifs le pluralisme et le plurilinguisme. Elle vise globalement la sauvegarde des langues régionales et minoritaires dans la vie publique et privée, la création de moyens adéquats d'enseignement et d'études. Même si aucune réserve des États n'est admise, elle laisse à ceux-ci une importante marge de manœuvre. Elle se réclame de la Convention européenne des droits de l'homme ainsi que des travaux de la CSCE[335].

---

334. Voir Christakis (Théodore), *op. cit.*

335. Voir Rouland (Norbert), *Le droit à la différence*, *op. cit.*, p. 197.

**c) L'Organisation des États américains : le Projet de Déclaration interaméricaine des droits des peuples autochtones.** Le projet de *Déclaration des droits des peuples autochtones* a été adopté par le Groupe de travail des populations autochtones lors de sa 11e session par la Résolution 1994/45 de l'Assemblée générale du 26 août 1994. Cette déclaration est en attente d'approbation par l'Assemblée générale de l'Organisation des États américains (OEA). Il s'agit d'un texte provisoire, mais le projet contient une reconnaissance étendue des principaux droits des peuples autochtones dans l'ensemble du continent américain. Il faut rappeler que dans les Amérique, près de 50 millions de personnes sont des autochtones. Le système interaméricain pour la protection des droits humains comprend deux organes pouvant être sollicités pour défendre les droits des peuples autochtones : la Commission interaméricaine sur les droits humains et la Cour interaméricaine des droits humains.

## III - Les traités bilatéraux comme sources juridiques

Il s'agit de traités signés entre deux États dont chacun s'engage à protéger une minorité appartenant à la population majoritaire de l'autre. On peut citer le traité entre l'Allemagne et l'URSS (1991), toujours probablement valable en ce qui concerne la Fédération de Russie ; le traité de bon voisinage et de coopération amicale entre l'Allemagne et la Pologne (1991), qui place « les minorités et les groupes » (paragraphe 2) sur un pied d'égalité avec les majorités ; le traité entre l'Allemagne et la Hongrie de « coopération et de partenariat amicaux en Europe » (6 juillet 1992) ; le traité entre la Hongrie et la Slovaquie (19 mars 1995). On peut y ajouter le traité entre l'Allemagne et le Danemark du 7 juin 1955, le traité d'Osimo (Ancome) entre l'Italie et la Yougoslavie, le traité relatif à Trieste (10 novembre 1975), dans une période plus ancienne[336].

# SECTION 2
# Les positions de la france et du canada au niveau international

Pour attester de l'émergence d'une règle coutumière, les différents instruments internationaux doivent s'accompagner de prises de positions officielles des États. Celles-ci contribuent à *l'opinio juris* nécessaire à la concrétisation de la coutume. Nous nous limiterons ici aux prises de positions des États à l'intérieur desquels se trouvent les deux entités étudiées.

## I. Les positions françaises et leur incidence sur la Nouvelle-Calédonie

L'examen de la position générale de la France permet de voir la philosophie qui sert de fil de conducteur à la politique française dans ce domaine, d'en évaluer la continuité et de repérer, le cas échéant, les changements d'orientation ou de simples inflexions qui ont pu intervenir ainsi que leurs causes.

336. *Ibidem*, p. 194.

## A. Une position générale

Elle apparaît à travers la manière dont la France a procédé à la décolonisation en général, mais elle relève aussi soit des principes constitutionnels dont nous relevons *infra* le vacillement soit des différentes prises de position françaises soit encore des déclarations dont quelques-unes ont été rapportées.

### *1° Une conception de la décolonisation ambiguë*

« *La France n'a jamais su décoloniser* ». Ces propos du ministre de l'outre-mer déjà évoqués *supra* résument à eux seuls les paradoxes et les incohérences françaises dans le domaine de la décolonisation. Alors même qu'elle a contribué à universaliser le droit des peuples à disposer d'eux-mêmes, elle a toujours peiné à se donner une politique de décolonisation lisible et efficace. Entre 1946 et 1960, ayant du mal à trouver un équilibre entre la Charte des Nations unies et sa Constitution, elle se replie vite sur ses prérogatives. Alors qu'elle assure plus ou moins pacifiquement la décolonisation en Afrique noire, celles d'Indochine et d'Algérie se passent dramatiquement. À partir de 1966-67, la « *doctrine Capitant* »[337] semble ouvrir des perspectives intéressantes, mais entre 1986 et 1988, elle s'oppose vigoureusement aux idées et aux méthodes de l'ONU au sujet du dossier néo-calédonien. Après les Accords de Matignon en 1988 et l'Accord de Nouméa en 1998, une évolution progressive de la diplomatie française se traduit par une meilleure collaboration avec l'ONU dont les visites sont acceptées et à laquelle des renseignements sont fournis. Mais suite à la réinscription de la Polynésie française sur la liste des territoires à décoloniser, n'assiste-t-on pas à nouveau au « raidissement » de la France[338] ? Il s'agit, en somme, d'une évolution en dents de scie d'une décolonisation qui reste inachevée.

### 2° Des déclarations ou prises de position

Dans le cadre du pluralisme et du multiculturalisme, la France a réalisé des progrès notables sur la diversité religieuse, la diversité linguistique et sur les statuts personnels.

– Après avoir refusé pendant longtemps de ratifier la Charte européenne des langues régionales ou minoritaires, signée par elle le 7 mai 1999 à Budapest, elle finit par changer de position en 1998, tout en ne retenant que 35 engagements sur les 98, et le ministre des affaires européennes, P. Moscovici, paraphe celle-ci en précisant que cette signature n'avait lieu que dans la mesure où la Charte

> « *ne vise pas à la reconnaissance et à la protection de minorités, mais à promouvoir le patrimoine linguistique européen, et que l'emploi du terme « groupes » de locuteurs ne confère pas de droits collectifs pour les locuteurs de langues régionales ou minoritaires* »[339].

337. Doctrine élaborée par CAPITANT (René), député puis ministre gaulliste, élaborée pour préparer éventuellement l'indépendance de la Côte française des Somalis (actuellement Djibouti).
338. REGNAULT (Jean-Marc), *L'ONU, la France et les décolonisations tardives*, *op. cit.*, p. 61-79.
339. Voir ROULAND (Norbert), « Le droit français devient-il multiculturel ? », *op. cit.*, p. 536.

Malgré cette précision, la position traditionnelle est abandonnée. Cependant, il ressort d'une lettre de la Mission permanente de France au directeur de la division des droits de l'homme de l'ONU le 16 septembre 1976, citée par J. Deschènes, que :

> « *Le peuple français* [...] *n'admet aucune distinction établie sur des caractères ethniques, et écarte par là même toute notion de minorité* »[340].

– Une autre déclaration rapportée par Capotorti précise que :

> « *[La France] ne peut connaître l'existence de groupes ethniques, qu'il s'agisse ou non de minorités. En ce concerne les religions et les langues – autres que la langue nationale – le gouvernement français estime que ces deux domaines relèvent non du droit public, mais de l'exercice privé des libertés publiques reconnues aux citoyens. Le rôle du gouvernement se limite à garantir aux citoyens l'exercice libre et complet de ces libertés dans le cadre défini par la loi et le respect des droits de l'individu* »[341].

– Dans un rapport, il est souligné que :

> « *Conformément à son ordre constitutionnel, la France a été amenée à préciser, chaque fois que de besoin, qu'il n'existait pas de minorités juridiquement reconnues sur son territoire* [...] *La France intervient en outre toujours fermement pour faire préciser que seuls les individus sont détenteurs de droit et d'obligations et non les groupes de personnes* [...] *D'une manière générale, il conviendrait d'écarter toute référence aux droits collectifs des minorités* »[342].

Concernant les spécificités autochtones, on peut retrouver ci-après des déclarations particulièrement édifiantes, relatées par le Professeur N. Rouland[343] :

« *La notion de population autochtone ou de peuples indigènes ne fait pas à ce jour l'objet de définition internationalement reconnue. La France considère pour sa part que cette notion n'est pas compatible avec sa tradition politique juridique et a rappelé, lors de la conférence de Rio sur l'environnement et le développement, que les citoyens français sont tous régis sur un plan d'égalité sans distinction d'origine, de race ou de religion. Pour cette raison, elle n'est devenue partie à la Convention n° 169 de l'OIT relative aux peuples indigènes et tribaux* »[344].

– la délégation française à la quatrième conférence des parties à la Convention sur la diversité biologique de Bratislava du 4-5 mai 1998 déclare :

---

340. Deschenes (J.), « Qu'est-ce qu'une minorité ? » *in Les Cahiers de droit, Univ. Laval, Québec,* mars 1986, p. 286, cité par le professeur (Norbert) Rouland.

341. Capotorti (F)., *Study on the Rights of Persons Belonging to Ethnic, Religious and Linguistic Minorities,* ONU, New york, 1991, p. 13.

342. Rapport Du Ministere Des Affaires Étrangeres Françaises, cité dans *Commission nationale consultative des droits de l'homme, 1991, La lutte contre le racisme et la xénophobie,* Paris, La Documentation française, *1992,* p. 208-209, p. 346.

343. Rouland (Norbert), « Le droit français devient-il multiculturel ? », *op. cit.,* p. 542-543.

344. Journal officiel de la République française, année 1994, n° 19 S(Q), jeudi 12 mai 1994, n° 5436, p. 1148 (Réponse du ministre des affaires étrangères).

*« Si le concept de « communautés autochtones et locales » est étranger au droit français, la France s'est toujours efforcée d'intégrer les pratiques et savoirs traditionnels locaux dans la conservation de la biodiversité »*[345].

– Dans un Mémoire transmis en 1987 par le Représentant permanent de la France au Secrétariat général des Nations unies au sujet de la question de la Nouvelle-Calédonie, il est dit :

*« Certes, comme dans bien d'autres pays de la région (Australie, Nouvelle-Zélande, par exemple), des populations venues d'Europe, d'Asie et du Pacifique se sont mêlées à la population initiale. Mais la France, quant à elle, a toujours eu le souci de sauvegarder les intérêts des premiers occupants et d'encourager leur développement tout autant que celui des autres, à la différence de ce qui a pu se produire en Nouvelle-Zélande, et surtout en Australie* [...]. *[Les pays du Forum du Pacifique Sud] proposent un acte d'autodétermination dont le résultat serait déterminé à l'avance par une restriction du droit de vote sur des bases essentiellement raciales. Ils dissimulent leurs véritables intentions à ce sujet derrière des formules ambiguës, invoquant notamment la primauté des « droits innés et actifs de la population autochtone », c'est-à-dire dans leur esprit, de la seule population d'origine mélanésienne* [...]. *Il est de même tout à fait hasardeux de se risquer à une évaluation du « vote mélanésien »* [...] *parce que les électeurs et les abstentionnistes ne sont pas recensés selon des critères ethniques, que le droit français rejette* [...]. *La thèse réservant le droit de vote à une fraction de la population, notamment sur une base ethnique, est évidemment inacceptable »*[346].

Il convient encore une fois de relever l'attitude paradoxale de la France dont le droit non seulement ne définit pas ces notions de *minorité* ou de *peuple autochtone*, mais encore feint de les ignorer en refusant formellement leur reconnaissance sur son sol[347], tout en multipliant des éléments de reconnaissance sur le plan constitutionnel, législatif et même juridictionnel[348]. Elle a même soutenu la Déclaration sur les droits des peuples autochtones de 2007, nous le verrons *infra*. Cette ambiguïté est particulièrement perceptible dans le cas de la Nouvelle-Calédonie.

### B. Quelques positions spécifiques

Elles concernent les différents textes pris séparément, et elles sont riches en renseignements.

**1° Au sujet du Pacte relatif aux droits civils et politiques de 1966,** la France l'a ratifié le 25 janvier 1980, mais cette ratification s'est accompagnée de réserves. Elle a notamment indiqué qu'en cas de conflit entre ses obligations en vertu du Pacte et ses

345. Déclaration de la délégation française à la quatrième conférence des parties à la Convention sur la diversité biologique, Bratislava, 4-5 mai 1998.

346. Mémoire transmis en 1987 par le Représentant permanent de la France au Secrétariat général des Nations unies au sujet de la question de la Nouvelle-Calédonie.

347. Voir la position française à cet égard dans « Droit des minorités et des peuples autochtones », *op. cit.*, p. 415, cité par Page (J.), *op. cit.*, p. 402.

348. Voir Fraisseix, « De l'État-nation à l'État « groupusculaire » : chronique d'un dépérissement engagé », *in* D. Chron, *27 janvier 200*, p. 61-67, cité par Page (J.), *op. cit.*, p. 404.

obligations en vertu de la Charte, ce sont ces dernières qui prévaudraient. Elle a aussi indiqué que ni le paragraphe 1 de l'article 4 ni les articles 9, 13 et 14 du Pacte ne sauraient limiter ou empêcher l'application de toute règle constitutionnelle ou législation interne en vigueur. Par ailleurs, elle a précisé que les articles 19, 21 et 22 du Pacte seraient appliqués conformément aux articles 10, 11 et 16 de la Convention européenne de sauvegarde des droits de l'homme et des libertés fondamentales en date du 4 novembre 1950. Mais surtout, elle a rejeté toute application de l'article 27 du Pacte qui, selon elle, est contraire à l'article 2 de la Constitution française. Voici ce que déclare le Représentant français devant le Comité des droits de l'homme, faite en 1997 :

> « [En] *ce qui concerne l'article 27du Pacte* [de 1966, lequel porte sur les droits des minorités] *et la déclaration interprétative de la France à ce sujet,* [le Représentant français] *a parfaitement conscience que la position de la France peut paraître aller à contre-courant d'une certaine mouvance philosophique actuelle. La philosophie politique qui sous-tend la primauté accordée en droit public français à l'égalité entre les citoyens sans distinction et à l'unité du peuple français est fondamentale pour l'identité française. Il s'agit d'une conviction partagée par tous les mouvements politiques sans distinction. Les autorités françaises sont fortement liées par la Constitution sur ce point et le Conseil constitutionnel leur rappelle régulièrement la portée et le contenu de ces dispositions ; c'est dire qu'elles n'ont pas le loisir de modifier leur attitude à cet égard* »[349].

**2° Au sujet de la Déclaration de 1992**, la France a pris soin de préciser qu'elle « ne peut reconnaître l'existence de groupes ethniques, qu'il s'agisse ou non de minorités. En ce qui concerne les religions et les langues, autres que la langue nationale, le gouvernement français estime que ces deux domaines relèvent non du droit public mais de l'exercice privé des libertés publiques par les citoyens. Le rôle du gouvernement se limite à garantir aux citoyens l'exercice libre et complet de ces libertés dans le cadre défini par la loi et le respect des droits de l'individu »[350].

**3° Au sujet de la Convention relative aux droits de l'enfant,** elle a été ratifiée par la France le 26 janvier 1990. Mais cette ratification s'est aussi accompagnée d'une réserve sur l'article 30 dont elle a dit qu'il ne pouvait s'appliquer en ce qui la concernait, en raison de l'article 2 de la Constitution qui assure l'égalité de tous les citoyens devant la loi, sans distinction d'origine, de race ou de religion. Mais s'agit-il ici d'une discrimination positive ou négative ? Sarimin Jacques Boengkih rappelle qu'à l'occasion des débats parlementaires relatifs à la ratification par la France de la Convention relative aux droits de l'enfant, H. Dorlhac déclarait ceci au nom du gouvernement français :

---

349. Document CCPR/C/SR 1600, § 42 et 43.

350. Capotorti (Francesco), *Études des droits des personnes appartenant aux minorités ethniques, religieuses ou linguistiques, Chapitre 1 : « La notion de minorité », Nations Unies, Conseil économique et social, Commission des droits de l'homme, Sous-commission de la lutte contre les mesures disciplinaires et de la protection des minorités,* 30e session, 1977 E/CN4/sub2/384 Add 1 (24juin) p. 37.

*« Notre Constitution, très complète, reconnaît des droits individuels, bien sûr, mais ne fait pas de notre pays un État fédéral, et nous ne souhaitons pas qu'il le devienne »*[351].
La France reste donc bien un État unitaire.

**4° Au sujet de la Convention 169 de l'OIT,** en 2012, la France n'a toujours pas ratifié cette Convention de l'Organisation internationale du Travail qui est le seul instrument juridique international vraiment contraignant relatif aux peuples indigènes et tribaux, et qui reconnaît notamment leurs droits collectifs à la terre et leur droit à l'autodétermination.

**5° Au sujet de la Déclaration sur les peuples autochtones,** la France soutient officiellement cette Déclaration. Mais pour l'appliquer, par exemple aux Amérindiens de Guyane (déjà reconnus comme peuples autochtones, et pour leur reconnaître des droits collectifs tels qu'ils sont contenus dans la Déclaration, il faudrait modifier l'article 1er de la Constitution française sur l'égalité des citoyens, qui ne reconnait que les droits individuels, cet article étant interprété comme la négation des droits collectifs). Cela nécessite qu'on imagine des aménagements juridiques spécifiques comme cela a été le cas pour les Kanak de Nouvelle-Calédonie, sans modifier la Constitution qui s'oppose normalement aux droits qui leur ont été reconnus. Voici l'intervention prononcée par le représentant de la France au moment de l'adoption de cette Déclaration :

*« La France se félicite de l'adoption par l'Assemblée générale des Nations Unies de la Déclaration sur les droits des populations autochtones. Cet événement, aboutissement d'un processus qui a été initialisé il y a plus de vingt ans, marque une avancée essentielle dans la protection des droits de l'homme.*

*Au niveau national, la France, directement concernée par les populations autochtones de ses collectivités territoriales d'outre-mer, conduit des programmes de soutien à leur développement économique et social dans un cadre adapté aux spécificités de ces populations ainsi qu'à leur expression culturelle. C'est à ce titre que la France a soutenu l'ensemble de ces processus au niveau multilatéral et apporté un appui financier en particulier à la Décennie pour les populations autochtones. La Déclaration sur les droits des peuples autochtones complète le socle de normes inscrites dans les instruments des Nations Unies en matière de promotion et de protection des droits de l'homme, sans que les droits individuels et les libertés fondamentales déjà consacrés ne soient remis en cause.*

*Pour la France, en vertu du principe de l'indivisibilité de la République, et conformément au principe fondamental d'égalité et de son corollaire, le principe de non-discrimination, des droits collectifs ne peuvent prévaloir sur les droits individuels. Un traitement particulier peut cependant être accordé à des populations autochtones sur une base territoriale. Le droit à l'autodétermination, tout comme les consultations et référendums locaux, évoqués dans les articles 3, 4, 19 et 30 s'exercent conformément aux normes constitutionnelles nationales comme le prévoit l'article 46 de la présente déclaration. Enfin, l'article 36, concernant le droit des populations autochtones à entretenir des relations internationales, se lit dans le cadre des normes constitutionnelles dans ce domaine. Nous réaffirmons à cette occasion notre attachement aux normes internationales en matière de droits de l'homme et aux valeurs démocratiques, que la présente Déclaration vise à compléter et à renforcer ».*

351. Sénat, 21 juin 1990, *JO* débats, p. 2152.

L'attitude la France ici montre bien une évolution de sa position, même si une certaine ambiguïté perdure, car elle a fortement soutenu le processus déclaratif et le texte qui en a résulté, mais elle en a neutralisé la signification : de l'art de dire oui et non, dans le même acte[352]... Celle-ci a d'abord été celle de l'absence de reconnaissance équivalant à la négation juridique de l'existence du pluralisme (minorités et/ou peuples autochtones). Certes, le droit français s'est-il souvent accommodé d'un discours constitutionnel unitaire et d'une pratique législative particulariste notamment dans l'outre-mer, mais force est de constater que le fossé entre la règle et l'exception ne cesse de s'élargir. Alors même qu'elle réaffirme ses principes d'indivisibilité et d'égalité, elle concède qu'un traitement particulier peut être accordé à des populations autochtones sur une base territoriale, et que le droit à l'autodétermination peut s'exercer conformément aux normes constitutionnelles nationales. Il faut rappeler que le soutien de la France à cette Déclaration s'est fait bien après l'Accord de Nouméa qui cristallise toutes sortes de remises en cause. Le soutien apporté à la Déclaration sur les droits des peuples autochtones et celui apporté à l'Accord de Nouméa sont les preuves tangibles d'une inflexion de sa politique. Le discours autrefois très éloigné des actes s'en rapproche un peu plus. Mais la France n'est pas seule à connaître ce type d'évolution.

## II - Les positions canadiennes et leur incidence sur le Nunavut

Ici aussi on distinguera la position générale du Canada sur le pluralisme des positions spécifiques adoptées à l'occasion de certains instruments internationaux.

### A. Une position générale

Le bilan du Canada en matière de droits des peuples autochtones est plus ou moins éloquent. Les droits ancestraux et issus de traités sont protégés non seulement en vertu de la Constitution, mais également au moyen de nombreux autres accords, lois et décisions judiciaires[353]. Pourtant, une étude récente[354], s'inspirant d'autres études, tente de montrer que l'image que donne ce pays sur les droits des peuples autochtones du Canada ne fait pas l'unanimité. Lors de l'Examen périodique universel[355], le Canada a été pointé du doigt concernant les problèmes reliés à la pauvreté chez les Autochtones (violence, faible niveau de scolarisation, problème de santé, dépendances à la drogue et à l'alcool)[356].

Le rapport de l'Instance permanente des Nations Unies sur les questions autochtones, paru en janvier 2010, démontre également que les citoyens autochtones vivent toujours

352. Sermet (Laurent), Juridicité, normativité et pluralisme. De quelques enseignements tirés de la Déclaration des Nations unies sur les droits des peuples autochtones, *in Méthodologie du pluralisme juridique*, (dir.) OTIS (Ghislain), Karthala, 2012, p. 203.

353. Affirmation figurant sur la fiche d'information du Ministère.

354. Gentelet (Karine), Farget (Doris) et Campbell-Duruflé (Christopher), « Le Canada et la Déclaration des Nations Unies sur les droits des peuples autochtones, Valeur et pertinence », *op. cit.*, p. 130-136.

355. L'Examen périodique universel du Canada : <www.pch.gc.ca/pgm/pdp-hrp/inter/upr-fra.cfm>.

356. Rapport du groupe de travail sur l'Examen périodique universel : <www.pch.gc.ca/pgm/pdp-hrp/inter/upr-fra.cfm>.

plus précairement que le reste de la population[357]. De plus, de nombreux pays ont demandé au Canada d'adopter la *Déclaration* ou du moins d'en respecter le texte[358]. Il l'a fait et le droit interne canadien contient lui-même des invitations à négocier de nouveaux accords avec les peuples autochtones pour respecter leurs droits et affronter les problèmes sociaux auxquels ils font face. Comme l'a affirmé la juge en chef de la Cour suprême du Canada, la volonté démocratique de l'ensemble de la collectivité canadienne tout comme les droits des Autochtones devront être pris en compte pour en arriver à un processus réel de réconciliation par la négociation de nouvelles ententes[359]. Le gouvernement canadien lui-même considère qu'il continue à enregistrer des résultats concrets et mesurables qui bénéficient aux peuples autochtones. Il affirme qu'il mène une foule de projets importants touchant notamment au logement, à la qualité de l'eau, à l'éducation et aux services à l'enfance et à la famille, qu'il règle des revendications particulières, qu'il veille à la protection des droits de la personne au sein des réserves, et qu'il a déposé un projet de loi sur les droits en matière de biens immobiliers matrimoniaux.

Malgré sa position initiale négative à l'égard de la Déclaration de 2007 de l'ONU, le Canada a affirmé qu'il continuerait à prendre des mesures concrètes pour défendre et protéger les droits des peuples autochtones conformément aux obligations et aux engagements relatifs aux droits de la personne qui lui reviennent tant à l'échelle nationale qu'internationale »[360].

### B. Quelques positions spécifiques

Elles concernent les différents textes pris séparément, mais l'on s'attardera essentiellement sur deux d'entre eux.

**1° Au sujet de la Convention sur les droits de l'enfant adoptée par l'ONU,** elle a été signée le 28 mai 1990 et ratifiée le 13 décembre 1991 par le Canada. Celui-ci a tout de même émis quelques réserves sur deux articles. Sur l'article 21, il est dit :

> « *En vue de s'assurer le plein respect de l'objet et de l'intention recherchés au paragraphe 20 (3) et à l'article 30 de la Convention, le Gouvernement du Canada se réserve le droit de ne pas appliquer les dispositions de l'article 21, dans la mesure où elles pourraient entrer en conflit avec les formes de garde coutumière au sein des peuples autochtones* ». Et sur l'article 37 (c), il est précisé : « *Le Gouvernement du Canada accepte les principes généraux prévus à l'alinéa 37(c) de la Convention, mais se réserve le droit de ne pas séparer les enfants des adultes dans les cas où il n'est pas possible ou approprié de le faire* ».

Il a par ailleurs procédé à une déclaration interprétative de l'article 4 :

> « *Le Gouvernement du Canada reconnaît que, en ce qui concerne les questions qui intéressent les autochtones du Canada, il doit s'acquitter de ses responsabilités aux termes de*

357. *State of the world's indigenous peoples*, Department of Economic and Social Affairs, Division for Social Policy and Development, Secretariat of the Permanent Forum on Indigenous Issues, ST/ESA/328, United Nations, New York, 2009.
358. Notons, par exemple, l'Autriche, Cuba, la Norvège, le Pakistan, la Finlande, la Bolivie, la Russie et le Danemark.
359. *Delgamuukw c. Colombie-Britannique*, [1997] 3 RCS 1010, § 207.
360. Voir Fiche d'information sur la position du Canada sur la Déclaration de 2007.

*l'article 4 de la Convention en tenant compte des dispositions de l'article 30. En particulier, en déterminant les mesures qu'il conviendrait de prendre pour mettre en œuvre les droits que la Convention garantit aux enfants autochtones, il faudra s'assurer de respecter leur droit de jouir de leur propre culture, de professer et de pratiquer leur propre religion et de parler leur propre langue en commun avec les autres membres de leur communauté ».*

Ces quelques réserves ne mettent pas fondamentalement en cause l'application de la convention au Canada. Elles relèvent plutôt de précautions classiques et légitimes que prennent les États dans ce genre de procédures et de situations soit pour mettre en conformité les nouvelles normes avec le système juridique interne, soit pour garder les coudées franches en cas de recours quelconque à ces normes.

2° **Au sujet de la Déclaration sur les droits des peuples autochtones,** il faut rappeler que le Canada fait partie des quatre pays qui se sont opposés à cette *Déclaration* au départ. Il était précisément hostile à l'inclusion dans le texte du droit à la propriété intellectuelle et à l'existence d'un droit de veto qui permettrait aux peuples autochtones de bloquer des décisions législatives ou administratives de l'État. Il a également émis des réserves sur les dispositions relatives aux terres et aux ressources naturelles, comme l'indique une fiche d'information sur la position du Canada à l'égard de cette *Déclaration* :

*« Les sections les plus problématiques de la Déclaration, pour le Canada, sont celles qui portent sur les terres, les territoires et les ressources, le consentement libre, préalable et éclairé, l'autonomie gouvernementale, les questions militaires et la propriété intellectuelle. Il s'inquiète également de la nécessité d'établir un juste équilibre entre les droits et les obligations des peuples autochtones, des États membres et des tiers »*[361].

Par ailleurs, il apparaît que

*« Selon son représentant aux Nations Unies, John McNee, le gouvernement s'est opposé à de nombreux chapitres, dont celui du territoire, du consentement préalable, libre et éclairé, de l'autodétermination, de la propriété intellectuelle et des questions militaires. En outre, les dispositions de la* Déclaration *ne reconnaissent pas suffisamment les droits territoriaux des non-Autochtones et seraient même « susceptibles de remettre en question des points déjà réglés par traité au Canada »*[362].

Le Canada estimait en effet que cette Déclaration ne permettait pas d'établir un juste équilibre entre les droits des Autochtones et ceux des autres Canadiens. Et pourtant, à bien y voir, certains éléments de la *Déclaration* sont intéressants, comme l'indiquent certains auteurs[363] pour qui la *Déclaration* met en avant trois principes fondamentaux qui, au Canada, permettraient à terme de faire évoluer la juridiction nationale[364], mais

361. Voir Fiche d'information sur la position du Canada à l'égard de la déclaration des Nations Unies sur les droits des peuples autochtones sur le site du Ministère.

362. Assemblée générale, Soixante et unième session, 107e séance plénière, 13 septembre 2007, à 10 heures, New York, A/61/PV.107.

363. GENTELET (Karine), FARGET (Doris) et CAMPBELL-DURUFLÉ (Christopher), « Le Canada et la Déclaration des Nations Unies sur les droits des peuples autochtones, Valeur et pertinence », *op. cit.*, p. 130-136.

364. Nous faisons référence ici bien évidemment à la Loi sur les indiens mais également à toute loi en lien avec les besoins et les intérêts des Autochtones (par exemple, les lois touchant les forêts ou encore les frontières).

aussi de former une nouvelle génération de juges, décideurs politiques et de hauts fonctionnaires amenés à travailler avec les peuples autochtones[365]. Le premier principe porte sur la reconnaissance des spécificités autochtones. La *Déclaration* reconnaît plusieurs éléments-clés, liés aux conceptions de l'identité, de la culture et des besoins des peuples autochtones, comme le lien à la terre, appréhendés dans une perspective dynamique. Ainsi, la culture et l'identité ne cesseraient pas d'être protégées parce qu'elles se sont transformées, les Autochtones étant intégrés au sein d'un processus qui est, par définition, évolutif. En outre, le fait que l'identité et la culture soient soutenues par des « processus » facilite l'identification des mécanismes nécessaires à leur reproduction et permet d'arriver à des mesures de protection plus adéquates. Les débats et tensions que l'on retrouve parfois devant les tribunaux canadiens autour du caractère illégal, parce que « moderne », d'une technique de chasse par rapport à une autre, plus « traditionnelle », n'auraient pas lieu[366].

L'approche dynamique va ainsi à l'encontre de l'essentialisation des identités et permet de sortir de la dichotomie réductrice tradition/modernité. La *Déclaration* place les Autochtones comme la source de leurs droits, car les décisions étatiques doivent être adoptées en collaboration avec eux. Le fait qu'elle reconnaisse les liens entre l'identité et la culture entérine l'indivisibilité des différents droits qui découlent de cette reconnaissance. Il devient alors plus difficile de considérer les droits relatifs à la culture sans faire référence à la question de l'identité et vice-versa. L'indivisibilité des droits protège ainsi la dignité individuelle et collective puisqu'elle privilégie une définition *a priori* ou organique de l'identité et de la culture et non pas *a posteriori*, c'est-à-dire à partir d'une source extérieure qui vient les qualifier et en déterminer la légitimité ou non.

Toujours selon ces auteurs, un deuxième principe qui donne une grande valeur symbolique à cette *Déclaration* est celui du consentement préalable, libre et éclairé. Au Canada, les gouvernements ont le devoir de consulter les populations autochtones. Pourtant, trop souvent dans les cas de projets d'aménagement et de développement forestier, minier ou pétrolier, les communautés autochtones concernées se plaignent de ne pas l'être. D'autres encore ont l'impression que le développement s'est fait en dépit de leurs réticences et de leurs revendications. Leurs besoins et leurs droits n'ont pas été souvent pris en considération par les gouvernements, qui octroient des permis aux compagnies sans les avertir. Le principe du consentement préalable libre et éclairé permet de consolider cette obligation de consulter, puisqu'il pose une norme quant au résultat attendu. Néanmoins, ce principe ne doit pas être vu comme un simple droit de veto, mais comme un droit de prévenir les conséquences sur l'environnement et la culture de ces communautés et de participer au développement. Cette norme permet l'inclusion

365. Binette (André), *La Déclaration des Nations Unies sur les droits des peuples autochtones et la réconciliation avec les Premières Nations au Québec*, Conférence donnée le 22 mars 2010, Forum autochtone 2010, Québec, 2010.
366. *R.V. Morris*, 2006 SCC 59, [2006] 2 S.C.R. 915.

et le respect de droits fondamentaux même lorsqu'il s'agit d'enjeux économiques et politiques aussi cruciaux que le contrôle des ressources naturelles.

Enfin, selon ces auteurs, la conciliation entre les droits des peuples autochtones et ceux des non-Autochtones soulève plusieurs enjeux dans le contexte canadien et québécois[367]. Au Québec justement, les revendications de groupes autochtones ne sont pas toujours bien reçues par la population qui craint de se faire déposséder et d'être discriminée au profit des Autochtones. La *Déclaration* permettrait de définir une nouvelle approche dans les relations entre les Autochtones et les non-Autochtones à travers des ententes négociées de bonne foi et qui respecteraient les droits de toutes les parties concernées. En effet, les peuples autochtones ne seraient plus obligés de céder ou d'échanger leurs droits territoriaux pour parvenir à un accord[368]. Les non-Autochtones auraient l'assurance que leurs droits seraient pris en considération lors d'une négociation ou entente, comme le stipule l'article 46 de la *Déclaration*. Au lieu de bâtir les ententes sur un principe d'exclusion et de renoncement aux droits, celles-ci seraient plutôt basées sur leur protection puisque la reconnaissance des droits des uns ne se ferait pas au détriment de ceux des autres. Cette approche consensuelle et inclusive permettrait une plus grande adhésion des populations concernées à la négociation d'une entente.

Le Canada a finalement soutenu officiellement la *Déclaration des Nations unies sur les droits des peuples autochtones* le 12 novembre 2010. La décision canadienne a été annoncée après la rencontre entre l'ambassadeur canadien à l'ONU, John McNee, et le président de l'Assemblée générale des Nations unies, Joseph Deiss. Ainsi, après quelques années de résistance, ce pays a fini par se convaincre « *qu'il était préférable d'appuyer cette Déclaration tout en expliquant ses préoccupations plutôt que de simplement rejeter tout le document* ».

Cet instrument sur les droits des peuples autochtones, qui énumère les droits individuels et collectifs des peuples autochtones et énonce une série de principes comme l'égalité, le partenariat, la bonne foi et le respect mutuel, n'étant pas contraignante sur le plan juridique, le Canada s'est dit convaincu qu'il pouvait interpréter les principes de celle-ci de façon conforme à sa Constitution et à son cadre juridique, après avoir exprimé certaines inquiétudes au sujet de ses dispositions sur les terres, les ressources, le droit de veto et l'autonomie gouvernementale. Il est bien certain que l'appui de la *Déclaration*, annoncé dans le discours du Trône du 3 mars 2010[369], n'a pas effacé et n'effacera pas de sitôt les défis auxquels font face les peuples autochtones. Au Canada, sa mise en œuvre demandera que soient considérés différemment les accords déjà conclus entre les

---

367. Le rejet de l'Approche commune avec les Innus au début des années 2000 en est un bon exemple.
368. Comme cela se fait actuellement lorsqu'il y a négociation à la suite d'une revendication territoriale globale.
369. *Un Canada plus fort. Une économie plus forte. Maintenant et pour l'avenir.* Discours du Trône, Gouvernement du Canada, 3.03.2010, p. 22. Voir aussi, Amnistie internationale section canadienne francophone, *Intention du Canada d'appuyer la Déclaration des Nations Unies sur les droits des peuples autochtones*, <www.amnistie.ca/content/view/14238/254/>.

gouvernements et les peuples autochtones et qu'une approche beaucoup plus consensuelle dans les négociations soit adoptée. Cette mise en œuvre ne sera donc ni rapide, ni facile. Cependant, grâce aux principes et aux valeurs qu'il promeut, son application assurera définitivement une meilleure qualité de vie pour les Autochtones et pourrait faciliter certainement une reconfiguration des relations entre Autochtones et non-Autochtones[370].

Globalement, on peut dire que le pluralisme a ébranlé le monolithisme au Canada, en France et ailleurs. On a reconnu des droits spécifiques à certaines catégories de populations reconnues comme « minorités » ou « autochtones », même si le discours officiel est resté rigide. Et quand bien même on s'acharne à ne pas reconnaître la valeur juridique de la Déclaration de 2007 par exemple, on sait très bien que celle-ci sera tôt ou tard happée par l'opinio juris, car comme le dit bien un auteur : « *quel est donc ce non-droit dont on craint tant qu'il ne soit finalement du droit*[371] *?* ». Par ailleurs, reconnaissance pose aux démocraties occidentales un certain nombre de problèmes : doit-on, par exemple, accepter que certaines traditions prévalent sur les droits de l'homme, sur la démocratie, ou les droits du groupe sur ceux de l'individu ?

## SECTION 3
## Portée et limites de cette reconnaissance

À la suite de ce survol rapide des instruments internationaux et régionaux, ainsi que des positions prises par les deux États qui nous intéressent, que peut-on retenir, sinon un tableau contrasté : des ombres et des lumières, des incertitudes et des avancées.

## I. Des ombres et des incertitudes

Elles constituent globalement le regard critique porté sur l'ensemble de la reconnaissance du pluralisme au niveau international, celui-ci provenant essentiellement de la doctrine nationale et internationale. Mais c'est surtout celui du professeur Norbert Rouland[372] qui tient ici une place prépondérante.

### A. Des définitions introuvables

Le problème des définitions se heurte en général à un dilemme entre la nécessité de définir pour clarifier et le risque d'exclure en définissant. Peut-il y avoir de clarification sans définitions ? Les définitions ne seraient-elles pas sources d'exclusion ? Aucun texte ne donne une définition claire par exemple des notions fondamentales de « *peuple* », ou de « *peuple autochtone* », ou encore de « *minorité* » que nous avons abordées. L'absence

370. Gentelet (Karine), Farget (Doris) et Campbell-Duruflé (Christopher), *op. cit.*, p. 136.
371. Sermet (Laurent), *Juridicité, normativité et pluralisme…*, *op. cit.*, p. 228.
372. Rouland (Norbert), Pierré-Caps (S.), Poumarede (J.), *Droit des minorités et des peuples autochtones*, *op. cit.*, p. 556-565.

de définition dans les instruments internationaux est donc un fait incontestable que des efforts doctrinaux tentent de pallier. Les États sont réticents et le risque d'exclure est réel. Les peuples autochtones et les minorités sont-ils des peuples ? S'ils le sont, ont-ils un droit à l'autodétermination ? Et quel droit à l'autodétermination ? Toutes ces incertitudes ont souvent conduit au « combat des définitions » et aux nombreuses controverses qui ont fait perdre beaucoup d'énergie et de temps à la communauté internationale.

### B. Des débats et controverses interminables

Ces droits sont-ils individuels comme ont tendance à le penser les États, ou sont-ils collectifs comme le disent les groupes concernés ? Jusqu'à ces dernières années, le principe dominant, celui qui a prévalu, a été celui des États qui craignaient pour leur unité. Mais une évolution en sens inverse a été déclenchée depuis quelque temps. Comme le rappelle N. Rouland[373], certains instruments internationaux concernant les droits de l'homme les ont attribués non seulement aux individus, mais aussi à des groupes et à des peuples[374]. Les textes visant les autochtones, affirme-t-il, confirment cette tendance. Faut-il choisir entre la sécession et l'autonomie interne ou entre la sécession et le droit à l'identité des minorités à l'intérieur d'un État[375] ? Faut-il choisir entre le droit à l'autodétermination « externe » et le droit à l'autodétermination « interne » ? Autant de questions et de débats interminables.

### C. La faible justiciabilité des droits

C'est une limite de taille, car en droit, sans une force contraignante, toute règle reste théorique et inefficace. La plupart des droits reconnus sont issus de déclarations ou de résolutions. Il convient tout de même de préciser que sous le terme de « résolution » sont souvent groupés tous les actes des organisations internationales de l'ONU et de ses organes, indépendamment de leur contenu et de leur caractère obligatoire ou non. Or les résolutions peuvent être obligatoires ou facultatives par leur contenu. Elles peuvent exprimer un vœu, un simple avis, une déclaration, une recommandation ou une décision obligatoire. Sous ce terme, il faut distinguer les décisions, qui ont souvent un caractère obligatoire, des déclarations de l'Assemblée générale de l'ONU, qui posent en général certains principes visant certaines normes, elles ont besoin par la suite d'être complétées et d'être concrétisées. Si elles sont fondées sur la Charte, elles ont dès le début un caractère obligatoire. Aucune précision n'étant fournie sur la nature juridique des recommandations, on considère en général qu'elles ont un caractère non obligatoire[376]. Certains auteurs pensent que l'absence de sanctions dans les actes de l'Assemblée générale ne peut influencer en rien l'obligation existante[377].

373. Rouland (Norbert), « Le droit des peuples autochtones » *in Droit des minorités et des peuples autochtones, op. cit.*, p. 459-460.

374. Voir Convention sur l'élimination de toutes les formes de discrimination raciale ou Charte africaine des droits de l'homme et des peuples *(art. 19-24).*

375. Pierré-Caps (Stéphane), *La Multination*, Paris, Odile Jacob, 1995, p. 153.

376. Calogeropoulos-Stratis (S.), *op. cit.*, p. 128.

377. *Ibidem*, p. 129.

### D. L'absence d'une théorie générale des minorités

L'absence d'une théorie générale des minorités, permettant de situer chaque cas concret dans une typologie idéale et indiquant quels moyens utiliser pour parvenir à telle solution désirée, constitue elle aussi un handicap de taille. Les juristes ne peuvent proposer que des hypothèses comme celle de S. Pierré-Caps qui souligne le lien entre la tolérance envers les minorités et la taille de la configuration politique dans laquelle elles sont insérées, ou celle de N. Rouland qui souligne leur taux de dispersion dans la population globale ou au contraire leur homogénéité territoriale. Mais on sait globalement, dit-il, que la démocratie favorise davantage les minorités que les régimes autoritaires. L'effort d'unification du droit international est freiné par des conditions objectives, la variété des expériences historiques et celle des droits en résultant, ce sont des difficultés à surmonter.

## II - Des avancées

Même si elles ne sont pas nombreuses, elles ont le mérite d'exister. Elles se matérialisent surtout par le renouveau du droit et par des transformations qui s'opèrent au sein même des sociétés dominantes.

### A. Le renouveau du droit international en matière de pluralisme

Ce renouveau est réel même s'il est lent, au niveau universel et régional. Il est certes à relativiser car, mis à part les conventions et quelques traités bilatéraux, ces textes n'ont qu'une valeur déclarative et n'entraînent pas de contrainte juridique pour les États. Toutefois, leur seule existence possède une valeur symbolique après de nombreuses années de quasi-silence. D'autre part, ils ont un poids politique important dans les débats internationaux et les luttes internes : la preuve en est que les États cherchent à les truffer de dispositions limitant l'ampleur des droits déclarés. Enfin, on observe que tout ou partie des textes de cette nature, suivant leur impact politique, peuvent se retrouver dans des textes conventionnels, qui ont une force contraignante pour les États qui y adhèrent. Autre chose d'important à signaler, c'est que le droit international en matière de pluralisme, comme d'autres domaines du droit, porte la marque de la postmodernité. Toutes sortes de droits sont reconnues à de plus en plus de groupes de personnes : droit identitaire, droit collectif, droits culturels, et le droit lui-même, bien qu'il devienne de plus en plus doux et négocié, fait son chemin.

### B. Des transformations internes des sociétés dominantes s'opèrent

Celles-ci sont dues au déclin des grandes idéologies, au besoin d'enracinement identitaire né de l'isolement et de l'exacerbation de l'individualisme, au respect de plus en plus marqué envers d'autres systèmes de valeurs peut-être plus prometteurs, à la persistance de la crise économique qui brise la croyance dans la linéarité du progrès, mais surtout à la mondialisation[378]. Face à tous ces changements, les minorités et peuples autochtones eux-mêmes connaissent des fortunes diverses. Toutefois, les autochtones peuvent invoquer le droit des minorités tout autant que celui qui leur est spécifique dans une démarche qui illustre bien les théories du pluralisme juridique[379]. Certaines conditions doivent être réunies pour une solution optimale qui combine l'unité et le respect des particularismes. Elles peuvent être juridiques : fédéralisme, autonomie, représentation communautaire, institutions judiciaires autochtones, multilinguisme, distinction entre citoyenneté et nationalité, etc., économiques, sociologiques avec une osmose possible pour une coexistence pacifique, ou politiques, en favorisant par exemple le respect des différences culturelles[380].

On le constate, l'émergence d'un droit identitaire s'appuie sur une reconnaissance du pluralisme au plan international. Le rôle de la communauté internationale a été déterminant. Elle a su accompagner le retour du phénomène minoritaire, mais surtout le mouvement des peuples autochtones dont le combat a permis la conquête d'une place dans le système institutionnel international. Grâce à la négociation, une marque de la postmodernité, leur problématique a été portée au cœur de l'activité normative des institutions internationales parmi lesquelles l'ONU a eu un rôle décisif. Malgré la persistance de beaucoup d'ombres et d'incertitudes, l'évolution est perceptible à travers les instruments de cess institutions internationales mais aussi à travers les positions officielles des États, celles de la France et du Canada en particulier. Ceux-ci, comme la plupart de leurs homologues, malgré quelques éléments de langage, ont soutenu ces instruments. La France autrefois rétive, voire hostile au pluralisme, a mis un peu d'eau dans son vin. Le Canada, au départ méfiant à l'égard de la Déclaration sur les droits des peuples autochtones de l'ONU de 2007 notamment, a fini par lui accorder son soutien. Les deux États ont infléchi durablement et considérablement leurs positions, et à travers cette attitude, il apparaît clairement que le pluralisme marque des points et que des mutations sont en cours.

Les avancées du pluralisme favorisant la transformation de la souveraineté par l'autodétermination au plan international, cette évolution remet en cause la prééminence de la sacro-sainte souveraineté des États, pierre angulaire du droit et des relations internationales. C'est ici qu'apparaît clairement l'aspect anti-modernité (celui qui traduit une forme de rupture avec la modernité) de la conception postmoderne qui émerge. Mais qu'on ne s'y trompe pas, cette rupture-là est douce, tout comme le droit identitaire qui émerge. Alors que les effets politiques sont évidents et indiscutables, les effets juridiques restent limités. Le plus important, néanmoins, est que le changement ait été amorcé. Il reste à voir à présent si la transformation du droit des peuples à disposer d'eux-mêmes, observée au plan international, se vérifie au sein des États eux-mêmes.

---

378. Rouland (Norbert), *op. cit.*
379. *Ibidem.*
380. *Ibidem*, p. 556.

# TITRE II

## La transformation de la souveraineté par l'autodétermination au plan interne

Au plan interne, la transformation s'opère aussi avec la reconnaissance du pluralisme et l'émergence d'un droit identitaire. Cette transformation se traduit par l'insertion du pluralisme dans les constitutions, le changement ou le réaménagement des principes constitutionnels, la transformation de l'organisation des pouvoirs et à la mise en place d'un pluralisme juridique.

## CHAPITRE 1

# La reconnaissance du pluralisme au sein des États

La reconnaissance du pluralisme et la prise en compte de la différence par les États peuvent être multiformes et se faire sur différents plans : politique, institutionnel et juridique. Une typologie des formes de cette reconnaissance paraît alors indispensable pour d'une part distinguer entre les États où le pluralisme est le résultat d'une revendication d'une partie de la population souvent minoritaire et ceux pour lesquels il est le fait d'une population dominante et d'autre part parce que l'attitude des États varie, elle peut aller du refus de cette reconnaissance à une institutionnalisation réelle du pluralisme. Pour la population minoritaire, cette revendication peut être l'expression et l'affirmation d'une identité, et le droit à l'autodétermination conduit alors à la reconnaissance d'une identité collective à l'échelle nationale. Quant à l'attitude des États, tout dépend en fait des objectifs qu'ils poursuivent[381]. La valorisation de l'identité « autochtone » ou « minoritaire » sera modulée et contrôlée selon que l'on veut ou non qu'elle puisse déboucher sur le droit à l'autodétermination au sens du droit à l'indépendance, ou selon que l'on veut ou non qu'elle ne mette pas en péril la survie et l'unité de l'État-nation. S. Pierré-Caps[382] suggère une typologie qui permet d'examiner les variétés et les degrés de cette reconnaissance dans l'ordre juridique interne.

**L'absence de reconnaissance** équivaut à la négation juridique de l'existence du pluralisme (minorités et/ou peuples autochtones). Mais le refus de reconnaissance ne dévoile pas forcément une attitude négative de la part de l'État. Cette position officielle correspond à l'attitude de la France dont le droit s'accommode à merveille d'un discours constitutionnel unitaire et d'une pratique législative particulariste, nous l'avons dit. Par ailleurs, même cette position s'est infléchie depuis quelque temps.

**En cas de reconnaissance expresse**, les procédés de reconnaissance sont variés et l'acte de reconnaissance peut relever du droit international ou du droit interne. Au plan international, nous l'avons vu aussi, cette reconnaissance peut être interétatique, bilatérale ou multilatérale. Au plan interne, cette reconnaissance repose sur la qualification

381. Pierré-Caps (Stéphane), *op. cit.*, p. 261.
382. *Ibidem*, p. 261-275.

(définition précise ou non) de la communauté infranationale objet de reconnaissance, et sur la place de la règle juridique, par laquelle s'opère la reconnaissance dans la hiérarchie des normes. Cette reconnaissance peut être constitutionnelle. C'est le cas par exemple de la Norvège, dont l'article110-a de la Constitution protège l'identité culturelle des Saame (Lapons). Tel est surtout le cas du Canada qui offre une protection spéciale aux peuples autochtones à travers son droit constitutionnel. Cette reconnaissance peut être législative. Dans ce cas, la garantie de stabilité est moindre mais cet inconvénient peut être atténué par le fait que l'adoption de la législation se fera sur la base d'une majorité qualifiée et ne pourra se faire sans le consentement des communautés concernées. C'est le cas de la Hongrie, de l'Estonie et d'autres pays.

**La reconnaissance implicite** est la situation où il n'y a pas de reconnaissance expresse au niveau constitutionnel ou législatif, mais où les « minorités » font l'objet de textes divers et circonstanciés, de niveau législatif ou administratif, concernant l'usage par exemple de la langue minoritaire, voire des questions plus spécifiques concernant des groupes bien déterminés.

Dans la présente étude, l'une des formes de reconnaissance du pluralisme retenue est son insertion dans les constitutions.

## SECTION 1
## L'insertion du pluralisme dans les constitutions

Nous prendrons ici des exemples d'Amérique latine où, dans plusieurs pays, eu égard à la diversité démographique et à l'histoire, les droits des peuples autochtones ont été reconnus et insérés dans les législations nationales, et particulièrement dans les Constitutions. C'est la région du monde où l'extrême diversité des populations rend la question minoritaire très sensible. Les États eux-mêmes connaissent des situations variées ; certains ont une population autochtone démographiquement majoritaire, d'autres l'ont relativement peu nombreuse. Il faut préciser cependant que l'héritage colonial n'a été glorieux nulle part, et que partout, une législation complexe, compilée et élaborée au fil des siècles, a conforté la position subalterne des Autochtones. Les nouveaux États latino-américains, nés après les guerres d'indépendance engagées au XIXe siècle, n'ont eu comme objectif principal que l'homogénéité culturelle, se traduisant évidemment par des politiques assimilationnistes. Mais un vent nouveau souffle depuis les années 80 et apporte des changements importants sur la condition de ces peuples dont les droits sont reconnus au niveau constitutionnel ou législatif, avec une proclamation généralisée du multiculturalisme et du multilinguisme, et avec la personnalisation juridique des communautés autochtones locales[383]. Cette nouvelle orientation multiculturaliste se décline différemment selon les pays. Un survol rapide

383. Schulte-Tenckhoff (Isabelle), *La question des peuples autochtones*, Bruylant - *LGDJ*, 1997, p. 33.

de ces avancées constitutionnelles et législatives relevées par Isabelle Schulte-Tenckhoff [384] et le Cercle des droits[385], que nous reprenons ici, permet de le vérifier.

## I - Une insertion massive en Amérique latine

- **La Constitution du Guatemala,** révisée en 1985, prévoit le droit à l'identité culturelle (art. 59) et une protection particulière pour les groupes ethniques. Elle stipule que l'État reconnaît, respecte et favorise leur mode de vie, leurs coutumes, leurs traditions, leurs formes d'organisation sociale, leur mode vestimentaire, leurs langues et dialectes (art. 66). Elle prévoit également des dispositions visant à protéger les terres des communautés autochtones, et l'accès à la propriété familiale et aux logements sociaux, au crédit et à l'assistance technique-tous nécessaires pour garantir la possession et le développement des terres (arts. 67 et 68).

- **La Constitution de Colombie,** révisée en 1991, reconnaît et protège la diversité ethnique et culturelle de la nation colombienne (art. 7) ainsi que les droits politiques des peuples autochtones. Elle crée des sièges supplémentaires au Sénat pour les communautés autochtones. De même, elle crée ce qu'on appelle des entités territoriales autochtones, jouissant d'une autonomie pour gérer leurs propres affaires (art. 286, 287, 329 et 330). Elles doivent être gouvernées par des conseils constitués et réglementés selon les us et coutumes de leurs communautés. Les *resguardos* autochtones deviennent propriétés collectives et inaliénables (art. 329), et l'exploitation dans les territoires autochtones des ressources naturelles ne devra pas porter atteinte à l'intégrité culturelle, sociale et économique de ces communautés (art. 330).

- **La Constitution de l'Équateur,** révisée en 1993, reconnaît les langues indigènes comme un élément de la culture nationale (art.1). Les systèmes éducatifs dans les régions autochtones doivent utiliser les langues indigènes, l'espagnol étant la langue employée pour les relations entre les cultures (art. 27). Des dispositions sont prévues concernant la communauté et la propriété coopérative des terres (art. 51).

- **La Constitution de Bolivie,** révisée en 1994, précise que la Bolivie est libre, indépendante, souveraine, multi-ethnique et multiculturelle (art. 1), stipule expressément que les droits des peuples autochtones, en particulier en ce qui concerne leurs terres communautaires, doivent être reconnus et protégés par la loi, qui garantit l'utilisation et l'exploitation durable des ressources naturelles, de même que la protection de l'identité, des valeurs, langues, coutumes et institutions des peuples (art. 171). De plus, l'État bolivien reconnaît le statut légal et les autorités des communautés autochtones, et par là-même leur droit à assumer les fonctions attachées à l'administration et à la mise en vigueur de leurs propres lois, notamment en tant que moyen alternatif de résolution des conflits, selon leurs usages et coutumes (art. 171).

384. *Ibidem*, p. 34-42.
385. Le Cercle Des Droits, *Module 6 : Les droits des peuples autochtones*, Source Internet : < http://www1.umn.edu/humanrts/edumat/IHRIP/frenchcircle/module6.htm >.

- **La Constitution du Pérou,** révisée en 1993, prévoit que tout individu a droit à son identité ethnique et culturelle et que l'État reconnaît et protège la pluralité ethnique et culturelle de la nation (art. 2). La Constitution officialise les langues indigènes (art. 48) et garantit le droit à la propriété communale sur les terres des communautés paysannes et autochtones (art. 88), dont elle reconnaît l'existence et la capacité légales (art. 89). Elle autorise les autorités des communautés indigènes à exercer les fonctions judiciaires conformes à leur droit coutumier au sein de leur territoire (art. 149).

- **La Constitution du Paraguay,** révisée en 1992, reconnaît expressément l'existence des peuples autochtones, définis comme des groupes culturels dont l'origine précède la formation de l'État paraguayen (art. 62) ; le droit des peuples autochtones à préserver et développer leur identité ethnique dans le cadre de leur habitat ; le droit d'appliquer sans condition restrictive leur propre système d'organisation politique, sociale, économique, culturelle et religieuse ; et le droit de renforcer leur droit coutumier autochtone (art. 63). Elle leur reconnaît la propriété collective des terres (art. 64), le droit de participer à la vie économique, sociale, politique et culturelle du pays (art. 66 et 67) et les exempte de tout service social, civil ou militaire et des taxes publiques fixées par la loi (art. 67).

- **La Constitution du Mexique de 1992** précise que la nation mexicaine est multiculturelle, originellement fondée par ses peuples autochtones et prévoit que la loi devra protéger et favoriser le développement de leurs langues, cultures, coutumes, ressources et formes spécifiques d'organisation sociale, et garantir à leurs membres l'accès effectif au pouvoir judiciaire (art. 4). Elle ajoute que la loi protégera l'intégrité des terres des peuples autochtones et que dans tout procès ou toute procédure de type agraire dont ils sont partie, leurs pratiques et coutumes juridiques seront prises en compte dans les termes définis par la loi (art. 27 et 4).

- **La Constitution du Panama de 1972** reconnaît les langues indigènes et l'éducation bilingue (art. 84) ; le droit des peuples autochtones à des normes culturelles qui leur sont propres (art. 104) et à une participation à la vie économique, sociale et politique du pays (art. 120). Elle garantit aux communautés autochtones les terres dont elles ont besoin pour s'assurer un bien-être économique et social, ainsi que leur propriété collective (art. 123). Elle reconnaît également les districts électoraux autochtones (art. 141 [5]).

- **La Constitution du Nicaragua de 1987** reconnaît la nature multiethnique du pays (art. 8) et s'attache à conserver le pluralisme politique, social et ethnique (art. 5). De même, l'État reconnaît l'existence des peuples autochtones et précise qu'ils doivent bénéficier des droits, devoirs et garanties prévus par la Constitution. Celle-ci reconnaît spécifiquement les droits des peuples autochtones à exprimer leur identité et leur culture, à avoir leurs propres formes d'organisation sociale et à administrer leurs affaires locales. Elle précise également que l'État du Nicaragua devrait faire adopter une loi accordant un régime autonome aux peuples autochtones et autres communautés ethniques de la région de la Côte Atlantique (art. 89).

- **La Constitution du Brésil de 1988** contient un chapitre visant à garantir les droits des peuples autochtones. L'organisation sociale, les coutumes, les langues, les croyances et traditions des peuples autochtones sont reconnues, de même que leurs droits originels à la terre qu'ils occupent traditionnellement. Le gouvernement fédéral a la responsabilité de délimiter, protéger et respecter toutes leurs propriétés (art. 231). De plus, les terres habitées de façon permanente par les groupes autochtones, celles qui sont utilisées pour leurs activités productives, celles qui sont essentielles à la préservation des ressources nécessaires à leur bien-être, et celles qui sont nécessaires à leur reproduction physique et culturelle, selon leurs us, coutumes et traditions, sont définies en termes généraux. De même, il est expressément reconnu que les terres des peuples autochtones sont inaliénables, qu'on ne peut en disposer et qu'elles ne peuvent être assujetties au droit de prescription. La Constitution prévoit également que les peuples autochtones, leurs communautés et leurs organisations sont habilités à poursuivre des actions en justice pour défendre leurs droits et intérêts, le ministère public intervenant dans toutes les étapes du processus (art. 232).

- **La Constitution argentine de 1994** donne au Congrès le pouvoir de reconnaître la préexistence ethnique et culturelle des peuples autochtones, de garantir le respect de leur identité et leur droit à l'éducation bilingue et interculturelle, de reconnaître le statut juridique de leurs communautés, ainsi que la possession et la propriété communautaire des terres qu'ils occupent traditionnellement ; et de régler le transfert d'autres terres adéquates et suffisantes pour le développement humain, tout en déclarant le caractère inaliénable de ces terres (art. 75, al. 17) ; d'édicter des lois protégeant l'identité et le pluralisme culturels (art. 75, al. 19).

- **La *Ley indigena* chilienne de 1993**, quant à elle, reconnaît la pluralité ethnique et culturelle de la nation chilienne (art. 1) et prévoit que l'État favorise les cultures autochtones qui font partie de l'héritage national chilien, et permet aux Autochtones de vivre conformément à leurs pratiques culturelles traditionnelles (art. 7).

Dans cette région du monde, il apparaît bien que la reconnaissance du pluralisme est explicite, expresse et massive. Elle s'opère majoritairement à travers la règle juridique suprême : la Constitution. Il ne faut toutefois pas être naïf sur l'efficacité politique et juridique réelle de si belles proclamations. Il semblerait que

> *« les textes constitutionnels [latino-américains] ne sont pas compris comme étant applicables, ni contraignants du point de vue politique ; plutôt, ils répondent à une attente rhétorique ; ils ne sont rien d'autre que des options qu'invoquent et dont se servent ceux qui détiennent le pouvoir »*[386].

Ces textes ont au moins le mérite d'exister. C'est une forme d'hommage du vice à la vertu.

386. WOLF (Paul), « Los derechos del indio - ayer y hoy », Anuaro de filosofia del derecho, vol. VII, 1991, p. 155, cité par (Isabelle) SCHULTE-TENCKHOFF, *op. cit.*, p. 36.

## II - Une insertion réelle en France et au Canada

Au Canada, cette reconnaissance est aussi constitutionnelle. L'article 35 donne une garantie constitutionnelle aux droits autochtones et entérine la distinction entre minorités et autochtones. Ce nouveau texte affirme dans son article 35.1 que :

> « *Les droits existants – ancestraux ou issus de traités – des peuples autochtones du Canada sont reconnus et confirmés* ». L'article 25 stipule que : « *Le fait que la présente charte garantit certains droits et libertés ne porte pas atteinte aux droits et libertés ancestraux, issus des traités ou autres, des peuples autochtones du Canada, notamment : a) aux droits ou libertés reconnus par la proclamation royale du 7 octobre 1763 ; b) aux droits ou libertés existants issus d'accords sur les revendications territoriales ou ceux susceptibles d'être ainsi acquis* ».

En Nouvelle-Calédonie, la question de la constitutionnalisation de l'Accord de Nouméa, c'est-à-dire de sa portée constitutionnelle, a été quelque peu débattue. Presque tout le monde s'accorde aujourd'hui sur le fait que cet accord est constitutionnalisé, non seulement dans sa lettre mais aussi dans son esprit, et même qu'il est intangible sans consensus local[387]. Le pluralisme est, de ce fait, inséré dans la Constitution. Tant son préambule que certaines de ses dispositions accordent une large place au « peuple kanak » et à sa reconnaissance. *Le peuple premier, peuple d'origine* qui a subi la colonisation, y voit son identité spécifiquement reconnue et affirmée par privilège de naissance. L'article 75 de la Constitution permet à ceux qui le souhaitent de faire valoir un statut personnel de droit particulier, le statut civil coutumier. Des institutions telles que le Sénat coutumier, chargé de connaître toutes les questions relatives à « l'identité kanak » sont créées, et diverses autres mesures y sont inscrites (redistribution foncière, rééquilibrage, etc.) qui traduisent *une volonté de justice face à une histoire douloureuse.* Cette reconnaissance constitutionnelle rend toute modification ou complément difficile car il faudrait une révision constitutionnelle pour le faire.

# SECTION 2
# La transformation des principes constitutionnels

Les sociétés contemporaines traversent, en ce début de XXIe siècle, une transformation profonde de leurs principes d'organisation. Même si l'autodétermination ne peut totalement s'arroger la paternité de cette mutation, il peut à tout le moins lui être reconnu de participer à ce processus qui remet en cause l'architecture des édifices constitutionnels. Cette performance se vérifie tant en France qu'au Canada.

---

387. CHAUCHAT (Mathias), *Les institutions en Nouvelle-Calédonie*, Sceren-CDP N.-C., 2011, p. 26.

# I. La République une et égalitaire, mais de plus en plus divisible et diverse en France

En France particulièrement, le pluralisme tantôt remet en cause certains principes de fond en comble, tantôt contribue à les assouplir. Il s'agit précisément du principe de l'unité de l'État et de l'indivisibilité de la souveraineté, avec son corollaire l'unicité du peuple, ainsi que celui de l'égalité des droits. La France a connu le pluralisme avant l'unité et l'indivisibilité. Elle semble le retrouver peu à peu, comme un naturel chassé qui revient au galop.

## A. Du pluralisme à l'unité et à l'indivisibilité

Contrairement à ce qu'on croit généralement, non seulement c'est le pluralisme qui prévalait avant la Révolution, mais en plus la période pluraliste a été plus longue que celle de l'unité.

### *1° À l'origine, le pluralisme*

Une grande partie de la doctrine française considère comme cardinal et même sacré le principe de l'unité et de l'indivisibilité attribué au système juridique français. Cette doctrine fait souvent peu cas de la période prérévolutionnaire très marquée par le pluralisme. La France a une tradition pluraliste ancienne et longue[388], et la longue histoire de l'État en France a pris bien des formes. Né au sein d'un royaume barbare, celui des Francs, celui-ci s'incorpore ensuite au vaste Empire européen de Charlemagne, survit à la féodalité avant de s'engager dans un processus d'autonomisation et d'émancipation par rapport à l'Église, aux féodaux, mais aussi et surtout à la société et à la diversité de ses courants. C'est sans aucun doute ce combat qui l'a conduit à penser l'unité en termes d'uniformité[389].

### *2° Le triomphe de l'unité et de l'indivisibilité*

C'est donc dès la Révolution que le principe républicain de l'unité et de l'indivisibilité s'impose comme principe fondamental du droit constitutionnel français[390]. Il s'agit bien de l'unité de l'État mais aussi de l'indivisibilité de la souveraineté de celui-ci et de la souveraineté de la République. La France est dans ce sens un État unitaire qui veut homogénéiser son corps social et qui exclut toute reconnaissance officielle d'un quelconque pluralisme infranational. Elle admet la protection de certains facteurs objectifs de différenciation mais refuse toute revendication d'ordre subjectif, toute reconnaissance subjective aux communautés infranationales[391].

---

388. Rouland (Norbert), *L'État français et le pluralisme. Histoire politique des institutions publiques de 476 à 1792,* Paris, Odile Jacob, 1995.
389. *Ibidem.*
390. Voir Debbasch (R.), *Le principe révolutionnaire d'unité et d'indivisibilité de la République*, Paris, Economica, 1988.
391. Webert (Francine), *op. cit.,* p. 20.

L'article 2 de la Constitution du 4 octobre 1958 fait d'elle une République indivisible, laïque, démocratique et sociale. Tous les citoyens sont égaux devant la loi sans distinction d'origine, de race, de religion. L'indivisibilité de la souveraineté signifie qu'il n'y a qu'une seule source de souveraineté qui peut exister et s'exercer sur tout le territoire français. Elle a comme conséquences : l'unité du pouvoir normatif de l'État, c'est-à-dire que les collectivités territoriales ne peuvent exercer un pouvoir normatif en dehors des lois, le contrôle de ces collectivités par l'État qui veille au respect des règles nationales (art. 72 al. 3 de la Constitution), et l'inexistence d'un gouvernement local[392]. L'indivisibilité du territoire signifie qu'il ne peut être porté atteinte à l'intégrité du territoire et qu'il y a une homogénéité du droit applicable sur ce territoire. Néanmoins, des assouplissements ont été apportés par la Constitution et le Conseil constitutionnel. Par exemple, certains territoires peuvent sortir de la République : art. 53 de la Constitution qui prévoit la cession d'un territoire et même un droit de sécession, même si depuis la révision constitutionnelle de 2003, toute sécession devra faire l'objet d'une révision constitutionnelle et d'une consultation des *populations intéressées.* Il est aussi possible de créer une collectivité à statut particulier qui s'écarte du modèle commun (cas de la Corse), et d'appliquer des règles de droit différentes suivant les portions du territoire visées du fait de leur spécificité : DOM, Corse, Alsace-Lorraine et surtout Nouvelle-Calédonie qui dispose du pouvoir d'adopter des *lois du pays*[393].

L'indivisibilité du peuple français signifie que la Constitution ne connaît que le peuple français, composé de tous les citoyens sans distinction d'origine, de race ou de religion. Elle s'appuie sur l'article 2 al. 1 de la Constitution complété par l'article 72-3 depuis la révision constitutionnelle. Elle implique que le concept de peuple français est un concept juridique de valeur constitutionnelle, unitaire et égalitaire (pas de reconnaissance de groupes distincts ayant des droits et privilèges différents ni de communautés linguistiques différentes). Mais la République reconnaît, au sein du peuple français, *les populations d'outre-mer, dans un idéal commun de liberté, d'égalité et de fraternité* (art. 72-3 al. 1 de la Constitution)[394], et à côté du peuple français, le peuple kanak.

L'unité de l'État conduit à l'absence de fédéralisme et de corps intermédiaires. Elle implique l'unicité du centre d'impulsion de la décision politique, l'unicité de l'appareil politique dont le pouvoir s'exerce sur l'ensemble du territoire national : une seule Constitution, un seul parlement, un seul gouvernement et un seul pouvoir judiciaire. Le monopole du pouvoir normatif par l'État conduit au monisme juridique qui correspond à l'unité de la nation et à l'exigence du monolinguisme. L'égalité formelle des citoyens devant la loi empêche aussi l'existence de tout statut pénal dérogatoire. Elle empêche toute discrimination pour des élections ou pour l'emploi. Enfin, la France reste attachée à la distinction entre espace public et espace privé. Dans l'espace public, tous les

392. Voir Oliva (Eric), *Droit constitutionnel,* Dalloz, 2006, p. 159-161.
393. *Ibidem,* p. 159-161.
394. *Ibidem.*

français sont libres, égaux et partagent l'identité nationale ; tandis que les différences culturelles appartiennent à la sphère privée et doivent être tenues à une certaine distance de l'espace public. En somme, le choix de l'homogénéité culturelle est cohérent avec un État soucieux de renforcer l'identité nationale mais aussi avec l'universalisme de la théorie juridique française.

Ces principes ont été confirmés par le Conseil constitutionnel à travers l'invalidation de la notion de peuple corse, ou le rejet de différenciations territoriales dans les conditions essentielles de mise en œuvre des libertés publiques[395], ou encore celui de l'usage d'une langue régionale dans les services publics, celui des quotas par sexe aux élections[396]. Mais au-delà des principes, la République a-t-elle été, depuis la Révolution, véritablement « une » et exclusivement « indivisible » ? Il semble qu'il y ait eu des exceptions, mais s'agit-il de simples exceptions qui confirment la règle ? Il semble bien qu'il y ait eu, hier et aujourd'hui encore, un écart, parfois grand, entre la théorie et la réalité.

### B. L'unité, l'indivisibilité et l'égalité : entre théorie et réalité

Un préalable aperçu sur l'attitude de la France vis-à-vis du droit à l'autodétermination en général nous conduira ensuite à vérifier si ce droit, ainsi que son corollaire, le droit de sécession, ont été régulièrement appliqués au sein de la République, « une et indivisible ».

#### *1° La France et le principe du droit des peuples à disposer d'eux-mêmes*

La France a d'autant plus adhéré au principe du droit des peuples qu'elle en a été un peu à l'origine à l'époque révolutionnaire, avec la fameuse Déclaration des droits de l'Homme et du Citoyen de 1789.

##### a) Une adhésion au principe en général

Nous avons souligné dans l'historique du principe du droit des peuples à disposer d'eux-mêmes le rôle qu'avait joué la Révolution française dans l'affirmation et l'universalisation de celui-ci. La France, dont la longue tradition démocratique remonte à cette époque, « a toujours considéré ce principe comme une règle fondamentale du droit interne et du droit international »[397]. Sa devise « liberté, égalité, fraternité », sa Déclaration des droits de l'homme et du citoyen, et sa doctrine de la souveraineté nationale, sont des signes forts d'une République en faveur des droits de l'homme en général, et en faveur de ce principe en particulier. Bien que la Révolution et l'Empire soient marqués par des crises, les révolutionnaires renforcent l'union des colonies à la métropole en leur accordant une représentation à l'Assemblée législative. « Conformément à sa doctrine, et par le Décret du 22 mai 1790, la France révolutionnaire renonce à toute conquête coloniale ; elle s'engage, dans la Constitution du 3 septembre 1791, à « *n'entreprendre*

395. CC 96-373, DC du 13 avril 1996, « Autonomie de la Polynésie française ».
396. CC 82-146, DC, « Quotas par sexe ».
397. Fall (Ibou Ibrahima), *Contribution à l'étude du droit des peuples à disposer d'eux-mêmes en Afrique,* Thèse doctorat, Université de Paris 1, 1972, p. 99.

*aucune guerre en vue de faire des conquêtes et à n'employer ses forces contre la liberté d'aucun peuple* »[398]. Depuis 1789, les Parlements français, à quelques exceptions près, adoptent en matière de détermination du statut des territoires, le principe fondamental de libre disposition des populations concernées. Sous l'Empire, c'est le principe des nationalités, « l'ancêtre du droit des peuples », qui est appliqué. Par ailleurs, en tant que membre de l'ONU, elle soutient la Déclaration universelle des droits de l'homme et adhère au principe du droit des peuples à disposer d'eux-mêmes consacré par la Charte.

Sa Constitution du 27 octobre 1946 l'intègre plus ou moins dans son système politique interne, à travers l'article 27, al. 2 : « *Nulle cession, nul échange, nulle adjonction de territoire ne sont valables sans le consentement des populations concernées* ». En 1958, grâce aux articles 76 et 53 de la nouvelle Constitution, le droit des peuples en droit constitutionnel français pouvait s'exercer doublement : par le référendum et par délibération de l'Assemblée territoriale de chaque territoire dans les quatre mois suivants[399]. Mais la question que l'on ne peut s'empêcher de se poser est celle de savoir comment la France a pu concilier son adhésion au principe de l'autodétermination avec le colonialisme. En fait, elle est restée longtemps tiraillée entre ses principes et ses intérêts.

### b) Une attitude ambivalente à l'égard des peuples coloniaux

Même si elle n'est pas continue, la colonisation française se développe pendant près de quatre siècles. La construction de l'empire colonial qui atteint son apogée entre 1919 et 1939, s'achève sous la IIIe République. Malgré son éparpillement, l'unité politique de l'Empire français ne fait pas de doute. Mais pendant très longtemps, la France refuse de reconnaître aux colonisés les droits les plus élémentaires de l'homme qu'elle a pourtant proclamés en 1789. Dans presque toutes ses colonies, elle transgresse sa propre devise. La Ire et la IIe Républiques proclament et essaient de mettre en œuvre une politique d'assimilation, mais colonisateurs et colonisés forment deux sociétés, qui, bien que diversifiées, restent bien séparées. La coexistence inégalitaire des peuples se traduit par une « *société d'ordres inégaux* », une « *superposition des races* » et une « *hiérarchie des civilisations* » dont le cadre juridique sera le code de l'indigénat[400]. Celui-ci prive les colonisés de liberté et de justice.

La Seconde Guerre mondiale oblige Français et colonisés à tirer des leçons de leur face-à-face figé. Une politique de réformes est peu à peu mise en place. La Constitution de la IVe République ne condamne pas le colonialisme, mais seulement « *tout système de colonisation fondé sur l'arbitraire* ». Avec l'Union française, formée d'un côté, de la République française comprenant la France métropolitaine, les départements et territoires

---

398. Constitution du 3 septembre 1791, Titre VI, Voir dans (Maurice) DUVERGER, *Constitutions et documents politiques*, PUF, 1964, p. 27.

399. BÉRANGERE (Taxil), « Le droit des peuples à disposer d'eux-mêmes en Nouvelle-Calédonie : L'Accord de Nouméa du 5 mai 1998 », *Revue Actualité et Droit international*, article diffusé sur internet : < http://www.ridi.org/adi/199811a2.html >, consulté le 23 mars 2008.

400. Voir PERVILLÉ (GUY), *op. cit.*, p. 65-78.

d'outre-mer, et de l'autre, des territoires et États associés[401], il n'y a plus en principe de colonies. Mais celle-ci montre très vite ses limites, car elle habille d'une apparence de fédéralisme le maintien de rapports inégaux entre la France et les « États associés »[402].

Les élites des peuples d'outre-mer qui avaient espéré une véritable Union française librement consentie entre des partenaires égaux sont déçues. De graves conflits comme la guerre d'Indochine et la guerre d'Algérie sont inévitables. La loi cadre Defferre de juin 1956 et ses décrets d'application consacrent une autonomie politique et essaient d'associer les élites au pouvoir local. La Ve République confirme les principes proclamés par la Déclaration de 1789 et par le préambule de la Constitution de 1946 et ajoute :

> « *En vertu de la libre détermination des peuples, la République offre aux territoires d'outre-mer qui manifestent la volonté d'y adhérer des institutions nouvelles fondées sur l'idéal commun de liberté, d'égalité et de fraternité et conçues en fonction de leur évolution démocratique* ».

Elle reconnaît donc elle aussi le principe d'autodétermination et admet la faculté pour tous les peuples des territoires d'outre-mer de décider souverainement de leur destin par rapport à la France, en choisissant entre l'indépendance nationale immédiate sécessionniste et le statut de membre de la Communauté d'une part, et d'autre part, à l'intérieur de la Communauté, entre les statuts d'État-membre, de TOM ou de DOM. Ils ont quatre mois pour le faire. Un grand nombre d'entre eux le font et accèdent à l'indépendance. On voit donc bien, en somme, que la France a affiché une volonté de reconnaître progressivement le droit des peuples à disposer d'eux-mêmes, même si cela s'est fait souvent sous la pression du nationalisme local grandissant. Elle a dû certainement aussi modifier sa politique à cause du coût financier des colonies et par crainte de guerres interminables qu'elle aurait eu à livrer.

### c) L'application des principes de la décolonisation à l'Outre-mer

Certaines ambiguïtés des Résolutions 1514 (XV et 1541 (XV), qui définissent les principes de décolonisation, n'ont pas rendu leur application aisée pour la France. En ce qui concerne le principe de l'intégrité territoriale, si à première vue, la situation est claire pour les territoires inhabités, elle est plus délicate pour ceux qui sont peuplés, on le voit notamment avec le cas de Mayotte que nous avons évoqué. Certains auteurs considèrent que l'accession à l'autonomie des territoires non autonomes, encadrée par le principe VI de la Résolution 1541, est intéressante à confronter à la situation de l'outre-mer, étant donné que ce dernier reflète pour partie les catégories mises en place par la France en 1946 et 1958. Les DOM « ont intégré un État indépendant », la République française, depuis 1946. Quant aux TOM, en application de l'ancien article 76 de la Constitution, ils ont opté eux aussi pour le maintien dans la France[403].

401. Les « territoires associés » étaient les territoires sous mandat et qui allaient devenir les territoires sous tutelle. Et les « États associés » étaient les États sous protectorat.

402. Seuls les États indochinois acceptent ce statut qui est rejeté par le Maroc et la Tunisie.

403. Faberon (Jean-Yves) et Ziller (Jacques), *Droit des collectivités d'outre-mer, LGDJ*, 2007.

Pour d'autres auteurs, les TOM devenus COM, ne bénéficient pas d'un droit à l'autodétermination, mais seulement d'une procédure d'autodétermination susceptible d'être mise en œuvre à leur profit par le gouvernement de la République. Pour eux, le droit des peuples à disposer d'eux-mêmes est un principe du droit international qui n'a guère été transposé en droit interne français[404]. Le Conseil constitutionnel reconnaît en effet la procédure de référendum d'autodétermination en 1975[405]. Cependant, dans sa décision n° 2000-428DC du 7 mai 2000, il précise que le « droit à la libre détermination » signifie pour les populations d'outre-mer intéressées la possibilité d'être consultées « *non seulement sur leur volonté de se maintenir au sein de la République ou d'accéder à l'indépendance, mais également sur l'évolution statutaire de leur collectivité territoriale à l'intérieur de la République* ». Pour lui, le deuxième alinéa du Préambule de la Constitution offre à ces populations non seulement un droit à la libre détermination externe mais aussi un « droit » à la libre détermination interne[406].

### *2° La résurgence progressive du pluralisme*

Comme nous l'avons indiqué, la France a connu le pluralisme et la division de la société en ordres avant la Révolution de 1789. Le retour au pluralisme s'est amorcé ; il est lent mais effectif et progressif ; il se traduit de différentes manières.

#### a) Par une certaine forme de fédéralisme et de multiculturalisme

L'évolution de la France et son originalité ont fait dire qu'elle était tantôt un État fédéral asymétrique, tantôt un État autonomique[407], ou encore un État autonomique partiel[408].

– **Une certaine forme de fédéralisme :** Thierry Michalon[409] démontre en 1982, que la République n'est pas vraiment « *une* » parce que les catégories de collectivités locales sont hétérogènes, que certains territoires échappent à toute catégorie, et que le régime législatif, voire constitutionnel n'est pas uniforme. Il considère qu'elle n'est pas « *indivisible* » du fait que de nombreuses fractions du territoire ont fait sécession, que ces sécessions n'ont jamais été anticonstitutionnelles, et qu'elle est, en fait, constituée d'un cœur, d'un noyau plus ou moins homogène (*la Nation constituée de départements métropolitains ou ultra-marins*), et d'une périphérie (les territoires d'outre-mer) fédérée à la France, avec possibilité d'indépendance, tout cela faisant en somme de cette dernière

404. Michalon (Thierry), « Pour la Nouvelle-Calédonie, l'hypothèse fédérale », *in L'Avenir statutaire de la Nouvelle-Calédonie,* (dir.) (J.-Y.) Faberon, *La Documentation française*, 1997.

405. Faberon (J.-Y.), et Ziller (J.), *Droit des collectivités d'outre-mer, op. cit.*, p. 26-29.

406. Bertile (Véronique), « La notion de « populations d'outre-mer », *in L'outre-mer français : un « modèle » pour la République ?,* (F.) Mélin-Soucramanien (dir.), PUB, 2008, p. 71-72.

407. Moyrand (Alain), « Les Pays d'outre-mer transforment la République française en un État autonomique. Brèves réflexions sur la création d'une nouvelle catégorie de collectivités publiques infra-étatiques », *in Mélanges en l'honneur de Patrice Gelard,* Montchrestien, 1999, p. 187-197.

408. Moyrand (Alain), « Théorie de la souveraineté partagée » *in La souveraineté partagée en N.-C. et en droit comparé,* (dir.) (J.-Y.) Faberon et (G.) Agniel, *La documentation française,* Paris, 2000, p. 38.

409. Michalon (Thierry), *op., cit.*, p. 623-688.

une fédération asymétrique. Cet auteur parle à présent d'une « *France plurinationale* » qui a succédé à une « *France pluri-législative* »[410], puisque comprenant « *plusieurs fractions dotées de législations particulières* »[411], il observe qu'à la suite de la révision constitutionnelle de 2003[412], le constituant a étendu ce caractère pluri-législatif au profit des DOM, à cause de l'affirmation identitaire qui s'y est développée, prenant la forme d'une véritable affirmation nationale. Sa conclusion est que

> « *la République présume l'appartenance pleine et entière des populations de l'Hexagone à la nation, donc la pleine légitimité auprès d'elles des lois et décrets constituant le droit commun, mais elle entend, et prend en compte, les affirmations identitaires, c'est-à-dire nationales, des populations de l'outre-mer...* »[413].

En effet, il existe depuis longtemps des régimes particuliers pour l'outre-mer, mais aussi pour l'Alsace-Moselle et la Corse, qui atténuent l'unité du pouvoir normatif, sans la remettre en cause.

– **Une différenciation statutaire :** Pour opérer une sorte de décolonisation interne, la France a appliqué à l'égard de ses anciennes colonies, devenues collectivités d'outre-mer, le principe de la reconnaissance. Celle-ci a pris deux formes différentes, selon le Professeur Gérard Marcou : l'assimilation d'abord, puis l'affirmation de la différence :

> « *Sur le plan institutionnel, l'assimilation s'est traduite par le statut départemental et l'identité législative, tandis que la différenciation s'est traduite par la multiplication des statuts particuliers et le principe de la spécialité législative. La révision constitutionnelle de 2003 consacre cette évolution* »[414]. Le pluralisme se réalise aussi par une « *dilution progressive de l'indivisibilité au profit d'une différenciation croissante tant dans le droit constitutionnel que dans le droit substantiel de la République* », de la part des institutions de celle-ci[415]. « *On assiste notamment à la disparition presque complète de l'exigence de droit uniforme et d'un schéma institutionnel commun à chaque catégorie de collectivité territoriale, avec une jurisprudence qui opère un balancement savant, non exempt d'ambiguïtés, entre le principe d'égalité des collectivités territoriales et les possibilités de différenciation* ».

---

410. Michalon (Thierry), « La France plurinationale », *in Destins des collectivités politiques d'Océanie, Volume I, Théories et pratiques,* (dir.) (J.-Y.) Faberon, (V.) Fayaud et (J.-M.) Regnault, *op. cit.*, p. 113.

411. Lampué (P.), *Droit d'outre-mer et de la coopération,* Dalloz, 4e éd., 1969, p. 4.

412. Selon Michalon, cette révision fait que la distinction entre la République intra-nationale et la République extra-nationale n'a plus pour critère l'opposition entre l'article 73 (identité législative car principe d'assimilation) et l'article 7' (spécialité législative car « intérêts propres », mais procède d'un dosage à la carte, concrétisant le compromis retenu par chacun des territoires ultra-marins entre son désir d'être reconnu comme une nation distincte et son souhait de demeurer au sein de la République.

413. Michalon (Thierry), « La France plurinationale », *op. cit.*, p. 122.

414. Marcou (Gérard), « L'autonomie dans la République : jusqu'où ? », *in Destins des collectivités politiques d'Océanie, Vol. I, Théories et pratiques,* (dir.) (J.-Y.) Faberon, (V.) Fayaud et (J.-M.) Regnault, PUAM, 2011, p. 57-58.

415. Voir Rapport public, *EDCE, 1996, n° 48, p. 106 ; Le Conseil d'État admet que « le gouvernement, le législateur, les juges administratif et constitutionnel ont tous modifié leurs positions précédentes pour forger une conception plus active de l'égalité ».*

On parle aujourd'hui de « collectivités d'outre-mer » (COM) pour bien marquer cette évolution.

D'autres auteurs, notamment Francine Webert, considèrent que, même si l'unité normative n'est pas totalement rompue et que la souveraineté de la France reste indivisible, celle-ci est néanmoins partagée[416]. Pour elle, la France a toujours été poussée vers le pluralisme à cause de son passé colonial, et sa position a souvent été le résultat d'une opposition dialectique entre l'unité et la diversité. Le principe de l'indivisibilité est maintenu, même si l'État reconnaît l'hétérogénéité et accorde des statuts dérogatoires. Pour Anne-Marie Le Pourhiet, par contre, les choses sont plus claires : avec le nouveau statut de la Nouvelle-Calédonie, les principales innovations institutionnelles aboutissent à l'instauration d'une sorte de fédéralisme asymétrique, mono-territorial[417].

– **Une extension de l'espace public** : Alors que la tradition juridique française distingue l'espace public, en principe neutralisé, de l'espace privé, où peuvent s'exprimer des affinités électives, Constance Grewe[418] constate l'extension de l'espace public et l'émergence du pluralisme dans le domaine étatique. Pour différentes causes,

> « *la frontière entre espace privé et espace public devient fort incertaine et souvent artificielle. Cette confusion résultant d'un double mouvement d'interpénétration de l'État qui s'ouvre progressivement vers la société et de celle-ci qui se rapproche toujours plus de l'État* ».

Ainsi, le droit français est-il à la croisée des chemins, tiraillé entre une tradition forte d'unité et des aspirations nouvelles de pluralisme.

Tout le monde n'adhère pas à l'idée d'un fédéralisme français, fût-il asymétrique. Pour le professeur Norbert Rouland notamment, il n'y a pas de fédéralisme en France, car il n'y a pas de double pouvoir constituant, pas de double source de la volonté générale ni de double pouvoir judiciaire[419]. Mais il reconnaît que le droit français actuel s'efforce de faire coïncider le principe traditionnel d'indivisibilité de l'État et le pluralisme démocratique moderne, surtout en ce qui concerne l'évolution des territoires d'outre-mer, et il souligne qu'une reconnaissance accrue du pluralisme en France atteste d'une mutation du modèle culturel français.

– **Une certaine forme de multiculturalisme :** À partir de la classification établie par A. Semprini[420], Norbert Rouland[421], justement, considère que c'est le modèle politique libéral classique qui correspond à la tradition française républicaine. Celui-ci se

416. Webert (Francine), *op. cit.*, p. 27 *et Unité de l'État et diversité régionale en droit constitutionnel français*, thèse, Nancy II, 1997, p. 393-412.

417. Le Pourhiet (Anne-Marie), « Nouvelle-Calédonie : la nouvelle mésaventure du positivisme », *Revue du droit public*, n° 4, 1999, p. 1006-1007.

418. Grewe (Constance), *op. cit.*, p. 1349-1360.

419. Rouland (Norbert), « Le droit français devient-il multiculturel ? », *in Droit et Société*, 46-2000, p. 529.

415. Semprini (A.), *Le multiculturalisme*, Paris, PUF, 1997, p. 97-113.

421. Rouland (Norbert), *Le droit français devient-il multiculturel ?*, *op. cit.*, p. 519-545.

caractérisant par une nette distinction entre sphère publique et sphère privée, l'« absence » de minorités, d'autochtones ou de peuples distincts reconnus à l'intérieur du peuple français, même si le droit public français n'ignore pas les spécificités minoritaires ou autochtones, mais vise seulement à limiter leur inflation, en les empêchant de provoquer la naissance d'entités collectives d'un type nouveau. Ce modèle, qui apparaît comme parfaitement cohérent et susceptible, mieux que d'autres, d'assurer la paix civile, pose néanmoins le problème de son universalisabilité. Cet auteur conclut donc que le système juridique français n'est plus exactement conforme au modèle originel, qu'il a dû évoluer par la force des choses, et qu'il se trouve en réalité aujourd'hui entre l'indivisibilité et le pluralisme démocratique.

Cette évolution est liée à différentes causes dont celle du développement de l'Union européenne[422], celle de la diversification croissante des groupes ethniques en raison des flux migratoires, des confessions, des modes de vie et des visions du monde, celle du couplage entre des insatisfactions matérielles et psychologiques, et des revendications identitaires qui s'expriment désormais dans la sphère publique. Ainsi, semble-t-il, la France combine aujourd'hui un « universalisme théorique »[423] et un « différencialisme pratique ». Il faut préciser tout de même que des avancées réelles ont eu lieu en matière de diversité religieuse, de statuts personnels et de parité ; la diversité linguistique reste timide ainsi que la reconnaissance des populations autochtones, alors même que l'existence des autochtones au sein de la République est une réalité que le droit français ne pouvait ignorer. Celui-ci a entrepris de reconnaître à ces citoyens des droits dans quelques domaines, notamment celui du droit des personnes, celui du foncier et des lieux de pouvoir propres, et en organisant une collaboration entre l'institution judiciaire et des représentants de leur coutume.

#### *b) Par la reconnaissance du peuple kanak et la dualité de source législative en N.-C.*

Quoi que l'on dise, ces deux points constituent les avancées les plus notables du pluralisme en France et en Nouvelle-Calédonie.

– **La reconnaissance du peuple kanak.** Le Préambule de l'Accord de Nouméa invoque à plusieurs reprises « *le peuple kanak* » et le respect de son identité. Pour la première fois, un peuple est reconnu au sein de la République à côté du peuple français. Cette avancée par rapport au principe de l'unité et de l'indivisibilité en fait un point essentiel de l'Accord de Nouméa. Elle est le résultat d'une longue et ancienne revendication[424]. Différentes dispositions à ce sujet dans l'Accord et la loi organique constituent un véritable hymne à l'identité kanak. C'est un « *véritable programme* [...] *Il s'agit bien de*

422. Voir Rapport du PNUD sur le développement humain, « *La liberté culturelle dans un monde diversifié* », 2004.
423. Bonet (L.), Négrier (E.), (dir.), *La fin des cultures nationales*, La Découverte, 2008.
424. *Ibidem*, p. 97.

*travailler à l'océanisation du droit* »[425], « *il s'agit d'un peuple distinct du peuple français qui partage, pour un temps indéterminé, avec le peuple français la nationalité française* »[426].

Certains auteurs mettent toutefois l'utilisation de « *peuple kanak* » sur le compte d'un manque de rigueur terminologique et sémantique du concept de « *peuple* » qui relève davantage de son acception sociologique que juridique ici, et en donnent pour preuves que l'Accord institue une citoyenneté calédonienne et non une citoyenneté kanak, que le droit à la libre détermination, par la voie de l'accession à la pleine souveraineté, est offert non au peuple kanak mais plus largement aux « *populations intéressées de la Nouvelle-Calédonie* », que le corps électoral restreint ne se résume pas au seul peuple kanak[427]. D'autres estiment que « *la notion de « peuple kanak », peuple premier solennellement réhabilité dans sa dignité par le préambule, est plus politique, historique, sociologique et culturelle que juridique* »[428]. Il n'empêche que le terme a été « lâché » et qu'il traduit bien un changement dans la lettre et dans l'esprit.

– **La reconnaissance d'une autre source législative.** Bien que la dualité de la source législative ne soit pas envisageable dans un État unitaire comme la France, l'article 77 de la Constitution a permis l'octroi d'un pouvoir législatif à l'Assemblée délibérante, le Congrès de la Nouvelle-Calédonie. L'Accord de Nouméa prévoit que « *certaines délibérations du Congrès auront le caractère de loi du pays et de ce fait ne pourront être contestées que devant le Conseil constitutionnel avant leur publication* ». Ainsi, des normes de valeur législative n'émaneront pas des représentants de la volonté générale, mais d'une assemblée infranationale. C'est une innovation juridique majeure, car il s'agit d'une véritable rupture de l'unité normative, qui a nécessité une révision de la Constitution.

Alors que pour certains

> « *l'attribution d'un véritable pouvoir législatif à la Nouvelle-Calédonie est en contradiction avec des principes aussi fondamentaux que celui de l'indivisibilité de la République énoncé à l'article 1er de la Constitution*[429] *et de l'indivisibilité de la souveraineté qui découle de son article 3* »[430],

pour d'autres, même si la loi du pays calédonienne constitue un instrument dont on ne peut nier la nature législative malgré son caractère hybride, car tiraillé entre sa valeur normative qui lui donne une dimension nationale et l'identité de son auteur,

425. CHAUCHAT (Mathias), *Les institutions en Nouvelle-Calédonie, Institutions politiques et administratives, op. cit.*, p. 244.
426. CHAUCHAT (Mathias), « Intervention dans « Le sens des mots » », *Transcription de la Conférence-débat du 11 novembre 2010, Les cahiers de la Ligue des droits de l'homme et du citoyen, Nouvelle-Calédonie*, n° 1, 2010.
427. BERTILE (Véronique), *op. cit.*, p. 67. Voir aussi GOHIN (Olivier), *Institutions administratives, LGDJ*, Paris, 2006, 5e édition, p. 496.
428. FABERON (Jean-Yves), *Des institutions pour un pays, La Nouvelle-Calédonie en devenir*, PUAM, 2012, p. 147.
429. TASCA (Catherine), *Rapport fait au nom de la Commission des lois constitutionnelles, Ass. Nat., op. cit.*, p. 65, et (J.-M.) GIRAULT, *Rapport au Sénat, op. cit.*, p. 23.
430. PAGE (Jeanne), *Du partage des compétences au partage de la souveraineté : des territoires d'outre-mer aux « pays d'outre-mer »*, Presses universitaires d'Aix-Marseille, 2001, Aix-en-Provence, p. 364.

de niveau local, cet instrument d'essence fédéraliste, ne porte pas atteinte aux valeurs garantes de l'unité nationale française que sont l'indivisibilité de la souveraineté et le principe d'égalité, préservés par les autorités étatiques. Elle apparaît plutôt comme le symbole de la mutation actuelle de l'État unitaire[431]. D'autres encore admettent qu'« un nouveau principe est remis en cause par l'apparition dans notre ordre juridique des « lois du pays », celui selon lequel la loi est l'expression de la volonté générale », mais précisent que cette remise en cause doit être nuancée car,

> « *en l'espèce, la loi du pays est l'expression de la volonté d'une collectivité territoriale au sein de la République. La notion de volonté générale change de sens. Elle se détache du caractère indivisible de l'État pour emprunter un chemin plus sinueux vers une conception plus restrictive. Comme l'intérêt général est l'ensemble des intérêts particuliers, la volonté générale rassemble les volontés particulières. Le champ d'application de la volonté générale dans l'espace*[432] *est modifié*[433] ».

Quoi qu'il en soit et même si les lois du pays du Congrès de la Nouvelle-Calédonie ne peuvent être placées sur le même plan que les lois nationales, la capacité donnée à la Nouvelle-Calédonie d'intervenir sous une forme législative est une novation majeure, car selon Jean Bodin, « *le pouvoir législatif constitue la principale marque de la souveraineté* ».

### c) Par une citoyenneté restreignant le suffrage universel et le droit à l'emploi

La citoyenneté calédonienne permet à ses titulaires de jouir de droits particuliers en matière d'emploi et d'élection. En effet, l'Accord de Nouméa prévoit dans ces deux domaines des dispositions restrictives qui auraient été inconstitutionnelles sans une révision de la Constitution. Ces restrictions concernent les scrutins pour l'élection des assemblées ou des consultations sur l'avenir de la Nouvelle-Calédonie. Parce que la Constitution condamne, dès son article 1er, toute discrimination « d'origine et de race » entre les citoyens, il ne pouvait pas être admis un vote kanak exclusif. L'alinéa 4 de l'article 3 de cette même Constitution stipule que « *sont électeurs dans les conditions déterminées par la loi, tous les nationaux français majeurs des deux sexes, jouissant de leurs droits civils et politiques* ». Alors, aucune distinction ni restriction ne devait être opérée entre les nationaux français qui possèdent le droit de vote dans leur ensemble.

La limitation du corps électoral est donc dérogatoire au principe républicain de l'égalité des citoyens devant la loi. Cette limitation est une réponse à la préoccupation des Mélanésiens qu'une immigration massive fasse perdre toute possibilité aux habitants originaires du pays d'y être un jour majoritaires[434]. Tous les recours engagés contre cette limitation n'ont pas abouti. Même la Cour européenne des droits de l'homme a convenu qu'elle pouvait se justifier par les nécessités locales et par les circonstances historiques.

431. Gindre David (Carine), *Essai sur la loi du pays calédonienne*, L'Harmattan, Paris, 2008, p. 295.
432. Bécane (J.C.), Couderc (M.), *La loi, Dalloz, 1994*, p. 222.
433. Portet (Philippe), « Le nouveau statut de la Nouvelle-Calédonie », *RRJ, 1999-3*, p. 940.
434. *Ibidem*, p. 933.

Comme le dit le Professeur Faberon, « *l'Accord de Nouméa invente un concept-clé pour essayer de rendre justice aux uns et aux autres : la citoyenneté de la Nouvelle-Calédonie* »[435].

Le cas calédonien porte en tout cas loin du schéma traditionnel de l'État-nation unitaire hérité de la Révolution française et porte à s'interroger à plusieurs titres. En est-il de même du Nunavut au Canada ?

## II - De l'assimilation au multiculturalisme au Canada

Il n'y a pas très longtemps, Jean-Philippe Colson faisait remarquer l'ambivalence de la politique canadienne à l'égard des Autochtones, politique qui, « *depuis le XVIIIe siècle, oscillait entre l'assimilation et la reconnaissance de pouvoirs propres aux membres des Premières Nations* »[436]. Un bout de chemin semble avoir été parcouru pour arriver aux spécificités actuelles.

### A. Des principes de séparation et d'assimilation au départ

Le Canada est d'abord français, du XVIe siècle au XVIIIe siècle. Un régime anglais prend le relais de 1763 à 1837 et avec lequel débute une période de troubles et de réformes constitutionnelles aboutissant, en 1867, à l'Acte de l'Amérique britannique du Nord, accepté par la Grande-Bretagne. Il constitue la Confédération canadienne : c'est le début du Canada moderne.

#### *1° La Proclamation Royale du 7 octobre 1763 : partenariat et ambiguïté*

Après la conquête des territoires français nord-américains, ce premier texte important des Britanniques aménage l'administration de l'ensemble des territoires coloniaux. La politique autochtone y est codifiée dans la partie IV et tourne autour de deux principes : la suspension de la colonisation vers l'ouest et la reconnaissance des droits ancestraux des autochtones sur les terres impliquant une approbation des cessions par la Couronne. Même s'il met fin à la souveraineté externe des peuples autochtones, ce texte reconnaît les droits des autochtones sur certaines terres qu'ils occupaient à l'arrivée des Européens. Certains juristes ne les considèrent que comme « *un droit résiduel, un droit de propriété personnel et usufructuaire qui permet aux autochtones de poursuivre des activités de chasse, de pêche et de piégeage, et qui peut être éteint par un traité* », d'autres pensent qu'ils impliquent une certaine forme de reconnaissance de l'autonomie gouvernementale, et que la Proclamation constitue « *un véritable traité entre l'Angleterre et les peuples autochtones* »[437] qui permet à la Couronne de conserver le droit exclusif de négocier avec eux et d'acquérir les terres.

435. Faberon (J.-Y.), *Des institutions pour un pays, La N.-Calédonie en devenir, op. cit.*, p. 76.

436. Colson (Jean-Philippe), « Le régime des Autochtones au Canada », *in La souveraineté partagée en NC et en droit comparé,* (dir.) (J.-Y.) Faberon et (Guy) Agniel, La documentation française, Paris, 2000.

437. Borrows (John), « Constitutional Law from a First Nation Perspective: Self-Government and the Royal Proclamation », (1994) 28 U.B.C. L. Rev. 1. Voir Chippewas of Sarnia Band c. Canada (P.G.), [2001] 1 C.N.L.R. 56, 195 D. L. R. (4th) 135 (C. A. Ont.), § 54.

Ce texte va constituer le fondement des droits des peuples autochtones dans le Grand Nord et permettre aux Inuit notamment, de revendiquer des terres et des pouvoirs politiques dans l'Arctique, puisqu'il oblige le gouvernement fédéral et les provinces concernées à signer des ententes avec les autochtones occupant cette région. Il reconnaît l'existence d'un titre aborigène qui ne peut être éteint que par un traité et permet au Canada de signer, au XIX^e^ et au XX^e^ siècle, onze traités avec diverses bandes indiennes et de s'attribuer de vastes territoires. Cette période est celle où les relations entre Anglais et Autochtones s'établissent sur une base « d'égalité », au moyen de traités. Cette politique ne tarde pourtant pas à changer et les Autochtones vont peu à peu être mis sous tutelle. Ils passent d'un statut de nations alliées à celui de « sujets » et même de « pupilles »[438]. Ne servant plus aux intérêts militaires des Anglais victorieux, ils subissent des relations inégales et sont considérés comme des populations « barbares et sauvages à civiliser ». Leur souveraineté est niée par le droit international de cette époque (doctrine de *terra nullius*) et par les tribunaux qui rejettent le caractère même de « traité » à certaines ententes.

Si certains des traités ne cherchent que la soumission militaire des locaux, d'autres par contre visent peu à peu l'extinction de ces droits et la mise en place de « *réserves gardées et possédées* » par les chefs de tribus, dans le respect de la « propriété de Sa Majesté ». À partir de 1830, ce système des réserves se généralise alors même qu'il est apprécié par ceux qui prétendent qu'il protège les Indiens, et décrié par ceux qui pensent qu'il empêchera l'assimilation et ses vertus égalisatrices. En pratique, on essaie d'intégrer les Autochtones à la société européenne dans certaines régions développées et on les sépare d'elle dans les espaces encore sauvages ; mais globalement, la délimitation des réserves se traduit par d'immenses amputations territoriales opérées à leur détriment. En définitive, la Proclamation Royale de 1763 ne reconnaît pas « *une réelle souveraineté originaire autochtone susceptible de coexister avec la souveraineté de Sa Majesté* »[439].

### 2° La Constitution canadienne de 1867 : confirmation de la tutelle

Elle ne contient presque pas de dispositions visant les autochtones, sauf l'article 91.24 qui attribue au Parlement la compétence législative à l'égard des Indiens et des terres qui leur sont réservées. Celui-ci vote très vite en 1868 la Loi sur les Indiens, complétée par *l'Indian Act* de 1876 révisé en 1951, et toujours en vigueur. Cette loi définit les Indiens de façon restrictive *(moins d'Indiens « juridiques » que d'Indiens « réels »)*. Les critères d'admissibilité au statut d'Indien sont définis par le Parlement, mis en œuvre par des fonctionnaires et non par les autochtones eux-mêmes ou leurs associations.

---

438. GRAMMOND (Sébastien), *Aménager la coexistence, les peuples autochtones et droit canadien*, Bruylant, Yvon Blais, 2003, p. 71.

439. OTIS (Ghislain), « L'autochtonisme aux États-Unis et au Canada, les défis de la décolonisation du rapport aux peuples premiers », *in Destins des collectivités politiques d'Océanie, Vol. I, Théries et pratiques*, (dir.) (J.-Y.) FABERON, (V.) FAYAUD et (J.-M.) REGNAULT, *op. cit.*, p. 291.

Selon Sébastien Grammond[440], une conviction domine : les autochtones sont « inférieurs », non pour des causes raciales et biologiques, mais en raison de leurs cultures, beaucoup moins avancées que celle des Européens. Il convient donc de les civiliser progressivement. C'est la politique dite du « gradualisme ». Les traités signés avec eux ne prévoient le maintien de leurs spécificités qu'à titre transitoire. Leur avenir, pour leur plus grand bien, réside dans l'assimilation. Ils sont privés de droit de vote. Ces principes perdurent pendant tout le XIXe siècle et la situation n'évolue que lentement durant le XXe siècle. Pendant longtemps, la jurisprudence fonde le titre aborigène sur les seuls actes pris par la Couronne, soit unilatéralement dans le cadre de la Prérogative Royale, soit dans un accord de volontés attesté par la signature d'un traité par l'un de ses représentants[441]. Par ailleurs, la nature juridique des traités fait l'objet d'interprétations restrictives, la jurisprudence estimant qu'ils ne possèdent pas la nature d'instruments internationaux. En 1985, la Cour suprême rappelle qu'« *un traité avec les Indiens est unique ; c'est un accord sui generis qui n'est ni créé ni éteint selon les règles du droit international* ».

En plus, les principes d'interprétation des traités varient selon l'identité des parties. Pendant longtemps aussi, le colonisateur a voulu seulement considérer le texte même du traité, alors que les autochtones faisaient valoir que le document écrit, rédigé dans une langue inconnue d'eux, n'avait qu'une importance secondaire, et que les véritables engagements étaient ceux pris verbalement, par les déclarations qui avaient accompagné la conclusion des traités[442].

### B. Le changement des principes et les spécificités canadiennes actuelles

Après le « positivisme » des États colonisateurs s'arrogeant unilatéralement le droit de décider du régime juridique des peuples autochtones et les droits qui leur étaient reconnus, et après le paternalisme se fondant sur leur prétendue infériorité, le sort de ces peuples va évoluer grâce au changement du contexte international après la Seconde Guerre mondiale. En effet, l'adoption de la Déclaration universelle des droits de l'homme en 1948 par l'ONU, et celle d'instruments conventionnels internationaux (les Pactes relatifs aux droits de l'homme de 1966), ainsi que la consécration du droit des peuples à disposer d'eux-mêmes qui entraîne un grand mouvement de décolonisation dans le monde, ont une incidence positive et réelle sur la perception des problèmes des peuples autochtones. Et même si le droit de vote est accordé aux autochtones en 1969, c'est véritablement grâce à l'action des tribunaux que l'histoire de leurs relations avec le Canada va s'améliorer[443].

---

440. Grammond (Sébastien), *Aménager la coexistence. Les peuples autochtones et le droit canadien*, Éditions Yvon Blais/Bruylant, 2003, p. 70.
441. Fritz (Gérard), *La nouvelle question indigène*, *op. cit.*, p. 146.
442. Voir Rouland (N.), Pierré-Caps (S.), Poumarede (J.), *Le droit des minorités et des peuples autochtones*, *op. cit.*, p. 190.
443. Grammond (Sébastien), *Aménager la coexistence*, *op. cit.*, p. 107.

### 1° Le règlement des revendications territoriales et le rôle décisif de la jurisprudence

C'est en effet en 1969 que le gouvernement fédéral de Georges Trudeau propose dans son « Livre blanc » une politique de recherche de l'égalité individuelle et le rejet de tout droit spécial fondé sur la race, la langue ou la culture. Il souhaite mettre fin aux traités par un règlement définitif. Cette proposition est vivement rejetée par les Autochtones et stimule plutôt leur militantisme. Insatisfaits des lenteurs politiques, ils recourent de plus en plus aux tribunaux pour faire reconnaître leurs droits. Mais la Cour suprême engage les acteurs à passer par la voie politique et non judiciaire. C'est pourtant par la voie judiciaire que les droits des autochtones vont être essentiellement reconnus et mis en œuvre. Le tournant décisif se fait avec les arrêts Calder[444] et Baker Lake, qui seront suivis d'autres décisions, formant une jurisprudence qui continue à évoluer aujourd'hui encore.

En 1973, dans l'arrêt Calder, la Cour suprême, dans une décision partagée, reconnaît que les Nishgas peuvent détenir un titre aborigène sur leurs terres ancestrales. Trois juges sur sept affirment l'existence et la persistance du « titre indien » sur les territoires Nishgas, sans qu'il soit nécessaire de le prouver en produisant des documents, actes ou lois du Parlement ou d'une autre autorité, et trois autres affirment le contraire. En fait, au-delà de ce cas, la décision des juges se résume ainsi :

> « *les peuples autochtones ont des titres juridiques sur les terres qu'ils ont occupées et utilisées traditionnellement, le titre aborigène existe même sans l'existence de la Proclamation Royale, ces titres existent partout au Canada, là où il n'y a pas eu de traité, et tirent leur origine du droit coutumier britannique* ».

En somme, la Cour reconnaît que tout peuple autochtone n'ayant pas signé de traité détient toujours une forme de titre aborigène sur les terres qu'il occupe. Selon Gérard Fritz,

> « *la nouveauté est que la décision reconnaît, parallèlement au fondement des droits sur la Proclamation ou un traité, la possibilité de les établir sur le principe de l'occupation ancestrale. En dehors de toute intervention de la puissance étatique, le titre peut dériver de la permanence de la présence de la « nation » sur son territoire. Il préexiste à la colonisation, constitue un droit opposable à l'effet de la découverte et de la colonisation et subsiste, même affecté par la législation quant à son statut juridique, si la permanence dans le temps de l'occupation est établie* »[445].

Cet arrêt marque le début d'un *aggiornamento* chez les juristes canadiens : nombre de lois antérieures et de traités seront réinterprétés à partir de sa lecture. D'autres décisions vont désormais aller plus ou moins dans le même sens. Par exemple la décision du juge Malouf d'arrêter les travaux de la Baie James[446]. Ou encore celle d'un tribunal

---

444. Cf. Calder *et al.*, (V.) Attorney, General of British Colombia (1973), SCR 313 (SCC).
445. Fritz (Gérard), *op. cit.*, p. 147.
446. *Sté de développement de la Baie James c. Kanatewat*, [1975] C.A. 166.

de première instance de la Cour fédérale dans l'affaire Baker Lake[447]. En effet, en 1979, la Cour trouve que les Inuit de Baker Lake remplissent tous les critères pour détenir un titre aborigène, mais elle ne refuse d'ordonner un arrêt des explorations que parce qu'elle estime que les troupeaux de caribous ne sont pas affectés par cette activité. Par la suite, les arrêts Sparrow[448] et Sioui[449], en 1990, précisent les limites de ces droits en commentant le terme « existants ». Dans l'affaire Sparrow notamment, la Cour suprême reconnaît que les droits des autochtones peuvent aller bien au-delà du simple titre foncier. Cet arrêt pose aussi que les droits ancestraux et issus de traités sont censés être à l'abri des empiètements législatifs.

De cette jurisprudence se dégagent quelques principes formant l'ossature du droit des autochtones actuel : une relation de fiduciaire qui signifie que l'État doit toujours agir dans le meilleur intérêt des Autochtones, le principe de l'interprétation large et libérale des lois concernant les autochtones et des traités conclus avec eux, qui doit leur être favorable du fait de leur position de faiblesse et de leur incompréhension lors de la conclusion des traités, le principe de l'équilibre entre les droits des autochtones et ceux du reste de la société, le principe de qualification par les tribunaux des droits autochtones comme des droits *sui generis*, et surtout le principe de la négociation et de la consultation visant à encourager l'État et les autochtones à résoudre ainsi leurs différends[450]. C'est ainsi que depuis 1975, comme le signale S. Grammond[451], des « accords sur des revendications territoriales globales » ont été conclus, parmi lesquels l'Accord du Nunavut en 1993. Des négociations sont en cours avec de nombreuses autres nations autochtones. Cette politique consiste, chaque fois qu'une revendication globale est présentée par un peuple autochtone se fondant sur un titre ancestral territorial non éteint, à lui offrir une compensation financière, une participation aux redevances d'exploitation des ressources naturelles, des droits de chasse et de pêche, une participation à la gestion des ressources naturelles et à l'évaluation environnementale et d'autres types d'avantages, en échange de l'extinction du titre ancestral. Quelle que soit l'appréciation que l'on porte sur le rôle des tribunaux sur la reconnaissance et la mise en œuvre des droits autochtones, on conviendra qu'ils ont permis à ces derniers d'acquérir une certaine crédibilité.

### *2° La Constitution canadienne de 1982*

Cette Constitution renforce les droits des autochtones bien que l'Accord sur le Nunavut ne soit pas en lui-même constitutionnalisé.

447. *The Hamlet of Baker Lake v Le Ministre des Affaires indiennes et du Nord Canadien,* [1980] I C.F.518 (Div. 1ère instance).
448. R. C. Sparrow, [1990] 1 RCS 1075.
449. R. C. Sioui, [1990] 1 RCS 1025.
450. Grammond (Sébastien), *Aménager la coexistence, op. cit.*, p. 113-121.
451. *Ibidem,* p. 108-109.

### a) Le renforcement des droits des autochtones

À travers deux de ses articles, cette nouvelle Constitution renforce les droits des autochtones. L'article 25 qui stipule que :

> « *Le fait que la présente charte garantit certains droits et libertés ne porte pas atteinte aux droits et libertés ancestraux, issus des traités ou autres, des peuples autochtones du Canada, notamment :a) aux droits ou libertés reconnus par la proclamation royale du 7 octobre 1763 ; b) aux droits ou libertés existants issus d'accords sur les revendications territoriales ou ceux susceptibles d'être ainsi acquis* ».

Ainsi, la Charte ne doit pas porter atteinte aux droits ou libertés ancestraux, issus de traités ou autres des peuples autochtones du Canada, y compris ceux que leur reconnaissait la proclamation royale du 7 octobre 1763. Et l'article 35 qui donne une garantie constitutionnelle aux droits autochtones et entérine la distinction entre minorités et autochtones. Ce nouveau texte affirme dans son article 35.1 que : « *Les droits existants – ancestraux ou issus de traités – des peuples autochtones du Canada sont reconnus et confirmés* ». Ces droits ainsi garantis sont de nature collective : les autochtones constituent des entités constitutionnelles distinctes. Elles ne sont pas fondées sur la race, mais sur les règles déterminées par chaque groupe visé définissant des critères d'appartenance, où peuvent entrer la résidence, l'autodéfinition, la condition adoptive, etc. *A priori*, un Blanc pourrait donc être considéré comme autochtone s'il remplit les conditions exigées.

D'autre part, beaucoup de juristes pensent que les droits « ancestraux » comprennent le droit à l'autonomie gouvernementale. Il s'agirait d'un droit préexistant qui ne pourrait être que reconnu, et non pas créé. Cependant, il ne pourrait conduire à la sécession, devant être exercé dans le cadre de la Confédération canadienne. C'est grâce aussi à l'article 35 que les ententes territoriales signées entre les autochtones et le gouvernement fédéral sont dorénavant insérées dans la Constitution. Tous les groupes autochtones n'ont pas signé de tels accords. Mais certains, très importants, comme l'Accord du Nunavut, sont déjà acquis[452].

### b) La non-constitutionnalisation de l'Accord du Nunavut

Les Inuit appartiennent à la catégorie constitutionnalisée de « peuples autochtones », puisque l'article 35 de la Loi Constitutionnelle de 1982 y fait expressément référence. La Cour suprême engageant les acteurs à passer par la voie politique et non judiciaire, en 1993, le Parlement du Canada a adopté deux lois, l'une sur les Revendications Territoriales Globales et l'autre sur la création du Nunavut, un gouvernement public. Mais alors que l'Accord sur les RTG est un accord au sens de la section 35 de la Loi constitutionnelle, l'Accord politique sur le Nunavut ne correspond pas à un traité au sens de cette section. À cause de l'existence d'un gouvernement public, on ne devrait pas, en principe, se focaliser sur une seule identité. Il n'empêche qu'on peut soutenir, comme certains, que

452. Voir Rouland (Norbert), *op. cit.*

cet accord « met en œuvre un droit ancestral à l'autonomie gouvernementale et que sa protection constitutionnelle découle de fait »[453]. Par ailleurs, le survol de l'ensemble des dispositions des Accords permet de mettre en exergue l'identité inuit.

### 3° *La reconnaissance de l'identité inuit*

Cette reconnaissance est bien ressortie par Nicolas Blanc[454]. Le Préambule de l'Accord sur les RTG reconnaît un droit de participation des Inuit, en tant qu'Inuit, aux prises de décisions concernant un certain nombre de domaines énumérés. La tradition inuit est reconnue comme ayant participé à la caractérisation de l'identité canadienne, tout en conservant son caractère distinctif. L'Accord ne restreint pas la qualité d'Inuit à l'occupation des terres garanties par l'Accord. Les espaces normatifs relatifs à la qualité d'Inuit, d'abord avec le droit ancestral, ensuite avec la poursuite des coutumes inuit, et enfin le droit Inuit *propio motu*, concernent tout l'espace physique représenté par le Nunavut.

Le point 12.2.24.ii rappelle les particularités des traditions des Inuit en matière de communication orale et de prises de décisions. Le point 13.3.13.b) souligne l'attention à accorder « *à la culture, aux coutumes et aux connaissances des Inuits* » dans la gestion de l'eau. Le point 23.4.1 organise un plan triennal d'embauche des Inuit au sein des structures du gouvernement. Toutefois, l'Accord précise au point 2.7.3 que la qualité d'Inuit en tant que titulaire de droits constitutionnels particuliers, n'est en rien incompatible avec les droits constitutionnels dont on est titulaire en tant que membre de la communauté canadienne. Et le point 2.9.3 précise que les expressions ambiguës ne seront pas interprétées en faveur des Inuit. Une procédure d'arbitrage est prévue au point 38 en cas de mésentente sur l'interprétation de l'Accord.

Par ailleurs, la législation de l'Assemblée parlementaire depuis 1999 permet d'avoir une idée de la place accordée à l'identité inuit. Il en ressort une surdétermination des traditions juridiques inuit. La loi sur les droits de la personne (5 novembre 2003, chap. 12) souligne avec netteté l'existence de principes fondamentaux et la nécessité de reconnaître les spécificités de la tradition juridique inuit dans leur interprétation (p. 6). Il en découle l'obligation de connaissance de la tradition juridique inuit pour être nommé au Tribunal des droits de la personne (p. 14). La loi sur la protection de la langue inuit (18 septembre 2008) a un statut quasi-constitutionnel. Elle vise à appuyer la protection, l'usage et la promotion de la langue inuit. De nouveaux droits et obligations relatifs à la langue inuit sont créés concernant son usage par les organismes du secteur public, les municipalités et les organismes du secteur privé. Il crée aussi trois nouveaux champs d'intervention de la part du gouvernement en appui à la langue inuit. Le projet de loi ainsi que la *Loi sur les langues officielles* font l'objet d'un examen exhaustif par l'Assemblée législative

453. Hoog (Peter) et Turpel (Mary Ellen), « Implementing Aboriginal Self-Government: Constitutionnaland Juridictional Issues », (1995) 74 R. du B. can. 187, p. 211-212, cité par Grammond (Sébastien), *op. cit.*, p. 293.

454. Blanc (Nicolas), « Ordres/traditions/identités juridiques autochtones et étatiques : la contribution du Nunavut canadien au fédéralisme complexe », colloque AIDC, Mexico, 2010, p. 13.

tous les cinq ans[455]. Toutefois, comme le rappelle Blanc Nicolas[456], la jurisprudence de la Cour de justice du Nunavut démontre que la « quiddité » inuit n'est soulignée que lorsque cette inférence est pertinente[457], et que même lorsqu'elle est soulignée, une autre identité peut prévaloir[458], et dans tous les cas, la prise en compte de cette « quiddité » ne peut impliquer le non-respect des valeurs fondamentales de l'ordre constitutionnel canadien. Le gouvernement public permet une auto-identification identitaire, tout en permettant dans le même temps, une liberté identitaire, ce qui est une condition pour une « coexistence optimale des droits et des coutumes »[459].

### *4° Le Canada, un État multiculturel*

Le Canada actuel se caractérise par la relative importance de la population autochtone : 3,5 % de la population totale, et par sa politique progressiste vis-à-vis des populations autochtones. L'intérêt politique et juridique des solutions adoptées et des négociations en cours concernant leur statut est important. Elles pourraient constituer un modèle dans d'autres parties du monde. Cependant, le Canada n'a adopté que tardivement cette politique pluriculturelle. Sur la base de la classification établie par A. Semprini, il correspond au modèle libéral multiculturel, celui où des sociétés se reconnaissent comme hétérogènes, mais dont les membres continuent à vouloir vivre ensemble. La distinction entre sphère publique et privée existe, ainsi que la compatibilité avec la formule politique de l'État-nation. Les groupes sont reconnus en tant qu'entités collectives, et leur existence n'est plus considérée comme un obstacle à la cohésion de la société globale, mais, au contraire, comme l'instrument la facilitant : le groupe devient alors un organe médiateur entre le privé et le public, et la frontière entre les deux sphères devient poreuse. Très souvent, la reconnaissance d'un multiculturalisme plus affirmée, loin d'être le signe d'une inéluctable progression vers la fragmentation, conduit plus sûrement vers l'intégration[460].

Ainsi, l'accord du Nunavut, qui aboutit à une cession sans précédent par son étendue de droits divers sur un cinquième du Canada au profit des Inuit, n'équivaut nullement à une séparation. Malgré tout, un problème est débattu au Canada depuis quelque temps, puisque la majorité de la population accepte que les législateurs indigènes votent des projets de loi dont les peuples autochtones seront exemptés, en vertu de leur autonomie législative. Cela gêne une partie de la société majoritaire qui ressent une

455. *Ibidem*, p. 13.

456. *Ibidem*.

457. Selon Blanc (Nicolas), sur les 200 décisions de justice étudiées de la Cour de justice ou de la Cour d'Appel, seules environ 34 décisions tiennent compte de la quiddité inuit comme déterminante. Par exemple, dans un arrêt : The Queen v. Lucien Tootoo [2000] NU. C.J. CanLII 1493, la Cour souligne la quiddité inuit, mais non pertinente (§66).

458. Par exemple dans (R.V.) Suwarak [2005] NU. C.J. 12 : un Inuit sourd et muet argue de la violation de la s. 14 de la Charte canadienne des droits ; l'identité qui prévaut est celle du sourd et muet.

459. Otis (G.) et Edmond (A.), « *L'identité autochtone dans les traités contemporains : de l'extinction à l'affirmation du titre ancestral* », (1996) 41 McGill L. J. 353, p. 370.

460. Rouland (Norbert), *op. cit.*

sorte d'influence excessive des peuples autochtones au Parlement. Mais en réalité, les législateurs autochtones assurent un lien politique important et nécessaire entre les peuples autochtones et la société majoritaire ; leur présence donne aux parlements une représentativité et une légitimité multiculturelle.

En somme, dans les deux cas étudiés, l'on voit bien que le pluralisme contribue largement à la remise en cause de certains principes. Même s'il n'est pas fortement assumé, il connaît de remarquables avancées. Il participe par ailleurs à la transformation de l'organisation des pouvoirs dans l'État. C'est en tout cas ce qui se passe en Nouvelle-Calédonie et au Nunavut.

## SECTION 3
## La transformation de l'organisation des pouvoirs dans l'État

Quelle que soit sa forme, l'autodétermination conduit au retrait progressif de l'État, qui délaisse progressivement des compétences ou des pouvoirs au bénéfice de l'entité appelée à s'émanciper.

### I - Des compétences et des pouvoirs partagés en Nouvelle-Calédonie

La Nouvelle-Calédonie n'est plus un territoire d'outre-mer de l'article 74 de la Constitution. Elle est la Nouvelle-Calédonie, catégorie spécifique créée par l'article 77 nouveau. La révision constitutionnelle de mars 2003 relative à l'organisation décentralisée de la République refonde l'ensemble de l'Outre-mer, et laisse à la Nouvelle-Calédonie un statut particulier, bien que transitoire, régi par le titre XIII de la Constitution. Celui-ci est original et la dote d'une très large autonomie. Beaucoup a été dit à ce sujet. Qu'en est-il exactement ?

#### A. Ampleur et originalité de la répartition et des transferts de compétences

La répartition procède au nouveau partage alors que les transferts opèrent de nouveaux flux de compétences de l'État vers la Nouvelle-Calédonie.

##### *1° La répartition et les transferts de compétences*

Il s'agit d'une répartition globale qui, par souci de clarté et d'efficacité, procède par énumération des compétences respectives des intéressés et même par double détermination des compétences au sein de chaque collectivité dans la mesure où elle fixe le principe de répartition entre l'assemblée délibérante et l'exécutif de chacune.

##### a) La répartition des compétences

Elle procède par énumération des compétences attribuées à l'État, à la Nouvelle-Calédonie, aux provinces et aux communes. Nous ne nous intéresserons pas ici aux compétences des communes.

• **Les compétences de l'État.** Selon l'article 1 de la loi organique n° 2009-969 du 3 août 2009, l'État est compétent dans les matières suivantes : la justice, l'ordre public et les services publics, la défense et la sécurité, la monnaie et les affaires étrangères. On peut considérer qu'il s'agit d'un ensemble de compétences comprenant des compétences exclusives, des compétences régaliennes ainsi que celles qui facilitent l'exercice de ces dernières. Globalement, l'État ne les partage pas jusqu'à la consultation sur l'autodétermination. La partie II de cet article donne à l'État la compétence d'autres matières. Ces compétences sont généralement considérées comme des « compétences partagées ». Elles contribuent largement à fonder l'idée d'une « souveraineté partagée » chère à une partie de la doctrine. En matière internationale par exemple, l'État donne à la Nouvelle-Calédonie des garanties de procédure. Elles sont en effet la marque ou l'esquisse d'une certaine émancipation ou autodétermination. Toujours sous l'angle de l'autodétermination, la remarque selon laquelle l'Accord de Nouméa prend soin d'évoquer l'importance d'être compétent, ou le fait que « *Pendant cette période, des Néo-Calédoniens seront formés et associés à l'exercice des responsabilités dans ces domaines, dans un souci de rééquilibrage et de préparation à cette nouvelle étape* » nous paraît très pertinente. La partie III de cet article reconnaît à l'État des compétences qu'il exerce également jusqu'à leur transfert à la Nouvelle-Calédonie, dans les conditions prévues à l'article 26. Ces compétences sont dites provisoires parce qu'elles ne sont exercées par l'État qu'en attendant leur transfert à la Nouvelle-Calédonie, car selon cet article, elles doivent être transférées au cours de la période 2004-2009, après avoir fait l'objet d'une loi du pays adoptée par le Congrès de la Nouvelle-Calédonie. C'est bien encore la « dynamique des transferts »[461] qui apparaît ici, et bien sûr, celle de l'autodétermination.

• **Les compétences de la Nouvelle-Calédonie.** L'article 22 de la loi organique présente, à la manière fédérale, une longue liste « interminable »[462] de compétences précisément énumérées. Ce qui donne une indication sur l'« ampleur inhabituelle » des compétences transférées. Celles-ci de surcroît ne sont pas figées. Elles sont appelées à augmenter au fur et à mesure que se font les transferts, car l'Accord de Nouméa est véritablement bâti sur une dynamique d'autodétermination. Il faudrait noter aussi que certaines compétences n'ont pas été transférées, mais créées pour la Nouvelle-Calédonie. L'article 5 de la loi organique lui permet de

> « *déterminer librement les signes identitaires permettant de marquer sa personnalité aux côtés de l'emblème national et des signes de la République* », *et même de* « *modifier son nom* ». L'article 24 lui permet « *dans le but de soutenir ou de promouvoir l'emploi local, de prendre au bénéfice des citoyens de la Nouvelle-Calédonie et des personnes qui justifient d'une durée suffisante de résidence, des mesures visant à favoriser l'exercice d'un emploi salarié, sous réserve qu'elles ne portent pas atteinte aux avantages individuels et collectifs dont bénéficient à la date de leur publication les autres salariés* ».

461. Chauchat (Mathias), *op. cit.*, p. 101.
462. *Ibidem*, p. 102.

Certaines compétences comme la compétence minière (art 39 à 42) et la domanialité publique (art. 43 à 46) sont particulièrement développées en raison de leur importance locale.

• **Les compétences des provinces.** L'article 20 alinéa 1 de la loi organique qui stipule que « *chaque province est compétente dans toutes les matières qui ne sont pas dévolues à l'État ou à la Nouvelle-Calédonie par la présente loi, ou aux communes par la législation applicable en Nouvelle-Calédonie* » donne aux provinces la compétence de droit commun. Elles sont donc en charge de tout ce que les autres n'ont pas en charge. Elles sont les « collectivités prééminentes, dotées de la compétence de principe », tant que tous les transferts n'auront pas été effectués. Ces compétences concernent l'agriculture, l'action sanitaire et sociale, l'aide sociale, les programmes d'habitat, d'urbanisme et de construction, les infrastructures de transport d'intérêt provincial, la culture, le tourisme, le sport, le développement économique, les aides aux entreprises.

Par ailleurs, sur la base des articles 45 et 46, elles sont compétentes pour le domaine public maritime comprenant la zone dite des cinquante pas géométriques, les rivages de la mer, les terrains gagnés sur la mer, le sol et le sous-sol des eaux intérieures, telles que définies par les conventions internationales, le sol et le sous-sol des eaux territoriales. De même, elles peuvent réglementer et exercer les droits d'exploration, d'exploitation, de gestion et de conservation des ressources naturelles, biologiques et non biologiques, des eaux intérieures dont celles des rades et lagons, de leur sol et de leur sous-sol, et du sol, du sous-sol et des eaux sus-jacentes de la mer territoriale. Même si la dynamique des transferts profite davantage à la Nouvelle-Calédonie qu'aux provinces, le poids des compétences provinciales reste considérable. Par ailleurs, les provinces constituent « un élément incontournable du partage géographique et ethnique du pouvoir politique en Nouvelle-Calédonie »[463].

### b) Les transferts de compétences

Le principe du transfert des compétences, de l'irréversibilité ainsi que celui de l'échelonnement des transferts reposent sur l'article 77 de la Constitution résultant de la révision constitutionnelle du 20 juillet 1998 qui dispose que :

> « *les compétences de l'État qui seront transférées, de façon définitive, aux institutions de la Nouvelle-Calédonie, l'échelonnement et les modalités de ces transferts, ainsi que la répartition des charges résultant de ceux-ci* ».

Il s'agit donc de principes constitutionnels auxquels le législateur ne saurait porter atteinte. Le transfert étant d'une grande ampleur, il est accompagné de mesures et de moyens conséquents. L'article 21-III de la loi organique précise que pour les compétences détenues à titre transitoire par l'État, le transfert au profit de la Nouvelle-Calédonie est prévu au cours de la période correspondant aux mandats du Congrès commençant en 2004 et 2009. Si l'ampleur des transferts de compétences et l'originalité de leur répartition

463. *Ibidem*, p. 131.

méritent sans aucun doute une attention particulière, nous nous attarderons surtout un peu plus loin sur leur irréversibilité.

### c) L'importance de la provincialisation et de la collégialité gouvernementale

Comme l'affirme le Professeur Faberon, les provinces constituent le cœur du dispositif tant des Accords de Matignon que de l'Accord de Nouméa, et la provincialisation est la clé politique qui a permis ces Accords car elle est l'instrument qui a conduit au partage interne des pouvoirs entre les deux grandes familles politiques de la Nouvelle-Calédonie plurielle dans la tolérance réciproque. Certes, les tentatives de répartir le pouvoir sur l'ensemble du pays sont-elles plus anciennes (Statut Lemoine en 1984 ou Statut Fabius-Pisani en 1985 par exemple), mais la provincialisation a été la réponse déterminante au problème calédonien que les précédents statuts ont eu du mal à trouver. Elle a permis aux formations indépendantistes d'affirmer réellement leur présence sur l'échiquier politique et elle aboutit à un fédéralisme interne de fait, confortant ainsi l'idée d'un partage effectif des pouvoirs. Il faut toutefois ajouter qu'elle ne visait pas que la redistribution du pouvoir politique, elle visait aussi et vise toujours le rééquilibrage économique et social, l'atténuation des inégalités économiques et sociales entre Nord et Sud d'une part, Nord et Loyauté d'autre part. L'importance de la provincialisation vient aussi du fait que la citoyenneté calédonienne est formée par le corps électoral provincial. La seule élection propre à la Nouvelle-Calédonie est celle des assemblées de province dont une partie forme le Congrès de la Nouvelle-Calédonie. Elle n'est ouverte qu'aux citoyens calédoniens[464].

Par ailleurs, la collégialité gouvernementale calédonienne n'est pas une simple collégialité traditionnelle. « *On ne retrouve pas vraiment les critères classiques : la majorité, la solidarité, la démission obligatoire* »[465]. Elle a un objectif particulier : amener toutes les forces politiques à travailler ensemble dans le cadre d'un certain consensus, en évitant que la majorité l'emporte toujours sur la minorité. L'affirmation selon laquelle « *la collégialité gouvernementale, avec la provincialisation, est la tentative calédonienne pour surmonter les fragilités du pays. C'est le cœur du système calédonien* »[466] est pertinente. De notre point de vue, elle est non seulement un des éléments de l'originalité calédonienne, mais aussi un de ceux qui concourent à la dynamique de l'autodétermination.

### *2° L'octroi de pouvoirs exceptionnels*

Il s'agit essentiellement du pouvoir normatif autonome et dans une moindre mesure, de celui d'auto-organisation et de la participation aux relations internationales.

464. FABERON (Jean-Yves), *Des institutions pour un pays, la Nouvelle-Calédonie en devenir, op. cit.*, p. 85-91.
465. CHAUCHAT (Mathias), « La nature du régime politique calédonien », *in Colloque sur « Le droit constitutionnel calédonien »*, POLITEIA, n° 20 (2011), p. 166.
466. CHAUCHAT (Mathias), *Les institutions en Nouvelle-Calédonie, Institutions politiques et administratives, op. cit.*, p. 55.

### a) La loi du pays, pouvoir normatif autonome

On peut considérer que les lois du pays sont des délibérations adoptées par le Congrès et ayant force de loi dans le domaine défini à l'article 99. Mais sa nature juridique est l'objet d'une controverse. La valeur législative de la loi du pays n'étant clairement affirmée que dans la loi organique et non dans la Constitution elle-même, peut-on déduire la nature législative de la loi du pays de son régime contentieux et de la force juridique qui lui est attribuée ? Une grande majorité de la doctrine n'y voit pas de problème. De même que le Conseil constitutionnel[467], le tribunal administratif de Nouvelle-Calédonie[468], la Cour administrative d'appel de Paris[469], le Conseil d'État[470], ainsi que le rapporteur de la Commission des lois constitutionnelles à l'Assemblée nationale, Madame C. Tasca[471] et le Garde des Sceaux, Madame Guigou[472]. Tandis que pour le Professeur Olivier Gohin, la compétence du Conseil constitutionnel n'est pas en soi une preuve irréfragable de la nature législative de la loi du pays, dans la mesure où le Conseil est également saisi de conventions internationales et des règlements intérieurs des assemblées parlementaires. Il propose donc de considérer la loi du pays calédonienne comme

> « *un règlement autonome, ni administratif, ni législatif, qui constitue, en matière législative, un acte spécifique, doté de la force de la loi et relevant du contentieux constitutionnel, sans avoir, une nature législative ni être à fortiori un acte formellement législatif* »[473].

Les professeurs Favoreu et Philip affichent aussi une certaine réserve et parlent d'une « nature juridique incertaine »[474].

Pour le Professeur J.-Yves Faberon,

> « *la loi du pays est bien un acte législatif, expression d'un pouvoir de nature législative. Ce qui la distingue de la loi (de l'État) est essentiellement que la loi du pays* [...] *ne s'applique que dans le pays. Par la création de la loi du pays, l'État partage sa mission souveraine de légiférer avec une collectivité de son sein*[475].

L'analyse de Carine Gindre David conduit à penser qu'

> « *aucun élément dans l'appréciation formelle ne fait obstacle à la reconnaissance de la nature législative de la loi du pays à condition de prendre en considération le contexte particulier dans lequel elle s'inscrit et de tenir compte de l'évolution dans le signifié de la notion de « nature législative »* ».

---

467. Décision n° 99-410 DC du 15 mars 1999, « Loi organique relative à la Nouvelle-Calédonie », Rec., p. 51.
468. Tribunal administratif de Nouvelle-Calédonie, 2 mars 2000, M. David Bensimon, req. N° 9900452, inéd.
469. CA Paris, 20 décembre 2002, M. Cortot, req. n° 02PA00451, *La lettre de la Cour,* n° 48, janv. 2003, p. 4 et 5.
470. C.E., Section de l'intérieur, avis n° 370.002 du 2 mars 2004 sur l'avant-projet de loi du pays relatif aux procès-verbaux de palabres coutumiers, non publié.
471. Mme (C.) Tasca affirme lors des discussions sur la loi constitutionnelle du 20 juillet 1998 que « *les institutions du territoire seront véritablement dotées d'un pouvoir législatif autonome* ».
472. Mme (E.) Guigou déclare au Sénat qu' « *il s'agit de reconnaître à certaines délibérations d'une importance particulière et qualifiées par l'Accord de Nouméa de loi du pays, une dignité égale à celle des lois votées par le Parlement* ».
473. Gohin (Olivier), « Les lois du pays : contribution au désordre normatif français », *RDP, n° 1-2006,* p. 101.
474. Favoreu (Louis) et Philip (Loïc), *Les grandes décisions du Conseil constitutionnel,* Dalloz, 2003, n° 51, p. 920.
475. Faberon (Jean-Yves), « La loi du pays », *in La souveraineté partagée en Nouvelle-Calédonie et en droit comparé,* (dir.) (J.-Y.) Faberon et (G.) Agniel, La documentation française, Paris, 2000, p. 311.

De même, poursuit-elle,

> « *rien dans le domaine matériel de la loi du pays ne paraît source de négation de la nature législative de cette loi. Car, dans les limites de la répartition des compétences, la loi du pays intervient bien dans les domaines essentiels du développement économique et social du territoire, et c'est bien là le rôle essentiel de la norme législative, à savoir répondre aux aspirations de la population locale, par la prise de décision politique* »[476].

Quoi qu'il en soit, la loi du pays met fin à l'exclusivité de la loi de l'État. La Nouvelle-Calédonie se voit attribuer un véritable pouvoir législatif qu'elle partage désormais avec ce dernier. C'est une innovation majeure, qui a justement nécessité une révision constitutionnelle, eu égard à l'article 34 de la Constitution selon lequel « la loi est votée par le Parlement », à l'article 6 de la Déclaration des droits de l'homme de 1789 selon lequel

> « *la loi est l'expression de la volonté générale ». On peut ajouter aussi l'article 1^er^ de la Constitution : « La France est une république indivisible, laïque, démocratique et sociale. Elle assure l'égalité devant la loi de tous les citoyens sans distinction d'origine, de race ou de religion* [...] », ainsi que l'article 3 de la Constitution : « *La souveraineté nationale appartient au peuple qui l'exerce par ses représentants et par la voie du référendum. Aucune section du peuple ni aucun individu ne peut s'en attribuer l'exercice* ».

Le Congrès de la Nouvelle-Calédonie est ainsi la première assemblée territoriale française à être dotée du pouvoir de prendre des actes ayant force de loi. Certains y ont vu un « *embryon de parlement néo-calédonien* »[477]. D'autres expliquent la singularité de la loi du pays comme le résultat de choix explicites et de compromis entre les acteurs politiques locaux et entre les négociateurs de l'Accord de Nouméa et du constituant français[478]. Il s'agit alors d'un pouvoir normatif autonome. C'est, en tout cas, un pas important vers l'autodétermination.

### b) Le pouvoir d'auto-organisation

R. Carré de Malberg définit l'auto-organisation comme

> « *la faculté, pour une collectivité, de se donner à elle-même sa Constitution, c'est-à-dire de déterminer par sa propre volonté, soit les organes qui exerceront sa puissance, soit l'étendue et les conditions d'exercice de cette puissance* »[479].

Alors que la compétence d'auto-organisation prévue par l'article 74 de la Constitution à travers la consultation des assemblées des territoires d'outre-mer lorsqu'il s'agit de leur organisation particulière, ne fait pas l'unanimité, celle de la Nouvelle-Calédonie prévue par l'Accord de Nouméa et la loi organique pour ce qui est des transferts de compétence ne fait pas de doute. En effet, le préambule de l'Accord de Nouméa prévoit que

476. Gindre David (Carine), *Essai sur la loi du pays calédonienne*, *op. cit.*, p. 202 et 285.
477. Dosiere (René), *Rapport sur les projets de loi relatifs à la Nouvelle-Calédonie* », Doc., AN, enregistré le 16 décembre 1998, n° 1275, t. 1, p. 19.
478. Gindre David (Carine), *Essai sur la loi du pays calédonienne*, *op. cit.*, p. 32.
479. Carrré De Malberg (R.), *Contribution à la théorie générale de l'État*, Sirey, 1920, rééd. CNRS, 1962, t. I., p. 159.

> « *Des compétences seront transférées dès la mise en œuvre de la nouvelle organisation. D'autres le seront, selon un calendrier défini, modulable par le Congrès, selon le principe d'auto-organisation...* ».

Si le Congrès décide du transfert d'une compétence, il peut en dessaisir le législateur et cela, de manière irréversible. Peu importe que quelques différences soient apparues au sujet de la compétence d'auto-organisation entre l'Accord de Nouméa et la loi organique, le plus important est que cette compétence existe. Elle constitue à nos yeux un pas de plus vers l'autodétermination.

#### c) La participation aux relations internationales

Au niveau des relations extérieures, la Nouvelle-Calédonie peut intervenir à trois niveaux : la conclusion d'accords internationaux, la participation à des organismes internationaux et la coopération décentralisée. Nous reviendrons plus loin sur cette participation aux relations internationales, mais il convient de noter ici qu'elle constitue elle aussi un pas vers l'autodétermination car elle lui permet d'ores et déjà de « s'engager en son nom et de s'afficher comme un État en devenir »[480].

## B. Le partage des pouvoirs et l'autodétermination

S'agit-il d'une souveraineté partagée ou d'un partage des compétences ? La doctrine est divisée à ce sujet. Que ce soit l'une ou l'autre, ce qui retiendra surtout notre attention est son rapport avec l'autodétermination.

### *1° Souveraineté partagée ou partage des compétences et des pouvoirs*

La compétence est attribuée par un texte. Cette notion renvoie à des domaines, à des matières qu'il convient de distinguer des « attributions ». Celles-ci désignent les pouvoirs dont disposent les autorités s'agissant d'une compétence déterminée. A. Moyrand affirme que ceux qui acceptent le concept de la souveraineté partagée, l'assimilent généralement à l'exercice de compétences, qu'elles soient matérielles comme les relations internationales ou qu'elles constituent de véritables « pouvoirs juridiques », notamment la capacité législative et le pouvoir d'auto-organisation, même si, en réalité, il ne s'agirait que d'un pouvoir normatif « décentré », qui ne remet pas en cause l'unité politique de l'État. Selon lui, cette thèse qui assimile la souveraineté partagée à l'exercice des compétences s'expose à certaines critiques. Le champ des compétences dites souveraines ou régaliennes varie d'un auteur à l'autre et d'un pays à l'autre selon son histoire.

#### a) La souveraineté partagée, un concept controversé

Une abondante littérature s'est focalisée ces derniers temps sur le concept de « souveraineté partagée ». Alors que certains auteurs l'ont affirmé avec plus ou moins de conviction, d'autres l'ont rejeté avec fermeté, et d'autres encore se sont simplement

---

480. Bertram (Robert), *La bipolarisation politique de la Nouvelle-Calédonie depuis 1975*, *op. cit.*, p. 324.

posé des questions à son sujet. Il n'existe pas de définition bien arrêtée pour ce concept, compte tenu de la polysémie du terme même de « souveraineté » et de la pluralité des significations que les juristes lui accordent[481]. Est-ce une formule politique ou un concept juridique ? Est-il opérationnel, c'est-à-dire analytique, prescriptif, efficace pour procéder à des classifications ? Dans son rapport de synthèse à la fin d'un colloque, le professeur Ziller propose sept éléments caractéristiques de ce qu'il considère comme *« la notion émergente de la souveraineté partagée »*[482]. Les partisans de ce concept considèrent que l'idée d'une souveraineté absolue est anachronique, que celle-ci a plutôt un « caractère relatif »[483], et qu'elle peut « se partager »[484], l'illustration en étant faite à travers deux phénomènes : la construction de l'Europe[485] et le processus de décentralisation qui « parcellise la souveraineté »[486]. Pour eux, c'est le degré de décentralisation qui est déterminant. Dès lors que la décentralisation devient politique, l'État ne conserve plus une souveraineté pleine et entière.

Les détracteurs de cette théorie affirment que la « souveraineté partagée » est un non-sens, puisque la souveraineté est unique et indivisible ; l'État étant le seul détenteur de cette qualité, il ne peut, sous peine de renier son existence, en attribuer l'exercice à une autre entité, qui lui serait étrangère ou qui constituerait un de ses démembrements. La puissance de l'État prédomine sur tous les groupements ou collectivité situés en son sein. Ces derniers peuvent disposer de « compétences », mais c'est l'État qui organise la répartition des compétences, car seul celui-ci possède « la compétence de la compétence ». Toute idée de limitation, de transfert, de division ou de partage est un non-sens[487], voire une absurdité juridique[488], puisque l'idée même d'un pouvoir suprême exclut la coexistence de deux souverainetés concurrentes[489]. La souveraineté partagée ne peut avoir qu'un sens politique, comme c'est le cas dans l'Accord de Nouméa, mais, au sens proprement juridique, même « une compétence partagée devrait se traduire par un

481. ZILLER (Jacques), « Partager la souveraineté, ici et ailleurs » *in La souveraineté partagée en N.-C. et en droit comparé,* (dir.) (J.-Y.) FABERON et (G.) AGNIEL,, *op. cit.*, p. 448-449.

482. Colloque organisé à Nouméa du 17 au 19 décembre 1999 sur « *La Souveraineté partagée en Nouvelle-Calédonie et en droit comparé* » (dir.) (J.-Y.) FABERON et (G.) AGNIEL.

483. FABERON (J.-Y.), « Nouvelle-Calédonie et Constitution : la révision constitutionnelle du 20 juillet 1998 », *RDP, 1998*, p. 129, note 35.

484. MENDRAS (Henri), « Le mal de Baudin. À la recherche d'une souveraineté perdue », *le Débat*, n° 105, 1999, p. 83. Voir aussi CHEMILLIER-GENDREAU (Monique), *Humanité et souveraineté. Essai sur la fonction du droit international,* La Découverte, Paris, 1995, p. 311.

485. QUERMONNE, « L'adaptation de l'État à l'intégration européenne », *RDP, 1998, n° 5/6, p. 1419.* Ou FAVRET (Jean-Marc), « L'intégration européenne et quelques réflexions sur la divisibilité de la souveraineté », *RDP, 1999*, p. 1741-1764.

486. BADIE (Bertrand), *Un monde sans souveraineté. Les États entre ruse et responsabilité,* Fayard, Paris, 1999, p. 101.

487. GOHIN (Olivier), « L'évolution institutionnelle de la Nouvelle-Calédonie » *AJDA*, 1999, p. 505. Cf. aussi PORTET (Philippe), « Le nouveau statut de la Nouvelle-Calédonie », *RRJ, 1999-3*, p. 940. Cf aussi LE POURHIET (Anne-Marie), « Nouvelle-Calédonie : la nouvelle mésaventure du positivisme », *RDP, 1999-4*, p. 1023.

488. BEAUD (Olivier), « Fédéralisme et souveraineté, Notes pour une théorie constitutionnelle de la Fédération », *RDP, 1998*, p. 83-122 ; du même auteur, « Le souverain », *Pouvoirs, n° 67, 1993*, p. 33-45.

489. PELLET (Alain), « Le Conseil constitutionnel, la souveraineté et les traités. À propos de la décision du Conseil constitutionnel du 31 décembre 1997 (Traité d'Amsterdam) », *Les Cahiers du Conseil constitutionnel*, n° 4, 1998, p. 115.

contreseing, voire une codécision »[490]. Pour certains auteurs, il ne s'agit que d'une autonomie renforcée[491]. Mais au fond, cette querelle doctrinale a-t-telle un grand intérêt ?

### b) Les raisons d'un partage des pouvoirs et des compétences

Au-delà de la volonté qui anime tous les juristes d'appréhender la « curiosité juridique » que constitue la Nouvelle-Calédonie, il y a une question qui nous semble utile : pourquoi partager la souveraineté, si tant est qu'elle l'a été ? Avec les arrangements de l'Accord de Nouméa et de la loi organique, il s'agit de mettre en pratique la démocratie consociative théorisée par Arendt Lijphart[492], pour trouver les voies de la paix et donc du partage. Celui-ci est ainsi lié à l'acceptation du peuple autochtone et à la reconnaissance de ses droits à l'intérieur comme au niveau international[493]. Le partage permet aussi la consécration de la souveraineté populaire sur un territoire limité. Il scelle le caractère obligatoire de l'accord conclu sous forme de pacte institutionnel ou international, il permet qu'un accord ait bien la même valeur obligatoire pour les partenaires. Il permet de déduire les incertitudes en traduisant les décisions prises dans le droit et les institutions, et en leur donnant un contenu précis et détaillé. Enfin, même s'il ne tranche pas l'incertitude sur l'avenir, il se donne un outil, le calendrier, et fixe des échéances qui se concluent par des référendums multiples, et derrière ce « *partage de souveraineté* », il existe une logique d'émancipation et de décolonisation. Celui-ci consiste en un éloignement progressif de la Nouvelle-Calédonie par rapport à la Métropole. L'objectif est clair : un choix libre de son destin à l'occasion d'une consultation finale sur l'autodétermination. La méthode retenue est la progressivité pour maîtriser le rythme. Une garantie constitutionnelle existe, c'est l'irréversibilité des transferts.

### c) Une autonomie renforcée

La singularité de la Nouvelle-Calédonie lui vient du degré ou de la forme d'autonomie qui lui a été concédé par l'État. La question est donc celle de savoir si le statut actuel de la Nouvelle-Calédonie correspond à une forme classique (ancienne) de l'autonomie ou à une forme originale de l'autonomie. Est-elle une collectivité autonomique ? Certains y répondent par l'affirmative, mais en précisant que la France n'est qu'un « État régional partiel »[494].

Selon Philippe Portet, depuis l'Accord de Nouméa, la Nouvelle-Calédonie constitue un exemple **d'autonomie renforcée** par l'attribution d'une autonomie institutionnelle d'une part et d'un pouvoir législatif autonome d'autre part[495]. Cette autonomie institutionnelle se caractérise principalement par l'élection des organes représentant les fonctions exécutive et législative, avec un fonctionnement qui s'inspire de la pratique constitutionnelle

490. Chauchat (Mathias), *Les institutions en Nouvelle-Calédonie, op. cit.*, p. 100.
491. Portet (Philippe), « Le nouveau statut de la Nouvelle-Calédonie », *RRJ, 1999-3*, p. 939-940.
492. Lijphart, Arendt, « La démocratie consociative » *in Revue internationale de politique comparée, n° 97-3.*
493. Ziller (Jacques), *op. cit.*, p. 450.
494. Moyrand (Alain), *op. cit.*
495. Portet (Philippe), « *Le nouveau statut de la Nouvelle-Calédonie* », *op. cit.*, p. 932.

métropolitaine. Ce pouvoir législatif autonome est une innovation juridique majeure par rapport au reste de l'Outre-mer français, et il a des implications constitutionnelles[496]. L'attribution d'un pouvoir législatif autonome à la Nouvelle-Calédonie constitue une innovation juridique importante qui met en cause l'indivisibilité de la souveraineté de la République. Mais elle ne s'accompagne pas d'un partage de souveraineté. Philippe Portet pense qu'il correspond à une simple limitation de souveraineté[497]. En tout cas elle participe fortement à la dynamique d'émancipation et d'autodétermination.

### *2° Une dynamique d'émancipation et d'autodétermination*

Puisqu'il est avéré qu'au minimum la Nouvelle-Calédonie partage des pouvoirs et des compétences et que son autonomie s'est renforcée, l'on pourrait se demander de quelle manière cette autonomie participe à la dynamique d'émancipation et d'autodétermination.

#### a) La loi du pays, instrument normatif de décolonisation

La modélisation d'un ensemble de collectivités détentrices du pouvoir d'adopter les lois du pays a permis de trouver un lien indéfectible entre celles-ci et la décolonisation. La loi du pays peut être utile dans un cadre politique et constitutionnel particulier, dominé en général par le consensus et la démocratie. Elle s'impose même comme *l'instrument normatif par excellence dans le cadre d'une gestion moderne de la décolonisation en ce qu'elle constitue un mode d'expression pour des populations revendiquant l'autonomie ou la sécession*[498]. C'est surtout elle qui permet de faire ressortir la singularité de la Nouvelle-Calédonie, dans un contexte constitutionnel français particulièrement méfiant et prudent, ainsi que la mise en place d'une citoyenneté locale pour construire un destin commun, dans la perspective d'une accession à la souveraineté à plus ou moins long terme. L'octroi d'un pouvoir législatif autonome à certaines minorités, qui aspirent à l'autonomie, à l'indépendance ou tout simplement au respect de leur identité, aboutit donc à atténuer tensions et conflits à travers le monde. En Nouvelle-Calédonie, ce pouvoir législatif autonome est accompagné d'une obligation de transférer des compétences.

#### b) L'obligation de transférer des compétences

Cette obligation de transférer est fondamentale mais délicate dans le contexte calédonien. C'est pour cela que sa mise en application s'est heurtée souvent à quelques difficultés. Le point 3 de l'Accord de Nouméa, qui dit que « *les compétences détenues par l'État seront transférées à la Nouvelle-Calédonie* », fait des transferts une obligation constitutionnelle. L'on peut se demander si les transferts sont automatiques ou non, c'est-à-dire si l'absence de toute loi du pays votée à la majorité des trois cinquièmes, avant ou après les dates limites définies, entraînerait l'absence de transfert. Ils « *pourraient être*

496. *Ibidem*, p. 935-936.
497. *Ibidem*, p. 940.
498. Gindre David (Carine), *Essai sur la loi du pays calédonienne, op. cit.*, p. 425-426.

*applicables de plein droit de deux manières possibles : soit par l'intervention d'un texte de transfert par l'État, une loi organique ultérieure, soit par l'effet direct de la loi* »[499], mais cette question a fait l'objet d'interprétations diverses, non dépourvues d'arrière-pensées d'ailleurs, de la part des différents acteurs politiques locaux.

Dans la pratique, les difficultés n'ont pas tardé à se manifester. Elles ont été globalement soit d'ordre technique et juridique, soit d'ordre politique. Comment faire par exemple pour régler les éventuels conflits de compétence ? En cas de zones d'incertitudes ou de recouvrement, il faudrait recourir au système d'avis auprès de certaines juridictions. Il existe « *un double mécanisme, préventif et curatif, devant le Conseil d'État ou le tribunal administratif, prévu aux articles 206 et 205 de la loi organique* »[500]. Les questions de droit nouvelles n'ont pas encore trouvé de solutions.

### c) L'irréversibilité des transferts de compétences

Le principe de l'irréversibilité des transferts de compétences est lui aussi consacré par l'Accord de Nouméa et la loi organique. Le Préambule de cet Accord énonce clairement que « *les compétences transférées ne pourront revenir à l'État, ce qui traduira le principe d'irréversibilité de cette organisation* »[501]. C'est le plus original et « le plus novateur »[502], car la délégation de compétences faite aux territoires d'outre-mer a souvent eu un caractère précaire. Et parce que la Nouvelle-Calédonie a trop souffert d'une évolution statutaire « *chaotique* », l'État a « *consenti à donner sans conserver la possibilité de reprendre* ». Ce caractère définitif des transferts a entraîné une révision de la Constitution et la consécration constitutionnelle du principe d'irréversibilité des transferts qui lui confère une forte sécurité juridique. En général, l'irréversibilité de l'organisation politique mise en place par l'Accord de 1998 dispose, par sa mention explicite dans la Constitution, d'une garantie constitutionnelle particulière, confirmée par le Conseil constitutionnel[503] qui a indiqué que celui-ci devait être respecté tant au niveau de la lettre que de l'esprit. Cette garantie couvre non seulement les institutions, la provincialisation, les transferts de compétences, l'emploi local, le statut coutumier, les modalités d'accession à la pleine souveraineté et le corps électoral des citoyens, mais aussi le gel du corps électoral. Par ailleurs, le principe d'irréversibilité est renforcé par le fait que l'Accord de Nouméa est un accord de décolonisation, la Nouvelle-Calédonie s'insérant formellement dans un processus juridique de décolonisation qui limite le choix de sortie[504].

499. Chauchat (Mathias), *op. cit.*, p. 114-117.

500. *Ibidem*, p. 103.

501. *Accord de Nouméa*, *op. cit.*, p. 8040.

502. Selon Tasca (C.), *in Rapport de la Commission des lois constitutionnelles à l'Assemblée nationale sur le projet de loi constitutionnelle relatif à la N.-C.*, Doc. Parl., AN, n° 972, 9 juin 1998, p. 64.

503. Décision du Conseil constitutionnel n° 99-410 DC du 15 mars 1999 Loi organique relative à la Nouvelle-Calédonie.

504. Chauchat (Mathias), « L'irréversibilité constitutionnelle en Nouvelle-Calédonie », *in POLITEIA*, n° 20 – 2011, p. 149-157.

Le constituant ne peut-il alors revenir sur les lois qu'il se donne ? Il semble bien qu'il est souverain et le peut, de manière discrétionnaire[505]. Mais comme le rappelle Jeanne Page,

> *« le principe de l'irréversibilité résulte d'un engagement, tout au moins moral, que l'État a scellé dans l'Accord de Nouméa, [...] il ne saurait être remis en cause par l'État, en dehors d'une demande expresse des partenaires locaux »*[506].

## II - Une décentralisation « avancée » au Nunavut

Elle se fonde sur les conventions tripartites, sur l'accord sur les revendications territoriales et sur l'accord politique.

### A. La naissance de l'autonomie gouvernementale

Un rappel sur l'origine et le rôle des conventions nous aidera à comprendre la naissance du Nunavut et de son autonomie gouvernementale.

#### *1° Origine et rôle des conventions tripartites*

Après le rejet par référendum de l'accord de Charlottetown en 1992 qui aurait pu octroyer aux peuples autochtones un droit inhérent à l'autonomie gouvernementale, la jurisprudence de la Cour suprême, tout en ayant confirmé que tout peuple autochtone détenait un titre aborigène sur les terres qu'il occupe, recommande les conventions tripartites entre les peuples autochtones, les provinces et le gouvernement fédéral. En 1995, le gouvernement fédéral se dit favorable à l'autonomie gouvernementale des peuples autochtones et encourage désormais lui aussi la négociation. Il faut remédier aux critiques sur la Loi sur les Indiens, jugée coloniale et dépassée. Il faut aussi s'adapter à la variété des situations locales. La voie est désormais ouverte aux conventions tripartites. Celles-ci vont peu à peu se multiplier et s'institutionnaliser. Elles présentent, en effet, de nombreux avantages[507]. La procédure de négociation administrative et politique requiert de longues tractations mais permet la construction d'un consensus. Elle exige plus de réflexion et implique une reconnaissance mutuelle de tous les acteurs.

Les labyrinthes juridiques, administratifs et parlementaires que les négociations doivent traverser assurent en effet la prise en compte par l'État canadien des spécificités de chacun des peuples autochtones ainsi que l'apprentissage par ces derniers de la complexité de l'État. « *Elles situent les peuples autochtones au centre de l'enjeu, les obligeant à exprimer leurs raisons dans le langage hybride afin de se rapprocher des deux autres interlocuteurs institutionnels* »[508]. L'enjeu oblige les tendances centralisatrices et décentralisatrices à s'équilibrer réciproquement. Par ailleurs, ces conventions tripartites,

505. Tasca (Catherine), JO Débats, p. 4982.
506. Page (Jeanne), *op. cit.*, p. 279.
507. Ortega (José del Carmen), *Le pluralisme juridique et les peuples autochtones*, Thèse de droit public, 2005, Université Panthéon-Assas (Paris II).
508. Lajoie (Andrée), *Quand les minorités font la loi*, PUF, 2002.

qui visent à clarifier les droits d'accès et de propriété des terres et des ressources, stimulent le développement économique. Elles servent aussi à achever la construction de l'État fédéral et multiculturel en appliquant les principes de la Constitution de 1982. Même si la négociation de l'autonomie gouvernementale peut s'effectuer isolément, par des ententes sectorielles ou bien dans le cadre d'une entente globale, le dernier mot revient en tout état de cause à la Cour suprême du Canada au sujet de l'interprétation des droits des autochtones.

### *2° La création du Nunavut*

Depuis le début des années 1970, les Inuit souhaitent avoir leur propre territoire parce qu'ils estiment qu'ils constituent une majorité culturellement homogène dans l'Arctique du centre et de l'est des Territoires du Nord-Ouest, parce qu'ils sont géographiquement éloignés du siège du pouvoir politique et administratif des Territoires du Nord-Ouest à Yellowknife, parce qu'ils pensent, avec leur propre gouvernement, mieux protéger leur culture et mieux gérer leurs affaires, et enfin parce qu'ils veulent un traité avec le gouvernement fédéral visant à clarifier leurs droits ancestraux[509]. C'est ainsi que la création du Nunavut a été précédée de la signature d'un accord sur les revendications territoriales des Inuit du Nunavut en 1993, et de celle d'un accord politique sur le Nunavut la même année. Suite à la demande des Inuit des Territoires du Nord-Ouest, confortée par le plébiscite du 14 avril 1982, démontrant l'adhésion de la population à l'idée d'une division en deux nouvelles entités politiques, le gouvernement fédéral accepte, mais exige d'arriver d'abord à un règlement des revendications territoriales des Inuit, d'établir des frontières approuvées par tous et de signer un accord politique sur le gouvernement du Nunavut.

#### a) L'accord sur les revendications territoriales

Les grandes lignes de cet accord signé en décembre 1991 entre la Fédération Tungavik du Nunavut et le gouvernement fédéral se retrouvent ci-après :

En échange des droits et des avantages obtenus grâce à l'entente finale, les Inuit du Nunavut ont abandonné toute revendication ou tout droit qu'ils pouvaient avoir sur les terres et sur les eaux du Canada. Le gouvernement du Canada s'est engagé à remettre la somme de 1,15 milliard de dollars aux Inuit, sur une période de 14 ans, à titre d'indemnisation. Les Inuit reçoivent 50% des deux premiers millions de dollars perçus en redevances chaque année par le gouvernement du Canada et 5% du reste des redevances générées par les compagnies minières et pétrolières qui opèrent sur les terres de la Couronne au Nunavut. Ils sont propriétaires de 353 610 km$^2$ de terres, soit 18% des terres de l'ensemble du territoire du Nunavut. De plus, sur une surface de 36 257 km$^2$ les Inuits détiennent les droits de propriété du sous-sol. Ils ont droit de chasse, de pêche et de piégeage sur l'ensemble du territoire touché par l'entente et ceci

509. Légaré (André), *Le gouvernement de Nunavut, op. cit.*

sans la nécessité de détenir de permis. L'entente établit la mise en place de plusieurs structures publiques de gestion au sein desquelles les Inuit sont représentés par au moins la moitié des membres. Ces structures ont pouvoir de contrôle sur l'ensemble des terres de l'entente finale. Le chapitre 4 de l'entente finale garantit l'instauration du territoire politique du Nunavut. Le gouvernement du Canada contribue pour au moins 13 millions de dollars dans l'éducation et la formation des Inuit[510].

### b) L'accord politique sur le Nunavut

Peu de temps après l'accord sur les revendications territoriales, les représentants de la FTN et ceux des gouvernements fédéral et territorial aboutissent à la signature de l'accord politique sur le Nunavut le 30 octobre 1992. Cet accord comprend cinq chapitres et de nombreux articles. Les principales dispositions prévoient que le projet de loi sur le Nunavut aille devant le parlement fédéral en même temps que le projet de loi sur les revendications territoriales du Nunavut, que le territoire du Nunavut sera instauré le 1er avril 1999, et que les pouvoirs politiques du Nunavut seront les mêmes que ceux actuellement détenus par les T.-.N.- O. La structure de l'Assemblée législative du Nunavut sera similaire à celle des T.-N.-O. Les lois des T.-N.-O s'appliqueront toutes au Nunavut, jusqu'à ce qu'elles soient modifiées ou abrogées par la législature du Nunavut. Une commission composée de dix membres aura pour objectif de dessiner les structures politiques du gouvernement du Nunavut. Ottawa paiera les coûts afférents à la création et à la gestion du Territoire du Nunavut. L'éducation au Nunavut sera une priorité ; des projets visant la formation d'Inuits au sein de la fonction publique du Nunavut seront mis de l'avant511.

Cet accord politique s'est traduit en projet de loi fédéral C- 132. Cette loi a été votée le 10 juin 1993 par le parlement canadien, le même jour que celle sur l'accord final sur les revendications territoriales des Inuit (loi C-133). La loi C-132, ou loi sur le Nunavut, fixe l'établissement du gouvernement du Nunavut au 1er avril 1999. C'est une loi qui peut être modifiée unilatéralement par le parlement canadien car elle n'est pas protégée par la Constitution. Par contre, l'accord sur les revendications des Inuit, qui constitue un traité au sens de l'article 35 de la Constitution canadienne de 1982, bénéficie d'une protection constitutionnelle[512].

### B. Un statut autonomique original mais limité

Ce statut donne lieu à la naissance d'institutions nouvelles, à une dualité de source législative et à une certaine répartition des compétences.

510. LÉGARÉ (André), « Le gouvernement du Territoire du Nunavut (1999) : une analyse prospective, ÉTUDES/ INUIT/STUDIES, 1996, 20 (1), p. 37.
511. Voir CANADA, GTNO, FTN, 1992.
512. LÉGARÉ (André), Le gouvernement du Nunavut, *op. cit.*, p. 15.

### 1° Des institutions nouvelles

Les plus importantes sont l'Assemblée législative et le gouvernement du Nunavut. Une administration régionale et locale est aussi mise en place. L'Assemblée législative et le gouvernement du Nunavut sont élus pour une période de cinq ans par l'ensemble de la population, sur la base de onze circonscriptions électorales. Elle comprend 19 membres dont le rôle est de voter des lois. Ceux-ci ne représentent pas de partis politiques et fonctionnent par consensus. Elle représente le pouvoir législatif avec le commissaire, plus haut dignitaire du parlement, représentant la Reine et nommé par le gouverneur en conseil. Même si sa fonction est essentiellement protocolaire et qu'il doit se conformer aux décisions de l'Assemblée législative, il est l'administrateur général du Nunavut, un rôle semblable à celui du gouverneur général à l'égard du gouvernement fédéral ou d'un lieutenant-gouverneur par rapport à un gouvernement provincial. Il donne son approbation aux projets de lois qui sont présentés par le cabinet et votés à la majorité des députés. Le pouvoir exécutif est constitué par le Premier ministre, chef du gouvernement, et le Conseil exécutif. Le Premier ministre est membre du parlement. Il nomme et contrôle un cabinet de ministres qu'il choisit parmi les députés élus. Ce cabinet est responsable devant l'Assemblée législative. Les ministères, les conseils, les sociétés d'État et d'autres entités du gouvernement du Nunavut appliquent les lois du Nunavut et offrent des programmes et des services gouvernementaux. Le pouvoir exécutif détient la « prérogative de la Couronne » pour initier des législations à caractère financier visant à prélever des impôts ou dépenser de l'argent public. Le pouvoir judiciaire enfin, est chargé d'interpréter les lois. Il n'existe qu'un seul niveau de juridiction au Nunavut, la Cour de justice Nunavut.

La structure gouvernementale est fortement décentralisée, avec 10 ministres situés dans 11 collectivités différentes. Certains ministres ont des fonctions centrales et d'autres, des fonctions sectorielles. Le budget du Territoire du Nunavut est voté par l'Assemblée, mais vérifié par le vérificateur général du Canada. Les biens culturels sont protégés selon les règlements adoptés par le gouverneur en Conseil. Un commissaire représente Sa Majesté et acquiert des biens et fonds pour le compte du gouverneur du Nunavut. Le service de police est assuré par la Gendarmerie Royale du Canada. Le droit applicable a été celui des Territoires du Nord-Ouest, mais remplacé peu à peu par celui du Territoire du Nunavut. Le pouvoir judiciaire est exercé par la Cour suprême du Nunavut. Ses juges sont nommés et révoqués par le gouverneur en conseil. Les juges des Cours suprêmes de Yukon et du Territoire du Nord-ouest sont d'office juges de la Cour suprême du Nunavut. Le gouverneur en conseil peut faire cesser par décret la juridiction du Nunavut. Compte tenu de l'immensité du territoire, la décentralisation a été envisagée comme un moyen pour la juste répartition des services et du personnel, mais aussi comme un facteur d'efficacité. Les sièges sociaux de certains ministères sont regroupés par secteurs et leurs bureaux répartis entre différentes régions.

### 2° *Une dualité législative et une gouvernance partagée*

La répartition des compétences traditionnellement admise entre l'État fédéral et les provinces est prévue par la Constitution alors qu'elle ne l'est pas avec les gouvernements autochtones. Elle relève d'une loi.

#### a) Des compétences partagées

Le fédéralisme est l'un des trois piliers de l'ordre constitutionnel canadien. Il signifie que le Canada possède deux paliers d'autorité politique distincts : le parlement canadien fédéral et les dix assemblées législatives provinciales et territoriales. En principe, chaque palier est souverain en ce qui concerne certaines compétences législatives, alors que d'autres compétences sont partagées. Mais il existe une nette distinction entre les provinces et les territoires sur le plan constitutionnel. Alors que les provinces exercent des pouvoirs constitutionnels de plein droit, les territoires ont des pouvoirs délégués sous l'autorité du Parlement du Canada. Le droit à l'autonomie gouvernementale n'étant pas inscrit dans la Constitution, il se situe toujours dans le champ politique. Certains estiment cependant que « l'existence et les pouvoirs des gouvernements autochtones sont protégés par la Constitution par le biais du droit inhérent à l'autonomie gouvernementale, qui est de plus en plus accepté, et que c'est dans les normes constitutionnelles qu'il faut rechercher la définition des pouvoirs des autochtones qu'une loi ne peut limiter ou restreindre ». Par ailleurs, « *L'autochtonisme commande la mise en place d'un État composé, il induit une logique autonomique, donc un partage des compétences souveraines adapté au particularisme de l'autodétermination autochtone interne* »[513].

En tout cas, ces collectivités territoriales ne sont pas équivalentes aux provinces, mais sont dotées d'autonomie où l'autorité politique, législative et administrative est assurée par les autochtones, selon les termes adoptés dans des conventions tripartites[514]. Une assemblée législative et un conseil exécutif sont créés dans chacun des territoires, et le gouvernement fédéral leur transfère de plus en plus de pouvoirs semblables à ceux des provinces. Grâce à ce processus, qu'on appelle parfois « *dévolution* », la prise de décisions et la reddition de comptes peuvent se faire localement. Concrètement, comme le rappelle Grammond Sébastien[515], les textes constitutionnels actuels ne contenant aucune énumération des pouvoirs des gouvernements autochtones, celle-ci se trouve en général dans une loi : ici la *loi sur le Nunavut,* et comme c'est le cas avec la *Loi sur les Indiens* ou la *Loi sur les Cris et les Naskapis*, ou dans un accord comme le Traité Nisga'a, les *Accords d'autonomie gouvernementale des premières nations du Yukon.*

La répartition des compétences contenue dans l'accord intervenu entre l'État et les premières nations est reprise dans une loi fédérale. Généralement, la législation

---

513. Otis (Ghislain), « L'autochtonisme aux États-Unis et au Canada, les défis de la décolonisation du rapport aux peuples premiers » *in Destins des collectivités politiques d'Océanie*, Volume I, Théories et pratiques, (dir.) (J.-Y.) Faberon, (V.) Fayaud et (J.-M.) Regnault, *op. cit.*, p. 289.

514. Dictionnaire *Wikipedia*

515. Grammond (Sébastien), *op. cit.*, p. 320-321.

fédérale moderne qui reconnaît des gouvernements autochtones attribue à ceux-ci la personnalité morale et leur reconnaît la capacité d'une personne physique qui leur permet de posséder et de gérer un patrimoine, de conclure des contrats, de contracter des emprunts et ester en justice. Elle peut leur attribuer aussi des pouvoirs normatifs de comportement qui s'appliquent à leurs membres et aux personnes qui se trouvent sur leur territoire. Ces pouvoirs sont territoriaux dans la plupart des cas. Mais il arrive qu'ils soient aussi personnels. C'est le cas avec la *Loi sur l'autonomie gouvernementale des premières nations du Yukon*. Souvent, cette énumération concerne des domaines bien précis, mais parfois aussi, l'énumération des compétences n'est pas limitative et les gouvernements locaux se voient alors reconnaître le pouvoir général de faire des règlements pour des fins de « bonne administration locale ».

La loi fédérale sur le Nunavut, par souci de clarté et d'efficacité, procède par énumération des compétences de la Législature. Selon l'article 23. (1), elle peut légiférer sous réserve de toute autre loi fédérale en toute matière dans certains domaines comme : les élections législatives, y compris l'éligibilité et l'exercice du droit de vote ; le droit de siéger à l'assemblée et d'y voter ; la création de postes dans la fonction publique du Nunavut, les conditions d'occupation de ces postes, la nomination et la rémunération des titulaires ; l'administration de la justice au Nunavut, y compris la constitution, la prise en charge financière et matérielle et l'organisation des juridictions territoriales tant civile que criminelle, de même que la procédure civile ; la création, l'entretien et la gestion de prisons et de lieux de détention dans les limites et pour les besoins du Nunavut ; les institutions municipales et locales du Nunavut ; les hôpitaux et œuvres de bienfaisance, dans les limites et pour les besoins du Nunavut ; les impôts directs, dans les limites du Nunavut, pour la perception de recettes à des fins territoriales, municipales ou locales ; la propriété et les droits civils au Nunavut ; l'éducation dans les limites et pour les besoins du Nunavut, à condition que les lois s'y rapportant confèrent toujours le droit ; la préservation, l'utilisation et la promotion de la langue inuktitut, dans la mesure où les lois qui en résultent ne portent pas atteinte au statut du français et de l'anglais, ni aux droits afférents ; l'agriculture dans les limites du Nunavut ; la conclusion d'accords intergouvernementaux par le commissaire ou tout autre fonctionnaire du Nunavut ; les dépenses aux fins territoriales ; d'une façon générale, toutes les matières d'intérêt purement local ou privé dans les limites du Nunavut ; l'infliction de peines d'amende, d'emprisonnement ou autres pour infraction aux dispositions d'une de ses lois ; les autres domaines éventuellement désignés par décret du gouverneur en conseil.

Par ailleurs, l'article 25 de cette loi permet à la Législature d'exercer ses pouvoirs législatifs en vue de mettre en œuvre l'accord conclu entre Sa Majesté du chef du Canada et les Inuit en date du 25 mai 1993, de même que tout autre accord sur des revendications territoriales conclu avec un peuple autochtone du Canada et désigné par décret du gouverneur en conseil. Elle peut adopter des lois de portée générale applicables aux Indiens et aux Inuit. L'État fédéral se réserve certaines compétences dites de souveraineté telles que la monnaie, la défense et les affaires étrangères, impose, par le biais de dispositions législatives ou faisant partie d'un traité, certaines exigences minimales quant à la structure des gouvernements autochtones, notamment en matière d'imputabilité, de publicité des lois et de possibilité de modifier leur constitution, et enfin veille à ce que certains droits fondamentaux soient respectés[516].

### b) Un statut original

L'acceptation d'un droit inhérent à l'autonomie gouvernementale (self-government)[517] implique que les autochtones ont le droit à se gouverner sur le plan interne pour ce qui concerne un ensemble de matières essentielles à leur survie en tant que peuples distincts. Cela se traduit par un transfert progressif de compétences dans certains domaines notamment la gestion et la conservation des terres, des eaux et des ressources, la culture, le logement public, la santé, l'éducation..., que nous venons d'énumérer. Cela se traduit aussi, comme nous l'avons vu, par la mise en place d'institutions politiques et administratives (Assemblée législative, conseil des ministres, administration décentralisée), dans le cadre d'une démocratie parlementaire et consensuelle. En revanche, pour les autorités fédérales, la souveraineté externe du Canada acquise par la colonisation est non négociable.

Dans le cas d'une simple décentralisation administrative, et quelles que soient la liberté d'autogestion administrative et l'autonomie financière laissées aux collectivités publiques territoriales, la source du pouvoir demeure unique et se situe au niveau national. En revanche, dans le cadre d'un régime d'autonomie politique, les institutions créées par l'entité concernée ne sont pas de simples institutions administratives, mais de véritables institutions politiques, inspirées dans une certaine mesure des institutions étatiques.

L'originalité de l'autonomie gouvernementale du Nunavut repose sur le fait qu'elle se situe à mi-chemin entre une simple décentralisation administrative à laquelle l'État fédéral délègue certains pouvoirs et sur laquelle il conserve un contrôle de tutelle fort en même temps qu'elle dispose de véritables institutions politiques dont une assemblée propre, capable de légiférer dans certains domaines importants pour la population de la région, et d'un gouvernement chargé de fonctions exécutives et administratives. Au Nunavut, on est donc en présence d'une certaine forme d'autonomie politique où les Inuit peuvent choisir leurs institutions de gouvernance – un gouvernement public en l'espèce – et exercer des compétences législatives des provinces[518]. Ils contrôlent plus ou moins les leviers qui leur permettent de définir leurs propres priorités en matière de

516. GRAMMOND (Sébastien), *Aménager la coexistence*, *op. cit.*,p. 352-353.

517. Ministre des Travaux publics et Services gouvernementaux Canada, *Guide de la politique fédérale, L'autonomie gouvernementale des autochtones*, Ottawa, 1995.

518. Voir (Jack) HICKS et (Graham) WHITE, « Nunavut: Inuit Self-Determination through a Land Claim and Public Government ? », *in* (Keith) BROWNSEY et (Michael) HOWLETT (dir.), *The Provincial State in Canada, Peterborough*, Broadview Press, 2001, p. 389-439.

politiques publiques[519] bien que leur pouvoir se limite à quelques domaines n'affectant pas le cœur des compétences fédérales et provinciales.

### *3° Un statut autonomique limité*

Le statut autonomique du Nunavut est limité d'une part par les contraintes du fédéralisme et par une dépendance multiforme d'autre part.

#### a) Les contraintes du fédéralisme canadien

Non seulement la Constitution canadienne ne reconnaît pas les peuples autochtones comme entités politiques constituantes, mais en plus le système fédéral canadien en lui-même constitue un carcan qui limite les possibilités d'une véritable auto-gouvernance. N'ayant guère participé à la mise en place de la fédération canadienne, il manque à leurs gouvernements, quels qu'ils soient, un véritable statut de partenaire fédératif. Ceux-ci sont donc largement exclus des divers mécanismes de relations intergouvernementales qui sont au cœur du modèle canadien de « fédéralisme exécutif »[520]. Ils sont par ailleurs, selon M. Papillon, victimes de la « tyrannie des pouvoirs locaux » qui ont compétence sur les terres publiques et les ressources naturelles. Cette exclusion est enfin renforcée par les luttes de pouvoir entre le gouvernement fédéral et les provinces, en particulier en ce qui concerne les services que ceux-ci doivent leur rendre. Ce système fédéral et ses mécanismes institutionnels contribuent donc à rendre difficilement réalisable la volonté d'autodétermination qui est majoritaire au Nunavut.

Mais ce point de vue n'est pas partagé par tous. Certains auteurs pensent que le droit des peuples autochtones à disposer d'eux-mêmes peut très bien s'exercer dans un État fédéral comme le Canada. Pour David C. Hawkes[521] par exemple, ce droit s'affirme souvent sur deux plans à la fois : une plus large autonomie (souvent sous la forme d'un gouvernement autonome), et une plus grande représentation au sein des organes de décision de l'État (ils demandent souvent qu'un certain nombre de sièges leur soient réservés dans les assemblées législatives ou que les institutions de l'État chargées du règlement des différends soient réformées en leur faveur). Il s'agit, selon lui, de deux expressions du droit des autochtones à disposer d'eux-mêmes, qui correspondent exactement aux deux piliers du fédéralisme : l'autonomie et le partage du pouvoir. Cet auteur est de ceux qui invitent à repenser le fédéralisme au-delà des mécanismes institutionnels existants et à envisager un modèle d'association permettant de concilier la volonté d'autodétermination des peuples autochtones avec la nécessaire interdépendance entre ces derniers et la société canadienne.

---

519. Papillon (Martin), « Vers un fédéralisme postcolonial ? La difficile redéfinition des rapports entre l'État canadien et les peuples autochtones », *in Le fédéralisme canadien contemporain, Fondements, traditions, Institutions*, (Alain-G.) Gagnon (dir.), Les Presses de l'Université de Montréal, 2006, p. 472.

520. *Ibidem, op. cit.*, p. 464.

521. Hawkes (C. David), *Revue internationale des sciences sociales*, 2001/1 (n° 167).

D'autres auteurs, comme S. Grammond, pensent que le fédéralisme peut ériger en valeur fondamentale le respect de la diversité, et notamment le respect de celle qui caractérise les cultures, les langues, les systèmes juridiques et les modes de vie des peuples autochtones. Il permet la coexistence d'identités et d'allégeances multiples dans un même État, et suppose plusieurs « ordres » ou niveaux de gouvernement, dont certains comportent un partage de la souveraineté. Les systèmes fédéraux peuvent en plus s'adapter au changement et sont capables de grandes innovations. Le fédéralisme a d'ailleurs des origines anciennes dans les traditions indigènes comme dans la tradition occidentale. Il en va de même de la pratique des traités. Les traités conclus entre les États et les peuples autochtones doivent être considérés comme des instruments de type fédératif, qui lient des parties à la fois autonomes et interdépendantes.

L'aspiration des peuples autochtones à une plus large autonomie peut ainsi se réaliser dans le cadre d'un gouvernement régional quand la population autochtone est majoritaire dans une région. Mais les peuples autochtones peuvent aussi exercer leur droit ancestral à l'autonomie en négociant des accords intergouvernementaux. D'autre part, pour qu'ils soient plus largement représentés, comme ils le demandent, au sein des organes de décision de l'État (partage du pouvoir), on pourrait leur réserver un certain nombre de sièges dans les assemblées législatives de la fédération, créer un parlement pour eux, instituer des mécanismes publics de règlement des différends qui soient adaptés à leurs besoins, élaborer des procédures de conclusion et de renouvellement des traités, les associer aux relations intergouvernementales au sein de l'État fédéral[522].

## b) Une autorité déléguée et une dépendance multiforme

Selon le Professeur Ghislain Otis[523], les autochtones n'acceptent généralement pas la notion de « délégation » de pouvoir par l'État car l'autodétermination emporte un pouvoir inhérent d'action collective de la part du peuple autochtone. Pour eux, un tel pouvoir ne peut, par définition, être délégué par l'État, car il prend sa source en dehors de l'État qui ne peut que le reconnaître. Sur le principe, ils n'ont pas tort, mais dans les faits, c'est bien l'État fédéral qui délègue des pouvoirs au Nunavut.

Alors que chaque province possède son parlement, son gouvernement (premier ministre, ministres), son lieutenant-gouverneur, son budget, ses tribunaux, etc., le territoire, malgré l'existence d'une assemblée législative, reste sous la souveraineté du Gouverneur général du Canada et sous la juridiction du gouvernement du Canada, par l'entremise d'un commissaire nommé par la chambre des communes. Ce à quoi il faut ajouter le fait que ces compétences sont globalement sujettes à la prépondérance des lois fédérales et provinciales qui est toujours présumée, ainsi que la dépendance financière qui limite sa marge de manœuvre. Le gouvernement du Nunavut étant une autorité déléguée, c'est le

522. Grammond (Sébastien), *op. cit.*,

523. Otis (Ghislain), « Rencontre des cultures juridiques dans la toundra subarctique : vers une nouvelle gouvernance foncière au Nunatsiavut », automne 2009, Télescope, 108.

gouvernement fédéral qui choisit les pouvoirs qu'il lui délègue. Ainsi, selon G. Otis[524], même si ce statut autonomique autochtone s'inscrit dans une logique de concurrence des compétences autochtones et étatiques, la rupture avec la logique coloniale n'est encore que partielle. Par le biais des conditions et des modalités de sa politique de négociation de l'autonomie gouvernementale, le gouvernement fédéral s'arroge la capacité *de facto* de définir dans une grande mesure les tenants et les aboutissants de l'autonomie autochtone.

Certains courants politiques dans les territoires se battent pour une transformation juridique du statut des territoires en celui des provinces. Mais l'on sait que le *self-government* ne peut être mis en place qu'à la suite de négociations, de traités ou d'accords d'autonomie où chaque partie a ses objectifs. Ce sont ces accords qui règlent les rapports complexes entre les lois fédérales, les lois des entités fédérées et les lois autochtones. Dans ce cas précis, pour le gouvernement fédéral, cette autonomie se limite à la mise en place du gouvernement territorial du Nunavut et répond aux demandes des organisations inuit (ITC, FTC) ; pour ces dernières, la formation de ce gouvernement n'a rien à voir avec l'autonomie gouvernementale inuit et ne met pas fin à ce droit qu'ils estiment inhérent. Ils affirment qu'il faut distinguer entre le Nunavut en tant qu'administration publique non ethnique et le droit du peuple inuit à disposer de lui-même et à créer un gouvernement ethnique[525]. En tout état de cause, malgré l'autonomie, la dépendance est multiforme. Avec les mécanismes d'harmonisation normative obligatoires, la volonté de faire respecter l'ordre constitutionnel canadien est évidente. Le territoire est tenu d'harmoniser ses lois avec celles de l'État fédéral. Cette obligation d'harmonisation permet à celui-ci de les contrôler.

La dépendance financière du Nunavut n'est pas la moindre des dépendances. En raison des réalités économiques, sociales et démographiques découlant de la situation géographique particulière des territoires en général, une part importante de leurs ressources financières provient du gouvernement fédéral, qui les verse par un programme de transfert spécial. Ce financement assure aux résidents des territoires l'accès à une gamme de services publics semblables à ceux offerts par les gouvernements provinciaux, et ce, à des niveaux d'imposition comparables. Quatre-vingt-dix pour cent des recettes budgétaires proviennent ainsi du gouvernement fédéral. Le budget annuel du territoire est d'environ 700 millions de dollars canadiens (environ 441,6 millions d'euros) qui proviennent presque entièrement du gouvernement fédéral. C'est dire…

524. Otis (Ghislain), « L'autochtonisme aux États-Unis et au Canada, les défis de la décolonisation du rapport aux peuples premiers », *in Destins des collectivités politiques d'Océanie*, vol. 1, Théories et pratiques, *op. cit.*, p. 293.
525. Légaré (André), « Le gouvernement du Territoire du Nunavut : une analyse prospective », *op. cit.*, p. 37.

En conclusion, il apparaît que l'insertion du pluralisme dans les constitutions, la transformation des principes constitutionnels ou celle de l'organisation des pouvoirs dans l'État, montrent la généralité du processus d'évolution de l'autodétermination, tout en contribuant à faire ressortir davantage la singularité des trajectoires empruntées aujourd'hui. Même si elle est dans une situation transitoire, la Nouvelle-Calédonie fait encore partie de la France, une République toujours unitaire « mais de plus en plus divisible et diverse », où cohabitent désormais un peuple français et un peuple kanak, et où le principe d'égalité est mis à mal au niveau de l'emploi et du suffrage universel. Peu importe que ce soit la souveraineté ou les compétences qui soient partagées, dès lors que sont octroyés des pouvoirs exceptionnels comme le pouvoir normatif autonome, et que les transferts de compétences se poursuivent, et de manière irréversible, l'on est dans une dynamique d'autodétermination qui transfigure l'édifice unitaire français. La décentralisation avancée au Nunavut participe de cette dynamique bien que ce soit dans une moindre mesure. C'est elle qui donne lieu à une autonomie gouvernementale induisant un partage des compétences entre l'État fédéral canadien et le territoire. Malgré certaines limites avérées, l'originalité du statut autonomique apporte ici quelques réponses aux revendications des Inuit et à la problématique générale de l'autodétermination. Mais le chemin à parcourir reste bien long, car dès que l'on sort du cadre institutionnel pour un autre domaine tel que celui du droit privé, on bute très vite sur des problèmes d'un tout autre ordre.

# CHAPITRE 2

# L'émergence d'un droit identitaire et le pluralisme juridique

Nous avons indiqué *supra* que le droit postmoderne présentait des aspects antimodernes, le conduisant notamment à rompre avec une certaine dogmatique juridique et à prendre en compte la complexité du réel. Cette rupture et cette complexité se traduisent globalement dans les mécanismes de production du droit et dans les modalités d'articulation des normes, ainsi que dans la flexibilité du contenu de celles-ci et des processus d'adaptation. À l'unité, il oppose en effet le pluralisme ; à la hiérarchie, la diversité, multipliant ainsi, dans les sociétés contemporaines, les foyers du droit, l'État n'apparaissant plus que comme un producteur de droit parmi d'autres. L'ordre juridique étatique doit faire avec d'autres ordres. La thèse du pluralisme juridique semble alors mieux apte à rendre compte de cette dynamique juridique à l'œuvre[526].

Composés d'ethnies différentes, la France et le Canada connaissent une diversité culturelle incontestable. Cette diversité a été reconnue et prise en compte de différentes manières et globalement à des degrés encore très limités. Plusieurs ordres ou systèmes juridiques coexistent dans ces pays mais le pluralisme juridique fondé sur la diversité culturelle y reste en chantier, et chacun de ces derniers constitue un cas sui generis malgré quelques points communs. Après avoir très sommairement dit un mot sur les différentes théories du pluralisme juridique, sur le concept lui-même ainsi que sur la coutume, on s'attachera à rechercher la place qui leur est exactement accordée dans ces deux entités, au nom de l'autodétermination.

526. Voir Chevallier (Jacques), *L'État postmoderne*, *op. cit.*

## SECTION 1
## La prise en compte juridique de la différence dans l'état : concepts généraux et panorama général

La reconnaissance du pluralisme implique que des droits soient reconnus aux individus ou à des groupes qui disposent de moyens de les faire valoir face au pouvoir. Pour qu'il en soit ainsi, ces droits doivent être inscrits dans le droit objectif. Le pluralisme juridique, qui est censé organiser cette cohabitation[527], a été théorisé par une certaine doctrine.

### I - Les théories ou conceptions du pluralisme juridique

Les constructions doctrinales sur le pluralisme juridique ont été surtout le fait des anthropologues et des sociologues du droit qui, malgré quelques divergences, partagent l'idée selon laquelle le droit de l'État n'est pas le seul, que les individus sont régis par des normes de conduite autonomes qui coexistent, et parfois interagissent, avec la norme étatique[528]. Affranchis du dogme stato-centrique réduisant le droit à la norme étatique, ils ont accolé le qualificatif « juridique » aux normes dont l'effectivité se manifestait sous des formes diverses pour les acteurs concernés[529]. En Anthropologie, c'est Van Vollenhoven qui, en 1901, invente le concept. Il affirme que « *les sous-groupes associatifs inclus dans une société secrètent leur propre droit* ». Mais le terme « pluralisme » n'apparaît qu'en 1939, sous la plume de Furnivall, auteur d'un ouvrage sur l'économie de l'Indonésie.

Les théories sociologiques du pluralisme sont celle d'Ehrlich (1936), et celle de Gurvitch (*L'expérience juridique et la philosophie du droit, 1935*), qui a introduit le pluralisme juridique en France et qui distingue trois grands types de droit dont la hiérarchie est variable suivant les sociétés : le droit étatique, dont la prétention à monopoliser la vie juridique est mythique, le droit individuel ou intergroupal, qui correspond à une forme de sociabilité consistant en des échanges bilatéraux entre groupes ou individus ; et le droit social, dérivant d'une forme de sociabilité où des individus s'unissent pour former une entité collective. Norbert Rouland souligne les convergences sur ce sujet de l'anthropologie et de la sociologie juridiques et note que s'« *il revient à la sociologie juridique d'avoir posé les fondements théoriques du pluralisme juridique, c'est l'anthropologie qui l'a découvert sur le terrain* »[530]. De ces différentes théories et conceptions découlent des définitions du concept de pluralisme juridique lui-même ainsi que celui de coutume.

---

527. Voir BELLEY (Jean-Guy), « Pluralisme juridique », *in* André-Jean ARNAUD (dir.), *Dictionnaire encyclopédique de théorie et de sociologie du droit,* Paris, LGDJ, 2e éd., 1993, p. 443, cité par (Ghislain) OTIS, Méthodologie du pluralisme juridique, Paris, Karthala, 2012, p. 10.

528. *Ibidem*, p. 10.

529. *Ibidem*.

530. ROULAND (Norbert), *Anthropologie juridique*, Paris, PUF, 1988, p. 82.

## II. Le pluralisme juridique et l'approche pluraliste

Que signifie le pluralisme juridique et à quoi sert l'approche pluraliste ? Il ne s'agit ici que d'un aperçu de ces concepts qui devrait permettre de comprendre la place qu'ils tiennent dans les entités étudiées.

### A. Définition

Le professeur Rouland précise que chez les anthropologues du droit même, les définitions sont légion mais ne font pas l'unanimité. J. Vanderlinden (1972) définit le pluralisme juridique comme

> « *la situation dans laquelle un individu peut, dans une situation identique, se voir appliquer des mécanismes juridiques relevant d'ordres juridiques différents* »[531]. Il en fait « *un accord librement consenti entre parties considérées comme égales* »[532].

Pour P. L. Van den Berghe (1973), le pluralisme correspond

> « *au caractère, ou à un ensemble de caractères de sociétés où plusieurs groupes sociaux et/ou culturels coexistent à l'intérieur d'une même société organisée, et sont rendus interdépendants par un système économique commun, mais qui maintiennent un degré d'autonomie plus ou moins important, et possèdent un ensemble de structures distinctes dans les autres sphères de la vie sociale, notamment dans les domaines de la vie familiale, des loisirs et de la religion* ».

Norbert Rouland lui-même définit le pluralisme juridique comme

> « *une représentation théorique suivant laquelle à la pluralité des groupes sociaux correspondent des systèmes juridiques multiples agencés suivant des rapports de collaboration, coexistence, compétition ou négation, suivant les circonstances historiques et sociales ; l'individu est un acteur du pluralisme juridique dans la mesure où il se détermine en fonction de ses appartenances multiples à ces réseaux sociaux et juridiques* »[533].

En somme, toutes ces définitions mettent en avant l'idée simple que le pluralisme juridique est un champ d'étude, mais aussi un courant théorique, un système de pensée, développé par certaines sciences sociales dont le droit est l'objet d'étude, qui remet en cause la prétention de l'État au monopole de la production du droit. Il est à la fois un constat, une explication et une norme[534]. De ce fait, l'approche pluraliste sert d'abord à constater et à décrire le phénomène empirique de la pluralité des foyers et des systèmes normatifs en se penchant parfois sur les valeurs, les représentations, les acteurs, les espaces, les dynamiques, les institutions et les techniques des divers systèmes

531. Vanderlinden (Jacques), « Return to legal pluralism – Twenty Years Later », *Journal of Legal Pluralism and Unofficial Law*, n° 28, 1991, p. 149-157.

532. Vanderlinden (Jacques), « Vers une nouvelle conception du pluralisme juridique », *Revue de la recherche juridique, Droit prospectif*, 1993-2, p. 573-583.

533. Définition donnée par Rouland (Norbert) dans (A.J.) Arnaud (dir.), *Dictionnaire encyclopédique de théorie et de sociologie du droit*, Paris, *LGDJ*, éd. 1993, p. 449, et reprise dans *Droit des minorités et des peuples autochtones*, *op. cit.*, p. 533.

534. Otis (Ghislain), *Méthodologie du pluralisme juridique*, *op. cit.*, p. 10.

normatifs, bref à cerner les « traditions juridiques » ou les « cultures juridiques » qui se font jour, et à comparer les systèmes normatifs en fonction de variables multiples. Elle peut permettre au chercheur de repérer et de décrire les processus d'interaction entre les différents systèmes normatifs en présence et d'en jauger les conséquences sur ces systèmes, ce qui peut aboutir à une organisation ou à une classification des cas de figure. Cette description peut permettre aussi de mesurer le degré de reconnaissance par un État de la normativité qui lui est exogène, de voir dans quelle mesure cette reconnaissance est compatible avec la pluralité juridique ainsi que les conséquences de cette reconnaissance.

Comme le précise encore le Professeur G. Otis, l'approche pluraliste est aussi une approche explicative et analytique de politique publique en ce qu'elle mobilise la prise en considération du fait de la pluralité, elle permet de réfléchir à des solutions et devient de la sorte un outil dans l'élaboration des politiques publiques. Elle peut enfin dépasser le stade du constat et de l'explication pour devenir un concept promotionnel, un critère d'efficience, d'efficacité, voire de légitimité d'une solution à un problème donné, bref une théorie normative de la gouvernance qui prescrit des solutions, sans qu'il y ait une cloison étanche entre ces différentes fonctions.

Les premières critiques du pluralisme sont venues des positivistes. D'autres viennent de juristes non dogmatiques, tels que J. Carbonnier, M. Miaille et L.-R. Ménager. Mais malgré la réticence de certains auteurs à qualifier de « droit » les normativités non étatiques ou que l'État n'a pas reconnues, la théorie pluraliste fait son chemin et s'impose peu à peu dans le milieu scientifique. Le pluralisme juridique fait souvent appel à un autre concept, la coutume, tout aussi difficile à appréhender.

### B. Panorama général du pluralisme juridique dans le monde

L'existence d'un pluralisme juridique dans un État supposant une pluralité de cultures et de traditions juridiques qui y cohabitent, des travaux de catégorisation et de classification des systèmes juridiques au sein de différentes « entités politiques » à travers le monde, où l'on peut noter la coexistence de plusieurs ordres juridiques, ont pu être réalisés. Alors que P. Glenn[535] recense comme grandes traditions juridiques la tradition chtonienne, la talmudique (juive), la civiliste, la musulmane, l'hindoue, l'asiatique et celle de la *common law*, et que René David[536] reprend cette classification des familles de droits mais en regroupant au sein d'une même famille les droits « religieux » (musulman, hindou et juif), *JuriGlobe*, le Groupe de recherche sur les systèmes juridiques dans le monde de l'Université d'Ottawa - Canada[537], met en exergue cinq catégories de systèmes juridiques : les systèmes de droit civil, de *common law*, de droit

535. Glenn (P.), « Legal Traditions of the World », Oxford, OUP, 2e éd. p. 3-29, cité par Otis (G.), *in Cultures juridiques et gouvernance dans l'espace francophone*, Éd. Des archives contemporaines, 2010, p. 6, 2004.
536. David (René) et Jauffret-Spinosi (C.), *Les Grands Systèmes de droit contemporains*, Paris, Dalloz, 11e éd., p. 21, cité par Otis (G.), p. 9, 2002.
537. Voir Annexe 8.

coutumier, de droit musulman et de droit mixte, cette dernière catégorie ne renvoyant pas véritablement à un système, mais à une combinaison de deux ou plusieurs systèmes. Il ne retient, en ce qui concerne les droits religieux, que seul le droit musulman « *en raison de sa permanence et de sa grande extension* » et précise que « *chaque système juridique (comme catégorie de classification) tend à acquérir des caractéristiques particulières selon les territoires et les populations auxquels il s'applique* », et qu'il existe par exemple des différences parfois substantielles entre les droits positifs des États-Unis, du Royaume-Uni et de l'Australie (pays de tradition de *common law*) ou entre les droits positifs de la France, de l'Allemagne et du Chili (pays de tradition civiliste).

En ce qui concerne particulièrement les systèmes de droit coutumier, ce Groupe affirme qu'

> « *Il n'existe plus guère aujourd'hui d'entités politiques dont le système puisse être dit proprement et entièrement coutumier. La coutume peut prendre les visages les plus divers, selon qu'elle est enracinée dans une sagesse bâtie sur le concret quotidien ou, plus intellectuellement, dans des grandes traditions spirituelles ou philosophiques. Néanmoins, le droit coutumier (en tant que système, et pas seulement en tant que complément accessoire du droit positif) joue encore un rôle, parfois d'une grande importance, notamment en matière de statut personnel, dans un nombre relativement élevé d'entités politiques de droit mixte. Le cas est évident pour un certain nombre de pays africains. Mais cela vaut aussi par exemple, dans des conditions certes différentes, pour le droit de la Chine ou de l'Inde.* »

À l'intérieur de cette catégorie, on peut distinguer deux sous-catégories : les systèmes de droit coutumier et les systèmes mixtes avec tradition de droit coutumier. Il est dès lors possible de retrouver aujourd'hui à travers le monde des monosystèmes de droit coutumier comme à Andorre, des systèmes mixtes de droit coutumier et de droit civil comme au Burundi, au Congo ou en Corée du Sud, des systèmes mixtes de droit coutumier et de *common law*, comme au Ghana, au Népal ou aux Samoa, des systèmes mixtes de droit coutumier et de droit musulman (Émirats arabes unis), des systèmes mixtes de droit coutumier, de droit civil et de droit musulman comme en Indonésie, en Jordanie ou à Djibouti, des systèmes mixtes de droit coutumier, de droit civil et de *common law*, comme au Vanuatu, au Cameroun ou au Sri Lanka, des systèmes mixtes de droit coutumier, de *common law* et de droit musulman, comme en Inde, au Nigeria ou en Malaisie, ou enfin des systèmes mixtes de droit coutumier, de droit civil, de droit musulman et de *common law*, comme à Bahrein, au Qatar, en Somalie ou au Yémen. Les exemples ici évoqués ne sont pas exhaustifs (Voir annexe 8 *infra*). Par ailleurs, d'autres tentatives de classification plus élaborées encore existent[538]. Mais au-delà de cette catégorisation, ce qui importe surtout de vérifier, c'est le type de coexistence qui prévaut entre les différents ordres juridiques.

538. Celles de Constantinesco, Zweigert et Kötz, Timsit par exemple.

Lorsqu'il existe dans une entité politique un droit autochtone et un autre droit considéré comme dominant, Morse[539] distingue quatre modes d'articulation entre ces deux droits : la séparation totale, la coopération, l'incorporation ou le rejet. Autrement dit, l'interaction entre un ordre juridique étatique et un ordre juridique extra ou infra étatique peut se traduire par une certaine indifférence passive ou une volonté de supplantation ou même de suppression ; on parle, dans ce dernier cas, de monisme et en particulier de monisme colonial ou postcolonial « porteur de la culture juridique du colonisateur et parfois reconduit par les États et législateurs postcoloniaux par mimétisme »[540]. Mais cette interaction peut se traduire aussi par « la coordination ou la subordination, chacun de ces mouvements pouvant se concrétiser à des degrés et selon des configurations multiples. Un pluralisme hégémonique ou hiérarchique résultera de toute situation où la subordination apparaît comme la caractéristique prépondérante de la relation entre des ordres juridiques. Si la hiérarchie entre ces ordres tient à la relation coloniale, on parlera de pluralisme colonial ou de pluralisme postcolonial dans la mesure où les effets de ce pluralisme sont encore à l'œuvre au-delà du rapport colonial formel. Un pluralisme de coordination résultera d'un dialogue des cultures en présence en s'attachant à créer un ordre ou un co-ordre juridique articulant des normativités plurielles d'une manière qui tend à être plus respectueuse des identités juridiques[541].

### C. Le pluralisme juridique et l'autodétermination

La Nouvelle-Calédonie et le Nunavut constituent deux cas de « *situations coloniales et postcoloniales intéressants pour une analyse plurale du droit en raison de la prégnance des traditions juridiques non occidentales avec lesquelles les droits occidentaux sont entrés en contact à la faveur de l'entreprise de colonisation des peuples d'outre-mer* ».

L'approche pluraliste sera utilisée ici pour constater et décrire même sommairement le phénomène de la pluralité des foyers et des systèmes normatifs qui existent dans ces deux entités. Mais elle permettra surtout de mesurer le degré de reconnaissance par les États concernés, la France et le Canada, de la normativité qui leur est exogène, de voir dans quelle mesure cette reconnaissance est compatible avec la pluralité juridique en général ainsi que les conséquences de cette reconnaissance. Il va être intéressant par exemple de rappeler les procédés coloniaux qui y ont été utilisés pour subordonner les cultures juridiques locales, de voir de quelle manière et jusqu'à quel niveau la coutume autochtone a été prise en compte, de vérifier si l'on est en présence d'un pluralisme juridique réel ou de façade, d'un pluralisme de subordination ou de coordination, autrement dit de mesurer la place de cette coutume dans le droit positif de chacune d'elles, car selon nous, le degré de prise en compte de cette coutume est sans aucun

539. Morse (B.W.), « Indigenous Law and State Legal Systems: Conflict and Compatibility », *in* Morse (B.W.) - Woodman (G.R.) (eds), *Indigenous Law and the State* (Dordrecht, Foris Pub., 1988), 101-120.

540. Otis (Ghislain), *Cultures juridiques et gouvernance dans l'espace francophone*, Éd. Des archives contemporaines, 2010, p. 17.

541. *Ibidem*, p. 20-23.

doute un des marqueurs de l'autodétermination, et le pluralisme juridique dans un pays qui s'autodétermine, qui s'émancipe, devrait pouvoir s'enrichir davantage des apports de la coutume, le droit coutumier étant considéré comme un système juridique à part entière. Après une longue période de paternalisme, de domination et de dépossession des peuples colonisés qui ont subi le droit colonial, européen et néo-européen, l'éthique de la reconnaissance, de l'égalité et de la diversité des cultures semble aujourd'hui prendre le relais. Le respect et la reconnaissance juridique des identités culturelles sont dorénavant promus comme des valeurs de la philosophie politique libérale[542].

## SECTION 2
## La coutume autochtone et le droit positif : une coexistence inégalitaire

Quelle place est accordée de nos jours et en général à la coutume autochtone dans le droit positif ? Quelle voie a été choisie dans la France d'outre-mer, et en Nouvelle-Calédonie en particulier, ainsi qu'au Nunavut en ce qui concerne les coutumes indigènes ? Toutes les ambiguïtés ne sont en effet pas levées et si coexistence il y a, celle-ci est très inégalitaire. Des précisions s'imposent au préalable sur le concept polysémique de coutume.

### I - La coutume

Pour A. Lebrun, le terme « *coutume* », dans son acception la plus large, désigne toute règle de droit formée sans l'intervention du législateur, c'est-à-dire soit par les habitudes juridiques, soit par une jurisprudence constante, soit même par la doctrine[543]. Dans une acception plus étroite, elle désigne une règle de droit qui se dégage des usages, des habitudes d'une population donnée[544]. C'est un « *terme polysémique que les juristes définissent comme une règle de pratique constante et répétée pendant un délai variable, possédant un caractère contraignant reconnu par les membres du groupe auquel elle s'applique* »[545]. Ceux-ci la légitiment davantage par son caractère empirique et ancien (que cette ancienneté soit ou non réelle) que par sa rationalité. La formation de la règle coutumière nécessite donc l'existence d'une pratique considérée comme obligatoire par la conscience populaire. L'usage doit réunir un élément matériel (une pratique, un comportement) et un élément psychologique (la croyance en sa force obligatoire). En

542. Voir notamment (Séverine) Kodjo-Grandvaux, « Discours coloniaux et réception des droits africains : entre négation et (re)-construction », *in Droit et Colonisation* de (Séverine) Kodjo-Grandvaux et (Geneviève) Koubi, Bruxelles, Bruylant, 2005, p. 53, citée par Otis (Ghislain), *op. cit.*, p. 17.

543. Lebrun (A.), *La coutume, ses sources, son autorité en droit privé*, Thèse, Caen, 1932, p. 272.

544. Cornu (G.), « Droit civil, Introduction », n° 76 et s. Aubert (J.-L.), « *Introduction au droit* », n° 115 et s. Weil (A.), « *Droit civil, Introduction* », n° 141 ; Carbonnier (J.), « *Droit civil* », T. 1, 5.

545. Rouland (Norbert), *Anthropologie juridique, op. cit.*

plus, il doit être général, impersonnel et bénéficier d'une certaine notoriété. Cela est vrai tant en droit interne qu'en droit international.

En droit interne cependant, il faut distinguer cette coutume-là de celle qu'on évoque lorsqu'on parle de sociétés ou communautés traditionnelles, indigènes ou autochtones. Il faut distinguer aussi, comme le fait E. Le Roy [546], le droit traditionnel, qui est celui que pratiquaient les autochtones avant la colonisation ou l'annexion, du droit coutumier *stricto sensu*, qui consiste dans une transformation du droit autochtone, opérée par le biais des codifications et/ou de la jurisprudence, ou encore du droit local qui est du droit d'inspiration étatique souvent modifié dans ses conditions d'application au niveau local. Régis Lafargue préfère parler de « *droit autochtone* » ou de « *coutume autochtone* »[547].

On ne peut omettre ici de prendre en considération le ou les sens que ceux qui sont concernés par cette coutume-là lui donnent. Le Sénat coutumier de la Nouvelle-Calédonie par exemple, reprenant l'expression « *us et coutumes* » consacrée par l'Accord de Nouméa, considère que les « *us* » sont « *les mœurs et les pratiques traditionnelles dans la société kanak* », tandis que la coutume est « *l'ensemble des règles et la manière de faire commune à un ensemble de population, qui ne sont pas écrites mais orales. Ces règles étant reconnues, pratiquées et renouvelées à chaque occasion* »[548]. Dans son lexique, la règle coutumière apparaît comme une « *manière de faire (procédure) ainsi que les principes et valeurs qui sont contenus dans le discours coutumier, censé donné un « sens » à « faire une coutume* ». Le droit coutumier est globalement défini comme un « *système de règles régissant la vie en société dans le monde kanak* ». Enfin, l'expression courante « *Faire une coutume* », signifie « *appliquer une règle coutumière dans un contexte donné* ». Le Président du Sénat coutumier affirme qu'il existe un ordre juridique coutumier kanak parce que

> « *la société kanak est un tout qui comprend une vision du cosmos, de l'homme et de la nature qui lie chacun à ses ancêtres, un patrimoine matériel et immatériel, une culture dans toutes ses formes d'expression, des structures coutumières avec le clan comme entité de référence, des us et coutumes qui constituent le ciment quotidien de la vie en société* ».

Et cet ordre juridique coutumier est « *l'ensemble des composantes de la société kanak qui organise l'ordre public coutumier : les structures et l'organisation sociale, la coutume, le système relationnel et les sanctions* »[549].

Le Professeur Norbert Rouland précise à juste titre que les représentations de cette coutume-là sont généralement archaïsantes depuis le partage, opéré au XIXe siècle par A. Comte, entre l'ethnologie, discipline attachée à l'étude des peuples primitifs et la

546. Cf. Le Roy (E.) et Wane (M.), « La formation des droits « non étatiques » », *in Encyclopédie juridique de l'Afrique*, vol. L'État et le droit, Dakar, Nouvelles Éditions africaines, 1982. Cf. aussi Le Roy, « L'expérience juridique autochtone de l'Afrique noire contemporaine et le transfert des connaissances juridiques occidentale », *in Domination ou partage ?*, Paris, Unesco, éd. Actuel, 1980, p. 114.

547. Lafargue (Régis), *La coutume face à son destin, Réflexions sur la coutume judiciaire en Nouvelle-Calédonie et la résilience des ordres juridiques infra-étatiques*, Paris, LGDJ, 2010, p. 13.

548. Sénat Coutumier de Nouvelle-Calédonie.

549. Voir la synthèse finale sur le Socle commun des valeurs kanak, Publication du Sénat coutumier, décembre 2013.

sociologie, vouée aux sociétés civilisées, qui a conduit à la dévalorisation systématique de la coutume. Mais depuis les années 1960, des efforts d'analyse scientifique de plus en plus sérieuse, notamment chez les anthropologues, ont mis un terme au découpage évolutionniste et ont fait évoluer les mentalités. On sait désormais que « *la rationalité n'est pas le privilège d'une civilisation, pas plus que la coutume n'appartient exclusivement aux sociétés exotiques ; celle-ci peut être tout aussi « moderne » que la loi* ». On sait aussi que l'étude des coutumes est indissolublement liée à l'appréhension de problèmes d'ordre politique. Car « *la coutume ne constitue pas seulement une norme juridique. Comme l'ethnie, elle est un signifiant flottant, et fait l'objet de manipulations de la part des acteurs juridiques, ce qui la consacre comme enjeu de pouvoir. Elle est aujourd'hui outre-mer une expression juridique des quêtes identitaires* »[550]. On entrevoit dès lors le rapport que tout cela a avec l'autodétermination.

Pour connaître la place réelle accordée à la coutume autochtone dans le droit positif de nos jours, il convient de distinguer entre deux situations : celle où elle apparaît comme le système juridique dominant une fois l'indépendance acquise, et celle où elle n'occupe qu'une place résiduelle liée au contexte politique local.

## II - Une place privilégiée en Océanie insulaire en général

Comme le démontre le bel ouvrage du professeur Paul de Deckker et Laurence Kuntz, la coutume tient une place privilégiée dans cette région du monde. Tantôt elle est agitée tel un étendard par l'ensemble des populations d'Océanie pour exprimer et affirmer leur identité, tantôt elle sert de sas de sécurité autant que d'instrument de revendication culturelle visant à contrer, voire à contrôler les effets et les changements induits par la modernité[551].

### A. Sur le plan politique

En effet, partout dans le Pacifique Sud, la coutume a servi à une émancipation identitaire et politique. Elle a été mise en avant lors des quêtes et affirmations identitaires, elle a servi de vecteur d'idéologie nationaliste, de vecteur d'émergence d'État, avant de servir d'aiguillon pour renforcer une cohésion nationale et même régionale. Aujourd'hui, dans les entités récemment devenues indépendantes, elle fait figure d'idéologie de l'État et devient vecteur d'influences auprès des détenteurs du pouvoir officiel :

> « *elle est omniprésente et imprime sa marque, instille son essence dans toutes les composantes socio-politiques. Au plus haut rang de l'État et à tous les échelons locaux et internationaux, elle agit telle une toile de fond indispensable au bon déroulement des rapports entre différentes entités détentrices d'un pouvoir partagé en son nom, que ce soit pour les chefs coutumiers, les cadres administratifs ou les dirigeants élus.* [...] *Certains*

550. Rouland (Norbert), Pierré-Caps (Stéphane), Poumarede (Jacques), *Droit des minorités et des peuples autochtones*, *op. cit.*, p. 531.
551. Deckker (de) (Paul) et Kuntz (Laurence), *La bataille de la coutume et ses enjeux pour le Pacifique Sud*, L'Harmattan, 1998.

*chefs coutumiers acceptent de jouer le jeu démocratique en participant à l'expérience élective, d'autres refusent d'y participer tout en demeurant ceux dont l'aval est requis pour entériner le résultat des urnes ou légitimer le pouvoir obtenu par d'autres moyens* ».[552]

Le pouvoir effectif trouve ainsi sa source moins dans les superstructures nationales que dans les infrastructures locales et très influentes. La coutume est devenue à la fois un moyen d'opposition à un système colonial et étranger oppressant et le ferment de nouvelles dynamiques unitaires. Elle imprègne la vie tant au niveau national que local et véhicule certaines valeurs. En somme, son poids dans l'État océanien est considérable. Il a conduit celui-ci à s'adapter à tous les niveaux : politique et institutionnel, économique et surtout juridique.

## B. Sur le plan juridique

Sur ce plan, et notamment en matière foncière et judiciaire, où les instances coutumières viennent parfois en amont des institutions judiciaires étatiques, la coutume fonde en fait le discours national et assure la cohérence apparente du système légal [553]. À l'instar d'autres régions du monde, une place privilégiée lui est accordée dans le système juridique. Source souvent qualifiée ailleurs de secondaire, elle est érigée au rang de principe constitutionnel par les textes fondamentaux qui organisent l'État en Océanie. L'examen des préambules des constitutions des États devenus indépendants dans le Pacifique insulaire révèle la volonté de leurs rédacteurs de placer leur souveraineté sous l'égide de la coutume devenue norme constitutionnelle : on peut alors parler de « coutume constitutionnalisée ».

– Au Vanuatu par exemple, il est mentionné :

> « *Nous, peuple de Vanuatu, fier de notre lutte pour la liberté,*
> *Déterminé à protéger le fruit de cette lutte,*
> *Chérissant notre diversité ethnique, linguistique et culturelle,*
> *Sachant dans le même temps notre destin commun,*
> *Proclamons ici la République, unie et libre, de Vanuatu,*
> *Fondée sur des valeurs traditionnelles mélanésiennes,*
> *La Foi en Dieu et dans les principes chrétiens,*
> *Et pour cette raison nous nous donnons cette Constitution* »[554].

– Aux Samoa occidentales, il est mentionné :

> « [...] *Attendu que les dirigeants des Samoa occidentales ont déclaré que les Samoa occidentales se doivent d'être un État indépendant, fondé sur les principes chrétiens et les coutumes et les traditions samoanes...* »[555]

552. *Ibidem*, p. 47-48.
553. *Ibidem*, p. 56.
554. *Preamble of the National Constitution of the Republic of Vanuatu*, Port Vila, Government Printer, 1980.
555. *Preamble for the Constitution of the Independent State of Western Samoa*, Apia, Government Printer, 1960.

- Pour Kiribati, on peut lire :

> « *Nous, peuple de Kiribati, reconnaissant Dieu comme le Père tout puissant dans lequel nous avons mis notre confiance, ainsi que notre foi dans la valeur durable de nos traditions et de notre héritage, nous accordons aujourd'hui notre Constitution établissant un État démocratique souverain* »[556].

- En Papouasie-Nouvelle-Guinée, il est écrit :

> « *Nous, Peuple de Papouasie-Nouvelle-Guinée, uni en une seule nation,*
> *Rendant hommage à la mémoire de nos ancêtres - la source de notre force et l'origine de notre héritage commun,*
> *Reconnaissant la valeur de nos coutumes et la sagesse traditionnelle de notre peuple qui nous ont été transmises de génération en génération...* » [557].

- Aux Îles Salomon, il est dit :

> « *Nous, le peuple des îles Salomon, fier de notre sagesse et des coutumes valables de nos ancêtres, conscient de notre héritage divers et commun, fait de notre destin commun, établissons aujourd'hui, sous la main guidante de Dieu, l'État souverain démocratique des îles Salomon* » [558].

Il faut noter cependant que si les constitutions des États du Pacifique Sud ont en commun de réserver une place de choix à la culture et à la tradition, elles ne garantissent pas toutes le respect des mêmes valeurs et principes coutumiers[559]. Pour la Nouvelle-Calédonie et le Nunavut qui n'ont pas accédé à la pleine souveraineté, cette place reste résiduelle.

## III - Une place résiduelle de la coutume en Nouvelle-Calédonie et au Nunavut

Malgré tous les efforts réalisés, la place de la coutume autochtone reste marginale partout où la population autochtone reste minoritaire au niveau national ou au niveau local, comme c'est le cas au Nunavut et en Nouvelle-Calédonie.

### A. Une place encore marginale en Nouvelle-Calédonie

Après une politique d'assimilation à outrance et face aux vives résistances rencontrées un peu partout dans l'Outre-mer, la France a dû consentir des adaptations et imaginer des structures juridiques, administratives ou autres, originales, tout en imposant son droit.

556. *Préambule de la Constitution de Kiribati,* Pacific Constitutions, Volume 2, Independent States of Melansia and Micronesia, Suva, University of the South Pacific, 1983, p. 422.
557. *Première partie du préambule de la Constitution de Papouasie - Nouvelle-Guinée, id.,* 15 août 1975.
558. *Préambule de la Constitution des îles Salomon, id.,* p. 321.
559. DECKKER (de) (Paul) et KUNTZ (Laurence), *La bataille de la coutume et ses enjeux pour le Pacifique Sud, op. cit.,* p. 111.

### *1° Une prise en compte ancienne, multiforme mais symbolique*

La coutume mélanésienne est prise en compte depuis longtemps, et de différentes manières. Mais la coexistence du droit coutumier et du droit français considéré comme le droit commun reste très inégalitaire. Il est vrai que d'énormes différences séparent les deux ordres juridiques. Selon Gérard Orfila, la coutume mélanésienne est remplie de règles impératives, d'interdits et de tabous qui s'appliquent à tous (...) Assorties de sanctions, ces règles coutumières présentent de manière indéniable le caractère obligatoire qui fait d'elles de véritables règles de droit ; elles sont générales et impersonnelles (...) Mais toutes ne le sont pas. D'autres appartiennent aux mœurs, à la morale, à la religion, aux traditions, etc. Elles limitent et prolongent tout à la fois le droit coutumier mélanésien[560], et « *Si de nombreuses pratiques coutumières n'ont rien de juridique, il existe également dans la coutume kanak de véritables règles de droit. Ces règles s'opposent parfois à celles du droit moderne, mais le plus souvent cohabitent avec elles* »[561]. Ainsi, en Nouvelle-Calédonie, les coutumes locales cohabitent-elles depuis longtemps avec le droit français grâce aux initiatives prises par le constituant, par le législateur ou par les organes locaux. Cette cohabitation fait d'elle une « entité politique » à système de droit mixte : le droit civil et le droit coutumier, en se fondant sur la classification proposée par le Groupe de recherche JuriGlobe. La reconnaissance du droit à la différence a d'abord été implicite, puis explicite jusqu'à être gravée dans le marbre de la Constitution. Elle a pris différentes formes, mais elle est restée symbolique.

#### a) La reconnaissance d'un droit local et la mise en place d'institutions spécifiques

Différents moyens et structures d'expression de la coutume ont été trouvés pour donner corps au droit à la différence et aux particularismes locaux.

**• La mise en place d'une organisation de l'espace coutumier**

C'est d'abord par la création de réserves indigènes et l'attribution de certaines compétences aux chefs coutumiers que la reconnaissance du droit à la différence a commencé. Elle était implicite et elle a été l'œuvre des représentants de l'État en Nouvelle-Calédonie et des autorités locales élues. Les représentants de l'État ont conceptualisé juridiquement la réserve, la tribu et leur organisation, les grands chefs et les petits chefs, alors que les élus locaux ont institutionnalisé les conseils et organisé la dévolution patrimoniale.

L'arrêté du 24 décembre 1867 donne une existence légale à la tribu, en tant que communauté traditionnelle en Nouvelle-Calédonie. Le principe de sa responsabilité

560. Rouland (Norbert), Pierré-Caps (Stéphane) et Poumarede (Jacques), *Droit des minorités et des peuples autochtones*, *op. cit.*, p. 130.

561. Orfila (Gérard), *Régime législatif, réglementaire et coutumier de la Nouvelle-Calédonie*, Paris, L'Harmattan, 2000, p. 123.

ainsi que celle de son chef y est établi, elle peut ester en justice et être représentée par son chef. L'arrêté du 22 janvier 1868 crée les réserves indigènes. Il organise les tribus, établit une hiérarchie entre les grandes chefferies de districts et les chefferies des villages (ou nouvelles tribus) et fixe les attributions respectives des grands chefs et des petits chefs. Celui du 3 novembre 1897 procède au cantonnement. Les élus locaux institutionnalisent les conseils des anciens avec la délibération n° 351 du 10 décembre 1981, relative au Conseil du clan et au Conseil des chefs de clan. La délibération n° 352 du 10 décembre 1981 crée le Conseil des grands chefs, précurseur du Conseil coutumier territorial institué par la loi n° 85-892 du 23 août 1985 sur l'évolution de la Nouvelle-Calédonie. Les formes de la dévolution patrimoniale sont règlementées par la délibération n° 11 du 20 juin 1962 portant réglementation relative à l'établissement de certificats divers en matière de succession pour les citoyens de statut civil particulier[562].

**• La reconnaissance indirecte d'un droit local**

Elle se fait, de manière implicite aussi, grâce à l'ordonnance n° 82-877 du 15 octobre 1982, qui institue des assesseurs coutumiers auprès du tribunal civil de première instance et auprès de la cour d'appel de Nouméa. Celle-ci se fonde sur l'existence de deux statuts civils dont l'un, de droit local, « est inspiré des règles coutumières », ouvre la saisine du tribunal de première instance à l'initiative de l'une quelconque des parties dans le cadre des litiges liés à ce statut, les parties pouvant, d'un commun accord, porter leur différend devant le juge de droit commun. Mais en réalité, ce texte ne sera mis en œuvre qu'après les Accords de Matignon de 1988, et plus précisément grâce à la loi du 13 juin 1989 portant diverses dispositions relatives à l'organisation judiciaire en Nouvelle-Calédonie[563].

**• Les instances consultatives coutumières**

La loi du 6 septembre 1984 portant statut Lemoine met en place une représentation coutumière, l'Assemblée du pays. Cette loi malheureusement ne sera pas appliquée. C'est la loi référendaire du 9 novembre 1988 qui va faire œuvre utile. Elle crée deux organes hiérarchisés ayant compétence consultative : le Conseil consultatif coutumier du Territoire et un Conseil coutumier par aire coutumière.

Avec l'Accord de Nouméa et la loi organique, le Sénat coutumier succède au Conseil consultatif coutumier du territoire. C'est un organe délibérant secondaire, associé au vote des lois du pays. Il délibère sur le texte des projets ou propositions de loi du pays relatives aux signes identitaires du pays, au statut civil coutumier, au régime des terres coutumières, au régime des palabres coutumières, aux limites des aires coutumières, aux modalités d'élection du Sénat et des conseils coutumiers.

562. *JO*, Nouvelle-Calédonie, 23 juillet 1962, p. 626.
563. Loi n° 89-378 du 13 juin 1989 (*JONC*, 27 juin 1989, p. 1402), complétée par un décret du 8 septembre 1989.

### b) La reconnaissance d'un statut civil (particulier puis coutumier)

La reconnaissance du droit à la différence devient explicite grâce à divers textes réglementaires territoriaux concernant le statut civil particulier. Avant 1946, la loi du 24 avril 1833 distingue deux catégories de statuts : les citoyens et les non-citoyens[564]. La Constitution de 1946 fait de tout le monde des citoyens, mais instaure deux régimes : celui de citoyen de statut local et celui de citoyen de statut civil français : « *Les citoyens qui n'ont pas le statut civil français conservent leur statut personnel tant qu'ils n'y ont pas renoncé* » (article 82). L'on ne peut passer que du premier au second. Cette dualité de statut est maintenue par la Constitution de 1958 dans son article 75, même si le statut civil français devient le statut civil de droit commun. De même que la possibilité et les modalités de passage d'une catégorie à l'autre. À partir des orientations données par l'Accord de Nouméa (points 1.1 et 1.4), la loi organique traite du statut civil coutumier dans son titre premier et ses articles 7 à 17. Certains aspects de ce statut sont confirmés ou précisés, d'autres sont nouveaux. Outre le fait que le statut civil particulier des Kanak devient le statut coutumier, c'est d'abord le droit applicable entre personnes relevant du statut personnel qui est confirmé : il est d'origine coutumière.

### *2° La coutume devant les juridictions*

En Nouvelle-Calédonie, l'organisation judiciaire a été modifiée pour assurer une meilleure prise en compte de la coutume, et les juridictions ont eu à connaître surtout des affaires portant sur le droit des personnes et le droit foncier. L'absence d'un droit local (coutumier) écrit et la primauté du droit commun ont conduit le législateur à prendre l'ordonnance n° 82-877 du 15 octobre 1982 instituant des assesseurs coutumiers auprès du tribunal civil de première instance et auprès de la cour d'appel de Nouméa. La décentralisation judiciaire qui a suivi la provincialisation en 1988 avec la création des sections du tribunal de Nouméa à Koné et à Lifou est venue renforcer cette prise en compte de la coutume. En précisant que les litiges opposant des personnes de statut civil de droit particulier peuvent être réglés par les autorités coutumières ou déférés par les plaideurs devant le tribunal civil, les rédacteurs de l'ordonnance reconnaissent les normes coutumières comme normes de référence pour un certain type de juridiction, et ouvrent la saisine du tribunal civil de première instance à l'initiative de l'une quelconque des parties. Dans cette hypothèse, le tribunal est complété par des assesseurs de statut civil particulier en nombre pair (article 3), de telle manière que la coutume de chacune des parties soit représentée par un assesseur au moins (article 5) ; la procédure étant la même devant la cour d'appel. L'importance de cette innovation vient du fait qu'à cause du caractère complexe des coutumes, les assesseurs coutumiers, qui ont voix délibérative, vont donner un nouvel éclairage au fonctionnement de la justice[565].

564. Agniel (Guy), « Les adaptations juridiques des particularismes sociologiques locaux » *in Coutume autochtone et évolution du droit dans le Pacifique Sud*, (dir.) (Paul) De Deckker, l'Harmattan, 1995, p. 52-79.
565. *Ibidem*, p. 66-67.

### *3° La primauté du droit commun*

La primauté du droit commun sur le droit coutumier est une réalité indiscutable en Nouvelle-Calédonie. Elle est la source principale de l'inégalité entre les deux systèmes juridiques, la coutume n'étant pas hiérarchiquement l'égale de la loi civile étatique.

#### a) La notion de droit commun

En France, il est prévu des normes d'application générale et des normes intéressant seulement certaines catégories de personnes. Le droit commun est entendu ici comme l'ensemble des règles d'application générale, par opposition aux règles dont la mise en œuvre est exceptionnelle. Il s'agit du droit que l'on applique tant qu'il n'apparaît pas que les caractéristiques de l'espèce impliquent la mise en œuvre d'un autre corps de règles. Il ne fait pas de doute que cette appellation de « droit commun » est pertinente dans le cas de la Nouvelle-Calédonie. Il semble bien qu'il constitue tout simplement le principe, par opposition à l'exception, et qu'il revêt un caractère volontariste. Il a un domaine normal d'intervention et s'arroge en outre une possibilité d'application dans l'hypothèse d'une option en sa faveur.

#### b) Le principe de la primauté du droit commun

Ce principe signifie qu'en cas de conflit entre une règle générale du droit français positif et une règle du droit coutumier, c'est la première qui est appliquée. Plusieurs arguments ont été avancés pour justifier la primauté du droit commun. Elle vient du fait que le droit coutumier n'est pas écrit et que la règle du droit coutumier déroge à la règle générale. Dans un différend opposant deux personnes de statut civil ou coutumier, par exemple, la possibilité d'option de juridiction n'existe pas en droit. Le texte en vigueur comprenant de larges plages d'incertitude et de vide juridique, et en l'absence d'un tribunal des conflits, l'administration et les institutions judiciaires ont tenté de résoudre de manière pragmatique les problèmes qui se posaient à elles. Cela a permis de dégager peu à peu un certain nombre de pratiques.

Mais alors que la pratique administrative a eu tendance à faire prévaloir le statut civil de droit commun sur le statut personnel en cas de conflit, le tribunal civil et la cour d'appel de Nouméa se sont efforcés de construire un système jurisprudentiel cohérent en tentant d'imposer le principe de l'absence de primauté d'un statut civil sur l'autre[566]. La jurisprudence a ainsi tenté d'atténuer la prééminence du statut de droit commun. Mais dans sa décision du 19 mars 1999, le Conseil constitutionnel a mis un terme à cette orientation jurisprudentielle et a affirmé la primauté du droit commun sur le statut personnel en cas de conflit. C'est lui qui prévaut dans les relations entre personnes relevant de statuts personnels différents ; il prévaut aussi dans le cas d'un enfant légitime,

566. NICOLAU (Gilda), « L'autonomie de la coutume canaque », *Revue juridique et politique*, 1992, n° 3, p. 219 et suivantes, ainsi que ORFILA (Gérard), « Réflexion sur la coutume mélanésienne », *Revue juridique et politique*, 1989, n° 2, p. 129 et suivantes.

naturel ou adopté dont l'un des parents a le statut civil de droit commun, à charge pour son parent de statut civil coutumier de tenter d'y remédier. Mais avant de prendre sa décision, le juge est tenu de consulter l'autorité coutumière compétente. En tout cas, le droit commun l'emporte, sauf volonté expresse de faire valoir le statut civil coutumier.

En l'absence d'une vraie dualité juridique, la prééminence du droit commun subsiste et subsistera encore pendant quelque temps.

### B. Le Nunavut, « modèle et laboratoire de pluralisme dialogique » ?

Le pluralisme mis en œuvre au Nunavut passe par la reconnaissance d'une société distincte et l'existence d'une coutume autochtone.

#### *1° La reconnaissance d'une société distincte et des institutions coutumières consultatives*

Le droit canadien, après avoir longtemps ignoré les droits des autochtones, s'ouvre, bien qu'avec circonspection, aux cultures juridiques autochtones. Malgré une façade moniste, la coutume continue à s'appliquer. Toutefois, selon G. Otis[567], exception faite de quelques dispositions législatives éparses incorporant la « coutume » à des fins très spécifiques et limitées, l'une des rares manifestations claires d'une réception étatique explicite des droits autochtones « coutumiers » s'est faite dans quelques décisions des tribunaux du Nord-Ouest traitant du mariage et de l'adoption. Elles n'ont pas d'emblée fait jurisprudence sur l'ensemble du territoire méridional canadien, où se trouve concentrée la population de peuplement exogène. La Constitution de 1982 a beaucoup contribué à la reconnaissance des particularismes des peuples autochtones. Particularismes par rapport aux Canadiens d'origine européenne, mais également par rapport aux diverses autres populations autochtones. Leur lien à la terre a été aussi reconnu.

Au Nunavut précisément, face aux critiques sur sa politique, l'ancien premier ministre Paul Okalik a institué un conseil de 11 aînés, le *inuit qaujimajatuquangit*. Ce groupe conseille le gouvernement pour intégrer la culture inuit dans les lois et décisions politiques. Mais c'est surtout devant les tribunaux que la réception de la coutume a été plus explicite.

#### *2° La coutume devant les tribunaux*

Même si la Constitution de 1982 a formellement reconnu les droits ancestraux et issus des traités, il faut souvent les prouver devant les tribunaux. En général, la Cour suprême a procédé à la validation d'importantes revendications des autochtones. Toutefois, comme le dit encore le Professeur G. Otis[568], le droit colonial britannique tel qu'appliqué au Canada n'a jamais reconnu formellement de « justice indigène »,

567. Otis (Ghislain), « La place des cultures juridiques et des langues autochtones dans les accords d'autonomie gouvernementale au Canada », *Revue de droit McGill*, vol. 54, 2009, n° 2.
568. *Ibidem*, p. 246.

c'est-à-dire l'existence et l'autorité d'instances coutumières ou tribales spéciales pour lesquelles les autochtones sont les justiciables exclusifs ou principaux. Il existe quelques dispositions législatives[569] et certains modes de détermination de la peine réservant un traitement singulier aux autochtones confrontés à la justice de l'État[570]. De ce fait, la Cour suprême du Canada reconnaît certaines valeurs autochtones, mais « les personnes autochtones évoluent au sein du même système de justice que l'ensemble de la population canadienne. Les juridictions étatiques ordinaires sont compétentes à l'égard des autochtones pour l'application de toute loi ou règle de droit issue de l'ordre étatique ou reconnue par celui-ci ».

L'Accord sur le Nunavut ne comprend aucune disposition qui traite de la justice. Mais malgré le monisme judiciaire canadien, certains accords tripartites d'autonomie gouvernementale autorisent les autorités autochtones à constituer, maintenir et organiser des juridictions particulières ; c'est le cas de la « Cour Nisga'a » et de la « Cour inuit » pour l'application des lois autochtones. L'Accord Nisga'a,[571] notamment autorise la cour autochtone à recourir aux services d'aînés pour agir comme assesseurs afin de favoriser le respect des valeurs et des méthodes traditionnelles dans le processus de jugement ou de détermination de la peine. En outre, dans la mesure où les principes d'impartialité et d'équité sont respectés, les lois autochtones peuvent édicter des règles de preuve modulées en fonction du contexte culturel propre à la gouvernance autochtone[572]. Avant l'arrivée des euro-canadiens, une forme de « droit coutumier » était en vigueur dans les campements inuit de l'Arctique canadien. Ceux-ci ont imposé un système judiciaire d'inspiration britannique et accusatoire (le fardeau de la preuve incombe à la poursuite) à tous. Le premier procès en milieu inuit a eu lieu en 1923, à l'île Herschel et vers les années 1950, on décide que la justice se déplacera dorénavant vers les communautés autochtones. La possibilité d'établir un système judiciaire propre aux Inuit des Territoires du Nord-Ouest est rejetée en 1965[573].

Les cours itinérantes parcourent peu à peu tout l'Arctique et on compte aujourd'hui un juge résident au Nunavut et cinq juges résidents à Yellowknife qui siègent occasionnellement au Nunavut. Les tribunaux comptent plusieurs niveaux : les juges de paix, la Cour territoriale et le Tribunal de la jeunesse, la Cour suprême du Nunavut,

569. Voir par exemple Code criminel, LRC 1985, c. C-46, art. 718(2), relatif aux principes de détermination de la peine, qui énonce : « *Le tribunal détermine la peine à infliger compte tenu également des principes suivants : [...] l'examen de toutes les sanctions substitutives applicables qui sont justifiées dans les circonstances, plus particulièrement en ce qui concerne les délinquants autochtones* ».

570. S'inspirant des conceptions autochtones traditionnelles de la justice, les juridictions pénales recourent souvent aux cercles de guérison pour conseiller le juge dans la détermination de la peine. Ces cercles, composés principalement de membres de la communauté autochtone dont le condamné est issu, incarnent la dimension communautaire et consensuelle de la justice au service de l'État. Voir (Mylène) JACCOUD, « La justice pénale et les Autochtones : d'une justice imposée au transfert de pouvoirs » (2002) 17 *CJLS* 107.

571. Accord définitif Nisga'a, Nation Nisga'a, Sa Majesté la Reine du chef du Canada et Sa Majesté la Reine du chef de la Colombie-Britannique, 27 avril 1999, Loi sur l'Accord définitif nisga'a, L.C. 2000, c. 7.

572. Accord inuit, art. 17.31.3.

573. ROUSSEAU (Pierre), « L'administration de la justice au Nunavut, année zéro », *in Pour mieux comprendre le Nunavut*, (dir.) TEVENY (Sylvie) et THERRIEN (Michèle), Inalco, 1999, p. 87.

la Cour d'appel et enfin la Cour suprême du Canada. Un seul palais de Justice se trouve à la capitale à Iqaluit. Les juges de la Cour suprême de Nunavut sont nommés par le gouvernement fédéral. Les lois pénales fédérales s'appliquent toujours au Nunavut et l'Assemblée législative n'a pas les pouvoirs de les changer ou de les adapter. Toutefois, la criminalité au Nunavut étant l'une des plus élevées au monde, avec des infractions souvent à caractère sexuel, des violences conjugales et commises sur les enfants et souvent liées à l'alcoolisme, des meurtres et des agressions graves, les interventions de première ligne sont faites par des conseillers sociaux de la communauté[574].

L'intervention des tribunaux peut prendre plusieurs formes : la mise en tutelle ou sous supervision d'un agent de probation, la peine avec sursis, les amendes, l'emprisonnement. Une loi a institué une Cour unique qui devrait permettre une justice plus rapide et plus proche, et laisser la possibilité, pour les affaires mineures, d'une certaine extension des compétences des juges de paix, qui sont en général des Inuit. Cependant, l'anglais reste la langue des débats judiciaires et le droit appliqué est canadien. L'État canadien est très réticent à admettre des systèmes pénaux autochtones autonomes, car une telle reconnaissance entraînerait une très grande diversité de systèmes normatifs, et l'unité de la jurisprudence volerait en éclat[575].

### 3° La primauté du droit fédéral et le « pluralisme dialogique »

La place des coutumes et des systèmes normatifs propres aux autochtones reste subordonnée au droit fédéral au Canada. La primauté de la Charte canadienne des droits et libertés est affirmée :

> *« En dépit d'une certaine ouverture à leurs cultures juridiques, les juridictions autochtones demeurent entièrement intégrées à l'organisation du pays. Elles y occupent d'ailleurs un échelon inférieur par rapport aux juridictions étatiques ordinaires telles que les cours supérieures et les cours d'appel. Les affaires initialement tranchées par un juge autochtone peuvent se retrouver par la suite devant des magistrats étatiques habilités à dire le droit autochtone, y compris le droit coutumier, sans nécessairement connaître les langues ni les cultures juridiques autochtones »*[576].

En général, divers procédés utilisés dans les accords d'autonomie gouvernementale visent tantôt à contenir tantôt à nier l'autonomie du droit judiciaire et de la justice autochtones face au modèle étatique. Non seulement ces accords imposent le respect des principes d'indépendance judiciaire, d'impartialité et d'équité[577], mais encore ils attribuent à l'État le pouvoir de contrôler le respect des principes directeurs, en lui octroyant un véto sur des aspects majeurs de la législation autochtone. Un tel veto permet à l'État d'exiger, si telle est sa position, une large mesure d'unification hégémonique du droit judiciaire par la transposition des normes étatiques dans le droit autochtone. Ainsi, la juridiction autochtone ne peut exercer sa compétence que si le gouvernement

574. *Ibidem*.
575. *Ibidem*, p. 96.
576. Otis (Ghislain), « La place des cultures juridiques et des langues autochtones dans les accords d'autonomie gouvernementale au Canada », *Revue de droit MacGill*, vol. 54, 2009, n° 2, p. 249.
577. Accord inuit, art 17.31. 2(a) ; Accord nisga'a, art. 33(a).

approuve sa structure, sa procédure et le mode de sélection de ses juges. De même, les mesures de supervision et les règles de destitution des juges doivent se conformer de manière générale à celles qui s'appliquent aux juges étatiques provinciaux.

Comment concilier la tradition juridique autochtone et l'ordre constitutionnel canadien sinon par le pluralisme juridique ? Celui-ci, selon Blanc Nicolas,

> « *ne propose pas de se débarrasser de l'État, mais au contraire de relativiser le référent étatique dans le discours juridique. Le pluralisme est un principe historique de construction, d'interprétation et de légitimation de la Confédération canadienne. La Cour suprême du Canada a réactivé cette légitimation en en faisant un principe constitutionnel d'interprétation non écrit. La section 27 de la Charte des droits fait du multiculturalisme un principe d'interprétation, tout en respectant le principe d'égalité.* »[578].

Il ajoute que le pluralisme juridique n'est pas que le pluralisme des normes, il est aussi le pluralisme des rationalités du discours. Il s'appuie sur Borrows selon lequel « *le pluralisme juridique est la coexistence et l'interaction de plusieurs traditions juridiques au sein d'un même ordre constitutionnel* »[579]. Ce pluralisme a une « *double dimension : normative et descriptive* », et sa dimension descriptive peut être « *hiérarchique ou dialogique* »[580]. Dans la dimension dialogique, on trouve « *un dialogue se fondant sur le pluralisme des mondes et des logiques en présence* »[581]. Au Nunavut en particulier, « *l'on observe une superposition de différents territoires de la normativité* » et « *l'enjeu de la gouvernance autochtone réside dans la mise en place d'institutions organisant ce dialogue de la diversité juridique* »[582].

En effet, certains auteurs croient moins à l'efficacité du pluralisme hiérarchique qu'à celle du pluralisme dialogique. Après avoir démontré les limites du pluralisme hiérarchique au Nunavut, notamment à cause de la fluidité des identités juridiques et des ordres juridiques, ainsi que de celle des traditions juridiques à laquelle le pluralisme hiérarchique et l'approche formelle ne peuvent faire face, Monsieur Blanc par exemple conclut que le Nunavut est un modèle de dialogue entre traditions juridiques, un laboratoire d'hybridations des cultures, de pluralisme dialogique qui devrait être valorisé au sein de la Fédération canadienne, car le dialogue des traditions juridiques y met en évidence une pluralité des espaces de normes qui s'enchevêtrent, et la transition s'opère grâce à la transitivité des identités juridiques, garantie par la forme du gouvernement public et le principe d'interprétation de la norme[583].

---

578. BLANC (Nicolas), « Ordres/traditions/Identités juridiques autochtones et étatiques : la contribution du Nunavut canadien au fédéralisme complexe », *op. cit.*
579. BORROWS (J.), « Indigenous legal traditions » *in Canada (2005) 19 Journal of Law and policy*, 167, p. 174.
580. OTIS (G.), « Rencontre des cultures dans la toundra subarctique : vers une nouvelle gouvernance foncière au *Nunatsiavut* », (automne 2009) *Télescope*, 108 ; OTIS (G.), « La place des cultures juridiques et des langues autochtones dans les accords d'autonomie gouvernementale au Canada », (2009) 54 McGill L. J. 237, p. 238.
581. BISSONNETTE (A.), « Un regard anthropologique sur le dialogue entre les traditions juridiques notamment en matière de rapport au territoire, p. 191, *in* JEZEQUEL (M.), (dir.) *La justice à l'épreuve de la diversité culturelle*, Éd. Yvon BLAIS, 2006, p. 204.
582. Selon OTIS (G.), *op. cit.*, (automne 2009), *Télescope* 108.
583. BLANC (Nicolas), *op. cit.*, p. 29.

## IV - Une prise en compte progressive des valeurs coutumieres

La promulgation des textes législatifs sur la coutume et l'introduction de celle-ci dans les juridictions ont sans aucun doute permis une prise en compte des valeurs de celle-ci. Le terme « valeurs » dans son sens commun désigne « *les objets désirés et les enjeux visés par des groupes humains, qu'ils soient dominants ou dominés dans une société* ». Et en général, le pluralisme implique l'obligation d'accorder une certaine place aux dominés en respectant leurs identités et leurs modes de vie, et en s'inspirant de la richesse de leurs cultures et de leurs valeurs. Certes,

> « *celles qui dominent dans une société à un moment donné de son histoire orientent le droit qui s'y produit* », mais il existe toujours « *des exceptions en faveur des valeurs collectives des minorités qui s'expriment sous forme de réclamations formulées par ces groupes dans leur discours judiciaire et politique, incluant les procédures, les communications – notamment, mais pas seulement, aux media –, les manifestes et même, le cas échéant, les programmes des partis qui les représentent. Elles sont intégrées au droit dans le discours judiciaire que constituent les décisions et dans le discours politique sous toutes ses formes, y compris administratives et législatives* »[584].

Ces observations d'Andrée Lajoie sont très pertinentes. Elles le sont encore davantage quand elle précise que « *les voies d'intégration au droit des valeurs, aussi bien dominantes que minoritaires, sont multiples et dépendent tant de la culture juridique dans laquelle elles s'inscrivent que des stratégies des groupes qui portent ces valeurs* ». Et même si en théorie,

> « *le modèle dominant en Amérique du Nord et, sans doute dans la plupart des pays de common law, fait généralement passer le succès de telles revendications par les tribunaux, du moins est-ce ce que l'on croit généralement, et qu'à l'opposé, dans les pays européens continentaux de droit écrit, légicentristes par définition, c'est le pouvoir proprement politique – législateur et gouvernement confondus – qui est réputé servir de lieu privilégié pour ces arbitrages* »[585],

il faut bien se méfier de ces clichés dans la réalité.

### A. La prise en compte des valeurs coutumières en Nouvelle-Calédonie

La Nouvelle-Calédonie constitue l'un des terrains d'observation privilégiés de la rencontre des cultures, et elle est un exemple vivant de pluralisme parce qu'elle porte une société née du choc colonial. Depuis la prise de possession de ce territoire, le droit français y a trouvé un concurrent de taille, la coutume du peuple autochtone kanak, à la fois conception du monde et système juridique particulier, qui s'est mue peu à peu en symbole de revendication identitaire et politique. Le droit étatique ne pouvant rester longtemps sourd à cette dimension culturelle, il a dû reconnaître et prendre en compte cet ordre juridique infra-étatique spécifique, comme le confirme l'exposé des motifs de

584. LAJOIE (Andrée), *Quand les minorités font la loi, op. cit.*, p. 19.
585. *Ibidem.*

l'ordonnance 82-479 du 15 octobre 1982 portant création d'un office culturel, scientifique et technique kanak en ces termes :

> « *Aucun changement durable ne peut intervenir dans ce territoire sans la prise en compte de la spécificité de la société mélanésienne. Il ne s'agit pas de figer celle-ci dans son passé, mais de lui donner les moyens, tout en conservant et en développant ses valeurs originales, de maîtriser son avenir en intégrant les apports de la société moderne* »[586].

Il s'y est alors développé peu à peu un processus d'acculturation réciproque, et c'est à travers ce processus que s'insèrent progressivement les valeurs coutumières. « *Le destin de la coutume kanak n'est ni de disparaître ni d'être immuable, sinon dans ses valeurs* »[587] ; mais lesquelles ? Un certain nombre de valeurs kanak ont été répertoriées ces derniers temps, et parmi elles, on peut trouver le caractère sacré de la vie, le lien indéfectible entre le nom d'une personne, son clan et sa terre, le caractère sacré de la parole issue de l'esprit de l'ancêtre et de la coutume, la cohésion, l'harmonie, le consensus, qui impliquent en permanence la recherche de l'équilibre, le respect, l'humilité, la fierté et l'esprit de responsabilité qui permettent à chacun de se situer à l'intérieur de son groupe, la réciprocité qui se traduit par le don et le contre-don, la dignité qui traduit le respect de la personne humaine, la solidarité, le partage, l'accueil et l'hospitalité qui marquent les rapports socio-culturels. Cette liste n'est pas exhaustive.

En Nouvelle-Calédonie, c'est d'abord et surtout le pouvoir politique qui, à travers différents textes qui ont mis en place différentes institutions coutumières, a procédé à la prise en compte d'un ordre public coutumier et à la survivance de ses valeurs. Par ailleurs,

> « *le législateur (tirant les leçons de l'échec de toutes les solutions alternatives)*[588]*, s'est résolu à faire le pari d'une coutume, à la compétence très large (plus large que dans toutes les expériences coloniales d'antan), et qui ouvre sur une autre forme de justice, en faisant du tribunal le lieu d'un échange entre deux cultures : la scène d'une dialogie* »[589].

Ainsi, les juridictions avec assesseurs coutumiers ont été créées pour dire le droit coutumier et, dans le silence du droit coutumier, pour le créer, comme le rappelle la Cour de Cassation dans son arrêt de 1992, cité par Régis Lafargue[590]. Selon cet auteur, l'effort de prise en compte des valeurs coutumières a été réalisé aussi au niveau du droit privé au travers du statut des terres comme du statut personnel. Il précise qu'

> « *en définissant un statut des « terres coutumières » qui en fait non plus des biens mais un capital social et culturel, le législateur français a donné corps à l'idée d'un « patrimoine trans-générationnel » qu'évoquent tous ceux qui se préoccupent de la responsabilité des générations présentes à l'égard des générations futures, de développement durable, de*

586. Extrait de l'exposé des motifs de l'ordonnance 82-479 du 15 octobre 1982 portant création d'un office culturel, scientifique et technique kanak, *JONC*, 29 octobre 1982, p. 1636.
587. Christnacht (Alain), *Préface de La coutume face à son destin* de Lafargue (Régis), *LGDJ*, 2010, p. 12.
588. Lafargue (Régis), « Les Kanak et la justice de l'État aujourd'hui : du juge serviteur de la loi au juge gardien des promesses », *in* (Paul) De Deckker, *Figures de l'État dans le Pacifique*, L'Harmattan, Paris, 2006, p. 121-145.
589. Lafargue (Régis), *La coutume face à son destin, Réflexions sur la coutume judiciaire en Nouvelle-Calédonie et la résilience des ordres juridiques infra-étatiques*, *LGDJ*, Paris, 2010, p. 142.
590. *Ibidem*, p. 147.

*maintien de la « socio-biodiversité ». Au travers du statut personnel, le « laboratoire juridique néocalédonien » remet en question notre conception ethnocentrée du modèle familial, et de l'intérêt de l'enfant. Il montre qu'il est possible de concevoir un autre monde commun respectueux des identités individuelles et collectives »*[591].

Cette notion de « terres coutumières » adoptée depuis l'époque coloniale, qui laisse malgré tout le juge démuni en l'absence d'un véritable notariat coutumier, a beaucoup inspiré le droit positif. Elle a même inspiré des actions privées portant sur des thèmes comme la protection de l'environnement ou le développement durable[592].

Mais l'on ne saurait se contenter d'un regard passéiste sur la prise en compte des valeurs coutumières kanak. Il s'agit d'un enjeu crucial pour l'avenir, notamment pour la mise en place d'une citoyenneté et d'un destin commun en Nouvelle-Calédonie. C'est bien ce que laisse entendre le Sénat coutumier à travers R. Mapou :

> « *Pour le Sénat coutumier, le socle commun des valeurs kanak appellera inéluctablement un socle commun des valeurs de notre société contemporaine et de notre société en devenir.* [...] *Pour nous, le système qu'on est en train de construire est un système de pluralisme. Le pluralisme va concerner les valeurs kanak, il va intégrer les valeurs communautaires de caractère collectif.* [...] *La démarche du Sénat coutumier est de promouvoir un rééquilibrage au niveau des droits entre un système de droit commun et un système de droit coutumier.* [...] *Cette approche se situe à deux niveaux : sociétal et juridique. Il s'agit de conjuguer : liberté, égalité et fraternité à des valeurs plus sociales et collectives telles que : respect, consensus et solidarité.* »[593]

En effet, quoi qu'il arrive, le destin commun ne pourra se limiter au niveau institutionnel et politique, il ne pourra faire l'économie d'une vision commune de l'avenir fondée sur des valeurs communes.

### B. La prise en compte des valeurs coutumières au Nunavut

Au Canada, les valeurs prônées généralement et principalement par les Autochtones sont l'identité, la terre nourricière et l'autosuffisance économique, le territoire et l'autodétermination politique, le respect, la tolérance, la coopération, le partage et la paix. Mais il y a aussi accessoirement d'autres valeurs telles que l'égalité, la justice, la démocratie et la liberté. L'identité fonde leurs droits, qu'ils soient ancestraux ou issus des traités, et marque leur caractère distinct et spécifique. Ils ont tous un rapport particulier avec la terre nourricière qui constitue pour eux une valeur fondamentale inaliénable dans sa dimension globale et symbolique, même s'ils consentent à l'interpréter de façon plus actuelle en l'adaptant au développement économique. L'autodétermination politique est prônée pour l'exercice concret de la souveraineté à travers des institutions autochtones, sous la forme d'une variété de pluralismes, sans que ce soit l'indépendance

591. *Ibidem*, voir résumé de l'ouvrage.

592. Voir le « Protocole d'accord portant Pacte pour un développement durable du Grand Sud », signé entre les chefferies du sud et la société Goro-Nickel.

593. MAPOU (Raphaël), « Les valeurs de la citoyenneté de la Nouvelle-Calédonie – La dimension kanak », *in Citoyenneté et destin commun en Nouvelle-Calédonie*, FABERON (Jean-Yves) (dir.), PUAM, 2013, p. 63-64.

vis-à-vis de l'État canadien. Le respect est surtout celui que l'on exige pour sa propre identité, et qui reste à reconquérir[594].

Selon Andrée Lajoie, la plupart des valeurs portées par le discours autochtone sont intégrées au droit par la Cour. L'identité, la protection de l'environnement, le respect, la justice sont reçus sans détournement de sens. La liberté d'expression, la démocratie le sont un peu moins. Mais c'est surtout l'autodétermination politique et la maîtrise du territoire que la Cour ne retient pas. Elle favorise surtout la prédominance des intérêts économiques des non-Autochtones et réaffirme constamment la souveraineté canadienne et la primauté du droit fédéral. Elle rejette donc très majoritairement les pourvois politiques, ne cédant d'ailleurs à cet égard que des droits liés au statut. Ce sont les gouvernements qui ont principalement contribué à accueillir les revendications politiques des peuples autochtones à travers des accords, des traités et différentes sortes d'interventions. C'est donc dans ces pratiques gouvernementales que l'on retrouve les valeurs et les intérêts intégrés ou rejetés par le droit canadien. Un grand nombre de négociations (bipartites ou tripartites) sur l'autonomie gouvernementale ont été ainsi engagées entre les Autochtones, le gouvernement fédéral du Canada et les provinces, et certaines ont abouti à des résultats juridiques concrets sous forme d'ententes ou de traités. C'est ainsi qu'au Nunavut en particulier, l'Accord conclu entre le gouvernement du Canada et les Inuit a créé un gouvernement territorial et mis en place un processus de transfert de compétences de droit interne (à l'exclusion de compétences externes) échelonné sur plusieurs années, avec au départ un accent sur les valeurs qui importent aux Autochtones : la gestion et la conservation des terres et des ressources. Nous verrons plus loin de quelle manière le gouvernement du Nunavut a lui-même contribué à insérer les valeurs coutumières dans le système local.

## V - La coutume autochtone et la dynamique de l'autodétermination

En principe, et on l'a déjà dit, le degré de prise en compte de la coutume devrait indiquer le niveau de l'autodétermination. Des limites à celle-ci sont observées tant en Nouvelle-Calédonie qu'au Nunavut. D'autres voies sont-elles possibles ? Certaines pistes pourraient être explorées et des chantiers sont en cours.

### A. Des limites à l'autodétermination et des pistes en Nouvelle-Calédonie

L'inégalité entre le droit commun et le droit coutumier n'est pas le seul handicap à surmonter en Nouvelle-Calédonie. À ce problème s'ajoutent de nombreux autres. Le pluralisme juridique a donc encore beaucoup de chemin à parcourir.

#### *1° Du statut civil coutumier à l'autonomie personnelle ?*

La loi organique du 19 mars 1999 prévoit les cas dans lesquels un kanak est de statut civil coutumier. L'appartenance à ce statut est soit automatique soit volontaire. Elle est automatique quand elle découle d'un lien de filiation. Elle est volontaire quand elle résulte

594. Lajoie (Andrée), *op. cit.*, p. 46-50.

d'une manifestation de volonté. Il est possible de changer de statut, pour soi-même ou pour les enfants mineurs. C'est une loi étatique qui décide dans quels cas un Kanak est ou non de statut civil coutumier. Pourquoi ne reviendrait-il pas à la coutume kanak de le faire ? Certaines notions utilisées par la loi organique pour définir les hypothèses d'appartenance sont empruntées au droit civil étatique et à la coutume kanak ; n'y a-t-il pas risque de confusion ?[595]

La nécessité du principe d'autonomie personnelle se fait de plus en plus sentir, pour que la différence et l'identité soient l'expression d'un choix individuel, et non le prétexte à un enfermement des identités minoritaires, comme prix à payer pour leur résistance à l'acculturation par le modèle dominant. Le statut personnel fait figure de système prospectif pour faire cohabiter – dans le respect de la dignité de chacun, c'est-à-dire dans le respect de sa différence, en s'écartant du principe majoritaire qui lamine les identités mal représentées en termes de suffrages – divers peuples au sein d'une même structure étatique[596].

Selon Régis Lafargue[597], en reconnaissant à côté du peuple français un peuple kanak, et en dessinant trois cercles concentriques d'appartenance (statut civil coutumier kanak/citoyenneté néo-calédonienne/citoyenneté ou nationalité française) s'imbriquant les uns dans les autres comme des poupées gigognes, l'Accord de Nouméa a fait de la société néo-calédonienne un de ces exemples de multi-appartenances qu'il convient d'organiser en coordonnant des appartenances situées sur des registres différents. Cette organisation complexe est renforcée par le transfert des compétences au Congrès de la Nouvelle-Calédonie en matière de droit civil et d'état civil. Il en résulte trois statuts civils personnels recoupant ces trois cercles d'appartenance : un statut « civiliste » néo-calédonien et un statut « civiliste » métropolitain (par dédoublement du statut improprement qualifié de « droit commun »), et un statut coutumier kanak, sans oublier le statut coutumier wallisien-futunien car il existe des originaires des Îles Wallis et Futuna qui peuvent être citoyens néo-calédoniens tout en restant wallisien et futunien, en dépit d'une longue installation en Nouvelle-Calédonie.

Ainsi, précise cet auteur, l'Accord de Nouméa crée une dynamique qui dépasse le débat sur la seule reconnaissance du peuple kanak, pour embrasser les rapports entre toutes les composantes de cette société. Ce n'est pas seulement un contrat social qui validerait rétrospectivement l'entrée des populations venues d'ailleurs sur la terre des premiers occupants kanak, c'est probablement autre chose : un exemple d'alliance qui se construit dans un processus à l'océanienne. La Nouvelle-Calédonie offre, précise-t-il, à mesure que s'opèrent les transferts de compétence, une application du principe

595. Cornut (Étienne), « Les terres coutumières dans l'ordonnancement juridique actuel : la coutume kanak dans son environnement juridique » in Quelques aspects des droits du peuple autochtone en Nouvelle-Calédonie, *RJPENC* 2011/2, n° 18, p. 21.

596. Lafargue (Régis), La coutume face à son destin, *op. cit.*, p. 344-345.

597. *Ibidem.*

d'autonomie territoriale, tout en approfondissant et en complexifiant son expérience du principe d'autonomie personnelle, avec les concepts de statut personnel et de citoyenneté néo-calédonienne. Devenu le terrain d'expérimentation d'un droit ethnologique, l'intérêt que représente le « laboratoire juridique néo-calédonien », d'un point de vue expérimental comme théorique, n'est pas prêt de faiblir[598].

### *2° Des entités coutumières dotées de vrais pouvoirs*

« *Le culturalisme kanak, sans institutions propres, est condamné au folklore* ». Cette affirmation du professeur F. Féral conduit impérativement, de son point de vue, à la mise en place d'institutions propres aux kanak, dotées de vrais pouvoirs, dans le cadre du destin commun. Il s'agit en particulier du Sénat coutumier, qui deviendrait une véritable chambre parlementaire, mais aussi d'autres entités, notamment les chefferies, qui deviendraient des collectivités kanak compétentes sur les affaires kanak en général.

Les institutions kanak sont essentiellement consultatives. Leur statut infériorisé fait qu'elles ne sont reconnues ni comme de véritables institutions, ni comme des autorités administratives[599]. Selon cet auteur, cela va à l'encontre du principe d'autodétermination du peuple autochtone. La tribu, le clan, les conseils coutumiers n'ont pas de contenu administratif. Les aires coutumières ne sont ni des collectivités ni de véritables circonscriptions politiques ou administratives. Toute nature administrative est déniée aux actes coutumiers ainsi que toute autorité administrative ou juridique aux instances coutumières. Par ailleurs, toutes les institutions en relation avec la coutume s'emploient à les mettre sous tutelle soit de l'État soit de la Nouvelle-Calédonie : les tribunaux coutumiers sous l'autorité d'un magistrat de l'État, l'administration des affaires coutumières sous celle du gouvernement de Nouvelle-Calédonie, le Sénat fonctionnant sous la tutelle du gouvernement et du Congrès, l'administration néo-calédonienne des affaires coutumières exerçant la tutelle sur les Conseils coutumiers (l'article 22-5 de la loi organique donne compétence à la Nouvelle-Calédonie pour les affaires coutumières)[600].

C'est donc dans un cadre plus large de la mise en œuvre d'un pluralisme institutionnel, avec des collectivités kanak dotées d'une personnalité juridique et de vrais pouvoirs qu'une évolution significative du régime politique calédonien est souhaitée, pour un meilleur exercice des droits autochtones et une meilleure représentation du peuple kanak. Mais pour que l'organisation autochtone du peuple kanak soit adoptée, quelques difficultés sont à surmonter au préalable. Celle de la compatibilité d'une souveraineté autochtone avec certains principes républicains, celle du morcellement de la souveraineté kanak entre de nombreuses chefferies, et celle de la personnalité juridique même du peuple kanak.

598. *Ibidem.*

599. Féral (François), « Quelques éléments de doctrine autochtoniste sur les institutions de Nouvelle-Calédonie », *op. cit.*

600. Féral (François), *op. cit.*, p. 16.

Pour le professeur F. Féral[601], l'Assemblée générale du peuple kanak, constituée par la communauté des chefferies, est l'organe titulaire de la souveraineté kanak, celle-ci découlant intrinsèquement de sa qualité de peuple autochtone et n'ayant besoin d'aucune validation juridique étatique. S'appuyant sur le doyen Hauriou[602], il considère que le peuple kanak est l'expression d'une communauté d'intérêts qui est constitutive de sa personnalité morale. Celle-ci devrait être attribuée à des organes qui le représentent à deux niveaux : au niveau général pour coordonner et le représenter l'ensemble du peuple, et au niveau local pour permettre le fonctionnement et la gestion des chefferies et des biens kanak.

### a) Le Sénat coutumier, véritable chambre parlementaire ?

Le Sénat coutumier est l'une des innovations majeures de l'Accord de Nouméa. On ne peut l'aborder sans être conduit à évoquer les problèmes de sa nature, de ses compétences et de son rôle en tant que deuxième chambre. Il se définit lui-même comme l'institution qui « *porte la parole coutumière dans les institutions de la Nouvelle-Calédonie* », qui « *assure la représentation du monde coutumier dans ses diverses dimensions* », comme le « *gardien et défenseur de l'identité propre du peuple kanak dont la spécificité a été reconnue par la Constitution française et l'ONU dans le cadre de la Charte de décolonisation* ». En fait, ce n'est pas une simple institution « coutumière », mais une « *institution politique de représentation du monde coutumier kanak* ».

Selon l'article142 de la loi organique du 19 mars 1999, il peut donner son avis sur les lois du pays relatifs aux signes identitaires, au statut civil coutumier, au régime des terres coutumières, aux limites des aires coutumières, et aux modalités d'élection du Sénat coutumier ou des Conseils coutumiers. L'article 145 de la même loi ne lui permet que de saisir « le Gouvernement, le Congrès ou les assemblées de province de toute question intéressant l'identité kanak », dont les compétences dans ce domaine sont régies par l'article 99-5° de cette loi, alors que l'article 73 de la même loi donne l'initiative exclusive aux membres du Congrès et du Gouvernement en matière de loi du pays. Il apparaît ainsi que même en ce qui concerne les affaires kanak, le Sénat coutumier n'a pas de compétence législative réelle ; il ne peut que saisir le Congrès ou le Gouvernement de propositions à ce sujet, et c'est à ces deux institutions de décider si elles donnent suite ou non à ces propositions. Il est déplorable que

> « *le législateur organique n'ait pas attribué un pouvoir d'initiative à l'assemblée coutumière, alors que celle-ci intervient dans l'adoption des lois du pays relatives à la coutume mélanésienne* », car « *une concordance entre les domaines d'initiative et d'intervention aurait apporté un peu plus de cohérence à la procédure* »[603].

---

601. *Ibidem.*

602. La théorie de l'institution de Maurice Hauriou est celle par laquelle le groupe est le fondement de l'institution : « idée d'œuvre » se dotant d'organes et de règles disciplinaires dont la personnalité juridique est la « stylisation ».

603. Gindre David (Carine), *Essai sur la loi du pays calédonienne, op. cit.*, p. 73.

Son impuissance législative est dénoncée et l'on trouve sa place indigne dans les institutions politiques de la Nouvelle-Calédonie[604]. Il est considéré comme une institution de second ordre, radicalement séparé du Congrès, qui n'exerce pas de véritable fonction parlementaire ou législative. Malgré le « chantournement » des modalités de consultation, il ne peut « effectivement » définir les modalités des lois du pays. Il n'a qu'un statut d'expert dont les avis sont « systématiquement écartés », et ne sont ni répertoriés, ni publiés au journal officiel. Il ne peut prendre aucun acte qui ne soit formalisé par le Haut-commissaire ou le gouvernement. L'absence de veto ou de tout autre mécanisme juridique empêchant le Congrès de légiférer sur le droit coutumier et les institutions kanak sans l'adhésion des kanak est criante. La faiblesse de ses moyens est aussi décriée, ainsi que la tutelle financière et administrative du Congrès. Son personnel est en nombre dérisoire et son expertise interne quasi nulle. Il ne dispose pas de site internet propre, ni de questure, ni de moyens de documentation ou d'intervention[605].

Le Sénat coutumier ne manque donc pas de détracteurs et la question de son existence et de son utilité a souvent été et reste posée[606]. Pour le Professeur Chauchat, il est sans conteste « la seconde chambre », mais c'est une institution parfois décriée, non pas tellement pour son rôle, mais pour sa désignation, et par tant pour sa légitimité. Et alors qu'il a un fort potentiel politique, il reste, sur certains points, immature[607].

Mais, au-delà du fait qu'il s'agit d'une représentation spécifique de la population mélanésienne, le bicaméralisme peut-il être considéré un comme facteur de renforcement de la démocratie en Nouvelle-Calédonie ? On peut y répondre par l'affirmative, car il implique une meilleure représentativité du Parlement qui diversifie sa représentation, un enrichissement de la discussion parlementaire, donc la qualité de la loi, et l'instauration d'un contre-pouvoir par rapport à la première chambre. Et dans le cas spécifique de la Nouvelle-Calédonie qui est une société plurielle, il permet de renforcer une logique consensuelle. Mais il ne s'agit pour l'instant que d'un « *bicaméralisme médian* », précise Carine David, à cause d'une asymétrie entre le Congrès et le Sénat coutumier qui ne dispose que d'un pouvoir consultatif[608]. Bien que sa consultation soit obligatoire en matière d'identité kanak, bien qu'il participe à la navette dans la discussion des textes et qu'il puisse saisir le Congrès, le Gouvernement ou une assemblée de province, il n'a jamais le dernier mot.

604. Féral (François), « Quelques éléments de doctrine autochtoniste sur les institutions de Nouvelle-Calédonie », *op. cit.*, p. 15.

605. *Ibidem.*

606. Voir par exemple CHABROT (Christophe), « Une deuxième chambre pour quoi faire ? », *Communication au colloque sur « Les 10 ans du Sénat coutumier »*, Université de la Nouvelle-Calédonie, Larje, jeudi 20 août 2009, mis en ligne le 22 août 2009, < http://larje.univ-nc.nc >.

607. Chauchat (Mathias), « Le Sénat coutumier, une institution qui a 10 ans », *Communication au colloque sur « Les 10 ans du Sénat coutumier »*, Université de la Nouvelle-Calédonie, Larje, jeudi 20 août 2009, mis en ligne le 22 août 2009, < http://larje.univ-nc.nc >.

608. David (Carine), « Quel bicamérisme pour la Nouvelle-Calédonie ? », *in Colloque sur « Le droit constitutionnel calédonien »*, *POLITEIA*, N° 20 (2011), p. 175-186.

Comment faire donc évoluer cette institution ? Elle peut et devrait devenir une véritable chambre avec une compétence législative réelle sur les affaires Kanak, par exemple. Dans son rapport, le rapporteur spécial sur les droits des peuples autochtones sur la situation du peuple kanak de Nouvelle-Calédonie, James Anaya, préconise de « *donner au Sénat coutumier un peu plus d'autorité – et même un pouvoir de contrainte dans certaines matières – sur les décisions qui sont prises dans des domaines qui intéressent le peuple kanak* »[609]. Il peut devenir aussi une véritable chambre parlementaire grâce à une autonomie financière et administrative. Celle-ci est aussi préconisée par le rapporteur de l'ONU : « *Le Sénat coutumier devrait disposer d'un financement suffisant pour accomplir effectivement ses fonctions* »[610].

Conçu comme instance permanente kanak dans la charte du peuple kanak, le Sénat coutumier devrait devenir, selon le professeur Féral, l'organe législatif du peuple kanak, légitimé par l'Assemblée des chefferies, exerçant *de facto* la personnalité juridique du peuple kanak, avec comme compétences celles qui sont actuellement dévolues au gouvernement et au congrès dans le champ des affaires coutumières, pouvant prendre des délibérations sur les affaires kanak, titulaire d'un pouvoir législatif autonome, sans aucune tutelle. Il préconise par ailleurs la création, aux côtés du Sénat coutumier, d'un organe exécutif responsable des services administratifs de la coutume, et plus largement des affaires kanak, sans compétence politique.

Carine David, quant à elle, considère qu'une seconde chambre est nécessaire en Nouvelle-Calédonie et que deux possibilités sont envisageables pour l'évolution du Sénat coutumier : celle qui s'inscrit dans la continuité du schéma actuel (représentation spécifique de la population mélanésienne), et celle qui vise à représenter plus fidèlement les différentes composantes de la société calédonienne dans son ensemble. Dans le cadre d'une seconde chambre s'inscrivant dans la continuité du Sénat coutumier, l'évolution pourrait se traduire d'abord par la mise en place d'une commission paritaire remplaçant la navette, qui servirait d'instance de dialogue et renforcerait la prise en compte de la position du Sénat, avec l'extension des compétences du Sénat au-delà de sa compétence en matière d'identité kanak, et à toutes les matières législatives pour une meilleure prise en compte de la coutume ou de la conception mélanésienne lors de l'élaboration des textes, avec aussi une modulation des pouvoirs en fonction des domaines d'intervention. Elle pourrait aussi se traduire par le renforcement de sa légitimité, en accordant une place aux femmes au sein de cette institution, et en introduisant une certaine dose de scrutin permettant à la population mélanésienne de désigner ses représentants. Elle le pourrait enfin par l'instauration d'un bicaméralisme au niveau provincial, pour une représentativité et une prise de décisions plus proches de la base.

609. Rapport sur les droits des peuples autochtones sur la situation du peuple kanak de Nouvelle-Calédonie, A/HRC/18/35/ Add. 6, in *RJPENC* n° 18, 2011/2, p. 57.
610. *Ibidem*.

Dans le cadre d'une seconde chambre qui préfigure ou représente un destin commun, celle-ci serait à l'image de l'ensemble des communautés présentes en Nouvelle-Calédonie, mais ne pouvant statuer qu'à une majorité qualifiée avec un pouvoir de veto aux représentants coutumiers kanak, à l'instar de ce qui se fait à Fidji. Une fusion améliorée entre le Sénat coutumier et le Conseil économique et social pourrait constituer par ailleurs un postulat de départ pour faire évoluer la seconde chambre[611].

Toutes ces évolutions éventuelles restent bien sûr dépendantes du projet politique envisagé ou adopté, précise l'auteure. Mais d'autres approches sont plus radicales. A.-L. Madinier affirme que la reconnaissance du Sénat coutumier en tant que véritable chambre parlementaire paraît nécessaire et incontournable, en le soustrayant de la tutelle « humiliante » du Congrès de Nouvelle-Calédonie, en lui attribuant une compétence législative sur les dispositions concernant les affaires et l'identité kanak, ainsi qu'une autonomie financière et administrative lui permettant d'exercer librement ses prérogatives[612]. Il va de soi que l'extension des pouvoirs du Sénat coutumier intègre la problématique générale du renforcement des institutions coutumières kanak dans le cadre du droit à l'autodétermination des peuples autochtones ; elle devrait pouvoir se négocier.

### b) Des « collectivités kanak » compétentes sur les affaires kanak ?

Au niveau des territoires kanak, les chefferies constituent des « entités kanak » propres à représenter et à administrer les communautés kanak. Pour le professeur F. Féral[613], l'ensemble des fonctions qui leur sont attribuées correspond à la gestion et à la représentation d'une personne morale de droit public : la collectivité. Celle-ci peut être territoriale ou spécialisée. Il rappelle que la formule française de la collectivité ne se limite pas à un rattachement à un espace ; il est reconnu que l'appartenance à un groupe par différents liens forme *collectivité* et génère la personnalité morale. C'est le cas avec les chambres de commerce, les ordres professionnels, les syndicats, les associations, qui peuvent ainsi déterminer leur propre destin dans le domaine qui leur est reconnu par la loi[614]. En fait, les chefferies seraient une synthèse des deux catégories car elles forment l'ensemble des personnes physiques « en relation avec la terre d'un clan », que ces personnes y résident ou qu'elles y possèdent des droits. Leurs pouvoirs s'inscrivant sur des territoires claniques et inter-claniques, elles pourraient constituer de véritables circonscriptions. L'article 5 du paragraphe 1 de la section 4 du Chapitre II de la charte

611. David (Carine), « Quel bicaméralisme pour la Nouvelle-Calédonie », *op. cit.*

612. MADINIER (Anne-Lise), *Contribution à la reconnaissance d'un droit autochtone kanak en Nouvelle-Calédonie, Le droit français républicain et l'Accord de Nouméa à l'épreuve des principes autochtonistes du droit international public*, sous la direction de (François) Feral et (Ghislain) Otis, p. 82.

613. Féral (François), « L'adoption de la Charte du peuple kanak de Nouvelle-Calédonie. Les prémices d'un pluralisme juridique : origines, fondements et perspectives des droits autochtones du peuple kanak » ; < https://www.academia.edu/6921583/Ladoption_de_la_charte_du_peuple_kanak_de_Nouvelle-Caledonie >.

614. Féral (François), voir Madinier (Anne-Lise), *Contribution à la reconnaissance d'un droit autochtone kanak en Nouvelle-Calédonie, op. cit.*

des valeurs kanak[615] évoque la notion de « zone d'influence coutumière », et l'article 2 de la section 6 de ce même chapitre rappelle le champ à la fois territorial et personnel de l'autorité coutumière. Les collectivités kanak étant administrées par les autorités coutumières organisées et désignées selon les principes spécifiques à chaque chefferie, les chefs deviendraient désormais aussi des autorités administratives exerçant des compétences sur la coutume (gestion des terres, leur mise en valeur, état civil kanak, droit de la famille kanak, vie économique et sociale kanak), bref des compétences générales à l'image d'une collectivité. Par ailleurs, l'infléchissement de la rédaction des actes coutumiers tenant compte des différences de nature des palabres serait un des éléments de pragmatisme dans l'institutionnalisation des chefferies comme de véritables collectivités. En effet, la loi du pays du 15 janvier 2007 relative aux actes coutumiers qualifie la délibération des autorités coutumières d'acte conventionnel, lui déniant tout caractère d'acte unilatéral alors que l'instance est qualifiée d'autorité coutumière. Cet auteur précise

> « *qu'en droit public et administratif républicain, d'innombrables organisations corporatives ou associations, indifféremment considérées comme publiques ou privées, sont reconnues comme légitimes à assurer leur discipline interne en infligeant des sanctions à leurs membres et en réglementant leur domaine de compétence, voire en prenant des décisions unilatérales. Le régime de ces règles et de leur discipline relève souvent du droit public, et le droit public reconnaît donc à ces groupes, à ces entités collectives, des droits unilatéraux, des régimes exorbitants, des pouvoirs juridictionnels* »[616].

Il propose, en somme, la mise en place de formules se conformant à l'idée d'autodétermination dans le cadre républicain[617], des collectivités kanak « *sur le modèle des collectivités territoriales pour leur permettre d'exercer un « self government »* ». Les chefferies formeraient ainsi *des collectivités politiques et administratives*, sur le fondement de leur autochtonie, comme pour les habitants d'une collectivité territoriale. Ce serait des collectivités publiques ayant une personnalité juridique, relevant du droit public, pouvant prétendre à des pouvoirs juridictionnels et à des actes unilatéraux, pouvant édicter des règles impératives s'imposant aux membres du groupe, dans le cadre d'un système d'administration décentralisé, afin que leur soit assurée l'autonomie qui correspond à une autochtonie reconnue. Leur mise en place permettrait d'élaborer un ordre juridique propre et l'ensemble des institutions kanak devrait reposer sur une « constitution kanak » qui fonderait les principes de leur fonctionnement et de leurs valeurs.

La constitutionnalisation de cette décentralisation et du principe de subsidiarité, avec l'idée d'une sphère normative échappant au contrôle de l'administration d'État, mais contrôlée par le juge sur sa légalité, sa conventionalité et sa constitutionnalité,

615. Nous y reviendrons plus loin.

616. Cf. l'ouvrage de (François) Féral sur la nature de l'organisation administrative, *Approche dialectique du droit de l'organisation administrative*, l'Harmattan, 2000, et la théorie de L. Constans sur la notion administrative de « collectivité publique » : « *Le dualisme de la notion de personne morale en droit public* »», cités par (François) Féral.

617. *Ibidem*, p. 18.

permettraient d'assurer une certaine sécurité juridique aux Kanak. Les collectivités kanak pourraient ainsi cohabiter avec les institutions républicaines. En somme, pour que la reconnaissance du droit à l'autodétermination du peuple kanak se concrétise, il faudrait que soient créées des collectivités kanak sur le modèle des collectivités publiques, qui seraient de véritables autorités administratives ayant une personnalité juridique, et aptes à prendre des décisions par voie unilatérales concernant « les affaires kanak ». Cette proposition paraît très pertinente car elle va dans le sens d'une véritable décolonisation juridique, encore faudra-t-il, ici aussi que toutes les parties se mettent d'accord là-dessus.

### *3° L'élaboration de principes fondamentaux et l'adoption d'une charte*

Souvent évoquée, la codification de la coutume est un problème assez délicat. Pourtant, un système de valeurs et de principes fondamentaux vient d'être élaboré et une charte adoptée.

#### a) La problématique de la codification du droit coutumier

Bien qu'il existe des manifestations écrites de la coutume, celle-ci n'est ni rédigée, ni codifiée. Parmi les formes de ces manifestations écrites, il existe la coutume judiciaire, fruit des décisions de justice rendues par les juridictions en formation coutumière, c'est-à-dire « *un droit jurisprudentiel inspiré des normes traditionnelles, mais nécessairement modernisé puisque réapproprié par les juridictions qui l'élaborent. C'est une « reconstruction » jurisprudentielle du droit traditionnel* »[618]. Mais il existe aussi l'acte public coutumier, encore qualifié d'acte conventionnel, prévu par la loi du pays du 15 janvier 2007[619], qui ne présente pas de motifs puisque « *la coutume se dit, elle ne s'explique ni ne se justifie, et elle exprime l'évidence* »[620] ; ceux-ci pourraient pourtant permettre l'émergence d'une interprétation commune de la règle coutumière de l'endroit concerné[621]. Malgré ces formes de manifestations écrites limitées et étroites, la coutume reste essentiellement orale et cette oralité semble constituer un lourd handicap. Faut-il alors la rédiger et la codifier ? Faut-il en rédiger quelques principes directeurs et même quelques règles précises ? Non, répondent certains. Pour des raisons qui tiennent au moment de la rédaction, à la méthode de rédaction, à la nature de la coutume alors qu'elle sera nécessairement réécrite et pas seulement retranscrite et que des coutumes disparaîtront, et aux conséquences de la rédaction qui provoquera inéluctablement la fin des juridictions coutumières puis celle de la coutume traditionnelle en ce qu'elle est dotée de juridicité[622].

618. LAFARGUE (Régis), *La coutume judiciaire en Nouvelle-Calédonie*, *op. cit.*, p. 27.
619. *JONC* du 30 janvier 2007, p. 647.
620. LAFARGUE (Régis), « À propos du délibéré avec les assesseurs coutumiers » *in* (G.) NICOLAU, (G.) PIGNARRE et (R.) LAFARGUE, *Ethnologie juridique*, Dalloz, 2007, p. 246.
621. CORNUT (Étienne), « La non codification de la coutume kanak », communication présentée lors du colloque sur l'intégration de la coutume dans l'élaboration de la norme environnementale, LARJE, UNC, Nouméa, du 26 au 28 octobre 2009, Actes à paraître aux éditions Bruylant.
622. *Ibidem*, p. 23.

Pour É. Cornut notamment, la rédaction des coutumes supposerait de définir quelles autorités et/ou institutions coutumières auront compétence et surtout légitimité à le faire. Il faudrait définir par extension l'unité territoriale coutumière de référence : tribu, district, aire, territoire. La rédaction ferait courir le risque aux coutumes de faire apparaître leurs défauts, leurs contradictions, leur archaïsme éventuel que masque l'oralité. Mais plus grave, elles pourraient être transformées, trahies. Elles perdraient de leur authenticité parce que déconnectées des pratiques, des faits, du temps, de l'espace, des mythes. Les juridictions coutumières disparaîtraient à terme, les magistrats disposant déjà d'un corpus de règles coutumières, les juges n'ayant plus alors besoin des relais vers le monde kanak que sont les assesseurs coutumiers. En somme, cette rédaction, pense-t-il, entraînerait la création d'un droit coutumier aux côté de la coutume, déconnecté de cette dernière.

Et pourtant, un processus est en cours, sous la houlette du Sénat coutumier lui-même, et dont l'objectif est de préparer la place du droit coutumier kanak dans l'ordre juridique à promouvoir dans le futur « pays ». Il s'agit bel et bien de « *se donner les moyens de développer une expertise juridique pour promouvoir le droit coutumier dans le cadre d'un projet de société qui intègre un système de pluralisme juridique prenant en compte le droit coutumier dans toutes ses composantes : production/authentification des normes (lois et règlements), gestion, suivi, sanction et contrôle* »[623]. À notre avis, il sera difficile d'échapper à l'écrit, et si la coutume devait franchir l'étape de l'oral pour l'écrit, elle ne ferait que ce que beaucoup d'autres coutumes ont fait. Elle n'en « mourrait » pas. D'ailleurs, ce débat est plus ou moins dépassé puisque, depuis peu, le Sénat coutumier a fait le choix de faire établir un système de valeurs et des principes fondamentaux, mais surtout « des règles écrites sur les questions les plus cruciales et pointues dans les problématiques définies », dans le cadre d'une contribution autochtone du peuple kanak à l'édification d'un pays ou d'un État républicain et démocratique, tout en précisant néanmoins que cette orientation s'oppose à une pratique de codification du droit coutumier.

### b) L'élaboration d'un système de valeurs et de principes de la coutume

Sur la base de l'article 145 de la loi organique, le Sénat coutumier a donc entrepris les 23 et 24 octobre 2012 une vaste réflexion sur la définition d'un socle commun des valeurs kanak et des principes fondamentaux des droits autochtones kanak. Il considère lui-même que

> « *c'est un passage obligé pour inscrire le droit kanak dans un système juridique moderne* ».
> Les objectifs visés sont d'« *inscrire le droit coutumier dans un processus de mise en place d'un pluralisme juridique équilibré où le droit coutumier aura toute sa place et dans toutes les branches du droit ; ce pluralisme juridique sera la résultante d'un dialogue de la coutume et du droit positif contemporain appelé communément « droit commun », de*

623. Mapou (Raphaël), Chargé de mission auprès de la Présidence du Sénat coutumier, *Communication au Sénat en mars 2011.*

> *travailler à l'élaboration d'un socle commun de valeurs de la coutume kanak en tenant compte des droits fondamentaux, de la nature évolutive de la coutume, de faire adopter par les composantes de la société kanak le dit système des valeurs et principes fondamentaux du droit coutumier ».*

Ainsi, après une longue période d'hésitation, et sans renier les acquis en la matière, le Sénat coutumier et les conseils coutumiers ont décidé de franchir un seuil important. Ils précisent encore qu'il s'agit de

> « *créer une rupture au niveau de la conscience, et surtout de la pratique du monde kanak par rapport à son projet de société et sur les fondements juridiques de celui-ci* », car « *le constat est que le fait juridique et le respect d'un état de droit ne sont pas culturellement ancrés dans le monde kanak, contrairement au fait culturel ou politique, ce qui est de nature à limiter les avancées internes et externes de la société kanak, notamment son engagement dans la construction du « destin commun » inscrit dans l'Accord de Nouméa ».*

Pour mobiliser toutes les forces vives de la société kanak, la méthode choisie a été globalisante, dans un processus transparent et participatif, ponctué de grandes rencontres tels que les états généraux, les séminaires et les conférences sur toute l'étendue du territoire calédonien, avec une structure d'encadrement et de pilotage et une structure d'animation composée de juristes et d'animateurs dans toutes les aires coutumières. Des résolutions ont été régulièrement adoptées et des recommandations faites sur la poursuite des travaux qui ont été validés par l'ensemble des chefferies ou congrès du pays kanak. Ces travaux ont permis de faire ressortir un socle commun des valeurs kanak, constitué essentiellement d'un système de valeurs et des principes fondamentaux de la coutume, mais aussi d'aborder des thèmes liés à des problématiques contemporaines tels que le droit civil, les pratiques coutumières actuelles, les terres, les ressources et le développement, les structures coutumières et les collectivités publiques, les juridictions coutumières, la transmission et l'éducation.

**Fig. 4 : Vers un pluralisme juridique coopératif et équilibré - Schéma actuel.**

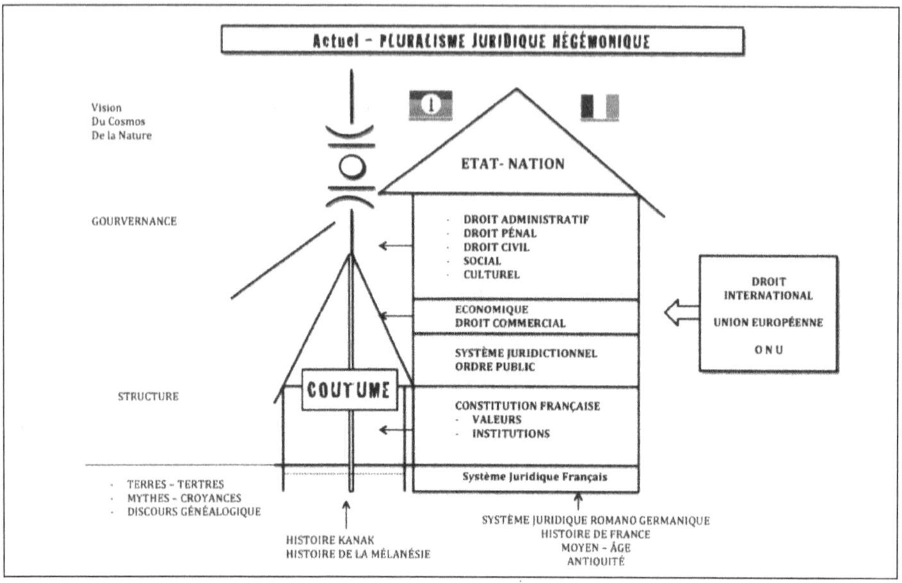


*Source : Sénat coutumier de la Nouvelle-Calédonie.*

Un des objectifs visés est de passer d'un pluralisme juridique hégémonique à un pluralisme coopératif et équilibré tel que le montrent les schémas ci-avant et après.

**Fig. 5 : Vers un pluralisme juridique coopératif et équilibré - Schéma de projet.**

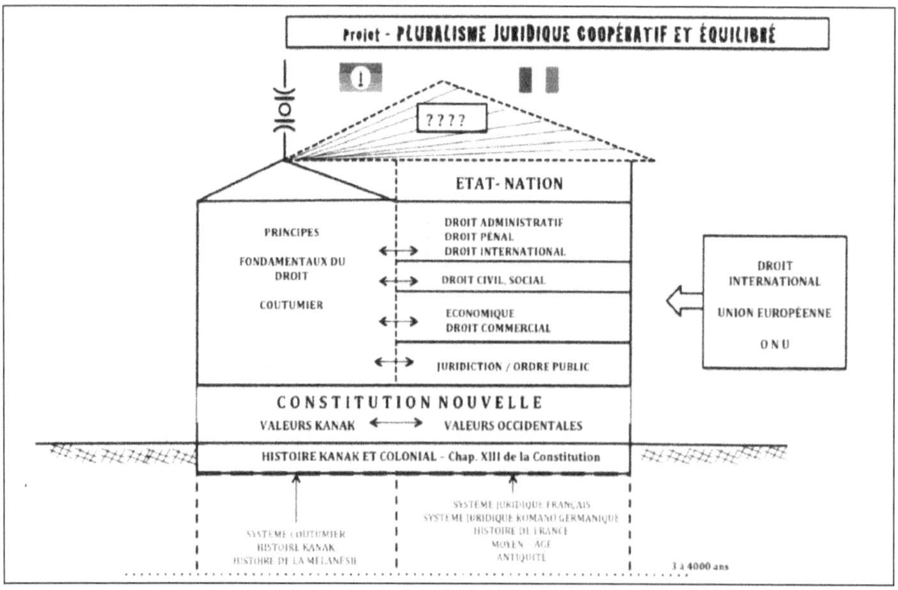


*Source : Sénat coutumier de la Nouvelle-Calédonie.*

### c) La Charte du peuple kanak

Au terme de ces travaux et à la suite du congrès du pays kanak, la charte du peuple kanak a été proclamée le 26 avril 2014, après avoir été validée par les autorités coutumières des huit aires coutumières de Nouvelle-Calédonie (Voir annexe 9).

C'est donc du côté du Sénat coutumier qu'est venue l'initiative la plus importante en cette période cruciale où se joue l'avenir du pays. L'adoption de cette charte constitue ainsi un véritable pavé jeté dans la mare calédonienne, au vu du retentissement qu'elle semble avoir eu. Ce retentissement tient à plusieurs raisons. D'abord celle qui relève de son auteur. Institution consultative dont la légitimité est parfois décriée, (voir *supra*), le Sénat coutumier a, malgré sa marginalisation et ses faibles moyens, fait preuve d'originalité et d'inspiration, et sur ce coup, apparaît comme une force de proposition. L'adoption et la publication de ce texte intervient peu avant les élections provinciales qui ouvrent le dernier mandat de l'Accord de Nouméa au cours duquel un référendum d'autodétermination doit être organisé. La seconde raison relève du domaine de son intervention, du thème dont il est saisi. Alors qu'il devient de plus en plus évident pour tous que l'affrontement référendaire conduirait inéluctablement à une impasse politique, la charte adoptée permet au peuple autochtone de se démarquer du terrain partisan, donc du champ politique bipolaire, sans référence à l'indépendance, pour se placer sur celui d'une autodétermination autochtone interne, qui entend peser sur l'avenir quelle que soit l'orientation donnée au pays. Ainsi, la Charte se situe moins dans le paradigme de l'indépendance que dans celui du destin commun et de l'autodétermination. La dernière raison du retentissement est celle de la forme même du document produit. La formule d'une charte, certes bien connue, mais choisie en pareilles circonstances, est une « curiosité juridique » sur laquelle nombre d'observateurs s'interrogent. Il convient donc d'en rappeler brièvement la ou les définition(s), mais surtout la portée.

En droit international public, une charte est soit un instrument diplomatique proclamant de manière solennelle des principes que les parties entendent préserver et défendre, soit le traité constitutif d'une organisation internationale (la Charte de l'ONU par exemple). En droit interne, alors que dans certains pays, elle désigne une partie de la Constitution (la Charte canadienne des droits et libertés par exemple), ou une règle fondamentale que toutes les autres sont tenues de respecter (la charte de la langue française au Québec par exemple), en droit français, une charte peut être un document officiel (parfois à valeur constitutionnelle comme la charte de l'environnement) ou un simple engagement volontaire du ou des signataires, qui affirme des valeurs, des principes ou des règles.

Le Sénat coutumier considère que la charte qui vient d'être adoptée est la contribution du peuple autochtone à la construction d'un nouveau projet de société, au terme du processus de l'Accord de Nouméa, et son président, Paul Vakié, « *souhaite que cette charte soit prise en compte dans le cadre d'une constitution future pour le pays* ». Le professeur

F. Féral[624] précise en effet que le sens que le Sénat coutumier entend lui accorder est celui d'une première étape, la première pierre de la Constitution du peuple kanak, posée dans le cadre de son autodétermination autochtone, par l'assemblée du peuple kanak, constituée par la communauté des chefferies. Elle est appelée à être complétée par celle de l'ingénierie juridique et administrative, c'est-à-dire l'ensemble des institutions administratives et politiques qu'il se sera donné. Cette œuvre tire sa légitimité de la souveraineté de ce peuple qui est affirmée. Elle s'inscrit dans une nouvelle stratégie et constitue une demande de validation de l'autodétermination du peuple kanak dans le cadre du destin commun et une demande de constitutionnalisation de ses droits, quelle que soit l'issue des négociations en cours ou à venir, donc quel que soit le futur statut de la Nouvelle-Calédonie.

Il s'agit donc, sur le plan politique, « de rappeler l'imprescriptibilité d'une souveraineté kanak originelle ainsi que l'étreinte coloniale et ses stigmates sociaux, de refuser désormais la marginalisation et la folklorisation de son identité et de sa culture, et de revendiquer des institutions collectives qui en retracent la noblesse. Cela devrait se traduire, sur le plan juridique, par la mise en place d'institutions juridiques autochtones propres à émanciper le peuple kanak, et par un processus de reconnaissance qui devrait déboucher sur un pluralisme juridique permettant le dialogue des cultures. La formalisation des principes et valeurs de vie commune dans une charte vise, en interne, à unifier et homogénéiser le système juridique kanak, à donner des repères clairs à la jeunesse, mais aussi, en externe, à faire connaître mieux l'identité du peuple autochtone aux instances étatiques et internationales, à asseoir le droit coutumier kanak dans le champ juridique de la Nouvelle-Calédonie et de l'État, et enfin à offrir des références à la société calédonienne pour élaborer une nouvelle vision de la société à construire »[625].

Il faut rappeler toutefois que si la Nouvelle-Calédonie devait rester dans la France, la question de la souveraineté kanak, de même que celle de la mise en place d'institutions kanak propres, seraient des problèmes un peu compliqués compte tenu du fait qu'elles se heurtent à un certain nombre de principes républicains tels que l'indivisibilité du peuple et de la souveraineté, la proscription des droits collectifs et l'égalité des citoyens que nous avons évoqués *supra*. Tout dépendra en fait de la forme et du niveau d'autodétermination que la Nouvelle-Calédonie voudra se donner ainsi que de la force de persuasion des autochtones dans les négociations.

Comme le rappelle d'ailleurs le professeur F. Féral,

> « *d'un point de vue juridique la charte ne procède pas directement de l'ordonnancement juridique de l'État français. Si on adopte une posture normativiste, la charte a une valeur normative discutable, puisque l'Assemblée du Peuple kanak n'a pas été créée par l'État et a été autoproclamée, elle n'a donc pas de compétence législative ou constitutionnelle formelle. Par ailleurs l'affirmation d'être un peuple parait inconstitutionnelle en référence à la*

624. Féral (François), « L'adoption de la Charte du peuple kanak de Nouvelle-Calédonie. Les prémices d'un pluralisme juridique : origines, fondements et perspectives des droits autochtones du peuple kanak », *op. cit.*
625. Cf. Sénat coutumier, < www.senat-coutumier.nc >.

*jurisprudence du Conseil Constitutionnel sur le peuple Corse. Certes, une discussion pourrait s'ouvrir sur la valeur constitutionnelle du préambule de la loi organique dans lequel les termes « peuple » et « kanak », apparaissent à plusieurs reprises : cependant la loi semble le décliner au passé car sa souveraineté disparait dans l'acceptation du destin commun. Par ailleurs, la référence à des droits autochtones semble également non opposable. Si la France a bien a signé la Déclaration des Nations-Unies adoptée en 2007 en faveur des peuples autochtones (DDPA), elle a exclu qu'il puisse y avoir sur son territoire la reconnaissance de leurs droits spécifiques, car ses principes constitutionnels lui interdiraient la mise en place d'un régime juridique distinct entre les citoyens qui créeraient des catégories de populations avec des droits différents. La France dans ses réserves prétend ainsi ne s'engager que politiquement et moralement à respecter les dispositions de la DDPA, alors même que l'objet de la déclaration est l'affirmation de droits particuliers au bénéfice des peuples colonisés »*[626].

### *4° Un élargissement du contenu du droit coutumier*

Il s'agit d'explorer toutes les voies qui pourraient permettre au droit coutumier de s'appliquer à tout le droit civil mais aussi dans des domaines comme le droit commercial ou le droit pénal.

#### a) La coutume, apte à régir tout le droit civil et au-delà

L'article 7 de la loi organique parle de « *personnes régies en matière de droit civil par leurs coutumes* », et l'article 18 de la même loi de « *...terres coutumières et biens qui y sont situés appartenant aux personnes ayant le statut civil coutumier...* », régies aussi par la coutume. La question ici est celle de savoir ce que régit exactement le droit coutumier. Selon Étienne Cornut[627], la Cour de Cassation a tranché entre deux conceptions opposées. Une, extensive, pour laquelle il s'agit de l'ensemble du droit civil, c'est-à-dire non seulement les règles relatives à la personne, extrapatrimoniales (état et capacité, famille), mais aussi celles liées aux activités économiques et sociales (obligations contractuelles et délictuelles, successions, libéralités, régimes matrimoniaux, biens). Une seconde, restrictive, qui le limite à l'état et la capacité des personnes, aux régimes matrimoniaux, aux successions et aux libéralités. Dans son avis du 16 décembre 2005, la Cour de cassation indique qu'il « *résulte de l'article 7 de la loi organique n° 99-209 du 19 mars 1999, que les personnes de statut civil coutumier kanak sont régies, pour l'ensemble du droit civil, par leurs coutumes* »[628]. La coutume régit aussi la responsabilité civile, le contrat, le régime des obligations, les contrats spéciaux, les sûretés (caution, gage, etc.), selon l'avis de cette même Cour de cassation du 15 janvier 2007 et son arrêt du 30 juin 2009 dans lequel elle juge que « *la juridiction pénale est incompétente pour statuer sur les intérêts civils lorsque toutes les parties sont de statut civil coutumier kanak* »[629].

626. Féral (François), « L'adoption de la Charte du peuple kanak de Nouvelle-Calédonie », *op. cit.*, p. 8.
627. *Ibidem*, p. 22-23.
628. Avis du 16 décembre 2005, BICC n° 637 du 1er avril 2006.
629. Avis du 15 janvier 2007, BICC n° 658 du 1er avril 2007. - Crim., 30 juin 2009, Bull. crim. N° 139 ; JCP G 2009, n° 44, 384, 2nde esp., obs. (E.) Cornut.

Par contre, le droit commercial échappe à la coutume. Les relations commerciales entre deux personnes physiques de statut civil coutumier relèvent du droit commercial commun. De même le droit des personnes morales. Au sujet des groupements de droit particulier local, la Cour d'appel de Nouméa considère que seules les personnes physiques sont visées par l'article 7 de la loi organique[630]. De même pour le droit du travail, la Cour de cassation estime que quel que soit le statut civil de l'employeur ou du salarié, c'est le droit du travail calédonien qui s'applique, et non la coutume[631].

Le droit pénal aussi est exclu du champ de la coutume. C'est dans ce cadre que se pose un plus grand nombre de questions. De nombreux conflits entre les deux ordres juridiques ont éclaté à propos des sanctions coutumières considérées comme illégales et contraires à la dignité des personnes ou au contraire, des décisions de réconciliation qui n'éteignaient pas les poursuites pénales républicaines[632]. En effet, la loi pénale s'appliquant sur tout le territoire français, le prévenu « *ne saurait prétendre qu'en raison de son « statut civil particulier de droit coutumier en Nouvelle-Calédonie », il ne relève pas des juridictions répressives françaises* »[633]. Alors même que les autorités coutumières sont reconnues, la Cour de cassation précise « *qu'aucun texte ne reconnaît aux autorités coutumières une quelconque compétence pour prononcer et appliquer des sanctions à caractère de punitions, même aux personnes relevant du statut civil coutumier* »[634]. Dans son avis de 2007, confirmé par l'arrêt du 30 juin 2009, elle réaffirme l'exclusion du droit pénal du champ matériel du statut civil coutumier, en reconnaissant la compétence de la juridiction et de la loi étatiques alors que toutes les parties étaient de droit civil coutumier kanak[635].

É. Cornut constate alors que le système pénal coutumier reste en marge de la légalité de droit commun, ce qui en réduit fortement la portée puisque sa mise en œuvre soumet ses auteurs, qui pouvaient croire à la légitimité de leur décision au regard de la coutume, à la plainte de l'accusé, victime aux yeux du système pénal étatique[636]. Mais

> « *Peut-on imaginer un système juridique qui ne soit assorti de sanctions ?* », se demande François Féral, qui poursuit : « *Si le statut civil coutumier est dans l'ordre juridique républicain, il appartient à l'État républicain d'en assurer l'application. Si cet ordre juridique est en dehors de la République, survivance d'une société coloniale, il faut*

630. CA Nouméa, 21 mai 2008, RG 07/476.
631. Cass. Soc., 10 février 2010, Bull. soc. N° 37.
632. Cas d'une habitation sur terre coutumière, détruite sur ordre du conseil coutumier pour sanctionner une famille n'ayant pas obéi à des décisions coutumières. La destruction du bien a fait l'objet d'une plainte et les personnes responsables de la destruction ont été poursuivies sur la base du droit pénal français. Cas de viols ayant fait l'objet de réconciliations mais poursuivis dans l'ordre juridique de l'État
633. Cass. Crim., 30 octobre 1995, pourvoi n° 95-84322.
634. Cass. Crim., 10 octobre 200, pourvoi n° 00-81. 959.
635. Avis du 15 janvier 2007, BICC n° 658 du 1er avril 2007. – Crim., 30 juin 2009, Bull. crim. N° 139 ; JCP G 2009, n° 44, 384, 2nde esp., obs. (E.) Cornut.
636. Voir par exemple l'affaire de Hienghène : CA Nouméa, 28 avril 2009 : (E.) Cornut, La mise en œuvre de l'expulsion coutumière et le juge pénal, *RJPENC* 2009/2, n° 14, p. 82.

*lui reconnaître son propre système de sanction pour en assurer l'effectivité : la conception autochtone du droit suit cette seconde hypothèse »*[637].

Cet auteur[638] parle alors de la négation d'un droit public autochtone qui constitue un obstacle à l'autodétermination. Il y a, dit-il, une volonté manifeste de réduire l'identité kanak et la coutume aux seules relations de droit privé, n'englobant que le statut de la famille, certaines catégories d'obligations et certaines terres. L'article 19 de la loi organique catégorise clairement et strictement la coutume comme s'il s'agissait d'une religion et donc la tient strictement hors de la vie publique.

Étienne Cornut se demande, quant à lui, si la coutume n'est pas un tout et n'a pas vocation à régir l'ensemble des relations coutumières[639]. Mais, précise-t-il, alors que le législateur et la Cour de cassation consacrent la plénitude théorique de la coutume à régir tout le droit civil des personnes de statut civil coutumier, le juge se trouve souvent démuni lorsqu'il doit recourir à la coutume pour des droits qui semblent, bien que civils, par nature étrangers à son domaine matériel. La coutume est-elle en tant que telle lacunaire ? Au-delà de la complétude revendiquée ou niée de celle-ci, c'est son autorité qui est en jeu. Le risque posé par les lacunes est celui du recours supplétif au droit étatique. Si ce caractère supplétif est parfois soutenu, il doit être exclu en raison de l'égalité consacrée entre les statuts personnels communs et coutumiers[640].

La coutume est hiérarchiquement l'égale de la loi civile étatique. Pour cet auteur, la coutume doit donc relever le défi, car dire que la personne est soumise au statut personnel de droit étatique ou coutumier, c'est la soumettre soit au code civil, soit à la coutume. Réciproquement, c'est aussi lui refuser l'accès aux droits prévus par l'autre norme. Une démarche inverse serait de renoncer à régir l'ensemble du droit civil, pour se focaliser sur l'état des personnes, la famille, les successions. Une autre démarche encore serait d'aller plus loin, et de revendiquer que la coutume régisse au-delà du droit civil, notamment les GDPL, les relations commerciales coutumières, voire certains aspects du droit pénal. Et il conclut :

> « *Si donc la coutume est lacunaire, car comme la loi, elle peut l'être ponctuellement, il lui revient de puiser en elle les solutions propres à garantir la plénitude de sa compétence, acquise aujourd'hui, pour qu'elle perdure et qu'elle garde sous son aile toutes celles et tous ceux qui la construisent au quotidien* »[641].

L'expérience sud-africaine de l'encadrement d'une justice coutumière déléguée peut-elle être empruntée ? Le système sud-africain organise une justice pénale coutumière pour tenter d'en canaliser le fonctionnement. Ce système est fondé sur le principe de

637. Féral (François), « L'adoption de la Charte du peuple kanak de Nouvelle-Calédonie », *op. cit.*, p. 16.
638. *Ibidem*, p. 16.
639. Cornut (Étienne), *op. cit.*, p. 22.
640. *Ibidem*, p. 23.
641. Cornut (Étienne), « Que régit la coutume aujourd'hui ? », *Communication au colloque sur « 10 ans du Sénat coutumier »*, UNC, Larje, 20 août 2009.

la reconnaissance d'une justice pénale communautaire et sur le contrôle du pouvoir de sanction des chefs coutumiers. En ce qui concerne le principe de la reconnaissance d'une justice pénale communautaire, le droit pénal coutumier est reconnu à la section 20-1-i du *Black Administration Act 1927*, et la compétence pénale des juges coutumiers définie par la section 20. La composition des *Magistrates'courts* statuant en matière pénale exprime cette reconnaissance du droit pénal coutumier. En effet, la section 93 Ter du *Magistrates'Courts Act 32 of 1944* permet au juge professionnel de se faire assister par deux assesseurs (pris sur une liste établie par le ministre compétent). Les assesseurs sont choisis par le juge d'après certains critères dont l'un traduit la prise en considération d'un ordre public communautaire. La justice pénale coutumière demeure ainsi une justice au service d'un ordre public intracommunautaire[642]. C'est à peu près ce que réclament les coutumiers en Nouvelle-Calédonie.

Concernant le contrôle du pouvoir de sanction des chefs coutumiers, la compétence des autorités traditionnelles est encadrée par une définition stricte des peines applicables. À cette fin, la loi de 1927, en sa section 20, énonce un principe (20-1) et des exceptions (20-2), tendant à concilier l'application de la règle pénale coutumière et la garantie constitutionnelle des droits de l'homme. Le principe est que le juge coutumier statue en application du droit coutumier, sur la culpabilité, puis sur la peine, dont il assure l'exécution[643]. Ce, à moins que l'autorité réglementaire en ait disposé autrement (section 20-2). Mais les juridictions coutumières ne peuvent prononcer de peines privatives de liberté ou de nature à porter atteinte à l'intégrité corporelle de l'individu : ce qui exclut tant le recours à l'emprisonnement que la pratique des châtiments corporels. Le juge coutumier ne peut prononcer d'amendes excédant 100 Rands, ce qui ne lui interdit pas à priori de recourir à des peines conformes à la tradition : réparation du préjudice subi par la victime, pardon, interdiction de séjour ou bannissement[644]. Voilà une expérience qui ne ferme pas la porte à la coutume.

### b) Un pouvoir plus accru aux magistrats pour créer la coutume

Nous l'avons déjà dit, l'expérience néo-calédonienne repose sur une double reconnaissance : celle de la coutume et celle du pouvoir des magistrats de créer la coutume à partir d'éléments anciens, certes, mais aussi d'éléments et de valeurs opportunistes. Alors même que le rôle des assesseurs coutumiers est dénigré, que leur apport est nié ou

642. Lafargue (Régis), *La coutume judiciaire en Nouvelle-Calédonie*, *op. cit.*, p. 147-149.

643. Section 20-2 – À moins que le ministre n'en ait disposé autrement par voie d'arrêté pris conformément à la section 9, le droit coutumier africain détermine la procédure applicable aux affaires jugées par les chefs, notables ou leurs délégués dans le cadre de la présente section, la sanction, la mise en exécution des peines prononcées en application des dispositions de la section 9-1-b du Black Authorities Act (...), ainsi que les conditions d'affectation du produit des amendes

644. Le Black Administration Act 1927, section 20-2 interdit à l'autorité coutumière d'infliger des sanctions « [...] *impliquant la mort, la mutilation, de graves atteintes corporelles ou une peine d'emprisonnement, ou une amende excédant 100 Rands ou deux têtes de gros bétail ou dix petits animaux, ou des châtiments corporels* ».

minimisé, faut-il aller plus loin ? Régis Lafargue[645] pense que cette expérience n'est pas une simple concession au passé et un particularisme culturel, et que, bien que fragile et difficilement transposable, elle « *apparaît en phase avec une époque tiraillée entre hyper-individualisme, multi-appartenances et quête identitaire* ». Il ajoute que cette expérience recouvre à la fois une méthode nouvelle (d'où l'appellation de « laboratoire juridique ») et ouvre sur un esprit nouveau (d'où l'importance de cette expérimentation dans l'élaboration d'une conception nouvelle des rapports entre l'État et le citoyen).

Pour lui,

> « *le statut personnel, cette invention des juristes en situation de confrontation de civilisations, est non pas une institution obsolète, mais bien un thème de réflexion à redécouvrir* », « *la coutume ne disparaît pas, elle s'adapte* », « *le risque de voir « le droit coutumier » dériver et s'éloigner de plus en plus de la « coutume »* semble restreint du fait de la nature de « l'assessorat » car « *les assesseurs en délibéré, ne parlent pas que des temps anciens, mais aussi du temps présent et des attentes de la population, la construction identitaire se nourrit précisément d'apports divers, et il est de l'essence même de la coutume d'absorber tout ce qui l'entoure* ».

Ne s'agit-il pas en somme d'un processus d'acculturation du système judiciaire par le droit autochtone ?

### *5° Une coexistence plus équilibrée entre les ordres juridiques*

À l'instar des trois statuts civils personnels recoupant trois cercles d'appartenance évoqués par Régis Lafargue, le professeur François Féral considère que la loi organique définit trois ordres juridiques en poupées : l'ordre juridique républicain étatique dans lequel sont englobés les autres niveaux ; l'ordre juridique calédonien qui est créé par les nouvelles institutions comme une composante particulière du droit étatique mais ayant vocation à l'émancipation par le processus de décolonisation ; l'ordre juridique autochtone kanak qui est reconnu par la Constitution en tant que coutume identitaire du peuple kanak, mais qui s'intègre désormais dans le droit et les institutions néo-calédoniennes. Le problème, dit-il, c'est qu'elle consacre une

> « *infériorisation du droit coutumier (qui) ne répond pas aux exigences des principes d'autodétermination des peuples autochtones par lesquels les autochtones déterminent librement leur statut politique et s'administrent librement avec leurs propres moyens*[646] »[647].

Par ailleurs, plusieurs problèmes de cette coexistence se posent. D'abord la relation entre la coutume et les droits et libertés fondamentaux. La coutume doit-elle respecter les droits de l'homme tels qu'ils sont prévus par le droit étatique et la convention européenne

645. Lafargue (Régis), *La coutume judiciaire en Nouvelle-Calédonie*, *op. cit.*, p. 333-335.

646. Article 3 de la Déclaration de 2007 : « *Les peuples autochtones ont le droit à l'autodétermination. En vertu de ce droit, ils déterminent librement leur statut politique et assurent librement leur développement économique, social et culturel* » ; Article 4 : « *Ils ont le droit d'être autonomes et de s'administrer eux-mêmes pour tout ce qui touche à leurs affaires intérieures et locales, ainsi que de disposer des moyens de financer leurs activités autonomes* ».

647. Féral (François), *op. cit.*, p. 15.

de 1950 ? *A priori*, la réponse paraît évidente. Cependant, l'Accord de Nouméa prévoit un système particulier et permet que des droits et libertés fondamentaux s'effacent devant la coutume, afin de préserver cette dernière, même si la coutume doit parfois être écartée par les droits fondamentaux. Il s'agit alors de trouver l'équilibre[648], et/ou même des passerelles. Ensuite, avec le transfert du droit civil et du droit commercial, qui intéresse autant les Kanak que les autres Calédoniens et Métropolitains, quelles règles seront appliquées à chaque catégorie de personnes ? Le futur statut de la Nouvelle-Calédonie devra y apporter des réponses.

### B. Des limites à l'autodétermination et des pistes au Nunavut

L'inégalité entre le droit commun et le droit coutumier n'est pas le seul handicap à surmonter au Nunavut non plus. Des solutions devraient être recherchées aux problèmes de la territorialité des lois et à ceux du fonctionnement par exemple.

#### *1° De la territorialité des lois à l'autonomie personnelle ?*

Dans le cas des gouvernements autochtones en général, l'adoption d'un critère purement territorial d'attribution des pouvoirs pose certains problèmes[649]. Celui par exemple des non-autochtones qui habitent sur un territoire autochtone et ne peuvent voter aux élections du conseil de bande, mais demeurent assujettis aux règlements que celui-ci édicte. Cela conduit à la carence de représentativité. Celui aussi des autochtones qui vivent en dehors du territoire de leur peuple (par exemple, dans une grande ville) et ne peuvent bénéficier des programmes et des services offerts par leur gouvernement, tout en étant régis par les lois ordinaires de la province et du territoire. Quelles solutions apporter à ces problèmes ? Le Professeur G. Otis se demande aussi dans quelle mesure la reconnaissance des droits ancestraux, tels que définis par la Cour du Canada, vient modifier l'approche classique qui fait du territoire la condition nécessaire et suffisante de la puissance publique. Pour cerner le rapport entre le pouvoir autochtone et le territoire, il rappelle qu'un droit ancestral peut exister sans que les autochtones n'aient le contrôle d'un territoire et que plusieurs droits ancestraux concernent plutôt des pratiques sociales et culturelles dont le siège est la communauté elle-même.

L'auteur estime que le principe de personnalité peut être applicable au droit inhérent à l'autonomie reconnu dans le cadre de l'article 35 de la Loi constitutionnelle canadienne de 1982, et que, par conséquent, l'autonomie gouvernementale peut s'étendre au-delà du territoire communautaire. Plusieurs communautés n'auraient pas à attendre que leur revendication territoriale soit réglée avant d'exercer certaines compétences à l'égard de leurs membres en vertu des droits ancestraux. De plus, une pluralité d'ordres juridiques applicables aux

648. Voir Cornut (Étienne), « L'application de la coutume par le juge judiciaire à l'épreuve des droits de l'homme, communication présentée lors du colloque sur « *Le droit constitutionnel calédonien* » », LARJE, UNC, Nouméa, 12 et 13 juillet 2010.
649. Grammond (Sébastien), *Aménager la coexistence*, *op. cit.*, p. 327.

individus en fonction de leur statut personnel pourrait coexister sur un même territoire. Les conflits éventuels entre ces ordres juridiques seraient alors réglés conformément aux prescriptions d'un « droit interpersonnel » dont les principes de base restent à identifier[650].

### *2° Une meilleure formation et un pouvoir accru pour les magistrats*

Aux problèmes de fonctionnement qui se posent, une meilleure formation et un pouvoir accru aux magistrats pourraient constituer des réponses intéressantes.

#### a) Des problèmes de fonctionnement

Au Nunavut, en plus du fait que la place des coutumes et des systèmes normatifs, quand ils existent, reste subordonnée au droit étatique canadien, de nombreux défauts sont attribués aujourd'hui au système judiciaire du Nunavut, tel qu'il fonctionne. D'abord le manque de pertinence de ce système auprès des communautés autochtones qui n'en connaissent pas les règles de fonctionnement. Puis le manque d'informations des membres de la Cour sur les communautés dont ils ne connaissent souvent ni la langue ni la culture. L'usage de l'anglais comme langue de la Cour rend très difficile la communication entre accusés, témoins, avocats et juges. L'utilisation de règles de procédure et de droit rigides et étrangères à la culture inuit ne favorise pas le bon fonctionnement de la justice. Des débats et des décisions des tribunaux sont donc souvent incompréhensibles et incomprises. Enfin des délais considérables (car les voyages de la Cour sont sporadiques, souvent dans un intervalle de trois à six mois) constituent un handicap sérieux. Un procès devant un jury se tient environ dix-huit mois après la première comparution[651]. À ces problèmes pratiques, il convient d'ajouter les limites que l'article 25 de la Constitution qui porte sur les libertés fondamentales, assigne à la coutume. D'autres limites imposées par le droit pénal existent.

#### b) Des magistrats mieux formés

L'un des problèmes les plus redoutés est celui du manque de magistrats formé pour couvrir l'immense étendue géographique du Nunavut. Celui de la langue utilisée se pose aussi de manière criante. Face à ces nombreux problèmes du système judiciaire du Nunavut, des solutions ponctuelles ont été cherchées par le personnel des tribunaux (juges, avocats, administrateurs judiciaires, etc.) : sensibilisation du personnel non-inuit aux réalités de la culture inuit, embauche d'Inuit pour travailler comme interprètes, greffiers, secrétaires, etc., autochtonisation du système, recherche d'avocats, de juges inuit, déjudiciarisation et non-judiciarisation d'affaires pénales, adjonction au juge du siège de conseils formés d'Aînés (Inummariit) pour le conseiller sur les préoccupations

650. Otis (Ghislain), « L'autonomie personnelle au cœur des droits ancestraux : sub qua lege vivis ? », *Revue de droit de McGill*, vol. 52, 2007, n° 4, p. 657-679.

651. Rousseau (Pierre), « L'administration de la justice au Nunavut, année 0 », *in Pour mieux comprendre le Nunavut*, (dir.) (S.) Teveny et (M.) Therrien, Inalco, 1999, p. 86-94.

de la communauté et sur les questions culturelles[652]. De nombreuses recommandations ont été par ailleurs formulées pour l'établissement de systèmes judiciaires autochtones, mais aucune d'entre elles n'a trouvé grâce aux yeux de l'État canadien[653].

En l'absence de systèmes judiciaires autochtones, certaines normes ne peuvent-elles pas être adaptées au particularisme autochtone au nom de la diversité juridique ? Le Professeur Ghislain Otis[654] donne l'exemple des accords qui ne prescrivent pas d'exigences précises relativement à la formation des juges des tribunaux autochtones en ce qui a trait à leur maîtrise des langues, de la culture et des traditions juridiques autochtones. Rien ne s'oppose, dit-il, à ce que les autorités provinciales et autochtones s'entendent pour exiger des candidats à la magistrature autochtone, non seulement qu'ils soient membres du barreau de la province, mais aussi qu'ils possèdent ou s'engagent à acquérir une connaissance suffisante de la langue, de la culture et de la tradition juridique autochtones. Cela paraît d'autant plus impérieux que les idiomes autochtones comptent parmi les langues juridiques officielles des institutions autochtones et qu'il faut donc en principe les connaître pour dire le droit. La nomination des juges étant la prérogative exclusive des autorités autochtones, celles-ci sont à même d'assurer le respect de ces exigences et de ne faire accéder à la magistrature que les individus les mieux qualifiés.

### *3° Une coexistence plus égalitaire entre les ordres juridiques*

Au Nunavut particulièrement, ces problèmes s'ajoutent au fait que la place des coutumes reste subordonnée au droit étatique canadien. La question de la prépondérance se pose toujours lorsqu'une compétence est partagée entre différents ordres de gouvernement. Diverses solutions ont été tentées. La non-exclusivité et la prépondérance des lois autochtones, par exemple, comme dans le cadre de la Loi sur les Indiens, l'article 88 qui prévoit qu'un règlement adopté par une bande indienne rend inapplicable toute loi provinciale qui est incompatible avec lui et qui porte sur le même sujet, mais il a été contredit par deux arrêts de la Cour suprême : l'arrêt Georges et l'arrêt Billy. Dans le cadre du traité Nisga'a, chaque attribution de compétence est accompagnée d'une disposition qui spécifie si ce sont les lois fédérales, provinciales ou Nisga'a qui ont prépondérance »[655]. Dans l'Accord du Nunavut, il est régulièrement indiqué : « *Sous réserve de toute loi fédérale* ». Ce qui signifie clairement que c'est la loi fédérale qui a la prépondérance.

### *4° Une véritable prise en compte des valeurs coutumières*

La colonisation et les réimplantations ont entraîné pour les Inuit une rupture brutale avec leur mode de vie traditionnel et leur ont imposé un système dans lequel ils n'avaient

652. *Ibidem*, p. 90.
653. *Ibidem*.
654. Otis (Ghislain), « La place des cultures juridiques et des langues autochtones dans les accords d'autonomie gouvernementale au Canada », *op. cit.*, p. 248-249.
655. *Ibidem*, p. 330.

plus aucun repère. De ce fait, certaines institutions qui leur ont été proposées, mais aussi le système éducatif, social, de santé, de justice, se sont révélés inefficaces parce qu'inadaptés, et parfois même contraires à la vie et à la conception inuit du monde. Par exemple, un système judiciaire basé sur la punition et la correction s'est souvent révélé aux antipodes de la vision culturelle axée sur la réconciliation, le pardon et le retour à l'harmonie[656]. La multitude des problèmes à résoudre a donc conduit le gouvernement du Nunavut à se tourner vers les valeurs culturelles inuit. Comme le laisse entendre Michèle Therrien, face à l'impossibilité de créer, dans le contexte canadien, des institutions différentes de celles qui existent à l'heure actuelle, l'innovation la plus intéressante du jeune gouvernement du Nunavut concerne la mise en application d'un nouveau modèle de gouvernance. Il s'agit d'intégrer à l'exercice du pouvoir des valeurs considérables encore à l'œuvre dans un monde qui a changé. Ces valeurs, rassemblées sous le concept *Inuit qaujimajatuqangit*, sont d'autant plus intéressantes que bien qu'issues du passé, elles n'en sont pas moins résolument tournées vers l'avenir[657].

*L'Inuit Qaujimajatuqangit*, qui peut se traduire par « Ce que les Inuit ont toujours tenu pour vrai », a été officiellement adopté par le gouvernement du Nunavut. Il est la connaissance et la pratique de coutumes inuit, reflète le passé, le présent et l'avenir, représente l'expérience et les valeurs de la société inuit, englobe tous les aspects de la culture inuit traditionnelle et moderne, y compris la sagesse, les comportements, la vision du monde, les croyances, la langue, les relations, les compétences de vie, les perceptions et les attentes[658].

Selon les Aînés du Nunavut, l'*Inuit Qaujimajatuqangit* est une philosophie conceptuelle mixte fondée sur quatre grandes lois fondamentales appelées *maligait* : 1) travailler pour le bien commun, 2) Respecter la vie sous toutes ses formes, 3) Maintenir l'harmonie et l'équilibre, 4) Préparer l'avenir de manière continue ; mais aussi sur six principes directeurs : 1) *Pijitsirniq* ou concept du service, 2) *Aajii qatigiingniq* ou concept de la prise de décision consensuelle, 3) *Pilimmaksarniq* ou concept d'acquisition des compétences et du savoir, 4) *Piliriqatigiingniq* ou concept des relations ou du travail de collaboration dans un objectif commun, 5) *Avatimik Kamattiarniq* ou concept du respect de l'environnement, 6) *Qanuqtuurunnarniq* ou concept d'ingéniosité dans la recherche de solutions[659].

Chacun de ces principes constitue un processus d'application chez chaque individu et dans la société, mis en place tout au long de la socialisation. L'enracinement dans l'*IQ*

656. Ross (R.), *Dancing with a Ghost: Exploring Indian Reality*. Markham, Ontario. Read Books Canada, 1992.
657. Therrien (Michèle), « La question du concept Inuit Qaujimajatuqangit et le bilan du jeune gouvernement du Nunavut », *in Études canadiennes*, 2002, vol. 28, n° 52, p. 131-147.
658. Centre De Collaboration Nationale De La Santé Autochtone, « *Inuit Qaujimajatuqangit* : le rôle du savoir autochtone pour favoriser le bien-être des communautés inuit du Nunavut », 2009-2010.
659. Centre De Collaboration Nationale De La Santé Autochtone, « *Inuit Qaujimajatuqangit* : le rôle du savoir autochtone pour favoriser le vien-être des communautés inuit du Nunavut », 2009-2010, Inuit IQFR web. pdf.

assure la continuité, la stabilité et le bien-être culturels. Le gouvernement du Nunavut a notamment décidé d'y recourir comme base des politiques et des programmes favorisant la santé et le bien-être :

> « *...Il se peut que le modèle de santé familiale soit le seul point de départ réaliste et culturellement adapté pour régler ces problèmes (sociaux) et étayer nos atouts autochtones* »[660].

Il reste à espérer que cette approche culturelle se traduira par une amélioration des indicateurs de santé.

## Conclusion sur la première partie

Depuis qu'il a acquis un réel droit de cité en droit international contemporain et tout au long du vingtième siècle, le droit des peuples à disposer d'eux-mêmes a joué un rôle fondamental dans la structuration de la société internationale. Invoqué par toutes sortes de peuples depuis la fin de la guerre froide, sa portée tend à s'élargir, et il s'apparente de plus en plus à ces « *droits spécifiques accordés à des catégories de la population reconnues comme « minorités » ou implantées sur un territoire caractérisé par une histoire singulière, afin de préserver une identité menacée et qui se voient attribuer un statut qui leur est propre* »[661]. Obligé de surmonter ses propres contradictions et de prendre en compte les réalités de la mondialisation et du développement du pluralisme démocratique, il connaît une évolution liée au contexte actuel, mais aussi à sa propre dynamique et à son rapport dialectique avec la souveraineté des États. Tout en restant un droit de sécession pour les peuples coloniaux, il tend à devenir aussi un droit identitaire et un droit au partage des pouvoirs qui, dans ses aspects formel et matériel, reste « mou, doux et négocié »[662]. Cela se vérifie particulièrement au plan international avec le phénomène autochtone aux Nations Unies. Mais il n'y a pas lieu de s'alarmer sur la faible justiciabilité de ce droit qui peut être mise sur le compte de l'exacerbation des contradictions des données de la vie internationale. Comme le suggère le Professeur P.-F. Gonidec[663], l'évolution est bien en marche, malgré les apparences. En fait,

> « *même si la doctrine le considère (le nouveau droit) comme un droit « doux » ou « vert », sur la réalité duquel, étonnés, les juristes s'interrogent, l'évolution est en marche jusqu'à ce que soit reconnue la validité de la nouvelle norme juridique* ».

L'œuvre transformatrice de l'autodétermination sur la souveraineté se vérifie aussi au plan interne, et même avec un éclat particulier. Ce sont les États eux-mêmes, si jaloux et parfois ivres de leur souveraineté, qui reconnaissent et mettent en œuvre le pluralisme en

660. Nunavut Tunngavik Incorporated, *Arnakuk, J. Prometheus*, Iqaluit, Nunavut. Nunavut Tungavik Incorporated, 2002.
661. Chevallier (Jacques), *L'État postmoderne*, *op. cit.*, p. 119.
662. *Ibidem*, p. 141.
663. Gonidec (Pierre-François), « Dialectique du droit international et de la politique internationale », *in Le droit des peuples à disposer d'eux-mêmes – Méthodes d'analyse du droit international*, Mélanges à Charles Chaumont, *op. cit.*

leur sein. La prise en compte de la différence est réelle dans les institutions, et le devient peu à peu sur le plan juridique. Convaincus par exemple que le degré de prise en compte de la coutume pouvait marquer le niveau de l'autodétermination, et que le pluralisme juridique dans un pays appelé à s'émanciper devait s'enrichir davantage des apports de la coutume, nous avons vérifié si nous étions en présence d'un pluralisme juridique réel ou de façade dans les deux cas étudiés. Il apparaît qu'elle y a été prise en compte, notamment à travers ses valeurs, et que la remise en cause de certains principes et de certaines pratiques se poursuit.

En Nouvelle-Calédonie, un statut des « terres coutumières » a été défini, ainsi qu'une organisation de l'espace coutumier qui en fait un capital social et culturel. Un statut personnel a été confirmé et un droit local reconnu. Des institutions coutumières spécifiques ont même été mises en place. Une « judiciarisation » partielle de la coutume a été réalisée. Ces avancées ne dissipent toutefois en rien la nécessité de trouver des réponses concrètes et plus efficaces aux nombreux problèmes qui se posent encore, notamment celui de la mise en place d'un véritable ordre juridique coutumier et d'un pluralisme juridique coopératif et équilibré, ainsi qu'une procédure de règlement des conflits dans les rapports entre le droit coutumier et le droit commun, et dans le règlement des conflits inter-coutumiers des différentes aires coutumières. En outre, l'adaptation du droit coutumier aux situations sociales nouvelles telles que le divorce, l'abandon de famille, et d'autres encore, s'impose, sans oublier l'extension de ce droit coutumier à d'autres domaines du droit comme le droit commercial ou le droit pénal qui reste un vrai défi à relever.

Au Nunavut aussi, la coutume a conquis une place intéressante avec la reconnaissance d'une société distincte, l'établissement d'institutions coutumières consultatives et son intrusion dans les tribunaux. Ce sont ces derniers qui ont véritablement contribué à son enracinement. Toutefois, comme en Nouvelle-Calédonie, de nombreux autres défis tels que le passage de la territorialité des lois à l'autonomie personnelle, une meilleure formation et un pouvoir accru aux magistrats, restent à relever pour que la coexistence avec le droit commun soit égalitaire et pour que le pluralisme juridique actuel cesse d'être hégémonique. Malgré une place encore résiduelle et une coexistence inégalitaire avec le droit commun, la coutume autochtone prend une part active dans le processus de transformation en cours. Il faut voir en tout cela une dynamique d'émancipation et d'autodétermination, qui se vérifie dans les deux cas étudiés. Les spécificités de l'un et de l'autre qui ont été ressorties restent, de ce point de vue, secondaires.

En somme, du fait de son rapport dialectique avec la souveraineté l'État, et pour toutes les autres raisons évoquées, le droit des peuples à disposer d'eux-mêmes apparaît bien comme un facteur de « restriction » de cette souveraineté au plan international et au plan interne. La sacro-sainte souveraineté est peu à peu battue en brèche à travers la transformation des principes constitutionnels, celle de l'organisation des pouvoirs et le pluralisme juridique que les États eux-mêmes concèdent à l'intérieur de leurs frontières. Mais, la dialectique impliquant la réciprocité, quels effets la souveraineté a-t-elle à son tour sur l'autodétermination ?

# DEUXIEME PARTIE

## L'autodétermination protectrice, bénéficiaire et tributaire de la souveraineté

C'est parce que le droit des peuples à disposer d'eux-mêmes est aussi reconnu aux États qu'il est considéré comme protecteur de la souveraineté. Cette protection est maintenue et consolidée malgré le fait que ce droit soit en pleine métamorphose, et que l'État-nation lui-même soit en mutation. Mais en même temps, l'autodétermination est tributaire de la souveraineté. Elle protège la souveraineté à certains égards tout en dépendant d'elle. Il existe même des similitudes entre ces deux principes antagoniques. C'est surtout de ce caractère ambivalent qu'il tire son originalité.

# Sommaire

# TITRE 1

# L'autodétermination protectrice et bénéficiaire de la souveraineté

La protection de la souveraineté par l'autodétermination n'est pas nouvelle. Elle existe depuis l'origine moderne du principe dans la mesure où celui-ci était d'abord destiné à protéger les États. Cet aspect du principe, nous l'avons vu, a été confirmé à toutes les époques et à travers toutes les conceptions. Celle qui émerge aujourd'hui, la conception postmoderne, n'y échappe pas. La protection se vérifie désormais par le biais du maintien et de la consolidation de la souveraineté de l'État.

Mais l'autodétermination est aussi bénéficiaire de la souveraineté. Car non seulement elle profite d'une mutation sans précédent de l'État dont la structure se fragmente au plan interne, et dont la puissance se réduit au plan international, à cause des progrès de l'interdépendance, mais encore elle est à l'origine de nouvelles formes de démocraties que l'État laisse émerger.

# CHAPITRE 1

# L'autodétermination protectrice de la souveraineté

C'est le droit des peuples constitués en États qui est ici mis en avant. Les peuples bénéficiaires de ce droit sont des peuples-États. Il paraît paradoxal que ces peuples, déjà dotés en principe d'une puissance souveraine, ressentent le besoin d'une protection supplémentaire. Il faut pour le comprendre connaître le contexte qui a favorisé l'affirmation d'une telle règle. Nous l'avons déjà évoqué et nous y reviendrons plus loin. Mais il convient d'abord de rappeler les similitudes qui existent entre ces principes antagoniques avant de s'attarder sur le maintien, la sauvegarde et la consolidation de l'un grâce à l'autre.

## SECTION 1
## Souveraineté et droit des peuples constitués en états

Contrairement aux apparences, des similitudes existent entre ces deux principes antagoniques. Pour mieux le découvrir, peut-être faudrait-il revisiter au préalable le plus ancien et le plus fondamental d'entre eux : la souveraineté.

### I - Origine et définition de la souveraineté

Le terme apparaît au XIIIe siècle, mais le concept n'est théorisé pour la première fois qu'au XVIe siècle par Jean Bodin dans les *Six livres de la République* (1576). Cet auteur le rattache à l'État pour l'ériger en condition impérative de son existence. Notion complexe, la souveraineté est ainsi le fruit d'une évolution historique liée à celle de l'État. Celui-ci associant trois composantes essentielles : un territoire, un peuple et une organisation politique. D'essence divine sous l'Ancien Régime, la souveraineté se confond avec la personne du roi qui l'a lui-même héritée de Dieu. Elle devient démocratique après la

Révolution française de 1789 parce qu'elle appartient désormais à la nation[664]. Elle réside alors dans le peuple qui la confie à l'État et à ses représentants.

Née en Europe occidentale, consolidée par la paix de Westphalie (l'équilibre européen devenant la nouvelle doctrine politique commune) et à travers les Révolutions américaine et française de la fin du XVIIIe siècle, la souveraineté est « exportée » en Afrique, en Asie et en Océanie au moment de la décolonisation qui, au milieu du XXe siècle, a conduit à l'émancipation des colonies. En l'absence d'un contre-modèle viable, elle s'impose presque partout :

> « *toutes les sociétés sont aujourd'hui revêtues de ce mélange d'indépendance apparente et d'immunité hérité de la doctrine classique que l'on nomme encore souveraineté* »[665].

Dans son sens libéral, souveraineté vient de *souverain*, en latin, *superanus* ou *supremus*, qui signifie le plus élevé, suprême. Elle est donc généralement considérée comme une puissance, un pouvoir originaire et suprême qui confère à l'État une indépendance considérable tant sur le plan interne qu'externe. D'après Bodin qui l'a théorisée,

> « *elle est le pouvoir de commander et de contraindre sans être commandé ni contraint par qui que ce soit sur la terre* »[666]. Michel Troper[667] pense qu'elle a trois sens. Dans le premier, « *elle est la qualité d'un État qui n'est soumis à aucune puissance extérieure ou intérieure* ». Dans le deuxième, « *elle est l'ensemble des pouvoirs ou des compétences que peut exercer cet État, c'est la puissance d'État* ». Dans le troisième enfin, « *elle est l'ensemble du pouvoir constituant et du pouvoir législatif* ».

En tout cas, le contenu du concept d'origine de la souveraineté est l'exclusivité et la maîtrise des compétences.

Étudiée à la fois en droit interne et en droit international, elle constitue la caractéristique principale de l'État dans les deux disciplines. Elle doit donc s'analyser sous ses deux aspects. Dans son aspect interne, elle signifie la monopolisation du droit positif à l'intérieur des frontières de l'État. Elle est définie comme la *summa potestas,* la puissance suprême, en droit constitutionnel. Celle-ci étant la condition de son pendant externe, qui lui permet d'être reconnu comme tel au plan international, et de passer des accords internationaux avec ses semblables. En droit international, l'État n'est reconnu comme sujet que s'il dispose de la souveraineté et ne dépend de personne. Il est indépendant et il a le droit de déterminer et de gérer lui-même ses relations avec les autres sujets de droit international. C'est parce qu'il est souverain dans l'ordre interne, disposant d'un territoire, d'une

664. L'article 1 de la Constitution du 3 septembre 1791 dispose que « *la souveraineté est une, indivisible, inaliénable et imprescriptible. Elle appartient à la Nation* ».

665. CHEMILLIER-GENDREAU (Monique), « Quel avenir pour la souveraineté ? Interrogations sur un concept », *in Les évolutions de la souveraineté*, sous la direction de Dominique Maillard DESGRÉES DU LOÛ, Montchrestien, 2006, p. 130.

666. BODIN (Jean), *Les Six Livres de la République*, 1576.

667. TROPER (Michel), « Comment la Constitution de 1958 définit la souveraineté nationale ? », publié par le Conseil Constitutionnel sur son site Internet, dossier « La Constitution de 1958 a quarante ans », < http://www.Conseil-constitutionnel.fr/dossier/quarante/q05.htm >.

population et d'un gouvernement indépendant, (on peut alors parler d'une souveraineté interne), qu'il dispose d'une capacité juridique internationale pleine (il s'agit alors d'une souveraineté externe). Il est ainsi le détenteur ultime du pouvoir à l'intérieur comme à l'extérieur du territoire, ce pouvoir conduisant à la non-ingérence des autres États dans ses affaires intérieures et à l'indépendance qui relèvent du droit international.

Ce concept est pourtant au centre de débats concernant le pouvoir et l'autorité des États. L'affirmation du caractère insuffisant, anachronique ou désuet de la souveraineté est un des lieux communs d'une certaine doctrine du droit international qui considère que l'une des exigences de l'époque contemporaine serait son abandon, le développement d'un pouvoir exécutif international et la primauté des organisations internationales. Elle est tantôt remise en cause dans certaines situations, tantôt invoquée et utilisée dans une grande variété de luttes ou de revendications d'autodétermination, « *ce qui est révélateur du haut niveau de complexité du concept* ». La Charte des Nations Unies garantit la souveraineté des États membres, et continue de la reconnaître comme une valeur dynamique fondamentale, mais elle la limite en leur interdisant le recours à la force. Cette interdiction est censée garantir la stabilité territoriale des États. Cette même Charte reconnaît aux « peuples » le droit de disposer d'eux-mêmes, tout en leur interdisant de mettre en péril l'intégrité et la souveraineté des États. Comment cette configuration onusienne a-t-elle pu tenir ? Il semblerait, en fait, que ces deux principes antagoniques partagent certaines caractéristiques.

## II - Des similitudes entre principes antagoniques

Une grande partie de la présente étude repose sur l'antinomie entre la souveraineté et le droit des peuples à disposer d'eux-mêmes, et sur leur opposition dialectique. S'il est exact qu'ils peuvent entrer en conflit, des similitudes existent pourtant entre eux, sur le plan théorique et sur le plan pratique. Selon I.I. Fall[668], les deux principes ne s'identifient pas, certes, mais s'apparentent étroitement sur plusieurs points, parmi lesquels leur origine historique, leur rôle, leur contenu et leur signification.

### A. À l'origine

Le concept de souveraineté est inventé au sortir du Moyen Âge pour affirmer l'indépendance politique du Royaume-État contre les prétentions asservissantes des deux autorités internationales (Empereur sur le plan politique, Pape sur le plan religieux). De même, le principe des nationalités, ancêtre politique du principe de l'autodétermination des peuples, n'était autre chose que l'affirmation que chaque nation pouvait se constituer en État indépendant de toute autorité internationale. Aujourd'hui la libre disposition signifie essentiellement le droit de tout territoire non autonome et tout autre territoire, qui n'a pas encore accédé à l'indépendance, d'y parvenir et de

668. Fall (Ibou Ibrahima), *op. cit.*, p. 23-26.

jouir d'une indépendance complète. Ainsi, elle est comme la souveraineté, une arme de lutte contre la domination étrangère internationale (ici le colonialisme sous toutes ses formes). Elle concerne aujourd'hui toutes sortes d'acteurs. En effet,

> « *après la Seconde Guerre mondiale, la souveraineté est apparue comme un terme qui, à défaut d'être nouveau, a pris une valeur particulière dans les discours autochtones pour signifier une multiplicité de droits légaux et sociaux à l'autodétermination politique, économique et culturelle. Ce fut un terme autour duquel des mouvements sociaux se sont formés et à partir duquel des programmes politiques pour la décolonisation et la justice sociale se sont articulés* »[669].

Elle est aussi un moyen de sauvegarder cette indépendance. Mais c'est surtout au niveau du contenu et de la signification que le rapprochement est plus saisissant.

### B. Au niveau de leur signification et de leur contenu

Qu'est-ce que la souveraineté, sinon le caractère attaché soit à la nation, soit au peuple ou à tout pouvoir émanant de l'un ou l'autre (c'est-à-dire en définitive à l'État), de n'être, sur le plan international, subordonné à aucune force étrangère ; et sur le plan interne, subordonné à personne, sinon le pouvoir suprême ? Qu'est-ce que la libre disposition, sinon le droit du peuple de s'ériger internationalement en une entité étatique indépendante, soumise aux seules obligations auxquelles elle a librement consenties ; sinon détenir souverainement son propre destin sur le plan interne ? Ainsi, théoriquement, dans les deux concepts de souveraineté et de libre disposition, on retrouve la même idée de rejet de toute subordination à une force étrangère quelconque, internationale ou interne. Dans les deux cas l'idée de plénitude de la capacité juridique est présente. On peut alors affirmer avec Carré de Malberg que « *le mot de souveraineté est synonyme d'indépendance* »[670] dans son sens externe ou international, que cette indépendance est à la fois politique et économique. Il est d'ailleurs significatif que beaucoup d'auteurs, ainsi que la jurisprudence internationale, identifient purement et simplement indépendance et souveraineté[671].

Le professeur C. Chaumont va encore plus loin dans l'explication du lien qui existe entre les deux notions :

> « *Historiquement,* dit-il, *la souveraineté ne se présente pas seulement comme un pouvoir d'emprise et d'imposition, mais aussi comme une force de contradiction et de changement. Selon le peuple ou la nation qu'elle concerne, elle prend un sens radicalement différent. En bref, la contradiction qu'elle recèle provient de la diversité fondamentale des situations auxquelles elle est susceptible de s'appliquer. Par exemple, le même mot exprime la qualification du pouvoir colonial sur un peuple colonisé et le but de la révolte pour ce*

669. Barker (J.), 2005, « Sovereignty Matters: Locations of contestation and Possibility » *in Indigenous Struggles for Self-Determination*, Lincoln : University of Nebraska Press, cite par N. Gagné et M. Salaün.

670. Carré De Malberg, *Contribution à la théorie générale de l'État*, Tome I, éd. CNRS, p. 71.

671. Ainsi ces expressions sont « équivalentes » selon (P.) Guggenheim (*Traité de droit international public*, Genève, Georg. 1953, p. 174), substituables, l'une l'autre, selon (K.) Marek (*Identity and continuity of states in International Law*, Genève, 1954, p. 166).

*peuple.* [...] *Le lien intime qui existe entre la notion de souveraineté et celle de droit des peuples réside dans le fait que, par ce droit, est affirmée la vocation d'une nation à devenir internationalement un État souverain. La souveraineté, c'est le droit des peuples à son stade de réalisation. Mais dans aucun cas, il ne s'agit d'un concept statique, car la souveraineté réalisée, tout comme le droit des peuples dans la phase de revendication, est une création continue et une vigilance de tous les instants* »[672].

Le droit des peuples à disposer d'eux-mêmes peut même coïncider avec la possession de la souveraineté. Lorsque c'est le cas, c'est bien le peuple constitué en État qui bénéficie du droit de *déterminer librement son statut politique et d'assurer librement son développement économique, social et culturel.* Son indépendance est internationale, mais aussi interne. Elle est politique, mais aussi économique, sociale et culturelle.

« *C'est pourquoi l'on rencontre, à la jonction des deux notions, un autre concept non moins important qui a pris une grande signification à partir d'une certaine époque aux yeux des États du tiers monde : celui du « droit des peuples sur leurs richesses naturelles* »[673].

On voit bien, en définitive, que malgré une antinomie intrinsèque, les concepts de droit des peuples à disposer d'eux-mêmes et de souveraineté se rejoignent (pour autant qu'on donne au premier le sens d'indépendance), et que le droit des peuples à disposer d'eux-mêmes signifie, à la fois, le droit d'accéder à l'indépendance politique et celui de libre disposition (de souveraineté) sur les richesses et les ressources naturelles. Il est vrai que tout au long du processus d'émancipation des peuples et territoires coloniaux, c'est la volonté de ces peuples d'accéder à l'indépendance politique, et l'obligation ou le consentement des puissances coloniales de leur reconnaître cette indépendance politique qui ont donné lieu aux plus grandes controverses. Les liens entre l'indépendance politique et la souveraineté économique étaient perçus différemment.

672. Chaumont (Charles), *op. cit.*, p. 391.
673. *Ibidem.*

## SECTION 2
## La sauvegarde et la consolidation de l'indépendance et de la souveraineté

La sauvegarde et la consolidation de l'indépendance et de la souveraineté n'auraient pu se concrétiser si le droit des peuples à disposer d'eux-mêmes n'avait pas été reconnu aux États.

### I. Le droit des peuples constitués en États

Le droit des peuples constitués en États fait partie du droit international positif. Ce sont les États qui sont visés à l'article 1er de la Charte des Nations Unies. Cette conception du droit des peuples constitués en États existait déjà depuis l'époque révolutionnaire, bien avant la rédaction de cette Charte, mais elle était limitée par le fait que ce principe n'avait qu'une portée politique et désignait le droit des États d'être libres, à l'abri des interventions étrangères. Depuis 1945, la Charte, mais aussi d'autres instruments internationaux tels que les Pactes internationaux relatifs aux droits de l'homme et diverses résolutions, ont contribué à lui attribuer une importance considérable.

Hans Kelsen considère en 1950 que la seule lecture possible du mot « *peuples* » de l'article 1§2 de la Charte est celle de « *peuples constitués en États* » et J.-F. Guilhaudis affirme que seuls sont accueillis par le droit positif le droit des peuples coloniaux à l'indépendance et « *le droit de libre disposition des États* ». Ce dernier signifie pour ces États le droit de vivre comme ils l'entendent, à l'abri de toute intervention étrangère et de tout recours illicite à la force de la part d'un autre État. Selon cet auteur, l'ensemble de la formule « *...déterminent librement leur statut politique et assurent librement leur développement économique, social et culture* » s'applique bien aux « *peuples* » comme aux États. Le droit de libre disposition est un, c'est le droit des « *peuples* ». La Déclaration du 14 décembre 1960 confirme cette conception unitaire en mentionnant, dans son préambule, le droit des peuples à « *disposer librement de leurs richesses et ressources naturelles* » car, ce faisant, elle applique aux peuples coloniaux un droit que l'Assemblée générale, à plusieurs reprises, a attribué aux États »[674]. Toutefois, un problème semble perdurer : tant qu'il concerne à la fois des peuples et des États, le principe du droit des peuples demeure hétérogène et contradictoire. Même si le peuple reste parfaitement uni, et même si, avant et après l'indépendance, il lutte pour sa liberté, il n'en exerce pas moins des droits distincts qui apportent des solutions différentes à des problèmes différents[675]. Théodore Christakis[676] rappelle que la pratique des Nations Unies confirme la reconnaissance d'un droit à l'autodétermination pour les peuples sous occupation

674. Guilhaudis (J.-F.), *op. cit.*, p. 109-138 et 201-211, cité par CHRISTAKIS (Théodore), *op. cit.*, p. 29.
675. *Ibidem*.
676. Christakis (Théodore), *op. cit.*, p. 30.

militaire. Il s'agit donc d'États disposant d'un territoire. Il cite l'exemple de l'invasion soviétique de l'Afghanistan en 1979 où tant la Commission des droits de l'homme que l'Assemblée générale de l'ONU ont affirmé à plusieurs reprises « le droit du peuple afghan de décider lui-même de la forme de son gouvernement et de choisir son système politique, économique et social sans ingérence, subversion, coercition ou contrainte de l'extérieur sous quelque forme que ce soit »[677], de même que le cas de l'invasion du Cambodge la même année[678].

Le droit des peuples constitués en États a d'abord servi comme argument dans la lutte opposant les grandes puissances entre elles avant de devenir l'arme des « petits » contre les « grands », c'est-à-dire l'instrument de lutte des pays récents et peu développés. Ceux-ci vont peu après mettre en avant le droit de souveraineté permanente des peuples (États) sur leurs richesses et leurs ressources naturelles, et en faire la pièce maîtresse du droit des peuples constitués en États. Parce qu'il n'y a pas de véritable liberté sans indépendance économique, parce que l'indépendance des États jeunes ou pauvres reste sous la menace du néo-colonialisme et de toutes sortes d'interventions extérieures, il devient normal d'appliquer ce droit à ces États et de les protéger. L'État, c'est-à-dire le peuple constitué en État, est titulaire du droit à l'égalité et à disposer de lui-même et il ne saurait en être privé parce qu'il a formé un État indépendant. Il intègre ce droit en s'identifiant au peuple libéré de l'oppression coloniale : l'État se substitue alors au peuple, les droits du peuple deviennent les droits de l'État. Celui-ci prend en charge la revendication du peuple en le représentant. Dès lors que l'État décolonisé s'identifie au peuple colonisé, le peuple ne peut plus concurrencer l'État comme un autre sujet du droit international et redevient un simple élément de l'État.[679]

En réalité, les nécessités de la décolonisation imposaient que des droits soient reconnus directement aux peuples pour faciliter leur accession à l'indépendance, autrement dit, pour leur permettre de former un État. Mais une fois l'État créé, les droits formellement reconnus aux peuples sont, en fait et en droit, exercés par l'État. La question qui peut se poser est celle de savoir si le droit des peuples à disposer d'eux-mêmes, qui avait servi de levier pour l'accession à l'indépendance, ne se trouve pas finalement confisqué par l'État au nom du droit à sa propre conservation, au nom de l'unité nationale. En somme, celle de savoir s'il n'y a pas là une dénaturation de ce droit. Le principe de l'égalité des droits et du droit des peuples à disposer d'eux-mêmes est applicable dans le cas des « peuples indépendants », c'est-à-dire les États, dans leurs rapports entre eux, et l'exercice de ce principe à leur égard signifie que la liberté d'action de chaque État est sauvegardée. Le respect de ce principe est un prolongement des droits et des devoirs fondamentaux des

677. Voir par ex. les résolutions annuelles de l'Assemblée générale sur la question depuis la ES-6/2 du 14 janvier 1980 et la 35/37 du 20 novembre1980 jusqu'à la 44/15 du 1er novembre 1989 et 45/12 du 7 novembre 1990.
678. Voir par ex. les résolutions de l'Assemblée générale à partir de la A/RES 34/22 du 14 novembre 1979.
679. Guilhaudis (Jean-François), *op. cit.*, p. 112.

États découlant des autres principes du droit international relatifs aux relations amicales et à la coopération entre les États.[680]

En termes juridiques clairs, l'on peut dire que le droit des peuples déjà constitués en États

> « *investit ceux-ci d'un pouvoir de faire, qui consiste en l'exercice des compétences habituelles de l'État, notamment celle de réglementer. Son exercice ne s'épuise pas d'un seul coup, mais comporte un nombre indéterminé d'actes, et sauf le cas marginal où se produirait un réajustement territorial, il ne conduit à aucune mutation territoriale, à aucun transfert de compétences et ne provoque pas d'apparition d'une souveraineté nouvelle. Aux sujets passifs que sont les autres États, incombe une obligation d'abstraction : ne pas intervenir, ne pas utiliser la force ou d'autres moyens de coercition* »[681].

Il apparaît ainsi que le droit des peuples à disposer d'eux-mêmes n'est aucunement destructeur de l'ordre juridique international. Au contraire, la structure interétatique de la société internationale sort renforcée de l'exercice effectif du droit des peuples à disposer d'eux-mêmes[682]. Le droit de sécession est refusé par ce même État au nom de la perpétuation de la structure étatique devenue universelle. C'est ce qui explique que la réalité du peuple, en dernière analyse, se trouve dominée exclusivement par les rapports de force. Comme nous l'avons dit *supra*, de fait, en droit international, une sécession n'est consacrée que par sa réussite, c'est-à-dire par l'effectivité.

Mais en toute logique, la réduction du droit à l'autodétermination à un droit à la décolonisation et le droit de l'État établi à sa propre conservation ne tendent-ils pas à ramener celui du peuple à disposer de lui-même au droit à devenir un État ?[683] Ce droit reconnu aux États signifie que ces États, ou plutôt les peuples de ces États sont libres de choisir leurs institutions, de mener librement leurs affaires intérieures et de poursuivre leur développement économique, social et culturel. L'exercice du droit à l'autodétermination a donc pour objectif de réaliser la pleine souveraineté et l'indépendance totale, et tous les États doivent faire en sorte que cet objectif soit atteint. La CIJ le rappelle dans l'affaire du détroit de Corfou en 1949 et dans l'affaire du droit d'asile en 1950. Le droit des peuples constitués en États en termes de contenu porte donc sur la sauvegarde de leur indépendance et de leur souveraineté ainsi que sur sa consolidation.

## II - La sauvegarde et la consolidation de l'indépendance et de la souveraineté

Nous l'avons vu, la souveraineté des compétences peut être interne, c'est-à-dire dans l'État, ou externe, c'est-à-dire en dehors de l'État.

680. *Ibidem.*
681. *Ibidem.*
682. Charpentier (Jean), « Autodétermination et décolonisation », *in Mélanges Charles Chaumont*, Paris, Pédone, 1984, p. 117-133.
683. Pierré-Caps (Stéphane), Pomarede (Jean), Rouland (Norbert), *Droit des minorités et des peuples autochtones*, *op. cit.*, p. 204-205.

### A. Maintien et réaffirmation du concept au plan interne

La sauvegarde et la consolidation se font d'abord au plan interne, et au titre de la souveraineté interne de compétences, il appartient à l'État – et à lui seul – de déterminer, par sa constitution, les compétences de chacun des organes constitués en son sein, mais aussi celles des collectivités territoriales et des autres personnes de droit public autonomes par rapport à lui, sauf à renvoyer cette détermination des compétences à la législation organique ou ordinaire qui a l'exercice de la souveraineté nationale, plus précisément de la souveraineté interne de l'État[684]. Nous prendrons ici deux exemples de pays qui nous intéressent : la France et le Canada.

La consécration constitutionnelle de la souveraineté étatique en France est réelle. Le titre 1 de la Constitution du 4 octobre 1958 présente ses principales caractéristiques et définit ses conditions d'exercice : l'État souverain dispose de vastes pouvoirs, celui de se doter de sa propre Constitution, celui de distribuer les compétences (législatives et règlementaires, locales et nationales). Il dispose de la personnalité juridique (patrimoine, droits, obligations...), du monopole de la contrainte légale. Les principes de base de la République française sont énumérés dans les articles 2, 4 et autres. Il faut néanmoins préciser que c'est le peuple qui est titulaire de la souveraineté nationale. L'article 3 dispose en effet que « *la souveraineté nationale appartient au peuple qui l'exerce par ses représentants ou par la voie du référendum* ». Ces représentants expriment, non pas leur propre volonté, mais celle du peuple souverain.

Au Canada, on parle surtout de souveraineté parlementaire. Cette souveraineté a remplacé directement le pouvoir royal, tout en laissant à ce dernier, dans les pays où il subsiste, une participation au processus législatif. Le fédéralisme n'enlève rien à la souveraineté de l'État canadien.

### B. Maintien et réaffirmation au plan international

La sauvegarde et la consolidation de l'indépendance et de la souveraineté se font ensuite au plan international.

#### *1° La sauvegarde*

Cette sauvegarde de l'indépendance et de la souveraineté se fait sur la base des principes de non-intervention et de non recours à la force. Les bénéficiaires en sont nécessairement les États nouveaux, mais surtout les États « moyens et petits ». Ces principes impliquent pour les États tiers une obligation de s'abstenir d'aider les métropoles (ou puissances coloniales) qui, par ailleurs, peuvent même apporter un appui aux mouvements de libération. Ils reposent sur l'article 2 § 4 de la Charte qui stipule que :

> *« Les Membres de l'Organisation s'abstiennent, dans leurs relations internationales, de recourir à la menace ou à l'emploi de la force, soit contre l'intégrité territoriale ou l'indépendance politique de tout État, soit de toute autre manière incompatible avec les buts des Nations Unies ».*

---

684. Gohin (Olivier), « Souveraineté et compétences en droit constitutionnel français depuis 1946 », *in Les évolutions de la souveraineté*, sous la direction de Dominique Maillard Desgrées Du Loû, Montchrestien, 2006, p. 102.

Mais ils reposent surtout sur les Résolutions 2131 (XX) du 21 décembre 1965 et 2160 (XXI) du 30 novembre 1966, même si une certaine doctrine émet des doutes sur leur poids juridique. La Déclaration du Comité spécial des principes du droit international touchant les relations amicales et la coopération entre les États du 24 octobre 1970 tend à les renforcer[685].

En tout cas, la non-intervention et le non recours à la force ne concernent pas seulement la force armée, ils concernent aussi toutes pressions politiques ou économiques destinées à influencer la politique d'un État, de même que des propagandes officielles en faveur des guerres d'agression, des représailles armées, des acquisitions territoriales par la force. Par contre, il n'existe pas un droit ou un devoir d'intervenir pour aider les « peuples » coloniaux à se libérer[686]. Lorsqu'un statut qui comporte certaines formes de soumission procède de l'incorporation d'un peuple dans un État ou d'autres liens de dépendance, ce peuple peut se délier de cette incorporation ou de ces liens. Les obligations et les droits impliqués sont comme pour les peuples coloniaux. Le droit des peuples implique des obligations à la charge des États et des droits au profit des peuples concernés. Tous les États ont l'obligation de favoriser la « réalisation » du droit des peuples et d'aider l'ONU à s'acquitter des responsabilités que la Charte lui a conférées dans ce domaine.

Ils doivent aussi, selon les termes de la résolution 2625 (XXV), donner aux peuples « qui réagissent et résistent » à des mesures de coercition « un appui conforme aux buts et principes de la Charte ». Ils doivent s'abstenir de recourir à toute mesure de coercition qui priverait les peuples concernés « de leur droit à disposer d'eux-mêmes, de leur liberté et de leur indépendance ». Cela concerne particulièrement les États à l'égard desquels ces peuples sont dans des situations de dépendance. De même, « toute tentative de détruire partiellement ou totalement l'unité nationale et l'intégrité territoriale d'un pays est incompatible avec les buts de la Charte des Nations Unies », selon le §6 de la résolution 1514, est interdite. Les peuples dépendants (ou États) ont le droit de « réagir et de résister » aux mesures de coercition dont l'objet est de les priver de leur droit à l'autodétermination. Ils ont le droit de « déterminer leur statut politique, en toute liberté et sans ingérence extérieure et de poursuivre leur développement économique, social et culturel ».

Le droit international sauvegarde la souveraineté en protégeant aussi l'intégrité territoriale. Mais quelle place réserve-t-il à l'intégrité territoriale des États ? La Charte des Nations Unies ne consacre pas de droit de sécession en dehors des situations de décolonisation mais elle consacre en fait le principe de l'intégrité territoriale des États dans son article 2 § 4 qui dispose :

> « *Les membres de l'Organisation s'abstiennent, dans leurs relations internationales, de recourir à la menace ou à l'emploi de la force, soit contre l'intégrité territoriale ou l'indépendance politique de tout État, soit de toute autre manière incompatible avec les buts des Nations Unies* ».

685. Guilhaudis (Jean-François), *op. cit.*, p. 204.
686. *Ibidem*, p. 209.

C'est un principe fondamental du droit international qui peut être vu ici comme une conséquence logique de l'égalité souveraine. Il peut être invoqué par un État contre un prétendant à l'autodétermination, mais peut-il aussi l'être contre une partie de sa propre population ? C'est en cela qu'il est souvent difficile à concilier avec le droit des peuples à disposer d'eux-mêmes. Toutefois, certains pensent qu'il est possible d'établir entre l'un et l'autre des rapports de complémentarité ou d'antagonisme[687]. On retrouve souvent le principe de l'intégrité territoriale des États à travers les clauses de sauvegarde insérées dans diverses déclarations sur les droits des peuples et des minorités par exemple.

– Dans la Résolution 1514 (XV) du 14 décembre 1960 intitulée *Déclaration sur l'octroi de l'indépendance aux pays et aux peuples coloniaux*, l'article 6 stipule :

> « *Toute tentative visant à détruire partiellement ou totalement l'unité nationale ou l'intégrité territoriale d'un pays est incompatible avec les buts et les principes de la Charte des Nations Unies* ».

– Dans la Résolution 2625 du 24 octobre 1970 intitulée *Déclaration relative aux principes du droit international touchant les relations amicales et la coopération entre les États*, les paragraphes 7 et 8 affirment que :

> « *Rien dans les paragraphes précédents ne sera interprété comme autorisant ou encourageant une action, quelle qu'elle soit, qui démembrerait ou menacerait, totalement ou partiellement, l'intégrité territoriale ou l'unité politique de tout État souverain et indépendant se conduisant conformément au principe de l'égalité de droits et du droit des peuples à disposer d'eux-mêmes énoncé ci-dessus et doté ainsi d'un gouvernement représentant l'ensemble du peuple appartenant au territoire sans distinction de race, de croyance ou de couleur* » ; « *Tout État doit s'abstenir de toute action visant à rompre partiellement ou totalement l'unité nationale et l'intégrité territoriale d'un autre État ou d'un autre pays* ».

Encore faut-il préciser que si la protection des États est envisagée contre des États tiers, celle des États contre leurs peuples ne va pas jusqu'à l'interdiction de la sécession. L'intégrité territoriale a été aussi confirmée par d'autres grandes résolutions ou déclarations des Nations Unies.

– La Déclaration de Vienne sur les droits de l'homme (1993) rappelle que :

> « *En application de la Déclaration relative aux principes du droit international touchant les relations amicales et la coopération entre les États conformément à la Charte des Nations Unies, ce qui précède ne sera interprété comme autorisant ou encourageant une action, quelle qu'elle soit, qui démembrerait ou menacerait, totalement ou partiellement, l'intégrité territoriale ou l'unité politique de tout État souverain et indépendant se conduisant conformément au principe de l'égalité de droits et du droit des peuples à disposer d'eux-mêmes énoncé ci-dessus et doté ainsi d'un gouvernement représentant l'ensemble du peuple appartenant au territoire sans distinction aucune* ».

687. N'KOLOMBUA (André), *op. cit.*, p. 437.

Cette clause de sauvegarde a été reprise dans la Déclaration des chefs d'États à l'occasion du cinquantenaire de l'ONU (1995) et dans la Résolution sur la désintégration des États par la violence (1996).

– L'article 8 § 4 de la Déclaration sur les minorités (1992) stipule lui aussi que :

> « *Aucune des dispositions de la présente Déclaration ne peut être interprétée comme autorisant une quelconque activité contraire aux buts et principes des Nations Unies, y compris à l'égalité souveraine, à l'intégrité territoriale et à l'indépendance politique des États* ».

– Enfin, l'article 46 § 1 de la Déclaration des Nations Unies sur droits des peuples autochtones (2007) précise que :

> « *Aucune disposition de la présente Déclaration ne peut être interprétée comme impliquant pour un État, un peuple, un groupement ou un individu un droit quelconque de se livrer à une activité ou d'accomplir un acte contraire à la Charte des Nations Unies, ni considérée comme autorisant ou encourageant aucun acte ayant pour effet de détruire ou d'amoindrir, totalement ou partiellement, l'intégrité territoriale ou l'unité politique d'un État souverain ou indépendant* ».

Il reste à savoir si dans la pratique, l'ONU est restée fidèle à ce principe de l'intégrité territoriale. Mais au niveau régional aussi, il existe des textes concernant l'intégrité territoriale.

– L'*Organisation sur la sécurité et la coopération en Europe* par exemple, n'a pas manqué d'évoquer avec fermeté ce principe dans les différents « textes » conventionnels adoptés depuis 1975. Alors que le Principe VIII de l'Acte final de la Conférence d'Helsinki adopté en 1975 réaffirme le droit à l'autodétermination externe et interne de « tous les peuples », il rappelle en même temps que :

> « *Les États respectent l'égalité de droits des peuples et leur droit à disposer d'eux-mêmes, en agissant à tout moment conformément aux buts et principes de la Charte des Nations Unies et aux normes pertinentes du droit international, y compris celles qui ont trait à l'intégrité territoriale* ».

– La *Charte de Paris pour une nouvelle Europe* adoptée le 21 novembre 1990 ainsi que la *Déclaration de Varsovie du 8 juillet 1997* adoptée lors de la Sixième session annuelle de l'Assemblée Parlementaire de l'OSCE vont dans le même sens. La pratique récente de cette organisation est elle aussi allée dans le sens de l'affirmation du principe de l'intégrité territoriale : en Bosnie-Herzégovine et en Croatie, en Moldavie, en Géorgie et en Azerbaïdjan.[688]

– L'*Organisation de l'unité africaine (OUA)* devenue *l'Union africaine (UA)* a toujours attaché elle aussi une très grande importance au principe de l'intégrité territoriale. Elle

688. Voir les déclarations du III^e^ et IV^e^ Conseil des ministres (Stockholm, 15 décembre 1992 et Rome, 1^er^ décembre 1993) ou le Paragraphe 4. 12 du Rapport de l'OSCE sur la supervision des élections.

s'est impliquée significativement dans la crise d'Anjouan (Îles Comores) en 1997 pour le faire prévaloir plus ou moins[689].

- Malgré son attachement à l'autodétermination des peuples autochtones, l'*Organisation des États américains (OEA)* n'a pas manqué d'affirmer le principe de l'intégrité territoriale de ses États membres[690].

- Les documents constitutifs de la *Communauté des États indépendants (CEI)* rappellent à la fois le « droit inaliénable à l'autodétermination » et le principe de l'intégrité territoriale et de l'inviolabilité des frontières des États membres. Elle a été très active dans la crise de l'Abkhazie où elle a mis en œuvre ses principes et soutenu l'intégrité territoriale d'un État membre[691].

Au-delà des clauses de sauvegarde dans les instruments internationaux, la souveraineté et l'intégrité territoriale sont réaffirmées par la jurisprudence. Il en est ainsi dans la sentence arbitrale rendue en 1928 par Max Huber dans l'affaire de l'île des Palmes (États-Unis/Pays-Bas)[692] ou dans l'article 1er, paragraphe 4 de la Convention panaméricaine sur les droits et les devoirs des États, signée à Montevideo en 1933. Dans l'arrêt de la CIJ de 1949 à propos de l'affaire du Détroit de Corfou, la souveraineté est réaffirmée comme l'un des principes de base des relations internationales : « *Entre États indépendants, le respect de la souveraineté territoriale est une base essentielle des rapports internationaux* ».

L'avis de la CIJ du 11 avril 1949 sur la Réparation des dommages subis au service des Nations Unies indique que les États sont des « *entités politiques, égales en droit, de structure comparable, et relevant toutes du droit international* »). Cet avis précise aussi que l'ONU n'est ni un État, ni un super État, et que les organisations internationales ne peuvent en aucun cas prétendre constituer une structure supérieure aux États.

Par ailleurs, la jurisprudence est allée jusqu'à dire que quand il y avait des limitations à la souveraineté des États, celles-ci devaient être interprétées de manière stricte. Dans l'affaire du Lotus (1927) qui oppose la France à la Turquie, la CPJI affirme que « *les*

689. Elle a convoqué une conférence internationale de médiation sur les Comores, qui s'est tenue à Addis-Abeba du 10 au 13décembre 1997, même si le conflit n'a pas totalement été réglé.

690. La Commission interaméricaine des droits de l'homme a inclus dans le Projet de Déclaration interaméricaine des droits des peuples autochtones une référence expresse au principe de l'intégrité territoriale dans son aritcle XXVI qui souligne que : « Nothing in this Declaration may be construed as permitting any activity contrary to the purposes and principles of the OAS, including sovereign equality, territorial integrity and political independance of States ».

691. Voir Mémorandum relatif au maintien de la paix et de la stabilité dans la CEI signé par les 12 États de la CEI à Alma-Ata le 10 février 1995.

692. « La souveraineté, dans les relations entre États, signifie l'indépendance. L'indépendance relativement à une partie du globe est le droit d'y exercer, à l'exclusion de tout autre État, les fonctions étatiques. Le développement de l'organisation nationale des États durant les derniers siècles et, comme corollaire, le développement du droit international, ont établi le principe de la compétence exclusive de l'État en ce qui concerne son propre territoire ».

*limitations de l'indépendance des États ne se présument pas* ». Ou encore, dans l'affaire du Lac Lanoux entre la France et l'Espagne (1957), la sentence arbitrale affirme elle aussi que

> « *la souveraineté territoriale joue à la manière d'une présomption. Elle doit fléchir devant toutes les obligations internationales* [...], *mais elle ne fléchit que devant elle* ». *De même, la CIJ, dans l'affaire des Essais nucléaires (1974), réaffirme sa position traditionnelle* : « *lorsque des États font des déclarations qui limitent leur liberté d'action future, une interprétation restrictive s'impose* ».

Le droit international est aussi clair sur un autre aspect : ni les autres États, ni les organisations internationales ne peuvent s'immiscer dans les affaires intérieures d'un État, notamment par une ingérence directe ou une intervention directe sur le territoire d'un autre État. C'est le cas de l'enlèvement d'Eichman en Argentine par les services secrets israéliens en 1960, de l'opération israélienne en Ouganda pour libérer des otages lors d'un détournement aérien en 1976, de l'opération américaine visant à libérer les diplomates américains retenus en otages à Téhéran en 1980, malgré la violation manifeste de ses obligations internationales par l'Iran.

Comme nous l'avons indiqué *supra* (p. 259), le recours à la force contre un autre État est prohibé au nom de la souveraineté (article 2, paragraphe 4 de la Charte des Nations Unies). En dehors des cas de légitime défense individuelle ou collective (article 51) ou d'intervention du Conseil de sécurité sur la base du chapitre VII de la Charte, tous les recours à la force sont condamnés, que ce soit le raid israélien contre les installations nucléaires iraquiennes en 1981, l'invasion de l'Afghanistan en 1978-1980 par les troupes russes, l'opération israélienne « paix en Galilée » au Liban en 1982, l'occupation des « territoires palestiniens » depuis 1967, l'invasion des Malouines par les forces armées argentines en 1982, ou l'invasion du Koweit par l'Irak en 1990. Même sous la forme d'un soutien à des activités subversives à l'intérieur d'un autre État (CIJ, 1986, Affaire des activités militaires et paramilitaires au Nicaragua), ou sous la forme de pressions, notamment économiques (embargo), visant à obtenir d'un État telle action ou telle abstention d'agir.

Pour bien montrer encore l'importance de la souveraineté dans le monde contemporain, le Professeur Charles Chaumont rappelle les énoncés qui en ont été faits au Comité spécial sur les relations amicales en 1970 :

> « *Chaque État jouit des droits inhérents à la pleine souveraineté. Chaque État a le devoir de respecter la personnalité des autres États. L'intégrité territoriale et l'indépendance politique de l'État sont inviolables. Chaque État a le droit de choisir et de développer librement son système politique, social, économique et culturel* »[693]. Il en conclut que « *loin que l'ONU tende à considérer la souveraineté de l'État comme une notion dépassée, elle lui reconnaît au contraire une valeur dynamique et fondamentale* »[694].

---

693. Voir doc. A/6230 du 27 juin 1966, par.356 ; et projet de déclaration du 1er mai 1970, doc. A/AC. 125/L.86
694. Chaumont (Charles), *op. cit.*, p. 384.

### *2° La consolidation*

La consolidation de l'indépendance et de la souveraineté de l'État s'est faite surtout avec la théorie de la souveraineté des États sur les richesses et les ressources naturelles. Mais celle-ci fait-elle partie du droit positif ? La doctrine est restée longtemps divisée là-dessus, certains n'y voyant qu'une simple doctrine, une norme politique[695], ou une règle morale[696], ou considérant que la Charte des droits et devoirs économiques des États n'était qu'une ébauche, un instrument d'incitation, une résolution « infra-juridique »[697], alors que d'autres considéraient qu'il s'agissait bien d'une avancée juridique importante[698]. Les Nations Unies consacrent à cette théorie un certain nombre de résolutions, notamment les Résolutions 1803 (XVII), 3201 (S-VI) et 3281 (XIX). Cette dernière par exemple porte Charte des droits et des devoirs économiques des États, adoptée le 12 décembre 1974, dont l'article 1er dispose :

> « *Chaque État a le droit souverain et inaliénable de choisir son système économique, de même que ses systèmes politique, social et culturel, conformément à la volonté de son peuple, sans ingérence ou menace extérieure d'aucune sorte* ». Son article 7 précise : « *Chaque État est responsable au premier chef de promouvoir le progrès économique, social et culturel de son peuple* ».

Certains auteurs considèrent en effet que ces résolutions ne donnent pas naissance à des obligations juridiques. Il n'y a donc pmas d'unanimité dans la manifestation de la conviction juridique, *l'opinio juris*, de la communauté internationale sur ce sujet. D'autres affirment même que la plupart des résolutions de l'ONU confondent « *souveraineté permanente des peuples* » et « *souveraineté permanente des États* » sur leurs richesses naturelles. Ainsi confondent-ils le droit des peuples à disposer d'eux-mêmes avec le maintien de la souveraineté dans tous les domaines – économique, social, culturel. Ils dénoncent le « verrouillage » du peuple par l'État dans tous les textes de l'ONU. Cela signifie-t-il que l'État issu de la décolonisation rejette le droit des peuples à disposer d'eux-mêmes ? Bien au contraire, l'État intègre le droit des peuples en s'identifiant au peuple libéré de l'oppression coloniale ; l'État se substitue alors au peuple, les droits du peuple devenant les droits de l'État[699].

La théorie de la souveraineté sur les richesses et les ressources naturelles porte essentiellement sur le droit de nationaliser. Selon le droit international classique, ce droit doit s'accompagner d'une indemnisation, mais il y en a qui pensent que celle-ci doit être « prompte, suffisante et effective » ou même « préalable » à la nationalisation et d'autres qui la veulent simplement « équitable » ou « adéquate ». En cas de litige, la

695. Fischer (G.), « La souveraineté sur les ressources naturelles », *AFDI*, 1962, p. 518.
696. Reuter (Paul), *Institutions internationales*, PUF, 6e édition, 1969, p. 80.
697. Feuer (G.), « Réflexions sur la Charte des droits et des devoirs économiques des États », *RGDIP*, 1975, p. 304.
698. Uribe (A.), « Des géants en quête d'un statut juridique », *in Le Monde diplomatique*, avril 1975.
699. Pierré-Caps (Stéphane), « Le droit des minorités » *in Droit des minorités et des peuples autochtones*, *op. cit.*, p. 204-205.

Résolution 1803 (XVII) prévoit d'épuiser d'abord les voies de recours nationales de l'État qui nationalise avant d'envisager l'arbitrage ou le règlement judiciaire international ; mais les États « petits ou moyens » préfèrent souvent insérer la clause Calvo[700]. Au-delà du droit de nationaliser, la doctrine de la souveraineté permanente sur les richesses et les ressources naturelles signifie aussi le droit de l'État de contrôler entièrement son développement économique et de déterminer souverainement dans quelles conditions les étrangers pourront y participer par des apports en capitaux ou en personnel. Ce droit semble unanimement admis. Cette participation peut se faire à travers des traités de coopération que certains considèrent comme généralement inégaux.

Pour le professeur Chaumont,

> « *le droit international du développement se présente comme un droit de transition, qu'il serait illusoire de vouloir pérenniser. Le jour où le développement est acquis, les formules de transition doivent s'effacer devant d'autres* », *et la portée juridique possible du droit des peuples sur leurs richesses naturelles est qu'*« *il donne un caractère provisoire à tous les engagements de transition qui caractérisent la phase du développement ; il fournit un fondement aux nationalisations et autres mesures destinées à préserver ou rétablir la souveraineté ; même pour les pays développés, il définit la limite au-delà de laquelle les investissements et transferts dépassent le cadre des intérêts privés et compromettent la souveraineté ; il donne un contenu concret à l'indépendance, dont les conditions varient selon les temps et les lieux et la situation des États et des peuples* »[701].

Dans son rapport dialectique avec la souveraineté, un des aspects de l'autodétermination souvent négligé ou méconnu vient d'être relevé : elle la protège. Cette hypothèse se vérifie doublement. D'abord parce que depuis son origine, et quelles que soient les acceptions du principe, les États ont toujours été les bénéficiaires privilégiés du droit des peuples à disposer d'eux-mêmes, mais aussi parce qu'au fond, beaucoup de similitudes existent entre la souveraineté et le droit des peuples à disposer d'eux-mêmes, deux principes antagoniques que la décolonisation a contribué à rapprocher davantage. Ainsi, le droit des peuples constitués en États a-t-il été maintenu, sauvegardé et consolidé, sous la houlette des nouveaux États qui voulaient une réelle indépendance, et notamment une indépendance économique. Le droit international s'en est fait l'écho. Mais cela n'a guère empêché la mutation de l'État lui-même et ses conséquences.

700. Clause qui les protège.

701. Chaumont (Charles), *op. cit.*, p. 393.

# CHAPITRE 2

# L'autodétermination, la mutation de l'État et l'émergence de « formes » nouvelles de démocratie

Tandis que l'autodétermination protège l'État et sa souveraineté, celui-ci est lui-même en prise à une mutation profonde, qui semble se traduire par une fragmentation de sa structure au plan interne, en faisant émerger de nouvelles formes de démocratie, et par le renforcement des liens d'interdépendance au plan international. Ce sont deux traits de la postmodernité.

## SECTION 1
## L'autodétermination, témoin d'une mutation de l'État

La doctrine et certains observateurs ont tendance à faire ressortir de nos jours une limitation croissante de la souveraineté. Cette limitation se traduit essentiellement et d'abord au plan interne par une fragmentation de la structure étatique même. L'État perd progressivement des compétences qu'il transfère à des entités inférieures.

### I. La fragmentation de la structure étatique au plan interne

Alors que l'unité organique de l'État ne semblait pas remise en cause malgré l'énorme redistribution des tâches et des compétences opérée au profit des structures inférieures, on assiste depuis les années 1980 à un mouvement d'éclatement de l'État qui tend à se territorialiser et à se segmenter[702].

#### A. La France et le Canada n'y échappent pas

La France et le Canada n'échappent guère à ce mouvement général de polycentrisme, de territorialisation et de segmentation, relevé par le professeur J. Chevallier.

---

702. Chevallier (Jacques), *L'État postmoderne*, *op. cit.*, p. 84.

### *1° Le polycentrisme de l'État*

L'État postmoderne est de plus en plus polycentrique. Cette tendance au polycentrisme se caractérise par la mise en place de structures non stables dont les éléments constitutifs sont autonomes, mais ont librement et horizontalement des liens d'interdépendance, et s'inscrivent dans une logique de partenariat et de subsidiarité avec l'État. Ces structures, dont l'administration de mission est un exemple, multiformes et aux appellations diverses, font recette dans de nombreux pays. Elles se caractérisent par leur spécialisation, leur transversalité, leur légèreté et leur souplesse. Leur mise en place est accompagnée de dispositifs de régulation donnant lieu à un statut d'indépendance ou à un statut isolé. Viennent à l'esprit les administrations de mission en France ou les *boards* au Canada.

### *2° La territorialisation de l'État*

Dans les années 80, le principe de proximité favorise l'apparition d'un nouveau modèle de relations entre l'État et le territoire, qui conduit au glissement irrésistible vers les formes d'organisation les plus favorables à l'autonomie locale et à une diversification croissante des statuts territoriaux. C'est d'abord avec la déconcentration que l'État devient un « État territorial »[703], dont la logique d'action épouse la diversité des contextes locaux. Dans les années 1992, la consécration du principe de subsidiarité rend les services déconcentrés responsables des tâches de gestion avec une grande autonomie de gestion (renforcement de l'autorité des préfets, regroupement des services régionaux autour de huit pôles). Avec la décentralisation, c'est l'affermissement de l'autonomie locale en Europe de l'Ouest et dans les pays en voie de développement. Elle se traduit par des compétences élargies dans les domaines économique, social et culturel, mais aussi avec des ressources propres suffisantes, un allègement du contrôle de l'État et une certaine coopération.

Certaines étapes marquantes de ce mouvement en France sont à relever, compte tenu de la tradition centralisatrice de ce pays. La politique de décentralisation, engagée dès le début des années 70, est prolongée et amplifiée par la réforme de 1982 qui accorde des compétences nouvelles aux collectivités territoriales, renforce leurs moyens humains et financiers, et leur permet de construire de véritables politiques. Avec la réforme du 28 mars 2003, se fait l'inscription dans la Constitution du principe de décentralisation, article 1er :

> « *Si la République reste indivisible, « son organisation est décentralisée* », et du principe de subsidiarité qui en est le corollaire, article 72, al. 2 : « *Les collectivités territoriales ont vocation à prendre les décisions pour l'ensemble des compétences qui peuvent le mieux être mises en œuvre à leur échelon* ».

Ces entités obtiennent un pouvoir règlementaire et une autonomie financière. Corrélativement, un mouvement de différenciation des statuts territoriaux est amorcé pour l'Outre-mer et pour la Corse (loi du 22 janvier 2002), et amplifié par le passage

703. *Ibidem*, p. 87-92.

de l'Outre-mer à un régime de « statuts sur mesure », notamment en faveur des nouvelles « *collectivités d'Outre-mer* ». Selon le professeur Chevallier, cette poussée décentralisatrice en France, État unitaire, se rapproche du modèle espagnol et du modèle italien où les concepts d'« État régional » ou d'« État autonomique » rendent compte de cette évolution générale vers une réelle autonomie politique et un pouvoir normatif autonome accordés aux entités régionales, catégories transitoires entre décentralisation et fédéralisme. Mais en France, elle est stigmatisée par eux qui craignent sinon la remise en cause, du moins au morcellement de la souveraineté de l'État.

Alors que globalement la dynamique fédérale progresse en Europe occidentale, le pas ayant été franchi ou sous couvert de l'État régional, en Amérique du Nord, avec le néo-fédéralisme, certains considèrent le fédéralisme comme une forme d'organisation politique de plus en plus dépassée. Les systèmes fédéraux existants, notamment le Canada et les États-Unis, sont en effet depuis les années 80, en quête d'un « néo-fédéralisme » dont l'ambition est d'inverser la pesanteur centralisatrice, en redonnant au niveau fédéré une marge plus réelle d'autonomie.

### *3° La segmentation de l'État*

Enfin, l'État postmoderne devient un État segmenté, car l'appareil étatique connaît une diversification croissante de ses éléments constitutifs[704]. Celle-ci peut se traduire soit par la personnalisation, c'est-à-dire l'extension du champ de la gestion personnalisée à travers le changement de statut des services exploités en régie (PTT), le renforcement de l'autonomie de ces établissements ainsi que le renforcement des liens avec le milieu, soit par la responsabilisation avec une plus large autonomie de décision et d'action, soit par l'externalisation, c'est-à-dire la collaboration de l'État avec le privé pour la gestion des services publics, on parle alors de délégation de service public.

## B. Une évolution bénéfique à la Nouvelle-Calédonie et au Nunavut

Comment la Nouvelle-Calédonie et le Nunavut vivent-ils cette évolution ? La subissent-ils ou en sont-ils eux-mêmes des acteurs ? Quel lien cela pourrait-il avoir avec leur autodétermination ?

### *1° La Nouvelle-Calédonie*

La Nouvelle-Calédonie est concernée par les « partages de souveraineté » entre l'État et certaines collectivités d'outre-mer. La loi organique du 19 mars 1999 en l'occurrence, la dote d'un pouvoir législatif autonome en lui transmettant définitivement des matières relevant du législateur. La répartition des compétences est allée si loin que certains parlent d'une « souveraineté partagée », d'autres considèrent qu'il ne s'agit que d'une autonomie renforcée. Aucune autre collectivité d'outre-mer n'a bénéficié jusqu'ici d'une

704. *Ibidem*, p. 92-97.

telle poussée décentralisatrice. On peut aussi citer le cas de la Polynésie française à laquelle la révision constitutionnelle pourrait accorder les mêmes transferts.

En tout cas, la France est entrée dans une logique de fédéralisation avec ce statut de la Nouvelle-Calédonie du 19 mars 1999. Négocié avec les forces politiques locales, ce statut, de nature transitoire, se situe en marge de la décentralisation, notamment dans la mesure où il prévoit l'existence de « lois du pays », adoptées par le Congrès et soumises à un contrôle de constitutionnalité. Si ce statut est le seul de son espèce, la France ne pouvant dès lors être considérée que comme un « État régional partiel », on ne saurait sous-estimer la force attractive qu'il est susceptible d'exercer, notamment sur les collectivités et les départements et régions d'Outre-mer. La Polynésie française figure désormais sur la liste des territoires non autonomes de l'ONU. Rien ne dit qu'elle ne sera pas tentée un jour par ce type de statut.

#### *2° Le Nunavut*

Il s'agit d'une autonomie administrative *sui generis* à caractère public, à mettre dans le cadre du néo-fédéralisme et de la politique de l'autonomie gouvernementale des peuples autochtones mise en place par le Canada. Pour l'instant, ces peuples ne demandent pas mieux, mais ici aussi, l'on peut parler de partage, non pas de souveraineté, loin s'en faut, mais des pouvoirs et des compétences.

Il est à remarquer que, globalement, les aspirations à l'autodétermination des deux entités étudiées correspondent parfaitement à l'évolution en cours. Elles contribuent même fortement à cette évolution. Celle-ci se double d'un autre mouvement au plan international : celui du renforcement des liens d'interdépendance.

## II - Le renforcement des liens d'interdépendance au plan international

De nombreuses analyses considèrent que tout renforcement de liens au plan international a comme conséquence de porter atteinte à la souveraineté. Dans quelle mesure cela est-il vrai ?

### A. Des atteintes et des limites à la souveraineté

Ces atteintes à la souveraineté peuvent être répertoriées comme classiques, c'est-à-dire anciennes, et d'autres plus récentes, comme liées à la postmodernité.

#### *1° Des atteintes ou limites classiques*

Nous l'avons vu, la souveraineté confère à l'État une indépendance presqu'absolue. Mais celle-ci ne signifie pas que l'État exerce ses compétences de façon totalement discrétionnaire. L'État est de plus en plus conduit à renoncer volontairement à la plénitude et à l'exclusivité de ses compétences ; cela se fait habituellement par la voie conventionnelle. En effet, dans tous les domaines, les États concluent des traités et accords internationaux ou confient certaines compétences à des organisations internationales, limitant ainsi, non pas leur souveraineté, mais les conditions d'exercice de celle-ci et les effets qui s'y attachent ; et il convient même de souligner que la conclusion d'accords internationaux est une expression de la souveraineté.

Il existe cependant des limites qu'on pourrait traiter de « classiques » à la souveraineté étatique. La première de ces limites est que son action n'affecte pas les droits légitimes des autres États : obligation d'utilisation non dommageable de son territoire contre les autres États (résolution 3314 du 14décembre 1974 de l'Assemblée générale des Nations Unies), obligation de protection de l'environnement (Conférence de Stockholm de 1972, Conférence de Rio de 1992 et arrêt de la CIJ de 1997 dans l'affaire *Gabcikovo-Nagymaros* entre la Hongrie et la Slovaquie), obligation de prévenir les pollutions dans ses eaux territoriales (Convention de 1982 sur le droit de la mer). D'autres limites « traditionnelles » existent aussi avec la compétence personnelle, qui est reconnue à tout État, en vertu du droit international coutumier, sur les personnes qui ont sa nationalité, même si celles-ci se trouvent sur le territoire d'un État étranger, et avec les immunités, car chaque État en bénéficie des autres. Il en résulte une absence de justiciabilité et d'exécution forcée.

### *2° Des atteintes liées à la postmodernité*

Jacques Chevallier[705], ici encore, nous expose l'évolution actuelle de l'État postmoderne qui est de plus en plus encadré, de plus en plus concurrencé et de plus en plus englobé.

#### a) L'encadrement de l'État

L'État postmoderne est encadré par un socle de valeurs communes et par une armature institutionnelle internationale. Des atteintes plus récentes à la souveraineté sont ainsi fondées sur ce socle de valeurs de plus en plus communes. La pratique internationale témoigne d'une interprétation de plus en plus restrictive de la souveraineté à cause de ces valeurs, mais aussi à cause du développement des relations internationales et l'interdépendance croissante des États. Les États ou les organisations internationales interprètent extensivement leurs compétences (théorie des pouvoirs implicites dégagée par la jurisprudence de la CIJ et de la CJCE, qui permet d'étendre la compétence fonctionnelle (limitée) des organisations internationales)[706].

Avec le droit d'ingérence par exemple, il s'agit de reconnaître le droit aux États (généralement les plus puissantes) de violer la souveraineté nationale d'un autre État, dans le cadre d'un mandat accordé par une autorité supranationale (en principe le Conseil de sécurité de l'ONU). Ce droit puise sa légitimité dans la Déclaration universelle des droits de l'homme de 1948, mais il est contraire à l'article 2, par.7 de la Charte des Nations Unies. On sait aussi que la mise en œuvre de ce droit nécessite des moyens que seuls les dominants possèdent ; ceux-ci font donc usage de ce droit à leur guise. J. Chevallier précise que ce droit

705. *Ibidem*, p. 32 et suivantes.
706. *Ibidem*.

d'ingérence fait penser aux « *interventions d'humanité* » du XIXe siècle ou plus récemment aux interventions militaires françaises dans certains pays africains pour assurer l'évacuation des ressortissants français et de la population européenne. Les guerres préventives aussi peuvent s'appuyer sur la crainte d'une agression imminente mais aussi sur des peurs plus lointaines telles que des menaces stratégiques. L'exemple le plus récent en est la guerre des États-Unis contre l'Irak. Il illustre parfaitement la violation de la souveraineté d'un État par un autre.

Autre chose que précise J. Chevallier : le processus de mondialisation s'appuie sur la diffusion dans le monde d'un modèle politique, économique et juridique, imprégné de la rationalité occidentale et devenu hégémonique. Il a un effet dissolvant sur la souveraineté étatique de trois manières différentes : il réduit la marge de liberté des États en les amenant à se plier aux contraintes d'un ordre transnational qui les dépasse et dans lequel leur action s'inscrit désormais. Il favorise la montée en puissance de nouveaux acteurs qui brisent le monopole traditionnel des États sur les relations internationales. Il pousse à la constitution d'entités plus vastes, faisant craquer le cadre trop exigu de l'État-nation. Dans un jeu complexe et multidimensionnel d'interactions, l'État ne dispose plus de cette puissance suprême qui était la sienne. Toutefois, on observe une critique des valeurs sous-jacentes à la mondialisation depuis peu. On parle de « tiers mondialisation », de « quart-mondialisation », et même de « dé-mondialisation ». Conséquences : il apparaît de nouveaux principes comme le développement durable ou le principe de précaution.

Les observations du professeur Chevallier vont plus loin encore. Le fonctionnement de l'économie mondiale est encadré par l'intervention d'organisations, appelées à intervenir en permanence pour assurer le maintien d'un équilibre global. L'Organisation mondiale du commerce (OMC) joue un rôle déterminant. Le Fonds monétaire international (FMI) et la Banque mondiale aussi. Sur le plan politique, l'ONU connaît des secousses importantes. Tantôt elle fait preuve d'impuissance, tantôt elle apparaît comme la clé de voûte d'un système nouveau de sécurité collective avec la fin de la guerre froide. Des tribunaux internationaux spéciaux sont créés, le tribunal pénal international par exemple. La consolidation du nouvel ordre transnational encore fragile joue aussi comme un principe réducteur de la souveraineté des États. Une certaine dissymétrie apparaît au cœur des relations internationales. La bipolarité de l'ordre international cède d'abord la place à l'unipolarité après l'effondrement de l'URSS. L'unilatéralisme manifesté par les USA à la suite des attentats du 11 septembre a confirmé cette prééminence. Mais c'est peu à peu que s'installe une certaine multipolarité, avec l'apparition des pays émergents et les effets de la crise économique. L'ordre international reste marqué par l'hétérogénéité et l'instabilité [707].

707. *Ibidem.*

### b) La concurrence à l'État

L'État est concurrencé par les opérateurs économiques, les organisations non gouvernementales et divers réseaux régionaux[708]. Ceux-ci ont souvent des rapports complexes avec lui, car ils déploient une stratégie globale qui ignore les frontières étatiques, mais sont obligés de tenir compte de leur interdépendance avec les États, et ils participent à la diplomatie économique. Cette interdépendance entraîne un réajustement des perspectives concernant le nouvel ordre transnational. Derrière l'écran étatique, dans les organisations internationales économiques, se jouent souvent leurs intérêts. Et de plus en plus d'organisations internationales leur ouvrent les portes.

Le monopole des États est aussi mis en cause par les organisations non gouvernementales. On assiste à un encastrement des Organisations Non Gouvernementales et Organisations Internationales Gouvernementales. Les ONG essaient de peser de l'extérieur sur les négociations menées par les représentants des États. Les ONG sont associées plus explicitement aux processus décisionnels. Elles prennent une part active à la réflexion sur les grands problèmes internationaux et à l'élaboration corrélative des normes nouvelles du droit international (environnement : Rio, 1992, droits de l'homme : Vienne, 1993, etc.). Les ONG les plus importantes sont intégrées à part entière dans le système international par le biais de l'accréditation auprès de l'ONU : accréditation auprès du Conseil économique et social de l'ONU (ECOSOC). C'est le cas avec celles qui défendent les droits des peuples autochtones. Les relations entre ONG et États semblent toutefois ambivalentes car elles créent parfois un lien de dépendance.

Le développement du rôle d'autres acteurs privés contribue aussi à la remise en cause du principe de souveraineté comme principe régulateur des relations internationales. On dénonce depuis les années 70 les multinationales américaines ou européennes dont l'activité et la puissance financière peuvent déstabiliser les pays en développement. Le rôle de certaines ONG est aussi décrié pour leur manque de professionnalisme ou de transparence. Ils sont divers par leur origine, le contexte de leur apparition, le principe autour duquel s'identifient les participants, leur terrain d'action, leurs formes d'intervention dans la vie internationale, et de nouveaux types apparaissent : communautés d'experts, cercles de réflexion (forum de Davos par ex.), clubs de pensée. Mais d'autres types encore apparaissent, qui incarnent la « face noire » de la mondialisation : mafias, réseaux terroristes, etc.

En conclusion, on peut dire que la société internationale est devenue une société multi-centrée, formée d'une multitude d'acteurs de natures très différentes. Les États n'ont plus le monopole de la vie internationale, et l'État postmoderne reconnaît l'existence de ces autres acteurs avec lesquels il est tenu de négocier, sans se réfugier derrière une souveraineté devenue quelque peu illusoire[709].

708. *Ibidem*, p. 41 et suivantes.
709. *Ibidem*, p. 46.

#### c) L'englobement de l'État

On observe par ailleurs, de nos jours, le déplacement des limites nationales et la constitution d'espaces élargis de régulation[710]. Elle se traduit par la conjugaison d'un double processus d'intégration globale et régionale. Des États nouent des rapports étroits de coopération dans un cadre plus restreint ; dans la mesure où elle aboutit à priver l'État d'une part au moins de ses pouvoirs de régulation économique, la formation de ces espaces économiques régionaux intégrés est en même temps un vecteur de la mondialisation. Les exemples sont nombreux : UE, ALENA, MERCOSUR, ASEAN.

L'exemple de la construction européenne montre une configuration politique originale qui vide les États d'une partie de leurs prérogatives de souveraineté. Les compétences communautaires s'étendent à de très larges domaines de l'action publique, avec au départ la constitution d'un espace économique. Cette évolution pose une double question : celle de la nature de la construction européenne et celle de l'avenir de l'État en Europe. C'est une forme d'organisation politique originale, congruente avec l'idée de postmodernité. Il reste à savoir si cet équilibre peut être durable. On verra bien. En tout cas, c'est surtout par le phénomène des intégrations régionales et celui de la mondialisation que la souveraineté étatique semble menacée.

## B. La Nouvelle-Calédonie, le Nunavut et cette évolution

La Nouvelle-Calédonie et le Nunavut n'échappent pas à cette évolution. La reconnaissance et l'insertion progressive des deux entités étudiées dans leur environnement régional participe du processus du renforcement des liens d'interdépendance. Et pour l'une d'entre elles, la Nouvelle-Calédonie, la reconnaissance par l'ONU a joué un rôle important.

### *1° La Nouvelle-Calédonie, l'ONU et l'insertion régionale*

La Nouvelle-Calédonie participe à ce processus tant par la reconnaissance dont elle a bénéficié que par une insertion régionale progressive.

#### a) Une reconnaissance onusienne déterminante

Tant que la revendication d'autodétermination restait *intramuros*, c'est-à-dire dans le cadre fermé de la République, les autorités n'avaient rien ou presque rien à craindre des soubresauts de la vie politique calédonienne. Tous les problèmes, qui en dérivaient, restaient des problèmes internes, qu'il fallait certes régler, mais pour lesquels la France n'avait aucun compte à rendre. L'opinion internationale pouvait alors s'émouvoir, cela ne changeait en rien les lignes politiques choisies par les gouvernements successifs en métropole. Mais dès lors que cette revendication a pu être portée à l'ONU, les données du problème ont changé. La détermination et les capacités du mouvement indépendantiste

710. *Ibidem*.

ayant été sous-estimées, la surprise a été grande de voir le FLNKS développer ses thèses dans l'enceinte onusienne. Avec l'arrivée de trois nouveaux gouvernements de gauche, au début des années 1980, en France, puis en Australie et en Nouvelle-Zélande, le contexte devenait favorable, mais c'est surtout la succession d'événements violents en Nouvelle-Calédonie entre 1983 et 1986, qui a poussé les États du Forum des îles du Pacifique[711] à condamner officiellement, en 1986, la politique française en Nouvelle-Calédonie, et à porter la question sur la scène internationale.

Comme le dit bien Madame Mgrdovic[712], ces États s'entendirent pour user de leur influence au sein des différentes organisations internationales afin qu'elles appuient la requête du Forum auprès de l'ONU. L'appartenance de Fidji au Comité spécial sur la décolonisation à l'ONU à cette époque fut un autre facteur qui permit la réinscription de la Nouvelle-Calédonie sur la liste de ce Comité. Cette réinscription s'est donc faite grâce à un soutien régional. Il est impossible de mesurer l'impact que cette décision a directement eu sur la politique française en Nouvelle-Calédonie, mais elle a certainement offert au mouvement indépendantiste kanak une légitimation politique et une reconnaissance internationale très importantes. Après avoir, dans un premier temps minimisé et ignoré cette reconnaissance, la France a fini par faire contre mauvaise fortune bon cœur. Cela a dû certainement jouer dans la recherche d'une solution consensuelle (Accords de Matignon, Accord de Nouméa), qui donne, depuis lors, l'image d'une décolonisation originale et apaisée. C'est en effet dans un climat apaisé aujourd'hui que la France travaille avec le Comité spécial de décolonisation qui a tenu une de ses sessions en 2010 en Nouvelle-Calédonie.

### b) Du soutien actif aux indépendantistes à une insertion régionale progressive

L'entrée en scène internationale des indépendantistes doit beaucoup au Forum des Îles du Pacifique, nous venons de le rappeler. Tandis que l'autre institution régionale, la Communauté du Pacifique Sud, s'est donné comme vocation exclusive de promouvoir la coopération et le développement régional depuis 1947, le Forum a été conçu comme instrument spécifique politique et anticolonial, n'admettant que des États souverains. Son but a été de promouvoir la décolonisation. Les indépendantistes ont donc pu compter sur le soutien sans faille des États mélanésiens de cette organisation, dès la création du Front Indépendantiste en 1979, qui a abouti au dépôt d'une résolution sur la réinscription de la Nouvelle-Calédonie sur la liste des territoires à décoloniser. Au sein de cette organisation, le rôle du Groupe mélanésien du Fer de lance (GMFL) a été majeur. Celui-ci s'était fixé comme objectifs d'aider le dernier peuple mélanésien à acquérir son indépendance, de parvenir à la reconnaissance de la souveraineté du peuple

711. Organisation politique internationale de coopération régionale qui réunit 16 pays indépendants et territoires associés de l'Océanie.

712. Mgrdovic (Nathalie), *op. cit.*

mélanésien dans son ensemble, une souveraineté qui prévalait sur les réalités physiques et économiques des États membres, d'affirmer la puissance du groupe mélanésien avec la volonté de forger au sein du Forum un bloc mélanésien aspirant au leadership régional face à l'Australie et au triangle polynésien. Créé en 1984, le FLNKS y est accueilli dès 1989 comme membre. Il faut préciser tout de même que le soutien régional du Forum au mouvement kanak a été progressivement vidé de sa substance avec la mise en place des Accords de Matignon puis de celui de Nouméa. Ces accords ont été accueillis dans un premier temps avec prudence, et ensuite avec beaucoup d'enthousiasme[713].

La Nouvelle-Calédonie doit son insertion régionale à la France qui a accepté de partager certains de ses pouvoirs et de transférer des compétences. Au niveau économique, certains projets sont désormais gérés depuis et avec la Nouvelle-Calédonie. L'exemple de la Convention de coopération entre la Nouvelle-Calédonie et le Vanuatu signée en 2002 peut en témoigner. La Nouvelle-Calédonie développe ses propres instruments économiques comme l'Agence de développement commercial (ADECAL), la création d'une cellule de coopération régionale et des relations extérieures. Les échanges commerciaux avec Fidji et le Vanuatu augmentent globalement, et des liens commerciaux particuliers existent avec l'Australie. La Nouvelle-Calédonie a été invitée depuis 2004 à adhérer à deux accords commerciaux, mais elle hésite encore. Pour certains pays de la région, elle peut servir de porte d'entrée pour l'Europe. Son potentiel économique est de plus en plus reconnu et elle donne une image qui suscite admiration et envie.

Au niveau politique, on peut noter que la France a été accueillie comme partenaire au dialogue dès 1989. En effet, des dialogues annuels ont été institués dans le but de développer des projets bilatéraux de coop ération entre elle et les États membres. Trois sommets France-Océanie contribuant à améliorer les relations générales ont été tenus en 2003, 2006 et 2009. Le Forum a mis en place un Comité interministériel sur la Nouvelle-Calédonie en 1990 représenté par Fidji, Nauru et Salomon, dont le but est d'organiser des missions d'observation pour s'assurer du bon déroulement des Accords. Les plus récentes ont eu lieu en août 2012 et en 2013. Ce suivi a beaucoup contribué au changement des perceptions régionales et même globales sur le processus d'émancipation en cours. Par ailleurs, un « Plan Océanie » ou « Pacific Plan » a été envisagé par le Forum avec un rôle spécifique reconnu à la France. Depuis 1999, juste après l'Accord de Nouméa, la Nouvelle-Calédonie a été admise au Forum à titre exceptionnel en tant qu'observateur, rôle symbolique dont le but est sans doute de mettre la pression sur la France. Et en 2006, un statut spécial de « membre-associé » est créé pour la Nouvelle-Calédonie et la Polynésie française avec un pouvoir consultatif. Le potentiel économique et politique de la Nouvelle-Calédonie en ont fait un partenaire incontournable dans la région même si la prudence reste de mise.

713. *Ibidem*.

### 2° *Le Nunavut et la Conférence circumpolaire inuit*

Selon Michèle Therrien[714], avec la naissance du Nunavut, les Inuit de Nunavut renforcent leurs liens avec les organismes pan-inuit existants, tels que la Conférence circumpolaire inuit et le Conseil arctique qui réunit le Canada, les États-Unis, la Russie, le Danemark, l'Islande, la Finlande, la Suède et la Norvège, conférant ainsi un poids significatif au dialogue Nord-Nord, notamment sur les questions environnementales. Le Nunavut participe donc pleinement au renforcement des liens d'interdépendance au plan international et contribue à un ancrage canadien fort dans la région. Il y en a même qui considèrent que l'attribution d'une autonomie gouvernementale au Nunavut est une stratégie canadienne pour renforcer sa souveraineté dans cet espace.

Parce que la Nouvelle-Calédonie est dans une logique d'autodétermination qui peut aboutir à l'indépendance, elle est plus impliquée dans le processus que nous venons de décrire. Le Nunavut l'est aussi, mais à un moindre degré. En tout cas quelles que soient les atteintes que subit la souveraineté de l'État, dans l'un et l'autre cas, on en profite. La mutation de l'État conduit celui-ci, de plus en plus, à reconnaître des formes nouvelles de démocratie que font naître le pluralisme et l'autodétermination.

## SECTION 2
## L'autodétermination et l'émergence de nouvelles formes de démocratie et de citoyenneté

Pour faire ressortir ou mettre en relief ces nouvelles formes de démocratie et les nouveaux équilibres institutionnels qu'elles impliquent, on parle de « démocratie élargie » liée à la postmodernité. Il s'agit de multiples configurations institutionnelles qui sont le produit de traditions ou de conjonctures politiques singulières, malgré le mouvement continu de concentration du pouvoir entre les mains de l'Exécutif[715]. La Nouvelle-Calédonie et le Nunavut s'inscrivent dans ce processus.

### I - L'émergence de formes démocratiques singulières

L'objectif ici est de voir en quoi cet élargissement démocratique, ces nouvelles et différentes formes démocratiques sont liées à l'autodétermination et ce qui constitue leur originalité.

---

714. Therrien (Michèle), « Introduction de « Pour mieux comprendre le Nunavut », *in Actes de la journée Nunavut*, 30 janvier 1999, (dir.) Teveny (M.) et Therrien (S.), Inalco, 1999, p. 14.
715. Chevallier (Jacques), *L'État postmoderne*, *op. cit.*, *op. cit.*, p. 185.

### A. La Nouvelle-Calédonie, une « démocratie consensuelle » ?

On parle de « démocratie consensuelle » en Nouvelle-Calédonie depuis la fin d'une longue errance statutaire qui s'inscrit dans le cadre d'une décolonisation, et dont la forme démocratique est résolument tournée vers l'émancipation.

#### *1° Une forme démocratique née dans un contexte de décolonisation*

C'est avec les Accords de Matignon en 1988 que le consensus apparaît véritablement et qu'il se matérialise dans les institutions. Pour la première fois, les points de vue des acteurs politiques locaux sont pris en compte et mis en valeur. La célèbre poignée de mains entre Jacques Lafleur et Jean-Marie Tjibaou en témoigne si besoin est. Mais c'est aussi à l'occasion de ces Accords que l'autodétermination est explicitement évoquée. Parce que la Nouvelle-Calédonie s'inscrit désormais dans un processus de décolonisation, un scrutin d'autodétermination est prévu en 1998, à la fin du processus de Matignon, et en 2018, car cette logique est maintenue dans l'Accord de Nouméa. Mais la société calédonienne y est-elle prête ?

##### a) Une société divisée et antagoniste

Les divisions et les antagonismes des Calédoniens sont un fait réel qu'aucune étude ne peut éluder. C'est d'ailleurs cette réalité incontournable qui donne du sens au concept de « destin commun » évoqué dans l'Accord de Nouméa. La société calédonienne est une société pluriethnique. Certains diront qu'elle est « *plurale* » ou « *plurielle* », c'est-à-dire « *marquée par une grande diversité des populations qui sont divisées sur des lignes ethniques, religieuses, culturelles, et qui est virtuellement constituée de sous-sociétés ayant chacune son ou ses partis politiques, son groupe d'intérêt, et ses moyens de communication* »[716]. La population de l'archipel est en effet composée d'ethnies et de communautés culturelles d'origines géographiques variées qui cohabitent depuis longtemps, mais qu'opposent encore de nombreuses divisions et incompréhensions.

Les deux composantes principales de cette population sont la communauté kanak et la communauté européenne. Les autochtones mélanésiens ont été rejoints au fil des décennies par différentes vagues de populations venues d'ailleurs, notamment d'Europe, d'Océanie et d'Asie. Ils forment le groupe le plus nombreux de la population, mais pas la majorité de celle-ci (44 %). Ils restent attachés à leurs coutumes, et sont essentiellement regroupés dans le Nord de la Grande Terre et aux Îles Loyauté bien que de plus en plus de Mélanésiens s'installent à Nouméa et dans les environs. Les Européens, d'origines diverses : descendants des premiers venus anglo-saxons, des bagnards, des déportés de la Commune, des colons libres, immigrants français et d'ailleurs de fraîche date, fonctionnaires et militaires de passage, constituent le second groupe en terme

716. Bastogi (Marion), *Le gouvernement pluraliste en Nouvelle-Calédonie et aux Fidji*, CDP Nouvelle-Calédonie, 2008, p. 7.

numérique (36 % de la population totale) et forment une communauté distincte. Elle est essentiellement installée dans le Sud, mais aussi dans certains villages de la Grande Terre.

À ces deux communautés se sont ajoutés des Océaniens : notamment des Wallisiens et Futuniens, issus de deux immigrations importantes après la Seconde Guerre mondiale, et qui représentent 9 % de la population aujourd'hui, eux aussi très liés à leurs traditions ; des Tahitiens, venus en grand nombre à partir des années cinquante pour travailler sur le territoire, des Ni-Vanuatu, venus eux aussi à partir de 1965 comme main-d'œuvre dont une bonne partie a été rapatriée, des Asiatiques venus à la fin du XIX^e^ siècle pour pallier le manque de main-d'œuvre dans l'agriculture et dans la mine (Japonais, Indochinois, Javanais) dont certains sont repartis et d'autres parfaitement intégrés, des Antillais, des Réunionnais et d'autres encore. Pour l'ensemble de ces groupes allochtones, certains auteurs parlent d'une *créolisation* qui était à dominante européenne à l'origine mais qui devient peu à peu à dominante océanienne. Une telle diversité ethnique a-t-elle contribué à faire émerger une « culture commune » ? Peut-on parler d'un « melting-pot calédonien » ? Certainement pas encore…

L'on parle néanmoins, et de plus en plus, de « calédonisation » progressive de cette population, bien que la formation d'une identité calédonienne peine à se faire.

> « *La Nouvelle-Calédonie est une communauté faite de communautés diverses, c'est un pays au double visage où deux communautés d'égale importance ont coexisté pendant longtemps sans véritablement cohabiter et où chacune garde en tête son propre projet malgré le discours sur le destin commun* ».

Ces propos de Jean-Marie Colombani montrent à quel point au-delà de la pluralité ethnique, il existe dans ce pays de véritables antagonismes que l'on peut repérer non seulement au niveau social mais aussi au niveau économique et politique.

Deux types d'antagonismes apparaissent au niveau social : les antagonismes intercommunautaires et les antagonismes intra-communautaires. Les premiers sont essentiellement fondés sur une fragmentation culturelle qui induit et multiplie incompréhensions et malentendus. Les antagonismes intra-communautaires aussi d'ailleurs. Les Métropolitains établis sur le territoire depuis une ou deux générations ou récemment arrivés ne s'assimilent pas à la « communauté caldoche », et la société mélanésienne dont on pourrait croire de l'extérieur qu'elle conserve une homogénéité sans faille traverse une véritable crise d'identité. En effet, « *il paraît difficile pour beaucoup de faire la synthèse entre la volonté de profiter de la modernité occidentale et celle de rester fidèle à la tradition océanienne, à l'esprit de la coutume* »[717]. Aux antagonismes sociaux et économiques se superposent des antagonismes politiques. Ceux-ci sont liés à une histoire politique conflictuelle, qui a abouti à la rupture et à la violence. Cette histoire politique calédonienne est effectivement marquée par des conflits et des tensions dont la colonisation a été la principale cause. C'est elle qui, dès la prise de possession

717. *Ibidem*, p. 58.

du pays, va marginaliser, déposséder de ses terres et parquer dans des réserves la collectivité mélanésienne, jetant ainsi les bases d'un conflit entre autochtones et allochtones. Aujourd'hui, le dialogue a remplacé la violence, mais tel n'a pas toujours été le cas.

En somme, les différences ethniques et culturelles ont créé en Nouvelle-Calédonie une société fragmentée, et les différences sociales et économiques ont renforcé cette fragmentation. La politique coloniale qui, à l'origine au moins, a marginalisé les Mélanésiens en les spoliant de leurs terres, a aussi créé une instabilité politique en divisant les calédoniens dont certains veulent l'indépendance et d'autres, tout sauf elle. Les autorités nationales ont tenté de satisfaire les deux camps en mettant en place divers statuts plus ou moins autonomistes. Solutions insatisfaisantes qui aboutissent dans les années 80 à une semi-guerre civile. Les Accords de Matignon puis l'Accord de Nouméa ont mis un terme à cette instabilité et permettent aux différentes communautés de cohabiter au sein des institutions. Ces accords sont fondés sur la reconnaissance d'identités et de légitimités multiples.

### b) La reconnaissance d'identités et de légitimités multiples

Cette reconnaissance existe depuis les Accords de Matignon et d'Oudinot. Elle est renforcée par l'Accord de Nouméa. Les premiers ramènent la paix civile et garantissent la stabilité politique pendant une période de dix ans, en repoussant la question de l'autodétermination à plus tard. Ils procèdent à une nouvelle organisation administrative en provinces, ce qui permet aux Mélanésiens de participer activement à la gestion de ce pays.

L'Accord de Nouméa de 1998 marque une rupture avec tous les autres statuts précédents avec la mise en place d'institutions de consensus et en prévoyant la construction d'un destin commun. Il prévoit une période transitoire plus longue, reconnaît et lie les peuples de Nouvelle-Calédonie comme cela n'a jamais été fait auparavant, pose un nouveau cadre de références identitaires, va loin dans la reconnaissance de l'identité kanak en lui donnant une place prépondérante. Mais il reconnaît aussi l'ensemble des peuples de l'archipel et leur droit de vivre en Nouvelle-Calédonie, admet également que les populations nouvelles ont souffert d'un manque de reconnaissance, et parle de « *contrat social entre toutes les communautés qui vivent en Nouvelle-Calédonie* ». En consacrant ainsi la dignité respective des différentes composantes des populations calédoniennes, il pose effectivement les bases d'une communauté de destin. Il prévoit une période de vingt ans pour permettre aux différentes populations vivant en Nouvelle-Calédonie de s'accepter, de vivre ensemble et de cohabiter harmonieusement au sein des institutions. Enfin, les nouvelles institutions de consensus s'inspirent de divers modèles.

### c) Le choix d'un modèle

Mettre en place des institutions durables et efficaces dans des sociétés divisées comme la Nouvelle-Calédonie, où le critère ethnique prime souvent sur la politique, est une véritable gageure. Des expériences de démocratie majoritaire ont été tentées, mais elles ont été peu concluantes pour diverses raisons. On a pu notamment mettre en cause l'absence de conception politique commune entre acteurs politiques nationaux et acteurs politiques locaux, liée à la distance géographique, mais aussi à une certaine distance culturelle et intellectuelle. Par ailleurs, des blocages sont souvent venus du fait que d'un côté les autochtones ne pouvaient concevoir d'être écartés du pouvoir dans « leur » pays, de l'autre les loyalistes majoritaires refusaient de céder aux revendications de la minorité de maîtriser le destin du pays et son administration[718]. L'inefficacité des statuts mis en place par les dirigeants métropolitains a aussi souvent dépendu des alternances politiques. Pour en finir, d'autres solutions ont été recherchées, mais elles ont achoppé sur le modèle à choisir. Pour une société plurale en quête de consensus et stabilité, la démocratie majoritaire ne pouvait-elle pas paraître non seulement antidémocratique mais même dangereuse puisqu'elle éprouvait des difficultés à prendre en compte toutes les composantes de ces sociétés ?

Face à la nécessité d'établir un régime consensuel, l'on a eu recours, consciemment ou non, au modèle de démocratie consociative formulée par Arend Lijphart, où la minorité se verrait reconnaître une place réelle, avec des institutions de partage du pouvoir. Celle-ci se propose en effet de permettre aux sociétés plurielles de concilier leurs différences par l'intermédiaire des institutions légitimes et adaptées. Bien qu'il n'existe pas de modèle parfait de cette démocratie, certains de ses éléments ont été repris. Mais en réalité, par souci d'efficacité et de stabilité, on a dû faire appel à une ingénierie institutionnelle s'inspirant tant de la démocratie majoritaire que de la démocratie consociative.

### *2° L'originalité de cette forme démocratique*

Elle vient du fait que le consensus a été mis au cœur des institutions et que quelques éléments du régime parlementaire lui ont été associés, même s'il faut avouer que des difficultés de mise en œuvre sont apparues.

#### a) Le consensus au cœur des institutions

Le terme latin de *consensus* désigne aujourd'hui un accord global (ou plutôt une absence d'opposition). Il cherche à mettre l'accent sur la validité de l'opinion de chaque participant et se refuse à entériner un choix qui n'aurait pas l'accord de tous. L'inspiration consensualiste du régime politique calédonien réside d'abord dans le fait qu'au niveau juridique, le partage du pouvoir a été effectué entre l'État et la Nouvelle-Calédonie. L'Accord de Nouméa rompt avec les statuts précédents et même avec ce qui se fait dans les autres collectivités d'outre-mer. Le partage des compétences est énoncé dans le préambule de l'Accord.

Cette inspiration consensualiste se voit aussi à travers les lois du pays. Avec l'Accord de Nouméa, et pour la première fois, l'État a décidé de partager le pouvoir législatif. L'inspiration consensualiste se matérialise par ailleurs au niveau politique local avec le partage du pouvoir entre les indépendantistes et les anti-indépendantistes. Le découpage

718. *Ibidem.*

du territoire en trois provinces permet aux deux principaux groupes ethniques – autochtones et allochtones – de gérer chacun ses propres affaires sur son territoire. L'élection du Congrès à la proportionnelle permet de représenter assez fidèlement la minorité. La mise en place d'un gouvernement collégial constitué à la représentation proportionnelle va dans le même sens. Indépendantistes et anti-indépendantistes ont ainsi la garantie de siéger au sein de l'exécutif. C'est la principale institution, la pierre angulaire du consensus. Désormais, aucun membre de l'exécutif local n'est désigné par les autorités nationales et la désignation de cet exécutif est particulièrement démocratique. L'inspiration consensualiste se fait aussi à travers la mise en place d'institutions non-gouvernementales originales qui assurent la représentation, dans la vie politique locale, des deux principaux camps. La création d'une seconde chambre notamment, le Sénat coutumier, est aussi un élément consensuel important, du moins au niveau symbolique. Le Conseil économique, social et environnemental (CESE) a lui aussi une fonction consultative et consensuelle. Mais il n'y a pas que du consensus.

### b) Quelques traits du régime parlementaire

Si le régime parlementaire peut se définir comme un

> « *régime de collaboration équilibrée des pouvoirs, où le gouvernement et le parlement ont des domaines d'action communs (ex : initiative des lois) et des moyens d'action réciproques, le parlement pouvant mettre en jeu la responsabilité politique du gouvernement (le chef de l'État étant, lui, irresponsable) et le gouvernement prononcer la dissolution du Parlement* »[719],

l'inspiration parlementaire du régime calédonien repose sur la séparation souple des pouvoirs et certains moyens d'action réciproques comme la motion de censure et la dissolution. L'article 73 de la loi organique énonce que « *l'initiative des lois du pays et des délibérations appartient concurremment au gouvernement et aux membres du Congrès* ». L'article 95 de la loi organique permet à la majorité du Congrès de renverser l'exécutif, et l'article 97 prévoit une dissolution du Congrès, même si celle-ci est bien loin de celle prévue au niveau national.

Il convient à présent d'ajouter quelques précisions importantes. Le gouvernement a un fonctionnement collégial et majoritaire. La collégialité n'imposant pas l'unanimité, on a associé les notions de collégialité et de procédure majoritaire :

> « *Le gouvernement est chargé collégialement et solidairement des affaires de sa compétence. Ses décisions sont prises à la majorité de ses membres. En cas de partage égal des voix, celle du président est prépondérante* »[720].

Par ailleurs, la règle majoritaire n'excluant pas la recherche du consensus, la majorité du gouvernement ne peut en exclure la minorité (article 130 al. 3 de la loi organique), et la démission de la minorité ne devrait pas changer la composition politique du gouvernement (article 121 al. 1).

719. *Lexique des termes juridiques*, 10e édition, Dalloz, p. 467.
720. Article 128 de la loi organique.

Une conclusion s'impose alors :

> « *Le gouvernement de la Nouvelle-Calédonie est original. Il a pour l'essentiel été conçu par des partenaires adversaires politiques qui ont voulu s'imposer de gérer ensemble l'exécutif. Démocratique, représentatif, pluraliste, à la fois collégial et majoritaire, il est voué à la cohabitation permanente. L'histoire en fera peut-être une remarquable innovation s'il réussit, une regrettable anomalie s'il échoue* »[721].

En somme, l'originalité du système institutionnel et politique calédonien vient du fait qu'il est fortement inspiré du modèle de démocratie consociative tout en conservant les principaux éléments des régimes parlementaires français et britannique. Il a ainsi réussi à opérer un partage de souveraineté entre l'État et la Nouvelle-Calédonie, tout en associant toutes les familles politiques locales et en recherchant le consensus dans l'exercice du pouvoir. Il reste à savoir « *jusqu'où la majorité doit tenter de rechercher le consensus et jusqu'où la minorité peut manifester son opposition* »[722]. Ceci explique sans doute aussi pourquoi certaines difficultés sont apparues.

### c) Les difficultés de mise en œuvre

Elles se sont révélées au niveau institutionnel et au niveau politique. Les difficultés institutionnelles se sont révélées tantôt dans la formation du gouvernement, tantôt dans l'action de celui-ci, tantôt enfin dans la cessation de ses fonctions. En l'absence de dispositions textuelles, des incertitudes ont plané sur l'octroi de la vice-présidence à un membre minoritaire du gouvernement et sur la majorité requise pour l'élection du président et du vice-président de l'exécutif. À propos de l'élection à la présidence du gouvernement, le tribunal administratif de la Nouvelle-Calédonie, dans son avis du 22 juin 2004, s'est prononcé en faveur de la majorité absolue :

> « *La formule « à la majorité de ses membres » employée à l'article 115 précité signifie qu'un candidat aux fonctions de président (ou de vice-président) doit, pour être élu, recueillir les suffrages de « plus de la moitié (l'unité supérieure à la moitié) » des membres d'un gouvernement* ».

En ce qui concerne la formation proportionnelle du gouvernement, alors qu'elle n'aurait pas dû poser de problème, puisque la loi organique est assez précise, le président du Congrès s'est trouvé face à une incertitude dans l'attribution du dernier des onze sièges du gouvernement lors de l'élection du premier gouvernement Frogier, le 3 avril 2001. En mai 2004 et en juillet 2007 aussi, des difficultés se sont présentées.

Au sujet de l'action du gouvernement, le tribunal administratif est intervenu à deux reprises pour préciser les modalités de fonctionnement du gouvernement, notamment en ce qui concerne l'application du principe majoritaire et le contreseing. Le 21 décembre 2000, sous le gouvernement Lèques, un membre du gouvernement refuse de signer un

---

721. JEAN (Patrice), « Le gouvernement », *in La souveraineté partagée en Nouvelle-Calédonie et en droit comparé*, (dir.) (J.-Y.) FABERON et (G.) AGNIEL, La documentation française, 2000, p. 309.

722. BASTOGI (Marion), *op. cit.*, p. 225.

acte gouvernemental. En a-t-il le pouvoir ? Quelle valeur accorder à cet acte ? L'avis du Conseil d'État du 27 juillet est pour l'invalidité des actes du gouvernement non contresignés. S'appuyant sur l'article 128 de la loi organique, il déclare : « *le refus d'un membre du gouvernement de contresigner un acte entache ledit acte d'un vice de forme de nature à entraîner son annulation* ». De même, un arrêté établissant le programme des importations pour la Nouvelle-Calédonie, ayant été pris, en décembre 2004, par le gouvernement Thémereau, avec quatre voix « pour », dont celle de la présidente, et quatre voix « contre », il a été annulé par le tribunal administratif, dans son jugement du 4 août 2005 où il déclare :

> « *les décisions du gouvernement doivent être adoptées à la majorité absolue des membres composant le gouvernement* [...] *qu'il n'y avait donc lieu d'exclure du calcul de la majorité ni un membre du gouvernement qui était intéressé au projet, ni un autre membre absent* ».

La cessation collective des fonctions gouvernementales a davantage inquiété les observateurs. Alors que les dispositions textuelles semblaient précises, ce sont les procédures imprévues qui ont fait chuter l'exécutif, en 2000, 2002, 2007 et 2011.

Aux difficultés institutionnelles, se sont ajoutées des difficultés politiques, comme celles de maintenir le consensus dans l'action ou celle de réduire les antagonismes de projet. Les premières étant liées aux interprétations différentes de la notion même de consensus, celles-ci entraînant l'intervention de régulateurs que sont les tribunaux et l'État, les secondes étant liées aux conceptions antagonistes de l'avenir du pays ou aux divisions internes de chaque famille politique.

Peut-on être optimiste pour l'avenir ? La réponse est mitigée. Certes, les gouvernements se succèdent-ils, et le régime semble tenir la route puisqu'aucun acteur politique local ou national ne le remet en cause. Mais des failles saillantes du système apparaissent peu à peu, au fur et à mesure qu'approche le scrutin d'autodétermination, et nourrissent les inquiétudes de nombre d'observateurs. L'affaire du drapeau par exemple, comme signe identitaire, a un peu écorné la crédibilité de cette panacée consensualiste. Alors que l'accession d'un indépendantiste à la présidence du Congrès semblait augurer d'une solution consensuelle rapide, les derniers résultats des élections législatives de 2012 et la campagne qui les a précédées, ont remis le clivage traditionnel indépendantistes-anti-indépendantistes au cœur du débat. Même si aucune institution n'est remise en cause, cette évolution ne montre-t-elle pas que « le naturel revient toujours au galop » ? Ce clivage semble échapper pour l'instant à toute forme de « verrouillage » consensualiste. Peut-être, la démocratie au Nunavut offre-t-elle des certitudes consensualistes plus affirmées ?

### B. Le Nunavut, « une démocratie ethnique et culturelle » ?

Alors que le Nunavut présente une société plus ou moins homogène, on a eu recours à la fois au consensus, à des institutions et à un fonctionnement d'emprunt pour asseoir une démocratie originale.

### *1° Une société plus ou moins homogène*

La population de Nunavut reste pour l'instant une population homogène. Avec 83 % de la population, les Inuit constituent la majorité ethnique au Nunavut, ce qui en fait une entité politique autonome, même si le gouvernement est public et s'adresse à l'ensemble des résidents. Le Nunavut est aussi, avec le Québec, la seule entité politique canadienne (province ou territoire) dont la population n'est pas majoritairement anglophone. Certains leaders inuit interprètent d'ailleurs ce fait comme l'existence d'une « société distincte » au sein de l'État canadien. Grâce à la majorité démographique et ethnique inuit, le peuple autochtone est assuré de détenir la plupart des sièges au parlement et la plupart des ministères. Mais malgré cette majorité, le Nunavut reste une société plurielle constituée de différentes ethnies, où la diversité culturelle des populations doit être gérée selon des règles démocratiques. La gouvernance de l'autonomie gouvernementale a recours à la fois à des institutions d'emprunt et au consensus qui est une valeur coutumière essentielle chez les Inuit.

### *2° Des institutions et un fonctionnement d'emprunt*

Alors que l'entente avec la Nation Nisga'a a reconnu à celle-ci la possibilité d'adopter une Constitution, il n'en a pas été question lors de la création du Nunavut. C'est la loi sur le Nunavut qui a prévu le type d'institutions et le mode de fonctionnement du Nunavut. Ils ont été en grande partie empruntés au modèle étatique occidental. Il s'agit globalement d'un modèle d'inspiration parlementaire intégrant des éléments de démocratie consensuelle. Mais cette démocratie est d'abord électorale. Des élections sont organisées pour constituer une assemblée législative de 19 députés représentant les 19 districts du Territoire. Si les Inuit, qui sont démographiquement majoritaires, sont certains d'avoir toujours une majorité de 15 élus, les non-autochtones en ont généralement 4. Étant largement majoritaires, ils peuvent se doter de règles qui leur conviennent. Le modèle s'inscrit dans une logique d'autonomie gouvernementale, mais il s'inspire de règles d'un gouvernement démocratique. Le gouvernement de Nunavut est public et non ethnique. De même que le suffrage. L'inspiration parlementaire du régime repose sur un certain nombre d'éléments. Le premier d'entre eux est une séparation souple des pouvoirs. L'initiative des lois appartient à l'Assemblée législative, mais il existe une collaboration des pouvoirs exécutif et législatif. Le gouvernement ne peut exercer son action que s'il a la confiance de l'Assemblée législative dont le contrôle s'exerce sous différentes formes : questions écrites et orales, pétitions, enquêtes, demandes de rapports. La solidarité gouvernementale est de mise pour un conseil de ministres collégial ainsi que le respect du privilège parlementaire tant pour les députés que pour l'institution elle-même. La neutralité est exigée pour une administration décentralisée à la mesure de l'immensité du territoire et d'une population dispersée. Les droits et libertés individuels sont garantis directement par la Charte des droits et des libertés.

### 3° *Le rôle du consensus*

Au-delà de son inspiration parlementaire, le modèle de gouvernement du Nunavut présente une particularité : il repose aussi et surtout sur le consensus. Comme le fait remarquer J.-P. Colson,

> « *au-delà des textes, le Nunavut propose un modèle de gouvernement intégrant dans l'exercice même du pouvoir les valeurs ancestrales des Inuit* »[723].

Il n'existe pas véritablement de définition sur la notion de « gouvernement de consensus » ; celle-ci se traduit par une pratique, une approche bien particulière dans la prise des décisions et dans le fonctionnement des institutions qui s'inspire, en effet, des traditions inuit. Bien qu'il y ait des élections, *la recherche du consensus se traduit ainsi par le fait que les candidats aux élections ne se réclament d'aucun parti politique ;* il n'y a donc pas de partis politiques et il n'y a pas d'opposition non plus au Nunavut. Tous les députés sont élus à titre indépendant et siègent au parlement comme membres indépendants. Le parlement lui-même fonctionne sur le principe du consensus. Les ministres sont tenus de voter en bloc par solidarité gouvernementale, mais les députés ordinaires conservent leur liberté de vote sur des questions débattues par l'Assemblée législative. En tout cas, la réunion de l'ensemble des députés permet toujours de parvenir au consensus. L'unanimité n'est pas requise pour l'adoption des projets de lois mais elle est souvent obtenue, et les débats sont marqués par une grande civilité. L'Assemblée toute entière participe à la nomination des hauts fonctionnaires indépendants et les comités permanents de celle-ci ont un réel pouvoir. En somme, le consensus contribue à éviter les tensions et les antagonismes de tous ordres. Par ailleurs,

> « *Le rôle des aînés, même non élus, est également reconnu. Bien qu'ils ne participent pas formellement à la prise de décisions, des sièges leur sont réservés à l'Assemblée législative. Le partage du pouvoir et la transmission orale des traditions sont des valeurs que le gouvernement du Nunavut entend également privilégier. Les coutumes inuit ont droit de cité, dans la mesure où elles ne sont pas contraires aux lois du Canada* »[724].

En fait, un Conseil de onze Aînés a été créé, le *inuit qaujimajatuquangit*. Face aux critiques de sa politique, le Premier ministre de l'époque, Paul Okalik, a institué ce groupe qui conseille le gouvernement pour intégrer la culture inuit dans les lois et décisions politiques.

On le constate, que ce soit en Nouvelle-Calédonie ou au Nunavut, l'autodétermination fait apparaître des formes singulières de démocratie où domine le consensus. Il ne s'agit point seulement de simples modèles d'« unanimisme » imputables à certaines traditions culturelles, mais bien aussi de nouvelles voies exploratoires de mise en œuvre du pluralisme. Il reste à voir à présent dans quelle mesure l'autodétermination participe aussi à la transformation même de la citoyenneté.

---

723. Colson (Jean-Philippe), « Le régime des Autochtones au Canada », *op. cit.*, p. 115.
724. *Ibidem.*

## II - La transformation de la citoyenneté

S'il est de plus en plus admis que la citoyenneté se transforme et évolue, et que se profilent dans beaucoup de pays les linéaments d'une « nouvelle citoyenneté », la Nouvelle-Calédonie et le Nunavut ne seraient-ils pas des lieux d'expérimentation d'une citoyenneté postmoderne ?

### A. Signification et évolution de la citoyenneté

C'est une notion aux contours encore un peu flous qui se transforme et évolue.

#### *1° Une notion un peu floue*

La nationalité est un lien juridique unissant une personne à un État et permettant de la distinguer d'un étranger. La citoyenneté semble être un concept extensible, plastique, source de confusion et dont la définition est « *à la fois rare, délicate et approximative* »[725]. Au sens large, avoir un comportement citoyen, c'est œuvrer dans le sens des intérêts de sa collectivité, en respecter les règles, ne pas y commettre d'infractions, de crimes, de délits ou incivilités. Au sens plus strict de droit constitutionnel, être citoyen c'est essentiellement avoir le droit de vote[726]. La citoyenneté ne doit pas être confondue avec la nationalité même si les deux notions entretiennent des rapports étroits. Elle demeure en fait « un concept juridique flou »[727] dont les conditions d'attribution – s'agissant notamment de l'outre-mer – ont beaucoup varié dans le temps et dont la teneur exacte demeure étrangement imprécise[728]. Ce concept est par ailleurs en pleine mutation non seulement du point de vue de la postmodernité mais aussi de celui de la décolonisation.

#### *2° Une notion en évolution*

La conception traditionnelle de la citoyenneté se caractérisait par une grande rigidité : un seul espace de citoyenneté : l'État-nation ; un strict encadrement de l'accès à la citoyenneté, par le biais de la condition de nationalité ; un statut conçu de manière limitative, à travers les droits civiques. Cette conception est remise en cause car une conception plus souple et plus tolérante de la citoyenneté est devenue indispensable, compte tenu de la dynamique d'évolution des sociétés contemporaines. La citoyenneté tend à être conçue comme une citoyenneté « *active* », impliquant une emprise réelle sur les choix collectifs, « *élargie* », par l'ouverture vers de nouveaux droits et de nouveaux bénéficiaires, « *tolérante* », car autorisant une marge plus grande de jeu, « *éclaté* » car

725. Gohin (Olivier), « La citoyenneté dans l'outre-mer français », *Revue française d'administration publique*, n° 101, janvier-février 2002, p. 69-82.

726. Jean (Patrice), « Citoyenneté et nationalité en Nouvelle-Calédonie dans la perspective de la « sortie » de l'Accord de Nouméa », in *Destins des collectivités politiques d'Océanie*, vol. 2, Singularités, (dir.) (J.-Y.) Faberon, (V.) Fayaud et (J.-M.) Regnault, p. 575.

727. Lochak (Danièle), « La citoyenneté : un concept juridique flou », *in Citoyenneté et nationalité, Perspectives en France et au Québec*, PUF, Paris, 1991, p. 179.

728. Autin (Jean-Louis), « La pluri-citoyenneté », *in La souveraineté partagée en Nouvelle-Calédonie et en droit comparé*, *op. cit.*, p. 426.

passant par divers lieux de sociabilité, « *plurielle* » enfin, parce que compatible avec plusieurs principes d'identification[729].

La nouvelle conception de la citoyenneté, précise le Professeur Chevallier, se caractérise par un double élargissement : l'enrichissement du concept de citoyenneté par l'extension vers de nouveaux droits et l'ouverture de ces droits à de nouvelles catégories de bénéficiaires, à cause de l'effritement de l'identité nationale, de la crise du civisme, la présence de communautés allogènes sur le sol national, le repli identitaire sur des groupes d'appartenance plus étroit. De nouveaux espaces de citoyenneté tendent ainsi à se constituer, mettant en cause l'exclusivisme étatique. Cette *balkanisation* identitaire rend plus difficile le contrôle des allégeances par l'État et comporte des dangers pour la cohésion politique. Le niveau local apparaît comme le lieu par excellence d'exercice de la citoyenneté : c'est en effet à ce niveau que les citoyens peuvent espérer avoir prise sur les décisions qui les concernent directement. Mais quel rapport peut être établi entre l'autodétermination et la citoyenneté ? Comment celle-ci arrive-t-elle à transformer celle-là ? C'est à travers l'évolution de la notion de citoyenneté qu'apparaît davantage la dimension de l'autodétermination.

Pour J.-L. Autin[730], l'évolution contemporaine de la citoyenneté semble se faire à travers la dilatation du concept et le déploiement d'une citoyenneté plurielle. Cette dilatation se réalise elle-même par la diffusion de ses valeurs à l'ensemble du champ social et par le développement des aspirations identitaires qui contestent son hégémonie. On parle ainsi d'une citoyenneté d'entreprise et d'une citoyenneté administrative. De même, les nouvelles aspirations identitaires tentent d'échapper au carcan traditionnel de la citoyenneté, pour s'exprimer dans l'espace public, elles conduisent vers une citoyenneté plurielle. Ainsi apparaissent de nouvelles citoyennetés dont certaines sont supra-nationales, la citoyenneté de l'Union européenne par exemple, et d'autres infra-étatiques, comme la citoyenneté néo-calédonienne. Dans les deux cas, l'horizon borné de l'État-nation est contourné et une communauté de destin des populations concernées est affirmée, avec une reconnaissance immédiate des droits destinés justement à faire émerger ou à conforter l'identité en question.

En effet, une étape importante a ainsi été franchie avec l'institution par la loi organique du 19 mars 1999 d'une citoyenneté de la Nouvelle-Calédonie,

> « *Influant sur la composition du corps électoral et justifiant certaines mesures de discrimination positive en matière d'emploi, cette citoyenneté apparaît indissociable du système de « souveraineté partagée » mis en place à cette occasion ; le processus pourrait s'étendre à certaines des nouvelles « collectivités d'outre-mer »*[731].

729. CHEVALLIER (Jacques), *L'État postmoderne*, *op. cit.*, p. 223.
730. AUTIN (E.-L.), *op. cit.* p. 427.
731. CHEVALLIER (Jacques), « Les transformations de la citoyenneté », *Regards sur l'actualité*, n° 250, avril 1999, p. 8.

## B. La citoyenneté calédonienne et ses conséquences

Le destin commun, qui se caractérise avant tout par une citoyenneté commune associant Kanak et Calédoniens, est décliné au point 4 du Préambule de l'Accord de Nouméa :

> « *Il est aujourd'hui nécessaire de poser les bases d'une citoyenneté de la Nouvelle-Calédonie permettant au peuple d'origine de constituer avec les hommes et les femmes qui y vivent une communauté humaine affirmant son destin commun* ». Le point 5 du même Préambule ajoute « *Au cours de cette période, des signes seront donnés de la reconnaissance progressive d'une citoyenneté de la Nouvelle-Calédonie, celle-ci devant traduire la communauté de destin choisie et pouvant se transformer, après la fin de la période, en nationalité, s'il en était décidé ainsi* ».

L'article 4 de la loi organique relative à la Nouvelle-Calédonie en date du 19 mars 1999 précise :

> « *Il est institué une citoyenneté de la Nouvelle-Calédonie dont bénéficient les personnes de nationalité française qui remplissent les conditions fixées à l'article 188* ».

La citoyenneté calédonienne a été créée pour favoriser l'émergence d'une identité commune. Même s'il s'agit d'une citoyenneté sans souveraineté et sans État, son affirmation est émancipatrice car elle se fait pendant le processus de décolonisation.

### *1° Elle est plurielle*

La citoyenneté calédonienne est d'abord le résultat d'un compromis. Au départ, aucune des deux familles politiques ne la demandait. Elle s'est imposée comme le compromis nécessaire sur la question du droit de vote, aux provinciales et pour les consultations finales. Elle introduit une distinction juridique entre Français durablement installés en Nouvelle-Calédonie et Français d'ailleurs.

> « *Cette atteinte portée au tissu sans couture de la nationalité française provoquera des débats de principe extrêmement vifs au Parlement, dans l'opinion, dans la doctrine juridique et donnera lieu, en vain, à tous les recours contentieux possibles* ».

Mais, bien que non recherchée au départ, elle a fini par exprimer un vouloir-vivre ensemble. Elle a été et reste un outil politique au service d'un projet politique d'émancipation.

La citoyenneté calédonienne est une citoyenneté plurielle. Elle n'est pas exclusive. Elle ne s'oppose pas aux citoyennetés française et de l'Union européenne, elle les complète. Elle découle d'une citoyenneté française, à laquelle se superpose une citoyenneté de l'Union européenne. C'est un signe éclatant des progrès du pluralisme, il devient possible, non plus d'opposer, mais d'additionner les identités, c'est-à-dire de faciliter leur emboîtement[732]. Cette citoyenneté calédonienne a toutefois des conséquences dans deux domaines essentiels : le domaine politique et le domaine social.

732. AUTIN (Jean-Louis), « La pluri-citoyenneté », *op. cit.*, p. 438.

### 2° *Elle influence le corps électoral*

Dans le domaine politique, ce sont bien les restrictions au droit de suffrage, aménagées par les articles 188 et suivants de la loi organique, qui retiennent l'attention. L'aspect négatif de la discrimination établie l'emporte sur la dimension positive qu'elle revêt au profit de ceux qui bénéficieront d'une pleine capacité électorale. Le droit politique attribué aux seuls citoyens de Nouvelle-Calédonie concerne les élections et consultations qui engagent l'avenir du pays. L'idée est donc de bien sceller une communauté de destin entre tous ceux qui inscrivent leur devenir sur l'archipel, en écartant de ces votations ceux qui – pour des raisons parfaitement légitimes – y sont établis de fraîche date, n'y résident que temporairement ou n'entendent pas participer au devenir du pays.

On a pu parler de citoyenneté « gelée » pour des résidents de nationalité française qui ne peuvent plus devenir citoyens de Nouvelle-Calédonie malgré dix ans de résidence, s'ils y sont arrivés après le 8 novembre 1998, selon la décision du Congrès réuni à Versailles le 19 février 2007, qui contredisait le Conseil Constitutionnel par une révision interprétative. D'autres ont parlé de citoyenneté « tronquée » pour des nationaux devenus citoyens calédoniens par acquisition décennale, mais qui ne pourront cependant pas voter au(x) scrutin(s) d'autodétermination s'ils se sont installés du 1er janvier 1995 au 8 novembre 1998[733].

### 3° *Elle fonde une discrimination positive en matière d'emploi*

Dans le domaine social, ce sont aussi les avantages accordés aux seuls citoyens et aux « personnes qui justifient d'une durée suffisante de résidence » qui attirent l'attention. Ici encore, il est institué une discrimination négative pour certains et positive pour d'autres. L'objectif poursuivi est de promouvoir l'emploi local ; il s'inscrit dans la perspective proclamée d'un apurement du contentieux de la période coloniale, au cours de laquelle la priorité à l'emploi ne concernait pas les autochtones. Pour la première fois, la reconnaissance d'un droit social est imputée au statut de citoyen. De fait, la citoyenneté calédonienne se définit essentiellement par l'imbrication d'un droit politique (capacité électorale privilégiée) et d'un droit social (une vocation prioritaire à l'emploi)[734]. Cette citoyenneté calédonienne s'attache à promouvoir l'égalité des chances entre des hommes situés. Elle met en œuvre des discriminations positives[735] identiques à celles qui parsèment déjà le système juridique français (fonction publique et aménagement du territoire notamment) et qui sont au cœur de nombreuses politiques publiques (sociales,

733. JEAN (Patrice), « Citoyenneté et nationalité en Nouvelle-Calédonie dans la perspective de la « sortie » de l'Accord de Nouméa », *op. cit.*, p. 577-578.

734. AUTIN (Jean-Louis), *op. cit.*

735. MÉLIN-SOUCRAMANIEN (Ferdinand), « Les adaptations du principe d'égalité à la diversité des territoires », RFDA, 1997, p. 906, *définit une discrimination positive comme étant une différenciation juridique de traitement, créée de manière temporaire, dont l'autorité normative affirme expressément qu'elle a pour but de favoriser une catégorie déterminée de personnes physiques ou morales au détriment d'une autre, afin de compenser une inégalité de fait préexistante entre elles.*

fiscales, éducatives et urbaines...)[736]. Certains, dès lors, n'hésitent pas à évoquer un « multiculturalisme à la française », qui « emprunte à l'idée de discrimination positive ce qu'elle a de meilleur : prévoir des dispositifs inégalitaires afin de corriger les inégalités de fait et d'induire des dynamiques égalitaires. Cette discrimination positive à la française ne cible pas des groupes mais favorise une action différenciée de l'État, elle pourrait devenir un des principes de ce multiculturalisme tempéré »[737].

Aucun des recours tendant à faire annuler les décisions discriminatoires prises dans ces deux domaines du droit de vote et de l'emploi n'a abouti. La citoyenneté calédonienne est l'une des illustrations de l'évolution du concept de citoyenneté en général, et sa dimension émancipatrice est incontestable. En est-il de même au Nunavut ?

### C. Une pleine, mais controversée citoyenneté canadienne au Nunavut

Au Nunavut, le problème de la citoyenneté ne se pose pas dans les mêmes termes qu'en Nouvelle-Calédonie. Il n'y a guère de subtile distinction à faire entre une pleine citoyenneté canadienne reconnue et une citoyenneté « nunavutienne » distincte.

#### *1° Une pleine citoyenneté*

Même si les Inuit du Nunavut sont reconnus comme une société distincte, tous les habitants de Nunavut ont la nationalité canadienne. Il n'y a pas de citoyenneté spécifique et le gouvernement de Nunavut est un gouvernement public. Ce n'est pas le cas partout. Par exemple, l'entente entre la Nation Nisga'a, le Gouvernement fédéral et celui de la Colombie britannique, signée le 4 août 1998, avait abouti à l'établissement d'une citoyenneté nisga'a sur un territoire composé majoritairement mais pas totalement de ce seul peuple. Mais comme le dit Jean-Philippe Colson,

> « *l'institution de cette citoyenneté et ses conséquences à l'égard des autres populations a été critiquée au nom du principe d'égalité et a même motivé un recours contre l'entente par le chef du parti libéral qui a vu là les prémices d'un gouvernement ethnique* »[738].

À la différence de l'entente Nisga'a, l'accord et la loi sur le Nunavut n'instaurent pas une citoyenneté inuit particulière. Les Inuit du Nunavut demeurent des citoyens à part entière du Canada, tout comme les autres populations de ce territoire. Il semblerait même que « loin de constituer une porte de sortie du Canada, ou même un partage de souveraineté, l'Accord sur *le Nunavut a véritablement fait entrer les Inuit dans le Canada* », car, selon Juan Amarualik, en 1998 :

> « *Jusqu'à ce que nous signions l'entente sur le Nunavut, les Inuit de cette région ne se sont jamais sentis à l'aise d'être des citoyens canadiens, mais depuis la signature et la*

736. Conseil d'État, *Sur le principe d'égalité*, Rapport public 1996, EDCE, n° 48, p. 86 et suiv.
737. ROMAN (J.), « Un multiculturalisme à la française », *Esprit*, juin 1995, p. 145 et suiv.
738. COLSON (Jean-Philippe), « Le régime des Autochtones au Canada », *in La souveraineté partagée en Nouvelle-Calédonie et en droit comparé*, *op. cit.*, p. 106.

*création du Nunavut, ils se sentent davantage canadiens et, pour plusieurs d'entre nous, il s'agit de notre entrée dans la Confédération* »[739].

## 2° Une citoyenneté en débat

Certains auteurs[740] se demandent quand même si derrière la façade égalitaire et démocratique d'intégration et d'assimilation sociale que présente une pleine citoyenneté, ne se cacherait pas une stratégie inavouée de transformation des autochtones en membres de la société dominante, avec l'intention de les inciter à renier leur identité par la conclusion des traités. Les positions idéologiques et les doctrines juridiques qui refusent la pleine citoyenneté et les droits qui en découlent pour les autochtones ne semblent pas provenir d'une conviction sérieuse mais d'une simple rhétorique. Pour la plupart des Canadiens, si l'État refusait la pleine citoyenneté aux autochtones, il nierait sa propre définition d'un ordre juste, fondé sur les principes universels de dignité, d'égalité et de liberté. L'État et les autochtones ont choisi de reconnaître leurs différences légitimes et de créer des systèmes juridiques pluralistes plutôt que de favoriser l'isolement des cultures qui aboutit à l'exclusion et aux antagonismes divers.

L'analyse de l'autodétermination, telle qu'elle vient d'être faite, a permis de faire ressortir son aspect protecteur vis-à-vis de la souveraineté. Les incertitudes liées aux bénéficiaires, qui ont émaillé l'histoire du droit des peuples à disposer d'eux-mêmes, ne semblent pas concerner les peuples constitués en États. Ce droit leur a été fermement reconnu, et il leur a permis de maintenir et de consolider leur souveraineté. Ils peuvent, en principe, vivre comme ils l'entendent, à l'abri de toute intervention étrangère et de tout recours illicite à la force de la part d'un autre État. La pratique de l'ONU le confirme. Mais cette protection de l'État par l'autodétermination n'a guère empêché la mutation et l'usure du modèle politique et juridique construit à la Renaissance. Force est de constater que celui-ci est atteint par une fragmentation de sa structure en interne à l'interne, et par un renforcement des liens d'interdépendance à l'international. On pourrait même dire que l'avènement d'un État postmoderne va de pair avec celui d'une autodétermination postmoderne, à l'origine de formes de démocratie singulières. Cette mutation de l'État est bénéfique aux entités infra-étatiques car un État, qu'il soit polycentrique, territorial, segmenté, encadré, concurrencé ou englobé, est un État affaibli, et elles en profitent légitimement. L'autonomie très renforcée de la Nouvelle-Calédonie tout comme l'autonomie gouvernementale du Nunavut y trouvent sans doute aussi leur source et leur compte.

En Nouvelle-Calédonie précisément, après une longue errance statutaire, une ingénierie institutionnelle a permis la mise en place d'un système politique original où une nouvelle citoyenneté appelée à forger un destin commun a vu le jour. Au

739. Entretien rapporté par Therrien (Michèle), *op. cit.*, p. 22.
740. Voir notamment Tully (James), « Défi constitutionnel et art de la résistance. La question des peuples autochtones au Canada », *in Altérité et droit*, (dir.) Schulte-Tenckhoff, Bruylant, 2002, Bruxelles, p. 271-273.

Nunavut, la société est plus homogène mais l'Accord du Nunavut a permis de mettre en place une autonomie gouvernementale reposant elle aussi sur le consensus et des institutions d'emprunt. Le patchwork est ici aussi original. Mais si la toute-puissance de l'État est remise en cause, peut-on affirmer que le principe de la souveraineté est dépassé ou qu'il a disparu ? Ne constate-t-on pas toujours et encore une aspiration forte des peuples à une liberté collective dans le but de former eux aussi une nation dans un État indépendant ? Pour beaucoup de gens encore, *« la souveraineté n'est pas morte »*. Elle vacille peut-être mais ne rompt pas. Et même si certains parlent de *« souveraineté limitée ou partagée »*, ils reconnaissent tous qu'elle est toujours concrète et vivante. Elle ne fait que se transformer[741]. C'est sans doute pour cela que l'autodétermination lui reste tributaire à bien des égards.

741. Pecheul (Armel), « Rapport de synthèse » du colloque sur Les évolutions de la souveraineté, (dir.) Dominique Maillard Desgrées du Loû, Montchrestien, 2006, p. 229.

# TITRE II

# L'autodétermination tributaire de la souveraineté

La souveraineté de l'État évolue sans aucun doute. Mais elle reste bien vivante et constitue toujours la pierre angulaire des relations internationales. Elle conditionne à ce titre l'autodétermination et la transforme. Sans elle, l'autodétermination ne peut se réaliser, et celle-ci ne peut se réaliser que comme elle l'entend. Elle la façonne, la transforme à sa guise.

# CHAPITRE 1
# La souveraineté de l'État, condition de l'autodétermination

La souveraineté de l'État conditionne l'autodétermination de différentes manières. C'est l'État qui autorise tout processus d'émancipation. Les entités qui dépendent de lui négocient des accords d'autodétermination qui leur octroient différentes sortes de statuts. C'est ensuite lui qui met en œuvre ces accords. Il est à la fois acteur et arbitre. Son contrôle s'exerce à tous les niveaux.

## SECTION 1
## L'autodétermination autorisée par l'État

Comme il a été dit, le droit des peuples reconnaît à ses bénéficiaires plusieurs possibilités : l'accès à l'indépendance, l'association à un État, l'intégration dans un État déjà existant ou tout autre choix. Mais pour que ce choix soit valable, il doit être fait librement. En cas d'accès à l'indépendance, le droit de sécession accorde au « peuple » le pouvoir de réclamer, d'exiger l'indépendance. En même temps, il impose à l'État dont ce « peuple » fait partie une obligation de faire, celle d'accorder l'indépendance. Son exercice par le moyen d'un acte qui représente l'accord du « peuple » et de l'État ou d'un acte unilatéral de l'un ou de l'autre entraîne un transfert de compétences ou une mutation territoriale, l'apparition d'un nouvel État. Quel que soit le choix effectué par le « peuple », sa liberté se matérialise par un accord que l'État souverain accepte.

## I - Des accords d'autodétermination acceptés et menés par l'État

L'Accord de Nouméa et l'Accord sur le Nunavut sont nés dans un contexte particulier, et s'ils n'avaient pas été acceptés et même menés par l'État canadien ou français, rien de concret ne se serait passé.

### A. Le contexte des accords

Les années 1998-1999 constituent un tournant historique pour les communautés autochtones inuit (85 % au Nunavut) et kanak (44 % en Nouvelle-Calédonie), pour les communautés non-autochtones ainsi que les deux États concernés, le Canada et la France qui ont convenu, après de difficiles négociations avec les représentants des peuples concernés, de la mise en œuvre progressive d'une autonomie gouvernementale[742].

Pour le Nunavut, l'auteure, M.-F. Labouz, rappelle que ce tournant historique amorcé au milieu des années soixante et au début des années quatre-vingt, se fait sous la conjonction de facteurs externes et internes. Parmi les facteurs internationaux d'importance politique variable, figurent l'action des ONG telle que la Conférence circumpolaire inuit (1977), à statut consultatif à l'ONU, qui rassemble les représentants des Inuit de l'Alaska, du Canada, du Groenland et, depuis 1989, de l'ex-URSS. La conclusion de la Convention 169 de l'OIT sur les peuples indigènes et tribaux, qui, bien que ne comptant, à la mi-98, que douze États contractants, sans le Canada et la France, a induit une généralisation des procédures de consultation et de participation. Le débat onusien sur la définition des peuples autochtones et leurs droits, initié par le rapport Martinez Cobo de 1986, poursuivi en 1994 avec le projet de Déclaration sur les droits des peuples autochtones et la proclamation de l'année internationale autochtone, puis de la décennie 1994-2004, ont aussi joué un rôle non négligeable, tout comme, sans que la liste de ces facteurs soit exhaustive, la jurisprudence de la Cour suprême du Canada (de l'arrêt Calder à l'arrêt Delgamuukw)[743].

Parmi les facteurs internes, tous décisifs, il faut faire état de l'extériorisation tardive de la prise de conscience collective de l'identité inuit dans les années 1970-1980, avec la création en 1973 de l'Inuit Tapirisat du Canada, la publication en 1980 du rapport du Comité de l'Assemblée législative des Territoires du Nord-Ouest, la création en 1981 de la Fédération Tunngavik Inc. du Nunavut et en 1982, le plébiscite de division contemporaine d'une violence intériorisée (délinquance, suicide en écho à l'acculturation de ces sociétés, au chômage aussi – 30 % au Nunavut-).

742. Labouz (Marie-Françoise) « Lectures croisées de l'Entente sur le Nunavut et sur l'Accord de Nouméa sur la Nouvelle-Calédonie », *in Pour mieux comprendre le Nunavut*, Actes de la Journée Nunavut du 30 janvier 1999, sous la direction de (Sylvie) Teveny et (Michèle) Therrien, Inalco, 1999.
743. *Ibidem*.

En Nouvelle-Calédonie, au contraire, les revendications kanak et l'affichage de l'identité kanak sont plus anciens (de la répression des révoltes du XIXe siècle à l'affirmation du mouvement indépendantiste des années 1980 sous la conduite de Jean-Marie Tjibaou et du FLNKS, avec cette fois une violence extériorisée, ponctuelle certes mais récurrente sur le siècle (des grandes révoltes kanak de 1878 et de 1917 réprimées dans le sang au drame de la grotte d'Ouvéa en avril 1988). Dans sa lettre au président de la République du 5 octobre 1988, le premier ministre Michel Rocard qualifie la situation d'alors de « voisine de guerre civile ».

Par ailleurs, les années 1980 sont marquées par des déclarations et actes de repentance des États colonisateurs, bien que le terme soit récusé par le RPCR néo-calédonien qui relève que la France n'a pas à dénigrer son œuvre positive. À l'inverse, l'Assemblée nationale est saisie en février 1999 d'une proposition de loi déposée par la députée de Guyane, Christiane Taubira-Delannon (apparentée socialiste), qualifiant l'esclavage de crime contre l'humanité. Le nouveau discours politique et le nouveau contexte ouvrent ainsi la voie à la conclusion des accords[744].

### B. Des accords menés par l'État

Au Nunavut, c'est d'abord l'Entente de principe de 1991 qui, certes ne contient aucune obligation juridique, mais prépare le terrain pour l'entente finale. Elle porte sur les revendications territoriales des Inuit. Elle stipule la renonciation aux prétentions territoriales et actions afférentes des Inuit en échange d'une forte compensation financière, de la reconnaissance de droits fonciers sur une parcelle d'un peu plus de 350 000 kilomètres carrés, et d'une cogestion des ressources et du partage des revenus. L'entente politique de 1992 est relative aux institutions et pouvoirs du Nunavut – ceux transposables des Territoires du Nord-Ouest. Ces ententes ont été suivies de lois : C 132 en 1993 sur la création du nouveau territoire au 1er avril 1999 et C 39 en 1998 sur la mise en place des institutions. La Constitution canadienne garantit l'existence de ce nouveau territoire. L'ensemble de ces textes s'inscrit dans une démarche fédérale, diversement appréciée (conclusions partiellement suivies d'effets du rapport de la Commission royale sur les peuples autochtones, co-présidée par René Dussault et Georges Erasmus, Plan fédéral de 1995).

En Nouvelle-Calédonie, les Accords, « orchestrés par le Premier ministre Michel Rocard, sont signés d'abord à Matignon le 26 juin 1988, puis le 20 août 1988 à la rue Oudinot (siège du ministère des Dom-Tom). Auparavant, une mission du dialogue menée par Christian Blanc, composée de différentes représentations des organisations sociales, religieuses et politiques, avait joué le rôle de médiateurs politiques pour renouer les fils du dialogue rompus entre indépendantistes et loyalistes »[745]. Les Accords dits de Matignon prévoyaient un scrutin d'autodétermination en 1998. L'Accord politique de Nouméa du 5

744. *Ibidem.*
745. MOKADDEM (Hamid), *Conjoncture politique de la Nouvelle-Calédonie*, Expressions, 2005, p. 19.

mai 1998 s'inscrit dans l'esprit et la lettre d'une décolonisation. Il est conclu entre l'État et les représentants des deux principales forces politiques de la Nouvelle-Calédonie, le FLNKS et le RPCR, et approuvé par les électeurs néo-calédoniens en novembre 1998 par 72 % des suffrages exprimés et un taux de participation record de 74 %. Sa mise en œuvre nécessite d'abord une révision constitutionnelle. Elle est adoptée par le Congrès à Versailles dès le 6 juillet (l'article 77 nouveau de la Constitution précise que la loi organique porte sur l'évolution du territoire conformément aux orientations de l'Accord politique de Nouméa). Un projet de loi organique (n° 1228) et un projet de loi ordinaire (n° 1229) sont ensuite déposés. Ils sont adoptés en première lecture à l'Assemblée nationale et au Sénat.

Il apparaît bien que dans un cas comme dans l'autre, les accords sont initiés et orchestrés par l'État. L'assentiment de ce dernier ne fait donc l'ombre d'aucun doute. Sa souveraineté n'est en aucun cas remise en cause.

## II - Des statuts octroyés par l'État

La souveraineté de chacun des États concernés se traduit aussi par l'octroi d'un statut précis à l'entité dont les représentants ont négocié avec lui. Mais un mot d'abord sur la notion de statut.

### A - La notion de « statut »

C'est un terme que l'on trouve tantôt au singulier tantôt au pluriel. On parle couramment de « statuts » – au pluriel – d'une association ou d'une société. Au singulier, ce terme peut signifier un acte comprenant un ensemble de règles qui concernent la même institution de droit interne ou de droit international, mais aussi un instrument constitutif d'une organisation internationale, ou tout simplement la condition juridique soit d'un territoire, d'un espace (l'Antarctique par exemple), soit d'une organisation internationale, soit de personnes (apatrides ou réfugiés par exemple), soit d'une collectivité (peuples indigènes et tribaux dans les pays indépendants par exemple, tels que prévus dans la Convention de l'OIT n° 169).

On parle aussi souvent de statut personnel qui est tout autre chose, car il désigne l'ensemble des règles juridiques concernant l'état et la capacité des personnes dans son acception la plus étroite. Mais pour l'instant, c'est la particularité du statut territorial qui nous intéresse. Il désigne, en droit international, l'ensemble des normes juridiques applicables à un territoire donné, mais c'est aussi une expression générique dont le sens recouvre différentes situations juridiques et différents rapports juridiques (voir l'arrêt du 19 déc. 1978, CIJ, Plateau continental de la mer Égée, Rec. 1978, p. 34, par. 81). En droit interne, on parle beaucoup plus de statut de collectivités territoriales. C'est la loi qui régit l'organisation de celles-ci, leurs organes, leurs compétences, leurs rapports entre eux et à l'égard des citoyens. Cependant, ce statut ne concerne pas toujours l'ensemble des règles juridiques régissant la condition de ces collectivités.

Les statuts évoqués ici (pour la Nouvelle-Calédonie et pour le Nunavut) sont bien ceux des collectivités territoriales *sui generis* mises en place par la France et le Canada. Ils relèvent donc du droit interne de ces États. En Nouvelle-Calédonie, il est considéré comme statut constitutionnel parce que l'Accord de Nouméa qui encadre son organisation et ses compétences a été constitutionnalisé. C'est sur la base de sa souveraineté qu'un État peut attribuer un statut à différentes catégories de collectivités territoriales. Cette notion figure depuis 1992 dans l'article 74 de la Constitution qui dispose dans ses alinéas 2 et 3 que :

> « *les statuts des territoires d'outre-mer sont fixés par des lois organiques qui définissent, notamment, les compétences de leurs institutions propres, et modifiés, dans la même forme, après consultation de l'assemblée territoriale intéressée. Les autres modalités de leur organisation particulière sont définies et modifiées par la loi* », même si la Nouvelle-Calédonie est surtout concernée par les articles 76 et 77.

Au Canada, il existe trois territoires aux statuts particuliers, à côté des provinces.

### B - Le Nunavut, un territoire spécifique dans un ensemble fédéral

La création du Nunavut visait à offrir à la majorité des habitants de l'Arctique du centre et de l'est des Territoires du Nord-Ouest (T.N-O) un territoire où ils prendraient entre leurs mains leur destin politique, économique, social et culturel, et au sein duquel les droits et les intérêts des Inuit seraient protégés. Au bout de quinze ans de négociations, une entente sur les revendications globales des Inuit fut signée le 16 décembre 1991, suivie d'un accord politique, le 30 octobre 1992. Si ce processus a été l'occasion d'exercer, à sa manière, le droit à l'autodétermination pour ce peuple, il a permis à l'État canadien de clarifier les titres de propriété de la Couronne canadienne dans l'Arctique, d'affirmer et de renforcer la souveraineté dans les eaux de l'archipel arctique, et de soigner son image à l'intérieur comme à l'extérieur.

Ce territoire n'est pas le premier dans l'ensemble canadien. C'est le troisième, après celui de Yukon et des Territoires du Nord-Ouest. Mais il est spécifique à bien des égards. Nunavut n'est pas à proprement parler un territoire autochtone. Sa création ne s'appuie pas directement sur l'idée de la reconnaissance d'un territoire autochtone. Nous l'avons déjà dit, il est constitué d'un gouvernement public qui s'adresse à l'ensemble de ses résidents. Il s'inspire des règles d'un gouvernement démocratique, mais faut-il vraiment croire qu'« *il ne s'inscrit pas dans la problématique de l'autonomie gouvernementale autochtone* », comme le fait J.-P. Colson[746], alors que la majorité démographique inuit (85 %) fait de cette entité un gouvernement autochtone *de facto* ?

Il est en tout cas un excellent porte-parole de la cause inuit sur les scènes nationale et internationale, même s'il ne peut être un modèle pour tous les peuples autochtones

746. Colson (Jean-Philippe), « Le régime des Autochtones au Canada », *op. cit.*, p. 115.

du Moyen et du Grand Nord canadien qui sont, sur le plan démographique, majoritaires sur de vastes territoires. À la différence de l'entente Nisga'a par exemple, l'Accord et la loi sur le Nunavut n'instaurent pas de citoyenneté particulière, les Inuit demeurent des citoyens canadiens, à l'instar des autres populations[747].

**C - La Nouvelle-Calédonie, une collectivité spécifique dans un ensemble unitaire**

En France, la République connaît différentes catégories de collectivités dotées d'un statut : les communes, les départements, les régions, les collectivités d'outre-mer. De plus, l'article 74 de la Constitution distingue, depuis la révision constitutionnelle de 1992, leurs statuts qui sont fixés et modifiés par loi organique, et les autres modalités de leur organisation particulière, qui relèvent de la loi ordinaire[748].

L'article 1er de la Constitution de 1958 fait de la République française un État unitaire décentralisé. Un État unitaire étant une forme d'État dans laquelle les divisions territoriales procèdent de la volonté unilatérale de l'État qui s'exprime en principe dans la Constitution ou dans certaines lois de l'État. Quand celui-ci est décentralisé, certaines compétences sont attribuées à des collectivités locales autonomes dotées de la personnalité juridique. Les TOM devraient respecter l'unité et l'indivisibilité de la République tout en conservant leur originalité. Il en va de même des COM qui les ont remplacés. Leur caractéristique principale est qu'elles n'ont pas un statut d'ensemble, mais qu'elles sont définies par leur « organisation particulière » impliquant pour chacune, un statut propre, distinct. Elles sont donc toutes des collectivités à statut spécifique.

Malgré leurs spécificités, la loi constitutionnelle du 23 mars 2003 leur apporte un statut réorganisé s'articulant autour de quelques points : elles appartiennent à la République du fait qu'elles sont nominativement mentionnées dans la Constitution ; l'identité propre des *populations d'outre-mer* au sein d'un *peuple français* désormais réunifié est reconnue ; le consentement des électeurs pour le passage d'un régime de l'identité législative de l'article 73 vers celui de la spécialité législative et de l'autonomie de l'article 74, ou l'inverse, est nécessaire ; les départements et les régions d'outre-mer sont assimilés à ceux et celles de la métropole, avec possibilité d'adaptations ; avec le principe de spécificité qui signifie que dans les collectivités d'outre-mer, la loi organique (après avis de l'assemblée délibérante de la collectivité considérée) définit un statut qui tient compte des intérêts propres de chacune d'elles au sein de la République[749].

Dans cette singularité ultra-marine, la Nouvelle-Calédonie est un cas à part. Depuis 1946, une douzaine de statuts lui ont été proposés et une dizaine de décisions prises par le Conseil constitutionnel à son sujet (soit près de la moitié de celles intéressant en propre l'outre-mer). Ce qui témoigne des difficultés rencontrées, avec un degré d'autonomie

747. *Ibidem.*
748. OLIVA (Éric), Droit constitutionnel, Dalloz, 2006, p. 158-159.
749. *Ibidem.*

fluctuant au gré des gouvernements métropolitains ou tout simplement lié à la difficulté d'organiser la Nouvelle-Calédonie, en conciliant des intérêts contradictoires, voire antagonistes[750]. Au terme d'un processus historique chaotique qui devait conduire à l'Accord de Nouméa, l'État s'est engagé dans la voie d'une transition progressive, pacifique et démocratique de la Nouvelle-Calédonie vers l'émancipation. En accord avec les partenaires politiques locaux, la République, par le vote du Parlement, a reconnu la spécificité de l'identité kanak, consacré l'existence et les droits de ce peuple, et défini un cadre institutionnel progressif et original »[751]. Elle n'est plus un TOM, elle n'est pas une COM, elle est la Nouvelle-Calédonie. La Constitution en parle aux articles 76 et 77 comme il a été indiqué *supra*. Du fait de son organisation particulière, elle est un cas *sui generis*, sans équivalent car elle dispose d'un statut différent non seulement des collectivités territoriales au sein de la République, mais aussi au regard d'autres systèmes et expériences institutionnelles dans le monde. Mais sa spécificité peut-elle conduire à parler d'un droit constitutionnel calédonien ? L'abondance statutaire qu'elle a connue n'a-t-elle pas le mérite de faire ressortir, si besoin est, sa dépendance institutionnelle à l'égard de l'État ? Malgré les consultations des populations intéressées qui sont prévues, celui-ci ne conserve-t-il pas un rôle important à jouer ?

La Constitution est le texte suprême chargé de mettre en œuvre la séparation des pouvoirs dans les systèmes juridiques et politiques contemporains. Elle est au-dessus de toutes les autres normes, car issue de la volonté du Peuple souverain, et a pour objet d'organiser la légitimité et le fonctionnement des autorités politiques d'un pays en consacrant les droits de l'homme qu'elles doivent respecter[752]. Alors, doit-on considérer que la notion de « *droit constitutionnel calédonien* » signifie « *le droit de la Constitution nationale qui s'applique à la Nouvelle-Calédonie au sein de la République* » car elle renvoie au « lien entre la métropole et la Nouvelle-Calédonie, établi par la Constitution nationale et l'Accord de Nouméa, et les lois qui les mettent en œuvre, ou « *système constitutionnel local* » du point de vue de l'organisation interne et institutionnelle de la Nouvelle-Calédonie qui se situe à mi-chemin entre un État indépendant, disposant d'une Constitution propre et une entité spécifique disposant d'une très large autonomie ?[753]

Pour certains, il existe bel et bien un droit constitutionnel calédonien, car l'Accord de Nouméa est « *une Constitution dans la Constitution* », ce droit « *se caractérisant par maintes innovations : la citoyenneté et ses effets, les lois du pays et leur régime, le peuple kanak et sa reconnaissance, les transferts de compétences et leur irréversibilité...* », et étant « *au bénéfice de tous les calédoniens, au bénéfice du peuple premier, tout d'abord*

750. Orfila (Gérard), *Régime législatif, réglementaire et coutumier de la Nouvelle-Calédonie*, L'Harmattan, 2000.
751. Lataste (Thierry), Délégué du gouvernement et Haut Commissaire de la République en N.-C., « Le rôle du gouvernement central », *in L'État pluriculturel et les droits aux différences*, Colloque organisé à Nouméa du 3 au 5 juillet 2002, sous la direction de (Paul) de Dekker et (J.-Y.) Faberon, Buylant, Bruxelles, 2003, p. 415.
752. Chabrot (Christophe), Organisateur du Colloque, Intervention au Colloque sur « Le droit constitutionnel calédonien », *in Politeaia, revue de droit constitutionnel comparé*, N° 20 (2011), p. 95-98.
753. *Ibidem.*

*(le peuple kanak), et au bénéfice du peuple calédonien ensuite...* »[754]. Pour Félicien Lemaire aussi, la Nouvelle-Calédonie dispose bien d'un statut constitutionnel, même s'il est « dérogatoire », transitoire et évolutif, avec une « Constitution dans la Constitution », au travers de son pouvoir législatif, la restriction du corps électoral, la citoyenneté calédonienne, la notion de peuple kanak, le régime préférentiel pour l'emploi, le statut coutumier, et la progressivité et l'irréversibilité du transfert des compétences...[755].

L'on pourrait fort bien opposer à cette argumentation le fait que la Nouvelle-Calédonie reste française sur la base au titre du Titre XIII de la Constitution de 1958, que malgré le pouvoir législatif autonome qui lui a été attribué, la pluralité de pouvoirs législatifs ne contredit pas le critère fondamental de l'État unitaire, à savoir l'existence d'un ordre constitutionnel unique, à la différence du système fédéral classique marqué par la dualité d'ordre constitutionnel[756]. Par ailleurs, même si on est allé au-delà de la symbolique étatique, on n'est pas encore arrivé à la réalité étatique. Il s'agit, selon nous d'un droit constitutionnel en puissance, en construction, qui s'achèvera avec la « pleine souveraineté ».

## III - Des Accords consacrés et mis en œuvre par l'État souverain

C'est grâce à l'État français et à l'État canadien que les accords ont été signés et mis en œuvre en Nouvelle-Calédonie et au Nunavut.

### A. En Nouvelle-Calédonie

Depuis la signature de l'Accord de Nouméa, l'État est au quotidien un partenaire engagé et attentif de la mise en œuvre des nouvelles institutions et des droits nouveaux[757]. Il est impliqué de différentes manières. À travers le Comité des Signataires, il réunit les trois parties signataires de l'Accord, l'État, le RPCR et le FLNKS, et doit permettre à chacun de mesurer les progrès accomplis et de dessiner les perspectives nouvelles. L'État s'est engagé dans la voie d'un transfert échelonné de compétences, qui s'accompagne du transfert correspondant des moyens, des services, des agents, des biens, des droits et obligations. Gardien de la parole donnée, il est constamment appelé, au-delà de ses responsabilités propres, comme arbitre, garant, point d'appui, censeur par tel ou tel camp qui s'estime en situation de faiblesse. Il est par ailleurs concentré sur les missions qui lui restent confiées, dont le noyau dur de ses compétences régaliennes et quelques instruments structurants dont l'objectif est de contribuer, par une action de rééquilibrage culturel, économique et social, au plein exercice des droits nouvellement reconnus (ADCK, Programme Cadres Avenir, ADRAF). Il agit à travers un renforcement de la solidarité

754. Gomes (Philippe), Président du Gouvernement de la N.-C., Intervention au Colloque sur « Le droit constitutionnel calédonien », *in Politeaia, revue de droit constitutionnel comparé*, N° 20 (2011), p. 87-94.
755. Lemaire (Félicien), « Le statut constitutionnel de la Nouvelle-Calédonie », Colloque sur « Le droit constitutionnel calédonien », *in Politeaia, revue de droit constitutionnel comparé*, N° 20 (2011), p. 121-135.
756. *Ibidem*.
757. Lataste (Thierry), *op. cit.*, p. 415.

nationale à l'égard de la Nouvelle-Calédonie, et consacre des sommes considérables au moyen du soutien au fonctionnement normal, le soutien fiscal à l'investissement, des contrats de développement, etc. Il contribue enfin, à sa manière, à l'émergence d'une identité commune calédonienne. L'Accord de Nouméa étant une démarche politique fondée sur le consensus, le respect des engagements et la volonté de bâtir un destin commun, l'État ne se contente pas de jouer un rôle d'arbitre passif, il joue un rôle actif et décisif dans sa mise en œuvre.

#### B. Au Nunavut

Au Nunavut aussi, l'État fédéral reste un partenaire actif et incontournable. D'abord à travers le Commissaire qui le représente, même si sa fonction est essentiellement protocolaire, comme celle du lieutenant-gouverneur provincial. C'est un commissaire provisoire qui a assuré une transition harmonieuse entre le détachement des Territoires du Nord-Ouest et l'instauration du Nunavut. Il a eu comme pouvoirs le recrutement du personnel pour les futurs ministères, la formulation et la mise en œuvre d'un accord en vue du partage des actifs avec les T.N-O, la signature des ententes intergouvernementales avec le gouvernement des T.N-O sur certains programmes et services qui se sont appliqués pendant la période transitoire aux deux futurs territoires après leur séparation.

L'État fédéral pèse aussi comme bailleur de fonds. C'est lui qui a assuré le financement de la mise en place du gouvernement du Nunavut et de différentes institutions. Celle-ci comprenant pour l'essentiel l'établissement d'une nouvelle infrastructure immobilière, afin de fournir des bureaux et des résidences aux employés du gouvernement, ainsi que le coût de fonctionnement du gouvernement et de l'ensemble du Territoire de Nunavut. Mais il serait naïf de penser que l'autodétermination est seulement autorisée par la souveraineté, elle est aussi limitée par elle.

## SECTION 2
## L'autodétermination limitée par la souveraineté

Cette limitation se vérifie à travers le contrôle multiforme que l'État exerce sur l'entité, ainsi qu'à travers l'hégémonie de l'État dans le droit positif et la maîtrise du droit international.

### I - Le contrôle de l'État en Nouvelle-Calédonie et au Nunavut

La prééminence de l'État se manifeste aussi à travers le contrôle des règles juridiques appliquées en Nouvelle-Calédonie. Ce contrôle est exercé par des juges qui sont des juges de l'État et à travers les dispositifs juridiques de référence qu'ils utilisent.

### A. En Nouvelle-Calédonie

En Nouvelle-Calédonie, il existe un contrôle de la constitutionnalité des lois du pays, celui de la légalité de tous les actes administratifs et celui du budget.

#### *1° Le contrôle de la constitutionnalité des lois du pays*

L'Accord de Nouméa et la loi organique ont doté le Congrès de la Nouvelle-Calédonie d'un pouvoir de nature législative qui doit respecter les normes constitutionnelles. L'organe qui garantit ce respect est le Conseil constitutionnel. Il s'agit pour lui de vérifier que les lois du pays sont conformes « au bloc de constitutionnalité »[758] dont fait partie le titre XIII et ses articles 76 et 77, qui à leur tour, renvoient aux « orientations » de l'Accord de Nouméa. Mais le contrôle de celui-ci ne concerne que les lois qui ont fait l'objet d'une deuxième délibération. Ces lois peuvent être déférées au Conseil constitutionnel par le haut-commissaire, le gouvernement, le président du congrès, le président d'une assemblée de province ou dix-huit membres du congrès[759]avant leur promulgation. Après leur promulgation, elles peuvent l'être par la procédure de la question prioritaire de constitutionnalité à l'occasion d'un procès impliquant la loi du pays attaquée. Une fois saisi, le Conseil constitutionnel doit rendre sa décision dans un délai de trois mois. S'appuyant sur le faible nombre des décisions rendues (2 en 9 ans, dont aucune sur le fond), certains auteurs considèrent toutefois que le contrôle des lois du pays par le Conseil n'a pas été conçu comme devant constituer une limite à l'autonomie institutionnelle de la Nouvelle-Calédonie, mais pour permettre de reconnaître de manière symbolique à certaines délibérations du congrès calédonien une dignité égale à celle des lois votées par le Parlement national, et pour écarter le contrôle de légalité du Tribunal administratif de Nouméa considéré, à tort ou à raison, comme contraignant parce que plus proche[760]. Ce qui compte à nos yeux, c'est qu'il existe un contrôle de l'État, et que celui-ci marque les limites de l'autodétermination calédonienne, celles-ci pouvant tenir à la réserve de souveraineté de l'État ou au respect des principes d'indivisibilité et d'égalité.

#### *2° Le contrôle de légalité des actes administratifs*

Ce contrôle est exercé par le Haut-commissaire, représentant de l'État, sur les délibérations du Congrès, de sa commission permanente ou de son bureau, les actes du président du Congrès, les actes du gouvernement ou de son président, les actes des assemblées de provinces, de leur président ou de leur bureau et les actes du Sénat coutumier, sans oublier ceux des communes. La liste détaillée de ces actes est donnée

758. Le « bloc de constitutionnalité » est formé par la Constitution, les textes auxquels elle renvoie (Déclaration des Droits de l'Homme et du Citoyen de 1789, Préambule de la Constitution de 1946, Charte de l'environnement de 2004, Principes fondamentaux reconnus par les lois de la République) et les principes à valeur constitutionnelle définis par le Conseil constitutionnel lui-même.

759. Loi organique, art. 104, al. 1er.

760. Roux (André), « Le contrôle de constitutionnalité comme limite à l'autonomie institutionnelle », *in L'outre-mer français : « un modèle » pour la République ?*, Ferdinand Mélin-Soucramanien (dir.), Presses universitaires de Bordeaux, 2008, p. 51.

par la loi organique. Le Haut-commissaire défère donc les actes qu'il estime contraires à la légalité au tribunal administratif de la Nouvelle-Calédonie dans un délai de deux mois à partir de leur transmission. Certains de ces actes ne sont exécutoires qu'après avoir été transmis au Haut-commissaire ou à son représentant dans la province, et après avoir été publiés au *Journal officiel de la Nouvelle-Calédonie* ou notifiés aux intéressés. Pour d'autres, les deux dernières conditions sont suffisantes même s'ils restent déférables au tribunal administratif.

Le tribunal administratif saisi d'un recours contre certains actes transmet le dossier sans délai, sous la forme d'un jugement, pour avis au Conseil d'État qui a trois mois pour le faire. Le tribunal administratif a ensuite deux mois à compter de la publication de l'avis au *Journal officiel de la Nouvelle-Calédonie*, ou de l'expiration du délai imparti au Conseil d'État pour statuer. Il peut être saisi d'une demande d'avis par le président du gouvernement, le président du Congrès, le président du Sénat coutumier ou le président d'une assemblée de province. Le contrôle de la légalité des actes des communes est le même que celui qui s'applique en métropole.

#### *3° Le contrôle budgétaire*

L'État exerce aussi le contrôle budgétaire. Alors que les règles du contrôle budgétaire des communes, des provinces et de leurs établissements publics ont été exclues des compétences susceptibles d'être transférées, le code des juridictions financières comporte un livre II sur les chambres régionales et territoriales des comptes dans lequel le titre VI de la II^e^ partie est consacré à la Nouvelle-Calédonie. La chambre territoriale des comptes est le juge financier. Elle juge les comptes et examine la gestion de la Nouvelle-Calédonie, des provinces et leurs établissements publics et des communes. Elle peut être saisie par le Haut-commissaire pour tout budget non voté en équilibre réel ou omettant une dépense obligatoire.

### B. Au Nunavut

En général, comme le rappellent Henri Brun et Guy Tremblay[761], le contrôle se fait à deux niveaux pour toute l'administration et le gouvernement : le niveau judiciaire et le niveau parlementaire. Le contrôle judiciaire de l'administration et du gouvernement est une tradition fortement ancrée dans la *Common law* et c'est une conséquence de la primauté du droit fédéral. Celle-ci implique que le droit existe, que ce droit est raisonnablement clair, qu'il est appliqué sans discrimination et que sa sanction requiert la présence de tribunaux indépendants. Elle établit une hiérarchie qui situe la fonction exécutive et l'administration publique qui l'exerce sous la fonction législative et judiciaire et donc des parlements et tribunaux qui l'exercent.

Le pouvoir judiciaire de contrôle est garanti par la Constitution (article 96 de la Loi constitutionnelle de 1867). Le contrôle de la légalité constitutionnelle des actes de

761. BRUN (Henri) et TREMBLAY (Guy), *Droit constitutionnel*, Les éditions Yvon Blais inc, 1997, Québec, p. 699-709.

l'administration ne peut être empêché par des clauses privatives comme les immunités, les pouvoirs discrétionnaires illimités ou des prérogatives gouvernementales. La seule limite au pouvoir judiciaire de contrôler l'administration résulte de la doctrine de « *la justiciabilité* » selon laquelle les cours de justice ont le pouvoir de prendre la décision préliminaire de refuser la judiciarisation d'une question parce qu'il leur apparaît inopportun d'en être saisies étant donné leur place dans l'organisation constitutionnelle du pays et vu l'intention présumable du Parlement d'écarter cette saisine.

Le contrôle parlementaire de l'administration quant à lui s'exerce de plusieurs façons : les ministres sont interpellés et questionnés sur les domaines d'exercice de la fonction exécutive qui relèvent d'eux. Les débats parlementaires sont l'exemple constant de l'exercice d'un tel contrôle, en assemblée plénière, en comité, en commission. L'administration est aussi contrôlée par le parlement dans ses moyens financiers qui doivent provenir d'une loi et le respect de la loi budgétaire est favorisé au fédéral comme au provincial par la surveillance d'un agent du parlement, le vérificateur général. Celui-ci n'a pas de pouvoirs décisionnels mais il jouit d'une grande autorité morale.

Le problème essentiel au sujet du contrôle de l'État sur les gouvernements autochtones est celui de savoir si celui-ci ne risque pas de paraître comme un moyen d'ôter à l'autonomie toute sa substance. En tout cas, la forme de contrôle qui prévaut pour eux est le contrôle judiciaire. Et dans ce cadre-là, en l'absence d'une théorie unifiée sur ce contrôle, la situation globale actuelle présente incertitude et incohérence. Elle oscille entre l'application des principes de droit administratif et l'aspiration à des règles spécifiques. Par ailleurs, la question de l'applicabilité de la Charte canadienne des droits et libertés aux gouvernements autochtones reste posée. L'on sait que les dirigeants autochtones s'y opposent en général, au motif que celle-ci véhicule des valeurs occidentales individualistes, alors que la Commission royale sur les peuples autochtones considère qu'elle s'applique à eux, sauf que les tribunaux doivent faire preuve de souplesse et prendre en compte la culture autochtone. Les opposants à son application s'appuient sur l'article 25 de la Charte qui prévoit que celle-ci ne « *porte pas atteinte aux droits et libertés ancestraux issus des traités ou autres des peuples autochtones du Canada* », et sur l'article 32 qui ne mentionne ni les conseils de bande ni les autres formes de gouvernement autochtone. Les partisans de cette application avancent que les conseils de bande et autres gouvernements autochtones tirant leurs pouvoirs d'une délégation du Parlement fédéral, ils sont tout aussi soumis à la Charte que lui, et que, même si l'article 32 ne cite pas leurs noms, c'est l'intention du Constituant qui veut protéger tous les Canadiens qu'il faut prendre en compte. En réalité, la sagesse préconise que

> « *l'application d'un instrument de protection des droits de la personne dans un contexte multinational ou multiculturel doit ménager un espace qui permette aux divers peuples qui y sont soumis de prendre des décisions qui reflètent leurs cultures et leurs valeurs* »[762].

---

762. Grammond (Sébastien), *op. cit.*, p. 344.

Il est en tout cas admis que si un peuple autochtone a adopté sa propre constitution ou sa propre charte des droits et libertés, toute intervention des tribunaux non-autochtones au-delà de ce qui serait prévu par une telle charte constituerait une restriction injustifiée au droit à l'autonomie gouvernementale. Mais en règle générale, les tribunaux appliquent les règles générales et les principes généraux du droit administratif aux gouvernements autochtones sauf quelques nuances ou adaptations des normes liées à des raisons pratiques ou à la nature particulière de ces gouvernements.

Au Nunavut en particulier, l'Assemblée législative légifère dans des domaines précis sous réserve de toute autre loi fédérale. Le texte de chaque loi de la législature doit être transmis au Gouverneur en conseil qui représente l'État fédéral dans les trente jours suivant son adoption. Par ailleurs, le Gouverneur en conseil peut, dans l'année suivant l'adoption, désavouer une loi de la législature ou l'une de ses dispositions. Le contrôle financier est effectué par le vérificateur général du Canada qui est le vérificateur du Nunavut (article 43 de la loi sur le Nunavut). L'article 48 (1) précise que le vérificateur du Nunavut est investi, pour la vérification des comptes du Nunavut, de tous les pouvoirs que la *Loi sur le Vérificateur du Canada* attribue au vérificateur général du Canada pour l'examen des comptes du Canada. Il lui donne aussi l'accès à l'information : *(2) Sauf dérogation expresse au présent paragraphe prévue par une loi de la législature, le vérificateur a le droit, à tout moment convenable, de prendre connaissance librement de tous éléments d'information se rapportant à l'exercice de ses fonctions ; à cette fin, il peut exiger que les fonctionnaires du Nunavut lui fournissent tous renseignements, rapports et explications dont il a besoin.*

Bien que les moyens mis en œuvre soient quelque peu différents, le contrôle de l'État est effectif dans les deux entités de même que son hégémonie dans le droit positif.

## II - L'hégémonie de l'État dans le droit positif

L'hégémonie de l'État dans le droit positif signifie ici qu'une grande partie du droit en vigueur dans les deux entités provient de l'État et s'impose presque naturellement.

### A. En Nouvelle-Calédonie

Pour mettre en exergue cette hégémonie en Nouvelle-Calédonie, nous nous sommes largement inspirés des travaux de Gérard Orfila[763] qui nous semblent dans ce domaine assez clairs et précis. La répartition traditionnelle des compétences entre l'État, la Nouvelle-Calédonie, les provinces et les communes et le transfert de celles-ci qui se poursuit rendent difficile la détermination des règles de droit applicables en Nouvelle-Calédonie. Malgré cette diversité des sources, et malgré l'innovation de la loi du pays, œuvre du Congrès de la Nouvelle-Calédonie, l'hégémonie de l'État dans le droit positif calédonien reste une réalité indiscutable. Ce dernier intervient à travers les lois du

763. Orfila (Gérard), *Régime législatif, réglementaire et coutumier de la Nouvelle-Calédonie, op. cit.*

Parlement français, les traités internationaux, les principes généraux du droit et des textes réglementaires, mais aussi à travers le contrôle qu'il exerce sur les règles applicables qui ne sont pas les siennes, comme nous venons de le voir.

### *1° Les lois de l'État applicables en Nouvelle-Calédonie*

Qu'elles soient applicables de plein droit ou qu'elles soient introduites par application du principe de spécialité, les lois de l'État prennent toujours une place prépondérante dans le droit positif local.

#### a) Les textes applicables de plein droit

En principe, ils s'appliquent sur l'ensemble du territoire français. Ils sont nécessaires pour l'organisation des pouvoirs publics nationaux afin de préserver l'unité de l'État ou dans des domaines comme ceux liés à la qualité de certaines personnes.

– **Les règles liées à l'organisation des pouvoirs publics nationaux.** Il s'agit des règles constitutionnelles, des lois organiques, des textes qui organisent l'activité des juridictions suprêmes ou des organes nationaux ainsi que les lois d'application générale. La Nouvelle-Calédonie reste concernée par les lois constitutionnelles qui sont applicables à l'ensemble du territoire français. Les lois organiques qui ont pour objet de compléter et de mettre en œuvre les règles constitutionnelles, traduisent également la souveraineté de l'État sur l'ensemble du territoire calédonien, et sont applicables de plein droit. Les lois qui organisent les institutions nationales juridictionnelles ou administratives s'appliquent en Nouvelle-Calédonie sans qu'une mesure d'introduction soit nécessaire. Elles contiennent des règles qui déterminent le rôle et le fonctionnement des juridictions supérieures. Ainsi, la compétence du Conseil d'État s'étend en Nouvelle-Calédonie et concerne l'ensemble du territoire français[764]. De même pour la Cour de cassation qui statue sur les pourvois formés contre les décisions rendues en dernier ressort par les juridictions d'outre-mer[765]. Les lois qui organisent le Tribunal des conflits et la Cour des comptes sont elles aussi applicables de plein droit en Nouvelle-Calédonie.

Les textes nécessaires à la mise en place des institutions et au fonctionnement des pouvoirs publics nationaux sont évidemment applicables de plein droit. Certains de ces textes sont des ordonnances prises par application de l'ancien article 92 de la Constitution[766] et concernent par exemple la défense[767]. D'autres ne sont que des lois ordinaires. Enfin, chaque fois que des textes organisent des autorités administratives indépendantes comme le Conseil supérieur de l'audiovisuel, la Commission nationale informatique et

764. *Ibidem*, p. 69.
765. *Ibidem*. L'auteur cite la loi des 27 novembre et 1er décembre 1790, ainsi que les articles L. 1111- et L. 1112- du Code de l'organisation judiciaire.
766. *Ibidem*, p. 70.
767. *Ibidem*.

libertés et d'autres encore dans des domaines variés qui peuvent concerner la Nouvelle-Calédonie, ces textes sont applicables de plein droit.

Certaines lois sont applicables de plein droit en Nouvelle-Calédonie parce qu'elles traitent de questions qui ne sauraient faire l'objet de textes différents selon la partie du territoire national concernée. Elles concernent la sécurité et à la défense (sûreté de l'État, défense nationale, service national, organisation de la nation en temps de guerre, etc.), les signes distinctifs de la Nation (hymne national, drapeau, devise, sceau, armes), la langue de l'État, les décorations nationales ainsi que les poids et mesures. Certains textes s'appliquent de plein droit parce qu'on ne peut les soumettre au principe de spécialité. Ils sont assez nombreux et concernent par exemple les appellations d'origine[768] et les définitions de certains produits. Ainsi, il n'est pas concevable que la définition de certains vins comme le champagne ne soit pas la même en France métropolitaine qu'en Nouvelle-Calédonie. Depuis la Constitution du 4 octobre 1958, ces textes relèvent souvent du pouvoir réglementaire autonome. Ces règlements jouent un rôle appréciable dans certains domaines tels que l'aviation civile (règles de sécurité, personnel navigant, etc.), l'hygiène et la sécurité à bord des navires, la recherche et le sauvetage en mer, les actions de l'État en mer ou la recherche scientifique. Parfois des textes réglementaires relevant du pouvoir réglementaire autonome ont été adoptés spécifiquement pour l'Outre-mer[769].

– **La condition des personnes.** C'est pour ne pas subir de modification et ne pas perdre leur identité que certains textes sont applicables de plein droit en Nouvelle-Calédonie. Ils concernent par exemple certaines catégories de personnes comme les fonctionnaires, les contractants régis par un texte métropolitain, les administrés dont les rapports sont soumis aux principes généraux du droit, les personnes relevant du droit civil de droit commun. D'autres sont « d'une application plus personnelle que territoriale »[770]. Selon les cas, cette application de plein droit a été mise en évidence par la jurisprudence ou par le législateur. Quel que soit le lieu de leur fonction, les fonctionnaires de l'État sont soumis aux règles du statut de la fonction publique[771]. Une loi métropolitaine peut régir outre-mer des situations contractuelles nées en métropole. Il en est ainsi lorsque l'un des contractants vient s'établir en Nouvelle-Calédonie. Le respect des principes généraux s'impose à l'administration dans ses rapports avec les administrés, bien qu'ils ne soient pas sous une forme écrite, même en Nouvelle-Calédonie. La loi n° 70-589 du 9 juillet 1970 permet d'écarter le principe de spécialité dans certaines matières, notamment celles qui touchent au statut civil de droit commun en matière d'état et de capacité des personnes, de régimes matrimoniaux, de successions et de libéralités, et d'appliquer de plein droit les dispositions législatives futures en Nouvelle-Calédonie « *sauf les exceptions déterminées par la loi* ».

768. Les appellations d'origine sont définies par l'article L 115-1 du Code de la consommation. Ce texte a repris les dispositions de l'article A de la loi du 6 mai 1919. Voir Orfila, p. 71.

769. Orfila (Gérard), *op. cit.*, p. 72.

770. Luchaire (François), *Le Statut constitutionnel de la Nouvelle-Calédonie*, Economica, 2000, Paris.

771. Orfila (Gérard), *op. cit.*, p. 73.

### b) Les textes soumis au principe de spécialité

Le principe de la spécialité législative signifie que lorsqu'un texte de l'État, intervenant dans un domaine de compétence de l'État, n'est pas applicable de plein droit, il doit faire l'objet d'une procédure d'introduction pour s'appliquer en Nouvelle-Calédonie. C'est sur la répartition des compétences prévue par la loi organique du 19 mars 1999 qu'il faut se fonder. La doctrine admet généralement que ce principe *« n'a pas de caractère constitutionnel »* et qu'il a *« valeur d'un principe général du droit s'induisant d'un ensemble de lois »*[772]. Ni la Constitution modifiée en 1998 ni la loi organique de 1999 n'y font expressément allusion. Une procédure d'introduction des lois de l'État en Nouvelle-Calédonie est prévue, mais elle se heurte parfois à certaines difficultés[773]. Pour qu'une loi de l'État soit introduite en Nouvelle-Calédonie, plusieurs conditions doivent être remplies : le Congrès de la Nouvelle-Calédonie doit avoir été préalablement consulté, le corps du texte doit comprendre une mention expresse d'extension, à défaut une loi ultérieure étendra à la Nouvelle-Calédonie l'application du texte considéré. Enfin le texte en question doit faire l'objet d'une publication au journal officiel de la Nouvelle-Calédonie[774]. L'application des lois métropolitaines en Nouvelle-Calédonie rencontre plusieurs sortes de difficultés. Mais ces difficultés d'application sans conséquence sur l'hégémonie de l'État.

### *2° Les textes réglementaires de l'État*

Il existe deux sortes de textes réglementaires qui ont vocation à s'appliquer en Nouvelle-Calédonie. Les uns émanent des organes de l'État. Les plus importants étant les décrets, principalement les décrets du Premier ministre. Ceux-ci relèvent du pouvoir réglementaire autonome, ou sont des décrets d'application de lois rendues applicables en Nouvelle-Calédonie. À ces textes réglementaires s'ajoutent les arrêtés ministériels ou interministériels. Ces textes réglementaires ne sont pas les seuls. En tant que représentant de l'État et délégué du gouvernement, le haut-commissaire dispose également d'un pouvoir réglementaire dans les domaines de sa compétence. Les autres sont des textes calédoniens, qu'il s'agisse des délibérations du Congrès ou des assemblées de province, des arrêtés divers pris par le gouvernement de la Nouvelle-Calédonie ou les exécutifs des provinces auxquels s'ajoutent les arrêtés des maires. L'application en Nouvelle-Calédonie des décrets de l'État pose d'emblée le problème de leur introduction dans l'ordre juridique local et de leur application. Ces difficultés d'application sont sans conséquence sur l'hégémonie de l'État.

772. Lampue (P.), *Revue du droit public*, 1984, p. 14, cité par Orfila, *op. cit.*, p. 79.
773. Orfila (Gérard), *op. cit.*, p. 79.
774. *Ibidem*, p. 79-82.

### B. Au Nunavut

Depuis la Loi constitutionnelle de 1982 dont l'article 35 reconnaît les droits ancestraux et issus de traités des peuples autochtones, un contexte favorable à l'autonomie gouvernementale existe au Canada pour ces peuples qui peuvent enfin se gouverner sur le plan interne dans un certain nombre de domaines. Mais ce statut autonomique est très limité car non seulement l'État fédéral se taille généralement la part du lion dans la répartition des compétences lors des accords, mais en plus, il

> « *a tendance à profiter de sa position dominante pour faire prévaloir une conception restrictive de l'autonomie autochtone, en y soustrayant d'autorité certains domaines de compétence d'une grande importance pour les autochtones, comme le droit criminel par exemple. Il n'existe qu'un nombre restreint de domaines où la compétence autochtone l'emporte sur celle des entités fédérales et fédérées* »[775].

Son hégémonie dans le droit positif est donc indiscutable.

Par ailleurs, les autorités autochtones sont tenues d'aligner le droit autochtone sur les principes du droit étatique. Les lois ou les coutumes n'ont droit de cité que dans la mesure où elles ne sont pas contraires aux lois fédérales. Les lois fédérales sont donc généralement prépondérantes. Même si certaines de ses compétences sont énumérées dans les Lois constitutionnelles, le législateur fédéral a une capacité générale de légiférer. Il peut faire des lois « pour la paix, l'ordre et le bon gouvernement du Canada », mais il doit respecter les attributions provinciales et territoriales. Selon la jurisprudence, il détient le pouvoir résiduaire (quand l'objet d'une loi s'avère impossible à ranger dans une catégorie énumérée de sujets), le pouvoir de prendre des mesures d'urgence (guerre, insurrection ou péril de santé publique), et celui de prendre des mesures de dimension nationale[776].Voici ce que préconise un document gouvernemental à ce sujet :

> « *Afin de réduire au minimum les risques de conflit entre les règles de droit autochtones et les règles de droit fédérales ou provinciales, le gouvernement est d'avis que toutes les ententes, y compris les traités, devraient prévoir des règles établissant la priorité d'application de ces règles de droit en vue de résoudre d'éventuels conflits de cette nature. Le gouvernement reconnaît que les règles de priorité ainsi négociées pourront énoncer le caractère prépondérant des règles de droit autochtones, mais celles-ci ne pourront écarter l'application du principe fondamental selon lequel les lois fédérales et provinciales ayant une importance primordiale à l'échelle nationale ou provinciale, selon le cas, l'emportent sur les règles de droit autochtones conflictuelles. Avant que les ententes sur l'autonomie gouvernementale ne soient conclues, les lois fédérales et provinciales continuent de s'appliquer dans la mesure où elles le font actuellement* »[777].

775. Otis (Ghislain), « L'autochtonisme aux États-Unis et au Canada, les défis de la décolonisation du rapport aux peuples premiers », *in Destins des collectivités politiques d'Océanie, op. cit.*, p. 292.
776. Pilette (Lorraine), *La Constitution canadienne*, Boréal, 1993, p. 53.
777. Voir « L'approche du gouvernement du Canada concernant la mise en œuvre du droit inhérent des peuples autochtones à l'autonomie gouvernementale et la négociation de cette autonomie » du Ministère des Affaires autochtones et Développement du Nord Canada, < www.aadnc-aandc.gc.ca >.

## III - La maîtrise du droit international par l'État

Il apparaît globalement que malgré quelques concessions faites aux deux entités par les États auxquels elles appartiennent, ceux-ci restent maîtres du jeu dans les rapports internationaux.

### A. Au Nunavut

Même si le Nunavut peut participer ou être consulté sur les ententes internationales intéressant le Territoire, notamment la Conférence circumpolaire inuit ou le Conseil arctique, l'État fédéral garde la mainmise sur les relations internationales. C'est une compétence de souveraineté qui ne peut faire l'objet de discussion. Dans le cadre du fédéralisme canadien en plus, la répartition des compétences entre l'État fédéral et les territoires ne laisse planer aucun doute dans ce domaine.

### B. En Nouvelle-Calédonie

Globalement, la capacité internationale de l'État n'est que déconcentrée et reste faiblement décentralisée. La Nouvelle-Calédonie ne connaît pas encore une véritable montée en puissance dans ce domaine qui reste encadré par l'État. Celui-ci conserve et contrôle l'essentiel de cette compétence régalienne. Ainsi, lorsqu'un traité est ratifié par une loi et que celle-ci est publiée, les dispositions du traité sont automatiquement introduites en droit interne, et les conventions internationales signées au nom de la France sont applicables à l'ensemble du territoire national sans qu'il soit nécessaire que celles-ci le prévoient expressément.

Comme le précise G. Orfila, cette règle, conforme à l'article 29 de la convention de Vienne sur le droit des traités, peut poser quelques problèmes dans le cas par exemple où les dispositions introduites dans l'ordre juridique calédonien empiètent sur les compétences de la Nouvelle-Calédonie ou créent à sa charge des obligations juridiques, voire financières. L'on pourrait se demander aussi si la loi de ratification des traités et accords internationaux doit faire l'objet de la consultation préalable du congrès prévue par l'article 74 de la Constitution. Le Conseil Constitutionnel, dans une décision du 17 janvier 1989, a estimé que la validité des conventions internationales ayant vocation à s'appliquer outre-mer et modifiant l'organisation particulière d'un territoire nécessitait une consultation de l'assemblée intéressée, et ce au même titre que les autres textes de loi. Cependant l'avis du Congrès n'avait que la valeur d'un élément accessoire. Avec la loi organique, si les autorités de la République confient au président du gouvernement les pouvoirs de négocier et de signer des accords avec un ou plusieurs États de la région Pacifique[778], et ce dans les domaines de compétence de l'État[779], le Congrès n'est pas

778. Ainsi qu'avec les territoires ou organismes régionaux du Pacifique et les organismes régionaux dépendant des institutions spécialisées des Nations Unies.
779. Mais les autorités de la République peuvent associer le président aux négociations ou l'inviter à y participer au sein de la délégation française (loi organique, art. 28, al. 2).

consulté[780], mais aux termes de l'article 28 in fine de la loi organique, ces accords sont soumis à ratification ou approbation dans les conditions des articles 52 et 53 de la Constitution. De son côté le Congrès dispose de la même possibilité dans les domaines de compétence de la Nouvelle-Calédonie. Par contre selon l'article 89 de la loi organique

> *« le Congrès est consulté par le haut-commissaire sur les projets de loi autorisant la ratification ou l'approbation des traités ou accords qui ressortissent de la compétence de l'État et ont vocation à s'appliquer en Nouvelle-Calédonie ».*

Il est consulté pour avis dans les matières de la compétence de l'État. De son côté le président du gouvernement peut se voir confier les pouvoirs de négocier des accords internationaux ou être associé à la négociation de tels accords. Il reste néanmoins vrai que c'est l'État qui est maître du jeu. Il ne fait que déléguer une infime partie de ses compétences.

– **La participation à l'élaboration et à la signature d'accords internationaux.** Il s'agit d'abord de pouvoirs de la Nouvelle-Calédonie dans les domaines de compétence de l'État. C'est l'article 28 de la loi organique qui prévoit que « les autorités de la République » peuvent confier au président du gouvernement les pouvoirs lui permettant de négocier et signer des accords avec ces mêmes États, territoires ou organismes régionaux. Les autorités dont il est question sont le ministre des affaires étrangères et le président de la République. Le président du gouvernement peut donc négocier et signer des accords, mais il peut aussi être associé ou participer au sein de la délégation française aux négociations ou à la signature de ces accords. Ainsi, une convention de coopération entre la Nouvelle-Calédonie et le Vanuatu a été conclue en 1993 à Port-Vila et renouvelée en 2002 à Nouméa et en 2006 à Paris. Mais l'État concède-t-il grand-chose, du point de vue de sa souveraineté, d'autant plus que tout accord conclu dans ces conditions est soumis à ratification et approbation aux conditions prévues par les articles 52 et 53 de la Constitution ?

Il s'agit ensuite des pouvoirs de la Nouvelle-Calédonie dans ses domaines de compétence. C'est l'article 29 qui prévoit que le Congrès peut autoriser le président du gouvernement à négocier des accords avec un ou plusieurs États, territoires ou organismes régionaux du Pacifique dépendant des institutions spécialisées des Nations Unies. Il existe donc un droit d'initiative autonome en matière de relations extérieures. Les autorités nationales sont informées de l'autorisation de négocier et peuvent décider de faire partie de la délégation calédonienne si elles le veulent et autorisent le président du gouvernement à signer les accords sous réserve du respect des engagements internationaux de la France. Ces accords sont soumis, s'il y a lieu, à la ratification ou à l'approbation de l'État dans les conditions prévues aux articles 52 et 53 de la Constitution. L'article 33 prévoit aussi la possibilité négocier et de signer, dans le respect des engagements

780. Cette solution peut paraître curieuse. Elle s'explique certainement par le caractère collégial du gouvernement censé représenter les principales forces politiques du pays.

internationaux de la République, des conventions de coopération décentralisée avec des collectivités locales françaises ou étrangères, leurs groupements ou établissements publics. Ici encore, l'État intervient pour autoriser.

Il convient de retenir en définitive que bien que l'État soit en mutation, il n'en conserve pas moins l'essentiel de ses attributs de souveraineté. Celle-ci conditionne toujours l'autodétermination. En Nouvelle-Calédonie et au Nunavut, notamment, c'est l'État qui a permis, mené et mis en œuvre les accords signés, c'est lui qui a « octroyé » le statut actuel de chacune de ces entités. Tantôt arbitre, tantôt acteur, il limite aussi l'autodétermination par son contrôle juridique, politique et financier, par son hégémonie dans le droit positif et par les compétences extérieures qu'il continue d'exercer malgré quelques concessions. Il conserve les compétences régaliennes jusqu'au moment du scrutin d'autodétermination en ce qui concerne la Nouvelle-Calédonie, et pour très longtemps encore, en ce qui concerne le Nunavut. L'idée que l'autodétermination est tributaire de la souveraineté de l'État se confirme, même dans sa conception postmoderne. Et ce n'est pas tout. Il se pourrait même qu'elle la transforme.

# CHAPITRE 2

# La transformation de l'autodétermination par la souveraineté

La transformation de l'autodétermination par la souveraineté implique que celle-ci conserve une bonne partie des attributs qu'on lui reconnaît : plénitude, autonomie, exclusivité, ce dernier élément étant celui qui est le plus contesté aujourd'hui. L'analyse qui précède nous ayant montré que malgré son jeu dialectique avec l'autodétermination et malgré sa mutation, la souveraineté étatique restait un pilier de la vie internationale, ce constat nécessite de vérifier si elle conserve effectivement la capacité de transformer l'autodétermination, et quelle est, le cas échéant, la portée d'une telle transformation. Nous avons indiqué *supra* que l'autodétermination externe était le droit de choisir son propre gouvernement sans contrainte extérieure ni domination étrangère, avec la possibilité d'accéder à l'indépendance et de créer un État souverain. Alors que le droit à l'autodétermination interne pouvait inclure un droit à l'autonomie et à l'autogouvernement de certains groupes à l'intérieur d'un État. Dans quelle situation se trouvent la Nouvelle-Calédonie et le Nunavut et comment s'opère cette transformation dans chacun de ces deux cas ?

## SECTION 1
## Une autodétermination hybride en Nouvelle-Caledonie

Les questions qui se posent sont celles de savoir si la Nouvelle-Calédonie est un cas d'autodétermination externe ou interne, en d'autres termes, si le statut actuel préfigure une pleine souveraineté calédonienne ou ne fait qu'aménager une autonomie interne. À bien y regarder, certains aspects militent pour l'autodétermination externe et d'autres pour l'autodétermination interne.

## I - La Nouvelle-Calédonie, un cas de décolonisation tardive et d'autodétermination externe

Il en est ainsi tant au regard du droit international qu'au regard de la Constitution française, de l'Accord de Nouméa et de la loi organique du 19 mars 1999.

### A. Au regard du droit international

Cette hypothèse conduit à voir quelle est la situation de la Nouvelle-Calédonie par rapport au droit de la décolonisation mais aussi quelle est l'attitude de la France par rapport à ce droit.

#### *1° La Nouvelle-Calédonie et le droit de la décolonisation*

Au regard du droit international, non seulement la Nouvelle-Calédonie est toujours considérée comme un territoire non autonome, mais encore le peuple kanak a été formellement reconnu comme un « peuple » au sens de l'ONU, même s'il est appelé à faire partie du « peuple calédonien » en devenir.

#### a) Un territoire non autonome ?

Un territoire non autonome est un territoire dont les populations ne s'administrent pas elles-mêmes. La question paraît d'autant plus superflue que la Nouvelle-Calédonie figure sur la liste des dix-sept territoires que l'ONU désigne comme non autonomes. Elle reste néanmoins pertinente dans la mesure où cette qualification a pu varier dans le temps et n'a pas toujours fait l'unanimité. Comme il a été déjà souligné, la présence sur cette liste n'a pas toujours été une condition nécessaire et suffisante pour être décolonisé. Certains territoires y sont encore malgré eux et d'autres ne rêvent que d'en faire partie. Cette question est traitée par le chapitre XI de la Charte de l'ONU. C'est la Résolution 1514 (XV) du 14 décembre 1960 qui prévoit que

> « *des mesures immédiates seront prises dans les territoires sous tutelle, les territoires non autonomes et tous les autres territoires qui n'ont pas encore accédé à l'indépendance, pour transférer tous pouvoirs aux peuples de ces territoires* ».

L'Assemblée générale de cette institution est seule compétente à dire qui est non autonome et qui a atteint son autonomie complète, celle-ci n'étant soumise à aucune condition de délai, d'éventuelle impréparation économique ou de scission de territoire. La Résolution 1541 définit le territoire non autonome comme « *géographiquement séparé et ethniquement ou culturellement distinct du pays qui l'administre* », et précise qu'un territoire non autonome a atteint la pleine autonomie *quand il est devenu un État indépendant et souverain, quand il s'est librement associé à un État indépendant ou quand il s'est intégré à un État indépendant.* Pour certains auteurs, la Nouvelle-Calédonie est un cas de décolonisation inachevée[781],

781. Béranger (Taxil), « Le droit des peuples à disposer d'eux-mêmes en Nouvelle-Calédonie : L'Accord de Nouméa du 5 mai 1998 », *Revue Actualité et Droit international*, *op. cit.*, p. 3.

du fait qu'elle n'était pas une *terra nullius* au moment où la France en prenait possession en 1853, que sa situation correspondait bel et bien à une situation coloniale classique pour laquelle les règles pertinentes du droit international devaient s'appliquer. Cette situation coloniale était d'autant plus indéniable qu'elle fut inscrite le 14 décembre 1956 sur la liste des territoires non autonomes qui en comprenait 74 au départ, et placée sous contrôle international, même si ce statut fut de courte durée. En effet, elle fit le choix de rester Territoire d'outre-mer, quand bien même l'article 76 de la Constitution de 1958 lui offrait la possibilité, dans un délai de quatre mois, de devenir quasiment indépendante grâce à un système d'association au sein d'une communauté d'États.

C'est cette décolonisation avortée en 1958 que certains considèrent comme inachevée pour les Indépendantistes qui, selon eux, continuent d'avoir un droit légitime à l'indépendance, d'un point de vue historique[782]. La situation complexe des diverses communautés calédoniennes n'ayant pas permis que ce droit s'exprime, la France a considéré depuis lors qu'elle n'avait plus aucun compte à rendre sur l'administration de ce Territoire dont elle avait la responsabilité. La Nouvelle-Calédonie fut donc implicitement retirée de cette liste. Mais ce ne fut qu'une parenthèse que l'évolution statutaire du Territoire ne permit pas de refermer totalement. L'insatisfaction des indépendantistes kanak conduisit finalement à la réinscription de la Nouvelle-Calédonie sur la liste des territoires non autonomes, placée sous l'article 73 de la Charte de l'ONU, avec la Résolution 41/41 A de l'Assemblée générale du 2 décembre 1986. Cette résolution « *renvoie à la Déclaration 1514 et déclare qu'il incombe au gouvernement français de communiquer des renseignements sur la Nouvelle-Calédonie en application du chapitre XI de la Charte* ».

Malgré cette nouvelle inscription, la France a continué à considérer que la Nouvelle-Calédonie et la Polynésie française n'étaient plus des territoires à décoloniser, et elle a estimé, soutenue par une certaine doctrine, que

> « *le droit des peuples à disposer d'eux-mêmes ne pouvait s'inscrire dans le cadre du droit international public pour la simple et bonne raison que les peuples dont la France a pris la charge n'étaient plus colonisés depuis 1946, voire avaient choisi librement de rester français en 1958* ».

Cette position radicale a depuis peu sensiblement évolué avec les Accords Matignon, mais surtout l'Accord de Nouméa du 5 mai 1998 et la loi constitutionnelle du 20 juillet 1998, par lesquels la France reconnaît sans détour le droit à l'autodétermination de la Nouvelle-Calédonie et s'inscrit dans un processus de décolonisation. Elle reconnaît l'existence d'un peuple kanak, au sens de l'ONU, aux côtés du peuple français et travaille à la mise en place d'un peuple calédonien. Son attitude désormais positive et coopérative avec le Comité spécial de décolonisation accrédite à coup sûr la thèse selon laquelle la Nouvelle-Calédonie reste bien un territoire non autonome au sens onusien.

782. *Ibidem*, p. 4.

### b) La reconnaissance du peuple Kanak

Même si l'Accord de Nouméa reconnaît le fait colonial et parle de « *peuple d'origine* », certains estiment qu'il ne fait pas explicitement allusion au « *peuple autochtone* »[783]. Il n'empêche que cet accord reconnaît l'identité singulière du peuple kanak et promeut des droits propres à ce peuple dans le cadre de la décolonisation. Inscrite à nouveau sur la liste des territoires non autonomes des Nations Unies, à la demande du peuple autochtone, la Nouvelle-Calédonie constitue désormais un sujet d'attention particulier. Mais elle l'est encore davantage du fait de la Déclaration des Nations Unies sur les droits des peuples autochtones adoptée le 13 septembre 2007, par les voix de 144 États dont celle de la France, qui offre une protection internationale particulière. Cette Déclaration reconnaît la qualité de « *peuple* », au sens du droit international du terme, aux peuples autochtones, ainsi qu'un certain nombre de droits y afférents, notamment le droit à l'autodétermination, même si celui-ci s'exerce sans sécession. Elle conjugue des critères objectifs et subjectifs de définition du peuple autochtone qui le distinguent d'une simple minorité. « *Les peuples autochtones possèdent un lien particulier à une terre qui a souffert de la colonisation ou de la dépossession. Ils ont néanmoins conservé leurs particularités sociales, linguistiques, culturelles, parfois politiques et juridiques* ». Le peuple kanak en fait partie.

### c) Le peuple calédonien en devenir

La reconnaissance de la souveraineté du peuple kanak s'accompagne de la refondation d'une nouvelle souveraineté partagée dans un destin commun. Celui-ci associe les citoyens calédoniens aux autres communautés. Si le point 4 de l'Accord de Nouméa dit que « *la décolonisation est le moyen de fonder un lien social durable entre les communautés qui vivent aujourd'hui en Nouvelle-Calédonie* », il reste à savoir si « *le peuple en devenir* » correspond bien au modèle de « peuple » que préconise le droit international. L'on sait qu'il s'agit globalement d'un peuple colonisé, non constitué en État ou déjà constitué en État. Mais l'on sait aussi que la doctrine et l'attitude de l'ONU n'ont pas toujours été cohérentes à cet égard. Et si la double reconnaissance du peuple kanak d'une part, des autres communautés d'autre part, paraît humainement et politiquement intéressante, elle suscite néanmoins certaines interrogations et mérite, à cet effet, d'être élucidée.

Le professeur F. Féral trouve équivoque le fait que

> « *le texte même qui reconnaît la souveraineté du peuple kanak l'invite immédiatement à la partager avec la France* » et considère que « *dans cette démarche en deux temps (reconnaissance puis fusion avec les autres communautés), la citoyenneté de la Nouvelle-Calédonie escamote la souveraineté du peuple kanak, [...] qu'il ne faudrait imaginer et concevoir qu'au passé car, du jour même de sa reconnaissance, il aurait abdiqué sa souveraineté d'origine pour adopter celle partagée et fondue dans la population de Nouvelle-Calédonie, elle-même incluse dans le peuple français* »[784].

783. Féral (François), *op. cit.*, p. 13.
784. *Ibidem.*

Le professeur M. Chauchat, quant à lui, fait remarquer que la symétrie entre ces deux reconnaissances peut prêter à confusion, du fait de la différence sémantique entre « *peuple* » et « *communauté* », et préconise que la reconnaissance juridique des appartenances collectives ne tende qu'à l'égalité des chances et que le destin commun ne soit pas appréhendé avec une vision européenne ethnocentriste[785]. Ces interrogations ne semblent pas partagées par le rapporteur spécial sur les droits des peuples autochtones, James Anaya, qui s'est rendu en visite officielle en Nouvelle-Calédonie, du 6 au 13 février 2011, et qui reconnaît que l'Accord de Nouméa

> « *prescrit un avenir commun tel que le peuple kanak, les communautés de colons français et les autres groupes qui vivent en Nouvelle-Calédonie aient le même droit de résider dans le pays* »[786].

Dans tous les cas, la France entend assumer désormais ses responsabilités. Elle essaie, à certains égards, de mettre de côté toute ambiguïté, en ce qui concerne la Nouvelle-Calédonie.

#### d) Un cas prévu par la Résolution 2625

Dire que la Nouvelle-Calédonie est un territoire non autonome ne suffit plus. Depuis qu'elle a franchi le pas des Accords de Matignon et de l'Accord de Nouméa, elle a délibérément choisi une des options prévues par la Résolution 2625 de 1970 de l'ONU :

> « *La création d'un État souverain et indépendant, la libre association ou l'intégration avec un État indépendant ou ou l'acquisition de tout autre statut politique librement décidé par un peuple, constituent pour ce peuple des moyens d'exercer son droit à disposer de lui-même* ».

Même si le choix du statut actuel est provisoire, il n'empêche qu'un choix délibéré s'est exercé deux fois consécutives et rien ne dit qu'il ne se renouvellera pas.

### *2° Une attitude positive de la France et des autres acteurs*

Sans aucun doute, l'attitude de la France change. Elle est plus coopérative. Celle des autres acteurs impliqués dans l'expérience calédonienne aussi.

#### a) Une attitude plus coopérative de l'État

La tension observée dans les relations entre la France et l'ONU dans les années 1980 au sujet de certaines de ses collectivités territoriales, notamment Mayotte et la Nouvelle-Calédonie est retombée depuis quelque temps. On mesure le chemin parcouru en lisant les Résolutions 49/45 du 9 décembre 1994 de l'Assemblée générale et celle du Comité de la décolonisation du 13 juillet 1995, rédigées en termes identiques et dans lesquelles l'Assemblée et le Comité se félicitent « *de l'importance des mesures constructives que*

785. CHAUCHAT (Mathias), *Les institutions en Nouvelle-Calédonie*, *op. cit.*, p. 18.

786. Rapport du Rapporteur spécial sur les droits des peuples autochtones sur la situation du peuple kanak de Nouvelle-Calédonie, Conseil des droits de l'homme, 18e session, A/HRC/18/35/Add. 6.

*les autorités françaises continuent de prendre en Nouvelle-Calédonie afin de créer un environnement propice à son évolution politique vers l'autodétermination* »[787].

En plus de l'Accord de Nouméa lui-même qui se conforme au droit international de la décolonisation en son point 3.2.1 : « *Le cheminement vers l'émancipation sera porté à la connaissance de l'ONU* », certains actes concrets tendent à démontrer cette décrispation : le Comité spécial de la décolonisation auprès des Nations Unies a tenu son séminaire régional annuel pour le Pacifique, pour la première fois en Nouvelle-Calédonie, durant trois jours, à Nouméa, les 18, 19 et 20 mai 2010. Par ailleurs, le Rapporteur spécial sur les droits des peuples autochtones, M. James Anaya, s'est lui-même rendu en visite officielle en Nouvelle-Calédonie du 6 au 13 février 2011, et il a séjourné à Paris, du 22 au 24 juin 2011, où il a rencontré des représentants du Gouvernement français pour poursuivre ses entretiens sur la situation du peuple autochtone de Nouvelle-Calédonie. Tout aussi intéressante est l'intervention du représentant permanent de la France au Conseil des droits de l'homme à sa 18e session en septembre 2011 :

> « *Je tiens en premier à saluer Monsieur* Anaya *pour son rapport suite aux missions qu'il a effectuées en Nouvelle-Calédonie en février dernier et à Paris en juin dernier. Le gouvernement français et le gouvernement de la Nouvelle-Calédonie ont été très heureux de l'accueillir et de coopérer pleinement avec lui.* [...] *Je souhaite rappeler, à titre préliminaire, que la France mène une politique internationale active en faveur de la reconnaissance des peuples autochtones et de leur pleine jouissance des droits fondamentaux. C'est à ce titre qu'elle a parrainé et voté en faveur de la résolution qui a adopté la Déclaration des Nations Unies sur les droits des peuples autochtones en 2007* »[788].

Que dire de plus ?

### b) Une convergence progressive des attitudes avec les autres partenaires

Malgré les différences d'ordre sémantique qui se font encore ressentir dans le discours des différents acteurs politiques locaux, une certaine décrispation est palpable, qui se traduit par un changement d'attitudes. Certains parlent clairement et depuis toujours d'« *indépendance* » alors que d'autres n'évoquent souvent que le terme d'« *émancipation* ». Quoi qu'il en soit, au-delà du discours, l'idée d'une certaine « *autodétermination* » fait son chemin. Presque tout le monde convient qu'un processus de décolonisation est en cours. Lors du séminaire tenu à Nouméa par le Comité Spécial de Décolonisation, en mai 2010, « la parole calédonienne » a été portée par le président du gouvernement de la Nouvelle-Calédonie de l'époque, Philippe Gomès, aux côtés du « pétitionnaire », le FLNKS représenté par Victor Tutugoro[789], après qu'elle l'ait été à l'ONU même l'année précédente. C'est aussi M. Gilbert Tyuiénon, vice-président du gouvernement

787. Voir le Rapport A/AC 109/2028 du 18 juin 1995 du Comité spécial chargé d'étudier la situation en ce qui concerne l'application de la Déclaration sur l'octroi de l'indépendance aux pays et aux peuples coloniaux.
788. Intervention du représentant permanent de la France au Conseil des droits de l'homme, 18e session, 20 septembre 2011, *in Revue juridique, politique et économique de Nouvelle-Calédonie*, n° 18, p. 61.
789. Cf. Chauchat (Mathias), *Les institutions en Nouvelle-Calédonie*, *op. cit.*, p. 14.

de la Nouvelle-Calédonie, indépendantiste, accompagné de Jean-Claude Briault, non-indépendantiste, qui représentent ce gouvernement à la 4e session de l'Assemblée générale des Nations Unies, le 4 octobre 2011. De même, le Comité Spécial de Décolonisation des Nations Unies a accueilli le 27 juin 2014 une double représentation calédonienne constituée par Gael Yano, nouveau président du Congrès de la Nouvelle-Calédonie et non-indépendantiste, et par Roch Wamytan et Michael Forrest du camp indépendantiste. La démarche n'est plus une démarche solitaire du FLNKS, mais bien une démarche solidaire de la Nouvelle-Calédonie, même si chaque camp politique conserve pour l'instant sa vision et sa « rhétorique » sur l'avenir du « pays ».

### B. Au regard de la Constitution, de l'Accord de Nouméa, de la loi organique

C'est surtout sa situation constitutionnelle transitoire qui crédibilise l'hypothèse de l'autodétermination externe ; elle est renforcée par une symbolique étatique, elle-même très significative, ainsi que le scrutin d'autodétermination prévu à la sortie de l'Accord.

#### *1° Une situation constitutionnelle transitoire*

Pour certains auteurs, le simple fait que l'autodétermination ait été envisagée à la fin du processus fait de la Nouvelle-Calédonie un cas d'autodétermination externe. Marie-Françoise Labouz considère que l'option de l'accession à la pleine souveraineté, revendiquée par le FNLKS et repoussée par le RPCR, a été préservée par l'Accord de Nouméa et la loi organique[790]. L'Accord prévoit en effet la possibilité d'une accession à une totale souveraineté. Le Préambule établit que

> « *au terme d'une période de vingt années, le transfert à la Nouvelle-Calédonie des compétences régaliennes, l'accès à un statut international de pleine responsabilité et l'organisation de la citoyenneté en nationalité seront proposées au vote des populations intéressées* » (§5).

Cette vocation est d'autant plus forte que le document d'orientation prévoit qu'en cas de réponse négative à l'autodétermination, un nouveau référendum pourra être organisé à deux reprises et qu'au bout, l'organisation politique du territoire, dans sa dernière phase, sera irréversible et garantie constitutionnellement. D'autres auteurs pensent que, malgré le fait que l'Accord n'utilise pas le terme d'indépendance, préférant celui d'« émancipation », « *la souveraineté partagée apparaît moins comme un mode d'organisation définitif d'une nouvelle catégorie de collectivité que comme un mécanisme dynamique et transitoire appelé à déboucher sur la pleine souveraineté* »[791].

Pourquoi chercher si loin alors que l'intitulé même du titre XIII de la Constitution indique le caractère transitoire du statut de la Nouvelle-Calédonie : « *Dispositions transitoires relatives à la Nouvelle-Calédonie* ». Cela veut dire que « la Calédonie est

790. Labouz (Marie-Françoise), « Lectures juridiques croisées de l'Entente sur le Nunavut et l'Accord de Nouméa sur la Nouvelle-Calédonie », *op. cit.*, p. 23.

791. Faberon (Jean-Yves), « L'Accord de Nouméa du 21 avril 1998 : La Nouvelle-Calédonie, pays à souveraineté partagée », *in Regards sur l'actualité*, La Documentation française, n° 241, mai 1998, p. 30.

« ailleurs », pas encore souveraine, mais déjà plus collectivité territoriale »[792], comme le dit si bien le professeur Chauchat, dans une position équidistante entre les deux statuts, bref, que la porte de l'autodétermination lui est ouverte.

### *2° Une vocation à l'indépendance et une symbolique étatique*

D'autres caractéristiques de cette collectivité spécifique tendent à démontrer que la Nouvelle-Calédonie est bien un cas d'autodétermination externe. L'Accord de Nouméa fait de la Nouvelle-Calédonie un « quasi-État » dont certains signes identitaires et certaines compétences en matière internationale sont la manifestation.

#### a) Les signes identitaires du pays

Le point 1.5 de l'Accord de Nouméa dit ceci :

> « *Des signes identitaires du pays, nom, drapeau, hymne, devise, graphismes des billets de banque devront être recherchés en commun pour exprimer l'identité kanak et le futur partagé entre tous. La Loi constitutionnelle sur la Nouvelle-Calédonie prévoira la possibilité de changer ce nom, par loi du pays adoptée à la majorité qualifiée. Une mention du nom du pays pourra être apposée sur les documents d'identité, comme signe de citoyenneté* ».

L'article 5 de la loi organique précise que ces signes doivent être « *aux côtés de l'emblème national et des signes de la République* », tandis que son article 142 accorde un rôle significatif au Sénat coutumier : « *Tout projet ou proposition de loi du pays relatif aux signes identitaires* [...] *est transmis au Sénat coutumier par le président du Congrès* ».

Après une période d'hésitation, un comité de pilotage des signes identitaires du pays, composé de 5 collèges, a été mis en place par le gouvernement, le 11 avril 2007. Sur la base d'une démarche participative, trois signes identitaires (hymne, devise, graphisme des billets de banque) ont été proposés. Malgré les réticences du CES sur le graphisme des billets de banque, le choix des signes est confirmé par le Conseil d'État[793], et malgré certaines propositions du Sénat coutumier non retenues, la loi du pays est votée le 18 août 2010. L'adoption des autres signes avait été provisoirement délaissée du fait de l'extrême délicatesse du sujet. Après de nombreuses péripéties, et sur proposition de l'actuel président du Rassemblement-UMP, Pierre Frogier, il a été majoritairement convenu de hisser le drapeau tricolore aux côtés du drapeau du FLNKS. Certains partis politiques minoritaires s'y sont opposés. Mais l'on sait que le problème du drapeau a fait couler beaucoup d'encre et qu'il a été et reste au cœur de nombreux remous politiques. Aucune loi du pays n'est encore venue entériner les faits. Le nom du pays n'a pas encore fait l'unanimité non plus.

---

792. CHAUCHAT (Mathias), *Les institutions en Nouvelle-Calédonie*, *op. cit.*, p. 19.
793. Avis du Conseil d'État n° 328.018 du 21 octobre 2008, choix des signes identitaires.

### b) Les relations internationales

Les compétences acquises par la Nouvelle-Calédonie en matière de relations internationales sont de celles qui font le plus dire qu'elle est un quasi-État. Cette idée ne s'appuie pas seulement sur leur importance, mais aussi et surtout sur leur progressivité. En 1976 déjà, le statut de la Nouvelle-Calédonie prévoit que l'assemblée territoriale est consultée sur « *les projets de loi de ratification de conventions internationales dont le champ d'application couvre le territoire et dont l'objet ressortit à la compétence de l'assemblée territoriale* »[794]. Les compétences en matière des relations internationales des autorités locales de Nouvelle-Calédonie, avec le statut du 9 novembre 1988, énoncées à l'article 88, de la loi n° 88-1028 du 9 novembre 1988, *JONC*, p. 1862, vont plus loin. Son alinéa 1 stipule que

> « *sous réserve des engagements internationaux et des dispositions législatives d'application, le congrès du territoire et les assemblées de province peuvent proposer au gouvernement de la République l'ouverture de négociations tendant à la conclusion d'accords avec un ou plusieurs États ou territoires de la région du Pacifique dans les domaines intéressant le territoire ou les provinces* ». Et son alinéa 2, que « *dans le Pacifique Sud, les autorités de la République peuvent confier aux présidents du Congrès et des provinces des pouvoirs leur permettant de négocier des accords traitant de matières ressortissant à la compétence du territoire ou des provinces* ».

Mais c'est véritablement avec la loi organique de 1998, qui fait écho à l'Accord de Nouméa, qu'un bond en avant est réalisé. En effet, même si l'État reste maître du jeu dans ce domaine, il consent à partager cette compétence, comme s'il s'agissait d'initier l'élève, de permettre au futur État de mettre le pied à l'étrier. Tout en restant compétent en cette matière régalienne, non seulement l'État associe la Nouvelle-Calédonie à ses compétences, mais encore il lui en en transfère une partie. C'est la section 2 du Chapitre 1er de la loi organique qui est consacrée aux relations extérieures. Alors que l'article 21 II réaffirme ces compétences, les articles 28 à 38 fixent les modalités d'association de la Nouvelle-Calédonie et du président du gouvernement à ces compétences.

Selon l'article 31 de la loi organique, c'est avec l'accord des autorités de la République que la Nouvelle-Calédonie peut être membre, membre associé d'organisation internationale ou observateur auprès de celles-ci. Elle est alors représentée par le président du gouvernement. À ce sujet, la Nouvelle-Calédonie participe déjà au Forum du Pacifique comme membre associé, seule organisation intergouvernementale politique de la région. Elle participe aussi à deux autres organisations qui sont techniques : Communauté du Pacifique Sud et le Programme régional océanien de l'environnement (PROE). Les possibilités juridiques de devenir membre du Forum existent mais beaucoup d'obstacles politiques restent à surmonter. Elle a peu de chance d'adhérer à d'autres organisations comme membre car celles-ci ne sont ouvertes qu'à la par-

794. Article 51-f de la loi n° 76-1222 du 28 décembre 1976 relative à l'organisation de la Nouvelle-Calédonie et dépendances, *JORF*, 29 décembre 1976, p. 7535.

ticipation d'États souverains. Le statut de membre associé ou d'observateur est plus accessible à des entités dépendant d'un État les autorisant à participer à l'organisation avec des droits réduits.

Selon l'article 32, la Nouvelle-Calédonie peut disposer d'une représentation auprès des États ou territoires du Pacifique. Les autorités de la République sont informées des États et territoires auprès desquels la Nouvelle-Calédonie est représentée. Se trouve-t-on ici dans le domaine des relations diplomatiques et consulaires du droit international général classique ? D'autres questions encore peuvent se poser : les représentations sont-elles limitées à la région du Pacifique ? Sont-elles un simple moyen de communication facilitant l'exercice d'autres compétences ou un instrument de promotion externe et d'affirmation de la personnalité de la Nouvelle-Calédonie ? Un lien peut être fait avec le point 3.2.1 de l'Accord de Nouméa qui prévoit qu'une formation sera mise en place pour préparer des néo-calédoniens à l'exercice de responsabilités dans le domaine des relations internationales. Une convention-cadre a été signée avec l'État avec la mise en place le 8 février 2011 d'un service chargé de coordonner et de suivre les relations de la Nouvelle-Calédonie avec des organismes multilatéraux, régionaux ou internationaux et avec les institutions européennes. Il est également responsable de la coordination et de l'approfondissement des relations bilatérales et de coopération que la Nouvelle-Calédonie est amenée à développer dans la région Pacifique. Un premier représentant de la Nouvelle-Calédonie en Nouvelle-Zélande a été nommé.

### *3° Le ou les référendum(s) d'autodétermination*

Le référendum d'autodétermination est lui aussi abordé ici comme un élément de preuve supplémentaire que la Nouvelle-Calédonie est un cas d'autodétermination externe, un cas où l'indépendance est possible. Tel qu'il est prévu, ce référendum ne viole ni aucun texte international en matière de décolonisation ni la Constitution française. C'est bien parce que le pays a vocation à devenir un État que l'Accord de Nouméa et la loi organique en fixent les modalités d'application.

En matière de décolonisation, c'est la Charte de l'ONU qui pose le principe de l'égalité des droits des peuples et de leur droit à disposer d'eux-mêmes dans ses articles 1er et 55. Les Résolutions 1514 (XV) et 1541 (XV) y apportent par la suite des précisions. Le principe du droit des peuples à disposer d'eux-mêmes s'applique suivant le choix opéré par les populations des territoires non autonomes, par référendum ou de toute autre manière, leur situation pouvant être portée devant le Comité de décolonisation de l'ONU. S'agissant de la Nouvelle-Calédonie, l'Assemblée générale de l'ONU a déclaré, le 2 décembre 1986, qu'elle était bien un territoire non autonome au sens de la Charte, et a réaffirmé « le droit inaliénable du peuple de la Nouvelle-Calédonie à l'autodétermination et à l'indépendance conformément aux dispositions de la Résolution 1514 (XV) » (Rés. 41/41 A). Le nombre des référendums importe peu. Aucun texte n'en interdit plusieurs.

Toute autre forme d'expression du peuple peut être utilisée, à condition qu'elle soit démocratique.

L'idée d'un référendum d'autodétermination respecte aussi la Constitution dans la mesure où l'article 53 de celle-ci prévoit et impose même le « consentement des populations intéressées ». C'est le point 5 de l'Accord de Nouméa et le titre IX de la loi organique aux articles 216 à 221 qui sont consacrés à la consultation des populations intéressées sur l'accession à la pleine souveraineté de la Nouvelle-Calédonie. L'Accord de Nouméa prévoit trois consultations en cas de besoin. Les électeurs sont convoqués par décret en conseil des ministres, après consultation du gouvernement de la Nouvelle-Calédonie. Le décret fixe le texte de la question posée et les modalités d'organisation du scrutin. Mais si l'État est bien le maître d'œuvre de ces consultations, il revient au Congrès d'en fixer la date par une délibération adoptée à la majorité des trois cinquièmes de ses membres. Les élus du pays conditionneront donc plus ou moins la tenue du référendum. Le nombre de consultations pourrait-il favoriser un camp plutôt qu'un autre ? Contrairement à ce qu'on pourrait croire,

> *« même si l'origine de cette cascade de consultations leur est légitimement attribuée, les indépendantistes se focalisent moins sur le nombre des consultations. Ce qui compte pour eux, c'est qui votera et sur quelle question. Ils croient au sens de l'histoire et pensent l'indépendance inéluctable, tôt ou tard. Ils pensent conserver également indéfiniment leur « droit inné et actif à l'indépendance »*[795].

Le caractère hybride de l'autodétermination en Nouvelle-Calédonie vient du fait qu'elle présente non seulement des caractéristiques d'une autodétermination externe mais aussi celles d'une autodétermination interne.

## II - La Nouvelle-Calédonie, un cas d'autodétermination interne

Bien que régie par des dispositions transitoires, la Nouvelle-Calédonie fait toujours partie de l'outre-mer français tout en constituant un cas spécifique.

### A. Elle reste une collectivité d'outre-mer du titre XIII de la Constitution

Les dispositions concernant la Nouvelle-Calédonie sont qualifiées de « transitoires » dans la Constitution, mais le simple fait qu'elles y figurent prouve bien que la Nouvelle-Calédonie reste française. Qu'elle ait cessé d'être un territoire d'outre-mer et qu'elle soit devenue tout simplement « la Nouvelle-Calédonie » n'enlève rien à son identité française. Certains auteurs soutiennent que son autodétermination ne peut être qu'interne à cause du principe de l'unité et de l'indivisibilité de l'État et parce que la France ne reconnaît sur son territoire ni peuples autochtones, ni minorités. Il est souvent rappelé que « le Conseil Constitutionnel est très hostile à cette reconnaissance et qu'en 1991, dans sa décision sur la Corse, il a bien précisé qu'il ne pouvait pas exister de peuples au sein

795. CHAUCHAT (Mathias), *Les institutions en Nouvelle-Calédonie*, *op. cit.*, p. 251.

du peuple français, qu'en 1999, dans sa décision de non-ratification par la France de la Charte européenne des langues minoritaires ou régionales, il a précisé qu'en France, il n'y avait pas de place pour l'existence juridique de groupes et de droits collectifs »[796].

D'autres auteurs ajoutent que le droit des peuples à disposer d'eux-mêmes ne peut s'appliquer à la Nouvelle-Calédonie puisque les peuples dont la France avait pris la charge n'étaient plus colonisés en 1946 [797] ; la Nouvelle-Calédonie notamment ayant choisi de rester territoire français en 1958. Ils précisent que l'article 73 de la Charte de l'ONU ne peut s'appliquer à la Nouvelle-Calédonie car elle n'est ni « possession », ni « territoire non autonome », contrairement à sa position sur la liste des Nations Unies depuis 1986[798].

Nous pensons quant à nous que les manifestations de la souveraineté française en Nouvelle-Calédonie que nous avons analysées *supra* sont encore si nombreuses que la question de l'identité française de ce « pays » ne se pose pas. Faut-il, par exemple, rappeler que la France détient toujours les compétences souveraines et que malgré l'irréversibilité du transfert de certaines compétences, celui-ci ne s'effectue que grâce à lui ? L'identité française actuelle de la Nouvelle-Calédonie n'empêche cependant pas cette dernière d'aspirer à une autre forme d'autodétermination. Cette situation contribue à en faire un cas spécifique dans l'ensemble français.

### B. Un cas spécifique dans l'ensemble français

Toute l'originalité et la singularité de la Nouvelle-Calédonie tiennent au fait qu'elle satisfait aux caractéristiques des deux formes d'autodétermination qui ont été relevées. Selon François Luchaire, le statut constitutionnel de la Nouvelle-Calédonie n'a cessé d'évoluer depuis la Seconde Guerre mondiale et tend vers l'autodétermination même si elle reste toujours française.

> « *Elle le reste puisqu'elle occupe un des titres de la Constitution française et elle se compose de trois provinces (article 1er de la loi du 19 mars 1999) ; celles-ci sont des collectivités territoriales de la République française, mais comme le titre XIII ne parle que de dispositions transitoires, on peut dire que la Nouvelle-Calédonie est un territoire français susceptible de devenir un État souverain* »[799].

C'est donc cette situation duale qui en fait un cas à part, un cas spécifique dans l'ensemble français. Le constat que les deux aspects de l'autodétermination (externe et interne) se vérifient chez elle est exceptionnel en droit constitutionnel français et en droit international. On peut en déduire qu'il s'agit d'un un cas d'autodétermination hybride.

796. Rouland (Norbert), « À propos de l'Accord sur le Nunavut », *Extrait du débat organisé par la chaîne télévisée Forum-Planète et diffusé sur Canalsatellite du 8 au 15 avril 2000.*

797. Oraison (A.), « Quelques réflexions critiques sur la conception française du droit des peuples à disposer d'eux-mêmes à la lumière du différend franco-comorien sur l'île de Mayotte », *Revue belge de droit international*, 1983-2, p. 655-698

798. *Ibidem*, p. 54

799. Luchaire (François), *Le Statut constitutionnel de la Nouvelle-Calédonie, op. cit.*

## SECTION 2
## Une décolonisation et une autodétermination internes au Nunavut

Au Nunavut, non seulement la Constitution fédérale fait obstacle à toute indépendance mais encore celle-ci n'est ni revendiquée ni envisagée.

### I - La Constitution, obstacle à toute indépendance

La partie II de la Loi constitutionnelle de 1982 confirme les droits existants des peuples autochtones : les droits ancestraux (coutume) et les droits issus des traités (de nature contractuelle). Le droit à l'autodétermination est reconnu aux autochtones mais il se limite à l'autonomie gouvernementale. L'accession à la souveraineté n'est pas reconnue. Denis Lemieux rappelle qu'en 1998, à la suite d'une demande du gouvernement fédéral à la Cour suprême du Canada de se prononcer sur la constitutionnalité de la démarche souverainiste québécoise, la haute juridiction a jugé que la Constitution écrite du Canada ne prévoyait pas de procédure de sécession unilatérale.[800]

L'Accord sur le Nunavut donne-t-il ou permet-il l'indépendance aux Inuit du Canada ?

> « *Certainement pas*, répond catégoriquement Norbert Rouland, car, explique-t-il, « *il ne concerne qu'une partie de ces Inuit, d'autre part, il ne reconnaît aucune accession à l'indépendance du Nunavut* ». Il ajoute même que « *le projet de loi C-20 qui vise à encadrer la tentative d'une province de faire sécession ne mentionne nullement le cas d'un territoire qui voudrait faire sécession. En effet, le Nunavut n'est pas une province mais un territoire, et dispose d'un degré d'autonomie moindre. De plus, c'est un accord portant essentiellement sur les droits territoriaux* »[801].

Marie-Françoise Labouz est, elle aussi, formelle :

> « *le droit à l'autonomie gouvernementale exclut pour le Nunavut, l'accession du nouveau territoire à la souveraineté externe au sens du droit international public. Le plan fédéral de 1995 soulignait d'ailleurs que l'autonomie n'entraînera pas la création d'États-nations autochtones et indépendants* »[802].

Il s'agit bien pour les Inuit du Nunavut, de décider eux-mêmes de leurs affaires, du moins toutes celles qui relèvent de la culture autochtone ; elles concernent la gestion et la conservation des terres, des eaux et des ressources. Mais aussi la culture, le logement public, la santé. Pour l'instant, ils se satisfont de cette forme d'autodétermination.

---

800. Lemieux (Denis), « Le pluriculturalisme dans la Constitution canadienne », *in L'État pluriculturel et les droits aux différences*, (dir.) Paul de Deckker et (J.-Y.) Faberon, Bruylant, Bruxelles, 2003, p. 303 ; *Qui indique le renvoi relatif à la sécession du Québec* [1998] 2 RCS 217.
801. Rouland (Norbert), « À propos de l'Accord sur le Nunavut », *NZACL Yearbook* 5/6 RJP, p. 498.
802. Labouz (Marie-France), *op. cit.*, p. 23.

## II - L'indépendance n'est ni revendiquée ni envisagée

En fait, selon A. Légaré, le projet Nunavut cherchait à atteindre un certain nombre d'objectifs plus ou moins liés entre eux : une autonomie économique grâce au contrôle des terres et des ressources, la protection de la culture inuit et une certaine forme d'autonomie gouvernementale[803].

Cette dernière n'a jamais été conçue ni interprétée comme une accession à la souveraineté. Certes, y a-t-il toujours eu une interrogation dans l'hypothèse où les Inuit venaient à ne plus être majoritaires dans la population de Nunavut. En tout cas, la CEN et le NTI ont affirmé que

> « *la formation du gouvernement territorial du Nunavut n'avait rien à voir avec l'autonomie gouvernementale inuit et ne mettait pas fin à ce droit qu'ils estiment inhérent, qu'il fallait distinguer entre le Nunavut en tant qu'administration publique non ethnique et le droit du peuple inuit à disposer de lui-même et de créer un gouvernement ethnique* ».

En effet, aussi longtemps que les Inuit seront majoritaires, ils pourront eux-mêmes répondre à leurs attentes et à leurs intérêts. Mais qu'adviendrait-il si les allochtones le devenaient un jour ? Dans l'hypothèse d'une mise en minorité des Inuit, les réunions de consultation tenues auprès de la population ont suggéré que le NTI devienne le gouvernement des Inuit, et il y aurait alors deux gouvernements parallèles au Nunavut, ou alors qu'un Sénat uniquement composé d'Inuit soit créé, et doté d'un droit de veto sur tous les règlements et lois adoptés par l'Assemblée législative. Cette hypothèse reste improbable du fait de l'isolement géographique du Nunavut, de son climat, de son coût de la vie élevé et de la pénurie de logements[804]. Pour l'instant, les Inuit du Nunavut semblent bien se satisfaire de l'autonomie gouvernementale qui leur a été accordée. Et c'est dans ce cadre que se limitent leurs revendications.

# SECTION 3
# Une autodétermination postmoderne ouverte à toutes les hypothèses

La diversité des situations rend très difficile la mise en place d'une théorie unifiée de l'autodétermination qui tienne compte de toutes les réalités. Nous l'avons dit, certaines revendications sont politiques, recherchant la souveraineté exclusive, c'est-à-dire la création d'un État, ou un certain degré d'autonomie à l'intérieur d'un autre État, alors que d'autres sont simplement culturelles, avec la volonté de préserver une langue, une culture, des traditions et une façon de vivre. Les réponses à ces différentes revendications sont elles aussi souvent varié, allant du refus, du rejet complet (par l'indifférence ou

803. Légaré (André), « Le Projet Nunavut : bilan des revendications des Inuits des Territoires du Nord-Ouest », *Études/Inuit/Studies* 17 (2), 32.

804. Légaré (André), « Le Gouvernement du Nunavut », *op. cit.*, p. 37.

par la répression) aux tentatives de satisfaction, à des degrés divers, que des conflits graves ont souvent précédées. Rarement, des solutions pacifiques et originales ont été imaginées. En Nouvelle-Calédonie et au Nunavut, elles sont survenues avant qu'il ne soit trop tard. Avec la nouvelle conception de l'autodétermination, des voies nouvelles s'ouvrent. Il faut espérer qu'elles soient davantage explorées pour l'avenir.

## I - La Nouvelle-Calédonie entre l'impasse et l'espoir : une autodétermination ouverte

La Nouvelle-Calédonie aura le destin qu'elle se sera donné. Après avoir subi pendant des décennies des statuts imposés par les autorités étatiques parisiennes, elle a son mot à dire sur son avenir depuis plus d'une vingtaine d'années, et il en sera encore ainsi pour longtemps ; encore faut-il que les différentes composantes de la société calédonienne se mettent d'accord sur cet avenir. C'est un point d'achoppement crucial.

### A. Des conceptions antagonistes de l'avenir du pays

L'avenir du pays reste un sujet de division pour les Néo-calédoniens. L'appartenance politique est fondée sur une logique de blocs à partir de laquelle se construisent des raisonnements ou des prises de position.

#### *1° La logique des blocs*

Il serait intéressant de découvrir ces blocs, voir sur quoi ils sont fondés, voir s'ils sont homogènes ou s'ils se sont fissurés, et poursuivre l'analyse sur la portée d'une telle logique.

#### *a) L'existence des blocs*

L'histoire politique contemporaine de la Nouvelle-Calédonie repose essentiellement sur une logique de blocs qui a conduit à une bipolarisation politico-historique[805]. Cette réalité régit l'ensemble de l'évolution politique et institutionnelle de ce pays depuis l'apparition du mouvement indépendantiste. À une bipolarisation conflictuelle, qui déborde des institutions, avec de graves événements dans les rues et les routes, succède une bipolarisation contractuelle qui se traduit par le combat des idées et des urnes, entre indépendantistes et non-indépendantistes[806].

Il est établi que la société néo-calédonienne est constituée de communautés d'origines différentes qui ont coexisté longtemps sur un même territoire, juxtaposées et « prisonnières » d'une histoire complexe. Celle-ci a solidement ancré dans les esprits des antagonismes divers. Nous l'avons vu et plusieurs études le confirment[807], la reven-

805. Douyere (Éric H.), *L'Avenir de la Nouvelle-Calédonie en question(s), Du rééquilibrage des idées (II)*, Éditions Île de lumière, Nouméa, 2000, p. 57.
806. Bertram (Robert), *op. cit.*
807. Notamment celles de (Robert) Bertram et (Marion) Bastogi qui sont régulièrement citées.

dication identitaire indépendantiste du peuple kanak a cloisonné de manière étanche cette société en deux blocs dont l'un est pour et l'autre contre l'indépendance. La conscience politique ne peut se lire ou se comprendre que sous le prisme de ce concept.

À la dualité des idées sociales correspond celle des idées politiques. Celles-ci ont longtemps été portées par deux grandes entités partisanes. À la création d'une coalition indépendantiste comme instrument de lutte, le FLNKS, va correspondre celle d'un rassemblement comme instrument de défense, le RPCR. Le Front indépendantiste, puis le FLNKS, seront porteurs d'une pensée politique collective et radicale de libération. Le RPCR affirmera des idéaux républicains et le maintien dans la France. Selon R. Bertram, à une hégémonie structurelle de chacune des deux formations politiques s'ajoute une domination fonctionnelle des deux champs politiques, l'action du FLNKS étant basée sur l'épreuve de force lors de la bipolarisation conflictuelle, et celle du RPCR sur la résistance active.

À travers ce constat sur la bipolarisation émerge la conviction que l'offre politique semble toujours avoir été limitée à un thème autour duquel se façonnent le débat ainsi que les majorités et minorités aux élections successives : l'autonomie ou l'indépendance. Après une longue opposition autonomistes/anti-autonomistes, et malgré les efforts institutionnels et politiques mis en œuvre récemment pour cohabiter, « indépendantistes » et « loyalistes » gardent une vision très différente de l'avenir du pays. Le destin commun recherché passe par l'indépendance pour les uns et dans la France pour les autres. La notion d'indépendance est devenue très « clivante » car seul compte le devenir politique et institutionnel du pays.

> « *Toutes les élections, qu'elles soient nationales ou locales, se transforment pour les électeurs en « référendums » pour ou contre l'indépendance et chaque camp campe sur ses positions* ».

Les dernières élections législatives de 2012 l'ont un peu illustré. Les élections provinciales de 2014 n'y ont pas échappé. Et

> « *si la bipolarisation contractuelle a présenté une séquence sociétale apaisée après les tensions des années 1980, elle fige toujours les mentalités malgré les rééquilibrages menés à terme ou en cours. Elle ne règle pas le devenir institutionnel de cet archipel, mais elle concourt à une solution concertée entre les protagonistes* »[808].

En 1988, les Accords de Matignon avaient permis de repousser la question de l'indépendance de dix ans. L'Accord de Nouméa du 5 mai 1998 institue une période transitoire de vingt ans au bout desquels une consultation électorale d'autodétermination est encore prévue. Si le transfert des compétences régaliennes est décidé, c'est l'indépendance. Celle-ci est à nouveau le point de divergence des deux camps ou blocs politiques. Toutefois, la fissuration de ceux-ci impose une nouvelle donne (Voir fig. 6).

808. Bertram (Robert), *op. cit.*, p. 444.

**Fig. 6 : Les deux blocs politiques calédoniens actuels.**

| LE BLOC INDÉPENDANTISTE | LE BLOC NON-INDÉPENDANTISTE |
|---|---|
| L'Union calédonienne (UC)<br>Née au début des années 50 | Le Mouvement populaire calédonien (MPC) Né le 28 mars 2013 |
| Le Parti de la libération kanak (PALIKA)<br>Né en juillet 1975 | Le Rassemblement-UMP (RUMP)<br>Né en 2002 |
| L'Union progressiste mélanésienne (UPM)<br>Né en 1977 | L'Avenir ensemble<br>Né en août 2004 |
| Le Libération kanak socialiste (LKS)<br>Né le 8 avril 1981 | Calédonie ensemble<br>Né le 11 octobre 2008 |
| Le Rassemblement dém. Océanien (RDO)<br>Né en 1994 | Le RPC (Rassemblement pour la Calédonie)<br>Né en 2006 |
| Le Parti travailliste (PT)<br>Né en novembre 2007 | Le Mouvement de la diversité (LMD)<br>Né le 10 avril 2008 |
| Le Front de lib. nat. kanak socialiste (FLNKS)<br>Né en 1984 (1) | Le Rassemblement pour la Calédonie dans la République (RPCR)(2) |

*(1) Depuis décembre 2001, sa présidence est assurée par un bureau politique collégial.*
*(2) À sa fondation en 1977, il s'appelle Rassemblement pour la Calédonie (RPC). Il devient le Rassemblement-UMP en 2004.*

### b) La fissuration des blocs

Depuis 1995, une nouvelle donne apparaît en effet. Chaque bloc subit des fissures en son sein. Au nord, c'est d'abord l'Union calédonienne qui subit la montée en puissance du PALIKA. Délaissant la liste du FLNKS tout en niant son retrait du Front, Paul Néaoutyine présente ses propres listes sous l'étiquette Union nationale pour l'Indépendance (UNI). Il réussit à ravir la présidence de la province à l'UC aux élections provinciales de 1999. Cette dernière se maintient miraculeusement à la tête de l'exécutif provincial des Îles Loyauté. Depuis cette époque, le FLNKS est en crise larvée. Toutes les tentatives pour élire un président ont échoué. L'UC n'a de cesse de reprendre la présidence de la province qu'elle a perdue, et elle a bien failli y arriver en 2009, après une alliance avec le Parti travailliste et en 2014. La lutte pour le leadership continue entre l'UC et le PALIKA, sous le regard attentif de l'UPM, du RDO, et du Parti Travailliste qui a décidé de « travailler dans les institutions et de construire des argumentaires nouveaux ».

Au sud, c'est Didier Leroux qui commence à mettre de l'animation dans la composition traditionnelle du camp non-indépendantiste. Avec l'UNTC créée en juin 1995 et devenue Alliance, il ravit un bon nombre de voix au RPCR aux élections provinciales de 1999. Le nouveau parti « loyaliste », l'Avenir ensemble, dissident du RPCR fondé par Harold Martin, obtient la majorité en 2004. Le RPCR qui devient le Rassemblement-UMP perd peu à peu son hégémonie dans le camp loyaliste au profit de l'Avenir Ensemble, Calédonie Ensemble, le Mouvement pour la Diversité (MLD) et le Rassemblement Pour la Calédonie (RPC).

Les deux grandes forces politiques (FLNKS et RPCR) ont souvent recouru à l'argument d'être « signataire » de l'Accord comme droit exclusif d'être le représentant des deux légitimités de la Nouvelle-Calédonie. À ce titre, elles prétendent avoir le droit de dire, de faire, de participer aux négociations tripartites avec l'État. À partir des élections provinciales de 2004, cette représentation est remise en cause par les résultats qui traduisent scissions et recompositions des partis. Mais malgré cet émiettement du paysage politique, la logique des blocs perdure. Le naturel des blocs a beau être chassé par l'émiettement, il revient toujours au galop chaque fois que le moindre danger est pressenti par l'un ou l'autre camp. Sur quoi se fonde ce reflexe ? Simple instinct de survie ou non ?

### *2° La sortie de l'Accord, la persistance de l'antagonisme et ses fondements*

La Nouvelle-Calédonie peut accéder « à la pleine souveraineté » au regard de l'article 77 de la Constitution, après une consultation qui sera organisée durant le quatrième mandat du Congrès. Le dernier alinéa du Point 5 de l'Accord de Nouméa indique que « l'État reconnaît la vocation de la Nouvelle-Calédonie à bénéficier, à la fin de cette période, d'une complète émancipation ». Il s'agit bien de la reconnaissance de l'une des formes classiques de l'autodétermination, l'indépendance, prévue au plan international par les Résolutions 1514 (XV) du 14 décembre 1960 (Déclaration sur l'octroi de l'indépendance aux pays et aux peuples coloniaux), 1541 (XV) du 15 décembre 1960 et 2625 (XXV) du 24 octobre 1970. La notion d'indépendance étant au cœur de l'antagonisme entre les deux blocs, essayons d'abord de cerner sa réalité conceptuelle, avant de voir comment elle est interprétée et utilisée.

#### a) L'indépendance, source du clivage

Que recouvre la notion d'indépendance ? Existe-t-il une doctrine ou des doctrines spécifiques liées à cette notion ? A-t-elle évolué ou non ? C'est un terme polysémique qui, selon le dictionnaire de droit international public[809], connaît de nombreuses acceptions.

Elle peut avoir ***une connotation de liberté***. C'est le fait par exemple pour une personne ou une entité de ne dépendre d'aucune autre autorité que la sienne propre ; ou, à tout le moins, de ne pas dépendre de l'État sur le territoire duquel elle exerce ses fonctions. Elle peut avoir ***une connotation de souveraineté***, en particulier extérieure, conçue sous son aspect exclusivement juridique, lorsqu'elle implique, pour un État, qu'il ne relève d'aucun autre État. Ce sens renvoie à l'expression « accession à l'indépendance ». Elle peut aussi avoir ***une connotation de pleine souveraineté*** à l'égard de peuples dépendants, lorsqu'il s'agit de l'une des modalités de l'exercice du droit de ces peuples à disposer d'eux-mêmes. Et c'est sans doute le cas pour la Nouvelle-Calédonie. Elle peut avoir ***une connotation de non-ingérence*** quand elle signifie la capacité d'un État à agir à l'extérieur de son territoire et à exercer ses propres fonctions telles que l'établissement de sa

809. *Dictionnaire de droit international public*, SALMON (Jean) (dir.), Bruylant, Bruxelles, 2001, p. 570-572.

constitution, sa législation et ses institutions et en toute liberté sans aucune ingérence. Elle peut avoir ***une connotation de liberté de fait*** lorsqu'elle correspond à une situation de fait, ressortissant à l'ordre politique, en vertu de laquelle un État est libre de décider et régler ses affaires sans avoir besoin de la coopération avec une autre autorité ou de son consentement. Le terme peut enfin être utilisé avec ***la connotation d'exercice de compétences exclusives*** lorsqu'elle renvoie à la liberté d'action spécifique à l'État. Ce dictionnaire prend soin de préciser que, compte tenu de ses différentes acceptions, le terme « indépendance » peut être assorti d'un qualificatif donnant un sens particulier à la notion. On peut ainsi parler d'*indépendance économique*, d'*indépendance juridique* ou d'*indépendance politique.*

De toutes ces connotations, celles qui retiendront notre attention sont celles de *souveraineté* et de *pleine souveraineté.* Elles indiquent bien que l'indépendance se matérialise juridiquement souvent par la souveraineté, et que celle-ci signifie l'indépendance dans les relations entre États. Mais comme se le demande Sémir Al Wardi[810], la définition juridique suffit-elle à elle seule à cerner le concept ? Ne s'agit-il pas aussi, comme le souligne Melchior Mbonipa qu'il cite, « d'un retour à l'histoire », « d'une double négation, négation de l'ordre colonial, mais aussi négation de la servitude précoloniale », ou « d'un divorce avec « l'occupant » (Frantz Fanon), ou encore d'un « accord conciliant » (Senghor) entre les différentes parties ?

Au-delà de ces différentes acceptions, les questions qui se posent aussi sont celles de savoir si une vraie et totale indépendance existe et si le concept même de l'indépendance n'est pas dépassé de nos jours. Sémir Al Wardi, s'appuyant sur Jean-Jacques Roche, cite à ce sujet le général de Gaulle qui précisait dans son discours de Dakar du 12 décembre 1959 :

> « *L'indépendance est un terme qui signifie une intention de se passer des autres, mais le monde étant ce qu'il est, si petit, si étroit, si interférant avec lui-même, l'indépendance réelle* [...] *n'appartient en vérité à personne... Mais la souveraineté internationale signifie quelque chose, elle signifie beaucoup. Elle signifie qu'un peuple prend dans le monde ses responsabilités lui-même. Elle signifie qu'il s'exprime pour lui-même, par lui-même, et qu'il répond de ce qu'il dit, et qu'il répond de ce qu'il fait* »[811].

Lors d'un colloque à Paris sur les vingt ans des Accords de Matignon et les dix ans de l'Accord de Nouméa, Michel Rocard, cité par Robert Bertram, ne déclarait-il pas qu'« *Il est clair que le concept d'indépendance nationale tel que sanctionné par l'ONU ne marche plus très bien, puisque sont reconnues nations indépendantes celles qui ont les pouvoirs monétaire, de défense et de souveraineté civile. Le pouvoir monétaire n'a plus grand sens dans le monde contemporain ; la France a l'euro. Le pouvoir de défense est transférable. Toutes ces parties, jamais la Nouvelle-Calédonie ne les demandera. Cela*

810. Al Wardi (Sémir), « *Une approche du concept d'indépendance* », *in François Mitterrand et les territoires français du Pacifique (1981-1988)*, (dir.) (J.-M.) Regnault, Les Indes savantes, 2003, p. 154.
811. Roche (Jean-Jacques), *Relations internationales*, *LGDJ*, Paris, 1999, p. 91.

*coûterait trop cher et ce n'est plus une affaire de souveraineté.* [...] *Au sens juridique du terme, cela n'a plus beaucoup de sens. Il est temps de prendre la mesure du concept.* [...] *Les enjeux du monde d'aujourd'hui ne sont plus à la portée d'un pays solitaire. Le monde évolue. La France elle-même cède des compétences* »[812].

À ce point de vue s'ajoute par exemple celui de nombreux auteurs qui qualifient de factice l'indépendance des micro-États disséminés dans le Pacifique, « sous perfusion financière », ayant perdu leur rôle stratégique ou de relais, et qui n'ont plus à offrir que l'immensité de leurs zones économiques exclusives, d'éventuels droits de pêche qu'ils peuvent monnayer, ou encore leur droit de vote dans certaines organisations internationales[813]. Les indépendantistes rétorquent souvent à ces arguments, que la notion d'indépendance est « essentiellement de nature politique et institutionnelle » car justement « aucun pays au monde n'est véritablement indépendant économiquement et ne peut se suffire à lui-même. Les États vivent en interdépendance économique ». Jean-Marie Tjibaou a eu à ce sujet une formule intéressante : « *l'indépendance est la faculté de choisir ses interdépendances* ». Ils veulent donc qu'on leur reconnaisse la légitimité et le droit de choisir leurs interdépendances et considèrent que personne n'a le droit de le faire à leur place.

### b) L'interprétation et l'utilisation de cette notion

Comme nous l'avons vu, le thème de l'indépendance est devenu un thème autour duquel s'organise la vie politique calédonienne. On est pour ou on est contre. Il est souvent générateur de slogans. Mais le recours constant à ce thème conduit à des excès inévitables qui, soit le mythifient, soit l'agitent obsessionnellement comme un épouvantail, au gré de ses propres calculs ou objectifs.

Pour les indépendantistes, l'Accord de Nouméa ouvre la voie à une indépendance inéluctable dont la clé est la construction d'un destin commun. Cette position s'appuie sur la légitimité du peuple kanak, premier occupant du pays, dont le droit à l'autodétermination est indiscutable, mais qui conçoit pour l'avenir une société multiraciale où les autres groupes ethniques ont et auront la place qui leur revient. Tout en précisant qu'il n'y a pas que l'économie dans la vie d'un pays, ils croient aux capacités économiques réelles du pays, considèrent que plus le temps passe plus la dépendance vis-à-vis de la France s'accroît, et préconisent une politique économique correspondant aux capacités propres et réelles de la Nouvelle-Calédonie.

Pour les loyalistes, l'Accord de Nouméa a juste permis de sauvegarder vingt ans de paix pendant lesquels on s'attèle convaincre les indépendantistes qu'il y a intérêt à rester au sein de la France. L'émancipation instaurée n'est pas l'indépendance ; c'est le point extrême de l'autonomie et les compétences régaliennes doivent être laissées à la France.

812. Bertram (Robert), *op. cit.*, p. 454.
813. *Ibidem*, p. 447-448.

Pour eux, malgré la restriction du corps électoral, il n'y aura pas la majorité nécessaire, ni les 3/5e du Congrès ni le corps électoral lui-même car la nouvelle génération aura changé de mode de vie. Leurs convictions se fondent sur l'incapacité chronique des micro-pays insulaires à devenir véritablement indépendants tant sur le plan politique qu'économique, particulièrement dans un contexte de mondialisation où la tendance est à la formation de grands ensembles régionaux. Elles se fondent aussi sur la réalité pluriethnique du pays, source potentielle de conflits et de désordres, qui nécessite la présence d'un État arbitre fort, la République française.

Du côté des indépendantistes, la fortune du thème de l'indépendance se comprend, si l'on s'interroge sur ce qu'il éveille dans l'esprit des colonisés et sur ce qu'il représente pour certaines élites. En tout cas, il est l'objet d'un certain nombre de représentations et présente, à leurs yeux en général, un certain nombre d'avantages.

– Le premier et le plus prosaïque est que l'indépendance permet de mettre un terme à l'exploitation et à la domination coloniale. C'est le thème classique de la lutte contre le colonialisme, le moteur de la conquête du pouvoir. Les colonisés font autour de lui leur unité contre le colonisateur. Il n'est pas un leader indépendantiste qui puisse négliger le potentiel qu'il renferme. S'il n'en vante pas les mérites, il pourrait être accusé de trahison.

– Un autre avantage, et non des moindres, est celui du combat pour la dignité et une identité longtemps niées, à retrouver, et pour lesquelles aucune énergie ne doit être épargnée. « *L'indépendance met fin à l'identité négative fabriquée par l'étranger et infligée à l'autochtone* »[814]. Cependant, ni la dépendance financière et économique, ni l'aide sollicitée pour l'accompagnement vers l'indépendance ne semble porter atteinte à la dignité des bénéficiaires ; ceux-ci ne se sentant pas diminués par l'assistance dont ils pensent même qu'elle n'est pas désintéressée, qu'elle est provisoire et qu'elle leur est due.

– L'indépendance fait aussi rêver de lendemains qui chantent. Elle en tire une force mythique. Tout le monde a droit au rêve et il faut bien se garder de tuer les rêves, car « cette privation peut entraîner l'inéluctable »[815]. Tous les peuples du monde, soumis ou colonisés, ont rêvé de leur « terre promise ». Ce rêve est donc entretenu et soigné.

– La revendication d'indépendance s'appuie aussi sur la croyance au sens de l'histoire et à l'inéluctabilité de l'indépendance. Peu importe le temps que cela prendra et les modalités pour y arriver. Les indépendantistes pensent conserver, de toutes façons, leur « droit inné et actif à l'indépendance », tel qu'il a été reconnu par le droit international. La colonisation a duré si longtemps qu'on ne perd rien à attendre encore un peu.

– Le pouvoir d'attraction des indépendances proches géographiquement n'est pas négligeable non plus. Les exemples d'indépendance obtenue par des pays géographique-

814. Mbonimpa (Melchior), *Idéologies de l'indépendance africaine*, L'Harmattan, 1998, p. 97, cité par Al Wardi (Sémir).
815. Al Wardi (Sémir), *op. cit.*, p. 155, qui cite (Charles) Enderlin, *Le rêve brisé*, Fayard, 2002.

ment proches, notamment celui des Nouvelles-Hébrides, devenues le Vanuatu, constituent une cause supplémentaire à l'attraction de l'indépendance. « *S'ils ont pu le faire, pourquoi pas nous, alors même que nous avons plus de ressources qu'eux ?* », se disent certains indépendantistes calédoniens. Il faut rappeler que le 30 juillet 1980, le condominium des Nouvelles-Hébrides accède à l'indépendance et prend le nom de Vanuatu, le « pays qui se tient debout »[816].

– Le slogan de l'indépendance à lui tout seul n'est pas politiquement « engagé », car ne se référant pas à une idéologie précise (capitalisme, marxisme ou autre), il permet de ne pas être rangé dans un camp et de ne pas s'aliéner certains soutiens. Mais même quand il s'accompagne d'une de ces idéologies, il est presque toujours considéré comme neutre et il se suffit à lui-même. La condamnation morale, juridique et politique du colonialisme, acquise depuis longtemps, range toujours les colonisés dans le camp des victimes.

– Du fait d'une légitimité reconnue, ce thème se satisfait aussi facilement d'affirmations tranchées, de verbalisme, sans exigence de programme, de preuves, ni de résultats concrets. L'adhésion lui est facile. Il fait passer au second plan les capacités actuelles ou futures des élites qui le revendiquent et met en avant les responsabilités de l'État colonial dont le système est, quoi qu'il arrive, condamné. En Nouvelle-Calédonie cependant, les indépendantistes disposent d'un programme politique connu depuis longtemps, et engrangent progressivement le bénéfice de l'expérience acquise dans la gestion des provinces où ils sont majoritaires, ce qui n'a pas été le cas partout dans l'histoire coloniale française.

– Ceux qui défendent l'indépendance donnent le sentiment d'une confiance en eux et en l'avenir de leur pays, tout en fragilisant le camp adverse qui, du coup, paraît frileux et complexé. La seule évocation de l'indépendance fait penser à l'existence d'un projet de société clair et sérieux.

– Le thème de l'indépendance a toujours valu des sympathies actives un peu partout dans le monde, et notamment à l'ONU, et constitue un élément de pression considérable dans les relations internationales et internes car c'est un précieux facteur de soutien des peuples anciennement colonisés, et il fait passer les adversaires pour les complices du colonisateur.

Il a une force de suggestion si considérable qu'on en fait un usage abondant et parfois une utilisation tactique indépendante même du but poursuivi, juste pour l'unité et le renforcement de la cohésion des colonisés. Peu importe la coïncidence entre le thème et l'environnement international qui est celui de la mondialisation ou des regroupements régionaux. Il a une vie autonome. Il prend un aspect mythique. Il peut être appliqué à

816. Bertram (Robert), *op. cit.*, p. 76.

toutes les situations sans trop de nuances, parfois dans le seul but de faire jouer son pouvoir d'attraction, même si la répétition du thème peut devenir un simple rite incantatoire, destiné à exorciser les mauvais esprits ; en cela, il comporte des risques, nous y reviendrons un peu plus loin. Pourtant, la revendication indépendantiste n'est apparue que dans les années 70-80, au moment où les Kanak deviennent minoritaires dans le pays. Il est judicieux de rappeler que le 17 décembre 1958, l'assemblée territoriale de la Nouvelle-Calédonie opte pour le maintien de son statut de territoire d'outre-mer, alors que la Constitution de 1958 offre aux territoires d'outre-mer qui ont choisi de rester français le choix entre le maintien de ce statut ou plus d'autonomie en devenant État-membre de la Communauté, ou encore plus d'intégration en devenant département d'outre-mer[817]. Kanak et Européens sont favorables à cette époque à l'autonomie. Mais l'autonomie instituée sera peu à peu grignotée par une reprise continue des compétences par l'État. C'est cette reprise en main par l'État, doublée d'une marginalisation économique, sociale, malgré le boom du nickel, culturelle et politique qui a ouvert la voie à l'indépendantisme en général et à l'indépendantisme kanak en particulier. Depuis lors, ce problème n'a plus quitté la scène politique calédonienne.

Si les indépendantistes parlent d' « indépendance kanak », c'est parce qu'au départ, selon Paul Néaoutyine,[818] les Kanak étaient les seuls à la vouloir, en tant que peuple indigène qui y a légitimement droit, un droit reconnu par la Charte des Nations Unies aux peuples autochtones et coloniaux. L'Accord de Nouméa reconnaît cette légitimité et l'identité kanak qui fonde l'identité de la Nouvelle-Calédonie. Cependant, il faut continuer à se battre et convaincre les autres communautés : « *L'indépendance est un droit, un droit de peuple colonisé* »[819], et « *Nous sommes en marche vers l'indépendance même si nous savons que ce qui est écrit suppose qu'on se batte encore pour en faire une réalité* »[820], précise-t-il.

Du côté des loyalistes, c'est le rejet de l'indépendance qui constitue le ciment du bloc. Ce rejet est viscéral, épidermique et même parfois pathologique. La formule de Jacques Fauvet : « *Feinte ou réelle, la crainte commune d'un épouvantail rapproche* », se vérifie plus que jamais ici.

– Le principal argument qui fonde ce rejet est que la Nouvelle-Calédonie est trop tributaire de l'aide financière de la France et qu'un retrait de celle-ci équivaudrait à un effondrement économique. C'est une thèse récurrente. Les exemples d'indépendance

817. Rappel : le vote de l'AT avait été précédé du référendum du 28 sept. Où les Calédoniens avaient à la fois à dire s'ils voulaient rester dans la République et s'ils adoptaient la nouvelle constitution. 77 % de participation : 98,11 % de oui avec un corps électoral composé à un peu plus de 50 % de Mélanésiens. Pour mémoire la Guinée de Sékou Touré qui a dit non est devenue indépendante immédiatement sans passer par l'étape d'État membre de la Communauté.

818. Néaoutyine (Paul), *L'indépendance au présent, Identité kanak et destin commun*, Éditions Syllepse, 2006, p. 97-98.

819. *Ibidem*, p. 71.

820. *Ibidem*, p. 70.

géographiquement proches constituent plutôt un repoussoir. Certains des pays voisins devenus indépendants sont des contre-modèles du fait de leur pauvreté endémique et de leur dépendance économique.

– Le niveau de développement de la Nouvelle-Calédonie, encore faible malgré certaines apparences, incite à la prudence et à considérer qu'il faut profiter encore de la présence de la France et de l'appartenance à l'Europe pour attirer toutes sortes d'investissements.

– À la question :

> « *qu'est-ce qui fait le plus « peur » au RPCR ?* », Éric Douyère répond : « *Le « S » de FNLK-S ou le « I » de FCC-I (Fédération des Comités de Coordination Indépendantistes)* [...] *Je crois, en fait, que le « S » affiché SOCIALISTE de FLNKS, exprimant un projet de société alternatif, est le véritable empêcheur de tourner en rond. Et c'est lui qui est craint* »[821].

Certains non-indépendantistes redoutent donc l'idéologie socialiste dont se réclame le camp indépendantiste.

– Le modèle d'une décolonisation algérienne catastrophique a marqué les esprits. Beaucoup de loyalistes de Nouvelle-Calédonie craignent de voir l'histoire se répéter, surtout depuis l'arrivée des socialistes au pouvoir en métropole en 1981. Qu'elle soit en coopération ou en association avec la France, l'indépendance ne les rassure guère.

– La Nouvelle-Calédonie étant une société plurielle où les antagonismes ethniques, sociaux et politiques sont encore forts et nombreux, la présence de la France comme arbitre neutre est une réelle nécessité pour ce camp.

– L'isolement dans un Pacifique sud essentiellement anglo-saxon n'est pas très rassurant non plus. La Nouvelle-Calédonie doit rester française pour contribuer au rayonnement de la France dans la région, en servant de centre d'impulsion pour la francophonie ou de tête de pont pour les investissements français et européens.

En somme, les arguments ne manquent pas pour conduire chaque bloc à camper sur ses positions. Mais à force de s'y accrocher, ne fait-on pas courir des risques à la Nouvelle-Calédonie compte tenu des échéances électorales en vue ?

### c) Des rapports d'interdépendance identitaire et des stratégies individuelles et partisanes

Malgré l'émiettement du paysage et de l'offre politiques, que l'on pourrait qualifier de multi-polarisation politique, il existe, comme on le constate, un socle commun d'arguments, d'idées et même de valeurs, en rapport avec l'indépendance et propre à chaque camp, qui constitue son identité politique, et qui ramène toujours à une bipolarisation fondée sur le rejet ou la revendication d'indépendance. Chaque bloc

821. Douyere (Éric H.), *op. cit.*, p. 61.

campe sur ses positions, estimant qu'il a donné le maximum qu'il pouvait, et qu'il n'y avait pas à transiger sur ce qui s'apparente désormais à son identité pro ou anti-indépendantiste. Les uns mettent l'accent sur les liens et l'héritage historiques avec la France, sur la fragilité économique et financière du pays, sous-estimant l'irréversibilité du processus d'émancipation engagé et un éventuel retournement des forces en présence, les autres le mettent sur leur légitimité historique et le sens même de l'histoire, sous-estimant les aspects économiques et les risques liés à la mondialisation. Et à force de s'opposer sur ce point, les deux camps en viennent à entretenir objectivement des rapports d'interdépendance identitaire.

Mais il convient de préciser que l'indépendance n'est pas la seule source de clivage. Des stratégies individuelles et partisanes pour la conquête du pouvoir contribuent, elles aussi, à entretenir l'antagonisme. La fracture politique et l'émiettement relèvent aussi d'un jeu normal de stratégies des forces politiques et des hommes politiques dans la lutte pour le pouvoir ou le leadership.

### B. Les risques d'impasse

Compte tenu de la situation antagonique qui vient d'être décrite, comment faire accepter aux Mélanésiens autochtones et indépendantistes, ou comment leur imposer une solution alors qu'ils considèrent que ce pays est le leur ? De même pour les loyalistes, comment leur imposer une solution alors qu'ils considèrent qu'ils sont majoritaires ? En effet, le fait que d'un côté les autochtones ne peuvent concevoir d'être écartés du pouvoir dans « leur » pays, et de l'autre les loyalistes majoritaires refusent de céder aux revendications de la minorité de maîtriser le destin du pays et son administration[822] constitue un risque pour l'avenir de la Nouvelle-Calédonie, que le scrutin prévu à la sortie de l'Accord de Nouméa pourrait bien transformer en danger.

#### *1° Un ou des scrutin(s) dangereux*

Non seulement le scrutin en lui-même constitue un danger pour l'équilibre précaire établi depuis les Accords de Matignon, mais encore ses modalités d'application incitent à une extrême prudence.

#### a) Le(s) scrutin(s) d'autodétermination

En général, le scrutin ou référendum d'autodétermination vise à se prononcer en faveur ou non de l'indépendance ou du transfert de souveraineté d'un territoire donné. Il peut être officiel ou non et reconnu ou non par la communauté internationale. Il est devenu un instrument de plus en plus utilisé ou revendiqué pour déterminer les souverainetés, et modifier la carte politique du monde. Ce processus est la conséquence logique et pacifique des principes issus de la Révolution française, à savoir le « droit des

822. Bastogi (Marion), *op. cit.*, p. 100 et 109.

peuples à déterminer la communauté politique à laquelle ils souhaitent appartenir » et du « droit des peuples à disposer d'eux-mêmes », proclamés à la fin de la Première Guerre mondiale (Wilson, Lénine).

Il s'agit a priori de l'une des manifestations les plus abouties du principe démocratique puisque par ce biais, le pouvoir exercé sur un territoire n'est fondé ni sur une tutelle dynastique ni sur les aléas de guerres impériales, mais devient l'expression de la souveraineté populaire mise à l'épreuve du vote. Ce type de consultation populaire, par l'usage de la démocratie directe, semble ainsi s'inscrire dans une forme de paroxysme démocratique. Mais cette apparente légitimité démocratique ne doit pas être trompeuse. Certaines études tentent de relativiser le caractère démocratique de ce type de scrutin, et considèrent que « *la naissance d'un nouvel État par référendum dépend autant de l'issue du scrutin que de l'habilité des politiciens locaux, de l'évolution de l'acception internationale du principe d'autodétermination et du contexte politique mondial* »[823]. On vient de le voir avec l'affaire de Crimée où le pseudo référendum d'autodétermination viole grossièrement le droit international. Ce point de vue nous semble assez pertinent, même si la Nouvelle-Calédonie constitue à plusieurs titres un cas particulier. L'Accord de Nouméa a prévu une sortie par un référendum d'autodétermination. Son Préambule énonce qu'

> « *Au terme d'une période de vingt années, le transfert à la Nouvelle-Calédonie des compétences régaliennes, l'accès à un statut international de pleine responsabilité et l'organisation de la citoyenneté en nationalité seront proposés au vote des populations intéressées. Leur approbation équivaudrait à la pleine souveraineté de la Nouvelle-Calédonie* ».

C'est donc un accord d'autodétermination puisqu'il prévoit une sortie par un référendum qui le ferait passer d'une situation de quasi-État à celle d'un État de plein exercice. Même s'il ne parle que d'« *accession à la pleine souveraineté* » et non d'« *indépendance* », à la différence de l'article 2 de la loi du 9 novembre 1988 portant dispositions statutaires et préparatoires à l'autodétermination de la Nouvelle-Calédonie en 1998 qui indiquait que

> « *les populations intéressées de la Nouvelle-Calédonie seront appelées à se prononcer* [...] *sur le maintien du territoire dans la République ou sur son accession à l'indépendance* », *il ne s'agit que de* « *circonlocution pudique* »[824]

pour dire la même chose. Les modalités de cette sortie sont précisées dans le document d'orientation. Mais le véritable problème réside dans l'incertitude sur la sortie de l'Accord. L'indétermination est grande et tout est possible. Qu'on se souvienne de ce qu'Alain Christnacht, un des rédacteurs de l'Accord de Nouméa, a dit au sujet de l'irréversibilité du transfert de compétences :

> « *Juridiquement, le transfert des compétences au profit de la Nouvelle-Calédonie a certes été déclaré « irréversible » par l'Accord de Nouméa, et donc reconnu comme tel de la Constitution, mais ce qu'une révision constitutionnelle a fait, une autre révision*

823. CATTARUZZA (Amaël), « Les référendums d'autodétermination : démocratisation ou balkanisation du monde ? », *in L'espace politique, Revue en ligne de géographie politique et de géopolitique*, 3/ 2002-3, p. 1-24.
824. L'expression est du Professeur (M.) CHAUCHAT, *op. cit.*, p. 250.

*constitutionnelle pourrait le défaire, s'il apparaissait que les dispositions transitoires adoptées à Versailles pour la Nouvelle-Calédonie ont, avant l'échéance prévue, trouvé de fait leurs termes* »[825].

## b) Les modalités du scrutin

Sur la base d'un encadrement constitutionnel des articles 53 et 77 du titre XIII, un corps électoral spécifique est aménagé par l'Accord de Nouméa et précisé par la loi organique dans son article 218. Il faut avoir résidé en Nouvelle-Calédonie depuis décembre 1994. Ce qui équivaut à vingt-quatre ans pour une consultation intervenant en 2018 par exemple. Une commission de contrôle de l'organisation et du déroulement de la consultation est mise en place pour veiller à la régularité et à la sincérité de celle-ci. La consultation peut avoir lieu dès 2014, si une majorité des 3/5 des membres du Congrès le décide. Mais c'est en fait entre 2014 et 2018 au plus tard car « *si, à l'expiration de l'avant-dernière année du mandat du Congrès commençant en 2014, celui-ci n'a pas fixé la date de la consultation* », c'est à l'État de l'organiser. Pour le Congrès commençant son mandat en 2014 et le finissant en 2019, c'est bien 2018.

Par ailleurs, il est prévu un mécanisme à répétition de la question à poser comme si une réponse prédéterminée était attendue[826] :

> « *Si la réponse des électeurs à ces propositions est négative, le tiers des membres du congrès pourra provoquer l'organisation d'une nouvelle consultation qui interviendra dans la deuxième année suivant la deuxième consultation. Si la réponse est à nouveau négative, une nouvelle consultation pourra être organisée suivant la même procédure et dans les mêmes délais. Si la réponse est encore négative, les partenaires politiques se réuniront pour examiner la situation ainsi créée* ».

Au lieu d'un seul vote d'autodétermination comme avec les Accords de Matignon, il en faut trois, et encore, après trois refus d'en sortir, les signataires de l'Accord se réunissent pour déterminer ce que l'on fait. « *C'est pour crédibiliser l'issue de l'indépendance* », répond Alain Christnacht[827]. Il s'agissait certainement de donner des gages de bonne foi au camp indépendantiste.

De nombreuses voix s'élèvent déjà pour souligner la « nocivité de la démarche binaire » du référendum qui porte en lui-même tous les dangers du référendum-couperet évité en 1998. Le professeur Faberon[828] par exemple dit :

> « *Répondre par oui ou par non à la question du transfert des compétences régaliennes n'a pas de sens. Cette question globale, certes déterminante, pose des dizaines de problèmes, se décline en des dizaines d'expertises, de discussions et de négociations* ».

825. Christnacht (Alain), « L'Avenir de l'accord de Nouméa », *in Revue politique, juridique et économique de Nouvelle-Calédonie*, n° 2, Nouméa, p. 2-11.
826. Faberon (Jean-Yves), *Des institutions pour un pays, la Nouvelle-Calédonie en devenir, op. cit.*, p. 207.
827. Christnacht (Alain), « Quelles perspectives institutionnelles pour la Nouvelle-Calédonie ? » in *Destins des collectivités politiques d'Océanie*, vol. 2, Singularités, Presses Universitaires d'Aix-Marseille, 2011, p. 760.
828. Faberon (Jean-Yves), *op. cit.*, p. 212.

Il préconise un référendum de confirmation d'une solution élaborée en commun, car, comme disait Jean-Marie Tjibaou qu'il cite : « *Le jour le plus important, ce n'est pas celui du référendum, c'est le lendemain* ».

*2° Les autres risques*

Ils sont nombreux, mais nous nous limiterons à ceux qui paraissent plus ou moins plausibles.

### a) Le dévoiement de l'autodétermination

Le dévoiement pourrait globalement s'identifier à tout ce qui tendrait à dénaturer une autodétermination authentique.

– **L'autodétermination, simple objet de chantage.** Un prix très fort a déjà été payé pour la cause de l'autodétermination pour que l'on puisse imaginer une chose pareille. L'indépendance est une affaire très sérieuse, une affaire de dignité, de droit, pour la plupart de ceux qui la revendiquent. Mais rien n'interdit d'élaborer toutes sortes d'hypothèses. Certains pensent en effet que le dévoiement de l'autodétermination pourrait provenir d'une logique de chantage ou de contradictions. Ils imaginent qu'il existe chez quelques indépendantistes qui hésitent une ambivalence de sentiments à l'égard de la France, que Robert Delavignette décrivait déjà chez des hommes politiques Tahitiens : « *deux tendances dans l'âme tahitienne* » : d'une part « *une fidélité émouvante à l'égard de la France* [...] », d'autre part, « *une inclination non dépourvue d'orgueil, vers l'émancipation, l'autonomie, voire l'indépendance* »[829]. Car pour ceux-là, il serait urgent de ne rien changer, tout en conservant une rhétorique revendicative.

D'autres estiment par contre que l'idée de chantage a fort peu de place et que les indépendantistes iront jusqu'au bout de leur logique : « Les indépendantistes n'en auront jamais assez, tant qu'ils n'auront pas touché au but. Ce n'est pas l'Accord de Nouméa qui y changera quelque chose. L'Accord a changé la méthode : un habillage démocratique, l'acceptation des autres et du maintien dans l'ensemble français. Mais il n'a pas changé le fond puisque chacun est libre de ses convictions ». Ces propos de Jean-Claude Briault[830] témoignent de la crainte d'un « entêtement », d'un « jusqu'auboutisme » ou même d'une radicalisation du mouvement indépendantiste.

- **Des transferts de compétences bâclés ou retardés.** Certaines compétences ont été transférées depuis longtemps. D'autres transferts sont effectifs depuis janvier 2014. La plupart d'entre elles nécessitent des qualifications particulières pour être exercées.

829. DELAVIGNETTE (Robert) *fut directeur des affaires politiques au ministère de la FOM de 1947 à 1951. Ses propos sont tirés de « Polynésie française, l'autonomie en question »* de (Jean-Marc) REGNAULT, *in Destins des collectivités politiques d'Océanie, Volume I, Théories et pratiques,* (dir.) (J.-Y.) FABERON, (V.) FAYAUD et (J.-M.) REGNAULT, *op. cit.*, p. 167.

830. BRIAULT (Jean-Claude) est membre du Rassemblement-UMP et auteur de *La fin de l'Accord de Nouméa, la solution est dans la France*, Nouméa, Éd. BEGACH, 2005.

Certains encore impliquent un financement supplémentaire. Le droit civil, le droit commercial et les règles de l'état civil par exemple sont assez délicats. La sécurité et la police des circulations aériennes et maritimes intérieures... La crainte que quelques-uns de ces transferts se fassent trop vite et mal est présente dans les esprits.

Voici par exemple ce que J.-C. Briault dit au sujet du transfert de l'enseignement :

> « *Quand l'État transfère, il se désengage. Croire le contraire, c'est assurément être d'une grande naïveté. La province Sud a été empêtrée dans le financement de ses collèges, pour lequel la règle adoptée lors du vote de la loi semblait pourtant convenir* ». Il poursuit : « *Le risque, c'est qu'une fois les règles conclues, l'État n'y revient plus. Si les calculs affichent une hausse des dépenses supérieure à celle prévue, il semble... ne pas bien entendre qu'il lui faut débourser davantage !* ». « *Quel serait le risque, pour la Nouvelle-Calédonie, en cas d'imprévoyance ?* [...] *Au bout du compte, tous les risques seraient supportés par la Nouvelle-Calédonie.* [...] *Cela n'est pas envisageable. Une fois encore, au-delà de la loi et de la technique, l'opportunité de ces transferts doit être politiquement pesée* »[831].

Même si le transfert de l'enseignement a fini par être fait, on voit bien que le risque de « bâcler » le transfert des compétences existe, et la peur qui va avec. L'on sait par ailleurs que le calendrier des transferts a connu un décalage du fait que certains transferts qui auraient dû être effectifs entre 1999 et 2009 ne l'ont pas été.

**– Entre dépendance économique et indépendance politique.** Le dévoiement de l'autodétermination pourrait être aussi le résultat d'un paradoxe insoluble. En effet, comment concilier une dépendance économique qui ne cesse de se renforcer en épousant l'évolution politique du pays et une autodétermination inlassablement réaffirmée ? Certains constats ont déjà été faits par certains observateurs :

> « *La Nouvelle-Calédonie est souvent citée comme l'exception parmi les collectivités d'outre-mer qui, grâce à ses richesses naturelles (le nickel notamment), pourrait subvenir seule à ses besoins. Mais, dès lors que l'on y regarde de plus près, on s'aperçoit que l'économie calédonienne est une « économie assistée », fortement dépendante des transferts financiers de l'État* »[832].

En fait, la Nouvelle-Calédonie présente un double visage : celui d'un pays riche et celui d'un pays sous-développé[833]. Elle ressemble à bien des égards à d'autres petits pays du Pacifique par son caractère insulaire, sa faible démographie, l'étroitesse de sa taille géographique et celle de son marché local. Mais elle est surtout sous-développée au regard de la structure productive de son économie. Elle se distingue pourtant de beaucoup de ces pays par son niveau de vie élevé, avec un PIB par habitant qui lui permet d'être classé parmi les pays les plus riches du monde. Il a été multiplié par trois en moins de trente ans. Sa situation économique est fondée sur certains atouts. La richesse principale est le minerai du nickel avec 20 à 40 % des ressources mondiales. Il représente 90 % des

---

831. *Ibidem*, p. 94-97.

832. Page (Jeanne), *op. cit.*, p. 487-488.

833. Freyss (Jean), « Nouvelle-Calédonie 1981-1988 : l'économie reste assistée », *in François Mitterrand et les territoires français du Pacifique (1981-1988)*, (dir.) Jean-Marc Regnault, *op. cit.*, p. 301.

exportations, avec un taux de couverture des importations variant de 45 à 61 % selon les années. Sa part dans le PIB varie entre 10 et 20 %. Les bénéfices liés au nickel seraient bien supérieurs si le minerai était transformé sur place. D'où l'intérêt d'une usine de traitement dans le Nord et d'une autre dans le Sud. Mais les coûts de production sont élevés par rapport aux concurrents à cause de la main-d'œuvre et de l'énergie et les cours varient tout le temps. Aucun autre secteur n'est assez développé pour prendre le relais en cas de périodes difficiles. Malgré de nombreuses aides, le secteur agricole ne représente que 1,7 % du PIB. Le secteur de la pêche est sous-exploité, car malgré une zone économique exclusive vaste, seules 3 000 tonnes de poissons sont pêchées par an.

En matière de tourisme, la Nouvelle-Calédonie reste une destination coûteuse en termes du prix du billet d'avion mais aussi en raison des prix pratiqués sur place. Le secteur de l'industrie, en dehors des industries minières et métallurgiques, ne représente que 10 % du PIB. Le secteur commercial est le premier secteur économique marchand avec 21 % du PIB. L'administration joue un rôle important par sa part dans le PIB à travers les salaires qu'elle distribue (25 à 35 %). Le niveau des impôts est faible. La fiscalité indirecte est importante car les impôts indirects constituent deux tiers des recettes fiscales, 73 % de ces recettes étant constituées de droits et taxes à l'importation. Or, le poids de la fiscalité douanière est un frein à la production locale, car elle grève lourdement les secteurs de production nécessitant de larges investissements. La balance commerciale présente un déficit chronique. Les recettes publiques ne sont pas suffisantes pour assumer les dépenses engendrées par les salaires du secteur public et plus généralement par les compétences du pays. Ce sont les transferts financiers toujours plus importants qui comblent cette insuffisance comme le montrent les statistiques de l'ITSEE[834].

Selon J. Page[835], si l'on admet que « la perte virtuelle d'autonomie » est d'autant plus importante que les dotations, participations et autres subventions occupent une place importante dans les budgets, l'autonomie de la Nouvelle-Calédonie n'est que toute relative étant donné l'importance des transferts de l'État. Ainsi, en l'espace de trente ans, les transferts publics nets de l'État par habitant (en tenant compte de l'inflation et de l'augmentation de la population) ont quadruplé. Pendant la période antérieure aux Accords de Matignon, l'évolution des transferts de l'État était irrégulière mais la dépendance vis-à-vis de l'État est restée limitée par rapport à celle qui a découlé de la mise en œuvre de ces accords. À partir de 1990, année de mise en application des Accords de Matignon, les transferts de l'État ont augmenté de manière significative, alors même que la loi référendaire les mettant en œuvre prévoyait des transferts de compétences importants.

L'on peut constater que l'augmentation des transferts publics épouse très étroitement l'évolution politique du pays, et le paradoxe est que plus celui-ci tend vers l'autodétermination, plus la dépendance économique vis-à-vis de la métropole se renforce par le double effet

834. Tableau de l'économie calédonienne, 2011, ITSEE.
835. Page (Jeanne), *op. cit.*

d'une augmentation des transferts publics et de l'absence d'un développement significatif de la production locale[836]. Jean Freyss fait remarquer que les transferts connaissent de fortes accélérations en périodes de crises politiques, mais une fois réalisés, ils ne sont plus remis en cause et ne régressent jamais. « *Ils deviennent un élément permanent, structurel pour le fonctionnement de l'économie calédonienne* ». Il conclut que cette politique de transferts n'a ni apporté le rééquilibrage économique ni engendré le développement, car

> « *cette injection de richesse exogène ne fonctionne pas comme levier de développement mais, au contraire, le bloque par les distorsions économiques qui en résultent. À partir des transferts publics, le bouclage macro-économique se traduit par une faible incitation à produire localement et la préférence à l'importation, ce qui creuse le déficit extérieur, une forte épargne disponible qui, ne trouvant pas à s'investir sur place, est placée à l'extérieur* ».

Selon Gilbert David, deux points de vue s'opposent au sujet des transferts publics : « Le premier les considère comme un

> « *cercle vicieux structurel* » *et prône leur diminution drastique ou leur abandon, accompagné d'une dévaluation très importante de la monnaie pour retrouver un secteur productif performant. Une telle évolution a un coût économique : la diminution importante du niveau de vie, jusqu'à ce que la croissance des secteurs primaire et secondaire permette d'atteindre une nouvelle visibilité économique, qui se double d'un coût social et culturel lié à l'acceptation des performances économiques individuelles comme nouveau moteur de l'ascension sociale. Le second point de vue postule que ces coûts sont trop élevés et que la mise en place d'un secteur productif performant et diversifié axé sur les ressources naturelles relève plus de l'utopie que de l'objectif réaliste. Les transferts de fonds publics sont considérés comme la rémunération de l'exportation non marchande de services internationaux géostratégiques, qui constitue une spécialisation internationale et viable à long terme, en raison notamment de la régularité de ces transferts qui s'oppose à la* « *volatilité* » *des recettes à l'exportation. Leur maintien reste donc indispensable à la viabilité de l'outre-mer français du Pacifique, à moins qu'ils puissent être compensés en partie par les recettes tirées d'une rente naturelle, comme le nickel en Nouvelle-Calédonie, ou encore les envois financiers des migrants. Dans cette perspective, le développement économique est planifié pour tirer le meilleur parti de cette économie de transfert et non s'y substituer* »[837].

Comment trancher face à un tel dilemme ? Les enjeux sont de taille : dépendance économique ou indépendance politique. Aucun n'est sans périls. Certains pensent, comme le berger de la fable, qu' « *un sou, quand il est assuré, vaut mieux que cinq en espérance* »[838]. D'autres, qu'il faut prendre des risques. D'autres encore, rien du tout.

836. Freyss (Jean), *op. cit.*, p. 303.
837. David (Gilbert), « Atouts et enjeux de l'outre-mer français dans le Pacifique, VII. Économie », *in L'outre-mer français dans le Pacifique, Nouvelle-Calédonie, Polynésie française, Wallis-et-Futuna*, CDP Nouvelle-Calédonie, L'harmattan, 2003, p. 236.
838. La Fontaine, *Le Berger et la Mer*, Fables, Hachette Livre, 1999.

### b) Le refus d'assumer l'autodétermination : entre dépendance et émancipation

Face à l'obligation constitutionnelle de transférer des compétences de l'État vers la Nouvelle-Calédonie en respectant le calendrier prévu, des tergiversations occasionnées par des obstacles de tous ordres (juridiques, techniques ou financiers) à franchir sont apparues, mais aussi par une certaine résistance politique. L'autodétermination négociée et acceptée est donc devenue si difficile à assumer ?

– **Des ambiguïtés et des hésitations.** Les premiers bilans et les premiers constats qui ont été faits sur les transferts de compétences de l'État vers la Nouvelle-Calédonie n'ont guère été élogieux. Le sentiment général qui a plané au début était le pessimisme. Certes, l'histoire du pays n'a-t-elle pas habitué les observateurs à trop de rêve ou de naïveté, mais beaucoup pensaient que le plus dur avait été fait avec la négociation et la signature. Après la belle théorie des transferts formulée dans l'Accord de Nouméa et traduite dans la loi organique, la pratique a quelque peu révélé des fissures sur les masques. Sans remettre en cause l'édifice mis en place depuis deux décennies, certaines attitudes ont semé le doute, mais c'était sans doute de bonne guerre.

• Premier constat : Au début du deuxième mandat, l'obligation de délibérer n'a pas été mise en œuvre par le Congrès comme elle aurait dû l'être. « *Le premier mandat 1999-2004 ayant été celui de l'immobilisme, la Présidente du gouvernement, dans sa déclaration de politique générale, prononcée le mardi 17 août 2004 au congrès de la Nouvelle-Calédonie, avait choisi plutôt de préparer les transferts* »[839]. Ce choix n'est pas blâmable puisqu'il venait du fait qu'elle héritait d'une situation un peu confuse, et d'ailleurs la méthode choisie s'est révélée efficace pour mettre en lumière les nombreux problèmes que les transferts impliquaient (techniques, juridiques, humains ou financiers). Mais on a peut-être attendu un peu longtemps avant d'y réfléchir.

• Deuxième constat : Interprétations divergentes des textes par les partenaires. En novembre 2007, la question des transferts fait irruption dans le débat politique calédonien. Elle oppose le Palika, une des composantes du camp indépendantiste au Rassemblement-UMP, l'une des composantes du camp loyaliste. Le premier affirme que les transferts sont automatiques, impératifs, et qu'ils doivent être effectifs avant le référendum de sortie qui portera sur les compétences régaliennes en 2014 ou 2018. L'autre affirme qu'ils ne sont ni automatiques ni impératifs, et qu'ils sont soumis à la majorité des trois cinquièmes du congrès. Ce débat qui a donné lieu à de vives tensions a bien montré qu'il y avait plusieurs interprétations, plusieurs lectures du même texte. Que fallait-il alors faire ?

839. CHAUCHAT (Mathias), *op. cit.*, p. 113.

« *Pour faire vivre l'Accord, il faut débattre des désaccords* », belle formule du professeur Jean-Yves Faberon, reproduite à cette occasion et lors d'une interview à une radio locale[840]. La sagesse a fini par prévaloir.

• Troisième constat : une adoption de lois du pays presqu'à contrecœur. Après que le gouvernement de la Nouvelle-Calédonie ait constitué un comité de pilotage politique des transferts, le Congrès a adopté *in extremis*, c'est-à-dire le dernier jour possible, le 30 novembre 2009, trois lois du pays, tel que nous l'avons indiqué *supra*. Mais cette adoption a été partielle puisque les lois du pays relatives au transfert à la Nouvelle-Calédonie du droit civil, du droit commercial et de la sécurité civile ont été reportées ; et surtout, elle s'est faite après beaucoup de péripéties. Parmi celles-ci figure en bonne place la révision constitutionnelle de la loi organique en 2009. Cette révision avait comme objectif de rendre le transfert conditionnel et aléatoire et de retarder le transfert de certaines compétences.

Pourrait-on envisager le refus des transferts de compétences régaliens pour diverses raisons dont celle de la non-maturité politique ? On sait que la thèse de la non-maturité politique a été évoquée à une certaine époque pour conditionner l'accès à la pleine souveraineté. Elle est parfois évoquée par ceux qui ne veulent pas d'indépendance, mais encore faut-il le rappeler, elle n'a jamais eu les faveurs de l'ONU.

– **Des négociations bloquées.** Les Accords de Matignon et l'Accord de Nouméa n'ont été que des solutions provisoires. Une solution définitive est logiquement attendue cette fois-ci, c'est-à-dire sans limitation de temps. Mais il se pourrait aussi que les négociations n'aillent pas jusqu'au bout. Alain Christnacht n'a-t-il pas dit lors d'une conférence à l'Université de la Nouvelle-Calédonie le 7 août 2003 :

> « *Je ne tiens pas cette hypothèse d'échec de l'Accord de Nouméa et de reprise en main par l'État comme la plus vraisemblable. Mais il faut garder à l'esprit que ce n'est pas une hypothèse absurde* ».

En supposant que l'échec dont il s'agit ici soit celui de la sortie de l'Accord, la séquence politique agitée de ces derniers temps à cause du problème du drapeau a rendu cette hypothèse plausible. Comme le dit Hamid Mokkadem,

> « *Derrière la question débattue du drapeau, on voit que les partis politiques calédoniens se placent par rapport aux discussions sur la fin de l'Accord de Nouméa. Chaque parti se place par rapport à l'espace ouvert et Calédonie ensemble se place par rapport à tous ces placements. Calédonie Ensemble rejoint le Palika en critiquant le non-respect d'une méthode consensuelle et d'une recherche en commun du drapeau. La méthode de discussion, basée sur le consensus et la recherche en commun, est bafouée par une tactique des placements d'une alliance entre l'UC, le Rassemblement-UMP, l'Avenir Ensemble, le Parti Travailliste,*

840. Interview accordée à RRB le 20 novembre 2007.

*une partie du Palika « la dynamique du Palika sud » contre Calédonie Ensemble ralliant sur ce point le LKS, l'UNI (PALIKA et UPM), le RPC et le MLD »*[841].

L'agitation politique consécutive à cette affaire n'est pas terminée. Elle a fait des dégâts considérables dans la famille « loyaliste », mais pourrait-elle avoir des conséquences sur l'avenir du pays ? Les élections législatives de 2012 ont pu en être une illustration éloquente. Les élections successives de deux présidents du Congrès aussi. Depuis les élections provinciales de 2014, les deux blocs se sont instinctivement ressoudés. L'avenir dira si les cicatrices se sont bien refermées.

### c) Une fracture socio-économique réelle

Après l'étude de Robert Bertram, c'est un colloque qui a contribué à mettre davantage en lumière les déséquilibres socio-économiques qui perdurent en Nouvelle-Calédonie et qui constituent de sérieux risques pour l'autodétermination en général et pour la sortie de l'Accord en particulier. Une fracture socio-économique, réelle bien avant les Accords de Matignon, qui perdure et s'aggrave malgré tous les efforts mis en œuvre pour le rééquilibrage.

Comme pour donner raison à cette appréhension, des accords économiques et sociaux ont été signés le 12 juin 2012, après six années de mobilisation, entre l'Intersyndicale constituée de l'USOENC, la Fédération des fonctionnaires, la COGETRA et la CGC et le Congrès de la Nouvelle-Calédonie. Ces accords, qui sont l'aboutissement d'un « combat de longue haleine contre la vie chère » que mènent l'USOENC et l'Intersyndicale depuis 2006, ne règlent pas tous les problèmes, de l'aveu même de ces syndicats. Mais ils contribuent à « écorner cette économie de comptoir qui fait tant de mal à la Calédonie »[842].

### d) Une fracture identitaire et culturelle profonde

Alors qu'il existe un fort taux de métissage biologique en Nouvelle-Calédonie, la véritable et inquiétante fracture est la fracture identitaire et culturelle. Elle est masquée par la fracture politique (pour ou contre l'indépendance), car elle est inavouable. Le rejet ou la revendication d'indépendance semblent devenus peu à peu des marqueurs d'identité au sens premier de ce terme *(sentiment ressenti par un individu d'appartenir à tel ou tel groupe social ou politique, et qui le porte à adopter certains comportements spécifiques)*. À force d'être pour ou contre, et quelles que soient les raisons évoquées, l'indépendantisme ou l'anti-indépendantisme devient une identité en soi, et chaque camp identifie sa lutte à un combat pour sauver son identité, la seule chose qui semble encore lui appartenir après tant et tant de renoncements et de concessions.

841. MOKADDEM (Hamid), *L'Accord de Nouméa*, 2012.
842. *Banian, Le journal de l'USOENC*, n° 33, juin 2012, p. 5.

Cette identité politique vient se greffer à l'identité culturelle chez beaucoup de personnes. Et c'est là que réside la pire des fractures. Pourtant, c'est là que l'essentiel de l'avenir du pays se joue, à notre avis. Y aura-t-il un destin commun en Nouvelle-Calédonie s'il n'y a pas de peuple calédonien ? Et le peuple calédonien en devenir ne devra-t-il pas soit partager une culture commune soit avoir une conscience de lui-même telle que cela revienne à un embryon de culture commune parce qu'il n'existe pas au monde de peuple sans une culture qui lui soit propre ? Cet effort pourrait aboutir soit à une fusion des cultures (difficile et rare) soit à un multiculturalisme assumé qui tendrait peu à peu vers un rapprochement culturel et vers un certain équilibre, soit encore à un inter-culturalisme audacieux. Le patchwork culturel calédonien ne devrait pas être un handicap, mais plutôt un atout pour le pays. Une trop longue colonisation a contribué à figer des mentalités et à engendrer toutes sortes de blocages. Le travail commencé par le Comité de pilotage des signes identitaires va dans le bon sens. Mais le nom du pays et surtout le problème du drapeau ont freiné ce processus. Ils sont révélateurs de l'état d'esprit actuel.

### C. Des hypothèses pour d'autres formules d'autodétermination

La Nouvelle-Calédonie doit définir son lien avec la France, si celui-ci ne doit plus se situer dans la France[843]. Elle devrait le faire de toutes les façons, qu'elle reste au sein de la France ou qu'elle s'en éloigne. Nul n'ignore que dès l'instant où l'Accord de Nouméa a été signé, l'après-Accord était dans tous les esprits. Comme pour le précédent Accord, celui de Nouméa n'était qu'un « répit ». Il fallait d'ores et déjà réfléchir sur l'avenir, puisqu'un scrutin d'autodétermination était prévu au bout de ce nouveau processus. Plus facile à dire qu'à faire, à cause de la radicalisation des positions qui suscite « passions et déraison ». Comment imaginer une solution intermédiaire, un compromis d'autodétermination qui puisse satisfaire les uns et les autres ? Rien de plus normal alors que les regards se tournent vers toutes les directions.

À commencer par la Constitution de la V^e^ République, modifiée à plusieurs reprises, qui propose une large gamme de régimes juridiques allant de la simple décentralisation à une éventuelle sécession. Thierry Michalon en donne une présentation simplifiée[844]. La Nouvelle-Calédonie peut-elle y trouver son compte ou faudra-t-il vraiment qu'elle aille chercher ailleurs ? Rien, en tout cas, ne devrait limiter l'imagination, si l'on s'en tient aux recommandations des autorités nationales qui incitent à s'inspirer même de

843. Agniel (Guy), « L'hypothèse de pays d'outre-mer associé (POMA) », *in Destins des collectivités politiques d'Océanie, Volume 2, Singularités*, (dir.) (J.-Y.) Faberon, (V.) Fayaud et (J.-M.) Regnault, *op. cit.*, ou « Le Parlement et la Nouvelle-Calédonie : du « droit à la bouderie » à la délégation de souveraineté ? » *in PUF/Revue française de droit constitutionnel*, 2012/2 n° 90, p. 227-238.
844. Michalon (Thierry), « Pour la Nouvelle-Calédonie, l'hypothèse fédérale », *op. cit.*

l'étranger[845]. Le droit international en matière de décolonisation n'est pas non plus démuni de solution. Il prévoit différentes possibilités pour le territoire « colonisé », ou plutôt « non autonome » qui veut s'autodéterminer. Après la Résolution 1514 (XV) du 14 décembre 1960 sur *l'octroi de l'indépendance aux pays et aux peuples coloniaux*, qui jette les bases de la doctrine de l'ONU sur la décolonisation, une autre, la Résolution 1541, indique dans son principe VI qu'« un territoire non autonome a atteint la pleine autonomie : a) quand il est devenu un État indépendant et souverain ; b) quand il s'est librement associé à un État indépendant ; quand il s'est intégré à un État indépendant. Une autre encore va plus loin : la Résolution 2625 (XXV) du 24 octobre 1970, qui ajoute *l'acquisition de tout autre statut politique librement décidé par un peuple.*

Ainsi, hommes politiques et simples citoyens, intellectuels et chercheurs s'y sont mis depuis longtemps. Quelques hypothèses ont déjà été avancées. Parmi elles, nous retiendrons les trois qui nous semblent les plus probables : l'hypothèse associative, l'hypothèse partenariale et l'hypothèse fédérale, mais non sans avoir dit un mot au préalable sur trois autres, malgré leur faible ou moyenne probabilité : le renforcement des liens avec la métropole (la départementalisation par exemple, bien qu'elle soit déjà en cause en métropole même), l'accès à la pleine souveraineté et le *statu quo*, c'est-à-dire le maintien du statut actuel.

### *1° Les hypothèses à probabilité faible ou moyenne*

La première d'entre elles pourrait être le renforcement des liens avec la métropole, la départementalisation. Il ne serait pas trop risqué d'exclure d'office l'hypothèse d'une intégration de la Nouvelle-Calédonie à la France à cause du principe d'irréversibilité de l'Accord de Nouméa et parce qu'elle est difficilement conciliable avec la position des indépendantistes. D'ailleurs, elle n'est pas souhaitée par le camp adverse. De même, celle de l'accès à la pleine souveraineté, car elle est inacceptable pour les anti-indépendantistes[846], pour l'instant. Ce sont ces deux hypothèses qui cristallisent le plus les antagonismes politiques.

La troisième serait le maintien du statut actuel. L'hypothèse du *statu quo* est à prendre au sérieux. Au vu des forces politiques en présence et compte tenu des idées qu'elles défendent, il y a fort à parier qu'elles se neutralisent. Elle est d'autant plus plausible que l'Accord de Nouméa lui-même a prudemment prévu trois scrutins d'autodétermination en cas de besoin, qu'elle est garantie par l'irréversibilité des compétences transférées par

845. Voir Agniel (Guy), « L'hypothèse de pays d'outre-mer associé (POMA) », *in Destins des collectivités politiques d'Océanie, Volume 2, Singularités*, (dir.) (J.-Y.) Faberon, (V.) Fayaud et (J.-M.) Regnault, *op. cit.*, p. 771, *qui rappelle que le Président de la République, Nicolas Sarkozy, en visite en N.-C., le 24 juin 2010, a incité les signataires de l'Accord de Nouméa à rechercher les bases d'une discussion sur l'avenir institutionnel de la N.-C. « en étudiant ensemble des exemples étrangers ». De même, le Premier ministre François Fillon, dans son allocution du 17 juillet 2010 devant les élus du Congrès, les a incités à faire « un travail de préparation qui consiste à collecter tous les éléments théoriques et pratiques, les expériences des pays insulaires du Pacifique ou d'ailleurs, expériences qui devront venir éclairer et faciliter la négociation ».*

846. Chauchat (Mathias), *op. cit.*, p. 265.

l'État, et qu'aucun camp ne pourrait rien imposer à l'autre. Elle l'est aussi parce que les projections objectives tendent à conclure que les anti-indépendantistes seront toujours majoritaires lors de ces scrutins d'autodétermination. En tout état de cause, la période prévue pour les scrutins d'autodétermination successifs permet à chaque camp de se donner du temps, et en cas de négociations, d'adopter une stratégie « qui va consister à ne jamais conclure avant les derniers moments », mais qui n'est pas sans risque non plus : « *celui de concéder plus à la fin de la période que ce qu'on aurait sereinement conclu ensemble au début du mandat 2014* »[847].

Alors que certains[848] affirment que selon les termes de la Constitution, si rien ne se passe au bout du délai de vingt ans, les articles 76 et 77 du titre XIII de la Constitution concernant la Nouvelle-Calédonie n'étant que transitoires, ils s'autodétruiront, d'autres envisagent plutôt la pérennisation de la situation car « *tant que les consultations n'auront pas abouti à la nouvelle organisation proposée, l'organisation politique mise en place par l'Accord de 1998 restera en vigueur, à son dernier stade d'évolution, sans possibilité de retour en arrière, cette « irréversibilité » étant constitutionnellement garantie* », et si les deux forces en présence n'arrivent pas à se départager d'une manière franche et sans ambiguïté pour une solution ou une autre, le problème bipolaire basé sur le devenir institutionnel de la Nouvelle-Calédonie restera entier[849]. En tout cas, si le provisoire perdurait, une révision de la Constitution s'imposerait pour « gommer » tout ce qui est temporaire et mettre à jour certaines mesures.

### *2° L'hypothèse associative*

Elle peut se décliner sous la forme d'un État associé ou celle d'un territoire ou pays associé. Encore faut-il que cette forme soit admise par le droit international et par le droit français, mais surtout qu'elle convienne aux différents protagonistes.

#### a) État associé ou territoire, pays associé ?

Parmi les travaux de prospective qui retiennent l'attention, on peut citer ceux du professeur Agniel, ceux du professeur Chauchat et quelques autres. La plupart d'entre eux s'inspirent des modèles anglo-saxons courants dans le Pacifique. Le professeur Chauchat par exemple conseille de s'inspirer du droit anglo-saxon « *qui comptabilise des formes d'États complexes qui, soit sont indépendants et à ce titre bénéficient d'un plein statut de droit international en siégeant à l'ONU, soit ont le droit unilatéral de le devenir* ». Il définit un État associé comme un territoire, avec une population et une citoyenneté, ayant le rang d'État, mais ayant signé une convention de partenariat, appelée *Compact of Free Association [USA] ou Association Statehood Act [UK]*, avec un État auquel il est

847. Chauchat (Mathias), « Le principe d'irréversibilité constitutionnelle de l'organisation politique de la Nouvelle-Calédonie », *in Colloque sur « Le droit constitutionnel calédonien »*, POLITEIA, N° 20 (2011), p. 157.
848. Christnacht (Alain), *op. cit.*
849. Bertram (Robert), *op. cit.*

associé. Il s'agit d'un sujet de droit international, mais dont le régime ne doit pas être confondu avec le fédéralisme ni avec le protectorat.

Cette hypothèse pourrait s'appuyer à la fois sur le droit onusien et sur le droit national français. Selon lui,

> « *le cheminement de la Nouvelle-Calédonie semble la mener tout droit vers le titre XIV de la Constitution française et son article 88 : « La République peut conclure des accords avec des États qui désirent s'associer à elle pour développer leurs civilisations* » »[850].

Il correspond par ailleurs à l'une des possibilités envisagées par la Résolution 1541. Les modèles d'États associés sont nombreux à travers le monde, notamment en Europe (Monaco, Saint-Marin, Liechtenstein, Andorre, le Vatican), mais surtout dans le Pacifique où deux d'entre eux attirent particulièrement l'attention : les États fédérés de Micronésie et les Îles Cook.

La FSM (*The Federated States of Micronesia* ou États fédérés de Micronésie) est un État indépendant et souverain, en association libre avec les USA (a Compact of free Association with the USA), entrée en vigueur le 3 novembre 1986 et renouvelée pour vingt ans en 2004. Elle dispose d'un siège aux Nations Unies. Les USA sont responsables de la défense et accordent un programme d'aide économique particulier. Mais la limite de ce statut, selon lui, est la disproportion phénoménale d'influence et de richesse entre l'hyperpuissance américaine et le micro-État insulaire. Il s'ensuit un alignement total de la politique étrangère de la *FSM* sur les USA, l'absence de discussions sur la politique militaire et la dépendance à l'aide économique américaine. Il en conclut que ce type de relations n'est ni adapté, ni reproductible pour la Nouvelle-Calédonie car ce statut pourrait difficilement être admis par les populations intéressées lors du référendum d'autodétermination comme une solution de compromis. C'est donc le statut des Îles Cook qu'il présente comme modèle pour la Nouvelle-Calédonie.

Protectorat britannique depuis 1888 et transférées à la Nouvelle-Zélande en 1901, les Îles Cook obtiennent un statut d'indépendance associée le 4 août 1965. Elles ont leur propre constitution et jouissent d'une très large autonomie politique. Elles gèrent leurs affaires internes, votent leurs propres lois et, depuis 2001, maîtrisent la conduite de leurs affaires étrangères. La déclaration commune du 6 avril 2001 stipule en effet que « *les Îles Cook peuvent nouer des relations avec la Communauté internationale et agir en tant qu'État souverain et indépendant* ». Elles disposent d'une nationalité néo-zélandaise. Le *New Zealand Citizenship Act 1977* confère en effet aux résidents des Îles Cook tous les droits dont bénéficient les Néo-Zélandais en Nouvelle-Zélande. L'appartenance aux Îles Cook leur donnent droit à un traitement préférentiel, notamment le droit au travail sans restriction, le droit à la propriété, le droit à l'éducation ou à la santé. Elles ne sont pas formellement indépendantes mais elles peuvent proclamer unilatéralement leur indépendance à tout moment. Elles ne siègent pas aux Nations unies mais elles sont

850. Chauchat (Mathias), *op. cit.*, p. 265.

déjà membre d'organisations internationales ou membre associé. Elles entretiennent des missions diplomatiques dans le Pacifique et ailleurs et disposent d'un réseau important de consuls honoraires. Elles signent des traités internationaux bilatéraux et multilatéraux. Toutefois, la Nouvelle-Zélande assiste les Îles Cook dans les affaires extérieures et la défense, mais également en matière administrative et budgétaire, toujours sur accord mutuel et sur demande.

Pour le Professeur Chauchat, les similitudes avec la Nouvelle-Calédonie sont nombreuses. Les Calédoniens disposent de la nationalité française en plus de la citoyenneté calédonienne. En cas d'indépendance-association, une double nationalité pourrait être négociée. Suivant l'article 31 de la loi organique, avec l'accord des autorités de la République, la Nouvelle-Calédonie peut être membre, membre associé d'organisations internationales ou observateur auprès de celles-ci. Cette compétence pourrait être davantage dynamisée. L'Accord de Nouméa a permis également la préférence locale en matière d'emploi. Il resterait à régler la question de la gestion des flux migratoires en Nouvelle-Calédonie. Faute de ne pouvoir exercer toutes les fonctions régaliennes, la Nouvelle-Calédonie pourrait négocier avec la France la possibilité d'un maintien de l'aide financière au fonctionnement de ses services publics et des collectivités au-delà de l'Accord de Nouméa.

Malgré toutes ces similitudes, cette hypothèse appelle de nombreuses remarques. D'abord sur les diverses expériences étrangères de l'indépendance-association. Elles ont connu des fortunes diverses. Le Professeur Dominique Turpin souligne l'échec répété des référendums canadiens et québécois depuis 1980 sur les projets de « souveraineté-association », la réussite du statut des Îles Fidji, indépendantes depuis 1970 mais dont les citoyens sont toujours « sujets britanniques » et dont les décisions du Parlement sont encore formellement contresignées par le Gouverneur général britannique. Mais plus intéressant encore le statut des Îles Cook et de l'Île de Niue, « autonomes » et « librement associées » à la Nouvelle-Zélande, avec la possibilité de voter leur indépendance à tout moment.

Ensuite, comme le rappelle aussi Dominique Turpin, l'indépendance-association a déjà été formulée le 7 janvier 1985 par Edgar Pisani, alors délégué du gouvernement français en Nouvelle-Calédonie, mais « ce plan a échoué » parce que rejeté par les deux camps.

> *« La France ou bien l'indépendance ; l'indépendance ou bien la France. Il est possible d'associer ce que l'on avait jusqu'ici opposé », assurait pourtant E. Pisani, suggérant une indépendance-association qui garantisse aux deux pays la stabilité dans leurs relations et… à tous le respect de leurs droits légitimes et de leur sécurité, dans le cadre de l'article 88 de la Constitution ».*

Ce dont personne n'a voulu à l'époque peut-il avoir des chances de succès demain ? Peut-être que oui, peut-être que non. Dominique Turpin rappelle aussi, en citant C. Philip, que

> « *l'accession à la souveraineté implique que les accords conclus par le nouvel État indépendant soient élaborés sur la base du droit international* », *mais qu'* « *il est difficile de concevoir un État indépendant accepter de se placer sous un statut défini par la Constitution (française notamment), c'est-à-dire le droit interne d'un autre État* ».

Il considère donc comme doublement inutile le fondement de l'article 88 de la Constitution évoqué, car le droit international permet de s'associer à d'autres États sans qu'il soit besoin de s'y référer et il ne sert nullement à garantir le respect de ses dispositions par l'État devenu indépendant. Mais pour lui, le véritable obstacle à une indépendance-association est qu'elle suppose le préalable de l'indépendance mais n'assure pas ensuite le respect par le nouvel État des garanties promises, ni même de l'association proprement dite.

Selon Robert Bertram, l'idée d'une indépendance-association semble aujourd'hui acceptée par le camp indépendantiste. Il cite Pascal Naouna, ancien président de l'Union calédonienne qui disait :

> « *L'idée de l'indépendance pure et simple évolue petit à petit vers l'idée d'un État associé à la France, pour tenir compte des réalités de la mondialisation. On y va, même si certains n'osent pas ou ne veulent pas le dire* », et Roch Wamytan qui énonçait : « *En 2014, nous serons arrivés pratiquement à un État associé* ». Les autres composantes du FLNKS trouvent aussi cette hypothèse plausible. Mais le camp anti-indépendantiste n'y est pas favorable. Pour Pierre Frogier, par exemple, « *l'indépendance-association ou un État associé, c'est une indépendance qui ne dit pas son nom* ».

C'est le même scepticisme vis-à-vis de l'indépendance-association que l'on retrouve chez le Professeur Guy Agniel. En effet, concluant une étude réalisée sur la relation associative entre les Îles Cook et la Nouvelle-Zélande et, dans une autre consacrée au Parlement français et à la Nouvelle-Calédonie, il s'est lui aussi demandé si la solution néo-calédonienne, pour la sortie de l'Accord de Nouméa, ne pouvait s'inspirer des solutions anglo-saxonnes dans le Pacifique[851]. Les modèles d'États associés (États fédérés de Micronésie, République des îles Marshall et République de Palau) ne lui paraissent pas très fiables ou intéressants car trop dépendants des États-Unis. Contrairement au Commonwealth à l'américaine ou au statut d'État associé, le statut des Îles Cook de territoire associé semblait et semble toujours à ses yeux, réunir un certain nombre d'éléments qui pourraient être utilisés pour l'avenir de la Nouvelle-Calédonie.

851. Agniel (Guy), « Relation associative, Îles Cook et Niué : la conception néo-zélandaise de l'association » *in Destins des collectivités politiques d'Océanie, Volume 1, Théories et pratiques, op. cit.*, p. 370. Voir aussi « Le Parlement et la Nouvelle-Calédonie : du « droit à la bouderie » à la délégation de souveraineté ? » in *PUF/Revue française de droit constitutionnel*, 2012/2 n° 90 p. 227-238.

Selon lui, la première formule, celle de Commonwealth à l'américaine, conviendrait bien aux anti-indépendantistes et la seconde, celle d'État associé, aurait les faveurs des indépendantistes, d'autant plus qu'il faudrait que la Nouvelle-Calédonie devienne indépendante avant de s'associer à la France, comme il ressort de la logique de l'article 88 de la Constitution. C'est ce que confirmait déjà, en 1997, Roch Wamytan, alors président du FLNKS, lors d'un colloque sur l'avenir statutaire de la Nouvelle-Calédonie :

> « *En premier lieu,* disait-il, *1998 devrait voir se concrétiser un accord politique négocié sur la base d'un État en association avec la France* »[852], alors que Bernard Deladrière, membre du RPCR, excluait toute idée d'indépendance-association : « ... *Ajoutons également que cela exclut pour le RPCR – pendant cette période – une formule d'indépendance-association qui suppose en premier lieu une accession à l'indépendance, laquelle n'est possible que si les populations intéressées en décident ainsi par un scrutin d'autodétermination* »[853].

C'est donc pour s'assurer toutes chances de succès que le Professeur Agniel préfère le concept de *territoire ou de pays associé.* Il pourrait offrir une opportunité intéressante, selon lui, si le constituant français acceptait le mécanisme de ce qu'il a appelé, il y a quelque temps, la « *délégation de souveraineté* ».

### b) La délégation de souveraineté

Pour le Professeur Agniel, le statut dont bénéficient les îles Cook et Niué, dans leur relation avec la Nouvelle-Zélande est bien celui de *territoires associés.* Ce statut adopté a été ainsi présenté par la Nouvelle-Zélande en octobre 1989 à l'UNESCO :

> « ...*Les îles Cook ne sont ni une colonie ni un territoire non autonome. Pour autant elles ne sont pas un État souverain au sens du droit international. Elles constituent une catégorie spéciale dont les îles Cook et Niue sont peut-être les seuls exemples. Elles sont un territoire associé, possédant une complète maîtrise de leur destinée aussi bien dans le domaine des affaires intérieures que dans celui des relations internationales.* [...] *La relation entre les îles Cook et la Nouvelle-Zélande s'apparente donc à un partenariat dont les éléments communs sont le partage de la personnalité juridique au plan international et le fait d'avoir le même chef d'État et la même citoyenneté.*

Cette précision rend un peu plus crédible et pertinente toute analogie avec la Nouvelle-Calédonie et toute idée d'inspiration de ce modèle, car la qualification juridique de *territoire* correspond à la situation de la Nouvelle-Calédonie dans la mesure où elle lui permettrait de s'associer à la France sans passer par l'indépendance comme le prévoit l'article 88 de la Constitution : « *La République peut conclure des accords avec des « États » qui désirent s'associer à elle pour développer leurs civilisations* ».

---

852. Wamytan (Roch), « Le projet des indépendantistes », *in L'avenir statutaire de la Nouvelle-Calédonie, op. cit.* p. 253.
853. Deladriere (Bernard), « L'évolution dans le cadre de territoire d'outre-mer », *in L'avenir statutaire de la Nouvelle-Calédonie, op. cit.*, p. 219.

Le Professeur Agniel[854] propose donc de s'appuyer sur l'esprit (et même la lettre à notre avis) de la Résolution 1541 (XV) du 15 décembre 1960 de l'ONU dont le sixième principe dit qu'un

> « *territoire non autonome est réputé avoir exercé son droit à l'autodétermination en accédant à la pleine souveraineté, c'est-à-dire au statut international d'État, en s'intégrant dans un État préexistant, en s'associant librement à un État préexistant* », et dont le septième principe précise que « *la libre association doit résulter d'un choix libre et volontaire, exprimé par un processus démocratique* »,

d'autant plus que le système particulier d'association entre les Îles Cook et la Nouvelle-Zélande a reçu l'aval de l'Assemblée générale des Nations Unies. Il propose aussi l'idée de « délégation de souveraineté » qui, selon lui, « pourrait résulter de la rencontre de l'expression des volontés, exprimées simultanément par l'organe « législatif » de la Nouvelle-Calédonie et par le Parlement français, et portant sur les trois points suivants :

– La reconnaissance que, tant sur le plan du droit international qu'en droit interne, la Nouvelle-Calédonie est en mesure, si sa population y consent, d'accéder à l'indépendance.

– La constatation que l'exercice des compétences de souveraineté consisterait en une trop lourde charge pour la Nouvelle-Calédonie.

– La décision de la Nouvelle-Calédonie de confier à la République française l'exercice contrôlé de ces compétences, la République française s'engageant à consulter préalablement la Nouvelle-Calédonie pour toute décision concernant cette dernière. Cet accord serait ensuite soumis à la population de Nouvelle-Calédonie en lieu et place du référendum sur le transfert des compétences de souveraineté prévu par l'Accord de Nouméa »[855].

Conçue comme un concept global, la « délégation de souveraineté » semble être une forme plus aboutie que l'indépendance-association. Outre les avantages d'être simple et modulable à l'ensemble de l'Outre-mer français, le Professeur Agniel pense qu'elle pourrait satisfaire la grande majorité des revendications indépendantistes qui sont essentiellement identitaires tout en préservant la sécurité économique et financière de ces fragiles entités.

Le statut de Pays d'outre-mer associé pourrait ainsi s'appliquer à tous les DOM et COM qui pourraient chacun constituer un binôme constitutionnel et institutionnel avec la France métropolitaine, tout en appartenant à un sous-ensemble régional. Chaque POMA exercerait le maximum de compétences classiques et le minimum de compétences de souveraineté laissées à la République française, sur la base de quelques principes : la liberté et la progressivité. Liberté dans le choix et l'exercice des compétences, liberté dans

854. Agniel (Guy), « Relation associative, Îles Cook et Niué : la conception néo-zélandaise de l'association », in Destins des collectivités politiques d'Océanie, Volume 1, Théories et pratiques, *op. cit.*, p. 369.
855. Agniel (Guy), « Le Parlement et la Nouvelle-Calédonie : du « droit à la bouderie »... à la délégation de souveraineté ? », *op. cit.*, p. 235.

le choix du calendrier de l'échéancier du transfert des compétences, liberté de mettre un terme au statut. Progressivité car chaque POMA s'acheminerait vers le modèle achevé par étapes et selon ses moyens. Une citoyenneté locale permettrait aux habitants du POMA de participer à l'élection du Président de la République et à celle de leurs représentants nationaux (députés et sénateurs). Les décisions d'accéder à ce statut seraient prises par l'Assemblée délibérante de chaque DOM ou COM et par le Parlement français.

Ici aussi, quelques remarques et questions s'imposent. Parmi elles, celle de savoir s'il est possible de déléguer une souveraineté que l'on n'a pas, en droit français. La Nouvelle-Calédonie pourrait-elle déléguer une souveraineté à laquelle elle aspire ? Les modèles qui sont mis en avant relèvent d'autres systèmes juridiques comme la *Common law*. En droit français, on pourrait peut-être soutenir l'idée de délégation de souveraineté dans la mesure où l'on admet que la Nouvelle-Calédonie participe déjà à la souveraineté qu'elle « partage » avec la République française, selon une certaine doctrine, du fait de certaines prérogatives qu'elle exerce en matière de relations extérieures, du fait d'un certain pouvoir d'auto-organisation, du fait de son pouvoir normatif autonome, du fait de l'irréversibilité du transfert des compétences. On pourrait aussi la soutenir en s'inspirant du professeur Charles Chaumont qui a autrefois fait la distinction entre une souveraineté dynamique et une souveraineté statique.

Il dit ceci :

> « *Selon le peuple ou la nation qu'elle concerne, elle prend un sens radicalement différent. En bref, la contradiction qu'elle recèle provient de la diversité fondamentale des situations auxquelles elle est susceptible de s'appliquer. Par exemple, le même mot exprime la qualification du pouvoir colonial sur un peuple colonisé et le but de la révolte pour ce peuple. Mais cette contradiction peut être surmontée, dans la mesure où, dépassant la superstructure formelle de la souveraineté en tant qu'elle ne concerne que l'abstraction étatique, on relie la souveraineté au contenu concret de l'État. Car derrière la souveraineté actuelle d'un peuple peut apparaître la souveraineté virtuelle d'un autre peuple que le premier domine et qui n'a pu encore se constituer en État ; et derrière l'exercice de la souveraineté par un gouvernement peut apparaître la révolution qui se prépare. L'une porte l'autre, et plus la contradiction s'exaspère* [...] *plus sa solution ressort clairement* »[856].

Mais le professeur Agniel s'inscrit-il dans cette logique ? Par ailleurs, l'obstacle soulevé par Dominique Turpin pour l'indépendance-association, n'est-il pas ici présent ? La délégation de la souveraineté suppose le préalable de sa pleine possession, donc de l'indépendance, mais n'assure pas ensuite le respect par le nouvel État des garanties promises, ni même de l'association proprement dite. C'est pour éviter cet écueil ou ce risque que le professeur Agniel indique que « la délégation de souveraineté pourrait résulter de la rencontre de l'expression des volontés, **exprimées simultanément** par l'organe « législatif « de la Nouvelle-Calédonie et par le Parlement français »[857].

856. Chaumont (Charles), *Cours de droit international public*, *op. cit.*, p. 387.
857. *Ibidem*.

### 3° *L'hypothèse partenariale*

Ici, le qualificatif change mais en fait le contenu et la portée sont à peu près les mêmes que dans l'hypothèse précédente. L'intérêt de cette hypothèse réside surtout dans le fait qu'elle est le résultat de travaux de recherche menés par des experts désignés par le premier ministre F. Fillon en 2011. Dans leur rapport sur l'avenir institutionnel de la Nouvelle-Calédonie, le conseiller d'État Jean Courtial et le professeur Ferdinand Mélin-Soucramien montrent quel type de partenariat celle-ci pourrait avoir avec la France, le cas échéant, un partenariat fondé sur « des relations plus étroites et plus denses qu'une simple coopération ». Cette étude s'appuie d'une part sur des exemples de partenariats (placés en miroir) pris en Océanie et en Europe, et d'autre part sur des exemples de relations classiques de coopération entre la France et certains pays d'Afrique[858].

Ce qui en ressort globalement, c'est qu'il s'agit de relations privilégiées de longue durée ou de durée indéfinie, où des délégations de compétences (y compris de compétences régaliennes) reposent sur la force du lien de partenariat entre le petit État et le grand État partenaire, où les ressortissants de chacun des États partenaires ont un statut privilégié chez l'autre. Cette hypothèse part de l'idée qu'il s'agit de rapports entre États. Mais elle sous-estime peut-être un obstacle à surmonter, celui du rejet par les anti-indépendantistes car qu'elle suppose le préalable de l'indépendance mais n'assure pas ensuite le respect par le nouvel État des garanties promises, ni même du partenariat proprement dit.

### 4° *L'hypothèse fédérale*

L'hypothèse fédérale peut-elle constituer une solution de compromis entre les attentes contradictoires en présence ? Elle est à prendre au sérieux car elle a été maintes fois évoquée par certains « spécialistes » de l'expérience calédonienne et elle suscite de plus en plus d'intérêt auprès d'une partie de la classe politique locale.

Pour Thierry Michalon, cette solution était déjà envisageable avant et au sortir des Accords Matignon-Oudinot car « *les statuts conférés à plusieurs territoires d'outre-mer depuis plus de trente-cinq ans comportent maintes dispositions à travers lesquelles se retrouvent – parfois très précisément – des critères du fédéralisme* », qu'il emprunte à Guy Héraud[859] : l'autorité des entités membres, la subsidiarité des compétences des organes fédéraux, la participation des entités membres au Gouvernement de la Fédération, des mécanismes de garantie. Cet auteur a toujours considéré que le fédéralisme interne asymétrique caractérisait le statut des territoires d'outre-mer. Il a aussi évoqué l'idée d'un fédéralisme externe asymétrique avec la mise en place d'une « *Communauté française du Pacifique* » proposée par un parti calédonien, la Fédération pour l'unité du peuple calédonien (FUPC), peu avant l'Accord de Nouméa. Cette Communauté, inspirée de

858. Les exemples de partenariat pris sont ceux des États fédérés de Micronésie avec les États-Unis, Monaco avec la France, le Liechtenstein avec la Suisse, et celui des accords de coopération entre la Côte d'Ivoire et la France.
859. HÉRAUD (Guy), Les principes du fédéralisme et la Fédération européenne, Presses d'Europe, 1968.

celle mise en place en 1958 par le général de Gaulle, aurait été ouverte aux trois territoires d'outre-mer du Pacifique et aurait permis aux sensibilités indépendantiste et anti-indépendantiste de Nouvelle-Calédonie de se rejoindre sur une solution de compromis. Sa position sur le fédéralisme est claire :

> « *Résolument écartée par une doctrine convaincue de son incompatibilité radicale avec les règles fondamentales de notre droit public, l'idée fédérale n'est pourtant pas étrangère à nos institutions. Elle perce clairement, depuis le début des années soixante, dans le statut de maints de nos territoires d'outre-mer et s'affirme au fil du temps, que ce soit par les percées du législateur, par l'acquiescement du juge constitutionnel ou par la volonté du constituant, récemment réitérée lors de la substitution de la loi organique à la loi ordinaire pour l'adoption des statuts particuliers des TOM* ».

Pour lui, le fédéralisme est déjà là, c'est un fait que certains refusent tout simplement de reconnaître. Et il suggère quelques pistes pour sa mise en œuvre effective :

> « *Le précédent de la Communauté de 1958 pourrait même s'avérer précieux pour inspirer la création d'un ensemble français dans le Pacifique, dont le caractère fédéral serait encore plus accentué que ne l'est la situation des TOM dotés de l'autonomie la plus marquée. Une révision de notre Constitution serait certes nécessaire. Mais n'est-il pas préférable de réviser la Constitution plutôt qu'envoyer les gendarmes mobiles ? La vocation du Droit n'est-elle point, avant toute chose, de régler pacifiquement les attentes contradictoires des diverses composantes du corps social ?* »[860].

Une sorte de « fédéralisme interne » existe en fait depuis les Accords de Matignon, avec l'articulation entre les trois provinces dotées d'une compétence de droit commun, et éléments moteurs de la nouvelle organisation d'une part, et le Congrès, chargé de la gestion des affaires communes d'autre part.

L'hypothèse d'un fédéralisme externe asymétrique reste valable et a été reprise par d'autres auteurs. Gérard Marcou aussi pense que

> « *le traité fédéral pourrait fournir un cadre plus stable tout en comportant l'accès de la Nouvelle-Calédonie à la pleine souveraineté et au statut d'État. Il supposerait d'une part d'être prévu par la Constitution de la République française, et d'autre part par la Constitution dont la Nouvelle-Calédonie devrait se doter et qui succéderait à la loi organique actuelle. Ces dispositions constitutionnelles devraient prévoir la possibilité du lien fédéral sur la base d'un traité. Le traité fédéral aurait pour objet et pour effet de faire de la Nouvelle-Calédonie un État membre de la République française, par la décision souveraine du corps électoral de la Nouvelle-Calédonie. La Constitution française deviendrait en même temps Constitution fédérale pour la Nouvelle-Calédonie, dont elle déterminerait les compétences législatives. L'avantage par rapport à l'accord d'association est une certaine garantie de stabilité institutionnelle et des liens avec la France. La Nouvelle-Calédonie ne perdrait pas en liberté, et la discussion sur les transferts de compétences ne serait guère différente de ce qu'elle est aujourd'hui ; à la différence d'un État fédéral classique, le lien fédéral est ici une relation bilatérale et, en particulier, on devrait préciser que la révision des articles constitutionnels relatifs au traité fédéral et aux compétences ne pourraient être révisés sans son accord. En revanche, le traité fédéral rendrait plus légitime*

860. Michalon (Thierry), « Pour la Nouvelle-Calédonie, l'hypothèse fédérale » *in L'Avenir statutaire de la Nouvelle-Calédonie*, La Documentation française, Paris, 1997, p. 241.

*la solidarité de l'ensemble de la République envers la Nouvelle-Calédonie. Cette option pourrait convenir si la majorité continue d'être favorable à un rattachement à la France »*[861].

Le Professeur Jean-Yves Faberon met un accent particulier sur l'héritage fédéral des Accords de Matignon qui ont ouvert l'ère des négociations, en sachant que

> « *négocier pour rassembler les différences, c'est fédérer* [...] *Ainsi, ces Accords dont le sens était de ne pas régler eux-mêmes la question du destin de la Nouvelle-Calédonie par rapport à la France, donnaient pourtant la direction où chercher : la voie fédérale, et même l'hypothèse d'un double fédéralisme* »[862]. Il prône alors le double fédéralisme pour l'avenir de la Nouvelle-Calédonie car « *Le fédéralisme externe comme le fédéralisme interne sont des pistes pouvant susciter un consensus entre indépendantistes et non indépendantistes calédoniens, dès lors que la sagesse les conduirait à s'accorder ensemble en écartant l'indépendance absolue comme l'intégration totale à la France* [...] *Le fédéralisme est la garantie contre les intolérances toujours possibles dans une société plurielle. Le fédéralisme interne permet que chaque État membre adopte sa propre dynamique. Le fédéralisme externe préserve l'arbitrage impartial de la République française* »[863].

Il rejette l'argument selon lequel toute idée fédérale serait contraire à la tradition unitaire française en rappelant les exemples de l'Union française sous la IVe République puis la Communauté sous la Ve, et en indiquant que rien n'interdisait d'innover en imaginant « le schéma d'une République française unitaire dotée d'un État qui lui serait fédéré, la Nouvelle-Calédonie. Cet État s'en remettrait à la République française pour l'exercice de certaines compétences dont elle lui laisserait la charge : la sécurité extérieure et intérieure, la justice, la monnaie... ». Il cite l'exemple du fédéralisme asymétrique canadien et celui des Antilles néerlandaises fédérées aux Pays-Bas d'Europe qui pourraient inspirer les Calédoniens. On ne trouve dans ces propos que les avantages d'une telle hypothèse. D'autres réflexions universitaires sur le fédéralisme ont vu le jour. Elles tendent presque toutes à montrer qu' « une logique fédérale appliquée à la Nouvelle-Calédonie est pertinente puisqu'il convient, sur ce territoire, de rassembler des différences, donc de fédérer ce qui est épars »[864].

L'idée fédérale fait donc son chemin et semble séduire une bonne partie des non-indépendantistes, qui pense que « par cette voie, la Nouvelle-Calédonie resterait très autonome mais ancrée à la France, laquelle conserverait ses compétences régaliennes ». Celle-ci ne semble pourtant pas séduire les indépendantistes. Roch Wamytan par exemple en dit ceci :

---

861. MARCOU (Gérard), « L'autonomie dans la République : jusqu'où ? » *in Destin des collectivités politiques d'Océanie, volume 1, Théories et pratiques*, *op. cit.*, p. 65.
862. FABERON (Jean-Yves), « L'idée fédérale en Nouvelle-Calédonie depuis les Accords Matignon », *in La Nouvelle-Calédonie, Vingt années de concorde -1988-2008*, (dir.) (J.-M.) REGNAULT et (V.) FAYAUD, Publications de la Société française d'histoire d'outre-mer, Paris, 2008, p. 115.
863. *Ibidem*, p. 115 et 118.
864. BERTRAM (Robert), *op. cit.*, p. 456.

> « *Pour contrer l'indépendance, il (l'État) décolonise dans la France. Il propose une fédération « externe » afin de garder les pouvoirs régaliens et ce, malgré les échecs retentissants de l'Union française en 1946 et de la Communauté en 1958* »[865].

En fait, les indépendantistes ne trouvent pas assez d'État dans le fédéralisme qui est proposé alors qu'une partie des non indépendantistes en trouvent trop. Les réticences de ces deux camps constituent donc de sérieux obstacles à cette hypothèse, sauf peut-être si l'on considère que

> « *le fédéralisme n'est qu'un compromis - voire un bricolage - institutionnel dont les caractéristiques peuvent profondément évoluer selon les attentes et les pratiques des parties prenantes* »[866] et que « *le fédéralisme n'est jamais achevé* »[867].

Du point de vue du principe d'autodétermination dont nous analysons l'évolution, il est à considérer que « *peu importe la couleur, pourvu que le chat attrape la souris* ». Depuis que les statuts ne sont plus verticalement octroyés par la métropole, mais sont négociés par les Calédoniens, il s'agit bel et bien d'une autodétermination postmoderne. Les Calédoniens s'autodéterminent sans le savoir peut-être, un peu comme Monsieur Jourdain faisait de la prose sans le savoir. Ils ont exercé leur droit à disposer d'eux-mêmes en acquérant des statuts librement décidés par le peuple comme le prévoit la Résolution 2625 (XXV) de l'AG de l'ONU, et ils peuvent décider de leur avenir comme ils l'entendent.

## II - Le Nunavut, une autodétermination semi-fermée

L'autodétermination dans sa conception postmoderne est en principe ouverte à toutes les hypothèses. Celle du Nunavut apparaît à moitié fermée d'une part parce que les autorités fédérales et les autochtones l'ont voulue ainsi, et d'autre part parce qu'aucune autre perspective n'est envisagée pour l'instant. Le modèle choisi correspond sans doute à ce que permet le système canadien tel qu'il est aujourd'hui.

### A. Les contradictions du système canadien

Le Nunavut est souvent présenté comme un modèle de gouvernance autochtone dans ce système. S'il est évident que cette gouvernance a des avantages surtout du point de vue de l'autodétermination, elle n'en présente pas moins certaines limites et contraintes.

---

865. Propos tenus à Paris lors du colloque sur les vingt années de concorde en Nouvelle-Calédonie, rapportés par (Robert) Bertram, *op. cit.*, p. 467.
866. Vergniolle De Chantal (François), *Fédération et antifédération*, PUF, 2005, p. 43, cité par (J.-Y.) Faberon.
867. *Ibidem*.

### *1° Limites et contraintes de la gouvernance autochtone*

Dans une étude très intéressante, Pierre Moreau et Andrée Lajoie[868] jettent un peu plus de lumière sur la gouvernance des peuples autochtones au Canada en relevant les difficultés de l'autonomie gouvernementale et de son approche scientifique. Celles-ci perdurent malgré un cadre juridique renforcé sur le plan international par la Déclaration sur les droits des peuples autochtones de 2007 et malgré l'apport de l'article 35 de la Loi constitutionnelle canadienne de 1982 sur le plan interne. Pour eux,

> *« Comme tous les mots à la mode, l'emploi du concept (de gouvernance) est rendu difficile du fait de sa polysémie, et en politique, il fait penser à la « bonne gouvernance » et aux conditions d'une prise en charge des collectivités par leurs propres moyens, il réfère aux représentations, aux mécanismes, aux processus et aux moyens qui, au sein d'une collectivité, concourent à la définition des orientations collectives et de façon plus générale encore, aux conditions du vivre ensemble ».*

Ces auteurs considèrent que non seulement la question autochtone « exige une reconsidération des conceptions classiques de la souveraineté, de l'autorité politique et du territoire », mais aussi que « toute réflexion sur les conditions de l'autonomie gouvernementale autochtone exige un inventaire des contraintes qui s'opposent à sa réalisation ».

Ces contraintes sont d'abord d'ordre historique. Elles tiennent de ce fait au colonialisme interne, qui se traduit par le renforcement de la dépendance des communautés autochtones vis-à-vis des autorités canadiennes ; elles tiennent aussi aux tensions entre les ordres de gouvernances autochtones (la Nation ou la communauté), au poids des compromis politiques établis qu'il faut reconsidérer malgré leur diversité avec l'avènement de la Loi constitutionnelle de 1982, à la résilience des formes de gouvernance imposées (ni une gouvernance fondée sur le mythe d'un retour improbable à une gouvernance totalement traditionnelle, ni celles expérimentées jusque-là), et enfin à la dépendance mutuelle des ordres de gouvernance.

Ces contraintes sont aussi d'ordre idéologique. Le déploiement de l'autonomie gouvernementale se heurte à la difficulté de fonder la gouvernance sur des références de type traditionnel, leur piste étant brouillée, ou celle d'établir de nouvelles références collectives légitimes, de redéfinir des références partagées. Il se heurte aussi à l'écueil d'une conception archaïque des droits ancestraux, et s'expose au piège de l'enfermement dans des catégories juridiques et politiques établies.

Les contraintes d'ordre sociologique et économique, quant à elles, tiennent à la dimension restreinte des communautés autochtones, à la gravité des problèmes sociaux

---

868. NOREAU (Pierre) et LAJOIE (Andrée), « Peuples autochtones et gouvernance en contexte canadien : difficultés de l'autonomie gouvernementale autochtone et perspectives de recherche », Centre de recherche en droit public, Université de Montréal, Première version d'un article paru dans Christoph Eberhard (éd.), *Droit, gouvernance et développement durable, Cahier d'anthropologie du droit*, 2005, Paris, Karthala, 376, p. 165-179.

auxquelles elles sont confrontées et à la dépendance économique de ces collectivités et de leurs membres. Selon ces auteurs,

> « *Au sein de plusieurs d'entre elles, la statistique rappelle le caractère endémique de certains problèmes sociaux, souvent associés aux conséquences d'une aliénation culturelle et économique et d'une pauvreté chronique : taux de suicide élevé, toxicomanie, violence, problèmes de santé et problèmes sociaux. Cet état de fait tient également à l'acculturation dont les communautés sont victimes, au bouleversement de leurs activités traditionnelles, à la très grande mobilité géographique de leurs membres et à leur accès restreint aux avantages d'une modernité ajustée aux conditions culturelles et sociales de leur collectivité* ».

Par ailleurs,

> « *L'autonomie gouvernementale et le développement d'une gouvernance proprement autochtones nécessitent des moyens financiers concrets auxquels n'ont généralement pas accès les communautés, pour des raisons évoquées plus haut et qui tiennent aux assises économiques fragiles de plusieurs communautés. Or, cet état de fait, s'il ne trouve pas de solution, rend illusoire toute possibilité d'autonomie concrète, toute forme d'autonomie gouvernementale étant généralement fonction d'une forme ou d'une autre d'autonomie économique* ».

Le cas du Nunavut semble bien illustrer cette analyse.

### *2° Une autodétermination assumée mais difficile à mettre en œuvre*

Le gouvernement du Nunavut mis en place en 1999 s'était fixé comme objectif de permettre au peuple inuit de maîtriser son destin politique, de « *contrôler son programme politique afin de mieux gérer les défis socio-économiques de la société inuit à l'approche du XXI^e^ siècle* »[869] Son dixième anniversaire, le 1^er^ avril 2009, a été l'occasion de dresser un bilan de l'autonomie gouvernementale inuit, Un bilan plutôt sombre, selon André Légaré, malgré quelques avancées et la jeunesse de ce gouvernement, à cause de nombreux problèmes socio-économiques qui minent la société inuit depuis longtemps.

Suite à de longues négociations entre le gouvernement fédéral et le peuple inuit conduit par ses élites, le Nunavut est né d'une double volonté de reconnaître des droits à un peuple autochtone sur un territoire géographique bien délimité et de lui accorder la liberté et les moyens de se gérer lui-même. Mais à la kyrielle de problèmes liés à la colonisation, a succédé celle des problèmes liés à la sédentarisation forcée. Le sociologue Janet M. Billson, considère que celle-ci a eu des conséquences désastreuses qui ont déstabilisé et marginalisé la société inuit depuis les années 50. Ayant obtenu la pleine gestion des pouvoirs politiques, économiques et sociaux, le premier gouvernement du Nunavut de 1999 s'est fixé des objectifs à atteindre pour vingt ans dans le cadre du Mandat Bathurst à travers les quatre axes suivants : communautés en santé, unité et simplicité, autosuffisance économique et formation continue.

869. LÉGARÉ (André), « Le Nunavut : entre le rêve et la réalité. Bilan de dix années d'autonomie gouvernementale inuite et prospective socio-économique », *in Journal of Canadian Studies* ; Spring 2009 ; 43, 2 ; CBCA Reference, p. 23.

À mi-chemin de l'échéance indiquée, André Légaré a donc confronté cet énoncé des priorités sociopolitiques à la réalité, dans une étude très intéressante s'appuyant sur les statistiques officielles de *Statistique Canada* et sur divers discours et informations parues dans les medias locaux et dont les conclusions viennent ci-après.

Le premier axe portant sur *les communautés en santé* regroupe les conditions sociales, la santé et les logements sociaux. Le Mandat Bathurst prévoit que les conditions sociales et la qualité de vie soient équivalentes ou supérieures à celles des autres Canadiens en 2020. Or, que constate-t-on ? Un taux de suicide des jeunes (15 à 24 ans) élevé, avec 250 cas depuis 1999 et une moyenne de 25 par an, dont les causes sont : le manque d'encadrement parental, le faible taux d'éducation, un taux de chômage élevé, et pour lesquelles le gouvernement semble démuni. Autre fléau : les violences conjugales qui connaissent un taux quatorze fois plus élevé qu'ailleurs du fait que les hommes sont affectés par le chômage, que les femmes travaillent de plus en plus. La criminalité est elle aussi omniprésente. En 2005, le nombre de crimes était cinq fois plus élevé qu'ailleurs, avec le passage du nombre de condamnations de 1 362 en 1999 à 2 333 en 2003, ainsi que le taux d'incarcération plus élevé qu'ailleurs et qui a doublé par rapport à 1999. Le chômage y est certainement pour quelque chose puisqu'il connaît un taux de 24 %, ainsi que le faible revenu moyen de 16 000 dollars par an.

Quant à la santé, les chiffres ne sont guère plus brillants. À cause des mauvaises habitudes alimentaires, de logements insalubres et surpeuplés, du taux élevé du tabagisme, de l'alcoolisme, des maladies sexuellement transmissibles et des drogues, le cancer du poumon est cinq fois plus élevé que dans le reste du Canada, le diabète, la tuberculose et l'obésité font des ravages, avec une mortalité infantile quatre fois plus élevée qu'ailleurs, et une espérance de vie plus courte. Avec tant de problèmes et du fait de l'éloignement géographique, les coûts de gestion de la santé explosent : 8 700 dollars par personne contre 4 100 dollars dans le reste du Canada. À cela s'ajoutent l'instabilité chronique et l'insuffisance du personnel qui nuisent à l'amélioration des programmes et des services de santé. Onze médecins seulement pour trente mille personnes réparties sur un vaste territoire. La campagne médiatique de prévention et sensibilisation initiée par le gouvernement en 2004 n'a pas encore produit ses effets.

Les logements sociaux non plus ne donnent pas satisfaction. La majorité de la population y recourt et en 2006, 40 % de celle-ci vit dans des logements surpeuplés, ce qui entraîne des problèmes de santé, des tensions, des violences de toutes sortes. Par ailleurs, l'insuffisance de ces logements entraîne une longue période d'attente. Le gouvernement n'arrive à financer que 50 logements par an au lieu de 370. Il faut donc une politique très volontariste dans ce domaine pour lequel le gouvernement fédéral traîne un peu les pieds.

Le second axe porte sur l'unité et la simplicité. Il vise à faire du Nunavut et de son gouvernement le reflet de la culture et des traditions inuit en 2020. La langue inuit doit être parlée par 85 % des Inuit. Bien qu'elle soit l'une des trois langues autochtones qui se portent bien, les Inuit s'expriment de moins en moins en cette langue qui est menacée de disparition. Cela vient du fait qu'elle est peu utilisée dans les écoles, les medias et même dans les services gouvernementaux. La moitié des employés sont *qallumaat* et c'est l'anglais qui prime. En réaction à cela, le gouvernement a fait voter une loi en juin 2008 (Loi sur les langues officielles) qui fait de cette langue l'une des trois lois officielles, et une autre en septembre 2008 (loi sur la protection de la langue inuit) visant à imposer cette langue aux entreprises sur leurs panneaux publicitaires, et à tous les gestionnaires des institutions. Par ailleurs, une politique de recrutement est mise en place pour pallier la pénurie d'Inuit qualifiés dans la fonction publique.

Le troisième axe concernant l'autosuffisance économique vise à réduire la dépendance des transferts fiscaux du gouvernement fédéral par des redevances provenant des ressources minières sur les terres publiques. En effet, 90 % du budget du Nunavut viennent du gouvernement fédéral. En 2006-2007, ce dernier a contribué pour 877 millions de dollars sur 976 millions de dollars du budget. Qui plus est, Le Nunavut a une dette de 141 millions de dollars en 2004. Pour y remédier, le gouvernement a proposé des discussions entamées en 2008 mais qui ne se sont soldées pour l'instant que par un protocole visant à faciliter les négociations sur le transfert des responsabilités. L'économie de Nunavut repose essentiellement sur les 45 % des emplois du secteur public, l'exploitation minière et la construction immobilière. Il n'existe pas d'industrie ni d'agriculture. Les revenus des Inuit proviennent d'une économie mixte : revenus salariaux, sociaux et commerciaux, avec chasse, pêche et trappe. Le taux de chômage étant élevé (32 % en 2001, 24 % en 2006), de même que le coût de la vie, de nombreuses familles ne vivent que d'aides sociales et d'assurance-chômage. L'objectif est donc pour le gouvernement de diversifier une économie fragile trop dépendante du secteur public avec l'exploitation minière, notamment celle de nombreux métaux précieux ainsi que celle du gaz et du pétrole malheureusement difficiles à atteindre. Seul un projet d'exploitation du fer reste prévu pour 2014. La décentralisation des emplois gouvernementaux reste aussi un problème à résoudre.

La formation continue est le quatrième et dernier axe du gouvernement. Il s'engage à fournir une éducation en langue inuit de la maternelle à la 12e année au plus tard en 2020. Seules les trois ou quatre premières années le sont actuellement. Les problèmes à résoudre sont ceux de l'utilisation de l'anglais comme seule langue à partir de la 5e année, la prise en compte de la culture inuit dans les programmes, la pénurie d'enseignants inuit, l'emploi des enseignants *qallunaat* qui ne sont pas familiers aux réalités du Nord et à la culture inuit. Ce sont ces problèmes qui contribuent à un taux de décrochage des jeunes dans les écoles. La loi sur l'éducation adoptée par l'Assemblée législative en septembre 2008 visant à établir un système d'éducation bilingue de la maternelle jusqu'à la 12e année d'ici 2019 et à développer la présence de la culture inuit dans le système éducatif. Mais il faudrait le recrutement d'au moins 200 enseignants pouvant s'exprimer en langue inuit et un investissement financier important.

On le voit, et comme conclut si bien André Légaré, le fait d'acquérir l'autonomie gouvernementale n'est pas garant d'une réussite socio-économique, et même d'une réussite tout court. Bien conscients des limites actuelles de leur autodétermination, les Inuit n'en ont pas moins une idée sur l'origine de leurs problèmes :

> « *Nous avons été retirés de nos terres traditionnelles partout dans le Nunavut et concentrés dans des établissements permanents. Nous sommes alors devenus, de fait, des « pupilles de l'État », vivant dans un environnement inconnu, et, à bien des égards artificiel… Mais que ce soit dans son aspect social ou culturel, la politique de sédentarisation a rapidement servi à affaiblir notre sentiment d'indépendance et notre amour-propre… Nombre de ces* [programmes bien intentionnés] *étaient à l'opposé de nos formes traditionnelles d'organisation sociale, de vie familiale et d'économie, programmes n'étant pas de note fait et sur lesquels nous n'avions pas grand-chose à dire… Pour nous, cette démarche] est la principale cause de la perte de culture actuelle… qui s'exprime dans un malaise social désormais évident dans nos communautés, touchées par la dépendance aux drogues et à l'alcool, le suicide, la perte d'identité et le manque d'objectif* »[870].

## B. Des hypothèses pour d'autres formules d'autodétermination

**L'hypothèse d'une provincialisation.** Le projet de provincialisation a été envisagé au départ. Mais André Légaré rappelle encore qu'

> « *Au cours des négociations qui menèrent à l'accord politique, la FTN fit marche arrière sur certains principes que l'ITC avait énoncés dans Political development in Nunavut. Ainsi, constatant que le statut de « province » comportait des exigences démographiques et financières, la FTN serait prête à ne plus tenir compte du délai de 15 ans pour l'accession du Nunavut au statut de province et à remettre à beaucoup plus tard cet avènement* »[871].

Il précise qu'une province dont le budget est déficitaire reçoit du gouvernement fédéral une péréquation ; son calcul, trop complexe, démontre qu'elle serait moins profitable que l'aide financière qui est accordée à un territoire ayant les mêmes besoins d'argent. Dans ces conditions, la voie de l'autonomie gouvernementale coulait de source.

La transformation de l'autodétermination par la souveraineté de l'État fait apparaître une autodétermination hybride en Nouvelle-Calédonie et une autodétermination interne au Nunavut. Ces deux cas sont conformes à la Résolution 2625 de l'ONU qui indique que pour s'autodéterminer, le peuple colonisé peut effectuer le choix qui lui convient. Il existe donc bel et bien de nos jours différentes formes d'évolution du droit

870. Nunavut Tunngavik Incorporated. 1998. Report on the *Traditional Knowledge Conference*. Du 20 au 24 mars. Igloolik, Nunavut. Conseil du développement social du Nunavut (CDSN), p. 1-2.
871. Légaré (André), « Le projet Nunavut : bilan des revendications des Inuits des Territoires du Nord-Ouest », *in Études/Inuit/Studies* 17 (2), p. 55.

à l'autodétermination s'exprimant tantôt par une revendication d'autodétermination externe, tantôt par une revendication d'autodétermination interne. L'autodétermination calédonienne est dite hybride parce qu'elle est interne et externe à la fois. Le Nunavut quant à lui est un cas d'autodétermination interne parce que la Constitution canadienne exclut toute possibilité d'accès à la souveraineté internationale et parce que l'indépendance n'est ni revendiquée ni envisagée. Ces deux cas ne sont cependant pas les seules formules possibles d'autodétermination postmoderne. Ils ne servent qu'à illustrer deux exemples de son évolution actuelle.

Mais on voit aussi à travers ces cas à quel point l'autodétermination reste protectrice de la souveraineté de l'État. Cet aspect du principe a même pris une dimension considérable depuis le début de la décolonisation, car tous les pays, anciens ou plus récents, en ont usé pour capter à leur profit, la force de l'idée de liberté et le prestige du principe. Il appert en fin de compte que malgré la mutation de l'État qui semble fragiliser ce dernier, l'autodétermination contribue à maintenir, à sauvegarder et à consolider sa souveraineté et son indépendance, et même qu'elle lui reste tributaire. La dialectique entre les deux principes n'est pas imaginaire mais réelle. C'est elle qui conduit à la naissance d'entités aux formes et aux statuts divers. À l'ère de la postmodernité, toutes sortes d'hypothèses sont ouvertes à l'autodétermination.

La souveraineté de l'État reste donc un principe important du droit international contemporain auquel l'ONU et la société internationale reconnaissent toujours une valeur dynamique et fondamentale. Sa mutation ne la rend ni désuète ni abstraite, ni négative, comme le rappelle si bien le professeur Charles Chaumont :

> « *Ce n'est pas un pouvoir illusoire de tout faire ni un pouvoir irréel de tout refuser.* [...] *Si elle a conservé sa valeur dans le monde d'aujourd'hui, au point que c'est dans les circonstances où elle est le plus méconnue qu'elle est le plus vigoureusement revendiquée, c'est parce que, loin d'être une abstraction désuète, elle est au cœur même des relations internationales contemporaines* »[872].

872. Chaumont (Charles), *Cours général de droit international public*, *op. cit.*, p. 385 et p. 390.

# Conclusion générale

Au début de cette recherche, notre préoccupation principale était de savoir ce qu'était devenu le droit des peuples à disposer d'eux-mêmes à l'heure de la mondialisation. Refusant de placer notre problématique uniquement dans un cadre théorique positiviste, nous nous sommes demandé si la valeur et l'intérêt portés hier et aujourd'hui encore à ce principe reposaient uniquement sur sa force juridique et politique, ou s'ils se fondaient aussi sur sa capacité à s'adapter aux contextes qui s'imposaient à lui.

Une approche qui insiste sur le caractère dynamique du principe nous a paru plus intéressante et plus enrichissante, car nous permettant de voir s'il se transforme, pourquoi, comment il le fait et quelles en sont les conséquences au niveau interne et international. Dans cette optique, nous avons essayé aussi de restituer avec une approche comparative, la dynamique du changement à travers les deux expériences choisies : celle de la Nouvelle-Calédonie et celle du Nunavut, deux cas que tout sépare apparemment, mais intéressants à plusieurs titres. Ils sont concernés tous deux par la décolonisation et l'autodétermination, nous ont permis de mettre en exergue la dynamique propre du principe, mais aussi celle celles des États et de la société internationale, obligés de s'adapter au nouveau contexte, et ont enfin permis d'illustrer deux formes d'autodétermination et de décolonisation actuelles, interne et externe. La méthode dialectique a servi à éclairer le processus d'évolution en montrant comment sont surmontées les contradictions. La méthode déductive nous a permis, quant à elle, de formuler des hypothèses simples sur la base des données recueillies et de les vérifier.

La singularité de chacun des cas a apporté sa part d'explication aux trajectoires diverses empruntées par l'autodétermination et la décolonisation aujourd'hui. Cependant, dans le même temps, les situations empiriques de ces deux entités ont été confrontées, d'une part à d'autres expériences dans le monde pour confirmer ou infirmer certains arguments, et d'autre part aux analyses théoriques développées sur la problématique de l'autodétermination et de la décolonisation en général. Nous avons ainsi fait le va-et-vient entre l'infiniment grand et l'infiniment petit, démarche indispensable dans les relations internationales.

Au terme de cette réflexion, se dégagent un certain nombre d'enseignements. Bien entendu, ces conclusions gardent toute la modestie d'une étude comparative portant sur deux cas, et se veulent comme des hypothèses soumises à la « réfutation ». Mais nous avons fait le pari qu'une comparaison binaire était une des meilleures voies d'une recherche qui ne voudrait ignorer ni le spécifique ni le général, car au-delà de la connaissance de deux systèmes particuliers, elle contribue aussi à la compréhension de mécanismes ou de phénomènes généraux. Même si l'absence de consensus et de théorie sur la méthode comparative incite à la prudence quant à la portée des conclusions auxquelles aboutit une étude qui s'en réclame, nous avons été confortés dans l'idée que les entités choisies étaient bien comparables parce que leur différence ne résidait pas dans la légitimité ou la qualité de leur autodétermination mais dans l'expression, la forme de celle-ci.

Par ailleurs, le processus de transformation du principe évoqué tout au long de l'étude n'obéit pas à une logique fataliste, à une perspective développementaliste se déroulant nécessairement par phases successives et selon un continuum qui aboutit à un modèle défini d'avance, comme c'est souvent le cas. Il n'est pas certain que la rationalité d'un concept soit toujours parfaite. Les deux expériences étudiées montrent que le principe est délicat, traversé d'ambiguïtés et de paradoxes, et que rien ne permet de préjuger de la succession des conceptions mises en lumière à certaines périodes, compte tenu du caractère désordonné de leur déroulement et du caractère contingent de certaines variables qui influencent son évolution. Elles mettent aussi et surtout en évidence l'existence d'une nouvelle dynamique et de différentes formes de décolonisation. Cela dit, le premier des enseignements que nous pouvons tirer de notre démonstration est que le bilan du principe du droit des peuples à disposer d'eux-mêmes est mitigé, cela étant dû en partie à sa rationalité imparfaite.

## I - Un bilan général mitigé

Un historique du principe a permis de voir qu'il avait rendu beaucoup de services, mais qu'il avait aussi un peu déçu. Son utilité politique globale et même juridique ne peut être objectivement niée. Aux vagues de décolonisation et à toutes sortes de démembrements d'empires qui ont contribué à multiplier considérablement le nombre des États sur la planète, il a servi de fondement juridique et politique. Il a acquis en droit international un réel droit de cité, gagné en prestige et en notoriété. Que sa concrétisation ait été plus politique que juridique importe peu, elle a été suivie de résultats palpables. Le fait qu'il ait eu tendance à devenir davantage le droit des États que celui des « peuples », sous la pression de certains États, ne l'a guère privé de sa substance. Il s'est choisi, à un moment donné, un domaine de prédilection, la décolonisation, et il a même abordé un domaine qui lui était jusque-là inconnu, celui de l'économie.

Toutefois, l'idéal de liberté, d'égalité et de justice pour tous les peuples dominés, qui était visé à l'origine, n'a pas été totalement atteint. Avec le recul, force est de constater que l'application du principe n'a que partiellement réussi. Certains considèrent par exemple que l'augmentation du nombre des États doit davantage à une conjonction exceptionnelle de facteurs favorables particuliers qu'à l'impact du principe lui-même. L'évolution de la conception du principe a montré que sa concrétisation résultait des avantages immédiats que l'on pouvait tirer ou non de son application et du rapport de forces au sein de la communauté internationale à un moment donné. Contrairement à ce qui justifiait sa montée en puissance, il n'a pas toujours su répondre à l'attente d'une totale sécurité juridique. Il n'a pu s'adapter à toutes les situations et a semblé parfois frappé d'impuissance. Son invocation incantatoire n'a pas toujours permis d'éviter que d'irréductibles tensions apparaissent et perdurent du fait de l'incapacité des États et de la communauté internationale à l'appliquer. Mais pouvait-il en être autrement ? N'en a-t-on pas surestimé les vertus et ne souffre-t-il pas d'une tare originelle difficile ou impossible à surmonter ? Sa force ne réside-t-elle pas davantage dans sa puissance philosophique et idéologique, que dans sa cohérence juridique ? Le bilan ne semble pas à la hauteur des espoirs que sa consécration faisait naître. Il est mitigé. C'est sans doute ce qui a conduit certains à préconiser de le relativiser, voire de le désacraliser. Une analyse dialectique du concept et de son évolution a permis d'en découvrir les limites et les contradictions : **c'est un principe délicat et complexe, à la rationalité imparfaite.**

La rationalité d'un concept réside dans la cohérence entre ses divers éléments constitutifs (sa raison d'être, son rôle pratique, ses formes), entre ses modalités matérielles d'application et ses finalités. Au-delà de l'apparence superficielle des proclamations et définitions du droit des peuples à disposer d'eux-mêmes, il ressort qu'il s'agit d'un principe de libre détermination et administration de toute collectivité humaine placée d'une manière ou d'une autre dans une situation de dépendance. Les difficultés apparues, depuis l'origine, à tous les niveaux : le contenu, les bénéficiaires, les modalités d'exercice et les finalités, en ont montré les limites. Certains aspects du principe s'opposent et lui-même entre souvent en conflit avec un autre principe important du droit international : la souveraineté ou/et l'intégrité territoriale de l'État. Le professeur Charles Chaumont en a conclu qu'

> *« Il était impossible de donner une formule unique du droit des peuples à disposer d'eux-mêmes pour toutes les situations, et par conséquent d'élaborer un corps unique de règles pour l'application de ce droit »*[873].

Ce constat nous paraît pertinent. Le manque de cohérence entre ses éléments constitutifs, ses modalités matérielles et ses finalités, la trop grande diversité des situations qui s'en réclament, ainsi que l'usage qui en a souvent été fait, nuisent à son efficacité et ne permettent pas de le généraliser totalement.

C'est donc d'abord parce qu'il a une rationalité imparfaite que ce principe n'a pas eu une application totalement satisfaisante. Il faut en conclure que le droit des peuples

873. *Ibidem*, p. 396.

à disposer d'eux-mêmes, conçu non pas comme instrument possible de différentes formes d'émancipation, mais comme un idéal absolu de libération à atteindre, est souvent devenu une source de crispation et de frustration et un facteur belligène. N'a-t-on pas trop simplifié un phénomène complexe ? Tous les peuples peuvent-ils vraiment disposer d'eux-mêmes quel que soit le contexte ? Tous les peuples le veulent-ils vraiment, et de la même manière ? On se rend bien compte qu'il ne peut y avoir de réponse à ces questions sans une réponse préalable à la question fondamentale du sens que l'on donne à l'autodétermination elle-même. Ce sens peut varier, et c'est sans doute pour cela qu'il n'a eu de cesse de varier.

## II – L'émergence d'une conception postmoderne du principe : entre rupture et continuité

La nouvelle conception du principe oscille entre la rupture et la continuité.

### A. Un principe qui se transforme et qui évolue : la rupture

L'hypothèse principale émise au début de cette étude, et qui se confirme, est que le droit des peuples se métamorphose. D'abord du fait de ses propres contradictions. Le heurt de ses aspects contradictoires conduit à les surmonter et à trouver une synthèse provisoire. L'étude a permis aussi de mettre en évidence le rapport dialectique qu'il entretient avec la souveraineté : le droit des peuples à disposer d'eux-mêmes est facteur de « restriction » ou de substitution de la souveraineté, en même temps qu'il en est protecteur, bénéficiaire et tributaire. Les deux principes s'influencent mutuellement et se transforment lentement. Ainsi va la dialectique du droit des peuples à disposer d'eux-mêmes et de la souveraineté des États, enchaînés l'un à l'autre et contraints d'aller de concert pour avancer dans le sens de l'histoire[874]. Sa transformation est due en dernier lieu au contexte international et aux contextes nationaux au sein desquels l'identité en général et l'identité collective et culturelle en particulier reviennent en force ; il s'agit globalement de contextes de mondialisation, de fin de bipolarisation et de territoires, marqués aussi par une affirmation très forte des droits de l'homme et par des avancées notables en matière de démocratie pluraliste.

Tous ces facteurs ont conduit au renouveau du droit des peuples, de moins en moins limité aux seuls peuples coloniaux, et fréquemment invoqué par d'autres « peuples », notamment les peuples autochtones, qui sont souvent aussi coloniaux, comme un droit identitaire se matérialisant de différentes manières. La nouvelle conception reconsidère le concept même de l'autodétermination, moins focalisé désormais sur les bénéficiaires que sur les formes d'autodétermination. Le droit de sécession est toujours reconnu aux peuples coloniaux, mais celui de ne pas devenir un État, l'autre versant du droit des peuples souvent ignoré, est aussi mis en selle, ainsi que l'une des modalités optionnelles

874. Gonidec (Pierre-François), « Dialectique du droit international et de la politique internationale », *op. cit.*, p. 322.

d'autodétermination prévue par la Résolution 2625 (XXV) de l'ONU de 1970, qui permet de faire n'importe quel choix. Ces éléments nouveaux, ou simplement réactivés, donnent au principe une portée plurielle, une portée bivalente : l'autodétermination externe et l'autodétermination interne.

Il est aussi clairement apparu que le droit identitaire qui émerge s'appuie sur une reconnaissance internationale du pluralisme fondée sur des instruments internationaux de plus en plus nombreux mais dont le principal défaut est leur faible justiciabilité. Malgré tout, des avancées ont été faites par exemple avec la *Déclaration de l'ONU sur les droits des peuples autochtones de 2007.* Certes, celle-ci ne bénéficie-t-elle *a priori* que d'une portée limitée puisqu'il s'agit d'un instrument juridiquement non contraignant ; elle a cependant une portée politique importante et peut avoir une valeur coutumière. Marqué du sceau de la postmodernité, ce droit est en partie « doux »[875] car il recourt peu ou presque pas du tout à des éléments de contrainte et d'unilatéralité. Il s'agit d'un droit « déclaratoire », un « droit négocié », qui privilégie le consensus. L'évolution normative est donc malgré tout réelle, bien que lente et partielle au plan international. Alors,

> « *Même si la doctrine considère ce nouveau droit comme un droit « mou » ou « vert », sur la réalité et la valeur duquel, étonnés, les juristes s'interrogent, l'évolution est en marche jusqu'à ce que soit [totalement] reconnue [un jour] la validité de la nouvelle norme juridique* »[876].

Ce droit est aussi souverainement reconnu au plan interne par les États qui remettent en cause leurs propres principes constitutionnels, acceptent de plus en plus de partager leurs pouvoirs et leurs compétences, ainsi que le développement du pluralisme juridique en leur sein, contribuant ainsi eux-mêmes à la transformation de leur souveraineté et au réaménagement du modèle étatique classique, œuvrant aussi à l'émergence de toutes sortes d'entités aux statuts divers. Désormais donc, tous les chemins devraient pouvoir mener à l'autodétermination. **Peu importe la manière ou le chemin suivi, l'essentiel est de « s'autodéterminer »**. En accédant à l'indépendance, mais aussi en choisissant une toute autre voie. **N'est-ce pas ce que la Nouvelle-Calédonie et le Nunavut ont fait depuis plus d'une vingtaine d'années, peut-être sans le savoir, un peu comme monsieur Jourdain faisait de la prose sans le savoir ?**

### B. Le droit à l'autodétermination reste cependant arrimé à la souveraineté

Si le nouveau droit des peuples à disposer d'eux-mêmes comporte un aspect plus ou moins révolutionnaire, il n'en reste pas moins fidèle à la conception moderne qui donne la part belle à la souveraineté. Ainsi, grâce à sa dimension postmoderne, le droit des peuples continue de protéger la souveraineté, tout en lui restant bénéficiaire et tributaire. Nous l'avons vu, c'est parce que le droit des peuples est aussi reconnu aux États qu'il est considéré comme protecteur de la souveraineté. Cette protection est

875. Chevallier (Jacques), *L'État postmoderne*, *op. cit.*, p. 143.
876. Gonidec (Pierre-François), *op. cit.*, p. 321.

maintenue et consolidée malgré le fait que ce droit soit en pleine métamorphose, et que l'État-nation lui-même soit en mutation. En dehors des États, la priorité de ce droit est toujours accordée aux peuples coloniaux. Mais en même temps que l'autodétermination protège la souveraineté, elle lui reste tributaire à beaucoup d'égards, car la souveraineté la conditionne et la transforme toujours. Il semble malgré tout qu'il existe des similitudes entre ces deux principes antagoniques. Ce caractère ambivalent donne au droit des peuples à disposer d'eux-mêmes une certaine singularité.

Par ailleurs, le droit à l'autodétermination reste un concept de combat. S'arracher à la colonisation, à la domination et à l'exploitation étrangère ne peut être qu'œuvre combative. Le bénéficiaire du droit doit faire preuve de pugnacité et de ténacité pour en jouir réellement. Il s'agit d'un combat individuel mais aussi et surtout collectif. Le combat pour la liberté, pour l'égalité, pour la justice, pour la dignité, pour l'émancipation qui s'impose à cause de la contradiction des intérêts des différents acteurs de la société internationale et interne. Son caractère « caméléonesque » constitue à la fois un atout et une contrainte. Il lui permet de s'adapter à certains contextes, comme nous l'avons vu, mais parfois, il manque de précision et de cohérence quand il doit se généraliser. D'un cas à un autre, il lui arrive de perdre une partie de son efficacité. Quoi qu'il en soit, le concept du droit des peuples n'est pas « mort », comme on aurait pu le croire ; il n'est pas en crise non plus. Il se métamorphose. Il reste un concept de « combat », à la rationalité imparfaite, mais il évolue du fait d'une double dialectique, interne et externe, et cette évolution lui donne une dimension postmoderne aujourd'hui.

### C. Une évolution dans le sillage du pluralisme

L'évolution du droit des peuples à disposer d'eux-mêmes mise en exergue dans cette étude n'aurait jamais été possible sans une reconnaissance significative du pluralisme aux plans international et interne. C'est grâce aux avancées de celui-ci que les États ont consenti à contenir leur souveraineté. Il s'agit, bien sûr, du pluralisme dans son acception la plus large, c'est-à-dire :

> « *une conception de l'ordre politique et juridique qui prend en compte la diversité des opinions, des intérêts et de leurs groupements dans la société civile et qui fait de la garantie de leur pluralité une condition de la liberté* »[877],

celle qui, globalement, prend en compte la différence. Mais il s'agit aussi du pluralisme juridique, résultat de l'éclatement de la régulation juridique, que certains auteurs appellent encore *plurijuridisme*, qui « *repose sur la remise en cause du monopole de l'État dans la production du droit* »[878], et qui « *postule l'existence simultanée de plusieurs systèmes juridiques, notamment non étatiques, en relation d'opposition, de coopération*

877. Duhamel (O.), Meny (Y.), *op. cit.*, p. 756.
878. Otis (G.), Cissé (A.), De Deckker (P.), Mastor (W.), *Cultures juridiques et gouvernance dans l'espace francophone – Présentation générale d'une problématique, Éditions des archives contemporains en partenariat avec l'Agence universitaire de la francophonie*, Paris, 2010, p. 15.

*ou d'ignorance réciproque* »[879]. Alors que le droit moderne, construit pendant des siècles, repose sur une conception moniste où « *seul un foyer de droit, l'État, est la source exclusive de la normativité juridique, avec un seul ordre juridique, des normes juridiques formant un ensemble cohérent, intégré, monolithique, dont tous les éléments se tiennent et s'emboîtent harmonieusement* »[880], le droit postmoderne admet l'idée d'un droit pluriel où la régulation juridique passe, dans les sociétés contemporaines, par l'intervention d'acteurs multiples, situés dans des espaces juridiques différents, la relation entre ces espaces n'étant plus commandée par le principe de hiérarchie[881]. Un droit nouveau émerge ainsi, à côté du droit traditionnel d'origine étatique, pour répondre aux défis de la mondialisation, mais aussi pour prendre en compte l'altérité qui s'impose, avec le retour de l'identité, le développement des droits de l'homme et de la démocratie.

Inspiré par des sociologues et des anthropologues, le mouvement vers le pluralisme juridique ou le *plurijuridisme* est lent mais réel, car il présente plusieurs avantages : celui de la « *cognition* », en ce sens qu'il élargit la compréhension pour les juristes des phénomènes juridiques du monde, celui d'une résolution plus harmonieuse des différends entre les peuples, celui d'une reconnaissance de la diversité humaine et donc celui d'un meilleur travail scientifique[882]. Ainsi, comme le rappelle le Professeur Ghislain Otis,

> « *Dans plusieurs régions du monde, la colonisation a laissé en héritage une pluralité juridique plus ou moins assumée et organisée. La prise en compte de cette pluralité s'impose comme une revendication sociale et politique, et comme une condition de gouvernance démocratique* »[883].

Parmi ces régions du monde se trouvent la Nouvelle-Calédonie et le Nunavut, où le choc né du processus de colonisation a entraîné toutes sortes de ruptures entre les populations locales autochtones et les institutions publiques et où le processus de décolonisation engagé tente de colmater les brèches avec plus ou moins de difficultés.

## III – La Nouvelle-Calédonie et le Nunavut, deux modèles en construction

Ces deux entités étant considérées comme des « utopies concrètes », il est logique qu'on se demande si elles pourraient servir de « modèles » d'autodétermination et de décolonisation. C'est bien parce qu'elles ont fait bouger les lignes sur beaucoup de plans qu'elles suscitent autant d'intérêt. Il s'agit de décolonisations tardives, certes, mais apaisées et guidées essentiellement par la recherche du compromis.

879. Rouland (Norbert), « Acculturation juridique », *in* D. Alland, S. Rials, *Dictionnaire de la culture juridique*, PUF, Paris 2003, p. 4.
880. Chevallier (Jacques), *L'État postmoderne*, *op. cit.*, p. 123.
881. Sousa Santos (B. de), « Droit : une carte de la lecture déformée. Pour une conception postmoderne du droit », *Droit et société*, n° 10, 1988, p. 373 et s., cité par J. Chevallier, *op. cit.* p. 124.
882. Glenn (H. Patrick), « Penser le plurijuridisme », *in Le Plurijuridisme*, Bergel (J.-L.), (dir.), PUAM, 2005, p. 34-35.
883. Otis (Ghislain) (dir.), *Le juge et le dialogue des cultures*, Karthala, 2013.

### A. En quoi seraient-ils déjà des modèles ?

Un rappel de ce que serait un modèle et l'examen de leurs points communs et de leurs spécificités permettront sans doute d'apporter une réponse à cette question.

#### *1° Définition de « modèle »*

Le terme de « modèle » a plusieurs acceptions[884]. Il peut être ce qui sert ou doit servir d'objet d'imitation pour faire ou reproduire quelque chose. Dans ce cas, ces entités seraient l'exemple à suivre, le canon, l'étalon, la règle. Mais le modèle peut être aussi le mannequin, une personne ou un objet sur lequel l'artiste essaie sa création. Elles seraient alors comme des terrains d'expérimentation, des « laboratoires »[885] ou des tentatives susceptibles de rencontrer l'échec ou le succès. Le modèle peut être enfin la représentation simplifiée d'un processus, d'un système. Il est ainsi synonyme de schéma, de matrice, comme par exemple le modèle libéral, le modèle soviétique ou le modèle français. On pourrait, dans ce cas, parler du modèle calédonien ou « nunavutien ». De ces trois sens, on peut retenir que le modèle est à la fois un essai, une imitation ou une reproduction, mais aussi un exemple à suivre ou à ne pas suivre. Alors, la Nouvelle-Calédonie serait-elle un modèle d'autodétermination hybride ? Ou un modèle de décolonisation ouverte, apaisée, maîtrisée ? Le Nunavut, un modèle d'autodétermination interne ? Ou un modèle de décolonisation interne ?

#### *2° Des points communs et des spécificités*

Il ne fait pas de doute que ces deux cas sont des exemples de pluralisme et de démocratie consensuelle malgré toutes les difficultés qu'ils rencontrent, cette étude a essayé d'en faire la démonstration. Il ne fait pas de doute non plus qu'ils peuvent inspirer bien d'autres contrées en matière d'autodétermination et de décolonisation. Mais le contexte local et international sera toujours une variable déterminante dans la réussite ou l'échec de la transposition. La Nouvelle-Calédonie et le Nunavut appartiennent en effet à deux États marqués par la diversité que la colonisation leur a laissée en héritage, une diversité assumée avec plus ou moins d'ambiguïtés, où des projets d'émancipation et d'autodétermination ont naturellement vu le jour sous différentes formes.

L'un de ces États, la France, s'inscrit officiellement dans une logique unitaire qui débouche sur le centralisme, le monisme et le positivisme, alors qu'elle est en réalité tiraillée entre une tradition forte d'unité[886] et des aspirations nouvelles de démocratie et de pluralisme, dont les progrès se traduisent par le développement au sein du système, de quelques éléments de fédéralisme et de multiculturalisme, par la reconnaissance d'un autre peuple aux côtés du peuple français, le peuple kanak, par une dualité de source

884. Verpeaux (Michel), « Rapport de synthèse », *in L'outre-mer français : un « modèle » pour la République ?* (Ferdinand) Mélin-Soucramanien (dir.), Presses universitaires de Bordeaux, 2008, p. 170.
885. Expression qu'une partie de la doctrine n'aime pas.
886. Que certains considèrent comme un mythe.

législative en Nouvelle-Calédonie, et par l'acceptation d'une citoyenneté calédonienne qui restreint le suffrage universel et le droit à l'emploi. Par ailleurs, l'existence d'un statut civil coutumier kanak et de « terres coutumières » bénéficiant d'un statut d'inaliénabilité, ainsi que celle d'un Sénat coutumier, celle de conseils coutumiers et d'assesseurs coutumiers présents dans les juridictions civiles, témoignent d'une évolution dans la prise en compte de la diversité. Cette évolution est le résultat d'une revendication d'autodétermination forte mais aussi d'une décolonisation plus ou moins apaisée bien que tardive.

L'autre État, le Canada, État fédéral, monarchie parlementaire et « *bijuridique* », où cohabitent en droit privé des traditions de *Common Law* et de droit civil, continue de présenter lui aussi une façade moniste du droit officiel malgré la reconnaissance constitutionnelle des droits des peuples autochtones en 1982, qui a induit une dynamique plus favorable à la mise en œuvre de la pluralité juridique. Ce monisme judiciaire canadien connaît une certaine évolution, une timide atténuation à la faveur de la conclusion récente de traités d'autonomie gouvernementale[887]qui, aussi minime soit-elle, fait elle aussi suite à une revendication d'autodétermination ancienne et plus ou moins lucide, et qui se réalise dans un contexte de décolonisation interne.

En réalité, il ne peut y avoir de solution toute faite pour surmonter la tension entre le droit des peuples et la souveraineté des États. Ce qui est commun aux deux cas étudiés, en l'occurrence un statut spécifique qui engendre une nouvelle forme démocratique, une remise en cause des principes constitutionnels de l'État, un partage des pouvoirs et des compétences, une certaine dualité législative et un pluralisme juridique de subordination, pourrait être constitutif d'exemplarité. Inspirés du modèle de démocratie consociative, ils sont fondés sur une association du principe de consensus et de la logique majoritaire, et sur une reconnaissance du pluralisme gravée dans le marbre de la Constitution de chacun des États. Même s'ils ne convergent pas sur tout, et qu'ils ont des différences qui ont été évoquées, ils constituent des « utopies concrètes », c'est-à-dire des réponses originales à la problématique générale de la décolonisation et de l'autodétermination et de celle du peuple autochtone en particulier. Leur originalité en fait des « curiosités juridiques ». La Nouvelle-Calédonie est un cas *sui generis* dans l'ensemble français, un cas d'autodétermination hybride. Le Nunavut est un cas spécifique d'autodétermination interne ayant un gouvernement public au sein du Canada.

Elles sont souvent citées en exemple et l'on peut dire qu'elles s'autodéterminent de fait depuis longtemps sans peut-être le savoir. Il en est ainsi en Nouvelle-Calédonie, sans aucun doute depuis les Accords de Matignon, et bien plus encore depuis l'Accord de Nouméa, en ceci que, pour la première fois, ce sont les Calédoniens qui ont choisi leur propre voie et statut. C'est une véritable rupture avec les régimes précédents. Il en est de même pour le Nunavut depuis l'Accord sur le Nunavut. Pour tous les deux, **l'autodétermination c'est déjà maintenant**. Et ce, malgré les difficultés, les péripéties,

887. Otis (Ghislain), « La place des cultures juridiques et des langues autochtones dans les traités d'autonomie gouvernementale au Canada », *McGill Law Journal*, vol. 54, 2009, p. 237.

les hésitations, les antagonismes, car souvent, **dans la forêt, on entend le bruit des arbres qui tombent mais pas celui de l'herbe qui pousse**[888]. Ce qui signifie que c'est le bruit des événements impressionnants qui retient l'attention des hommes, alors que l'essentiel se construit dans l'indifférence et la durée. En Nouvelle-Calédonie par exemple, certains pensent que le destin commun, le jour où il se réalisera, effacera tous les antagonismes et tous les blocages, alors que d'autres, plus réservés, affirment qu'il ne résout rien tant qu'on ne précise pas dans quel cadre il s'insère. Pour nous, la question est : « Et si ce destin commun avait déjà commencé ? » C'est une expression qui a son charme. Ce qui lui vaut d'être dans tous les discours. Mais elle court le risque d'être galvaudée au point qu'on finisse par croire qu'il ne s'agit que d'un rêve accessible par des mots, faisant oublier les souffrances et les sacrifices indispensables à consentir *hic et nunc*. Comment croire aux lendemains qui chantent à défaut de pouvoir assurer le présent ? Là réside l'intérêt d'un yo-yo constant entre le passé, le présent et l'avenir.

Les deux entités ont des statuts issus d'accords de décolonisation et d'autodétermination : l'Accord de Nouméa et l'Accord sur le Nunavut. Elles ont en leur sein des peuples autochtones qui sont à l'origine de revendications d'autodétermination fondées sur des identités culturelles bien affirmées qui les distinguent des autres groupes ethniques. Mais ils ne sont pas seuls dans ces territoires qu'ils partagent avec d'autres communautés qui n'aspirent pas au même type d'autodétermination. Malgré tout, ces deux cas sont intéressants parce qu'ils montrent qu'il est possible de sortir des sentiers battus. La Nouvelle-Calédonie a fait bouger les lignes du droit de l'outre-mer en particulier et du droit français en général. L'évolution du Nunavut a largement contribué à renforcer l'image d'un Canada multiculturel et ouvert. Ils montrent que désormais bien des limites ne sont plus insurmontables. Mais chacun des cas garde sa singularité, et c'est ce qui tend à en faire un modèle authentique.

### B. Pour une décolonisation et une autodétermination authentiques

Nous sommes pour une décolonisation et une autodétermination authentiques. Encore faut-il savoir ce que représente l'authenticité ainsi que les conditions de sa mise en œuvre.

#### *1° Signification et conditions de l'authenticité*

Est authentique, celui ou celle qui agit de sa propre autorité, qui décide par lui ou elle-même. C'est aussi le cas de quelque chose (un document par exemple) dont l'exactitude, l'origine, l'attribution est incontestable. Il peut s'agir aussi de tout ce qui est d'une sincérité totale (un comportement par exemple) ou revêtu des formes légales[889]. La décolonisation et l'autodétermination authentiques dont nous parlons doivent pouvoir rassembler toutes ces qualités.

888. Il s'agit ici d'un proverbe sud-africain.
889. *Dictionnaire Le Petit Larousse*, Larousse/ HER 1999, p. 99.

**– Elles doivent être originales**

L'originalité et la spécificité du modèle doivent être indiscutables. C'est l'élément fondamental à mettre en avant. Une décolonisation ou une autodétermination authentique est celle qui ne ressemble à aucune autre, du fait de l'histoire, de la géographie, de la culture, des modalités de sa mise en œuvre, et surtout des résultats qu'elle produit. Il a été relevé au tout début de cette étude l'extrême diversité des revendications d'autodétermination actuelles tant au niveau de leurs motivations que de leurs objectifs. Cette diversité ne rend pourtant pas toujours facile la perception de leur originalité. Celle-ci se matérialise-t-elle aisément dans les deux cas étudiés ?

**– Elles doivent être légitimement et juridiquement fondées**

La revendication d'autodétermination doit être fondée sur une légitimité indiscutable, naturellement liée elle aussi à l'histoire : l'origine des acteurs, leur représentativité et leurs attributions ne souffrant d'aucune contestation. Cette revendication doit s'appuyer sur un droit, une règle ou un principe juridique admis au plan national ou international. Elle doit enfin être revêtue d'une forme légale et généralement admise (loi, accord, convention, etc.). Est-ce bien le cas dans les deux entités étudiées ?

**– Elles doivent être voulues et apaisées**

L'authenticité repose enfin sur le fait que les acteurs agissent de leur propre autorité, en toute liberté et sans aucune contrainte, même si le choix du modèle est fait souvent en fonction des moyens dont on dispose, du contexte national et international. La sincérité et la loyauté des acteurs sont aussi des éléments importants, car il arrive très souvent que des arrière-pensées et l'hypocrisie constituent malheureusement des difficultés insurmontables. La paix enfin, dans ce nouveau monde des droits de l'homme et de la démocratie, est le gage d'une certaine justice et réussite. Retrouve-t-on tout cela dans les deux cas étudiés ?

### *2° Une décolonisation et une autodétermination authentiques en N.-C. et au Nunavut ?*

Après un peu plus de vingt-cinq ans d'accords, l'heure de vérité a sonné. D'un côté, le bilan fait à mi-chemin sur la mise en œuvre de l'autonomie gouvernementale au Nunavut a bien fait ressortir les limites de cette formule, montrant ainsi que même les chemins d'une décolonisation et d'une autodétermination internes étaient semés d'embûches. Malgré tout, l'autonomie gouvernementale de ce territoire participe à sa manière à une transformation graduelle et progressive du fédéralisme canadien pour faire une place à un « troisième ordre de gouvernement » que constituent les autochtones[890], aux côtés de l'État fédéral et des provinces. Elle contribue aussi à faire

890. Voir résumé en couverture de « Aménager la coexistence, les peuples autochtones et le droit canadien » de (S.) Grammond, *op. cit.*

passer le Canada pour « l'État postmoderne par excellence »[891]. Par ailleurs, le Nunavut reste un modèle de dialogue entre traditions juridiques, un laboratoire d'hybridations des cultures, de « pluralisme dialogique » qui devrait être valorisé au sein de la Fédération canadienne, car le dialogue des traditions juridiques y met en évidence une pluralité des espaces de normes qui s'enchevêtrent, la transition s'opérant grâce à la transitivité des identités juridiques garantie par la forme du gouvernement public et le principe d'interprétation de la norme »[892].

De l'autre côté, en Nouvelle-Calédonie, depuis quelque temps déjà, mais encore davantage depuis 2014, la sortie de l'Accord de Nouméa est dans tous les esprits. Elle revient dans les conversations de bureau, de chantier, de comptoir comme dans les discours politiques. Elle taraude les chefs d'entreprises et inquiète quelques milieux d'affaires. Certains l'attendent, d'autres la redoutent. Dans une société très politisée et hyper-médiatisée, tout le monde est sur le qui-vive et les spéculations vont bon train. On joue à « prophétiser » l'avenir, à sonder les esprits, et même à bluffer, soit pour provoquer soit pour se rassurer soi-même. C'est l'année charnière à partir de laquelle tout est possible, même s'il peut aussi ne rien se passer, en dehors des discussions sur un autre statut pour la Nouvelle-Calédonie. Le principal enjeu a été la mise en place d'un nouveau Congrès pour une dernière mandature de l'Accord de Nouméa pendant laquelle sera posée la question de l'accès ou non à la pleine souveraineté, à la suite d'un ou de plusieurs référendums. Les grandes manœuvres ont commencé. Quand bien même certains pensent que « *les bons juristes résolvent des questions que les juristes posent* »[893], c'est bien aux « *populations intéressées concernées de Nouvelle-Calédonie* » que reviendra le dernier mot. Elles sont censées être éclairées par des hommes politiques qui discutent depuis 2010 au sein du Comité de pilotage sur l'avenir institutionnel, créé pour explorer les différentes pistes susceptibles de convenir à tout le monde. Dans le cadre de cette exploration, le Premier ministre vient, de son côté, de désigner deux personnalités expérimentées pour y travailler pour le compte du gouvernement : Alain Christnacht et Jean-François Merle. Il ne s'agit ni d'une mission de dialogue comme en 1988 ni d'une mission de négociation comme en 1998, mais d'une mission d'écoute des partenaires locaux et de conseil du gouvernement. Alors que certains l'attendent sans état d'âme, d'autres la contestent déjà.

Il y en a qui disent que la France n'a jamais su « décoloniser »[894]. Dans un langage plus trivial, d'autres affirment que « *Les Français ne savent pas « enlever les petites roues » ; ces petites roues que l'on installe derrière les vélos des enfants et que l'on supprime le jour où ils*

891. Katzenstein (P. J.) (dir.), *The culture of National Security: Norms and Identity in World Politics*, New york, Columbia UP, 1996, cité par A. Lajoie, *Quand les minorités font la loi*, *op. cit.*, p. 13.

892. Blanc (Nicolas), *op. cit.*, colloque AIDC, Mexico, 2010, p. 29.

893. Voir Intervention de (Philippe) Gomès, Président du Gouvernement de la N.-C., au Colloque sur « Le droit constitutionnel calédonien », *in POLITEIA*, N° 20 (2011), p. 94.

894. Propos du ministre de l'Outre-mer, (Victorin) LUREL, devant le Comité des signataires, début décembre 2012, rapportés par (J.-M.) Regnault, *in L'ONU, la France et les décolonisations tardives*, *op. cit.*, p. 155.

*savent rouler* » ; ils laissent entendre que si après plus de cent trente ans qu'ils apprennent tant aux Kanak qu'aux Calédoniens à monter à vélo, ces derniers ne savent toujours pas rouler, c'est qu'ils ne sont pas d'aussi bons professeurs qu'ils le prétendent[895]. D'autres encore évoquent « l'ambiguïté des procédures de décolonisation françaises », mais surtout « la schizophrénie juridique de la France qui, sur la question des peuples autochtones et sur la scène internationale, la main sur le cœur, défend âprement les droits de ceux-ci, mais ne reconnaît sur ses propres territoires que des « peuples premiers » ou des « peuples d'origine » aux souverainetés éteintes »[896]. C'est vrai que l'histoire coloniale française est émaillée de rendez-vous manqués et que sa décolonisation semble interminable. C'est vrai que la France donne souvent l'impression de louvoyer, de tergiverser, esquissant deux pas devant, puis deux derrière. Tout le monde reconnaît pourtant que le processus de décolonisation engagé depuis plus d'une vingtaine d'années en Nouvelle-Calédonie est inédit, et que cette avancée est évidemment mise à son crédit et l'honore. Quand bien même elle ne décide plus de tout, elle pourrait cependant donner une plus grande impulsion à ce processus dont personne ne peut dire quand ni comment il s'achèvera car elle en reste actrice et arbitre.

Parfois aussi, « *à l'ambiguïté du « modèle » français sur le plan des principes, s'ajoute la distance qui sépare les principes proclamés du droit effectivement mis en œuvre* »[897]. Puisqu'elle reste impliquée dans la mise en œuvre des transferts de compétences, ainsi que dans celle d'un pluralisme politique, institutionnel et juridique, certains dénoncent l'instauration d'institutions coutumières kanak peu effectives, comme le Sénat coutumier dont le pouvoir politique, législatif ou administratif est inexistant, ou encore les conseils coutumiers, qui ne sont que des institutions interprétatives, et le fait qu'il n'y ait pas de « véritables circonscriptions ou collectivités permettant aux Kanak d'exercer leur autodétermination ; les clans, les tribus et les aires coutumières étant considérés uniquement comme des espaces où s'exprime l'appartenance à l'identité kanak »[898]. C'est vrai qu'il n'est pas cohérent de reconnaître l'existence d'un peuple kanak aux côtés d'un peuple français, et ne pas en tirer toutes les conséquences. Qu'est-ce qui empêcherait, au fond, que de véritables instances politiques et législatives kanak voient le jour ? Que le Sénat coutumier devienne une véritable chambre parlementaire avec une réelle compétence législative sur les affaires kanak et l'identité kanak, ou tout au moins un droit de veto sur ces affaires, et que des collectivités kanak, à l'instar des collectivités publiques, prennent des décisions par voie unilatérale concernant les « affaires kanak » ? Pourquoi ne pas imaginer un système au-delà des mécanismes institutionnels existants et envisager un modèle d'association permettant de concilier la

895. Barbançon (Louis-José), *Le pays du non-dit, Regards sur la Nouvelle-Calédonie*, Les Presses d'Offset Cinq Édition, 1992, p. 49-50.
896. Madinier (Anne-Lise), *op. cit.* p. 82.
897. Lafargue (Régis), *La coutume face à son destin, op. cit.*, p. 144.
898. Féral (François), « Quelques éléments de doctrine autochtoniste sur les institutions de Nouvelle-Calédonie », *in Quelques aspects des droits du peuple autochtone en Nouvelle-Calédonie, op. cit.*, p. 16.

volonté d'autodétermination du peuple autochtone avec la nécessaire interdépendance entre ce dernier et le reste la société calédonienne ? Rien n'empêche non plus la mise en place d'un pluralisme juridique de coopération avec dualité des normes à la place de celui de subordination qui existe actuellement. Il nous semble que le pluralisme dialogique soit plus efficace que le pluralisme hiérarchique.

La France n'a jamais reconnu formellement de « justice indigène », c'est-à-dire l'existence et l'autorité d'instances coutumières ou tribales spéciales pour lesquelles les autochtones sont les justiciables exclusifs ou principaux. Nous avons évoqué *supra* bien des exemples qui pourraient être sources d'inspiration. Certains États, acquis aux avantages des systèmes et institutions autochtones, ont progressivement autorisé que des systèmes et institutions judiciaires autochtones coexistent avec les systèmes judiciaires nationaux. C'est le cas en Australie où le *Community Justice Group Project* permet aux mécanismes aborigènes de justice et de contrôle social de coexister avec le système juridique anglo-americain[899]. C'est aussi le cas au Groenland où le système judiciaire diffère significativement du système juridique danois. En Afrique du Sud, le *Traditional Courts Act* a autorisé et mis en place une hiérarchie des tribunaux coutumiers dont la juridiction s'étend sur des cas civils et criminels[900]. D'autres États comme le Guatemala et l'Équateur reconnaissent les systèmes juridiques distincts des peuples autochtones. Être régi par ses propres normes, n'exclut pas que ces normes s'inscrivent dans un ordre juridique supérieur, et avoir plusieurs ordres juridiques qui cohabitent n'empêche pas que ces ordres se rencontrent et échangent. Il n'est pas nécessaire que ceux-ci aient des cloisons étanches. Ils peuvent au contraire se combiner et se juxtaposer selon les cas et les pays. On pourrait alors parler de pluralisme de coordination[901].

En somme, il y en a qui pensent que la décolonisation a encore une longue histoire devant elle, ils n'ont peut-être pas tort, au vu de tout ce qui reste à faire. Et d'autres qui la conçoivent comme un phénomène inéluctable dont il faudrait accélérer le processus. Ils n'ont peut-être pas tort non plus. Mais au fond, importe-t-il vraiment qu'elle soit tardive ou accélérée ? Ce qui compte fondamentalement n'est-il pas qu'elle soit authentique et qu'elle réussisse, car c'est à ses résultats, à son contenu qu'elle sera jugée ? Il est certain que « *l'important, ce n'est pas le terme, c'est le chemin, la qualité du processus...* »[902]. Par ailleurs, dans le cas précis de la Nouvelle-Calédonie, pourrait-on continuer indéfiniment à ergoter sur l'incapacité de la France à décoloniser alors que

899. Il existe en Australie un droit civil coutumier pour les Aborigènes, pas un droit pénal coutumier, mais l'on tend vers la remise en cause du droit étatique car l'opportunité est laissée au juge de résoudre un conflit de normes.

900. Voir quelques précisions *in La Coutume face à son destin...* de (R.) Lafargue, *op. cit.*, p. 147 et suivantes.

901. Otis (G.), Cissé (A.), De Deckker (P.), Mastor (W.), *Cultures juridiques et gouvernance dans l'espace francophone - Présentation générale d'une problématique*, Éditions des archives contemporaines, en partenariat avec l'Agence universitaire de la Francophonie, *op. cit.*, p. 17-26.

902. Propos du ministre de l'Outre-mer, (Victorin) Lurel, devant le Comité des signataires, début décembre 2012, rapportés par (J.-M.) Regnault, *in L'ONU, la France et les décolonisations tardives*, *op. cit.*, p. 155.

les autorités politiques nationales de tous bords ont laissé entendre qu'il appartenait aux Calédoniens de décider de leur avenir[903] ?

Faut-il continuer à tout attendre de l'État alors que c'est aux « *populations intéressées de Nouvelle-Calédonie* » de s'autodéterminer davantage malgré toutes sortes de dangers qui les guettent ? La fracture socio-économique, réelle et ancienne, en est un. Elle est à combattre et à réduire, et le rééquilibrage à l'œuvre depuis les Accords de Matignon, quelque lent soit-il, en atténue peu à peu les effets. Toutes les couches sociales doivent se sentir impliquées dans la dynamique de l'autodétermination, même si l'on sait que cette fracture ne disparaîtra pas d'un tour de baguette magique, et qu'elle ne pourrait, à elle seule, empêcher la naissance d'une nation calédonienne. Il existe bien des pays où d'énormes inégalités économiques et sociales n'ont guère empêché la formation de peuples ou de nations. Bien que le modèle brésilien soit un peu mis à mal ces derniers temps, au Brésil par exemple, riches et pauvres se reconnaissent en quelque chose qui les dépasse, qui les transcende : la patrie. On est d'abord « brésilien » avant d'être « noir », « blanc », « indien », « métis », « riche » ou « pauvre ». Des ressorts tels que l'économie, le sport et la culture pourraient être mis au service de cet idéal.

Sur le plan de l'économie, pourquoi n'essaierait-on pas, par une politique volontariste, de mettre sur pied un modèle calédonien qui en ferait, à certains égards, la « Singapour » du Pacifique-Sud compte tenu de ses atouts ? Un modèle fondé sur la maîtrise d'un grand nombre de formations et de technologies en rapport avec le nickel ? C'est possible. L'idée d'une « doctrine » calédonienne dans ce domaine fait d'ailleurs son chemin. Elle devrait être approfondie et sa mise en œuvre accélérée. Un modèle fondé sur la mise en valeur de sa biodiversité, sur les énergies du futur ? C'est aussi possible. De même, sur le plan sportif, une politique ambitieuse pourrait permettre d'exploiter ses atouts de « Californie du Pacifique » où la pratique de beaucoup de sports individuels et collectifs de haut niveau pourrait en faire une plaque tournante mondiale et consolider son tissu ethnique et social. Fidji par exemple a une renommée en rugby et en polo et ça aide…

La fracture identitaire et culturelle nous paraît fonder davantage d'inquiétudes que toutes les autres fractures. « *Ces gens-là ne sont pas comme nous* » : telle est la formule discriminatoire apparemment bénigne mais qui recouvre et dissimule un grand nombre de préjugés dans l'imaginaire collectif[904]. Cette fracture est au cœur de tous les clivages,

903. Voir Agniel (Guy), « L'hypothèse de pays d'outre-mer associé (POMA) », in Destins des collectivités politiques d'Océanie, Volume 2, Singularités, (dir.) (J.-Y.) Faberon, (V.) Fayaud et (J.-M.) Regnault, p. 771, qui rappelle que le Président de la République, Nicolas Sarkozy, en visite en N.-C., le 24 juin 2010, a incité les signataires de l'Accord de Nouméa à rechercher les bases d'une discussion sur l'avenir institutionnel de la N.-C. « en étudiant ensemble des exemples étrangers ». De même, le Premier ministre François Fillon, dans son allocution du 17 juillet 2010 devant les élus du Congrès, les a incités à faire « un travail de préparation qui consiste à collecter tous les éléments théoriques et pratiques, les expériences des pays insulaires du Pacifique ou d'ailleurs, expériences qui devront venir éclairer et faciliter la négociation ». (J.-M) Ayrault a tenu le même discours lors de son passage en 2013.

904. Voir Stenou (Katérina), *Images de l'autre, la différence : du mythe au préjugé*, Seuil/Éditions Unesco, 1998, p. 11.

mais au pays du non-dit, elle peut être insidieuse et masquée. La Nouvelle-Calédonie reste un pays ethniquement et culturellement diversifié où de nombreux antagonismes identitaires persistent, où les différences culturelles intercommunautaires et parfois intra-communautaires sont telles qu'elles paraissent insurmontables et mettent en danger l'avenir du pays. Qu'elles soient revendiquées ou non, elles se nourrissent d'images et de mythes qui échappent à la raison et sont souvent chargés d'une forte nocivité. Un grand nombre de clichés, construits et savamment entretenus, ont la peau dure et contribuent à bloquer encore davantage la société calédonienne. Selon José-Louis Barbançon, par exemple,

> « *Depuis la signature des Accords de Matignon, la société calédonienne navigue entre deux récifs qui pourraient symboliser deux questions fondamentales : d'une part, les Kanak vont-ils se responsabiliser, se mettre au travail, d'autre part, les Blancs vont-ils apprendre à partager ? Les uns comme les autres ont du mal à quitter leurs positions. Les Kanak estiment qu'il leur est difficile de se lancer dans l'économie, de créer des entreprises car les résultats de leur travail vont encore pendant longtemps retourner en grande partie vers Nouméa par le circuit des maisons de commerce, des banques, des organismes de crédit. Alors pourquoi travailler, si ce sont les autres qui en profitent ? Les blancs continuent de penser qu'il ne sert à rien de partager puisque les Kanak ne veulent pas se mettre au travail, etc.* »[905].

Ces propos traduisent le degré élevé de méfiance et d'incompréhension réciproques ainsi que d'images péjoratives qui perdurent parfois entre les ethnies. Ils devraient être pourtant relativisés aujourd'hui. L'usine du Nord, par exemple, qui a été longtemps objet de scepticisme et de controverses, fait de nos jours l'unanimité et sert de sédiment social et économique à toutes les populations de la province. En y regardant de plus près, l'on s'aperçoit même que le « fossé » entre ces différentes communautés n'est pas insurmontable : elles partagent par exemple depuis longtemps une histoire douloureuse faite, d'une part pour les Kanak,

> « *de colonisation avec son cortège de malheurs : cases incendiées, terres spoliées, chefs décapités, rebelles exécutés, fortes-têtes exilées, réfractaires au travail forcé matés* », et d'autre part pour certains « Calédoniens », « *de Bagne avec son cortège de double-chaîne, de poussettes, de cachots, de camps disciplinaires, de mépris, de culpabilité traînée comme un boulet par toute une génération* ».

Certes, certaines mémoires blessées sont-elles encore vives, très prégnantes et ne seront apaisées qu'avec le temps, mais il faut bien admettre aussi que certaines cicatrices ne se refermeront peut-être jamais et que bien des nations au monde sont nées à la suite de longs et horribles conflits. Nous ne citerons ici que l'exemple américain.

Il faudrait désormais sortir de la méfiance, du dénigrement, du complexe de supériorité ou d'infériorité imaginaire. La construction d'un destin commun passe par la construction d'un « *peuple calédonien* » à partir du « *peuple autochtone kanak* » et des autres « *communautés* » qui vivent déjà sur place. Le défi à relever est immense

905. Barbancon (Louis-José), *Le pays du non-dit*, *op. cit.*, p. 121.

mais pas impossible. La diversité des origines du peuplement colonial, la hiérarchisation des cultures et sans doute aussi la perception de la culture française comme culture de domination ont constitué jusqu'à présent des obstacles à la naissance de ce peuple. Malgré tout, les Calédoniens de toutes origines viennent de passer près de vingt-cinq ans à travailler ensemble. Vingt-cinq ans, sans rupture majeure, sans guerre civile ! N'est-ce pas le moment pour eux de faire un saut plus décisif encore ? De croire par exemple en une « KALÉDONY »[906] ou en une « KANAKY-CALÉDONIE » ou tout simplement en une NOUVELLE-CALÉDONIE nouvelle comme le résultat de leur propre volonté, et de donner corps au fameux destin commun ? Celui-ci sera sans doute celui d'un « *peuple calédonien* » qui devra soit partager une culture commune soit avoir une conscience de lui-même telle que cela revienne en fait à un embryon de cette culture commune, parce qu'il n'existe pas de peuple sans une culture qui lui soit propre. Elle constitue le plus durable des ciments.

Mais compte tenu des clivages, des antagonismes et des fractures de toutes sortes qui minent la société calédonienne, nous sommes prioritairement non pas pour une fusion des cultures, illusoire et rare, mais pour un rapprochement culturel. Celui-ci pouvant se traduire soit par **un multiculturalisme tempéré et assumé**, et c'est le cas à Fidji par exemple, soit par **un inter-culturalisme**, **un véritable dialogue des cultures,** car « *la rencontre de l'altérité est la rencontre de nous-mêmes* »[907]. Pourquoi ne ferait-on pas de ce multiculturalisme assumé ou de cet inter-culturalisme un mythe fondateur comme dans toute société ? Une mythologie du destin commun est à construire. Des exemples existent déjà au sein même de la République, La Réunion en est un. Non point parce qu'elle est parfaite, loin de là : les tensions et inégalités entre différents milieux culturels héritées du système colonial existent bien, auxquelles s'ajoutent les inégalités sociales liées à la crise économique, avec des écarts entre classes sociales qui ne cessent de se creuser, mais là-bas, on a

> « *inventé, au fil des migrations et dans un cadre politique français républicain « exotique », recodé dans une réalité insulaire éloignée, dans un contexte particulier, une manière bien spécifique de vivre ensemble, mais aussi de regarder le monde, de parler, de rêver, d'aimer et de détester, de rire, de souffrir, de manger et de boire… en d'autre termes, une culture commune* »[908].

Au-delà de la Réunion, la diversité culturelle est devenue la règle dans les sociétés contemporaines : chaque pays est amené à prendre en compte cette diversité, en s'efforçant de préserver un minimum de valeurs et références communes ; les compromis réalisés

906. Nom du pays issu de l'association de « KANAKY » et de « Nouvelle-Calédonie » qui pourrait faire l'unanimité.
907. MAYOR (Federico), Ancien directeur de l'UNESCO, « Préface » *in Images de l'autre, la différence : du mythe au préjugé de Katérina STENOU*, Seuil/Éditions Unesco, 1998.
908. RÉUNIONNAIS DU MONDE, Le vivre ensemble multiculturel réunionnais : héritage et projet de société, *Contribution de l'Association Amarres à l'atelier 8 des États Généraux de l'Outre-mer : Identité, culture et mémoire à la Réunion*, juillet 2009.

varient en fonction des contextes et des traditions nationales[909]. Alors que cette diversité culturelle est évidente en Nouvelle-Calédonie, le rapprochement culturel y est un peu négligé. Des traits de culture communs existent pourtant entre Kanak et « Caldoches » comme par exemple le vécu et l'oral, du fait d'une cohabitation ancienne. Ces deux cultures partagent en effet l'oralité même si

> « *l'oralité de la culture kanak constitue un fondement, une sémantique, autour desquels tout l'ensemble s'organise, et que l'oralité de la culture calédonienne provient d'une lente et constante déperdition de l'écrit, la culture calédonienne devrait pouvoir profiter du renouveau de l'identité et de la culture kanak qui n'est pas une culture de domination, et qui possède en son sein des valeurs fondamentales d'accueil et d'hospitalité pouvant lui permettre de s'épanouir et de dépasser le stade de culture de colonisé où elle stagne depuis des décennies* »[910].

Si l'on peut admettre qu'une culture et une identité communes ne se décrètent pas, l'on peut admettre aussi qu'elles peuvent être désirées et encouragées. Cela passe par un état d'esprit général, mais aussi une volonté politique, une stratégie et une pédagogie durables à travers l'éducation, les medias, le sport, des symboles, etc. À propos des symboles identitaires et des symboles partagés, certaines pistes ont déjà été ouvertes, celle du Centre culturel Tjibaou, par exemple, qui est déjà **un lieu d'affirmation identitaire et un espace de rencontre et de création culturelle dont le rôle pourrait être dynamisé et multipolarisé** car : « *Au moment où la Nouvelle-Calédonie se cherche des symboles identitaires communs, [...] (il) se présente sans doute comme le plus consensuel et le plus visible internationalement* »[911]. Pour que le destin commun ne reste pas un simple slogan, il devrait accoucher d'un « patchwork culturel » calédonien qui serait une force et non point une faiblesse. C'est une construction identitaire qui devrait se nourrir et s'enrichir concrètement d'apports divers. Et à propos de symboles et de signes identitaires communs, on pourrait ici évoquer les propos tenus par un membre du comité de pilotage des signes identitaires du pays et qui ont été rapportés : « *Ce à quoi nous avons abouti dans ce comité, ce n'est pas ce que nous voulions, ce ne sont pas nos revendications de départ, mais pour la première fois, rien ne nous a été imposé, et imposé de l'extérieur. Nous avons participé à ce que nous avons décidé, nous l'avons fait ensemble et cela change tout* »[912]. On y retrouve tout le sens de l'autodétermination postmoderne. En fait, les situations de la Nouvelle-Calédonie et du Nunavut correspondent à l'idée d'un puzzle dont

> « *chaque personne – homme, femme ou enfant – chaque groupe – qu'il se définisse plus ou moins arbitrairement par référence à une ethnie, à une nation, à une langue, à une religion, à une classe sociale, etc. -, détient une partie, mais qui demeure inintelligible sans*

909. CHEVALLIER (Jacques), *L'état Postmoderne*, *op. cit.*, p. 228.
910. BARBANÇON (Louis-José), *Le pays du non-dit*, *op. cit.*, p. 47.
911. KASARHÉROU (Emmanuel), « Le centre culturel Tjibaou, symbole identitaire de la Nouvelle-Calédonie ? », *in Destins des collectivités politiques d'Océanie, Volume 2, Singularités*, *op. cit.*, p. 702.
912. BARBARÇON (Louis-José), « Les signes identitaires, une expérience de démocratie participative dans l'Accord de Nouméa : le comité de pilotage (2007-2010), *in Destins des collectivités politiques d'Océanie, Volume 2, Singularités*, PUAM, 2011, p. 694.

*l'intervention des détenteurs des autres fragments. Seuls le constat de notre imperfection et la recherche de la complémentarité dans la différence peuvent résoudre les fractures qui nous mutilent et nous empêchent d'être pleinement humains.* »[913].

Les Calédoniens cohabitent depuis longtemps, se parlent de plus en plus et gèrent le pays ensemble, mais l'équilibre consensuel trouvé depuis plus de vingt-cinq ans est fragile, car il reste fondé sur un rapport de forces politique. La solution la plus durable devra aussi passer, selon nous, par l'instauration d'un véritable dialogue des cultures et des générations. Il ne faudra pas ainsi oublier par exemple l'interaction entre le droit autochtone et le droit étatique d'une manière qui ne soit plus purement hiérarchique. Comme le rappelle R. Lafargue, avec la « coutume judiciaire » et grâce à la présence des assesseurs coutumiers dans les tribunaux, ce dialogue des cultures est déjà à l'œuvre car le juge calédonien applique plus ou moins un pluralisme normatif ouvert qui tend vers cette rencontre des cultures. Ce mouvement pourrait être amplifié. Dans une perspective interculturelle, l'idée d'un statut personnel comme instrument d'un principe d'autonomie personnelle a été avancée [914]. En effet,

> « *la Nouvelle-Calédonie offre, à mesure que s'opèrent les transferts de compétences, une application du principe d'autonomie institutionnelle, tout en approfondissant et en complexifiant son expérience du principe d'autonomie personnelle, avec les concepts de statut personnel et de citoyenneté néo-calédonienne* »[915].

Et si l'on instaurait de nouvelles institutions kanak s'inspirant des traditions juridiques autochtones dans l'exercice de leurs attributions et appartenant à un ordre juridique autochtone, à côté d'un ordre juridique commun à tous, ou même si l'on attribuait de vrais pouvoirs à celles qui existent déjà, la Nouvelle-Calédonie ne s'en porterait pas plus mal, la décolonisation et l'autodétermination seraient alors empreintes d'une authenticité indéniable que le monde entier envierait à ce pays.

Toutefois, la mobilisation par les collectivités autochtones elles-mêmes de leurs propres cultures juridiques pour organiser l'exercice intracommunautaire de leurs droits coutumiers reste indispensable, car « le dépassement de la situation coloniale relève autant de la lutte politique des Kanak que d'une transformation de leur propre société »[916]. Le Sénat coutumier a entrepris ce travail de longue haleine qui mérite d'être encouragé. Un socle commun des valeurs kanak a vu le jour récemment. Une charte vient d'être signée et adoptée par toutes les chefferies de la Nouvelle-Calédonie. Tous ces chantiers ouverts constituent sans doute le prélude à une grande mutation culturelle[917].

---

913. Stenou (Katérina), *op. cit.*, p. 155.
914. Lafargue (Régis), *La coutume face à son destin*, *op. cit.*
915. *Ibidem*, p. 344.
916. Voir résumé de « *La Présence kanak* » de (J.-M.) Tjibaou, Édition Odile Jacob, 1996, établie et présentée par (Alban) Bensa et (Éric) Wittersheim.
917. Voir la synthèse finale sur le Socle commun des valeurs kanak, Publication du Sénat coutumier, décembre 2013.

Reprenant un peu à notre compte les vœux formulés en 1992 par un auteur, nous pensons qu'il est nécessaire que le futur référendum soit lui aussi consécutif à un accord préalable et qu'il ne soit pas abordé avec un esprit belliqueux et dans le but de déterminer un vainqueur et un vaincu, car il n'y en aura sans doute jamais. Il faut, encore une fois, imaginer une décolonisation et une autodétermination authentiques et postmodernes du XXIe siècle. Oui, il faut continuer à « s'évader des vieux schémas et des vieux modèles, briser les statues de sel dans lesquelles certaines pensées se sont figées, pétrifiées »[918], en sachant bien qu'en tout état de cause, la Nouvelle-Calédonie et le Nunavut de demain ont déjà commencé. Ne dit-on pas souvent que l'avenir est un présent qui s'ignore ?

918. Barbançon (Louis-José), *Le Pays du non-dit – Regards sur la N.-C.*, *op. cit.*, p. 131.

# Bibliographie

## I - Ouvrages


Abou (Selim), *L'identité culturelle, Relations interethniques et problèmes d'acculturation,* Anthropos, Paris, 1981, 235 p.

Agniel (Guy), *Droit des relations internationales,* Hachette Supérieur, Paris, 1997,160 p.

Anaya (James), *Indigenous Peoples in International Law,* 2d ed, Oxford University Press, 2006, 267 p.

Arend (Lijphart), *Democracy in plural societies: a comparative exploration,* Yale University Press, 1977, 248 p.

Badie (Bertrand), *Un monde sans souveraineté. Les États entre ruse et responsabilité,* Fayard, Paris, 1999, 306 p.,

Badie (Bertrand), *La fin des territoires, Essai sur le désordre international et sur l'utilité sociale du respect,* Fayard, Paris, 1995, 278 p.

Barbançon (Louis-José), *Le Pays du non-dit – Regards sur la Nouvelle-Calédonie,* Les presses d'offset Cinq Édition, 1992, 133 p.

Bastogi (Marion), *Le gouvernement pluraliste en Nouvelle-Calédonie et aux Fidji,* CDP Nouvelle-Calédonie, Nouméa, 2008, 326 p.

Bausinger-Garnier (L.), *La loi du pays en Nouvelle-Calédonie. Véritable norme législative à caractère régional,* L'Harmattan, Paris, 2001, 192 p.

Bayart (Jean-François), *L'illusion identitaire,* Fayard, Paris, 1996, 312 p.

Bedjaoui (Mohamed), *Pour un nouvel ordre économique mondial,* Paris, UNESCO, 1979, 295 p.

Bernut-Deplanque (Pascale), *L'identité culturelle calédonienne : construction possible ou utopie ? Des Accords de Matignon à l'Accord de Nouméa : quelle place pour l'identité dans les politiques culturelles de Nouvelle-Calédonie ?,* Île de lumière, Nouméa, 2002, 214 p.

Bergel (J.-L.), *Méthodes du droit - Théorie générale du droit,* Dalloz, Paris, 1985, 367 p.

Bergel (J.-L.) (dir.), *Le Plurijuridisme, Actes du 8e Congrès de l'association internationale de méthodologie juridique,* Presses Universitaires d'Aix-Marseille, 2005.

Bertram (Robert), *La bipolarisation politique de la Nouvelle-Calédonie,* L'Harmattan, Paris, 2012, 598 p.

Bidégaray (de) (Christian), *L'État autonomique : forme nouvelle ou transitoire en Europe ?,* Economica, 1994.

Bodin (Jean), *Les Six Livres de la République,* 1576, LGF (Le livre de poche n° 4619), 1993, 607 p.

Bokatola (I.O.), *L'Organisation des Nations Unies et la protection des minorités,* Bruxelles, Bruylant, 1992, 291 p.

Bonet (L.), Négrier, (E.) (dir.), *La fin des cultures nationales, La Découverte, Paris, 2008*

Borella (F.), *L'évolution politique et juridique de l'Union française depuis 1946, LGDJ,* 1958, 500 p., « Note additionnelle sur la décolonisation », dans *25 ans de Nations Unies* (Textes rassemblés et publiés sous la direction de (C.) Chaumont et (G.) Fischer), Paris, *LGDJ,* 1970.

Briault (Jean-Claude), *La fin de l'Accord de Nouméa, la solution est dans la France,* Nouméa, Éd. Begach, 2005, 154 p.

Briault (Jean-Claude), *Nouvelle-Calédonie – L'impossible indépendance et le possible « statut consensuel »,* Begach, 2013, 65 p.

Brimo (Albert), *Les grands courants de la philosophie du droit et de l'État,* Pedone, Paris, 1978, 574 p.

Brun (Henri) et Tremblay (Guy), *Droit constitutionnel,* Les éditions Yvon Blais inc., 1997, 3e, Québec, 1403 p.

Buirette-Maurau (P.), *La participation du Tiers Monde à l'élaboration du droit international,* Paris, *LGDJ,* 1983, 242 p.

BURDEAU (Georges), *Traité de science politique, tome 2, LGDJ*, 3e éd. 1980, 809 p.
BURDEAU (Georges), *Droit constitutionnel et institutions politiques, LGDJ*, 25e éd., 1997, 759 p.
CADOUX (Charles), *Droit constitutionnel et institutions politiques, Théorie générale des institutions politiques*, Paris, Cujas, 1988, 342 p.
CALOGEROPOULOS-STRATIS (S.), *Le Droit des peuples à disposer d'eux-mêmes*, Bruylant, Bruxelles, 1973, 388 p
CARLEY (Patricia), *Self-Determination: Sovereignty, Territorial Integrity, and the Right to Secession*, Washington DC, United States Institute of Peace Press, 1996, 25 p.
CARRÉ DE MALBERG (Raymond), *Contribution à la Théorie générale de l'État*, Sirey, Paris, Rééd. CNRS, 1962, vol. I, 1475 p. et vol. II, 1477 p.
CARBONNIER (Jean), *Flexible droit*, Paris *LGDJ*, 1988, 382 p., *Sociologie juridique*, Paris, Association corporative des étudiants en droit et sc. économiques, 1974, 174 p., *Droit civil, Introduction*, n° 139, PU, 1995, 318 p.
CARDINAL (Linda) (dir.), *Le fédéralisme asymétrique et les minorités* linguistiques et nationales, éd. Prise de parole, Ottawa 2008.
CASSESE (Antonio), « *Self-Determination of Peoples, A Legal Reappraisal* » (Cambridge, Cambridge University Press, 1988, 396 p.
CAUDAL, Sylvie, (dir.), *Les principes en droit*, Economica, 2008, Paris, 384 p.
CHAUCHAT (Mathias), *Les institutions en Nouvelle-Calédonie, Institutions politiques et administratives*, CDP, Nouvelle-Calédonie, Nouméa, 2012, 306 p.
CHEMILLIER-GENDREAU (Monique), *Humanité et souveraineté. Essai sur la fonction du droit international*, La Découverte, Paris, 1995, 383 p.
CHEMILLIER-GENDREAU (Monique), *Le rôle du temps dans la formation du droit international*, Pedone, 1987, 70 p.
CHEVALLIER (Jacques), *L'État postmoderne*, LDGJ, Paris, 3e éd. 2008, 266 p.
CHRISTAKIS (Théodore), *Le droit à l'autodétermination en dehors des situations de décolonisation*, La Documentation Française, 1999, 660, p.
CLECH LAM (Maivan), *At The Edge of the State: Indigenous People and Self-determination*, (Ardsley, NY, Transnational Publishers, 2000), 232 p.
COLOMBANI (Jean-Marie), *L'utopie calédonienne*, Denoël, 1985, 266 p.
COLOMBANI (Jean-Marie), *Double Calédonie, d'une utopie à l'autre*, Denoël, 1999, 266 p.
COMBACAU (J.), THIERRY (H.), SUR (S.) et VALLEE (C.), *Droit international public*, Montchrestien, 3e éd, 1997, Paris, 799 p.
CONSTANTINESCO (Léontin-Jean), *Traité de droit comparé : la méthode comparative, LGDJ*, Paris, 1974, 412 p.
CORTEN (Olivier), *Méthodologie du droit international public*, Éditions de l'université de Bruxelles, 2009, 292 p.
CRAWFORD (J.), *The Rights of peoples*, Oxford, Clarendon Press, 1988, 236 p.
DOUYERE (Éric H.), *L'Avenir de la Nouvelle-Calédonie en question(s), Du rééquilibrage des idées (II)*, Éditions Île de lumière, Nouméa, 2000, 113 p.
DOUYERE (Éric H.), *Identités culturelles et sentiment d'appartenance en Nouvelle-Calédonie*, l'Harmattan, 2008, 281 p.
DEBBASCH (R.), *Le principe révolutionnaire d'unité et d'indivisibilité de la République*, Economica, PUAM, 1988, 481 p.
DECKKER (de), Paul, (dir.), *Coutume autochtone et évolution du droit dans le Pacifique Sud*,, L'Harmattan, Paris, 1995.
DECKKER (De) (Paul), et KUNTZ (L.), *La bataille de la coutume et ses enjeux pour le Pacifique Sud*, L'Harmattan, Mondes océaniens, 1998, 238 p.
DEVAUX (Marianne), *L'organisation de la Nouvelle-Calédonie. Institutions et régime législatif*, CDP, Nouvelle-Calédonie, 1997, 143 p.
DIECKHOFF (Alain), *La nation dans tous ses États. Les identités nationales en mouvement*, Flammarion, 2000, Paris, 355 p.
DREYFUS (Simone), *Droit des relations internationales : Éléments de droit international public*, Paris, Éd. Cujas, 1992, 537 p.
DUCHESNE (S.), *Citoyenneté à la française*, Presses de la fondation nationale des sciences politiques, Paris, 1997, 330 p.
DELBEZ (L.), *Les principes généraux du droit international public*, Paris, LCDJ, 3e éd. 1964, 666 p.
DINSTEIN (Yoram), *Ed.Models of autonomy*, New Brunswick and London, Transaction books, 1981, 307 p.

DOGAN (Mattéi) et PELASSY (Dominique), *Sociologie politique comparative : problèmes et perspectives*, Economica, Paris, 1982, 218 p.

ELAZAR (Daniel), *Federalism Theory and application*, HSRC Press, 1995, 76 p.

ELAZAR (Daniel), *Federal systems of the world – A handbook of federal, confederal and autonomy arrangements*, London, Stocton (Longman), 1994, 2nd ed, 364 p.

EMERSON (R.), *Self-Determination revisited in the era of deconization*, Cambridge, Massachusetts, Center for international Affairs – Harward University, occasional papers in international affairs, n° 9, 1964, 64 p.

FABERON (Jean-Yves), *La Nouvelle-Calédonie, laboratoire de statuts de territoire d'outre-mer*, Société d'études historiques de Nouvelle-Calédonie, n° 49, Nouméa, 1992, 201 p.

FABERON (Jean-Yves), *Le régime législatif de la Nouvelle-Calédonie*, Dalloz, 1994, 112 p.

FABERON (Jean-Yves), *L'avenir statutaire de la Nouvelle-Calédonie. L'évolution des liens de la France avec ses collectivités périphériques*, La documentation française, Paris, 1997, 276 p.

FABERON (Jean-Yves), *Des institutions pour un pays, La Nouvelle-Calédonie en devenir*, PUAM, 2012, 291 p.

FABERON Jean-Yves (dir.), *L'outre-mer français. La nouvelle donne institutionnelle*, La Documentation française, 2004.

FABERON Jean-Yves (dir.), *L'outre-mer*, Pouvoirs, n° 113, Seuil, 2005.

FABERON Jean-Yves (dir.), *La Nouvelle-Calédonie, vingt années de concorde (1998-2008)*, Actes du colloque du 25 et 26 avril 2008 à Paris, Publications de la Société française d'histoire, 2008.

FABERON Jean-Yves (dir.), *Citoyenneté et destin commun en Nouvelle-Calédonie*, PUAM, 2013, 168 p.

FABERON (Jean-Yves) et GAUTHIER (Yves) (dir.), *Identité, nationalité, citoyenneté outre-mer*, Centre des Hautes études sur l'Afrique et l'Asie modernes, 1989, 218 p.

FABERON (Jean-Yves) et AGNIEL (Guy) (dir.), *La souveraineté partagée en Nouvelle-Calédonie et en droit comparé*, La documentation française, 2000, 463 p.

FABERON (Jean-Yves) et GARDE (François) (dir.), *101 mots pour comprendre – Les institutions de la Nouvelle-Calédonie*, Édition Île de lumière, 2002, 240 p.

FABERON (Jean-Yves) et GARDE (François) (dir.), *L'outre-mer français : la nouvelle donne institutionnelle*, La Documentation française, 2004, 224 p.

FABERON (Jean-Yves) et POSTIC (Jean-Raymond), *L'Accord de Nouméa, la loi organique et autres documents juridiques et politiques de la Nouvelle-Calédonie*, Édition Île de lumière, 2004,188 p.

FABERON (Jean-Yves) et MENNESSON (T.) (dir.), *Peuple premier et cohésion sociale en Nouvelle-Calédonie. Identités et rééquilibrages*, PUAM, 2012, 469 p.

FABERON (Jean-Yves) et ZILLER (Jacques), *Droit des collectivités d'outre-mer*, Paris, *LGDJ*, 2007, 546 p.

FABERON (Jean-Yves), FAYAUD (Viviane) et REGNAULT (Jean-Marc), *Destins des collectivités politiques d'Océanie*, vol. I et II, PUAM, 2011, 878 p.

FABERON (Jean-Yves) et HAGE (Armand), *Mondes océaniens – Études en l'honneur de Paul de Deckker*, L'Harmattan, 2010, 428 p.

FABERON (Jean-Yves) et DECKKER (de) (Paul) (dir.), *L'État pluriculturel et les droits aux différences*, Bruylant, 2003, 536 p.

FAVOREU (Louis) et PHILIP (Loïc), *Les grandes décisions du Conseil constitutionnel* », Dalloz, 12e éd., 2003, 929 pages.

FAVOREU (Louis), *Droit constitutionnel*, Dalloz, Paris, 6e éd. 2003, 921 p.

FREYSS (J.), *Économie assistée et changement social en Nouvelle-Calédonie*, PUF, 1995, 452 p.

GAGNÉ (Natacha), MARTIN (Thibault) et SALAÜN (Marie) (dir.), *Les Autochtonies vues de France et du Québec*, Les Presses de l'Université Laval, 2009, 530 p.

GAGNON (Alain), *Le fédéralisme canadien contemporain : fondements, traditions, institutions*, Presses universitaires de Montréal, 2006, 559 p.

GAHIM (E.), *The principle of self-determination: a study of its historical and contemporary legal evolution*, Oslo, Published in cooperation with the Norvegian Institute of Human Rights, 1989, 124 p.

GARDE (François), *Les institutions de la Nouvelle-Calédonie, Paris, L'Harmattan, 2001, 351 p.*

GENY (F.), *Méthodes d'interprétation et sources en droit privé positif*, F. Pichon et Durand-Auzias, 2e édition, 1919, T. I, n° 20

GINDRE DAVID (Carine), *Essai sur la loi du pays calédonienne*, L'Harmattan, Paris, 2008, 653 p.

GIRAULT (Arthur), *Principes de colonisation et de législation coloniale*, Paris, Larose, 1895, 660 p ; 2e éd., 1904, 2 vol ; 3e éd. 1907-1908, 3 vol ; 4e éd., 1921-1923, 3 vol.

GOHIN (Olivier), *Institutions administratives*, *LGDJ*, Paris, 2006, 5e édition, 608 p.

GONIDEC (Pierre-François), *Droit d'outre-mer,* Montchrestien, 1960, 596 p.
GHAI (I.), *Public Participation and Minorities* (London, Minority Rights Group, 2001).
GRAMMOND (Sébastien), *Aménager la coexistence, les peuples autochtones et droit canadien, Bruylant, Yvon Blais,* 2003, 439 p.
GUILHAUDIS (Jean-François), *Le Droit des peuples à disposer d'eux-mêmes,* Presses universitaires de Grenoble, 1976, 226 p.
HANNUM (Hurst), *Autonomy, Sovereignty and Self-Determination: The accomodation of Conflicting Rights,* Philadelphia, University of Pennsylvania Press, 1996 (rev. ed.) 534 p.
HENDERSON (Ailsa), *Nunavut: Rethinking political culture, Vancouver,* UBC Press, 2007.
HERACLIDES (Alexis), *The Self-determination of Minorities in International Politics,* Franck Cass, Londres, 1991, 291 p.
HÉRAUD (Guy), *Les principes du fédéralisme et la Fédération européenne,* Presses d'Europe, 1968, 160 p.
JOYAU (Marc), *De l'autonomie des collectivités territoriales françaises. Essai sur la liberté du pouvoir normatif local, LGDJ,* Paris, 1998, 362 p.
JOUVE (Edmond), *Relations internationales, Presses Universitaires de France,* Paris, 1992, 479 p., *Le droit des peuples,* Paris, PUF, Collection « Que sais-je ? », 1986, 1re édition, 127 p.
KELSEN (Hans), *The law of the United Nations,* The Lawbook Exchange, Ltd, 1950, 994p., *Théorie générale du droit et de l'État, suivi de la doctrine du droit naturel et le positivisme juridique,* Bruylant, *LGDJ,* 1997, 518 p.
KNOP (Karen), *Diversity and Self-Determination in International Law,* Cambridge University Press, 2004.
LAFARGUE (Régis), *La coutume judiciaire en Nouvelle-Calédonie,* PUAM, 2003, 307 p.
LAFARGUE (Régis), *La coutume face à son destin, Réflexions sur la coutume judiciaire en Nouvelle-Calédonie et la résilience des ordres juridiques infra-étatiques, LGDJ,* 2010, 420 pages.
LAFLEUR (Jacques), *Ce que je crois,* Imprimeries Réunies de Nouméa, 2002, 32 p.
LAFLEUR (Jacques), *L'assiégé : vingt ans de vie politique,* Plon, 2000, 265 p.
LAFLEUR (Jacques), *Conversations calédoniennes,* Au vent des Îles, 2009, 125 p.
LAÏDI (Zaki), *Un monde privé de sens,* Hachette-Littératures, réimprimé, 2006, 333 p.
LAJOIE (Andrée), *Théories et émergences du droit : pluralisme, surdétermination et effectivité,* Thémis, 1998, 266 p.
LAJOIE (Andrée), *Quand les minorités font la loi,* PUF, Paris, 2002, 217 p.
LAJOIE (Andrée), *Gouvernance autochtone : aspects juridiques, économiques et sociaux,* Thémis, 2007, 246 p.
LAJOIE, BRISSON, NORMAND et de BISSONNETTE, *Le statut juridique des peuples autochtones au Québec et le pluralisme,* Québec, Éditions Yvon Blais, 1996.
LAMPUÉ (P.), *Droit d'outre-mer et de la coopération,* Dalloz, 4e éd., 1969, 385 p.
LEBLIC (Isabelle), *Les Kanak face au développement : la voie étroite,* Presses universitaires de Grenoble, 1993, 412 p.
LE GUILLOU (Chantal), DECKKER (de) (Paul), STEINMETZ (Luc) et FABERON (Jean-Yves) (dir.), *L'Outre-mer français dans le Pacifique,* Île de Lumière, 2003.
LEVRAT, Nicolas, (dir.), *Minorités et organisation de l'*État, Bruylant, 1998
FRITZ (Claude), DEROCHE (Frédéric), FRITZ (Gérard) et PORTEILLE (Raphaël) (dir.), *La Nouvelle question indigène. Peuples autochtones et ordre mondial,* L'Harmattan, 2005.
LUCHAIRE (François), *Le Statut constitutionnel de la Nouvelle-Calédonie,* Economica, 2000, Paris, 165 pages., *Le droit de la décentralisation,* P.U.F., Paris1989, 648 p.
LUCHAIRE (François) et GONAC (G.), *La Constitution de la République française,* Economica, Paris,1987, 1402 p.
MACDONALD (Bill), *Nunavut: land and people,* ed. Deborah Shernad Newmarket, Ontario Apple Press, 2002.
MAIRET (G.), *Le principe de souveraineté. Histoires et fondements du pouvoir moderne,* Gallimard, Paris, 1997, 305 p.
MATHIEU (Jean-Luc), *L'outre-mer français,* Paris, PUF, 1994, 280 p.
MATHIEU (Jean-Luc), *La Nouvelle-Calédonie,* PUF, coll. « Que sais-je ? », n° 2776, 1995, 128 p.
MATHIEU (B.) et VERPEAUX (M.), *La République en droit français,* Economica, 1996, 360 p.
MBONIMPA (Melchior), *Idéologies de l'indépendance africaine,* L'Harmattan, 1989, 247 p.
MÉLIN-SOUCRAMANIEN (dir.), *L'outre-mer français : un « modèle » pour la République ?,* Presses universitaires de Bordeaux, Pessac, 180 p.
MEMMI (ALBERT), *Portrait du décolonisé arabo-musulman et de quelques autres,* Gallimard, Paris, 2007, 220 p.
MEMMI (ALBERT), *Portrait du colonisé,* L'étincelle, 1972, 146 p.
MOKADDEM (Hamid), *Conjoncture politique de la Nouvelle-Calédonie,* Expressions, 2005, 79 p.

MOLIÈRE, *Le Bourgeois gentilhomme,* Hatier, Paris, 1981.
MORSE (B.W.), *Indigenous Law and State Legal Systems: Conflict and Compatibility, in* (B.W.) Morse - (G.R.) Woodman (eds)
MORSE (B.W.), *Indigenous Law and the State* (Dordrecht, Foris Pub., 1988
MUSGRAVE (T.D.), *Self-determination and National Minorities* (Oxford, Clarendon Press, 1997), 289 p.
MARCOFF (Marco), *Accession à l'indépendance et succession d'États aux traités,* Éditions universitaires, 1969, 388 p.
NÉAOUTYINE (PAUL), CORRAL (J.-François) et NÉMIA (André), *L'indépendance au présent, Identité kanak et destin commun, Syllepse,* 2006, 186 pages.
NORMAN et BENIWICH, « *A commentary on the Charter of the United Nations* », Londres, 1950.
ORFILA (Gérard), *Régime législatif, réglementaire et coutumier de la Nouvelle-Calédonie,* L'Harmattan, 2000, 159 p.
OLIVA (Éric) et GIUMMARRA (Sandrine), *Droit constitutionnel,* Dalloz, 2011, 350 p.
OTIS (Ghislain) (dir.), *Le juge et le dialogue des cultures,* Karthala, 2013, 230 p.,
OTIS (Ghislain) (dir.), *Droit, territoire et gouvernance des peuples autochtones,* Presses Université Laval, 2005, 197 p.
OTIS (Ghislain) et MELKEVIK (Bjarne), *Peuples autochtones et normes internationales,* Éditions Yvon Blais, 1996.
OTIS (Ghislain), CISSÉ (A.), DECKKER (de) (P.) et MASTOR (W.), *Cultures juridiques et gouvernance dans l'espace francophone,* 2010, 112 p.
PAGE (Jeanne), Du *partage des compétences au partage de la souveraineté : des territoires d'outre-mer aux « pays d'outre-mer »,* Presses universitaires d'Aix-Marseille, 2001, Aix-en-Provence, 626 p.
PERVILLÉ (Guy), *De l'Empire français à la Décolonisation,* Hachette, Paris, 1991, 255 p.
POUSSON-PETIT (Jacquelin) (dir.), *L'identité de la personne humaine,* Étude de droit français et droit comparé, Bruylant, Bruxelles, 2002, 1001 p. -
PIERRÉ-CAPS (Stéphane), *Nations et peuples dans les constitutions modernes,* Nancy, PU de Nancy, 1987, 948 p.
PIERRÉ-CAPS (Stéphane), *La multination : l'avenir des minorités en Europe centrale et orientale,* Odile Jacob, 1995, 337p.
PILETTE (Lorraine), *La Constitution canadienne,* Boréal, 1993, 124 p.
PIMONT (Yves), *Les territoires d'outre-mer,* PUF, Coll. Que sais-je ?, 1994, 127 p.
PIMONT (Yves) et AGNIEL (Guy), *Le Pacifique,* PUF, 1997, 127 p.
REGNAULT (Jean-Marc), *L'ONU, La France et les décolonisations tardives, l'exemple des terres françaises d'Océanie,* PUAM, 2013, 249 p.
REGNAULT (Jean-Marc) (dir.), *François Mitterrand et les territoires français du Pacifique, 1981-1988,,* Indes savantes, 2003.
RÉMOND (Bruno), *La fin de l'État jacobin ?, LGDJ,* Paris, 1998, 117 p.
REUTER (Paul), *Institutions internationales,* PUF, 1969, 332 p.
RIPERT (Georges), *Les forces créatrices du droit,* Barnéoud frères et Cie, 1955, 440 p.
ROCHE (Jean-Jacques), *Théorie des relations internationales,* Montchrestien, Paris, 1994, 152 p.
ROULAND (Norbert), PIERRÉ-CAPS (Stéphane), POUMAREDE (Jacques), *Droit des minorités et des peuples autochtones,* PUF, 1996, 584 p.
ROULAND (Norbert), *Anthropologie juridique,* Paris, PUF, 1988, 496 p.
ROULAND (Norbert), *L'État français et le pluralisme. Histoire politique des institutions publiques de 476 à 1792,* Paris, Odile Jacob, 1995,337 p.
ROULAND (Norbert), *Aux confins du droit : anthropologie juridique de la modernité,* Odile Jacob, 1991, 318 p.
ROULAND (Norbert), *Les modes juridiques de solution des conflits chez les Inuits,* Association Inuksiutiit Katimajiit, 1979, 168 p.
SEMPRINI (A.), *Le multiculturalisme,* Paris, PUF, 1997, 127 p.
SHIN (Imaï), RICHARDSON (Benjamin J.), MCNEIL (Kent), *Indigenous peoples and law: comparative and critical perspectives,* Hart, 2009.
SUDRE (Frédéric), *Droit européen et international des droits de l'homme,* PUF, Paris, 2005, 715 p.
SCELLE (Georges), *Manuel élémentaire du D.I.P.,* 1943.
SCELLE (Georges), *Précis de droit des gens,*1934, t. II, Sirey, 1934, 558 p.
SCHMIDT (Jean), *Essai sur la Notion de principe juridique. Contribution à l'étude des principes généraux du droit en Droit positif français,* Schmidt Jean, 1955, 624 p.

SCHULTE-TENCKHOFF (Isabelle), *La question des peuples autochtones,* Bruylant, *LGDJ,* 1997, Bruxelles, Paris, 235 p.

THERRIEN (Michèle), *Printemps inuit. Naissance du Nunavut, Montpellier, Indigène éditions,* coll. « Indigène esprit », 143 p.

THERRIEN (Michèle) et TEVENY (Sylvie) (dir.), *Pour mieux comprendre le Nunavut, Actes de la journée Nunavut,*), 30 janvier 1999, Inalco, 1999, 125 p.

THIELLAY (Jean-Philippe), *Le droit des outre-mer,* 2e éd., Dalloz, 2011, 166 p.

THORNBERRY (P.), *International Law and the Rights of Minorities,* Oxford, Clarendon Press, 1991, 451p.

TJIBAOU (Jean-Marie), *La présence kanak,* Odile Jacob, Édition établie et présentée par Alban Bensa et Éric Wittersheim, 1996, 326 p.

Tomuschat (Ch.), *Modern Law of self-determination,* Dordreccht/Boston/London, Martinus Nithoff, 1994, 1089 p.

TUNKIN (G.), *Droit international public, problèmes théoriques,* Paris, Pedone, 1965, 250 p.

VEDEL (Georges), *Droit administratif,* PUF, Paris, 1990, 11è édition

VIGOUR (Cécile), *La comparaison dans les sciences sociales, pratiques et méthodes,* La Découverte, Paris, 2005, 335 p.

VIRALLY (Michel), *Le Droit International en devenir,* Fondo de cultura Economica, 1990, 504 p.

VISSCHER (DE) (Charles), *Théories et réalités en droit international public,* Paris, Pedone, 4e éd. 1970, 450 p.

WAMYTAN (Léon), *Peuple kanak et droit français. Du droit de la colonisation au droit de la décolonisation, l'égalité en question.* CDP Nouvelle-Calédonie, 2013, 467 p.

XANTHAKIS (Alexandra), *Indigenous Rights and United Nations Standards, Self-Determination, Culture And Land,* Cambridge University Press, 2007, 360 p.

## II - Documents d'études

### A - Recueils, cours et documents

CHAUMONT (Charles), *Cours général de droit international public, RCADI, 1970, I, T. 129, Réalités du droit international contemporain,* Faculté de droit, Reims, 1974

COLLIARD (C. A.), *Les données fondamentales des relations internationales,* Cours à l'IHEI, Paris, 1963.

GONIDEC (Pierre-François), *Cours d'institutions internationales, Licence - 1re année,* Les Cours de droit 1970-1971.

STRUPP (Karl), *Éléments du droit international public universel, européen et américain,* RCADI, 1934, tome I.

### B - Rapports et études

AMNISTIE INTERNATIONALE section canadienne francophone, *Intention du Canada d'appuyer la Déclaration des Nations Unies sur les droits des peuples autochtones,* www.amnistie.ca/content/view/14238/254.

ANAYA (James), *Rapport sur la situation du peuple Kanak de Nouvelle-Calédonie, A/HRC/18/35/Add.6 du 14 septembre 2011, in Revue juridique et politique et économique de Nouvelle-Calédonie, n° 18 2011/2, p. 44.*

CAPOTORTI (Francesco), *Études des droits des personnes appartenant aux minorités ethniques, religieuses ou linguistiques, Chapitre 1 : « La notion de minorité », Nations Unies, Conseil économique et social, Commission des droits de l'homme, Sous-commission de la lutte contre les mesures disciplinaires et de la protection des minorités, 30e session, 1977 E/CN4/sub2/384 Add 1(24juin) p. 37.*

CAPOTORTI (Francesco), *Study on the Rights of Persons Belonging to Ethnic, Religious and Linguistic Minorities, ONU, New york,* 1991.

CRISTESCU (Aureliu), *Le Droit à l'autodétermination, Développement historique et actuel sur la base des instruments des Nations Unies, Nations Unies, New York, 1981, p. 3, qui rapporte une opinion exprimée dans les Documents de la Conférence des Nations Unies sur l'Organisation internationale, G/7c (t. IV, p. 182).*

CRUZ (Santa Hernan), *La discrimination raciale. Étude spéciale sur la discrimination raciale dans les domaines politique, social et culturel, New York, Nations Unies,* 1971.

DAES (E.-I.), *« Explanatory Note concerning the Draft Declaration on the Rights of Indigenous Peoples »,* UN Doc. E/CN.4/Sub.2/1993/26/Add.1 (1993), para. 26.

DOSIERE (René), rapport sur les projets de loi relatifs à la Nouvelle-Calédonie », Doc., AN, enregistré le 16 décembre 1998, n° 1275, t. 1, p. 19.

GILBERT (Geremie), « *Autonomy and Minority – A Legal Right in International Law ?* », Paper prepared for the Seventh Session of the Working Group on Minorities of the Sub-Commission on the Promotion and Protection of Human Rights, UN Doc. E/CN.4/Sub.2/AC.5/2001/CRP.5 (2001), p. 28.

TASCA (Catherine), rapport fait au nom de la commission des lois constitutionnelles [...] sur le projet de loi constitutionnelle relatif à la Nouvelle-Calédonie, Paris, *JORF*, Ass. Nat., Rapport n° 972, 1998.

TAVERNIER (Yves), rapport d'information fait au nom de la commission des finances [...], sur la situation économique et financière de la Nouvelle-Calédonie, Paris, Ass. Nat., n° 1026, 200.

QUENTIN (Didier), rapport fait au nom de la commission des lois de l'Assemblée nationale n° 1843 et 1844 sur le projet de loi organique relatif à l'évolution institutionnelle de la Nouvelle-Calédonie et de Mayotte.

RAPPORT A/AC 109/2028 du 18 juin 1995 du Comité spécial chargé d'étudier la situation en ce qui concerne l'application de la Déclaration sur l'octroi de l'indépendance aux pays et aux peuples coloniaux.

RAPPORT de la Commission de Venise.

RAPPORT du Ministère des affaires étrangères français, *cit. dans : Commission nationale consultative des droits de l'homme, 1991, La lutte contre le racisme et la xénophobie, Paris, La Documentation française, 1992, p. 208-209, p. 346.*

RAPPORT du PNUD sur le développement humain, « la liberté culturelle dans un monde diversifié », 2004.

RAPPORT du rapporteur spécial sur les droits des peuples autochtones sur la situation du peuple kanak de Nouvelle-Calédonie, Conseil des droits de l'homme, 18e session, A/HRC/18/35/Add. 6.

RAPPORT sur les droits des peuples autochtones sur la situation du peuple kanak de Nouvelle-Calédonie, A/HRC/18/35/ Add. 6, in *RJPENC* n° 18, 2011/2, p. 57.

RÉUNION INTERNATIONALE D'EXPERTS *sur l'approfondissement de la réflexion sur le concept de droits des peuples*, UNESCO, Paris, 27-30 novembre 1989, SHS-89/CONF.602/7, p. 8.

## III - Thèses et mémoires

AGNIEL (G.), *Décentralisation des collectivités d'outre-mer. Statut et situation de la Nouvelle-Calédonie*, Thèse, Montpellier 1977.

BARBIER, (M.), *Le Comité de décolonisation des Nations Unies*, Thèse de doctorat, mention « Études politiques », Fondation Nationale des Sciences politiques, Paris, 1971.

BELKACEMI (N.), *Contribution à l'étude des peuples autochtones en droit international et en droit interne*, Thèse, Montpellier I, 1996.

BOYER (A.), *Le statut constitutionnel des TOM et l'État unitaire, contribution à l'étude des articles 74, 75, 76 de la Constitution du 4 octobre 1958*, Thèse, Aix-en-Provence, 1991.

BRIAULT (L.), *La Déclaration des Nations Unies sur les droits des peuples autochtones : forces et faiblesses*, Mémoire de Master 2 en Droit public, 2009, Université de Montpellier I.

DEBBASCH (R.), *Le principe révolutionnaire d'unité et d'indivisibilité de la République. Essai d'histoire politique*, Thèse, Aix-Marseille III, 1987, éd. Economica, 1988.

FALL (I. I.), *Contribution à l'étude du droit des peuples à disposer d'eux-mêmes en Afrique*, Thèse doctorat, Université de Paris 1, 1972.

JALLON (A.), *L'échec d'une idée : la souveraineté partagée*, Thèse d'État en droit, Université Paris II, 1975.

LEBRUN, (A.), *La coutume, ses sources, son autorité en droit privé*, Thèse, Caen, 1932.

ORTEGA, (J.D.C.), *Le pluralisme juridique et les peuples autochtones*, Thèse de droit public, 2005, Université Panthéon-Assas (Paris II).

PAGE (J.), *Les provinces de Nouvelle-Calédonie*, Mémoire de DEA de Droit public, Aix-Marseille III, 1993-1994.

PAGE (J.), *Du partage des compétences au partage de la souveraineté : des territoires d'outre-mer aux pays d'outre-mer*, Thèse, Aix-Marseille III, 2000, éd. PUAM, 2001.

ROUX (J.), *Le principe de la souveraineté de l'État dans la jurisprudence du Conseil constitutionnel*, Thèse, Bordeaux I, 1994.

SHUKRI (M.A)., *The concept of self-determination in The United Nations*, Thèse, New-York, Columbis University Law School, 1965.

TURP (D.), *Le droit de sécession en droit international public et son application au cas du Québec*, Mémoire présenté à la Faculté des études supérieures en vue de l'obtention du grade de Maître en Droit, Université de Montréal, 1979, 339 p. (dactylographié).

WEBER (F.), *Unité de l'État et diversité régionale en droit constitutionnel français*, Thèse, Nancy II, 1997.

## IV. Ouvrages collectifs et revues

### A - Études collectives, mélanges et colloques


- *Le Droit des peuples à disposer d'eux-mêmes. Méthodes d'analyse du droit international,* Mélanges offerts au Professeur Charles CHAUMONT, Pedone, 1984.
- *L'État de droit. Mélanges en l'honneur de Guy BRAIBANT,* CHEVALLIER Jacques (dir.), Dalloz, 1996.
- *Mélanges en l'honneur du Professeur Gustave PEISER,* contributions réunies par GALABERT Jean-Michel et TERCINET Marcel-René, PUG, 1995.
- *Les collectivités locales, Mélanges en l'honneur de Jacques MOREAU, PETIT Jacques (dir.),* Economica, 2002.
- *Autonomies locales, intégrité territoriale et protection des minorités, Actes du séminaire UniDem organisé à Lausanne du 25 au 27 avril 1996,* Commission européenne pour la démocratie par le droit, éd. Du Conseil de l'Europe, 1997.
- *Les mutations de l'État-nation en Europe à l'aube du XXI<sup>e</sup> siècle, Actes du séminaire UniDem organisé à Nancy du 6 au 8 novembre 1997,* Commission européenne pour la démocratie par le droit, éd. Du Conseil de l'Europe, 1997.
- *L'avenir statutaire de la Nouvelle-Calédonie – L'évolution des liens de la France avec ses collectivités périphériques,* FABERON Jean-Yves (dir.), Les Études de la Documentation française, 1997.
- *Minorités et organisation de l'État, LEVRAT Nicolas (dir.) Textes présentés au 4<sup>e</sup> colloque international du Centre international de la Common Law en français (CICLEF),* Bruylant, 1998.
- *Peuples des Grands Nord. Traditions et transitions,* 1995, Paris, Presse de la Sorbonne nouvelle et de l'Institut national des langues et civilisations orientales. Textes recueillis par Anne-Victoire CHARRIN, Jean-Michel LACROIX et Michèle THERRIEN.
- *Encyclopédie juridique de l'Afrique, vol. L'État et le droit,* Dakar, Nouvelles Éditions africaines, 1982.


### B - Articles et chroniques


AGNIEL (Guy), « Relation associative, Îles Cook et Niué : la conception néo-zélandaise de l'association », *in Destins des collectivités politiques d'Océanie,* Volume 1, Théories et pratiques.

AGNIEL (Guy), « Le Parlement et la Nouvelle-Calédonie : du « droit à la bouderie »… à la délégation de souveraineté ? », *Revue française de droit constitutionnel,* 2012/2 n° 90.

AGNIEL (Guy), « Les adaptations juridiques des particularismes sociologiques locaux ».

AGNIEL (Guy), « L'expérience statutaire de la Nouvelle-Calédonie, ou de l'étude du mouvement du yo-yo au service de l'évolution institutionnelle d'un territoire d'outre-mer », *in L'Avenir statutaire de la Nouvelle-Calédonie,* (dir.) de (J.-Y.) FABERON, ouvrage issu du colloque organisé par le CREAM les 14 et 15 mars 1997, La Documentation française, Paris, 1997.

AGLAË (Marie-José), « La souveraineté transfigurée », *RRJ,* 1995-3, p. 939.

AL WARDI (Sémir), « Une approche du concept d'indépendance », *in François Mitterrand et les territoires français du Pacifique (1981-1988),* (dir.) (J.-Marc) Regnault, Les Indes savantes, 2003.

ANGLEVIEL (Frédéric), « De la gestion d'une mosaïque d'identités juxtaposées, à la construction d'une identité commune en Calédonie ? », *in Identité, nationalité, citoyenneté outre-mer,* Paris, Centre des Hautes Études sur l'Afrique et l'Asie moderne, 1999, p. 32.

ARENDT (Lijphart), *Consociational Democracy,* World Politics 21 (1969), p. 207-225.

AUTIN (Jean-Louis), « La pluri-citoyenneté », *in La souveraineté partagée en Nouvelle-Calédonie et en droit comparé,* p. 426.

BALMOND (Louis), « Vers un droit des peuples autochtones ? », *RGDIP,* 2006/3, p. 708.

BARBARÇON (Louis-José), « Les signes identitaires, une expérience de démocratie participative dans l'Accord de Nouméa : le comité de pilotage (2007-2010) », *in Destins des collectivités politiques d'Océanie,* Volume 2, Singularités, PUAM, 2011.

BEAUD (Olivier), « Fédéralisme et souveraineté, Notes pour une théorie constitutionnelle de la Fédération », *RDP,* 1998, p. 83-122 ; du même auteur : « Le souverain », *Pouvoirs,* n° 67, 1993, p. 33-45.

BASTID (Susanne), « Observations sur une étape dans le développement progressif et la codification des principes du droit international », *in Mélanges Guggenheim,* Genève, 1968.

BELLIER (Irène), « Usages et déclinaisons internationales de l'« autochtonie » dans le contexte des Nations Unies », *in Les Autochtonies vues de France et du Québec,* sous la dir. de Natacha GAGNÉ, Thibault MARTIN et Marie SALAÜN, Les Presses de l'Université Laval, 2009, p. 84.

BÉNOIT (Francis-Paul), « Notions et concepts, instruments de la connaissance juridique, Les leçons de la philosophie de Hegel », *in Mélanges en l'honneur du professeur Gustave Peiser*, Presses universitaires de Grenoble, 1995

BÉRANGERE (Taxil), *Le droit des peuples à disposer d'eux-mêmes en Nouvelle-Calédonie : L'Accord de Nouméa du 5 mai 1998*, Revue Actualité et Droit international.

BERRY (J.W.), « *Aboriginal cultural identity* », *in Canadian Journal of native studies*, 19, 1999, p. 1-36.

BERTILE (Véronique), « La notion de « populations d'outre-mer », *in L'outre-mer français : un « modèle » pour la République ?*, (dir.) de Ferdinand Mélin-Soucramanien, Presses universitaires de Bordeaux, p. 74.

BILLSON (J.), « *Inuit dreams, Inuit realities: Shattering the Bonds of Dependency* », 31:1 - 2, *The American Review of Canadian Studics* (2001), p. 283.

BISSONNETTE (Alain), « Un regard anthropologique sur le dialogue entre les traditions juridiques notamment matière de rapport au territoire, p. 191 », *in* JEZEQUEL, (M.), (dir.) *La justice à l'épreuve de la diversité culturelle*, Éd. Yvon Blais, 2006, p. 204.

BISSONNETTE (Alain), « Le droit à l'autonomie gouvernementale des peuples autochtones : un phénomène qui renaîtra de ses cendres », *in Revue générale de droit*, 1993, p. 5-25.

BLANC (Nicolas), *Ordres/traditions/identités juridiques autochtones et étatiques : la contribution du Nunavut canadien au fédéralisme complexe*, Colloque AIDC, Mexico, 2010, p. 13.

BORROWS (J.), « Indigenous legal traditions », *in Canada (2005) 19 Journal of Law and policy*, 167, p. 174.

BOULANGER (Jean), « Principes généraux du droit et Droit positif », *in Études offertes à G. Ripert*, LGDJ, Paris, 1950, T. I, n° 2.

BROWNLIE (Ian), « *International Law at the Fiftieth Anniversary of the United Nations, General Course on International Law* », RCADI, t. 2, 1995, p. 61.

BROWNLIE (Ian), « *The Rights of Peoples inn Modern International Law* », 9 Bull. Austl. Soc. Leg. Phil. 104. (1985)

CAO-HUY (Thuan), Du principe des nationalités au droit des peuples à l'autodétermination : la consécration d'une ambiguïté initiale, *in Droits de l'homme*, Droits des peuples, PUF, 1982, Paris.

CAPOGNA (Marie-Noël), « Identité juridique et culturelle » *in L'identité de la personne humaine, Étude de droit français et droit comparé*, (dir.) (J.) Pousson-Petit.

CARBONELL (Miguel), « *La constitucionalzation de los derechos indigenas en America latina: una aproximacion teorica* », *in Revue boletin Mexicano de dereccho comparado*, n° 108, 2004.

CATTARUZZA (Amaël), *Les referendums d'autodétermination : démocratisation ou balkanisation du monde ? L'Espace politique*, [En ligne], 3/ 2007-3, p. 16-22, mis en ligne le 22 décembre 2007, consulté le 19 juillet 2010.

CENTRE DE COLLABORATION NATIONALE DE LA SANTÉ AUTOCHTONE, *Inuit Qaujimajatuqangit : Le rôle du savoir autochtone pour favoriser le bien-être des communautés inuites du Nunavut*, 2009-2010, Inuit IQFR web.pdf

CHRISTNACHT (Alain), *L'Avenir de l'Accord de Nouméa, Conférence donnée à l'Université de Nouvelle-Calédonie le 7 août 2003* in Revue juridique, politique et économique de Nouvelle-Calédonie, 2003/2.

CHRISTNACHT (Alain), « Quelles perspectives institutionnelles pour la Nouvelle-Calédonie ? », *in Destins des collectivités politiques d'Océanie*, vol. 2, Singularités, Presses Universitaires d'Aix-Marseille.

CHARPENTIER (Jean), « Autodétermination et décolonisation », *in Le droit des peuples à disposer d'eux-mêmes, Mélanges offerts au Professeur Charles Chaumont*, Pedone, 1984, p. 117-133.

CHAUCHAT (Mathias), « TOM, République, Europe, Quelle autonomie interne ? », *in Le statut du territoire de Polynésie française*, Economica, 1996.

CHAUCHAT (Mathias), *Intervention dans « Le sens des mots »*, Transcription de la Conférence-débat du 11 novembre 2010, *Les cahiers de la Ligue des droits de l'homme et du citoyen*, Nouvelle-Calédonie, n° 1, 2010.

CHAUMONT (Charles), « Le droit des peuples à témoigner d'eux-mêmes », Annuaire du Tiers-Monde, 1976.

CHEMILLIER-GENDREAU (Monique), « Quel avenir pour la souveraineté ? Interrogations sur un concept en crise », *in Les évolutions de la souveraineté*, (dir.) Dominique Maillard Desgrées du Loû, Montchrestien, Paris, 2006.

CHEVALLIER (Jacques), « *Les transformations de la citoyenneté* », Regards sur l'actualité, n° 250, avril 1999.

CLECH LAM (Maivan), *La portée juridique de l'autodétermination, les enjeux de la décennie internationale des populations autochtones*, Montréal, Centre international des droits de la personne et du développement démocratique, 1996, p. 87-130.

COLLIGNON (Béatrice), « Les fondements territoriaux de l'identité inuite d'hier et d'aujourd'hui », *in Les territoires de l'identité*, Bonnemaison Joël *et al.*, (dir.), Paris, l'Harmattan, 1999.

COJEAN (Annick), « Rencontre avec les Inuits », *in Le Monde (journal)* des 25, 26, 27, 28, 29, 30 et 31 août 1998.

COLSON (Jean-Philippe), « Le régime des Autochtones au Canada », *in La souveraineté partagée en NC et en droit comparé*, sous la direction de (J.-Y.) Faberon et Guy (Agniel) (dir.), La documentation française, Paris, 2000.

CORNUT (Étienne), « *La non codification de la coutume kanak* », communication présentée lors du colloque sur l'intégration de la coutume dans l'élaboration de la norme environnementale, LARJE, UNC, Nouméa, du 26 au 28 octobre 2009.

CORNUT (Étienne), *L'application de la coutume par le juge judiciaire à l'épreuve des droits de l'homme*, communication présentée lors du colloque sur « Le droit constitutionnel calédonien », LARJE, UNC, Nouméa, 12 et 13 juillet 2010.

CORNUT (Étienne), « Les terres coutumières dans l'ordonnancement juridique actuel : la coutume kanak dans son environnement juridique », *in Quelques aspects des droits du peuple autochtone en Nouvelle-Calédonie, RJPENC* 2011/2, n° 18, p. 21.

CORTEN (Olivier), « Déclarations unilatérales d'indépendance et reconnaissances prématurées : Du Kosovo à l'Ossétie du Sud et à l'Abkhazie », *RGDIP*, 2008 – 4 – p. 726.

CHAREST (Paul), *Autochtonité et autochtonie : identité et territorialité, in Autochtonies, Vues de France et du Québec*, (dir.) Nathalie Gagné, Thibault Martin et Marie Salaün, Les Presses de l'Université Laval et Dialog, 2009, p. 97

CRATCHLEY (Claudio), *Du principe des nationalités au droit des peuples à l'autodétermination : la consécration d'une ambiguïté initiale*, Dialogues, propositions, histoires pour une citoyenneté mondiale, 04/1998.

CRAWFORD (J.), « *The Right of Self-determination in international Law: Its Development and Future* », *in* (P.) Alston (ed.) *Peoples'Rights* (Oxford : Oxford University Press, 2001) p. 7-67 at p. 17.

DAVID (Gilbert), « Atouts et enjeux de l'outre-mer français dans le Pacifique, VII. Économie », *in L'outre-mer français dans le Pacifique*, Nouvelle-Calédonie, Polynésie française, Wallis-et-Futuna, CDP Nouvelle-Calédonie, L'harmattan, 2000.

DE BRABANDERE (Eric), « L'indépendance du Kosovo et le droit international », Intervention à l'occasion du débat « Le droit à la sécession en droit international », Institut de la démocratie et de la coopération, Paris, 29 mai 2009.

DEROCHE (Frédéric), « La notion de « peuples autochtones » : une synthèse des principaux débats terminologiques », *in La nouvelle question indigène*, (dir.) de Jean-Claude FRITZ et de Frédéric DEROCHE, L'Harmattan, 2005, Paris, p. 49

DE KIRGIS (Frederic), « *The Degrees of Self-Determination in The United Nations Era* », (1994) 88 *American Journal of International Law* 304-10 at 306.

DELADRIERE (Bernard), « L'évolution dans le cadre de territoire d'outre-mer », *in L'avenir statutaire de la Nouvelle-Calédonie, op. cit.*

DEQUIN (Jean-Marie), « Majorité et opposition devant le problème néo-calédonien », *in* MARTINEZ, (J.-C.), *Nouvelle-Calédonie – la stratégie, le droit et la République*, Pedone, 1986.

DESCHENES (J.), « Qu'est-ce qu'une minorité ? », in *Les Cahiers de droit*, Université de Laval, Québec, mars 1986.

DINSTEIN (Yoram), « *The degree of self-rule of minorities in Unitarian and federal States* », *in* BRÖLMANN (C.), LEFEBER (R.) et ZIECK (M.), eds, *Peoples and minorities in International Law*, p. 227.

DJAMA (Marcel), *Politiques de l'autochtonie en Nouvelle-Calédonie* in Autochtonies vues de France et du Québec, sous la direction de Natacha Gagné, Thibault Martin et Marie Salaün, Les Presses de l'université de Laval et Dialog, 2009.

ECONOMIDES (C.), « Le droit des peuples à disposer d'eux-mêmes », *in Revue hellénique de Droit international public*, 1957.

FABERON (Jean-Yves), « La Nouvelle-Calédonie, pays à souveraineté partagée », *RDP*, 1998, p. 19-31.

FABERON (Jean-Yves), « Les autochtones dans l'Accord de Nouméa (5 mai 1998) », *Droits et cultures*, 1999 - 1, p. 211-217 .

FABERON (Jean-Yves), « La loi du pays », in *La souveraineté partagée en Nouvelle-Calédonie et en droit comparé*, (dir.) (J.-Y.) Faberon et (G.) Agniel, La documentation française, Paris, 2000, p. 311.

FABERON (Jean-Yves), « Nouvelle-Calédonie et Constitution : la révision constitutionnelle du 20 juillet 1998 », *RDP*, 1998.

FABERON (Jean-Yves), « L'idée fédérale en Nouvelle-Calédonie depuis les Accords Matignon », *in La Nouvelle-Calédonie, Vingt années de concorde – 1988-2008*, (dir.) (J.-M.) Regnault et (V.) Fayaud, Publications de la Société française d'histoire d'outre-mer, Paris, 2008, p. 115.

FABERON (Jean-Yves), « La Nouvelle-Calédonie : vivre l'accord de Nouméa », *Revue française d'administration publique*, n° 101, janvier-février 2002, p. 40.

FABERON (Jean-Yves) et STEINMETZ (Luc), Du modèle de territoire d'outre-mer (1946) aux collectivités d'outre-mer (2003), *in L'Outre-mer français dans le Pacifique*, L'Harmattan et CDP Nouvelle-Calédonie, 2005.

FABERON (Kareen), « Partager la Nouvelle-Calédonie : l'invention de la régionalisation », *in* REGNAULT, (J.-M.), *François Mitterand et les territoires français du Pacifique (1981-1988)*, Les Indes savantes, 2003, p. 32.

FALK (Richard), *Self-Determination Under International Law: The Coherence of Doctrine versus The Incoherence of Experience, In The Self-Determination of Peoples: Community, Nation and State in an Interdependent World*, ed.Wolfgang Danspeckgruber (Boulder, Lynne Rienner Publishers, 2002).

FAVRET (Jean-Marc), « L'intégration européenne et quelques réflexions sur la divisibilité de la souveraineté », *RDP*, 1999, p. 1741-1764.

FENET (Alain), Minorités internationales et protection des minorités, *in Mutations internationales et évolution des normes*, (dir.) Cao Huy Thuan et (A.) Fenet, Paris, PUF, 1994, p. 53, et Poumarede (J.), *op. cit.*, p. 217.

FERAL (François), « Quelques éléments de doctrine autochtoniste sur les institutions de Nouvelle-Calédonie », *in Revue juridique, politique et économique de Nouvelle-Calédonie*, n° 18, 2011/2, p. 13.

FERAL (François), « L'adoption de la Charte du peuple kanak de Nouvelle-Calédonie. Les prémices d'un pluralisme juridique : origine, fondements et perspectives des droits autochtones du peuple kanak », *in site internet.*

FEUER (G.), « Réflexions sur la Charte des droits et des devoirs économiques des États », *RGDIP*, 1975, p. 304.

FISCHER (G.), « La souveraineté sur les ressources naturelles », *AFDI*, 1962, p. 518?

FOSTER (C.), « *Articulating Self-Determination in the Draft Declaration on the Rights of Indigenous Peoples* », (2001) 12 European Journal of International Law 141-57 at 151.

FRAISSEIX, « De l'État-nation à l'État « groupusculaire » : chronique d'un dépérissement engagé », D. chron., 27 janvier 200, p. 61-67 juillet 1998 », *RDP*, 1998, p. 129, note 35.

FRANCK (T.), « *The Emerging Right to Democratic Governance » (1992) 86 American Journal of International Law 46-91, « Postmodern Tribalism And The Right to Secede », in Brölmann, Lefeber, Zieck, Peoples And Minorities, p. 3-27 at p. 13-14 ; also Franck Report in Quebec and Lessons learned, p. 79.*

FREYSS (Jean), « Nouvelle-Calédonie 1981-1988 : l'économie reste assistée », *in François Mitterrand et les territoires français du Pacifique (1981-1988)*, (dir.) Jean-Marc Regnault, Les Indes savantes, 2003.

FRITZ (Gérard), « Les peuples autochtones dans le monde anglo-saxon : le cas des colonies de peuplement », *in La nouvelle question indigène, Peuples autochtones et ordre mondial*, L'Harmattan, Paris, 2005

FRITZ (Jean-Claude), *Introduction, in La nouvelle question indigène, Peuples autochtones et Ordre mondial*, sous la dir. de Jean-Claude FRITZ et de Frédéric DEROCHE, L'Harmattan, 2005, Paris.

GAGNÉ, Natacha et SALAÜN, Marie, « De la souveraineté comme affaire d'État comme droit à s'autodéterminer : une présentation », *in Visages de la souveraineté en Océanie*, (dir.) GAGNÉ Natacha et SALAÜN Marie, L'Harmattan, 2010.

GARDE (François), « Naissance et avatars de la citoyenneté calédonienne », *in Destins des collectivités politiques d'Océanie, vol. 2, Singularités*, (dir.) (J.-Y.) Faberon, (V.) Fayaud et (J.-M.) Regnault, p. 583-584, « Les autochtones et la République », *in Revue française de droit administratif*, 15 (1) janv.-févr. 1999.

GENTELET (Karine), FARGET (Doris) et CAMPBELL-DURUFLÉ (Christopher), « Le Canada et la Déclaration des Nations Unies sur les droits des peuples autochtones, Valeur et pertinence », *in Nouvelles pratiques sociales*, Volume 23, numéro 1, automne 2010, p. 130-136.

GOHIN (Olivier), « La citoyenneté dans l'outre-mer français », *Revue française d'administration publique*, n° 101, janvier-février 2002, p. 69-82.

GOHIN (Olivier), « Souveraineté et compétences en droit constitutionnel français depuis 1946 », *in Les évolutions de la souveraineté*, sous la direction de Dominique Maillard

GOHIN (Olivier), « L'évolution institutionnelle de la Nouvelle-Calédonie », *AJDA*, 1999, p. 505.

GOHIN (Olivier), « L'outre-mer dans la réforme constitutionnelle de la décentralisation », *RFDA*, 2003, note n° 18, p. 679

GONIDEC (Pierre-François), « Dialectique du droit international et de la politique internationale », *in Le droit des peuples à disposer d'eux-mêmes - Méthodes d'analyse du droit international*, Mélanges (C.) Chaumont.

GOY (R.), « *La fin de la tutelle* », AFDI, 1994, p. 356-370.

GREWE (Constance), « L'unité de l'État : entre indivisibilité et pluralisme », *Revue de droit public*, 5/6, 1998, p. 1351.

GUILLOU (Chantal) et ANGLEVIEL (Frédéric), « Le découpage traditionnel et les caractères culturels communs du Pacifique insulaire », *in L'Outre-mer français dans le Pacifique*, CDP et l'Harmattan, 2005.

HAARSHER (Guy), « Triomphe ambigu du multiculturalisme, Droits de l'homme, SDN et ONU », *in État de droit, droits fondamentaux et diversité culturelle*, Textes recueillis et présentés par Pierre Arsac, (J.-L.) Chabot et Henri Paillard, l'Harmattan.

HAMLEY (William), « *The Nunavut settlement: a critical appraisal* », *in International Journal of Canadian Studies/Revue Internationale d'études canadiennes* 12, p. 221-234.

HARHOFF (F.), « *Constitutional and International Legal Aspects of Aboriginal Rights* », 57, *Nordic Journal of International Law*, 1998, p. 289-94 at 293.

HERACLIDES (A.), « *Secession, Self-Determination and Non-Intervention: In Quest of a Normative Symbiosis* »,45, *Journal of International Affairs*, 1992, p. 399-420 at 400-11.

IORNS (C.), « *Dedicated Parliamentary Seats for Indigenous Peoples: Polical Representation of Indigenous Self-Determination* », (2003) 10 E Law-Murdoch University Electronic Journal of Law, www.murdoch.edu.au/elaw/issues/v10n4/iorns104nf.html, accessed on 15 February 2005

JEAN (Patrice), « Citoyenneté et nationalité en Nouvelle-Calédonie dans la perspective de la « sortie » de l'Accord de Nouméa », *in Destins des collectivités politiques d'Océanie*, vol. 2, Singularités, (dir.) (J.-Y) Faberon, (V.) Fayaud et (J.-M.) Regnault, p. 575.

JEAN (Patrice), « Le gouvernement », *in La souveraineté partagée en Nouvelle-Calédonie et en droit comparé*, (dir.) (J.-Y.) Faberon et (G.) Agniel, La documentation française, 2000, p. 300.

JOYAU (Marc), *Peuples, populations, nations, États, territoires, pays, patries, communautés, frontières : naissance des mots, in Destins des collectivités politiques d'Océanie*, volume I, Théories et pratiques, sous la direction de Jean-Yves Faberon, Viviane Fayaud et Jean-Marc Regnault, Presses universitaires d'Aix-Marseille, 2011.

JULL (P.), « *Nunavut: Inuit Self-Determination Through a land claim an Public Government* », *in* Dahl *et. al.*, *supra* note 4, p. 120.

KASARHÉROU (Emmanuel), « Le centre culturel Tjibaou, symbole identitaire de la Nouvelle-Calédonie ? », *in Destins des collectivités politiques d'Océanie*, Volume 2, Singularités, PUAM, 2011.

KERSEY (A.), « *The Nunavut Agreement: A model for preserving Indigenous rights* », 11 : 2 Arizona Journal of International and Comparative Law (1994), p. 429-6468.

KINGSBURRY (B.), « *Reconstructing Self-Determination: A Relational Approach* », *in* Aikio and Scheinin (eds), *Operationalizing Self-Determination*, p. 19-37 at p. 24.

LABOUZ (Marie-Françoise), Lectures croisées de l'Entente sur le Nunavut et sur l'Accord de Nouméa sur la Nouvelle-Calédonie, *in Pour mieux comprendre le Nunavut*, Actes de la Journée Nunavut du 30 janvier 1999, sous la direction de Sylvie Teveny et Michèle Therrien, Inalco, 1999.

LACHAUME (Jean-François), « La frontière-séparation », *in La Frontière*, Actes du colloque de Poitiers, SFDI, Pedone, Paris, 1980.

LAFARGUE (Régis), « À propos du délibéré avec les assesseurs coutumiers » *in Ethnologie juridique*, Dalloz, 2007, p. 246, de (G.) Nicolau, (G.) Pignarre, (R.) Lafargue.

LATASTE (Thierry), *Délégué du gouvernement et Haut commissariat de la République en N.-C., Le rôle du gouvernement central, in L'État pluriculturel et les droits aux différences*, Colloque organisé à Nouméa du 3 au 5 juillet 2002, sous la direction de Paul de Dekker et Jean-Yves Faberon, Buylant, Bruxelles, 2003, p. 415.

LÉGARÉ (André), « Le Nunavut : entre le rêve et la réalité. Bilan de dix années d'autonomie gouvernementale inuite et prospective socio-économique », *Journal of Canadian Studies* ; Spring 2009 ; 43, 2 ; CBCA Reference

LÉGARÉ (André), « Le Nunavut, Le compte à rebours est commencé », *in Recherches amérindiennes au Québec*, vol. 28 (2), 1998.

LÉGARÉ (André), « Le projet Nunavut : bilan des revendications des Inuits des Territoires du Nord-Ouest », in Études/Inuit/Studies, 17 (2), 1993, p. 29-62.

LÉGARÉ (André), « Le gouvernement du Territoire du Nunavut (1999) : une analyse prospective », *in Études/Inuit/Studies*, 20(1), 1996, p. 7-43.

LÉGARÉ (André), « *The Nunavut Tungavik Inc.: An examination of its mode of operation and its activities* », in (A.B.) Anderson and (R.M.) Bone (eds), *Natural resources and Aboriginal People in Canada*, Captus Press, 2003.

LEMIEUX (Denis), « Le pluriculturalisme dans la Constitution canadienne », *in L'État pluriculturel et les droits aux différences*, (dir.) Paul de Deckker et (J.-Y.) Faberon, Bruylant, Bruxelles, 2003, p. 303.

LEPAGE (Pierre), « Les peuples autochtones et l'évolution des normes internationales : un bref historique », *in* Leger (Marie) (Dir.), *Des peuples enfin reconnus. La quête de l'autonomie dans les Amériques*, Montréal, Ecosociété, 1994, cité par F. Deroche.

LE POURHIET (Anne-Marie), « Nouvelle-Calédonie : la nouvelle mésaventure du positivisme », *Revue du droit public*, n° 4-1999, p. 1006-1007.

LOCHAK (Danièle), « La citoyenneté : un concept juridique flou », *Citoyenneté et nationalité, Perspectives en France et au Québec*, PUF, Paris, 1991, p. 179.

LOMBART (Laurent), « Gibraltar et l'autodétermination – Perspectives actuelles », *AFDI*, Année 2007, vol. 53, n° 53, p. 181.

LAPONCE (Jean-A.), « *National Self-determination and Referendums: The case for Territorial Revisionism* », *Nationalism and Ethnic Politics*, vol.7, n° 2, Summer 2001, p. 33-56

LUCHAIRE (François), « La réserve constitutionnelle de réciprocité », *RDP*, 1999, p. 39.

MADIOT (Y.), « Vers une « territorialisation » du droit », *RFDA*, 1995, p. 950

MARCOU (Gérard), « L'autonomie dans la République : jusqu'où ? », *in Destins des collectivités politiques d'Océanie*, Volume 1, Théories et pratiques, (dir.) (J.-Y.) Faberon, (V.) Fayaud et (J.-M.) Regnault, PUAM, 2011, 55.

MAUS (Didier), *Chronique* « La pratique constitutionnelle française. 1er avril-30 juin 1998 », *RFDC*, 1998, n° 35, p. 595.

MELACON (Hughes), « Le titre aborigène en Cour Suprême, la création d'un régime juridique dissuasif : Delgamuukw c Colombie Britannique », *in Recherches amérindiennes au Québec*, (1), 1998, p. 122-126.

MEMMI (Albert), « Les fluctuations de l'identité culturelle », *in Revue Esprit*, janvier 1997, p. 95.

MEYER-BISCH (P.), « Les droits culturels : une catégorie sous-développée des droits de l'homme », *in Cahiers du centre interdisciplinaire d'éthique et des droits de l'homme*, Université de Fribourg, décembre 1991, p. 13-

MICHALON (Thierry), « La République française, une fédération qui s'ignore ? », *Revue du droit Public et de la Science Politique, 1982, p. 627.*

MICHALON (Thierry), « Pour la Nouvelle-Calédonie, l'hypothèse fédérale », *in L'Avenir statutaire de la Nouvelle-Calédonie*, Actes du colloque du CREAM des 14 et 15 mars 1997, sous la direction de Jean-Yves Faberon, Paris, La Documentation française, Paris, 1997, p. 221.

MICHALON (Thierry), « La France plurinationale », *in Destins des collectivités politiques d'Océanie*, Volume I, Théories et pratiques, sous la direction de (J.-Y.) Faberon, (V.) Fayaud et (J.-M.) Regnault, Presses universitaires d'Aix-Marseille, 2011, p. 113.

MOREAU DEFARGES (Philippe), « L'Organisation des Nations Unies et le droit des peuples à disposer d'eux-mêmes », *in Politique étrangère*, n° 3, 1993, 58e année, p. 660 et suivantes.

MORIN (Françoise), « L'Autochtonie comme processus d'ethnogenèse », *in Les Autochtonies vues de France et du Québec*, sous la dir. de Natacha GAGNÉ, Thibault MARTIN et Marie SALAÜN, Les Presses de l'Université Laval, 2009, p. 59-73.

MORIN (René), « Les lois et coutumes des autochtones au Canada et au Québec », *in Droits et cultures*, 1996/2/76, p. 67-76.

MOYRAND (Alain), « Théorie de la souveraineté partagée », *in La souveraineté partagée en N.-C. et en droit comparé*, (dir.) (J.-Y.) Faberon et (G.) Agniel, La documentation française, Paris, 2000, p. 38.

MOYRAND (Alain), « Les Pays d'outre-mer transforment la République française en un État autonomique. Brèves réflexions sur la création d'une nouvelle catégorie de collectivités publiques infra-étatiques », *in Mélanges en l'honneur de Patrice Gelard*, Montchrestien, 1999, P. 187-197.

MRGUDOVIC (Nathalie), « L'ONU et l'Océanie : Quels territoires, pour quelle décolonisation ? », *in Destins des collectivités politiques d'Océanie*, volume 1, Théories et pratiques, (dir.) (J.-Y.) Faberon, (V.) Fayaud et (J.-M.) Regnault, Presses Universitaires de Marseille, 2011, p. 379 et suivantes.

MURSWIEK (Dietrich), « *The Issue of a Right of Secession – Reconsidered* », *in* (Ch.) Tomuschat (ed.), *Modern Law of Self-Determination*, Dordrecht/Boston/London, Martinius Nijhoff, 1993.

NOREAU (Pierre) et LAJOIE (Andrée), *Peuples autochtones et gouvernance en contexte canadien : difficultés de l'autonomie gouvernementale autochtone et perspectives de recherche*, Centre de recherche en droit public, Université de Montréal, Première version d'un article paru dans Christoph Eberhard (éd.), Droit, gouvernance et développement durable, Cahier d'anthropologie du droit, 2005, Paris, Karthala, 376.

NICOLAU (Gilda), « L'autonomie de la coutume canaque », *in Revue juridique et politique*, 1992, n° 3, p. 219 et suivantes.

NIEDERMEIER (L.), « *The Content of Aboriginal Rights: Definition and Denial* », *in 1 Canadian Native Law Review* (1981), p. 11-15.

N'KOLOMBUA (André), « L'ambivalence des relations entre le droit des peuples à disposer d'eux-mêmes et l'intégrité territoriale des États en droit international contemporain », *in Le droit des peuples à disposer d'eux-mêmes, Mélanges en l'honneur de Charles Chaumont*, Pedone, Paris, 1984, p. 437.

ORAISON (A.), *Quelques réflexions critiques sur la conception française du droit des peuples à disposer d'eux-mêmes à la lumière du différend franco-comorien sur l'île de Mayotte*, Revue belge de droit international, 1983.

ORFILA (Gérard), « Réflexion sur la coutume mélanésienne », *in Revue juridique et politique*, 1989, n° 2, p. 129 et suivantes.

OTIS (Ghislain), « L'autonomie personnelle au cœur des droits ancestraux : sub qua lege vivis ? », Revue de droit de McGill, vol52, 2007, n° 4, p. 657-679., *Rencontre des cultures dans la toundra subarctique : vers une nouvelle gouvernance foncière au Nunavut* (automne 2009) Télescope, 108 ;

OTIS (Ghislain), *La place des cultures juridiques et des langues autochtones dans les accords d'autonomie gouvernementale au Canada* , Revue de droit MacGill, vol. 54, 2009, n° 2.

OTIS (Ghislain), « L'autochtonisme aux États-Unis et au Canada, les défis de la décolonisation du rapport aux peuples premiers » *in Destins des collectivités politiques d'Océanie*, Volume I, Théories et pratiques, (dir.) J-Y Faberon, (V.) Fayaud et (J.-M.) Regnault, Presses Universitaires de Marseille, 2011, p. 289.

OTIS (Ghislain), « La référence identitaire » *in L'identité de la personne humaine, Étude de droit français et de droit comparé*, (dir) J. Poussin-Petit, Bruylant, Bruxelles, 2002, p. 851-852.

OTIS (Ghislain), « Identité autochtone et universalité des droits fondamentaux dans le constitutionnalisme canadien : conciliation ou confrontation ? », *in Le défi identitaire*, Cahiers d'études constitutionnelles et politiques de Montpellier 1, Séminaire du 20-21 janvier 1995.

OTIS (G.) et EDMOND (A.), *L'identité autochtone dans les traités contemporains : de l'extinction à l'affirmation du titre ancestral* (1996) 41 McGill L. J. 353, p. 370.

OTIS (G.) et EDMOND (A.), « La souveraineté partagée : irréversibilité et auto-organisation », *in La souveraineté partagée en Nouvelle-Calédonie et en droit comparé*, (dir.) (J.-Y.) Faberon et G. Agniel, *op. cit.*, p. 278.

PELLET (Alain), « Le Conseil constitutionnel, la souveraineté et les traités. À propos de la décision du Conseil constitutionnel du 31 décembre 1997 (Traité d'Amsterdam) », *Les Cahiers du Conseil constitutionnel*, n° 4, 1998, p. 115

POURHIET (Anne-Marie), *Nouvelle-Calédonie : la nouvelle mésaventure du positivisme*, RDP, 1999-4, p. 1023.

PONTIER (Jean-Marie), « La répartition des compétences » *in La souveraineté partagée en N.-C. et en droit comparé*, La documentation française, Paris, 2000, p. 263.

PORTET (Philippe), *Le nouveau statut de la Nouvelle-Calédonie*, RRJ, 1999-3, p. 940.

PELTZER (Louise), « Identité culturelle et Polynésie française », *in Identité, nationalité, citoyenneté outre-mer*, (dir.) (J.-Y.) Faberon et (Y.) Gautier, Centre des hautes Études sur l'Afrique et l'Asie modernes, 1999, p. 28.

QUERMONNE (Jean-Louis), *L'adaptation de l'État à l'intégration européenne*, RDP, 1998, n° 5/6, p. 1419.

REGNAULT (Jean-Marc), « Les perspectives offertes par le Comité de décolonisation de l'ONU », *in Destins des collectivités politiques d'Océanie*, volumes 2, Singularités, (dir.) (J.-Y.) Faberon, (V.) Fayaud et (J.-M.) Regnault, Presses Universitaires de Marseille, 2011, p. 509.

REISMAN (W.M), « *Humanitarian intervention and flegling democraties* » Fordham Int'l L. J., vol. 1995, vol. 18, p. 795 et 804.

RIVERO (Jean), « Les droits de l'homme : droits individuels ou droits collectifs ? », *in Les droits de l'homme : droits collectifs ou droits individuels ?*, de Fenet, Alain (dir.), Paris, PUF, 1982, p. 23.

ROSAS (Allan), « *Internal Self-Determination* », *in* Tomuschat (C.), *Modern Law of Self-Determination, Dordrecht/Boston/London, Martinus Nijhoff, coll. « Developments in International Law », vol. 16, 1993, p. 225-252.*

ROULAND (Norbert), « Les colonisations juridiques : de l'Arctique à l'Afrique noire », *Journal of Legal Pluralism*, 1990, n° 29, p. 40.

ROULAND (Norbert), *Les fondements anthropologiques des droits de l'homme*, 1994, RGD 5, p. 37.

ROULAND (Norbert), « Le droit français devient-il multiculturel ? », Communication au Colloque « La différence culturelle », Château de Cerisy, 21-27 juin 1999, *in Droit et société*, 46-2000, p. 520.

ROULAND (Norbert), *À propos de l'Accord sur le Nunavut*, NZACL Yearbook 5/6 RJP.

ROUSSEAU (Pierre), « L'administration de la justice au Nunavut, année 0 », *in Pour mieux comprendre le Nunavut*, (dir.) (S.) Teveny et (M.) Therrien, Inalco, 1999, p. 86-94.

ROUX (André), « Peuples et population(s) dans la Constitution de 1958 », *in Destins des collectivités politiques d'Océanie*, vol. I, Théories et pratiques, (dir.) (J.-Y.) Faberon, (V.) Fayaud et (J.-M.) Regnault, Presses universitaires d'Aix-Marseille, 2011.

SAUSSOL (Alain), « *Trente mille « Caldoches » en Nouvelle-Calédonie* », *in Hérodote*, Revue de géographie et de géopolitique, Édit. La Découverte, 1985,n° 37-38, 2e - 3e tr. 198, p. 129.

SAUVAGEOT (Jacques), « *La Nouvelle-Calédonie, une collectivité « autonomique » originale* », *in* IVe Congrès français de droit constitutionnel, 10-12 juin 1999, Université d'Aix-en-Provence, p. 14 et suiv.

SCHACHTER (O.), « *Sovereignty-Then and Now* », *in* (R.St.J.) Macdonald (ed.), *Essays in honour of Wane Tieya* (Dordrecht: Martinus Nijhoff, 1993), p. 671-88 at p. 684.

SCELLE (Georges), « Quelques réflexions sur le droit des peuples à disposer d'eux-mêmes », *in Mélanges Spiropoulos*, 1957, p. 388

SCHULTHEIS (F.), « *Comme par raison - comparaison n'est pas toujours raison. Pour une critique sociologique de l'usage social de la comparaison interculturelle* », Droit et société, n° 11 - 12

SERMET (Laurent), « Juridicité, normativité et pluralisme. De quelques enseignements tirés de la Déclaration des Nations unies sur les droits des peuples autochtones », *in Méthodologie du pluralisme juridique*, (dir.) OTIS (Ghislain), Karthala, 2012, p. 201.

SHAW (Malcolm N.), « *Re: Order in Council P;* C. 1996-1997 of 30 September 1996 », in Bayevsky, Quebec and Lessons learned, p. 125-50 at p. 138.

SIMPSON (G.), *The diffusion of sovereignty: self-determination in the postcolonial age*, Stan. J. Int'l L., vol. 32, 1996.

SHIN (Imai), *Indigenous self-Determination and the State, in Indigenous Peoples and The Law: Comparative and Critical Perspectives*, Oxford, Hart Publishing, 2009, CLPE Research Paper 25/2008. Vol. 04 NO.05 (2008)

SORIANO (Eric), « Une identité saisie par le droit », *in L'Avenir statutaire de la Nouvelle-Calédonie.*

STEINMETZ (Luc), « Nouvelle-Calédonie : les institutions de la coutume » *in L'Outre-mer français dans le Pacifique*, L'Harmattan et CDP Nouvelle-Calédonie, 2005.

STORTI (Martine) et TORNERO (Jacques), *L'identité française (*Colloque tenu à Paris les 22, 23 et 24 mars 1985), *in Espaces 89*, Éditions Tierce, Paris, 1985, p. 7

STOUT (Cameron), « Le Nunavut », *in Tendances sociales canadiennes*, p. 16-20, 1997.

SURREL (Hélène), « Approche classique du concept de nation », *in Destins des collectivités politiques d'Océanie, volume I, Théories et pratiques*, sous la direction de Jean-Yves Faberon, Viviane Fayaud et Jean-Marc Regnault, Presses universitaires d'Aix-Marseille, 2011.

TERRIER-DOUYERE (Christiane), « Nouvelle-Calédonie : Identité et métissage », *in L'Outre-mer français dans le Pacifique*, L'Harmattan et CDP Nouvelle-Calédonie, 2005.

THERRIEN (Michèle), « Printemps inuit au Nunavut », *in La lettre des langues « O »*, n° 5, p. 768, 1998.

THORNBERRY (Patrick), « *The democratic or internal aspect of self-determination with some remarks of Federalism* », *in* Tomuschat (C.) ed., *Modern Law of self-determination...*, p. 101-138 ; RAO, K.

TRIFUNOVSKA (S.), « *One Theme in two variations. Self-Determination for Minorities And Indigenous Peoples* », *in International Journal on Minority And Group Rigths*, 1997.

TULLY (James), « *Défi constitutionnel et art de la résistance. La question des peuples autochtones au Canada* », *in Altérité et droit*, (dir.) Schulte-Tenckhoff, Bruylant, 2002, Bruxelles, p. 271-273.

WECKEL (Philippe), *Plaidoyer pour le processus d'indépendance du Kosovo, réponse à Olivier Corten, RGDIP*, 2009-2, p. 257-271.

# Annexes

## Annexe 1 : Carte de la Nouvelle-Calédonie

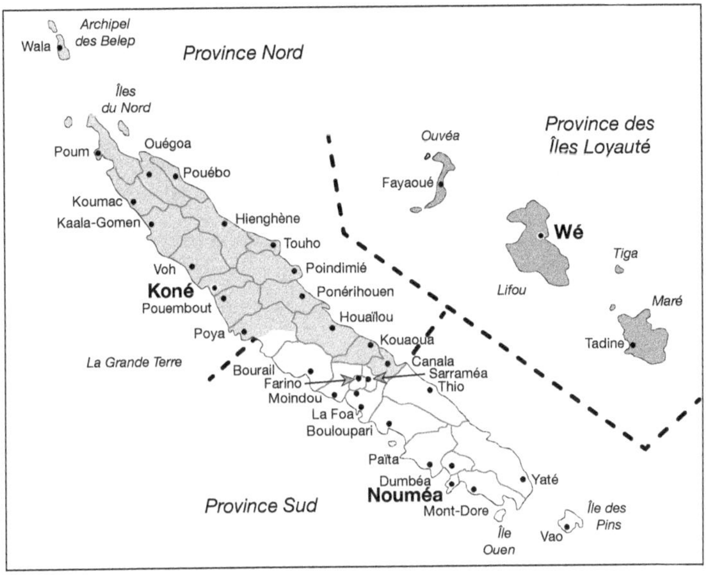


Source : Google cartes.

## Annexe 2 : Carte du Nunavut

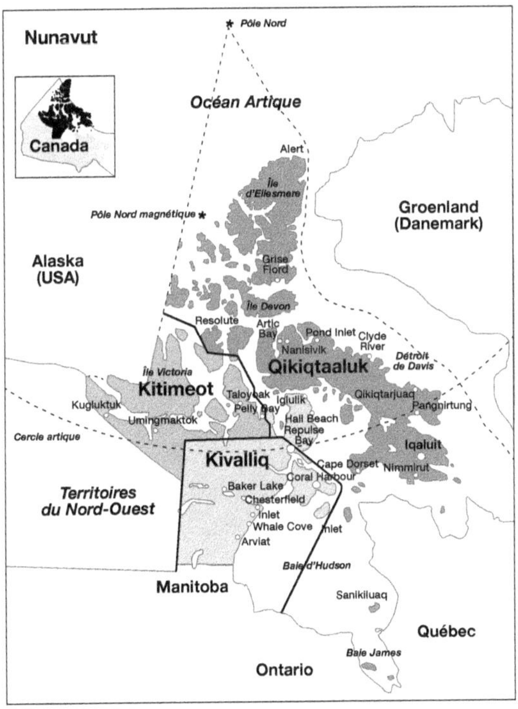


Source : Google cartes.

## Annexe 3 : Les Territoires non autonomes

| | | |
|---|---|---|
| Sahara occidental | Aucune | Territoire contrôlé à 80 % par le Maroc |
| Samoa Américaines | États-Unis | Territoire non-incorporé des États-Unis |
| Guam | États-Unis | Territoire non-incorporé des États-Unis |
| Nouvelle-Calédonie | France | Collectivité d'outre-mer à statut spécial de la France |
| Îles Pitcairn | Royaume-Uni | Territoire britannique d'outre-mer |
| Tokelau | Nouvelle-Zélande | Dépendance autonome de la Nouvelle-Zélande |
| Anguilla | Royaume-Uni | Territoire britannique d'outre-mer |
| Bermudes | Royaume-Uni | Territoire britannique d'outre-mer |
| Îles Vierges britanniques | Royaume-Uni | Territoire britannique d'outre-mer |
| Îles Caïmans | Royaume-Uni | Territoire britannique d'outre-mer |
| Malouines (Falkland/ Malvinas) | Royaume-Uni | Territoire britannique d'outre-mer |
| Gibraltar | Royaume-Uni | Territoire britannique d'outre-mer |
| Montserrat | Royaume-Uni | Territoire britannique d'outre-mer |
| Sainte-Hélène, Ascension et Tristan da Cunha | Royaume-Uni | Territoire britannique d'outre-mer |
| Îles Turques-et-Caïques | Royaume-Uni | Territoire britannique d'outre-mer |
| Îles Vierges américaines | États-Unis | Territoire non-incorporé des États-Unis |
| Polynésie française | France | Collectivité d'outre-mer |

*Source : Site internet de l'ONU : www.un.org.*

## Annexe 4 : Évolution des statuts et des institutions de la Nouvelle-Calédonie (G. Agniel)

| Date | Statut | Représentant de l'État | Exécutif | Assemblée délibérante |
|---|---|---|---|---|
| 1853 | Possession coloniale rattachée aux Établissements français du Pacifique | Gouverneur des Établissements français du Pacifique | | |
| 1860 | Colonie autonome | Gouverneur | Gouverneur | Conseil général et commission coloniale (siégeant entre les sessions du Conseil général) |
| 1946 | Territoire d'outre-mer. (Constitution de 1946) | Gouverneur | Gouverneur | Conseil général élu au suffrage universel |
| 1957 | Territoire d'outre-mer | Gouverneur de la Nouvelle-Calédonie, chef du Territoire | Conseil de gouvernement, présidé par le chef du Territoire | Assemblée territoriale |
| 1963 | Territoire d'outre-mer (L. 21 décembre 1963, dite « loi Jacquinot ») | Gouverneur de la Nouvelle-Calédonie, chef du Territoire | Conseil de gouvernement aux pouvoirs amoindris, présidé par le chef du Territoire | Assemblée territoriale |
| 1969 | Territoire d'outre-mer (L. 3 janvier 1969, dites « lois Billotte ») | Gouverneur de la Nouvelle-Calédonie, chef du Territoire | Id. | Assemblée territoriale aux pouvoirs amoindris |
| 1976 | Territoire d'outre-mer (L. 28 décembre 1976, de large décentralisation, dite « statut Stirn ») | Haut-Commissaire, assisté d'un secrétaire général | Conseil de gouvernement, présidé par le haut-commissaire (vice-président élu) | Id. |
| 1984 | Territoire d'outre-mer (L. 6 septembre 1984, dite « statut Lemoine ») | Id. | Gouvernement du Territoire, président élu par l'Assemblée territoriale (6 à 9 ministres investis) | Assemblée territoriale |
| 1985 | Territoire d'outre-mer (L. 23 août 1985 et Ord. 20 septembre 1985, dits « statut Fabius-Pisani ») | Id. | Haut-Commissaire assisté d'un conseil exécutif (présidents de conseils de région et du Congrès) | Congrès, formé par la réunion des assemblées de région |
| 1986 | Territoire d'outre-mer (L. 17 juillet 1986, dite « statut Pons I ») | Id. | Id. | Id. |
| 1988 | Territoire d'outre-mer (L. 22 janvier 1988, dite « statut Pons II ») | Id. | Conseil exécutif (président et 5 membres élus par le Congrès + présidents de région) | Id. |
| 1988 | Territoire d'outre-mer (L. 12 juillet 1988, dite « d'administration directe ») | Id. | Haut-Commissaire assisté d'un comité consultatif (membres nommés par décret) | Id. |
| 1988 | Territoire d'outre-mer (L. référendaire 9 novembre 1988 : Accords Matignon-Oudinot) | Id. | Haut-Commissaire assisté d'un comité consultatif (président+ un vice-président du Congrès et de chaque province) | Congrès, formé par la réunion des trois Assemblées de province |
| 1999 | Collectivité *sui generis* (L. organique 19 mars 1999 : Accord de Nouméa, 5 mai 1998) | Haut-Commissaire de la République | Gouvernement de la Nouvelle-Calédonie (de 5 à 11 membres élus par le Congrès, élisant leur président) | Congrès composé par un certain nombre d'élus de chaque province (compétences s'accroissant progressivement par transfert des compétences de l'État) |

## Annexe 5 : La création du Nunavut

**1976** – L'ITC propose que soit créé un territoire, le Nunavut, dans le cadre d'un règlement de revendications des terres inuit situées dans les Territoires du Nord-Ouest. Cette proposition prévoit l'insertion de la mer de Beaufort et du versant nord du Yukon, deux régions exploitées par les Inuvialuit, dans le nouveau territoire.

**1980** – Lors de l'assemblée générale annuelle tenue au mois d'octobre, les délégués de l'ITC adoptent unanimement une résolution demandant la création du Nunavut.

**1990** – La Fédération Tunngavik du Nunavut (FTN) et des représentants des gouvernements fédéral et territorial signent un accord de principe sur les revendications territoriales. L'accord appuie la division des Territoires du Nord-Ouest et prévoit un référendum sur les frontières du nouveau territoire.

**1992** – La FTN et les négociateurs du gouvernement s'entendent sur les questions de fond d'un accord sur les revendications territoriales. À la suite d'un référendum, une majorité d'électeurs approuvent les frontières proposées sur le principe de la division. La FTN et les représentants du gouvernement signent l'Accord politique sur le Nunavut, établissant la création du Nunavut au 1er avril 1999. En novembre, à la suite d'un scrutin à l'échelle du Nunavut, les Inuit du Nunavut ratifient l'Accord sur les revendications territoriales du Nunavut (ARTN)

**1993** – L'Accord sur les revendications territoriales du Nunavut est signé. Le Parlement du Canada adopte la Loi sur l'ARTN et la Loi sur le Nunavut et elles reçoivent la sanction royale.

**1995 et 1996** – Des pas dans la neige fraîche et Des pas II, deux documents produits par la Commission d'établissement du Nunavut, recommandent que certaines administrations centrales et certains services régionaux du gouvernement du Nunavut soient décentralisés. Des pas II sert de plan directeur à la création du gouvernement du Nunavut.

**1997** – Le Bureau du commissaire intérimaire est créé dans le but d'appuyer les préparatifs à la création du Nunavut. Il est responsable d'établir un gouvernement prêt à exercer ses fonctions le 1er avril 1999.

**1998** – Les modifications à la Loi sur le Nunavut sont adoptées par le Parlement et reçoivent la sanction royale.

**1999** – Le territoire et le gouvernement du Nunavut voient le jour le 1er avril 1999.

*Source : Gouvernement du Nunavut.*

## Annexe 6 : La structure du gouvernement du Nunavut (1999)

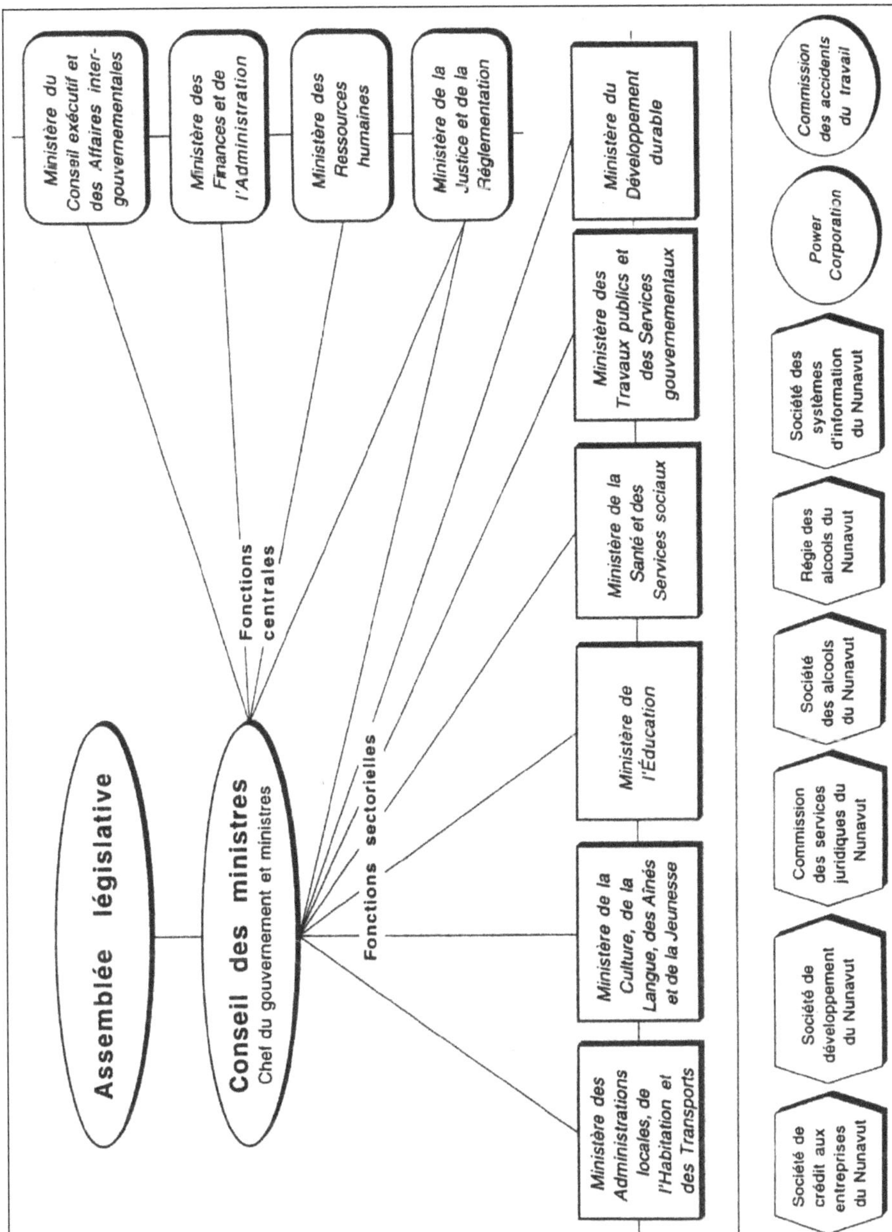


*Source : A. Legaré, Le Gouvernement du Nunavut.*

## Annexe 7 : Fonctionnement des institutions issues de la loi organique du 19 mars 1999

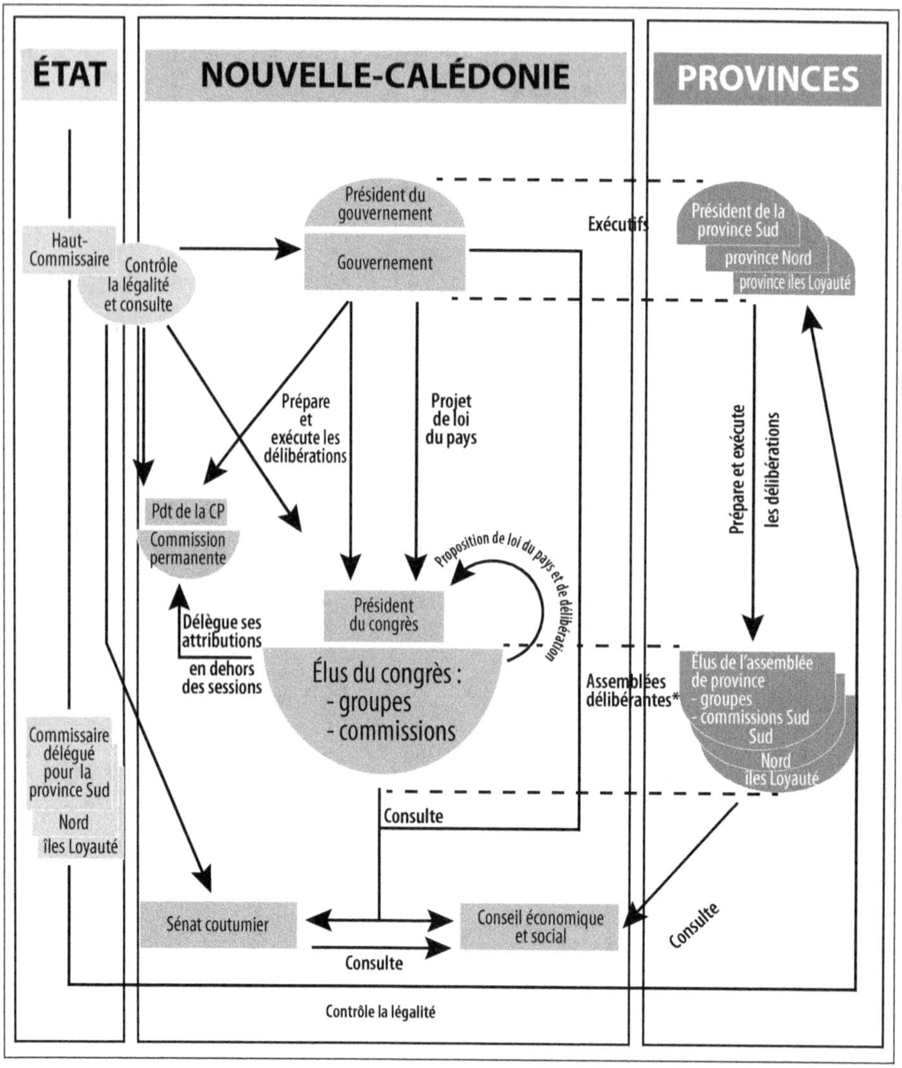


*Source : Tableaux de l'économie calédonienne, édition 2011, (ISEE).*

## Annexe 8 : Systèmes de droit coutumier et systèmes mixtes avec tradition de droit coutumier.

Il n'existe plus guère aujourd'hui d'entités politiques dont le système puisse être dit proprement et entièrement coutumier. La coutume peut prendre les visages les plus divers, selon qu'elle est enracinée dans une sagesse bâtie sur le concret quotidien ou, plus intellectuellement, dans des grandes traditions spirituelles ou philosophiques. Néanmoins, le droit coutumier (en tant que système, et pas seulement en tant que complément accessoire du droit positif) joue encore un rôle, parfois d'une grande importance, notamment en matière de statut personnel, dans un nombre relativement élevé d'entités politiques de droit mixte. Le cas est évident pour un certain nombre de pays africains. Mais cela vaut aussi par exemple, dans des conditions certes différentes, pour le droit de la Chine ou de l'Inde.

### Monosystèmes de droit coutumier

| | |
|---|---|
| ANDORRE | JERSEY, ÎLE DE (R-U) |
| GUERNESEY, ÎLE DE (R-U) | |

### Systèmes mixtes de droit coutumier et de droit civil

| | |
|---|---|
| BURKINA FASO | MALI |
| BURUNDI | MONGOLIE |
| CHINE (moins H-K et MACAO) | MOZAMBIQUE |
| CONGO | NIGER |
| CORÉE DU NORD | RÉPUBLIQUE DÉMOCRATIQUE DU CONGO |
| CORÉE DU SUD | RWANDA |
| CÔTE D'IVOIRE | SAO TOMÉ ET PRINCIPE |
| ÉTHIOPIE | SÉNÉGAL |
| GABON | SWAZILAND |
| GUINÉE | TAÏWAN |
| GUINÉE-BISSAU | TCHAD |
| GUINÉE ÉQUATORIALE | TOGO |
| JAPON | |
| MADAGASCAR | |

### Systèmes mixtes de droit coutumier et de Common law

| | |
|---|---|
| BOUTHAN | OUGANDA |
| GHANA | PAPOUASIE-NOUVELLE-GUINÉE |
| HONG KONG (CN) | SALOMON, ÎLES |
| LIBÉRIA | SAMOA |
| MALAWI | SIERRA LEONE |
| ÉTATS FÉDÉRÉS MICRONÉSIE | TANZANIE |
| MYANMAR | ZAMBIE |
| NÉPAL | |

### Système mixte de droit coutumier et de droit musulman

| |
|---|
| ÉMIRATS ARABES UNIS |

### Systèmes mixtes de droit coutumier, de droit civil et de droit musulman

| | |
|---|---|
| DJIBOUTI | KOWEÏT |
| ÉRYTHRÉE | OMAN |
| INDONÉSIE | TIMOR ORIENTAL |
| JORDANIE | |

### Systèmes mixtes de droit coutumier, de droit civil et de Common law

| | |
|---|---|
| CAMEROUN | VANUATU |
| LESOTHO | ZIMBABWE |
| SRI LANKA | |

### Systèmes mixtes de droit coutumier, de Common law et de droit musulman

| | |
|---|---|
| BRUNÉI | KENYA |
| GAMBIE | MALAISIE |
| INDE | NIGÉRIA |

### Systèmes mixtes de droit coutumier, de droit civil, de droit musulman et de Common law

| | |
|---|---|
| BAHREÏN | SOMALIE |
| QATAR | YÉMEN |

*Source : JuriGlobe (Groupe de recherche sur les systèmes juridiques dans le monde).Université d'Ottawa – Canada.*

### Annexe 9 : La Charte du Peuple Kanak

La Charte du Peuple Kanak, portée par le Sénat coutumier et proclamée le 26 avril 2014.

*Source : Sénat coutumier de Nouvelle-Calédonie.*

La « Charte du Peuple kanak - Socle commun des valeurs et principes fondamentaux de la civilisation kanak » a été créée, **validée et signée par les autorités des huit aires coutumières** de Nouvelle-Calédonie.

Elle est le résultat d'une année de travail intense, mené dans le cadre du **chantier sur le Socle commun des valeurs kanak (SCVK)**, sur le terrain et en collaboration avec l'ensemble des autorités coutumières.

## Un document HISTORIQUE et FONDATEUR

- Il s'agit du premier texte où le **peuple kanak**, réuni en **Assemblée du peuple kanak**, utilise clairement le « nous » et fait la preuve de son unité.
- **Cette Charte créé un cadre juridique pour la reconnaissance du peuple kanak.** À ce titre, il peut être perçu comme aussi **fondateur** que le Traité de Waitangi pour les Maoris ou la Proclamation royale de 1763 pour les Amérindiens ; **mais avec une différence essentielle : il émane d'un peuple autochtone** qui garantit lui-même ses droits et défend ses valeurs coutumières.
- **La Charte synthétise l'ensemble des valeurs kanak et des principes fondamentaux** de cette civilisation. À ce titre et dans l'éventualité d'une **Constitution** calédonienne, elle pourrait trouver sa place aux côtés de la Déclaration des droits de l'homme et du citoyen, dont elle pourrait devenir l'une des composantes.
- **La Charte assoit le Droit Coutumier kanak** dans le champ juridique de la Nouvelle Calédonie et de l'État. Elle est le fondement d'un système juridique de droit coutumier qui pourra coexister, avec des passerelles, avec le système juridique de droit commun. Elle ouvre également la voie au dialogue avec les institutions calédoniennes en matière de mise en œuvre des politiques publiques kanak.
- **Elle permettra également de donner des repères clairs à la jeunesse** et d'offrir des références à la société calédonienne afin d'élaborer une nouvelle vision de la société à construire.

## Contenu de la charte

La Charte du Peuple kanak porte en sous-titre la mention « Socle commun des valeurs et principes fondamentaux de la civilisation kanak ». Elle est composée d'un :

- **MÉMOIRE**
  Rappelant que le peuple kanak est le peuple autochtone de Nouvelle-Calédonie et retraçant à grands traits son histoire
- **PRÉAMBULE**
  Insistant sur les particularités historiques liées à l'identité kanak.

**Elle se divise ensuite en chapitres :**

**CHAPITRE I : Valeurs fondamentales de la civilisation kanak**

**CHAPITRE II : Principes généraux de la civilsation kanak**

**Section préliminaire : la parole de la case ou parole des vieux aux pieds des sapins et des cocotiers**

**Section 2 : de l'organisation sociale**

**1. Des structures coutumières et de l'individu**

**2. De la parole**

**3. De l'organisation sociale et des chefferies**

**Section 3. Du cycle de la vie et de la personne**

**1. Des droits fonciers**

**2. De la souveraineté sur la nature et les ressources**

**3. des savoirs traditionnels**

**Section 5 : de la culture et de l'éducation**

**Section 6 : des conflits et des juridictions**

**Section 7 : des relations avec les autres peuples**

**CHAPITRE III : exercice du droit a l'autodetermination du peuple kanak**
Extraits : 1. La souveraineté du Peuple Kanak est inhérente et la maîtrise de sa propre destinée relève de ses Droits Naturels et Imprescriptibles. 2. La souveraineté du Peuple Kanak émane de l'autorité de toutes les chefferies considérées dans leur ensemble.

# Index alphabétique

## A



## B

# C

# D



# E

# F



# G



# H



# I

## O



## P



## Q



## R

# Principales abréviations

ADCK :Agence pour le développement de la culture kanak
AFDI : Annuaire français de droit international
AJDA : Actualité juridique de droit administratif
ADRAF :Agence de développement rural et d'aménagement foncier
CE : Conseil d'État
CIJ : Cour Internationale de Justice
Coll. : Collection
COM : Collectivité d'outre-mer
Dir. : Direction
DOM : Département d'outre-mer
FCCI : Fédération des Comités de Coordination Indépendantistes de Nouvelle-Calédonie
FLNKS : Front de Libération National Kanak Socialiste
*Ibidem* : Même référence
*Infra* : Plus bas dans le texte
*JORF* : *Journal officiel de la République française*
*JONC* : *Journal officiel de la Nouvelle-Calédonie*
*LGDJ* : Librairie générale de droit et de jurisprudence
ONU : Organisation des Nations Unies
OIT : Organisation internationale du Travail
OEA : Organisation des États américains
*Op. cit.* : Ouvrage ou contribution précité
PALIKA : Parti de libération kanak
PUAM : Presses universitaire d'Aix-Marseille
PUG : Presses universitaires de Grenoble
PUF : Presses universitaires de France
*RGDIP* : *Revue générale de droit international public*
*RFAP* : *Revue française d'administration publique*
*RFDC* : *Revue française de droit constitutionnel*
*RJPENC* : *Revue juridique politique et économique de Nouvelle-Calédonie*
RPCR : Rassemblement pour la Calédonie dans la République
*Supra* : Plus haut dans le texte
UC : Union calédonienne
TOM : Territoire d'outre-mer
UE : Union européenne

# Table des matières

# - PREMIÈRE PARTIE -

**L'HARMATTAN ITALIA**
Via Degli Artisti 15; 10124 Torino

**L'HARMATTAN HONGRIE**
Könyvesbolt ; Kossuth L. u. 14-16
1053 Budapest

**L'HARMATTAN KINSHASA**
185, avenue Nyangwe
Commune de Lingwala
Kinshasa, R.D. Congo
(00243) 998697603 ou (00243) 999229662

**L'HARMATTAN CONGO**
67, av. E. P. Lumumba
Bât. – Congo Pharmacie (Bib. Nat.)
BP2874 Brazzaville
harmattan.congo@yahoo.fr

**L'HARMATTAN GUINÉE**
Almamya Rue KA 028, en face du restaurant Le Cèdre
OKB agency BP 3470 Conakry
(00224) 60 20 85 08
harmattanguinee@yahoo.fr

**L'HARMATTAN CAMEROUN**
BP 11486
Face à la SNI, immeuble Don Bosco
Yaoundé
(00237) 99 76 61 66
harmattancam@yahoo.fr

**L'HARMATTAN CÔTE D'IVOIRE**
Résidence Karl / cité des arts
Abidjan-Cocody 03 BP 1588 Abidjan 03
(00225) 05 77 87 31
etien_nda@yahoo.fr

**L'HARMATTAN MAURITANIE**
Espace El Kettab du livre francophone
N° 472 avenue du Palais des Congrès
BP 316 Nouakchott
(00222) 63 25 980

**L'HARMATTAN SÉNÉGAL**
« Villa Rose », rue de Diourbel X G, Point E
BP 45034 Dakar FANN
(00221) 33 825 98 58 / 77 242 25 08
senharmattan@gmail.com

**L'HARMATTAN BÉNIN**
ISOR-BENIN
01 BP 359 COTONOU-RP
Quartier Gbèdjromèdé,
Rue Agbélenco, Lot 1247 I
Tél : 00 229 21 32 53 79
christian_dablaka123@yahoo.fr

651451 - Avril 2016
Achevé d'imprimer par

1livre.com
du rêve à la réalité !

www.ingramcontent.com/pod-product-compliance
Lightning Source LLC
LaVergne TN
LVHW021151061026
849535LV00002B/421